700 Lettres

Zoubida Azzouz
Bernard Dromel

pour régler vos litiges et garantir vos droits

FIRST
Editions

Les auteurs expriment leurs chaleureux et amicaux remerciements à Florence LE BRAS pour son aide précieuse.

ISBN 2-87691-804-8
Dépôt légal : 3e trimestre 2003

Mise en page : KN Conception

Imprimé en France

Nous nous efforçons de publier des ouvrages qui correspondent à vos attentes et votre satisfaction est pour nous une priorité. Alors, n'hésitez pas à nous faire part de vos commentaires à :

Éditions Générales First
27, rue Cassette
75006 Paris - France
Tél. : 01 45 49 60 00
Fax : 01 45 49 60 01
E-mail : firstinfo@efirst.com

SOMMAIRE

Chapitre 7 : Votre banque

Chapitre 8 : Vos emprunts

Chapitre 9 : Vos dettes

Chapitre 10 : Vos prêts

Chapitre 11 : Vos impôts

Chapitre 16 : Vous faites construire

Chapitre 17 : Votre auto

Chapitre 18 : Vos contrats d'assurances

Chapitre 20 : La consommation

Chapitre 23 : Vos animaux

Chapitre 24 : Vos relations avec vos voisins

Chapitre 26 : Votre contrat de travail

Chapitre 27 : Votre salaire

Chapitre 28 : Vos congés

Chapitre 31 : Licenciement et démission

Chapitre 32 : Les élus du personnel et le comité d'entreprise

Chapitre 35 : Votre entreprise au quotidien

Chapitre 36 : Votre entreprise et la gestion du personnel

Chapitre 37 : Votre retraite

Chapitre 38 : Vos relations avec la Sécurité sociale

Chapitre 39 : Vos relations avec les ASSEDIC

Chapitre 40 : Vos relations avec la caisse d'allocations familiales (CAF)

Chapitre 41 : Vos relations avec les administrations et assimilés

INTRODUCTION

UNE LETTRE POUR CHAQUE CIRCONSTANCE DE LA VIE

Votre ex-conjoint a oublié de vous régler la pension alimentaire, le Trésor public vous réclame la taxe d'habitation alors que vous en êtes exonéré, le propriétaire augmente abusivement le loyer de votre logement, vous faites construire la villa de vos rêves mais l'escalier est inutilisable, vous êtes licencié mais l'employeur ne veut pas vous préciser le motif réel, votre chef de service vous harcèle par ses avances, les ASSEDIC refusent la prolongation d'allocations que vous avez demandée… Bref, vous êtes régulièrement confronté à des litiges qui nécessitent simplement (et peut-être uniquement) la rédaction d'une lettre.

Mais, au moment de l'écrire, vous hésitez, tergiversez et finalement remettez à plus tard, au risque de laisser passer certains délais. Simplement parce que vous ne savez pas comment rédiger cette lettre. Vous vous posez toutes sortes de questions sans pouvoir y répondre : comment l'introduire, quelles phrases utiliser, quelle formule de politesse employer ? Et puis, surtout, comment contester ou réclamer efficacement si vous ne pouvez pas prouver votre bonne foi, si vous ne pouvez pas invoquer la loi applicable ?

C'est pourquoi ce guide ne se contente pas de vous donner des modèles de lettres, il rappelle systématiquement la réglementation applicable à votre cas. Chaque modèle de lettre est précédé d'une rubrique intitulée « Ce que dit la loi », qui précise exactement les textes applicables, les références des articles de loi, la jurisprudence… D'autre part, sous la formule « Notre conseil », nous rappelons les précautions nécessaires à prendre et les erreurs à éviter.

Enfin, vous vous demandez peut-être pourquoi vous devez subir la corvée de rédiger une lettre alors qu'il est si facile de téléphoner. À cette question, les juristes répondent : « La parole est libre, la plume est serve. » Une idée que traduit bien le proverbe : « Les paroles s'envolent, les écrits restent. » C'est dire l'importance de l'écrit. Car, oralement, le constructeur filou, l'agent des impôts revêche, l'employé de la Sécurité sociale fainéant, ou votre employeur… bref, les interlocuteurs à qui vous avez affaire répondent parfois n'importe quoi, soit par ignorance de la législation, soit par calcul, soit encore par paresse. Donc, si vous avez un doute, ne vous abstenez pas : envoyez une lettre pour contester ou, plus simplement, pour demander des explications claires. L'expérience prouve qu'une lettre est prise beaucoup plus au sérieux qu'un simple appel téléphonique.

Au fur et à mesure que vous utiliserez cet ouvrage, vous vous rendrez compte qu'il existe une lettre pour chaque circonstance de la vie.

Mais d'abord, quelques conseils...

QUELQUES RÈGLES SIMPLES À RESPECTER

Le style d'une lettre doit être simple et clair. Il convient de préférer des phrases courtes et bien ponctuées à des phrases longues et empesées. Adoptez un style sobre et évitez les grands verbiages qui lassent le lecteur.

Mais cela ne veut pas dire qu'il faille écrire comme on parle...

De même, le ton d'une lettre doit toujours rester courtois. Cela n'empêche pas d'être ferme, concis et même de proférer des menaces de poursuites judiciaires à condition de ne pas tomber dans l'injure. Si une situation vous scandalise ou vous révolte, vous pouvez l'exprimer mais en restant poli, sinon vos arguments – solides par ailleurs – perdent leur impact. Une lettre ne doit comporter ni ratures ni fautes d'orthographe. Si vous hésitez sur un mot, vérifiez dans un dictionnaire l'orthographe exacte.

Pour une lettre à une personnalité importante (par exemple votre député, le médiateur de la République...), il est préférable d'utiliser un stylo à plume plutôt qu'un stylo à bille.

Lettre manuscrite ou saisie à la machine ? C'est selon votre préférence, sauf pour les lettres vraiment personnelles qu'il est préférable d'écrire à la main. D'ailleurs, si vous avez une écriture illisible ou vraiment vilaine, optez résolument pour la machine. Mais si vous choisissez la lettre dactylographiée ou saisie sur votre ordinateur, attention aux fautes de frappe. Rien de plus horripilant qu'une lettre tapée avec des fautes !

Une écriture lisible constitue également un acte de bonne éducation et met votre interlocuteur dans de meilleures dispositions.

Enfin, on doit, bien sûr, employer du papier et des enveloppes propres et non chiffonnés. Réservez le papier de couleur à vos missives personnelles, et le papier blanc à tous les courriers officiels.

Comment présenter votre lettre ?

Votre nom et votre adresse

En tant qu'expéditeur de la lettre, vous devez inscrire vos nom, prénom et adresse (et éventuellement vos numéros de téléphone et de fax si vous en possédez) en haut et à gauche, à quelques centimètres du bord supérieur, en laissant une marge à gauche.

La date

Toute lettre doit être datée, c'est-à-dire comporter le jour, le mois et l'année. La date doit se trouver en haut de la première feuille (à quelques centimètres du bord supérieur) et à droite. Elle est toujours précédée du nom de la ville d'où vous écrivez. Les noms des mois ne prennent jamais de majuscule initiale et s'écrivent en lettres et non en chiffres.

Exemple : Nice, le 15 juillet 2003.

Les références

Si vous avez un numéro de référence, un numéro de dossier..., indiquez-le dans la partie gauche de votre lettre. Autant le savoir, la plupart des organismes administratifs (Sécurité sociale, caisses de retraite...) vous renvoient, sans les traiter, les courriers qui ne comportent pas de numéro de référence ou de dossier.

Le destinataire

En réalité, vous n'êtes pas obligé d'indiquer systématiquement le nom et l'adresse du destinataire. Pour une lettre administrative ou commerciale, il est préférable de rappeler au moins le nom du destinataire. Au moment de l'ouverture du courrier, il arrive que la lettre soit séparée de son enveloppe.

Si vous indiquez le nom du destinataire (et son adresse), écrivez ces éléments en haut, sous la date ; par commodité, dans nos modèles, le nom et l'adresse du destinataire le sont systématiquement.

Lorsque vous n'êtes pas sûr de l'orthographe exacte d'un nom, passez un coup de téléphone au secrétariat de votre interlocuteur. Rien de plus agaçant que de voir autrui « massacrer » l'orthographe de votre nom de famille.

L'en-tête

Si vous connaissez exactement votre interlocuteur, vous indiquez « Monsieur » ou « Madame » selon le cas. Par exemple, vous savez que le responsable de votre banque est un homme, vous indiquez « Monsieur le Directeur », mais souvent il s'agit de lettres administratives ou commerciales et on ne sait pas qui va les lire (cas de tous les organismes administratifs et des sociétés). Vous pouvez employer « Messieurs » ou encore, formule plus utilisée ces dernières années, « Madame, Monsieur ». Quoi qu'il en soit, cet en-tête (Madame, Monsieur, Maître...) introduit votre lettre. Il doit donc se trouver dans le quart supérieur de la feuille, jamais tout en haut de celle-ci. La formule de politesse doit reprendre les mots employés en en-tête.

Exemple : si l'en-tête est « Madame », la formule de politesse dira : « Je vous prie d'agréer, Madame... »

La marge

Pour améliorer la lisibilité de la lettre, laissez une marge d'environ 4 centimètres à gauche et une autre de 1 à 1,5 centimètre à droite. Vous pouvez commencer chaque nouveau paragraphe en allant à la ligne, c'est-à-dire utiliser un alinéa pour chaque nouvelle idée. Cependant certains préfèrent ce qu'on appelle la « présentation américaine », le texte d'un seul tenant, sans alinéa.

La formule de politesse

Vous pouvez trouver le procédé agaçant, mais il faut rédiger une formule de politesse... même s'il s'agit d'une lettre de menace de poursuites judiciaires !

Il existe un grand nombre de formules de politesse, mais vous pouvez vous contenter d'une seule formule passe-partout. Il faut évidemment que la formule soit adaptée au ton de la lettre : vous ne pouvez pas envoyer « l'assurance de votre parfaite considération » au locataire que vous menacez d'expulsion, par exemple. Dans nos modèles, nous avons adopté une formule passe-partout et réservé les formules particulières à certaines circonstances spéciales, ou encore lorsque la lettre est destinée à une personnalité exerçant de hautes fonctions : député, sénateur, maire, directeur départemental des impôts, médiateur de la République...

La signature

Pas de modèle en ce domaine. Chacun s'exprime comme il veut, mais il est préférable d'éviter la grosse signature ostensible et prétentieuse, de fort mauvais goût.

Post-scriptum ou pièces jointes ?

Le P.S. (post-scriptum) en fin de lettre est utilisé pour rappeler un point non traité dans la lettre. Attention, le P.S. doit être court, et ne pas excéder deux lignes. Et surtout, il ne doit pas servir à traiter un aspect essentiel de votre lettre, ni contenir un argument déterminant. L'expression P.J. (pièces jointes) est utile lorsque vous joignez des documents. Elle permet à votre interlocuteur de connaître le nombre de documents joints à votre lettre et de les rechercher s'ils ont été égarés au moment de la distribution du courrier.

Exemple : si vous avez joint six documents, vous pouvez indiquer P.J. : 6. Mais son usage reste très facultatif.

Lettre simple ou recommandée ?

S'il s'agit simplement de demander un renseignement, de présenter vos vœux, de solliciter un emploi..., la lettre simple suffit. Pire, dans de tels cas, la lettre recommandée peut indisposer, voire agacer le destinataire. En revanche, s'il y a « du litige dans l'air », envoyez votre lettre en recommandé avec avis de réception (traduit en abrégé RAR, formule que vous indiquez sur votre lettre, en dessous des références). Dans certaines situations, c'est la loi qui prévoit l'envoi en recommandé avec AR : résiliation d'un contrat d'assurance, annulation d'un achat, congé à un propriétaire ou à un locataire...

Les lettres contenues dans ce guide concernent toutes des situations difficiles, elles sont donc à envoyer en recommandé avec AR, sauf cas très exceptionnels signalés dans nos explications. Par exemple : lettre d'excuse à un instituteur.

Enfin, si vous avez affaire à un interlocuteur de mauvaise foi qui risque de prétendre qu'il n'y avait rien dans l'enveloppe, vous pouvez utiliser le « pli recommandé ». Il se présente comme un aérogramme, c'est-à-dire une formule préencollée (vendue en librairie). Vous pouvez aussi, tout simplement, écrire sur une feuille libre que vous pliez et collez sans enveloppe.

Si votre lettre est volumineuse, pesez-la pour timbrer suffisamment.

Pouvez-vous réclamer par fax ?

Le fax (qui s'appelle télécopie en français) est un instrument bien commode pour envoyer ou recevoir des documents. Mais à condition de l'utiliser à bon escient.

Vous ne devez absolument pas l'utiliser pour faire une réclamation, quand il y a un risque de litige. En effet, dans la plupart des entreprises, administrations..., l'accès au fax est libre. Les risques de perte ou de destruction sont nombreux. Ainsi, un(e) employé(e) paresseux(se) peut discrètement détruire un fax parce qu'il n'a pas envie de s'occuper d'une réclamation compliquée. Le courrier en recommandé est, quant à lui, enregistré à son arrivée par le service chargé du courrier.

Enfin, votre correspondant peut toujours, s'il est de mauvaise foi, prétendre qu'il n'a jamais reçu votre fax. Notez qu'en droit français, le fax n'est pas admis comme mode de preuve.

Et Internet ?

Internet est un mode de communication rapide et convivial. Mais en aucun cas vous ne devez l'utiliser pour réclamer ou contester. Un message reçu par Internet peut aisément être effacé. En cas de difficulté, il vous sera impossible de prouver l'envoi d'un message.

La lettre recommandée avec avis de réception reste le seul mode de preuve en droit français.

Non, on ne vous oubliera pas...

Faut-il le rappeler ? Vous devez impérativement répondre aux courriers administratifs, commerciaux, professionnels... que vous recevez dès lors qu'il y a un problème ou un risque de litige. Curieusement, certaines personnes, en recevant une lettre qui les ennuie, la mettent dans un coin (ou la jettent) et se rassurent en se disant qu'on va les oublier. Non et non, on ne vous oubliera pas. D'ailleurs, on n'a aucune raison de vous oublier. Cela prendra parfois du temps, mais vous devrez bien faire face au problème.

Voyez ces deux cas vécus par des adeptes de cette méthode simpliste.

À la suite de la perte de son emploi, Patrick Utin s'est trouvé dans l'incapacité de payer les échéances de crédit de sa maison. Chaque fois qu'il recevait un courrier de la société de crédit, Patrick le mettait au panier en pensant : « Ils finiront bien par m'oublier. » Il fit de même avec les courriers de l'huissier de justice. Résultat : la maison de Patrick vient d'être vendue aux enchères. S'il avait fait l'effort de répondre aux courriers de la société de crédit en demandant soit un rééchelonnement du crédit soit des délais de paiement, Patrick aurait pu sauver sa maison.

Autre exemple : Marinette Guillet emprunte 760 € à une société de crédit pour financer l'achat d'un magnétoscope. Après la perte de son emploi, Marinette cesse de régler les échéances du crédit et empile les courriers de rappel, les actes d'huissier..., en pensant : « On va m'oublier. » Heureusement, elle finit par réagir en recevant une citation à comparaître devant le tribunal. Finalement, elle contacte la société de crédit qui accepte de rééchelonner la dette sur dix mois. Marinette se serait évité bien des angoisses si elle avait dès le début répondu aux courriers de la société de crédit et essayé de trouver avec elle une solution.

Conservez des doubles

Vous devez impérativement conserver une photocopie de la lettre que vous envoyez et de tous les documents qui y sont joints, surtout s'il s'agit d'une administration. En cas de litige, le double de votre lettre est indispensable. Envoyez les originaux des lettres et seulement des photocopies des autres documents (carte de Sécurité sociale, avis d'imposition ou de non-imposition, bulletins de paie...), car les risques de perte sont nombreux.

Certains tribunaux, notamment dans les litiges fiscaux, estiment qu'une lettre recommandée **sans** accusé de réception ne constitue pas une preuve. Par précaution, envoyez vos lettres sous la forme recommandée **avec avis de réception**.

Conservez précieusement l'avis de réception que La Poste vous retourne après l'avoir fait signer par le destinataire de la lettre.

CHAPITRE PREMIER

VOS ENFANTS ET L'ÉCOLE

L'ÉCOLE QU'ON VOUS IMPOSE NE VOUS CONVIENT PAS. VOUS DEMANDEZ UNE DÉROGATION GÉOGRAPHIQUE POUR INSCRIRE VOTRE ENFANT DANS UNE AUTRE ÉCOLE (MODÈLE N° 1).

Vous venez de vous renseigner à la mairie pour inscrire votre enfant à l'école. Horreur, celle-ci ne se trouve pas sur le chemin de votre travail. De plus, vous serez obligé de conduire votre chérubin en voiture si vous ne voulez pas trop perdre de temps ! Tranquillisez-vous. Il est possible, sous certaines conditions, d'obtenir une dérogation géographique.

• **Ce que dit la loi** : Le choix de l'école n'est pas libre. Il existe un système de « carte scolaire » qui oblige les parents à inscrire l'enfant à l'école dont dépend leur domicile. En clair, si vous habitez telle rue, votre enfant doit être inscrit dans telle école précise, que la mairie est en mesure de vous indiquer.

Il est toutefois possible d'obtenir des dérogations à la carte scolaire, c'est-à-dire d'inscrire l'enfant dans une autre école que celle de votre domicile : par exemple, dans une école près du domicile de vos parents qui s'occupent de l'enfant, ou près de votre travail, ou dans une école d'un meilleur niveau, ou mieux fréquentée...

Vous devez obtenir deux accords : celui du directeur de l'école où l'enfant devrait être inscrit et celui de l'école où vous désirez l'inscrire. Vous pouvez aller les voir ou leur demander l'autorisation par écrit.

• **Notre conseil** : Ne dénigrez jamais une école, ce n'est pas le bon moyen pour obtenir une dérogation. Quelles que soient vos raisons, restez mesuré dans vos propos. Si la dérogation est refusée, il vous reste les écoles privées (pas forcément hors de prix).

Vos nom et prénom
Adresse

Date

École ...
Nom du directeur
(de la directrice)
Adresse

Monsieur le Directeur (*ou* Madame la Directrice),

Ma fille ... (*ou* mon fils) (*indiquez le prénom de l'enfant, mais également son nom de famille s'il est différent du vôtre*) âgé(e) de ... devait être inscrit(e) dans votre établissement à partir de la prochaine rentrée scolaire.

Or, je souhaite l'inscrire à l'école ... (*indiquez le nom de l'école et les raisons pour lesquelles vous demandez cette dérogation*), située à proximité du domicile de mes parents, qui pourraient ainsi amener et ramener ...... (*prénom de l'enfant*) chaque jour. Mon travail, en effet, m'oblige à quitter mon domicile très tôt le matin et à rentrer très tard le soir.

Je sollicite votre accord pour cette dérogation à la carte scolaire.

Vous en remerciant par avance, je vous prie de croire, Monsieur le Directeur (*ou* Madame la Directrice), à l'expression de ma considération distinguée.

Signature

L'ÉCOLE QU'ON VOUS IMPOSE NE VOUS CONVIENT PAS. VOUS DEMANDEZ UNE DÉROGATION GÉOGRAPHIQUE POUR INSCRIRE VOTRE ENFANT DANS UNE AUTRE ÉCOLE (MODÈLE N° 2).

Vous venez de vous renseigner à la mairie pour inscrire votre enfant à l'école. Horreur, celle-ci ne se trouve pas sur le chemin de votre travail. De plus, vous serez obligé de conduire votre chérubin en voiture si vous ne voulez pas trop perdre de temps ! Tranquillisez-vous. Il est possible, sous certaines conditions, d'obtenir une dérogation géographique.

• **Ce que dit la loi** : Le choix de l'école n'est pas libre. Il existe un système de « carte scolaire » qui oblige les parents à inscrire l'enfant à l'école dont dépend leur domicile. En clair, si vous habitez telle rue, votre enfant doit être inscrit dans telle école précise, que la mairie est en mesure de vous indiquer.

Il est toutefois possible d'obtenir des dérogations à la carte scolaire, c'est-à-dire d'inscrire l'enfant dans une autre école que celle de votre domicile : par exemple, dans une école près du domicile de vos parents qui s'occupent de l'enfant, ou près de votre travail, ou dans une école d'un meilleur niveau, ou mieux fréquentée…

Vous devez obtenir deux accords : celui du directeur de l'école où l'enfant devrait être inscrit (voir lettre précédente) et celui de l'école où vous désirez l'inscrire. Vous pouvez aller les voir ou leur demander l'autorisation par écrit.

• **Notre conseil** : Ne dénigrez jamais une école, ce n'est pas le bon moyen pour obtenir une dérogation. Quelles que soient vos raisons, restez mesuré dans vos propos. Si la dérogation est refusée, il vous reste les écoles privées (pas forcément hors de prix).

Vos nom et prénom
Adresse

Date

École ...
Nom du directeur
(de la directrice)
Adresse

Monsieur le Directeur (*ou* Madame la Directrice),

Selon la carte scolaire, ma fille ... (*ou* mon fils) (*indiquez nom et prénom de l'enfant*) aurait dû être inscrit(e) à l'école ... (*nom de l'école*).

Je souhaite cependant son inscription dans votre établissement, car ... (*indiquez vos raisons*) il est situé à proximité du domicile de mes parents. Mes horaires de travail ne me permettent pas d'amener et de ramener ... (*prénom de votre enfant*) à l'école alors que mes parents, tous deux retraités, pourraient aisément s'en charger.

Monsieur le Directeur (*ou* Madame la Directrice) de l'école ... (*nom de l'école où l'enfant aurait dû être inscrit*) m'a déjà donné son accord écrit P.J. (joignez une photocopie de cet accord). J'espère que vous voudrez bien en faire de même.

Vous en remerciant par avance, je vous prie de croire, Monsieur le Directeur (ou Madame la Directrice), à l'expression de ma considération distinguée.

Signature

VOTRE FILLE DE CINQ ANS EST EN AVANCE POUR SON ÂGE. INUTILE DE LUI FAIRE PERDRE ENCORE UNE ANNÉE EN MATERNELLE. VOUS SOLLICITEZ UNE DÉROGATION POUR L'INSCRIRE AU C. P.

Très douée, votre fille de cinq ans sait déjà lire, écrire et compter. Autant qu'elle ne perde pas encore une année en maternelle. Mais il vous faut convaincre le directeur de l'école d'accepter son passage au cours préparatoire.

• **Ce que dit la loi** : En principe, l'accès à l'école primaire se fait à l'âge de six ans. Mais lorsque l'enfant est en avance (il sait lire et compter), on peut demander qu'il soit inscrit au cours préparatoire même s'il n'a pas six ans. Hélas, il n'y a pas de vraie règle en ce domaine.

Cela dépend de l'instituteur, du directeur de l'école maternelle, mais aussi des surcharges de classe. Ainsi, dans certaines villes, ce type de dérogation est systématiquement refusée, simplement parce que les écoles primaires sont surchargées.

Certains directeurs (ou instituteurs) sont, par principe, contre ce type de dérogations parce qu'ils estiment que le fait d'accorder une telle dérogation revient à créer une injustice vis-à-vis des enfants moins favorisés.

En tout cas, cela ne coûte rien d'essayer. Si on vous refuse la dérogation, vous pouvez soit vous incliner et laisser l'enfant faire une année supplémentaire en maternelle, soit l'inscrire dans une école primaire privée.

• **Notre conseil** ; Si vous pouvez vous déplacer, il est préférable de prendre rendez-vous pour rencontrer le directeur et discuter avec lui. Si cela vous est impossible, envoyez-lui votre demande de dérogation par écrit.

Vos nom et prénom
Adresse

Date

École ...
Nom du directeur
(de la directrice)
Adresse

Monsieur le Directeur (*ou* Madame la Directrice),

Ma fille (*ou* mon fils) ... (*indiquez nom et prénom de l'enfant*) fréquente votre école maternelle depuis l'âge de deux ans et huit mois.

Selon son institutrice, Madame ... (*nom de l'institutrice*), ... (nom et prénom de l'enfant) est parfaitement bien adaptée à la vie en collectivité. En outre, elle lit et écrit couramment.

La maintenir pendant encore une année en classe de maternelle risque de provoquer un désintérêt pour la classe. Une inscription au cours préparatoire, à l'occasion de la prochaine rentrée scolaire, lui serait vraiment profitable.

C'est pourquoi, je sollicite une dérogation d'âge afin de pouvoir inscrire ... (*prénom de l'enfant*) au cours préparatoire de l'école ... (*nom de l'école primaire où vous souhaitez inscrire l'enfant*).

Vous remerciant de la bienveillance que vous voudrez bien accorder à la présente demande, je vous prie de recevoir, Monsieur le Directeur (*ou* Madame la Directrice), l'expression de mes sentiments les meilleurs.

Signature

VOUS AVEZ DÉMÉNAGÉ ET INSCRIT VOTRE ENFANT DANS UN NOUVEL ÉTABLISSEMENT SCOLAIRE. VOUS DEMANDEZ LE TRANSFERT DE SON DOSSIER SCOLAIRE.

Profitant des vacances pour déménager, vous n'avez pas pu prévenir le collège de ce changement. Dès la réouverture de l'établissement, vous prévenez le responsable et demandez le transfert du dossier scolaire de votre enfant au nouveau collège.

• **Ce que dit la loi** : À partir du collège, chaque enfant possède un dossier scolaire qui le suit pendant toute sa scolarité. En cas de déménagement ou de changement d'établissement, le dossier est transmis au nouvel établissement fréquenté par l'enfant.

Certains responsables d'établissements scolaires acceptent de vous remettre le dossier, d'autres refusent et demandent l'adresse du nouvel établissement pour le lui transmettre directement.

Il arrive aussi que l'ancien établissement oublie de transmettre le dossier scolaire au nouvel établissement fréquenté par l'enfant. Il suffit d'envoyer un courrier pour que le transfert se fasse.

Vos nom et prénom
Adresse

Date

Collège (ou Lycée) ...
Nom du responsable
de l'établissement
Adresse

Monsieur (*ou* Madame) le Proviseur,

Nous changeons de domicile le ... (*date*) pour habiter ... (*nouvelle adresse*). Ainsi, ma fille (*ou* mon fils) ... (*nom et prénom de l'enfant*) poursuivra sa scolarité au collège (*ou* lycée) ... (*nom et adresse du nouvel établissement*).

En conséquence, je vous prie de bien vouloir transmettre son dossier scolaire à ce nouvel établissement, dont le proviseur est Monsieur (*ou* Madame) ... (*indiquez le nom du responsable d'établissement si vous le connaissez*).

Vous en remerciant par avance, je vous prie de recevoir, Monsieur (*ou* Madame) le Proviseur, l'expression de mes sentiments les meilleurs.

Signature

• **Notre conseil** : Si au bout de quelques semaines, le dossier n'a pas été envoyé, passez un coup de téléphone au responsable de l'établissement scolaire pour le relancer.

VOTRE ENFANT A FAIT L'ÉCOLE BUISSONNIÈRE. VOUS RÉDIGEZ UN MOT D'EXCUSES À L'INSTITUTEUR.

Votre enfant a préféré se balader avec des copains plutôt que d'aller à l'école. Pas dramatique... à condition qu'il ne récidive pas trop souvent. Quoi qu'il en soit, vous devez adresser un mot d'excuses à son instituteur.

• **Ce que dit la loi** : L'absence ou le retard (important) d'un enfant à l'école doit être justifié par un mot d'excuse des parents. Ce qui permet d'être certain qu'ils ont eu connaissance de cette absence ou de ce retard. Si l'absence excède deux jours, il faut en principe fournir un certificat médical à l'école. Si l'absence n'est pas due à un problème de santé de l'enfant, mais à d'autres raisons (par exemple, vous avez eu des ennuis personnels qui vous ont empêché d'envoyer l'enfant à l'école), il est plus simple d'aller voir le directeur pour lui expliquer vos problèmes.

En revanche, si votre enfant a fait l'école buissonnière, une question se pose à vous : dire la vérité à l'instituteur ou « couvrir » votre enfant. Si c'est la première fois et si vous êtes certain (dans la mesure où on peut l'être) que l'enfant ne recommencera pas, il est préférable d'inventer une quelconque excuse. Mais, s'il a déjà fait l'école buissonnière plusieurs fois, il risque de recommencer. Dans ce cas, faites un mot d'excuses sans donner la raison de l'absence et allez voir l'instituteur pour discuter avec lui des « escapades » de l'enfant.

À rédiger sur le cahier de correspondance si l'enfant est jeune ou sur papier libre s'il est au collège.

Date

Monsieur (*ou* Madame),

Je vous prie de bien vouloir excuser l'absence de ... (*indiquez* ma fille *ou* mon fils et *le prénom de l'enfant*) qui n'a pu se rendre aux cours du mardi 6 octobre (*ou* des lundi et mardi 5 et 6 octobre) : il (*ou* elle) souffrait de ... (*par exemple* : d'une crise de foie, d'une petite angine...), mais je n'ai pas jugé utile d'appeler le médecin.

Veuillez recevoir, Monsieur (*ou* Madame), l'expression de mes sentiments les meilleurs.

Signature

• **Notre conseil** : Ne « couvrez » pas systématiquement votre enfant ; si le petit jeu de l'école buissonnière se répète plusieurs fois, il faut en parler à l'instituteur et même au directeur de l'école.

VOUS N'AVEZ PAS PU VOUS RENDRE À LA RÉUNION DES PARENTS D'ÉLÈVES. VOUS DEMANDEZ RENDEZ-VOUS AU PROFESSEUR PRINCIPAL.

Vous partez tôt le matin et rentrez tard le soir de votre travail. Impossible d'assister aux réunions de parents d'élèves qui ont toujours lieu à 17 heures. Au lieu de culpabiliser, demandez plutôt un rendez-vous au professeur principal.

• **Ce que dit la loi** : Les réunions de parents d'élèves ne sont pas obligatoires. Mais il est préférable d'y assister si vous le pouvez, que l'enfant soit inscrit à l'école primaire, dans un collège ou un lycée.

D'abord, cela prouve que vous vous intéressez à la scolarité de votre enfant. Ensuite, cela vous permet de connaître les difficultés qu'il rencontre, voire de découvrir les propres difficultés de l'établissement : classes surchargées, professeurs longuement absents et non remplacés, matériel de sport dangereux, enfants rackettés...

Ces réunions sont aussi parfois l'occasion de discuter avec d'autres parents dont les enfants rencontrent peut-être les mêmes difficultés que le vôtre.

Si vous n'avez pas pu vous rendre à la réunion, demandez un rendez-vous au professeur principal.

De toute façon, même en dehors des périodes de réunion, n'hésitez pas à prendre rendez-vous avec le professeur principal pour faire le point sur les progrès et les difficultés de votre enfant.

Enfin, si l'enfant a un problème avec un professeur, il est préférable de prendre rendez-vous avec l'intéressé. Mais si le problème persiste, prenez rendez-vous avec le responsable de l'établissement.

• **Notre conseil** : Rencontrez les professeurs de votre enfant au moins une fois par trimestre.

Vos nom et prénom
Adresse

Date

Monsieur (*ou* Madame) ...
Professeur principal
Classe de ...

Monsieur (*ou* Madame) le Professeur,

Retenu(e) par mes obligations professionnelles, je n'ai pu assister à la réunion de parents d'élèves. Mais je souhaite m'entretenir avec vous afin de faire le point sur les progrès et les difficultés de ... (*indiquez* ma fille *ou* mon fils *et le prénom de l'enfant*).

En conséquence, je sollicite un rendez-vous, de préférence en fin de journée, à partir de 17 heures (*ou* le matin si cela vous est plus facile).

Dans l'attente de vous rencontrer, je vous prie de recevoir, Monsieur (*ou* Madame) le Professeur, l'expression de mes sentiments les meilleurs.

Signature

VOTRE ENFANT A EU UNE MAUVAISE NOTE EN MATHÉMATIQUES. VOUS DEMANDEZ UNE EXPLICATION À SON INSTITUTEUR.

Plus doué pour compter les points au Baby-Foot que pour briller en mathématiques, votre enfant est rentré à la maison avec une note inavouable. N'en faites pas un drame. Demandez plutôt à son instituteur ce qu'il en pense.

• **Ce que dit la loi** : Normalement, un instituteur ou un professeur est souverain, il n'a pas à justifier sa notation. Mais vous pouvez, avec courtoisie, demander à l'instituteur non pas de se justifier face à une si mauvaise note attribuée à votre enfant, mais d'expliquer quelles sont les failles de celui-ci (il est distrait, il est trop lent, il manque de bases en algèbre…).

Il arrive parfois qu'un enseignant prenne un enfant en grippe. Et là, tous les coups sont permis : brimades, mauvaises notes, punitions injustes…

Si cette mauvaise note vous révèle la franche hostilité qui règne entre l'enfant et le professeur, allez voir ce dernier pour en discuter avec lui. Si cela persiste, prenez rendez-vous avec le directeur de l'établissement. Sachez que c'est souvent l'attitude arrogante de l'enfant qui est responsable de l'hostilité de l'enseignant.

• **Notre conseil** : Il est important de savoir pourquoi l'enfant a eu cette mauvaise note, afin de l'aider. Mais évitez l'attitude (hélas fréquente, d'après les enseignants) agressive sur le mode « mon fils est un petit génie brimé et vous le notez de manière injuste ».

Vos nom et prénom
Adresse   Date

Monsieur (*ou* Madame),

Comme vous le savez, ... (*prénom de votre enfant*) a eu une note de … (*par exemple, 2 sur 20*) au dernier devoir de … (*mathématiques, français…*).

Je ne m'explique pas ce mauvais résultat : est-ce un manque de bases en … (*maths, français…*) ou s'agit-il simplement d'un « accident » ?

Je vous serai reconnaissant(e) de bien vouloir me faire part de votre avis et de vos suggestions. J'attache une grande importance aux résultats scolaires de mon fils (*ou* ma fille).

Ou encore :
Cette succession de mauvaises notes m'inquiète, je souhaiterais en parler avec vous à l'occasion du prochain entretien que vous voudrez bien m'accorder.

Vous remerciant par avance, je vous prie de recevoir, Monsieur (*ou* Madame), l'expression de mes sentiments les meilleurs.

Signature

L'INSTITUTEUR A GIFLÉ VOTRE ENFANT. VOUS LUI DEMANDEZ UN RENDEZ-VOUS.

Excédé par le comportement insolent de votre chère tête blonde, l'instituteur lui a donné une gifle. Rien ne sert de vous énerver. Demandez-lui un rendez-vous afin qu'il vous explique les circonstances de son geste.

• **Ce que dit la loi** : En France, tout châtiment corporel est strictement interdit depuis le décret du 28 décembre 1976. Cette interdiction a de nouveau été rappelée par une circulaire de 1986 du ministère de l'Éducation nationale.

Les enseignants peuvent seulement punir, et encore de ma-nière raisonnable. « Le maître s'interdit tout comportement, geste ou parole qui traduirait de sa part indifférence et mépris à l'égard de l'élève ou de la famille », disent joliment les textes. Il arrive parfois que l'enseignant perde patience et gifle l'enfant. Que faire ?

Une gifle n'a jamais tué personne. Dans ce cas, prenez rendez-vous avec l'enseignant pour connaître les raisons de cet emportement et veillez à ce que cela ne se reproduise pas.

En revanche, s'il ne s'agit pas d'une simple gifle, mais de coups violents qui ont éventuellement blessé l'enfant, faites alors constater les coups par un médecin. Alertez ensuite le responsable de l'école et l'inspecteur académique. Puis portez plainte auprès du procureur de la République.

Il peut aussi être utile de se concerter avec d'autres parents d'élèves, si la violence de ce maître est systématique. Car, hélas, il existe aussi des « fous » dans les établissements scolaires, qui donnent des coups de pied, tirent violemment les oreilles des enfants…

• **Notre conseil** : Restez poli et n'allez pas injurier ou frapper le maître pour « venger » votre garnement. Ne perdez-vous jamais patience face à ce petit diablotin ?
Si la situation est vraiment grave, alertez les autorités concernées.

Vos nom et prénom
Adresse

Date

Monsieur (*ou* Madame),

Mon fils (*ou* ma fille) ... m'a appris que vous l'aviez giflé(e) ce matin (*indiquez avec précision le moment où la gifle est supposée avoir été donnée*). Je suis surpris(e) par ce geste inhabituel et strictement interdit dans les écoles.

Je souhaite m'entretenir avec vous de cet incident. Voulez-vous avoir l'obligeance de me fixer un rendez-vous en fin de classe, le jour étant à votre convenance (*ou tel jour à telle heure si vous avez des contraintes d'emploi du temps ; par exemple, samedi à 11 h 30*).

Vous remerciant par avance, je vous prie de recevoir, Monsieur (*ou* Madame), l'expression de mes sentiments distingués.

Signature

VOTRE ENFANT S'EST CASSÉ LA JAMBE DANS LA COUR DE RÉCRÉATION. VOUS POURSUIVEZ L'ÉCOLE ET EN INFORMEZ VOTRE ASSUREUR.

Au cours d'une partie de foot improvisée dans la cour de récréation, votre enfant s'est cassé la jambe en heurtant violemment l'un de ses petits camarades. Estimant qu'il y a eu une faute de l'établissement scolaire, vous le poursuivez et en informez votre assureur.

• **Ce que dit la loi** : L'article 1384 du code civil précise : « Les instituteurs sont responsables du dommage causé par leurs élèves pendant le temps qu'ils étaient sous leur surveillance », mais à condition que les fautes ou négligences invoquées contre eux puissent être prouvées par le(s) parent(s).

Mais une loi du 5 avril 1937 ajoute qu'il faut alors attaquer l'État (et non l'enseignant) et uniquement devant les tribunaux administratifs.

Cela dit, il est très difficile de prouver la faute ou la négligence de l'instituteur, hormis le cas particulier où il a laissé les enfants se livrer à des jeux dangereux ou brutaux. Dans tous les cas, déclarez l'accident à votre assureur dans les cinq jours.

• **Notre conseil** : Si l'enfant est gravement blessé, ou s'il y a eu une faute évidente de l'école, vous avez intérêt à porter plainte auprès du procureur de la République plutôt que d'essayer de faire juger l'État devant les tribunaux administratifs. Mais dans ce cas, prenez immédiatement un avocat, car les procureurs ont horreur de poursuivre les directeurs ou proviseurs. Adressez le double de la lettre que vous envoyez à votre assureur au directeur de l'école.

Vos nom et prénom
Adresse

Date

Police n°...
(*ou référence dossier*)

Nom de votre assureur
Adresse

Recommandé avec avis de réception

Monsieur, Madame,

Je vous informe que ... (*indiquez* ma fille, mon fils, *ainsi que le nom et le prénom de l'enfant*) âgé(e) de ... ans a été victime d'un accident survenu à l'école le ... (*date*) à ... heures. Elle (*ou* il) souffre de ... (*précisez la nature des blessures ; par exemple, d'un traumatisme crânien et d'une fracture à la jambe gauche*).

Au moment de l'accident, un groupe d'enfants dont ... (*prénom de votre enfant*) se livrait à un jeu très violent, sans que l'instituteur juge utile d'intervenir. Considérant qu'il y a eu une faute de la part de l'enseignant, je compte déposer plainte auprès du procureur de la République.

Vous trouverez ci-joint un bulletin de situation délivré par l'hôpital où se trouve ma fille (*ou* mon fils) depuis cet accident.

Je vous prie de croire, Monsieur, Madame, à l'expression de ma considération distinguée.

Signature

VOTRE ENFANT A CASSÉ LES LUNETTES D'UN DE SES CAMARADES, VOUS EN INFORMEZ VOTRE ASSUREUR.

Votre garnement s'est battu avec un petit camarade et lui a cassé ses lunettes. Même s'il vous dit que c'était de la légitime défense, déclarez cet accident à votre assureur dans les plus brefs délais.

• **Ce que dit la loi** : Contrairement à une idée répandue, l'assurance scolaire n'est pas obligatoire mais, dans les faits, elle apparaît indispensable. Pourtant, assez souvent, les assurances habitation comportent une clause de « responsabilité civile ». Avant de payer une assurance scolaire, vérifiez que votre contrat ne comporte pas une telle clause.

Si votre enfant a causé un accident (par exemple, il a cassé les lunettes d'un autre enfant ou l'a blessé), faites une déclaration de sinistre auprès de l'assureur dans les cinq jours qui suivent.

Si vous avez les deux assurances (scolaire et habitation responsabilité civile), il est préférable de faire la déclaration à votre assureur personnel, mais rien ne vous interdit de la faire aux deux assureurs pour plus de précautions.

• **Notre conseil** : Faites systématiquement la déclaration d'accident dans les délais à l'assureur, même si la responsabilité de votre enfant ne vous paraît pas évidente.

Vos nom et prénom
Adresse

Date

Police n°...
(*ou Référence dossier*)

Nom de votre assureur
Adresse

Messieurs,

Je vous informe d'un accident survenu à l'école, dans lequel mon fils ... (*ou* ma fille) ... (*indiquez les nom et prénom de l'enfant*) semble impliqué(e).

Il (*ou* elle) a bousculé un camarade qui, en tombant, a cassé ses lunettes (*ou* s'est blessé(e) à la tête...).

Cet enfant est inscrit dans la même classe que mon fils (*ou* ma fille) et se nomme ... (*indiquez les nom et prénom de l'enfant*).

Je reste à votre disposition pour toute précision complémentaire et vous prie de croire, Messieurs, à l'expression de ma considération distinguée.

Signature

VOUS NE SOUHAITEZ PAS QUE VOTRE ENFANT REDOUBLE. VOUS FAITES APPEL DEVANT LA COMMISSION D'APPEL EN MOTIVANT VOTRE DÉCISION.

La moyenne de votre enfant atteint péniblement 9. Le lycée ou le collège qu'il fréquente refuse son passage dans la classe supérieure. C'est vrai qu'il n'a pas beaucoup travaillé cette année, mais il a des excuses...

• **Ce que dit la loi** : En fin de classe de cinquième, de troisième et de seconde, le conseil de classe peut refuser le passage de l'enfant dans la classe supérieure. Votre recours : la commission d'appel.

En effet, le décret n° 90-484 du 14 juin 1990, partiellement modifié par le décret n° 92-169 du 20 février 1992, vous permet de saisir la commission d'appel de votre département, composée d'enseignants et de parents d'élèves.

Demandez au professeur principal de votre enfant la date et le lieu de réunion de cette commission. Précisez-lui votre intention de la saisir. Rédigez une lettre à l'attention de la commission dans laquelle vous préciserez les raisons pouvant expliquer la faiblesse de l'enfant.

Joignez des photocopies de tous les relevés de notes de l'année scolaire et éventuellement des justificatifs, par exemple, bulletin d'hospitalisation ou certificats médicaux si l'enfant a eu des problèmes de santé.

S'il s'agit de problèmes d'origine psychologique (vous avez divorcé et cela a perturbé l'enfant, ou encore il a perdu un proche...), expliquez franchement la situation.

Remettez le dossier comportant votre lettre et tous ces documents au professeur principal de votre enfant, mais n'espérez pas de miracle si sa moyenne est inférieure à 9 sur 20.

• **Notre conseil** : Beaucoup d'enseignants essaient d'empêcher les recours en ne communiquant pas les dates de réunion des commissions. N'hésitez pas à contacter directement le proviseur de l'établissement. L'appel doit être fait dans les trois jours ouvrables (samedi et dimanche ne sont pas des jours ouvrables) qui suivent la décision du conseil de classe.

Enfin, notez que vous pouvez soutenir le dossier de votre enfant devant la commission. Vous avez environ dix minutes pour exprimer vos observations. Ne critiquez jamais un professeur, même s'il est à l'origine du refus de passage et si vous pensez qu'il a été injuste.

Vos nom et prénom
Adresse

Date

Nom de l'élève, classe
Établissement scolaire

Mesdames et Messieurs les Professeurs,

Le collège (*ou* le lycée) ... (*nom du collège ou du lycée*) refuse le passage de mon fils (ou de ma fille) en classe de ... (*par exemple* : quatrième ou seconde) en raison de résultats jugés insuffisants.

Certes, son année scolaire n'a pas été à la hauteur de nos espérances. ... (prénom de votre enfant) n'a probablement pas assez travaillé. Cependant, certaines difficultés peuvent expliquer ces résultats moyens.

En effet, ... (*prénom de votre enfant*) (*expliquez ces difficultés, par exemple* : a eu d'importants problèmes de santé qui ont nécessité une hospitalisation ; *ou encore* : a été souffrant à plusieurs reprises et a été obligé de manquer des cours ; *ou bien* : a été affecté par des problèmes familiaux – divorce, séparation, chômage, décès... *ou encore* : vient d'arriver dans cet établissement et a eu des difficultés pour s'adapter).

Nous pensons qu'un doublement de classe démotiverait ... (*prénom de l'enfant*) et pourrait le pénaliser s'il souhaite plus tard présenter des concours pour lesquels une limite d'âge est imposée.

Nous prévoyons pour lui un soutien en mathématiques (*ou* en français, *ou* un séjour linguistique, *selon la ou les matières faibles...*) pendant l'été.

Nous vous remercions de votre bienveillance, et vous prions d'accepter, Mesdames et Messieurs les Professeurs, l'expression de notre respectueuse considération.

Signature

VOUS NE SOUHAITEZ PAS QUE VOTRE ENFANT REDOUBLE. IL ÉCRIT UNE PETITE LETTRE POUR LA COMMISSION D'APPEL.

Il n'a pas fait beaucoup d'efforts cette année. Il serait bon qu'il montre sa motivation pour redresser la barre.

• **Ce que dit la loi** : « en fin de... » faiblesse de l'enfant. Il est souhaitable surtout pour un passage en première, que votre enfant écrive personnellement une lettre aux membres de la commission d'appel pour affirmer qu'il a l'intention d'améliorer au plus vite ses résultats.

Nom et prénom de l'élève
Adresse

Date

Classe et
établissement scolaire

Mesdames et Messieurs les Professeurs,

Le conseil de classe a refusé mon passage en classe de ... (*par exemple* : quatrième, seconde, première, etc.).

Ma moyenne sur l'année est de ... sur 20. Je suis bien conscient d'avoir des lacunes à combler, en particulier en mathématiques (*ou en français, en anglais*...).

J'ai donc l'intention de suivre des cours de remise à niveau pendant les vacances scolaires, et vous remettrai le compte rendu de mes travaux à la rentrée.

Je m'engage à honorer la confiance que vous m'accorderez en acceptant mon passage en classe de ...

Je vous prie de bien vouloir accepter, Mesdames et Messieurs les Professeurs, l'expression de mes sentiments respectueux.

Signature

• **Notre conseil** : ne demandez pas à votre enfant de venir défendre son dossier devant la commission, car il peut perdre ses moyens devant les membres et ne pas se montrer motivé.

VOTRE ENFANT EST GRAVEMENT MALADE. VOUS DEMANDEZ À VOTRE EMPLOYEUR LE BÉNÉFICE D'UN CONGÉ DE PRÉSENCE PARENTALE OU UN TRAVAIL À TEMPS PARTIEL.

La maladie ou l'accident grave d'un enfant, voire un handicap grave, est toujours une période pénible à gérer pour les parents qui travaillent, car ils ne peuvent pas toujours se rendre disponibles. C'est pourquoi la loi leur permet, sous certaines conditions, de cesser ou de réduire pendant un temps leur activité et de reprendre leur travail normalement par la suite.

• **Ce que dit la loi** : L'article L. 122-28-9 du code du travail reconnaît à tout salarié dont l'enfant à charge est victime d'une maladie, d'un accident ou d'un handicap grave et nécessitant la présence d'une personne à ses côtés, le droit soit de travailler à temps partiel, soit de bénéficier d'un congé de présence parentale, entraînant la suspension de son contrat de travail.

Le travail à temps partiel ou le congé de présence parentale a une durée initiale de quatre mois au plus. Il peut être prolongé deux fois, dans la limite de douze mois, renouvellements inclus.

Le salarié doit envoyer à son employeur une lettre recommandée avec avis de réception, au moins quinze jours avant le début du congé ou du travail à temps partiel. Le salarié retrouve son précédent emploi ou un emploi similaire assorti d'une rémunération au moins équivalente à l'issue du congé de présence parentale ou de la période d'exercice de son activité à temps partiel.

• **Notre conseil** : La gravité de la maladie ou de l'accident est constatée par un certificat médical. Quant au handicap grave de l'enfant, il est établi dès lors que ce handicap ouvre droit à l'allocation d'éducation spéciale. Joignez les justificatifs à votre employeur.

Vos nom et prénom Date
Adresse
Emploi occupé

Recommandé avec avis de réception

Monsieur le Directeur
des établissements ...
Adresse

Monsieur le Directeur,

Mon enfant âgé de moins de ... ans (*indiquez son âge*) est atteint d'une maladie grave (*ou* a été victime d'un accident grave ou est atteint d'un handicap grave) comme l'atteste le certificat médical dont ci-joint photocopie.

En application de l'article L. 122-28-9 du code du travail relatif au travail à temps partiel ou au congé de présence parentale en cas de maladie, d'accident ou de handicap grave d'un enfant à charge au sens de l'article L. 513-1 du code de la Sécurité sociale, je vous demande ... (*indiquez votre choix*) :

– de réduire à temps partiel ma durée hebdomadaire de travail de ... (*indiquez le nombre d'heures*) à compter du ... (*date*) ;

– de bénéficier d'un congé de présence parentale pour une durée de ... mois (maximum quatre mois, deux fois renouvelables).

Vous trouverez ci-joint le certificat médical constatant la maladie grave (ou l'accident ou le handicap) de mon enfant. Il atteste également que son état rend nécessaire la présence d'une personne auprès de lui pendant une période de ... mois.

Veuillez agréer, Monsieur le Directeur, mes salutations distinguées.

Signature

VOTRE ENFANT A ÉTÉ GRAVEMENT MALADE ET VOUS AVEZ DEMANDÉ UN CONGÉ PARENTAL OU UN TRAVAIL À TEMPS PARTIEL. VOUS DEMANDEZ VOTRE RÉINTÉGRATION.

Votre conjoint est au chômage, vos revenus ont considérablement baissé ; il vous faut reprendre votre activité.

• **Ce que dit la loi** : L'article L. 122-28-9 du code du travail reconnaît à tout salarié dont l'enfant à charge est victime d'une maladie, d'un accident ou d'un handicap grave et nécessitant la présence d'une personne à ses côtés, le droit soit de travailler à temps partiel, soit de bénéficier d'un congé de présence parentale, entraînant la suspension de son contrat de travail.

Le travail à temps partiel ou le congé de présence parentale a une durée initiale de quatre mois au plus. Il peut être prolongé deux fois, dans la limite de douze mois, renouvellements inclus.

Le salarié doit envoyer à son employeur une lettre recommandée avec avis de réception, au moins quinze jours avant le début du congé ou du travail à temps partiel. Le salarié retrouve son précédent emploi ou un emploi similaire assorti d'une rémunération au moins équivalente à l'issue du congé de présence parentale ou de la période d'exercice de son activité à temps partiel.

Ce droit à réintération est immédiat en cas de décès de l'enfant ou de diminution importante des ressources du ménage. Mais il faut alors adresser une demande motivée à l'employeur, par lettre recommandée avec avis de réception, un mois avant la date de la reprise d'activité souhaitée.

• **Notre conseil** : La gravité de la maladie ou de l'accident est constatée par un certificat médical. Quant au handicap grave de l'enfant, il est établi dès lors que ce handicap ouvre droit à l'allocation d'éducation spéciale. Joignez les justificatifs à votre employeur.

Vos nom et prénom — Date
Adresse
Emploi occupé

Recommandé avec avis de réception

Monsieur le Directeur
des établissements ...
Adresse

Monsieur le Directeur,

J'ai l'honneur de vous rappeler que mon congé de présence parentale (*ou* mon activité à temps partiel) prend normalement fin le ... (*date*).

Toutefois, ... (*indiquez votre motif* : mon enfant étant décédé des suites de sa maladie ou de son accident ou de son handicap, ou bien les ressources de notre ménage ayant subi une diminution importante dans la dernière période), je vous demande de mettre fin à ce congé (*ou* de reprendre mon activité à temps plein) conformément au dernier alinéa de l'article L. 122-28-9 du code du travail.

Je reprendrai donc, si vous en êtes d'accord, à compter du ... (*date*), l'emploi que j'occupais à temps plein au moment de la prise de mon congé de présence parentale (*ou* de la réduction à temps partiel de ma durée de travail).

Veuillez agréer, Monsieur le Directeur, mes salutations distinguées.

Signature

LE CONSEIL DE CLASSE VEUT ORIENTER VOTRE ENFANT VERS UNE SECTION TECHNIQUE. VOUS CONTESTEZ CETTE ORIENTATION.

Sous prétexte que certaines notes sont un peu faibles ou que votre enfant est indiscipliné, les professeurs veulent l'envoyer en section technique. La loi vous permet de refuser cette orientation.

• **Ce que dit la loi** : Dès qu'un enfant a quelques faiblesses dans une matière ou manifeste un peu d'indiscipline, les professeurs s'en débarrassent vers les filières techniques (CAP, BEP, STT ETC). Certains poussent même l'hypocrisie jusqu'à soutenir aux parents que ce choix est guidé par l'intérêt de l'enfant et vous font une description idyllique de ces filières merveilleuses. Ils ne vous disent pas qu'entre eux, ils nomment « filières poubelles ». D'ailleurs, demandez-leur si leurs enfants sont inscrits dans de telles filières. Parions que la réponse sera négative.

Pour leurs enfants, il faut les filières prestigieuses, et les écoles, collèges et lycées prestigieux.

Ne croyez pas à la pseudo sollicitude des professeurs. Une mauvaise orientation peut détruire la vie d'un enfant. Ne cédez pas, renseignez-vous quitte à le mettre dans un établissement privé.

En tout cas, sachez que le redoublement est un droit. Il vaut mieux que l'enfant redouble plutôt que de se trouver dans un cursus dévalorisé et démotivant.

Vos nom et prénom
Adresse

À..., le...

Nom et adresse du proviseur
(*ou directeur*)

Monsieur le proviseur,

Le professeur principal m'a fait savoir qu'une orientation vers... (*par exemple, une filière CAP*) a été décidée pour ... (*par exemple, mon fils Alain Martel*).

Je vous indique que je conteste cette orientation qui ne correspond pas à sa sensibilité.

En conséquence, je demande le redoublement de (*mon fils*) comme la loi m'en donne la faculté.

Je vous prie de croire, Monsieur le proviseur, à l'expression de ma considération distinguée.

Signature

• **Notre conseil** : Faites valoir vos droits, battez-vous pour votre enfant.. Les écoles, collèges et lycées publics sont financés par nos impôts. Ils ne sont pas la propriété privée des enseignants.

L'ÉCOLE ESSAIE SOURNOISEMENT DE CHASSER VOTRE ENFANT, IL EST HARCELÉ PAR SA MAÎTRESSE... VOUS SAISISSEZ L'INSPECTEUR DE L'ÉDUCATION NATIONALE.

Depuis le début de l'année, on vous fait subir toutes sortes d'avanies. Avec un seul but : chasser votre enfant de cette école. Vous alertez l'inspecteur de l'éducation nationale.

• **Ce que dit la loi** : Certaines écoles n'aiment pas les enfants qui sont différents. Pour peu que le vôtre ait quelques difficultés (un petit retard dans l'expression, une compréhension plus lente) ou qu'il soit un peu plus remuant que la moyenne, les enseignants ne vont pas apprécier. Et certains (tous ne sont pas comme ça heureusement) vont tout faire pour vous pousser à l'inscrire ailleurs.

Or, dans la mesure où l'enfant est inscrit dans l'établissement désigné par la carte scolaire, on ne peut pas le chasser officiellement. Mais, on peut toujours recourir à des moyens sournois.

Bref, si vous rencontrez un problème quelconque avec un maître, une maîtresse, un directeur d'école ou d'autres personnes de l'établissement, vous pouvez saisir l'inspecteur de l'éducation nationale (IEN). Son nom et son adresse doivent en principe être affichés de manière visible. S'ils ne sont pas affichés, le directeur de l'école est obligé de vous les communiquer.

• **Notre conseil** : Évitez de citer nommément les personnes que vous mettez en cause. Au lieu de dire Mme Dupont, employez plutôt son titre sur le mode Mme la directrice, la maîtresse de la classe de CE2, le professeur de mathématiques etc.

Vos nom et prénom
Adresse

À..., le...

Nom et adresse de l'Inspecteur
de l'éducation nationale

Monsieur l'inspecteur de l'éducation nationale,

Un litige me sépare de l'école... (*nom et adresse de l'école*) où ma fille ... (*nom, prénom*), âgée de... ans, est inscrite en classe de...

Ma fille ayant quelques retards dans le langage, la directrice de l'établissement veut à toute force l'orienter vers une école spécialisée. Et ce, malgré l'avis contraire des médecins consultés.

Depuis, la directrice et la maîtresse de classe ont des comportements agressifs à l'égard de ma fille mais aussi envers moi. L'emploi du mot harcèlement serait ici tout à fait approprié.

J'en appelle à votre arbitrage pour que ces deux personnes aient désormais un comportement plus serein à notre égard.

Vous remerciant de votre diligence, je vous prie de croire, Monsieur l'Inspecteur de l'éducation nationale, à l'expression de mes respectueux sentiments.

Signature

L'ÉCOLE VEUT DE TOUTE ÉVIDENCE ÉVINCER VOTRE ENFANT : VOUS AVERTISSEZ L'INSPECTEUR D'ACADÉMIE.

Si vous craignez la partialité de l'Inspecteur de l'éducation nationale, frappez à une autre porte.

• **Ce que dit la loi** : il arrive que l'inspecteur de l'éducation nationale soit une personne trop proche des établissements qu'il est supposé surveiller, et on peut craindre sa partialité. Dans ce cas, saisissez son supérieur qui est l'inspecteur d'académie.

Vos nom et prénom
Adresse

À..., le...

Nom et adresse de l'inspecteur d'académie

Monsieur l'inspecteur d'académie,

À la suite de difficultés avec l'école... (*nom et adresse*), j'ai demandé par courrier, dont copie jointe à Monsieur l'inspecteur de l'éducation nationale, de bien vouloir intervenir auprès de cet établissement. Ma demande n'a pas eu de suite, les choses sont restées en l'état.

En conséquence, j'en appelle à votre arbitrage et vous demande d'ordonner les mesures propres à mettre fin aux mille et une petites vexations dont ma fille est victime de la part de ces personnes.

Je vous prie de croire, Monsieur l'inspecteur d'académie, à l'expression de ma considération distinguée.

Signature

VOUS DÉNONCEZ UN RACKET À L'ÉCOLE QUE FRÉQUENTE VOTRE ENFANT.

Votre enfant vous réclame de l'argent, revient sans son blouson ou ses baskets… Bref, vous avez fini par découvrir qu'il est l'objet d'un racket.
Vous en informez le directeur de l'établissement.

• **Ce que dit la loi** : Si votre enfant vous réclame souvent de l'argent au moment d'aller à l'école, s'il revient souvent sans ses affaires (blouson, baskets, montre…), il est peut-être l'objet d'un racket. Essayez d'interroger adroitement votre enfant.
Car le racket est aujourd'hui un phénomène généralisée que l'on rencontre dans de nombreux établissements scolaires.

Si vous découvrez que votre enfant (ou l'un de ses camarades) est l'objet d'un racket, vous devez absolument en aviser le directeur de l'établissement scolaire.

Ce dernier doit alors alerter le commissariat de police qui diligentera une enquête.

Hélas, certains responsables d'établissement hésitent à faire appel aux services de police. Il en de même de certains parents qui ont peur de voir leur enfant subir des représailles. Or, il est rare que les raquetteurs abandonnent une proie une fois qu'ils l'ont trouvée. Après avoir alerté le responsable de l'établissement, allez déposer une plainte auprès du commissariat de police le plus proche.

• **Notre conseil** : Soyez à l'écoute de votre enfant, le racket est un phénomène généralisé et qui peut pourrir la vie de celui qui en est victime.

Vos nom et prénom
Adresse

À…, le…

Nom et adresse du Proviseur

Monsieur le proviseur,

Ma fille… (*nom et prénom, par exemple Charlotte Cordier*) élève en classe de…dans votre établissement me dit qu'elle est l'objet d'un racket de la part d'élèves extérieurs à l'établissement (*ou d'élèves inscrits en classe de…*).

Il semble que d'autres élèves soient également victimes de ces actes qui s'accompagnent souvent de menaces, voire de coups violents.

Sous la menace, Charlotte a dû à plusieurs reprises céder ses affaires, notamment son téléphone portable, son blouson et son bracelet en or.

Je vous saurais gré de bien vouloir prendre les mesures propres à faire cesser ce trouble grave et à alerter les autorités policières.

De mon côté, je dépose une plainte contre X auprès du commissariat de police.

Je vous prie de croire, Monsieur le Proviseur, à l'expression de ma considération distinguée.

Signature

VOUS DÉNONCEZ UN BIZUTAGE DONT VOTRE ENFANT A ÉTÉ VICTIME DANS UN LYCÉE, UNE GRANDE ÉCOLE OU UNE UNIVERSITÉ.

Sous prétexte de bizutage, votre enfant a été humilié (e), torturé (e) et bafoué (e). Vous alertez le responsable de l'établissement tout en déposant une plainte.

• **Ce que dit la loi** : Vieille mais malsaine tradition, le bizutage consiste à faire subir des brimades « amusantes » aux nouveaux arrivants dans un lycée, une grande école ou plus rarement dans une université.

Sauf que les brimades n'ont rien de convivial ni d'amusant. Au fil des ans, le bizutage est devenu le prétexte pour permettre à quelques jeunes meneurs d'exprimer leurs penchants les plus primaires. Le « bizuté » subissait des humiliations (on l'obligeait à boire les urines ou à manger des excréments), et souvent des violences gratuites. Parfois, le bizutage était le prétexte à des viols collectifs.

Chaque année des jeunes se retrouvaient gravement blessés ou choqués à la suite d'un bizutage. Ségolène Royal a donc fait voter une loi qui fait du bizutage un délit passible de sanctions. Cette loi est codifiée aux articles L 225-16-1 à L 225-16-3 du code pénal. Le bizutage est passible d'une peine de six mois de prison et d'une amende de 7500 €. L'emprisonnement peut atteindre un an lorsque le bizutage est pratiqué sur une personne particulièrement vulnérable.

• **Notre conseil** : Dès que vous avez connaissance d'un bizutage, n'hésitez pas à alerter le responsable de l'établissement, mais également le commissariat de police ainsi que le procureur de la république. Et ce, même si votre enfant n'est pas concerné.

Vos nom et prénom
Adresse

À..., le...

Nom et adresse du Proviseur

Monsieur le proviseur,

Je vous informe qu'une opération de bizutage a lieu dans votre établissement au cours de la période du...Des actes d'une rare violence ainsi que des humiliations et des atteintes sexuelles ont été exercés à l'égard des plus jeunes.

Le bizutage étant un délit réprimé par les articles L 225-16-1 à 225-16-3 du code pénal, il vous appartient de saisir les autorités compétentes afin que des poursuites soient diligentées contre les auteurs de ces actes.

Mon fils (*ma fille*) va de son côté déposer une plainte.

Je vous prie de croire, Monsieur le Proviseur, à l'expression de ma considération distinguée.

Signature

VOUS AVERTISSEZ LA DIRECTION DE L'ÉCOLE QUE VOTRE ENFANT EST ALLERGIQUE.

Votre fille souffre d'allergies, et il est vivement contre-indiqué de lui donner des médicaments sans avis médical. Vous alertez l'école.

• **CE QUE DIT LA LOI** : L'infirmière scolaire n'est pas habilitée à donner aux élèves présentant des petits malaises des médicaments exigeant une prescription médicale. Mais parfois, un simple cachet d'aspirine peut déclencher des réactions allergiques chez des enfants fragiles. Si votre enfant souffre d'allergies ou de toute maladie contre-indiquant formellement certains médicaments, prévenez l'école.

• **NOTRE CONSEIL** : Si possible, il est prudent que votre enfant garde sur lui (avec sa carte d'identité par exemple), la liste des médicaments qu'il lui faut absolument éviter de prendre.

Vos nom et prénom
Votre adresse

Monsieur le Directeur
de l'Ecole

Date

Monsieur le Directeur,

Ma fille... (*prénom de l'enfant*), en classe de ... souffre d'allergies. Son état de santé ne lui permet pas de prendre sans risque certains médicaments dont je dresse la liste ci-dessous :

– liste des médicaments à bannir

Je vous remercie de bien vouloir le faire savoir à son enseignante et au personnel de l'infirmerie de l'École.

Veuillez agréer, Monsieur le Directeur, l'expression de mes salutations distinguées

Votre signature

CHAPITRE 2

VOS ENFANTS ET LEUR VIE QUOTIDIENNE

LE MARI DE VOTRE EX-COMPAGNE TERRORISE VOTRE PETITE FILLE, VOUS ÉCRIVEZ À LA MÈRE DE L'ENFANT POUR EXIGER QU'ELLE METTE FIN À CETTE SITUATION.

Vous êtes séparé de la mère de votre enfant. De son côté, elle s'est remariée avec un homme qui brusque votre fille. Brimades, punitions démesurées... La petite commence à être très perturbée. Vous demandez à la mère de votre enfant de faire cesser cette situation.

• **Ce que dit la loi** : En cas de séparation des parents, le juge civil confie la garde de l'enfant à l'un des deux parents, souvent la mère. Depuis la loi du 8 janvier 1993, l'autorité parentale est exercée conjointement par les deux parents. Le parent qui n'a pas la garde de l'enfant n'est donc pas exclu pour autant du sort de celui-ci. Outre un droit de visite régulier, le parent qui n'a pas la garde de l'enfant participe à son éducation.

Il peut ainsi exiger la communication de ses bulletins de notes, et être associé aux décisions importantes le concernant.

L'article 375 du code civil énonce que lorsque la santé, la sécurité, ou la moralité de l'enfant sont en danger, ou encore lorsque les conditions d'éducation de l'enfant sont gravement compromises, chaque parent peut saisir le juge pour enfants.

Le juge pourra alors ordonner toutes les mesures nécessaires à la protection de l'enfant, et même éventuellement retirer l'enfant au parent qui se montre incapable de veiller sur lui, pour le confier à l'autre parent, voire à un centre d'accueil ou à une famille extérieure.

• **Notre conseil** : Avant de saisir le juge, tentez de régler le problème directement avec votre ex-compagne. Adressez-lui ce courrier ferme pour lui demander de mieux veiller à l'équilibre de l'enfant. Vous pouvez aussi prévenir le directeur de l'établissement scolaire. Par ses contacts quotidiens avec l'enfant, il pourra apprécier l'évolution de la situation.

Vos nom et prénom
Adresse

Date

Nom du parent
Adresse

... (*prénom de votre ex-compagne*),

... (*prénom de votre enfant*) me dit que ton mari (*ou* ton compagnon, *s'ils ne sont pas mariés*) la punit constamment et surtout l'enferme régulièrement dans la cave, non éclairée, pour « la calmer ».

Enfermer un enfant dans une cave est un acte si monstrueux qu'on a du mal à croire qu'un adulte puisse vraiment le commettre.

Pourtant les cauchemars que fait ... (*prénom de l'enfant*) me laissent à penser qu'il ne s'agit pas d'un mensonge d'enfant, mais que notre fille a vraiment subi ces punitions. Elle en est complètement traumatisée.

J'exige donc que tu fasses cesser ce type de punitions barbares.

Si ... (*prénom de l'enfant*) est enfermée encore une fois dans cette cave, ou subit des violences physiques ou morales, j'alerterai le juge pour enfants et demanderai à obtenir sa garde définitive. Je n'exclus pas non plus de déposer plainte contre ton mari (*ou* ton compagnon) et toi.

Je te remercie de veiller à l'équilibre de notre fille.

Signature

LE MARI DE VOTRE EX-COMPAGNE BAT VOTRE ENFANT. VOUS SAISISSEZ LE JUGE POUR ENFANTS.

Au moment de votre séparation, la garde de votre fils a été confiée à sa mère. Cette dernière vit avec un homme brutal. Il maltraite et bat votre fils.

• **Ce que dit la loi** : Le parent qui n'a pas la garde de l'enfant partage avec l'autre l'autorité parentale. Celui des deux parents qui constate que son enfant est maltraité doit alerter le juge pour enfants qui prendra toutes les mesures nécessaires à la protection de l'enfant.

En revanche, lorsqu'il s'agit de mauvais traitements physiques (coups, blessures…), il est nécessaire d'alerter également le procureur de la République.

Dans tous les cas, il faut prévenir le directeur de l'établissement scolaire où est inscrit l'enfant (prenez rendez-vous). Par ses contacts quotidiens avec l'enfant, il peut veiller sur lui et alerter d'urgence les autorités si les mauvais traitements s'aggravent.

• **Notre conseil** : Ne fermez pas les yeux sous prétexte d'être en paix avec votre ex-compagne (ou ex-compagnon). Les enfants maltraités gardent des séquelles graves toute leur vie.
Réagissez rapidement et fermement dès que vous avez connaissance des mauvais traitements.
En principe, vous devez saisir le tribunal du domicile de votre compagne. Mais vous pouvez aussi saisir celui de votre domicile qui transmettra. Envoyez à la mère de l'enfant les doubles des courriers que vous avez adressés aux autorités.

Vos nom et prénom
Adresse

Date

Monsieur (*ou* Madame)
le Juge pour enfants
Tribunal de grande
instance de ...
Adresse

Monsieur (*ou* Madame) le Juge,

Par jugement en date du ... (*date*), le tribunal de ... (*ville*) a confié la garde de mon fils ... (*prénom et nom de votre enfant*), âgé(e) de ... ans, à sa mère Madame ... (*prénom et nom de la maman*), demeurant ... (*adresse*).

Depuis plusieurs mois, mon fils (*ou* ma fille) affirme être victime de mauvais traitements.

Selon ... (*prénom de votre enfant*), Monsieur ... (prénom et nom du compagnon de la mère de l'enfant), dont mon ex-compagne partage la vie, le maltraite (*expliquez exactement ce que sont ces mauvais traitements, par exemple* : il le punit de manière incessante, *ou* : il le frappe avec une ceinture en cuir).

Je vous serais reconnaissant de bien vouloir prendre les mesures propres à faire cesser les mauvais traitements dont mon fils est victime (*ou encore* : je demande que la garde de mon fils Éric me soit confiée afin de le soustraire à ces mauvais traitements, etc.).

Je vous remercie de votre diligence, et vous prie d'agréer, Monsieur (*ou* Madame) le Juge, l'expression de mes sentiments respectueux.

Signature

LE MARI DE VOTRE EX-COMPAGNE BAT VOTRE ENFANT. VOUS SAISISSEZ LE PROCUREUR DE LA RÉPUBLIQUE.

Vous êtes persuadé que votre enfant est victime de maltraitances physiques. Vous ne pouvez le supporter.

• **Ce que dit la loi** : Lorsqu'un enfant est victime de mauvais traitement physique (coups, blessures...) il est nécessaire d'alerter également le Procureur de la République.

Vos nom et prénom
Adresse

Date

Monsieur le Procureur de
la République
Tribunal de grande
instance de ...
Adresse

Monsieur le Procureur de la République,

Par jugement en date du ..., le tribunal de ... (*ville*) a confié la garde de mon fils (*ou* ma fille) ..., âgé de ..., à sa mère Madame ... (*nom et prénom de la mère de l'enfant*), demeurant ... (*adresse*).

Selon mon fils, Monsieur ... (*nom et prénom du nouveau compagnon de la mère de l'enfant*), le compagnon de sa mère, le punit de manière incessante et le brutalise. Si j'en crois les propos de l'enfant, son beau-père le bat fréquemment.

En conséquence, je porte ces faits à votre connaissance en vous priant de bien vouloir les qualifier et ordonner toutes mesures d'enquête permettant de mettre fin aux mauvais traitements dont est victime mon fils.

Je vous remercie de votre diligence et vous prie de croire, Monsieur le Procureur de la République, à l'expression de ma très respectueuse considération.

Signature

VOUS AVEZ DE BONNES RAISONS DE PENSER QUE VOTRE ENFANT EST MALTRAITÉ PAR LE NOUVEAU CONJOINT DE VOTRE EX ; VOUS AVERTISSEZ LE DIRECTEUR DE SON ÉCOLE.

Le nouveau compagnon de votre ex-épouse est violent et votre enfant se plaint de ses mauvais traitements. L'institutrice qui voit votre enfant au quotidien peut le vérifier.

• **Ce que dit la loi** : toute personne qui a des suspicions sur la maltraitance d'un enfant est tenue d'en faire part au Procureur de la République. L'institutrice de votre enfant le voit chaque jour et peut remarquer soit un comportement anormal (pleurs, renfermement, attitude craintive…) soit des signes physiques de maltraitance (hématomes…). Alertez-la pour qu'elle soit attentive, et demandez éventuellement à la rencontrer pour qu'elle vous fasse part de ses conclusions.

Vos nom et prénom
Votre adresse

Monsieur le Directeur de
L'École ....

Date

Monsieur le Directeur,

J'ai de bonnes raisons de penser que mon fils (*ou ma fille*) .... (prénom de l'enfant, en classe de .... subit des mauvais traitements de la part de son beau-père).

Je vous demande d'être particulièrement attentif au comportement de mon enfant, et aux éventuels marques physiques de maltraitance qu'il pourrait présenter.

Vous en remerciant par avance, je vous prie d'accepter, Monsieur le Directeur, l'expression de mes salutations distinguées.

Votre signature

SOUTENUE PAR VOTRE FILS, VOTRE BELLE-FILLE VOUS INTERDIT DE VOIR VOTRE PETITE-FILLE... VOUS LUI RAPPELEZ QUE LES GRANDS-PARENTS ONT UN DROIT DE VISITE.

À la naissance de votre petite-fille, vous étiez fou de joie. Hélas, votre déception est grande, car vous ne voyez la petite qu'une ou deux fois par an. Vous réagissez et demandez à voir l'enfant plus souvent.

• **Ce que dit la loi** : Selon le code civil, chaque fois que cela est possible, un enfant doit être maintenu dans son milieu familial. Et selon l'article 371-4 du même code, les parents ne peuvent, sauf motif grave, faire obstacle aux relations personnelles de l'enfant avec ses grands-parents.

Hélas, il arrive que les relations entre parents et enfants soient complètement rompues. Ce qui n'empêche pas les grands-parents de vouloir s'occuper de leurs petits-enfants.

À défaut d'accord entre parents et grands-parents, c'est le tribunal qui règle le problème. Il peut, si la situation le justifie, accorder un droit de visite ou de correspondance aux grands-parents.

Ainsi, des parents, que leur fille avait décidé de ne plus voir, ont obtenu du tribunal un droit de visite régulier pour voir leurs petits-enfants.

• **Notre conseil** : Avant d'en arriver à la solution judiciaire, toujours préjudiciable à l'équilibre des enfants, essayez de trouver, en douceur, des solutions avec les parents de votre petite-fille ou petit-fils.

Vos nom et prénom
Adresse

Date

Nom des parents de l'enfant
Adresse

Cher... (*prénom de votre fils*),
Chère... (*prénom de votre belle-fille*),

La naissance de ... (*prénom de l'enfant*) a été pour nous une grande joie.

Mais cette joie a fait place à la déception. En ... ans, nous n'avons vu ... (*prénom de l'enfant*) que six fois alors que nous habitons tous la même ville.

Comme tous grands-parents, nous avons le désir d'offrir quelques bons souvenirs à notre petite-fille et de la gâter.

Certes, nous sommes conscients que ... (*prénom de l'enfant*) a un emploi du temps chargé.

Nous vous demandons néanmoins de vous organiser pour que nous puissions voir notre petite-fille de manière plus régulière et plus fréquente.

Nous sommes très disponibles et pouvons tout à fait nous adapter aux horaires de ... (*prénom de l'enfant*).

(*Si vos relations avec les parents de l'enfant sont très mauvaises, vous pouvez ajouter* : Si notre souhait n'est pas exaucé, nous nous verrons obligés de demander au juge de nous accorder un droit de visite régulier.)

Nous vous embrassons tous les trois affectueusement (*ou toute autre formule utilisée dans vos rapports avec vos enfants*).

Signature

VOUS DEMANDEZ LA COMMUNICATION D'UNE COPIE D'EXAMEN OU DE CONCOURS.

Votre fille était certaine d'avoir réussi son examen. Patatras ! Les résultats viennent de tomber, elle est recalée. Vous lui conseillez de demander à consulter sa copie.

• **Ce que dit la loi** : Tout citoyen a droit à la communication des documents nominatifs des documents qui le concernent. Les copies d'examen et de concours n'échappent pas à la règle, ils doivent vous être communiqués. Bien entendu, vous ne pouvez consulter que votre copie, et non celle des autres candidats.

Ce droit s'applique quelle que soit la nature de l'examen (baccalauréat, diplômes universitaires, examens professionnels, concours...), y compris si vous êtes inscrit dans un établissement privé.

Pour un enfant mineur, la demande de communication doit être signée des parents. Cette demande est à faire auprès de l'organisme qui a organisé l'examen ou le concours (par exemple l'université où l'enfant est inscrit, les universités étant autonomes ; la Maison des examens pour un diplôme national comme le baccalauréat, l'expertise-comptable). La consultation de votre copie comporte le droit d'en obtenir une photocopie (joindre une enveloppe timbrée et le paiement de la photocopie).

Pas de fausses illusions. Si la consultation de votre copie peut vous permettre de voir vos erreurs et vos oublis, elle ne vous permet pas, en revanche, d'obtenir la remise en cause de la note. Les tribunaux administratifs ont toujours refusé de remettre en cause une note. Le correcteur est souverain, il note en son âme et conscience, même s'il existe un barème de notation. Le seul cas où une modification de la note est admise est celui de l'erreur matérielle manifeste. Par exemple, le total des points est erroné, la note reportée sur le bordereau nominatif est différente de celle qui figure sur la copie, on a appliqué à votre note un mauvais coefficient...

Les tribunaux acceptent en revanche l'annulation collective d'une épreuve si des cas de fraude sont avérés (par exemple, dans une académie, une partie des candidats au bac avaient obtenu copies des sujets à l'avance) ou s'il y a eu rupture de l'égalité entre les candidats dans un concours. Mais il s'agit d'une mesure collective qui concerne l'examen ou le concours et non pas la note individuelle de tel ou tel candidat.

• **Notre conseil** : Même si vous trouvez que votre copie a été mal corrigée, restez courtois, le milieu déteste être remis en cause. Ces correcteurs, vous risquez de les retrouver dans votre cursus.

Si on vous refuse la consultation de votre copie, vous pouvez saisir la Commission d'accès aux documents administratifs (CADA).

Vos nom et prénom — Date
Adresse
N° de téléphone

Recommandé avec avis de réception

Référence de l'examen ou du concours

Nom du responsable
Adresse

Madame, Monsieur,

La note que j'ai obtenue à l'épreuve de ... (*précisez par exemple* français, histoire de l'art...), qui s'est déroulée le ... (*date*), me surprend et me déçoit.
Je pensais pourtant avoir rendu un travail de qualité. Aussi pour comprendre mes erreurs, je souhaite obtenir communication de ma copie, les explications du correcteur pourraient grandement m'aider.

Vous en remerciant, je vous prie de croire, Madame, Monsieur, à l'expression de ma considération distinguée.

Signature

VOUS DEMANDEZ AU JUGE L'AUTORISATION DE VENDRE LE LOGEMENT APPARTENANT À VOTRE ENFANT MINEUR.

Votre enfant mineur est propriétaire d'un logement hérité de son père ou d'un autre parent. Vous sollicitez l'autorisation du juge des tutelles pour le vendre.

• **Ce que dit la loi** : Le père de votre enfant est décédé en laissant un logement. Comme vous n'étiez pas mariés, c'est l'enfant qui en a hérité en totalité. Si vous aviez été mariés, le logement familial vous serait revenu, du moins pour une succession ouverte depuis le 1er juillet 2002. Auparavant, ce sont les enfants qui héritaient, le conjoint survivant n'avait pratiquement droit à rien.

Il n'est donc pas rare qu'un ou plusieurs enfants mineurs se retrouvent propriétaires en tout ou partie d'un logement par suite du décès de l'un des parents, ou encore grâce à un testament en sa faveur de ses grands-parents ou d'une donation consentie par un proche.

En tant que parent, vous avez l'administration légale des biens de l'enfant. Cela signifie que vous pouvez vous charger de leur gestion quotidienne. Mais pour tous les actes importants, vous devez obtenir l'autorisation du juge des tutelles. Il en est ainsi notamment pour la vente du logement, sa mise en location, la réalisation de travaux importants...

La règle est identique pour les biens appartenant à un majeur sous tutelle.

Quoi qu'il en soit, avant de vous accorder l'autorisation de mettre le logement de votre (vos) enfant(s) en vente, le juge des tutelles va vérifier divers éléments, notamment le prix auquel vous pensez le mettre en vente. Il vous demandera de justifier le prix que vous avez fixé. Vous pouvez demander à des agents immobiliers du quartier de vous faire (verbalement, sinon cela est payant) une estimation et l'affiner avec les cotes publiées par la presse spécialisée (Investir, Le Figaro, Challenges...).

• **Notre conseil** : Surtout signez la promesse de vente sous condition suspensive d'obtention de l'autorisation de vente du juge des tutelles.

Vos nom et prénom
Adresse
Recommandé avec avis de réception

Date

Monsieur, Madame
le Juge des tutelles
Tribunal d'instance de... (*ville*)
Adresse

Monsieur, Madame le Juge,

Mes deux enfants mineurs ... (*nom, prénom et date de naissance des enfants*) ont au décès de leur père ... (*nom, prénom*) survenu le ..., à ..., reçu en pleine propriété un appartement (une maison...) situé à ... (*adresse*).
Ce logement a une superficie de ... m², répartie en ... (*précisez, par exemple* 3 pièces cuisine, salle de bains).

Mon prochain mariage m'amène à changer de résidence principale. Les enfants et moi, nous irons vivre au domicile de mon nouveau conjoint.

Le logement appartenant aux enfants devient donc inutile. En conséquence, je sollicite votre accord pour procéder à sa vente. Selon les agents immobiliers du quartier, le prix de la transaction pourrait se situer entre ... € et ... €, soit un prix moyen de ... € le m².

Je vous prie d'agréer, Monsieur, Madame le Juge, l'expression de mes respectueux sentiments.

Signature

VOUS DEMANDEZ À VOTRE AVOCAT DE RAPPELER À VOTRE ÉPOUSE VOTRE DROIT DE VISITE

Un jugement vous a accordé le droit de voir vos enfants à intervalles réguliers, mais votre épouse trouve des prétextes pour vous empêcher de les voir. Vous demandez à votre avocat d'intervenir.

• **Ce que dit la loi** : En cas de divorce ou de séparation, les enfants sont confiés à la mère tandis que le père bénéficie d'une large droit de visite et d'hébergement.

Mais parfois la maman (cas le plus fréquent) soit s'oppose clairement au droit de visite du père, soit le fait de manière détournée en prétextant les activités péri-scolaires des enfants.

Si vous n'arrivez pas à voir vos enfants, vous pouvez déposer plainte contre votre ex-compagne pour non-présentation d'enfants. Mais ce n'est pas forcément une bonne idée d'envoyer la mère de vos enfants en prison. Envoyez-lui un courrier pour lui rappeler que son comportement est passible de sanctions pénales et notamment de peines d'emprisonnement.

Si elle ne se rend pas à la raison, demandez à votre avocat de la raisonner tout en la menaçant subtilement des foudres de la justice. Elle verra ainsi votre détermination.

• **Notre conseil** : Saisir d'emblée la justice n'est pas la bonne solution. Essayez toujours de dialoguer. Le recours à la justice va forcément perturber vos enfants qui vont se sentir déchirés entre deux parents qu'ils aiment.

Vos nom, prénom et adresse

Nom et prénom de votre avocat
Adresse

Maître,

Comme vous le savez, le jugement de divorce m'a accordé le droit d'héberger mes enfants un week-end sur deux ainsi que pendant la moitié de toutes les vacances scolaires.

Or, mon ex-épouse manifeste une vraie réticence pour me confier les enfants.

Ainsi, ces deux derniers weeks-end, je n'ai pu les voir que quelques heures.

Mon ex-épouse invoque toutes sortes de prétextes pour m'empêcher de les voir et de les emmener : ils ont une fièvre de cheval, ils ont une fête obligatoire à l'école, ils n'ont pas envie de me voir etc.

J'en ai vraiment assez de son comportement abusif.

En conséquence, je vous saurais gré de bien vouloir la raisonner, quitte à lui rappeler qu'elle encourt des sanctions pénales si elle persiste à ne pas me présenter les enfants.

Je vous remercie et vous prie de croire, Maître, à l'expression de mes sentiments distinguées.

Signature

Vos enfants voudraient venir vivre avec vous, mais votre ex-épouse ne l'entend pas de cette oreille. Vous demandez au JAF de vous donner son autorisation.

• **Ce que dit la loi** : Lors de votre séparation, vos enfants ont été confiés à la garde et aux bons soins de leur mère. Mais aujourd'hui, ils ont grandi et ils aimeraient bien venir vivre avec vous. Leur mère ne l'entend pas de cette oreille et s'y oppose résolument.

L'organisation décidée par le juge aux affaires familiales n'est pas intangible. Les parents peuvent d'un commun accord décider que l'enfant ira vivre chez son père alors que le juge l'avait confié à sa mère. Ou inversement. Mais faute d'accord entre les parents, le lieu de résidence de l'enfant ne peut être modifié que par le juge. En pratique, le parent qui n'a pas la garde va saisir le JAF pour qu'il modifie l'organisation. En principe, il faut invoquer un motif pour justifier cette demande : l'enfant exprime fortement le souhait de vivre avec vous, il existe un conflit majeur entre votre enfant et le nouveau compagnon de sa mère, il doit poursuivre sa scolarité dans un établissement proche de votre domicile etc.

Notez que le juge peut demander à l'enfant mineur son avis. La loi ne précise pas à partir de quel âge, il suffit que l'enfant ait suffisamment de « discernement ».

• **Notre conseil** : Ne dénigrez jamais l'autre parent devant le juge aux affaires familiales. Contentez-vous d'invoquer des arguments objectifs pour justifier votre demande.

À..., le...

Vos nom, prénom et adresse

Madame, Monsieur le Juge aux affaires familiales
TGI de...
Adresse

Madame, Monsieur le Juge,

Par jugement en date du..., la résidence habituelle de... (*par exemple, mon fils Arthur Mosel*) a été fixée au domicile de sa mère.

Or, mon fils exprime le souhait ardent de venir vivre avec mois. Ce sentiment aggravé par la mésentente persistante qui règne entre mon fils et le compagnon de sa mère.

C'est pourquoi, j'ai l'honneur de solliciter la modification de la décision initialement rendue par votre juridiction. Mon logement est spacieux, Arthur y aura sa chambre personnelle et sera entouré de tout mon amour.

Je vous remercie de la bienveillance que vous voudrez bien accorder à ma demande, et je vous prie de croire, Madame, Monsieur le Juge, à l'expression de mes sentiments respectueux.

Signature

VOUS ÊTES MAL CHEZ VOS PARENTS OU À L'ÉCOLE. VOUS ÉCRIVEZ AU DÉFENSEUR DES ENFANTS POUR LUI DEMANDER SON AIDE.

Vos relations avec votr famille ou vos ensignants sont catastrophiques. Réagissez avant de sombrer dans la déprime.

• **Ce que dit la loi** : La France a signé de nombreuses conventions internationales pour protéger les enfants de l'exploitation sexuelle ou économique, l'esclavage, les mauvais traitements.

Les adultes qui ont connaissance de mauvais traitements infligés à un enfant ont le devoir de les signaler au procureur de la République.

Mais que peut faire l'enfant que vous êtes qui, sans être victime de mauvais traitements, subit néanmoins des choses difficiles ?

Vous en avez gros sur le cœur. À l'école, un professeur vous harcèle, mais votre maman hausse les épaules avec indifférence. Peut-être est-ce un adulte qui a un comportement équivoque avec vous. Ou peut-être ne vivez-vous pas avec votre maman, mais avec la femme qui a épousé votre père.

Bien sûr, elle ne vous bat pas, mais elle vous torture par des méchancetés répétées dès que vous êtes seul. Votre papa prétend que c'est votre imagination qui vous joue des tours.

Bref, ça va mal à l'école, à la maison ou ailleurs. La loi met à votre disposition un défenseur des enfants (actuellement, c'est une défenseure). Comme son nom l'indique, ce défenseur défend les enfants dont les droits sont menacés. Vous pouvez lui écrire pour lui dire vos soucis et vos souffrances, elle trouvera une solution pour vous.

Il lit aussi le courrier que lui adressent les adultes.

Adresse : Le Défenseur des enfants – 35, rue Saint-Dominique, 75007 Paris – Tél. : 01 42 75 90 91.

Vos nom et prénom
Adresse
N° de téléphone

Date

Madame la défenseure
(*Monsieur le défenseur*)
des enfants
Adresse

Madame, Monsieur,

Agé(e) de ... (*votre âge*), je vis avec mon père et son épouse. Je poursuis mes études au lycée ... (*nom*), en classe de ...

L'enseignement de ... (*précisez*, de mathématiques, de dessin...) est dispensé par Madame ... (*nom*) qui se trouve être la collègue de ma belle-mère.

Cette dernière a pris mon professeur comme confidente et lui dévoile, en l'amplifiant, le moindre incident qui se déroule chez nous. Ma belle-mère ne cesse de me dénigrer et de me dénoncer comme un enfant odieux. Forte de ces confidences qu'elle tient pour véridiques, mon professeur a, à mon égard, un comportement injuste : allusions, sévérité et punitions injustifiées sont devenues mon lot quotidien.

Mon père et le proviseur affirment que ces faits ne sont que le fruit de mon imagination.

Je vous assure qu'il n'en est rien, je suis réellement victime de brimades et de vexations de la part de mon professeur.

Je souhaite votre intervention pour que cesse cette situation que je supporte de plus en plus mal.

Je vous remercie et vous prie d'accepter, Madame, Monsieur, l'expression de mes sentiments respectueux.

Signature

VOUS SOUHAITEZ OU ÊTES OBLIGÉ DE FAIRE UN STAGE. VOUS ÉCRIVEZ AUX ENTREPRISES SUSCEPTIBLES DE VOUS ACCUEILLIR.

L'école, le collège ou l'université vous impose de faire un stage en entreprise. Vous sollicitez les directeurs des ressources humaines des entreprises qui vous intéressent.

• **Ce que dit la loi** : Dans le passé, on pouvait faire dix ou quinze d'études sans voir une entreprise. Aujourd'hui, le système scolaire oblige les jeunes à faire des stages afin de voir le fonctionnement d'une entreprise.

Mais devoir ou vouloir faire un stage n'est pas si simple, car de nombreuses entreprises refusent d'accueillir les stagiaires peu « rentables », c'est-à-dire ceux qui ne peuvent pas rendre des services concrets, car pour beaucoup d'entreprises, un stagiaire est d'abord une main d'œuvre gratuite.

Quoi qu'il en soit, si dans votre cursus scolaire, vous êtes amené à rechercher un stage, sélectionnez d'abord les secteurs qui vous intéressent (mode, presse, aviation etc). Ensuite, envoyez un courrier, sous forme de mailing, au directeur (directrice) des ressources humaines des entreprises que vous avez sélectionnées.

• **Notre conseil** : Compte tenu du peu d'empressement des entreprises, un stage n'est pas formateur. Faites-le uniquement si votre cursus scolaire vous y oblige.

À..., le....

Vos nom, prénom et adresses

Société...
M... (*nom du directeur des ressources humaines*)
Adresse

Madame, Monsieur,

Elève en classe de..., je dois dans le cadre de mes études effectuer un stage en entreprise d'une durée de...(*par exemple de deux semaines*). Votre secteur d'activité m'a toujours fasciné et votre entreprise, dont je connais la réputation, me paraît tout à fait indiquer pour cette découverte du monde de l'entreprise.

J'ai donc l'honneur de solliciter un stage dans l'un de vos services au cours de la période située entre le... (*date*) et le...

Je vous remercie de la bienveillante attention que vous voudrez bien accorder à ma demande, et vous prie d'agréer, Madame, Monsieur, l'expression de mes sentiments respectueux.

Signature

CHAPITRE 3

VOS ENFANTS ET LES PENSIONS ALIMENTAIRES

LE PÈRE NATUREL DE VOTRE ENFANT REFUSE DE VOUS VERSER UNE PENSION ALIMENTAIRE POUR L'ENTRETIEN DE VOTRE ENFANT COMMUN. VOUS DEMANDEZ AU JUGE DE VOUS EN ATTRIBUER UNE.

Que vous ayez ou non vécu avec lui, le père de votre enfant doit vous verser une pension alimentaire pour l'entretien de l'enfant. À condition qu'il l'ait reconnu. Demandez au juge aux affaires familiales de fixer la pension.

• **Ce que dit la loi** : Selon l'article 203 du code civil, les parents doivent participer à l'éducation et à l'entretien de leurs enfants. Lorsque les parents ne vivent pas ensemble, celui qui n'a pas la garde de l'enfant doit verser une pension alimentaire à l'autre.

Si les parents de l'enfant ont été mariés ensemble, la pension est automatiquement fixée à l'occasion du divorce. Si les parents n'ont jamais été mariés ensemble, celui qui a la garde habituelle de l'enfant peut demander une pension alimentaire à l'autre. En général, c'est la mère qui demande une pension au père de l'enfant. Que vous ayez ou non vécu avec le père de l'enfant, celui-ci doit participer à son entretien.

Mais vous ne pouvez demander une pension alimentaire que si la filiation de l'enfant est légalement établie à l'égard de son père. Autrement dit, si le père a reconnu son (ses) enfant(s).

Vous n'avez pas besoin d'avocat, il vous suffit d'envoyer votre demande au juge aux affaires familiales (JAF) du tribunal de grande instance (TGI).

L'article 46 du nouveau code de procédure civile vous autorise à vous adresser au juge du TGI le plus proche de votre domicile. Indiquez votre état civil ainsi que ceux de l'enfant et de son père. Joignez un extrait d'acte de naissance de l'enfant et tous les renseignements que vous possédez sur le père : adresse, profession, revenus si vous les connaissez...

Si l'enfant n'a pas été reconnu par son père, vous devez d'abord faire une action en recherche de paternité avant de pouvoir lui demander une pension.

• **Notre conseil** : Même si le père vous promet son aide, il est préférable de demander au JAF de fixer judiciairement la pension alimentaire. Ainsi, en cas de non-paiement, vous pourrez utiliser les voies de recours prévues par la loi.

Vos nom et prénom
Adresse

Date

Monsieur, Madame le Juge
aux affaires familiales
Tribunal de grande
instance de...
Adresse

Recommandé avec avis de réception

Monsieur, Madame le Juge,

J'ai l'honneur de solliciter de votre haute bienveillance la fixation d'une pension alimentaire pour l'entretien et l'éducation de ... (*ma fille, mon fils*) (*nom et prénom de votre enfant*) né(e) le ... (*date*) à ... (*ville*), légalement reconnu(e) par son père Monsieur ... (*nom et prénom du père*), demeurant ... (*adresse*).

Monsieur ... (*nom*) exerce la profession de ... et perçoit un salaire mensuel de ... € (*n'indiquez rien si vous ne connaissez pas les revenus du père. Le juge lui demandera des justificatifs de ses ressources*).

Je sollicite une pension mensuelle de ... € (*montant*).

À l'appui de ma demande, vous voudrez bien trouver un extrait d'acte de naissance de mon enfant ainsi que des justificatifs de mes ressources et charges (*joignez copie de votre avis d'imposition, quittances de loyer, factures EDF, remboursement de crédit*...).

Je vous prie de croire, Monsieur, Madame le Juge, à l'expression de ma considération respectueuse.

Signature

P.J.

LE PÈRE DE VOTRE ENFANT S'ÉTAIT ENGAGÉ À VOUS VERSER UNE PENSION ALIMENTAIRE. MAIS IL VOUS LA VERSE DE MANIÈRE TRÈS IRRÉGULIÈRE. VOUS DEMANDEZ AU JUGE DE L'OFFICIALISER.

Au moment de votre séparation, vous vous êtes mis d'accord sur le montant de la pension que le père de l'enfant devait vous verser. Pendant un temps, il a tenu son engagement. Mais, depuis quelques mois, il se fait tirer l'oreille. Demandez au juge de fixer la pension afin de pouvoir utiliser l'un des moyens de recouvrement forcé prévu par la loi.

• **Ce que dit la loi** : Qu'ils aient ou non vécu ensemble, des parents peuvent se mettre d'accord sur la garde de l'enfant et le montant de la pension alimentaire qui sera versée par le parent qui n'a pas la garde de l'enfant.

Hélas, l'expérience montre que ces arrangements amiables ne fonctionnent jamais sur le long terme. Au début, la pension alimentaire est régulièrement versée. Ensuite, le versement est un peu moins régulier. Parfois, après avoir assidûment versé la pension pendant plusieurs années, le parent cesse ses versements du jour au lendemain.

Il existe des moyens multiples et efficaces permettant d'obtenir le paiement forcé d'une pension alimentaire. Mais vous ne pouvez les utiliser que si la pension a été fixée par une décision de justice.

Indiquez votre état civil (nom, prénom, adresse, date et lieu de naissance, profession…), celui de l'enfant et celui de son père. Vous n'avez pas besoin d'avocat.

• **Notre conseil** : Même s'il n'y a aucun litige avec l'autre parent, vous avez intérêt à demander au juge d'entériner votre accord sur le montant de cette pension. Ainsi, en cas de non-paiement, vous pourrez agir. Ensuite, il vaut mieux que le montant de la pension soit fixé alors que votre ex-compagnon n'a pas encore d'autres enfants.

Vos nom et prénom
Adresse

Date

Monsieur, Madame le Juge
aux affaires familiales
Tribunal de grande
instance de ...
Adresse

Recommandé avec avis de réception

Monsieur, Madame le Juge,

Au moment de notre séparation en date du ..., Monsieur ... (*nom du père de l'enfant*), demeurant ... (*adresse*), a décidé de me verser une pension alimentaire de ... € par mois pour l'entretien et l'éducation de notre fille (*ou* notre fils) ... (*nom et prénom de l'enfant*), âgé(e) actuellement de ... ans.

Pendant une longue période, Monsieur ... (*nom du père de l'enfant*) m'a régulièrement versé cette pension alimentaire.

Mais depuis ... mois, Monsieur ... me verse cette pension de manière très irrégulière (*ou encore* : Monsieur ... a totalement cessé de me verser cette pension depuis le ...).

En conséquence, je sollicite par la présente requête la fixation judiciaire de cette pension alimentaire à ... € par mois à dater du ... .

Je vous remercie de votre diligence et vous prie d'agréer, Monsieur, Madame le Juge, l'expression de mes sentiments respectueux.

Signature

LE PÈRE DE VOTRE ENFANT NE VOUS VERSE PAS LA PENSION ALIMENTAIRE À LA DATE PRÉVUE. VOUS LE RAPPELEZ À SES DEVOIRS ET LA LUI RÉCLAMEZ.

Voilà plusieurs semaines que votre ex-mari ou ex-concubin ne vous verse pas la pension alimentaire pour vos enfants communs. Réagissez rapidement, même si c'est la première fois que cela se produit.

• **Ce que dit la loi** : Selon l'article 203 du code civil, les parents ont l'obligation d'entretenir et d'éduquer leurs enfants. En cas de séparation, le parent qui n'a pas la garde de l'enfant doit continuer à participer à ses besoins, au moyen d'une pension alimentaire versée au parent qui a la garde de l'enfant. Le montant en est généralement fixé par le juge en fonction des ressources des deux parents. S'il y a plusieurs enfants, le juge fixe une somme par enfant : environ 10 à 15 % des revenus de celui qui verse la pension.

Selon les statistiques, 75 % des divorces sont demandés par les femmes, et les enfants leur sont confiés dans 85 % des cas. C'est donc la mère qui reçoit le plus souvent la pension et le père qui parfois se fait tirer l'oreille pour la verser. Les relations entre ex-époux (ou concubins) ne sont pas simples.

Si c'est le premier retard dans le versement de la pension, contentez-vous de lui passer un coup de fil ou envoyez-lui un mot gentil par courrier simple. Si le retard est fréquent, adressez-lui une lettre recommandée le menaçant de poursuites s'il continue (pour ces procédures spéciales, voir page 45).

• **Notre conseil** : Établissez une fois pour toutes la façon dont il verse la pension : soit remise d'un chèque sous enveloppe à l'enfant lors des visites, soit envoi par La Poste. Évitez d'utiliser la pension comme prétexte pour régler de vieux comptes : pensez aux enfants déjà assez perturbés.

Vos nom et prénom
Adresse

Date

Nom du parent
Adresse

Cher Bernard (*évitez le « Monsieur » un peu déplacé*),

Nous sommes déjà le ... (*date*) et tu ne m'as toujours pas versé la pension alimentaire pour les enfants (*ou pour Sabrina, par exemple*).

Je te rappelle que le jugement rendu par le tribunal prévoit que le versement doit avoir lieu le 1er de chaque mois.

Veux-tu avoir la gentillesse de m'envoyer un chèque très rapidement et veiller au respect de la date de versement. Je t'en remercie.

NB : La formule de politesse dépend de vos relations, bonnes ou mauvaises.

Ou (formule plus dure) après le deuxième paragraphe :
Je te prie de m'envoyer un chèque du montant de la pension de toute urgence, sinon je n'hésiterai pas à utiliser les procédures légales pour t'y contraindre.

De plus, tes retards fréquents perturbent mon budget. Si tu persistes dans ton attitude, j'aurai également recours à ces procédures.

Signature

LE PÈRE DE VOS ENFANTS NE VOUS VERSE PLUS LA PENSION ALIMENTAIRE. VOUS DEMANDEZ À L'HUISSIER DE JUSTICE DE FAIRE PROCÉDER À UN RECOUVREMENT DIRECT.

Votre ex-mari ou votre ex-concubin ne vous a pas versé pendant plus de deux mois la pension alimentaire que le juge l'a condamné à vous verser pour vos enfants. Vous vous adressez à un huissier de justice.

• **Ce que dit la loi** : Si la pension alimentaire a été fixée par une décision de justice, l'huissier de justice peut agir. La loi du 2 janvier 1973 met à sa disposition la « procédure de paiement direct ». La pension alimentaire est directement retenue sur les revenus du débiteur de la pension.

Concrètement, l'huissier de justice intervient auprès de l'employeur de votre ex-mari (même s'il s'agit d'une administration), de la Sécurité sociale s'il est en maladie, ou de la caisse de retraite s'il est pensionné. L'employeur ou l'organisme retiennent le montant de la pension et vous l'envoient directement. L'huissier peut également se charger de la récupération des arriérés, mais seulement des six derniers mois de pension alimentaire.

Vos nom et prénom
Adresse

Date

Maître ...
Huissier de justice
Adresse

Maître,

Par jugement du tribunal de grande instance (*ou* du tribunal d'instance) de ... (*lieu*) rendu le ... (*date*), le père de mes enfants (*ou encore* mon fils, ma fille, *s'il s'agit d'une pension qui vous est due par vos enfants dans le cadre de l'obligation alimentaire qu'ils ont à votre égard*) a été condamné à me verser une pension alimentaire de ... € par mois pour l'entretien des enfants.

Or, depuis le ... (*date*), il ne me verse plus cette pension (ou ne me verse plus que ... € par mois).

Je vous demande de bien vouloir recouvrer la pension alimentaire et les arriérés qui me sont dus par tout moyen que vous jugerez efficace.

Vous trouverez en annexe une note indiquant l'état civil complet de mon ex-mari (ou du père de mes enfants), l'adresse de son domicile, celle de son employeur et une copie du jugement ayant fixé le montant de la pension.

Je vous prie de croire, Maître, à l'expression de ma considération distinguée.

Signature

• **Notre conseil** : La procédure de paiement direct est simple, efficace et surtout gratuite pour vous, les frais d'huissier étant mis à la charge de celui qui doit payer la pension. Ne laissez pas s'accumuler un gros arriéré, saisissez rapidement l'huissier de justice le plus proche de votre domicile. Vous pouvez également utiliser cette procédure pour vous faire régler la pension alimentaire que vous doivent vos enfants si vous êtes dans un état de besoin.

LE PÈRE DE VOS ENFANTS NE VOUS VERSE PLUS LA PENSION ALIMENTAIRE. VOUS DEMANDEZ À VOTRE CAISSE D'ALLOCATIONS FAMILIALES DE RECOUVRER CETTE PENSION À VOTRE PLACE.

Vous êtes désemparée. Voilà des mois que vous n'avez rien reçu de votre ex-mari ou de votre ex-concubin, malgré vos tentatives pour obtenir le paiement de la pension alimen-taire qu'il vous doit. Reprenez espoir car la Caisse d'allocations familiales (CAF) peut vous aider.

• **Ce que dit la loi** : Les caisses d'allocations familiales peuvent se charger du recouvrement des pensions alimentaires impayées sous certaines conditions. Il doit s'agir d'une pension alimentaire fixée par décision de justice et qui concerne des enfants mineurs.

Vous devez adresser une demande écrite à votre CAF en joignant une copie du jugement fixant le montant de la pension alimentaire et une attestation indiquant que vous avez, sans succès, tenté une action pour obtenir le paiement de la pension (par exemple, vous avez essayé le paiement direct, la saisie-arrêt sur salaires ou comptes bancaires...). Précisez également la dernière adresse connue du domicile du père des enfants, ainsi que celle de son employeur et son numéro de Sécurité sociale.

Si vous ne connaissez pas sa dernière adresse, la CAF va le rechercher et lui proposer un arrangement amiable. S'il refuse ce règlement amiable ou ne répond pas dans le délai d'un mois, la CAF engagera contre lui une ou plusieurs actions.

Pour vous, l'action de la Caisse est gratuite, les frais seront demandés au parent qui doit la pension. Enfin, en attendant le recouvrement de la pension, la CAF peut vous avancer une partie des sommes sous forme d'allocation de soutien familial.

• **Notre conseil** : Évitez de laisser s'accumuler un gros arriéré de pension alimentaire. Agissez rapidement. L'expérience montre que plus l'arriéré est important, plus le recouvrement devient difficile.

Vos nom et prénom
Adresse

Date

N° d'allocataire

Monsieur le Directeur
Caisse d'allocations familiales
Adresse

Recommandé avec avis de réception

Monsieur le Directeur,

Par jugement en date du ..., mon ex-mari (*ou* le père de mes enfants) a été condamné à me verser une pension alimentaire de ... € par mois.

Or, depuis le ... (*date*), il ne me verse plus cette pension (*ou* il ne me verse plus que ... € par mois).

À ma demande, Maître ... (*nom*), huissier de justice, a engagé une action en recouvrement forcé, mais il semble que mon ex-époux (*ou* le père de mes enfants) soit devenu introuvable.

En conséquence, je vous prie de bien vouloir vous charger du recouvrement de la pension alimentaire et, en attendant, me verser l'allocation de soutien familial.

Vous trouverez ci-joint un dossier complet comportant toutes les informations et justifications (*joignez une copie du jugement fixant la pension, une attestation d'échec du recouvrement de l'huissier, l'adresse de l'employeur de l'autre parent, celle de son domicile, son numéro de Sécurité sociale...*).

Je vous prie de croire, Monsieur le Directeur, à l'expression de ma considération distinguée.

Signature

P.J.

DEPUIS PLUSIEURS MOIS, LE PÈRE DE VOS ENFANTS NE VOUS VERSE PAS LA PENSION ALIMENTAIRE. VOUS DEMANDEZ LE RECOUVREMENT PUBLIC.

Malgré vos réclamations et les procédures que vous avez engagées, vous n'obtenez toujours pas le paiement de la pension alimentaire que doit vous verser votre ex-conjoint ou votre ex-concubin. Adressez-vous alors au procureur de la République pour obtenir le recouvrement de la pension par le percepteur.

• **Ce que dit la loi** : Si toutes les tentatives de l'huissier de justice pour retrouver (ou faire payer) le débiteur de la pension alimentaire ont échoué, vous avez un ultime recours : la procédure de recouvrement public des pensions alimentaires prévue par la loi du 11 juillet 1975.

Dans ce cas, c'est le Trésor public (perception) qui se charge du recouvrement de la pension. Vous ne pouvez pas adresser votre demande directement au Trésor public, il faut écrire au procureur de la République de votre domicile et c'est lui qui mettra la procédure de recouvrement public en route. Pour vous, cette démarche est gratuite, les frais sont payés par le débiteur.

Face à des pensions alimentaires impayées, vous avez donc le choix entre demander à la Caisse d'allocations familiales (voir page 46) de se charger du recouvrement, ou saisir le procureur de la République pour qu'il mette en route la procédure de recouvrement public. Joignez les mêmes justificatifs que pour la CAF (voir page 46).

• **Notre conseil** : Que choisir ? Le recouvrement par la Caisse d'allocations familiales ou par le Trésor public ? L'avantage de la CAF, c'est qu'elle va vous verser une avance sur la pension. En revanche, si vos finances vous permettent de vous passer de cette avance, la solution du Trésor public est plus radicale.

Vos nom et prénom
Adresse

Date

Monsieur le Procureur
de la République
Tribunal de grande instance
Adresse

Recommandé avec avis de réception

Monsieur le Procureur de la République,

Un jugement rendu le ... (*date*) a ordonné à mon ex-mari (ou au père de mes enfants) de me verser une pension alimentaire de ... € par mois pour l'entretien des enfants.

Or, depuis le ... (*date*), Monsieur ... (*nom et prénom de l'autre parent*) ne me verse plus de pension. Maître ... (*nom*), huissier de justice, a tenté d'effectuer un recouvrement forcé, mais en vain (*expliquez brièvement les raisons pour lesquelles l'huissier n'a pas pu obtenir le versement de la pension*).

J'ai l'honneur de solliciter votre aide et vous prie de bien vouloir mettre en œuvre la procédure de recouvrement par le Trésor public.

Vous voudrez bien trouver ci-joint un dossier complet comportant les pièces et justifications nécessaires.

Je vous prie d'agréer, Monsieur le Procureur de la République, l'expression de mes sentiments respectueux.

Signature

CELA FAIT PLUS DE DEUX MOIS QUE LE PÈRE DE VOTRE ENFANT NE VOUS A PAS VERSÉ LA PENSION ALIMENTAIRE. VOUS DÉPOSEZ CONTRE LUI UNE PLAINTE EN ABANDON DE FAMILLE.

Voici plus de deux mois que votre ex-mari ou ex-concubin ne vous a pas versé le moindre sous de pension alimentaire. Malgré vos rappels, il fait la sourde oreille. Déposez plainte en abandon de famille. Envoyez une copie de la plainte à votre ex-compagnon en lui rappelant qu'il risque une peine de prison, cela le fera peut-être revenir à de meilleurs sentiments.

• **Ce que dit la loi** : En France, le fait de ne pas payer une pension alimentaire est un délit. Selon l'article 227-3 du nouveau code pénal, une personne qui n'exécute pas une décision judiciaire ou une convention judiciairement homologuée lui imposant de verser au profit d'un enfant mineur légitime naturel ou adoptif, d'un descendant, d'un ascendant ou d'un conjoint, une pension alimentaire, est punie d'une peine d'emprisonnement pouvant atteindre deux ans et d'une amende de 15 000 €.
Vous pouvez déposer plainte si la pension est totalement ou partiellement impayée, depuis plus de deux mois. Votre plainte est à envoyer au procureur de la République du tribunal de grande instance dont dépend votre domicile. Indiquez précisément les mois impayés (ou partiellement impayés), l'état civil de celui qui vous doit la pension et joignez une copie de la décision de justice qui a fixé la pension alimentaire.

Gratuite, cette procédure est très efficace. Pour une première plainte, le tribunal condamne en général le débiteur de la pension à une peine de prison avec sursis. En cas de récidive, il n'est pas rare qu'une peine de prison ferme soit prononcée. Vous pouvez également déposer plainte en vous rendant au commissariat de votre domicile, qui se chargera de la transmettre ensuite au procureur de la République.

• **Notre conseil** : Sachez que vous prenez le risque d'envoyer le père de vos enfants en prison. Avant de recourir à cette procédure extrême, avertissez-en votre ex-compagnon. Peut-être que la menace suffira à le persuader de payer la pension.

Vos nom et prénom
Adresse

Date

Monsieur Le Procureur
de la République
Tribunal de grande
instance de ...
Adresse

Recommandé avec avis de réception

Monsieur le Procureur,

J'ai l'honneur de déposer plainte entre vos mains en abandon de famille contre Monsieur ... (*nom et prénom de celui qui vous doit la pension*), demeurant à ... (*adresse*).

Il est salarié de la société ... (*nom*) située ... (*adresse*).

Une décision en date du ... rendue par le tribunal de ... (*ou* le juge aux affaires familiales de ...), dont vous trouverez ci-joint copie, a fixé à ... € par mois la pension alimentaire que Monsieur ... est tenu de me verser pour mes enfants (ou pour moi-même).

Or, Monsieur ... (*nom*) ne m'a versé aucune pension alimentaire depuis le ... (*date*), soit plus de deux mois révolus. Cette défaillance prolongée constitue une infraction prévue par l'article 227-3 du nouveau code pénal.

Je vous prie de croire, Monsieur le Procureur, à l'expression de mes sentiments respectueux.

Signature

VOS REVENUS SONT DEVENUS INSUFFISANTS POUR RÉGLER LA PENSION ALIMENTAIRE DUE À VOTRE EX-COMPAGNE. VOUS DEMANDEZ AU JUGE D'EN RÉDUIRE LE MONTANT.

Vous avez été condamné à verser une pension alimentaire à votre ex-compagne pour elle-même et/ou pour vos enfants communs. Or depuis que la pension a été fixée, vos revenus ont diminué, vos charges ont augmenté... Bref, vous ne pouvez plus payer. Ne la réduisez pas d'office, mais alertez le juge.

• **Ce que dit la loi** : Selon l'article 208 du code civil, le montant de la pension alimentaire est fixé en fonction des ressources et des charges de celui qui la verse et de celui qui la reçoit.

Une pension alimentaire est révisable à tout moment, qu'elle ait été fixée à la suite d'un divorce, d'une rupture de concubinage, etc. Elle peut être diminuée parce que l'enfant devenu majeur a trouvé un emploi, mais également parce que vos revenus ont diminué. Vous êtes au chômage, en invalidité ou en maladie, vous êtes à la retraite alors qu'auparavant vous aviez un emploi ou encore votre nouvel emploi est moins rémunéré que le précédent. Vous êtes devenu RMiste, vous n'avez plus aucune ressource...

L'augmentation de vos charges peut également justifier une baisse de la pension alimentaire. Vous vous êtes (re)marié avec une personne qui n'a pas de revenus, vous avez eu d'autres enfants... Ou encore, votre ex-compagne a eu une augmentation substantielle de revenus.

Pour étudier votre demande, le juge tient compte de vos revenus mais également de ceux de la personne avec qui vous vivez, que vous soyez mariés ou que vous viviez en concubinage. En effet, les revenus de votre concubin(e) sont retenus pour apprécier votre situation financière personnelle.

Le juge ne tient pas compte de vos charges pour convenances personnelles (achat de voiture, de biens immobiliers...), même si elles sont en augmentation. Votre demande de diminution de pension est à envoyer au juge aux affaires familiales du tribunal de grande instance du lieu où demeure la mère de vos enfants.

• **Notre conseil** : N'interrompez jamais de vous-même le paiement d'une pension alimentaire, votre ex-compagne pourrait déposer contre vous une plainte en abandon de famille.

Vos nom et prénom
Adresse

Date

Monsieur ou Madame le Juge
aux affaires familiales
Tribunal de grande instance de...
Adresse

Recommandé avec avis de réception

Monsieur, Madame le Juge,

Par décision en date du ... rendue par le tribunal de ... (*lieu*) et dont je vous joins copie, une pension alimentaire de ... € par mois, a été mise à ma charge au profit de Madame ... (*nom et prénom de votre ex-compagne*) pour l'entretien de notre (fils, fille) ... (*nom et prénom de l'enfant*), actuellement âgé(e) de ... ans.

À l'époque, mon salaire mensuel net était de ... €.

Or, étant actuellement au chômage, je perçois des ASSEDIC, une allocation mensuelle de ... € (*ou* à la suite d'une période de chômage, j'occupe un nouvel emploi nettement moins rémunéré que le précédent. Mon salaire mensuel étant fixé à ... €, au lieu de ... € dans le passé. *Ou encore* mes charges ont augmenté de façon significative à la suite de la naissance de mon fils [ma fille] le ...). Cette situation difficile m'oblige à solliciter une diminution de la pension alimentaire à hauteur du montant que vous jugerez adéquat. Je joins à la présente une copie de mon avis d'imposition ainsi que les notifications d'ASSEDIC comportant le montant de mes allocations mensuelles (ou encore les photocopies de mes trois derniers bulletins de paie).

Je vous remercie de la bienveillante attention que vous voudrez bien accorder à ma demande, et vous prie de croire, Monsieur, Madame le Juge, à l'expression de ma considération respectueuse.

Signature

LE PÈRE DE VOTRE ENFANT N'A PAS RÉÉVALUÉ LA PENSION ALIMENTAIRE ET IL REFUSE DE LE FAIRE SPONTANÉMENT. VOUS SAISISSEZ LE JUGE.

Voilà plusieurs années que votre pension alimentaire a été fixée par le juge. Mais depuis, le montant de celle-ci a fondu comme neige au soleil. Comme le jugement initial ne l'a pas prévu, le père de vos enfants refuse de l'augmenter. Demandez au juge de l'ordonner.

• **Ce que dit la loi** : L'article 208 du code civil énonce que le juge peut d'office prévoir une indexation de la pension.

Les jugements rendus récemment fixent le montant de la pension alimentaire et prévoient systématiquement les modalités de sa révision en prévoyant une indexation. Souvent, les décisions de justice décident que la réévaluation de la pension alimentaire se fera en fonction de l'évolution de l'indice des prix. En clair, l'indexation se fait sur le taux de l'inflation à une date précisée dans le jugement (souvent le 1er janvier de l'année).

Mais dans les jugements plus anciens, il n'entrait pas dans les habitudes des juges de prévoir une réévaluation de la pension. Il est alors possible de la demander, même longtemps après le prononcé du divorce ou de la séparation. Dans ce cas, le recours à l'avocat n'est pas obligatoire. Il suffit de vous adresser au juge aux affaires familiales (JAF) pour la lui demander.

• **Notre conseil** : Veillez à ce que le jugement qui fixe la pension alimentaire prévoie également sa réévaluation annuelle. Dans le cas contraire, n'hésitez pas à saisir le JAF qui vous l'accordera aisément.

Vos nom et prénom
Adresse

Date

Dossier n° ...

Monsieur, Madame le Juge
aux affaires familiales
Tribunal de grande
instance de ... (*ville*)
Adresse

Recommandé avec avis de réception

Monsieur, Madame le Juge,

Mon divorce a été prononcé par jugement du tribunal de ... (*lieu*) le ... (*date*).
Une pension alimentaire de ... € a été mise à la charge de mon ex-mari pour l'entretien de nos ... (un, deux, trois...) enfants.

Or, l'indexation de la pension n'a pas été prévue. J'ai demandé à mon ex-mari d'accepter de faire une réévaluation spontanée, mais il a refusé.

J'ai l'honneur de solliciter une décision d'indexation de cette pension alimentaire.

Le père de mes enfants se nomme ... (*nom et prénom du papa*) et demeure ... (*adresse exacte*). Vous trouverez ci-joint copie du jugement de divorce.

Je vous prie de croire, Monsieur, Madame le Juge, à l'expression de mes sentiments respectueux.

Signature

CHAPITRE 4

VOTRE COUPLE

Vous avez besoin d'un extrait d'acte de naissance. Vous écrivez au maire de la ville où vous êtes né (e).

• **Ce que dit la loi** : La délivrance d'un extrait d'acte de naissance (que l'on désigne sous le raccourci d'acte de naissance) se fait gratuitement. Pour cela, vous devez écrire à la mairie de la ville où vous êtes né (e). Si vous êtes de nationalité française mais né (e) dans un pays étranger, l'extrait de naissance est à demander à Nantes (Ministère des affaires étrangères, service central de l'état-civil, 11 rue de la Maison blanche 44941 Nantes cedex 9). Ce service centralise en effet les registres d'état-civil de tous les français (ses) nés dans un pays étranger, quelle que soit l'adresse de votre domicile.

À l'appui de votre lettre, joignez un justificatif, notamment photocopie du permis de conduire, de votre carte d'identité etc. Si la demande d'extrait de naissance concerne votre enfant, justifiez votre lien juridique avec cet enfant en fournissant une photocopie du livret de famille, une copie de la reconnaissance s'il s'agit d'un enfant que vous avez reconnu ultérieurement, etc.

Les mairies vous envoient l'extrait de naissance dans un délai de deux à huit jours, le service central de Nantes est un peu plus long. Certaines administrations peuvent vous réclamer une copie de votre acte de naissance. Il ne s'agit plus d'un extrait mais de l'acte complet.

Vos nom, prénom et adresse

À..., le...

Mairie de... (*ville*)
Service de l'état civil
Adresse

Monsieur, Madame,

Je vous prie de bien vouloir m'adresser un extrait d'acte de naissance me concernant (*ou encore concernant ma fille Laura Renaud née le 18 avril 2000 à Morlaix*). Je suis né (e) le... (*date*) à... (*ville*).

Vous voudrez bien trouver ci-joint une enveloppe timbrée libellée à mon adresse.

Vous remerciant,

Je vous prie de croire, Monsieur, Madame, à l'expression de mes salutations distinguées.

Signature

• **Notre conseil** : Pour obtenir rapidement l'extrait de naissance, joignez systématiquement une enveloppe timbrée comportant vos nom et adresse.

VOTRE MARI NE VOUS DONNE PLUS D'ARGENT POUR SUBVENIR AUX BESOINS DU MÉNAGE. VOUS DEMANDEZ AU JUGE DE FIXER SA CONTRIBUTION AUX CHARGES DU MÉNAGE.

Votre mari a quitté le domicile familial ou encore il continue d'y vivre mais ne vous donne plus un sou pour faire face aux dépenses quotidiennes. Même si vous ne souhaitez pas divorcer, le juge peut le contraindre à vous verser sa quote-part de frais, même si vous n'avez pas d'enfant à charge.

• **Ce que dit la loi** : Dans un couple marié, les deux époux ont l'obligation de participer aux charges nécessaires à l'entretien du ménage et l'éducation des enfants quand ils existent. Il s'agit des dépenses de la vie quotidienne telles que loyers, frais de nourriture, chauffage, habillement, santé, électricité, gaz, mobilier, etc.

L'article 214 du code civil énonce que les époux doivent contribuer aux charges du ménage à proportion de leurs facultés respectives, c'est-à-dire que chacun participe en fonction de ses possibilités financières.

Mais il peut arriver que le mari refuse de participer aux charges du ménage. Qu'il ait quitté le domicile familial en laissant son épouse démunie, ou qu'il continue d'y vivre mais en refusant de participer aux charges communes.

Peu importe que vous soyez ou non séparé, que vous ayez ou non l'intention de divorcer plus tard, que vous ayez ou non un revenu personnel. L'article 1069-3 du nouveau code de procédure civile énonce que vous pouvez demander au juge aux affaires familiales de fixer la contribution aux charges du ménage que votre mari doit vous verser. Il vous suffit d'envoyer une lettre recommandée au tribunal de grande instance dont dépend votre domicile. Indiquez votre état civil et celui de votre mari ainsi que vos revenus respectifs.

Si vous n'avez pas de revenu personnel, précisez-le. De même si vous avez des enfants à charge, précisez leur nom et âges. Vous pouvez chiffrer votre demande mais rien ne vous y oblige. Dans ce cas, c'est le juge qui fixera un montant adéquat. De manière générale, les juges sont assez généreux, surtout lorsqu'il s'agit d'une épouse sans revenu personnel.

• **Notre conseil** : Si votre mari vous laisse sans argent, réagissez. Une fois que sa contribution aux charges du mariage est fixée par le juge, s'il ne paie pas spontanément, vous pourrez utiliser les voies de recours contraignantes.

Vos nom et prénom
Adresse

Date

Monsieur, Madame le Juge
d'instance
Tribunal d'instance de ...
Adresse

Recommandé avec avis de réception

Monsieur, Madame le Juge,

Je suis mariée à Monsieur ... (*nom et prénom du mari*) depuis le ... (*date du mariage*).

Mon mari a quitté le domicile familial le ... (*date*) et depuis cette date ne participe plus aux charges du ménage (*ou encore* mon mari réside toujours au domicile familial mais depuis le ... (*date*) ne participe plus aux charges du ménage).

Ayant arrêté mon travail pour élever mes enfants, je n'ai aucun revenu personnel alors que mon mari perçoit un salaire mensuel de ... €. Nous n'avons plus aucun enfant à charge.

Notre logement représente une charge mensuelle de ... €, les autres dépenses nécessaires à la vie quotidienne s'élèvent à environ ... €.

C'est pourquoi je vous demande de fixer la contribution aux charges du ménage à verser par mon mari à la somme de ... € par mois.

Je vous remercie de la bienveillante attention que vous voudrez bien accorder à ma demande, et vous prie de croire, Monsieur, Madame le Juge, à l'expression de ma considération respectueuse.

Signature

LA BANQUE A BLOQUÉ VOTRE COMPTE JOINT. VOUS RÉCLAMEZ VOTRE QUOTE-PART.

Le compte joint que vous possédez avec votre conjoint (ou un concubin, ou un ami...) a fait l'objet d'une saisie-arrêt pratiquée par un créancier du co-titulaire du compte. De ce fait, votre salaire se trouve bloqué. Revendiquez rapidement la part correspondant à celui-ci.

• **Ce que dit la loi** : Les sommes figurant sur un compte bancaire peuvent en prin-cipe être saisies par un créancier, pour se payer d'une dette. Mais la saisie ne doit porter que sur les sommes appartenant à celui qui doit la dette.

L'article 1414 du code civil prévoit que les créanciers d'un époux ne peuvent saisir les gains et salaires de son conjoint que si la dette a été contractée pour l'entretien du ménage ou l'éducation des enfants. Si ce n'est pas le cas, l'époux non concerné par la dette peut demander que soit laissée à sa disposition une somme correspondant, au choix, au montant de ses gains et salaires versés au compte bancaire (ou postal) dans le mois précédant la saisie, ou à la moyenne mensuelle de ses salaires versés au compte dans les douze mois précédant la saisie.

Pour les concubins (ou des amis), il n'y a pas de texte précis, la solution se trouve dans les principes généraux : chaque concubin n'est responsable que de ses dettes personnelles. Dans tous les cas, vous devez, dans les dix jours qui suivent l'avis de saisie, envoyer au banquier et au créancier qui a demandé la saisie une lettre recommandée pour revendiquer la quote-part des sommes vous appartenant.

• **Notre conseil** : Marié ou concubin, soyez très vigilant face au compte joint car, en pratique, ces règles de protection (du conjoint non redevable de la dette) se révèlent délicates à appliquer.

Vos nom et prénom
Adresse

Date

Monsieur le Directeur de ...
(Nom de la banque)
Adresse

Recommandé avec avis de réception

Monsieur le Directeur,

Vous m'avez fait part d'une saisie-arrêt portant sur le compte n° ... que je possède conjointement avec M. ... (*nom et prénom du co-titulaire du compte*) et alimenté par nos deux salaires virés mensuellement.

Cette dette n'a pas servi à l'entretien du ménage. En conséquence, conformément à l'article 1414 du code civil, je vous demande de laisser à ma disposition la somme de ... € correspondant à mon salaire du mois dernier.

Ou encore (en cas d'union libre, s'il s'agit d'une dette de M. ... avec qui vous vivez sans être mariée) :
Or, il n'existe pas de solidarité entre des concubins, chacun est responsable de ses propres dettes. En conséquence, je vous prie de laisser à ma disposition la somme de ... € provenant de mes salaires et économies.

Je vous prie de croire, Monsieur le Directeur, à l'expression de ma considération distinguée.

Signature

VOTRE MARI EST DANS LA NATURE, MAIS IL CONTINUE D'UTILISER CARTES BLEUES ET CHÉQUIERS. VOUS METTEZ FIN À LA CONVENTION DE COMPTE JOINT.

Vous aviez ouvert un compte joint avec votre mari (ou votre ami). Sachant que vous êtes co-responsable du fonctionnement du compte, vous préférez mettre fin à la convention de compte joint.

• **Ce que dit la loi** : Même s'il concerne principalement les couples mariés, le compte joint peut être ouvert entre deux ou plusieurs personnes, sans lien de famille (concubins, frères et sœurs, amis...).

Lorsque le compte joint est ouvert sous l'intitulé « Monsieur ou Madame », chaque titulaire peut faire fonctionner le compte sans avoir besoin de la signature de l'autre. En clair, chacun peut signer de son côté des ordres de virement, établir des chèques, retirer de l'argent sur le compte... Pourtant, cette trop grande indépendance peut avoir des inconvénients : l'un des titulaires du compte peut faire des chèques sans provision.

Au moment de l'ouverture du compte joint, le banquier demande aux titulaires s'ils veulent désigner un seul responsable qui assumera seul les conséquences des dérapages. En pratique, personne ne veut assumer seul cette responsabilité, les deux titulaires du compte sont donc co-responsables.

Ainsi, si l'un de vous deux fait des chèques sans provision, vous serez tous les deux interdits de chéquiers et de cartes bleues sur tous vos comptes (comptes joints et comptes personnels). La clôture du compte joint nécessite l'accord de tous les titulaires. Mais on peut unilatéralement mettre fin à la convention de compte joint.

• **Notre conseil** : En cas de séparation ou de mésentente grave, résiliez immédiatement la convention de compte joint. En effet, votre époux(se), votre ami(e), peut retirer l'intégralité des fonds, vous mettant ainsi à votre insu « dans le rouge » avec tous les tracas bancaires que cela comporte. Curieusement, certains employés de banque s'arrogent parfois le droit de refuser la résiliation du compte joint faite par l'un des deux titulaires ! Ne tenez pas compte de cet avis verbal, envoyez systématiquement votre lettre de clôture du compte joint au directeur de l'agence sous la forme recommandée. En cas de difficulté, alertez le siège social de la banque en joignant une copie de votre courrier.
Vous devez, bien sûr, rendre toutes les formules de chèques et les cartes bancaires attachées à ce compte.

Vos nom et prénom
Adresse

Date

N° du compte

Monsieur le Directeur
de l'agence
Nom de la banque
Adresse

Recommandé avec avis de réception

Monsieur le Directeur,

Titulaire d'un compte joint numéro ... ouvert conjointement avec ... (*nom et prénom du co-titulaire du compte joint*), je vous informe que je mets fin à la convention de compte joint. Ma demande prendra effet dès réception de la présente lettre par votre établissement.

Je dépose immédiatement à votre guichet les formulaires de chèques et la carte bancaire associés à ce compte.

Ou encore : Les formules de chèques et la carte bancaire sont en possession de ... (*nom du co-titulaire du compte*) à qui une grave mésentente m'oppose.

Ou encore : Je me suis présenté au guichet pour mettre fin à la convention de compte joint, mais votre agent a catégoriquement refusé d'enregistrer ma demande.

Je vous rappelle qu'un compte bancaire s'analyse comme un contrat à durée indéterminée auquel chaque partie peut mettre fin à tout moment. En conséquence, je réitère ma volonté de mettre fin à cette convention de compte joint.

Je vous prie de croire, Monsieur le Directeur, à l'expression de ma considération distinguée.

Signature

VOUS VIVEZ SÉPARÉ DE VOTRE ÉPOUSE MAIS ELLE A CONTINUÉ À CONTRACTER DES EMPRUNTS... LE COMPTE ÉTANT À VOS DEUX NOMS, VOUS ÊTES POURSUIVI EN PAIEMENT. VOUS REFUSEZ DE PAYER.

Vous vivez séparé(e) de votre épouse (époux) sans avoir divorcé pour autant. Elle fait des emprunts sans compter. Comme elle est insolvable, les établissements financiers veulent vous obliger à rembourser à sa place. Vous refusez.

• **CE QUE DIT LA LOI** : La notion de chef de famille n'existe plus depuis 1983. Chaque époux peut donc passer seul les contrats nécessaires à l'entretien du ménage et à l'éducation des enfants. Le conjoint qui n'a pas signé le contrat est en principe solidaire. Mais cette solidarité est évidemment dangereuse, car l'un des époux pourrait à l'insu de l'autre faire des achats ou des emprunts excessifs.

C'est pourquoi l'article 220, alinéa 3 du code civil prévoit que la solidarité entre époux ne joue pas :

– pour les dépenses manifestement excessives par rapport aux moyens du ménage ;
– pour les achats à crédit et les emprunts, sauf s'il s'agit de sommes très modestes nécessaires aux besoins de la vie courante du ménage ;
– pour les dépenses personnelles de l'un des époux (par exemple, il a emprunté pour financer son activité professionnelle).

Autrement dit, vous n'avez pas à payer les achats à crédit ou les emprunts que votre époux(se) a faits sans votre accord.

• **NOTRE CONSEIL** : Les établissements de crédit feignent souvent de ne pas connaître la loi et, avec un aplomb rare, on demande au conjoint qui n'a rien signé de payer lorsque l'emprunteur se révèle insolvable ou a disparu sans laisser d'adresse.
Ne vous laissez pas intimider par leurs menaces de poursuite.

Vos nom et adresse — Date
Adresse

N° dossier — Nom de l'établissement financier
Adresse

Recommandé avec avis de réception

Madame, Monsieur,

Par courrier en date du ..., vous me réclamez le remboursement d'une somme de ... € correspondant à un emprunt effectué par mon épouse, Madame ... (*nom et prénom de votre épouse*), auprès de votre établissement.

Je vous rappelle que je n'ai jamais donné mon consentement pour cet emprunt, et j'ignore complètement quel usage mon épouse en a fait.

Du reste, nous vivons séparés depuis le ... (*date*). Elle habite ... (*adresse de votre épouse si vous la connaissez*).

Vous ne l'ignorez pas, l'article 220, alinéa 3 du code civil prévoit que la solidarité des époux ne s'applique pas pour les emprunts effectués par un seul conjoint, sans l'accord de l'autre.

Me référant à cet article, je ne peux que refuser de payer la dette de mon épouse.

Je vous prie de croire, Madame, Monsieur, à l'expression de mes salutations distinguées.

Signature

VOTRE EX-FEMME VEUT SAISIR VOTRE PENSION DE RETRAITE. VOUS RAPPELEZ À LA CAISSE QU'ELLE DOIT VOUS LAISSER UN « MINIMUM VITAL » FIXÉ PAR LA LOI.

Au moment de votre divorce, le juge a accordé une pension alimentaire à votre ex-femme. Elle a fait des saisies-arrêts sur vos retraites si élevées qu'il ne vous reste rien.

• **Ce que dit la loi** : Les pensions de retraite du régime général (Caisse nationale d'assurance vieillesse) sont saisissables dans les mêmes conditions et limites que les salaires (voir page 115). La législation est donc celle applicable en matière de salaires.

Mais, jusqu'à une date récente, la question se posait de savoir si les retraites complémentaires pouvaient faire l'objet de saisies. La loi du 8 août 1994 (Journal officiel du 10) a clairement précisé que les retraites complémentaires peuvent être saisies de la même manière que les pensions et retraites du régime général.

Si vous percevez des retraites de plusieurs caisses, chacune va appliquer le barème des proportions saisissables (voir page 578) et, de ce fait, le cumul des sommes saisies par chaque caisse risque de dépasser le montant autorisé par la loi.

C'est le cas si vous avez travaillé dans plusieurs secteurs économiques différents, car toutes les branches d'activité n'adhèrent pas à la même caisse de retraite complémentaire. Si des saisies-arrêts ont été demandées à toutes les caisses qui vous versent des pensions et des retraites, vous avez intérêt à signaler à chacune la saisie-arrêt qui est déjà faite par l'autre caisse, afin que le calcul de la partie saisissable soit fait globalement. Et surtout, que ces caisses se concertent pour vous laisser le minimum vital prévu par la loi.

En effet, l'article L. 145-3 du code du travail prévoit que lorsqu'un débiteur (la personne saisie) perçoit de plusieurs payeurs (employeurs, caisses de retraite...) des sommes saisissables, la fraction saisissable est calculée sur l'ensemble de ces sommes. Et l'article L. 145-4, dernier alinéa du code du travail, prévoit qu'une somme minimale doit être laissée au débiteur saisi. Cette somme est au moins égale au revenu minimum d'insertion. Ce « minimum vital » est augmenté si le débiteur saisi a des personnes à charge. Il doit être laissé au débiteur saisi même si les demandes de saisie concernent des arriérés de pensions alimentaires non payées.

• **Notre conseil** : Parfois, certaines caisses, par souci de simplicité, appliquent le barème sans prendre en considération votre situation. Au besoin, écrivez en recommandé au directeur de la caisse de retraite si l'employé gestionnaire de votre dossier s'entête.

Vos nom et prénom
Adresse

Date

N° du dossier

Nom de la Caisse de retraite
Adresse

Recommandé avec avis de réception

Madame, Monsieur,

Mon ex-femme, Madame ... (*nom et prénom*), a mandaté l'huissier de justice Maître ... (*nom de l'huissier*) pour vous demander d'opérer une saisie-arrêt sur les pensions qui me sont dues.

Vous avez donc saisi la totalité de ma pension du mois de ... .

Je vous rappelle que, selon l'article L. 145-4, dernier alinéa du code du travail, une somme correspondant à la valeur du RMI est, dans tous les cas, laissée à la disposition du débiteur saisi.

En conséquence, je vous prie instamment de régulariser cette situation. Votre mauvaise application de la loi m'a causé un grave préjudice puisque je me suis retrouvé sans argent et complètement démuni pendant ce mois.

Si vous persistez à ne pas respecter la législation, je me verrai contraint de mettre en cause votre responsabilité.

Je vous prie de croire, Madame, Monsieur, à l'expression de mes salutations distinguées.

Signature

LE PERCEPTEUR VOUS DEMANDE DE RÉGLER LES IMPÔTS DUS PAR VOTRE EX-ÉPOUX. VOUS FAITES UNE DEMANDE EN DÉCHARGE GRACIEUSE DE RESPONSABILITÉ.

Votre divorce vient d'être prononcé. Ouf ! Vous voilà enfin débarrassée de ce mari insupportable. Autre scénario : il a disparu sans prévenir. Et naturellement, il a laissé une ardoise fiscale. Vous pouvez demander à ne pas payer les impôts qu'il doit.

• **Ce que dit la loi** : Voté en 1983, l'article 1685, alinéa 2 du code général des impôts (CGI) précise : « Chacun des époux est tenu solidairement au paiement de l'impôt sur le revenu. » Autrement dit, le fisc peut demander à l'un des époux de payer la totalité des impositions émises au nom du couple.

Cette règle s'applique pendant tout le mariage. Cela explique que les femmes, parfois longtemps après leur divorce, se voient poursuivies pour les arriérés d'impôt dus par leur ex-mari à l'époque où ils étaient mariés. La réciprocité existe mais, en pratique, c'est presque toujours la femme qui est poursuivie car elle est plus facilement localisable. Quoi qu'il en soit, dès que le juge civil vous a autorisés à résider séparément, n'oubliez pas (même si vous n'êtes pas imposable) d'établir une **déclaration de revenus à votre propre nom**. En effet, si votre mari souscrit de son côté une déclaration à vos deux noms (sans que vous le sachiez) alors que vous n'en avez pas faite une de votre côté, vous seriez solidaire des impôts qui seraient émis aux deux noms.

Fort heureusement, le dernier alinéa de l'article 1685 du CGI prévoit que chacun des époux peut être déchargé de la solidarité. L'époux(se) poursuivi(e) peut donc faire une demande en décharge gracieuse de responsabilité. De son côté, la Direction de la comptabilité publique a publié une instruction n° 83-103-A1 du 31 mai 1983 (toujours en vigueur) qui demande aux comptables du Trésor d'accorder des décharges gracieuses « chaque fois que le conjoint mis en cause a en réalité été victime du comportement irresponsable de l'autre ». Hélas, sur le terrain, cette bienveillance n'est pas souvent appliquée.

La demande en décharge gracieuse de responsabilité n'est pas à adresser à la perception de votre domicile, mais à la Trésorerie générale de votre département. Pour Paris intramuros, elle est à adresser à la Recette générale des finances (19, rue Scribe 75002 Paris).

• **Notre conseil** : Joignez à votre demande tous les justificatifs : copie de l'avis d'imposition, des actes de poursuite, du jugement de divorce, bulletins de paie, détail des charges, etc. Si votre demande est refusée alors que vous êtes dans une situation précaire, n'hésitez pas à attaquer le refus de l'administration devant le tribunal administratif de votre département.

Vos nom et prénom
Adresse
Référence dossier

Date

Monsieur
le Trésorier-payeur général
de ... (*votre département*)
Adresse

Recommandé avec avis de réception

Monsieur le Trésorier-payeur général,

J'ai reçu un avis d'imposition sur mes revenus de l'année ... ainsi que sur les revenus de mon ex-mari ... (*nom et prénom de votre ex-mari*).

J'ai réglé la fraction d'impôt correspondant à mes revenus personnels. Mais la Trésorerie de ... (*nom de la ville*) me poursuit sur la base de l'article 1685 du code général des impôts, afin de m'obliger à régler les impositions correspondant aux revenus de mon ex-conjoint.

Or, ma situation a été modifiée du fait de notre divorce prononcé par jugement du ... (*date*) dont vous trouverez ci-joint copie (*ou encore*, du fait de l'abandon du domicile commun par mon mari...).

Mes ressources ne me permettent pas de faire face à cette solidarité. En effet, je perçois un salaire mensuel de ... € (ou encore, je perçois une retraite de ... €, etc.), je supporte un loyer mensuel de ... € et j'ai un enfant à ma charge. (*Expliquez clairement vos difficultés et votre situation en donnant le détail de vos ressources et charges.*)

Conformément à l'article 1685 du CGI, je sollicite donc de votre bienveillance la décharge gracieuse de respon-sabilité.

Vous remerciant de l'attention que vous voudrez bien accorder à ma demande, je vous prie de croire, Monsieur le Trésorier-payeur général, à l'expression de ma respectueuse considération.

Signature

VOTRE COMPAGNON, LOCATAIRE EN TITRE, VOUS QUITTE... VOUS DEMANDEZ LE MAINTIEN DANS LES LIEUX.

Le compagnon avec lequel vous viviez depuis quelques années vous a quittée et le contrat de location était à son nom. Vous demandez au propriétaire du logement le maintien du contrat.

• **Ce que dit la loi** : L'article 14 de la loi du 6 juillet 1989 prévoit que, en cas d'abandon du domicile par le locataire (titulaire du bail), le contrat de location continue :

- au profit du conjoint, sauf si le juge chargé du divorce (ou de la séparation de corps) en décide autrement ;
- au profit des descendants, des ascendants et du concubin notoire ou des personnes à charge qui vivaient avec lui depuis au moins un an à la date de l'abandon du domicile.

En cas de demandes multiples, le juge du tribunal d'instance du lieu du logement se prononce en fonction des intérêts en présence.

• **Notre conseil** : Attention ! Il faut entendre par « abandon du domicile », le départ brusque et imprévisible du locataire, un départ définitif sans laisser de traces. Concrètement, dites que votre compagnon est parti brusquement et que vous ne connaissez pas sa nouvelle adresse.

Vos nom et prénom
Adresse

Date

Nom du propriétaire
Adresse

Recommandé avec avis de réception

Monsieur (*ou* Madame),

Je vous indique que mon concubin, M. ... (*nom de votre ex-compagnon*), locataire en titre de l'appartement, a brusquement quitté le domicile.

J'ai constaté ce départ le ... (*date*), en rentrant de mon travail.

Conformément à l'article 14 de la loi du 6 juillet 1989, je demande la poursuite du bail à mon profit, en tant que concubine notoire de M. ... (*nom de votre ex-compagnon*) depuis trois ans. Vous trouverez ci-joint copie du certificat de concubinage et des témoignages attestant le départ brusque et imprévisible de M. ... (*nom de votre ex-compagnon*).

Je vous serai reconnaissante de bien vouloir établir un avenant prenant en compte la nouvelle situation et d'établir désormais les quittances à mes nom et prénom.

Vous en remerciant, je vous prie d'agréer, Monsieur (*ou* Madame), l'expression de ma considération distinguée.

Signature

VOUS ÊTES EN INSTANCE DE DIVORCE. VOUS DEMANDEZ QUE LE BAIL SOIT MIS À VOTRE NOM.

Vous êtes en instance de divorce ou de séparation de corps et le juge civil vous a attribué le droit au maintien dans les lieux. Vous devez notifier cette décision au bailleur, sous la forme recommandée avec avis de réception, dans un délai de trois mois à compter du prononcé du jugement.

• **Ce que dit la loi** : Selon l'article 1751 du code civil, le droit au bail du logement sans caractère professionnel ou commercial qui sert à l'habitation de deux époux est, quel que soit leur régime matrimonial et malgré toute convention contraire, considéré comme appartenant à l'un et l'autre des époux, même si le bail a été conclu avant le mariage.

En cas de divorce ou de séparation de corps, c'est donc le juge chargé de cette procédure, qui, en fonction des intérêts de la famille, désigne l'époux qui doit rester dans le logement et donc conserver le bail.

• **Notre conseil** : Sachez que si le logement est à usage exclusif d'habitation, les époux sont l'un et l'autre titulaires du bail, même si le contrat n'a été conclu que par l'un d'eux et avant le mariage.

Vos nom et prénom
Adresse

Date

Nom du propriétaire
Adresse

Recommandé avec avis de réception

Monsieur (*ou* Madame),

Par la présente lettre recommandée avec avis de réception, je vous notifie la décision de Monsieur le Juge aux affaires familiales du tribunal de grande instance de ... (*indiquez la ville*).

Par jugement du ... (*date*), Monsieur le Juge m'a attribué le droit au bail du logement que j'occupais en tant que locataire avec mon ex-mari (*ou* ex-femme).

En conséquence, je vous prie de bien vouloir rédiger un avenant pour formaliser cette nouvelle situation et d'établir désormais à mon nom seulement les quittances de loyer.

Vous en remerciant, je vous prie de croire, Monsieur (*ou* Madame), à l'expression de ma considération distinguée.

Signature

VOTRE CONCUBIN A DONNÉ CONGÉ DU LOGEMENT MAIS VOUS SOUHAITEZ RESTER, LE BAIL ÉTANT À VOS DEUX NOMS... LE BAILLEUR PRÉTEND VOUS CHASSER. VOUS REFUSEZ DE PARTIR.

Vous avez décidé de vous séparer. Votre compagnon a donné son congé au bailleur. Le bail étant aux deux noms, vous estimez avoir le droit de rester. Le bailleur vous téléphone pour connaître le jour de votre déménagement ! Il ne veut pas que vous restiez, car il prétend que votre seul salaire est insuffisant pour régler un loyer aussi élevé. Vous réagissez.

• **Ce que dit la loi** : L'article 1134 du code civil stipule : « Les conventions légalement formées tiennent lieu de loi à ceux qui les ont faites. Elles ne peuvent être révoquées que par leur consentement mutuel, ou par les causes que la loi autorise. »

Autrement dit, les personnes qui ont signé un contrat sont engagées les unes vis-à-vis des autres et ne peuvent s'en dégager à la légère. En signant un bail à vos deux noms, votre bailleur a pris un engagement contractuel vis-à-vis de chacun de vous deux. Le fait que votre compagnon ait donné son congé n'y change rien. Le bailleur reste engagé envers vous. Le bail se poursuit donc de plein droit. Le propriétaire ne peut pas vous chasser sous prétexte qu'il estime votre salaire insuffisant pour un loyer si élevé. Vous avez peut-être d'autres sources de revenus... Si effectivement vous ne payez pas le loyer, il sera toujours temps pour lui d'agir. Il ne peut pas par avance vous faire un procès d'intention.

• **Notre conseil** : Ne vous laissez pas intimider. Les bailleurs ont tellement peur des impayés que, dans de telles situations, ils jouent le harcèlement et la menace pour obliger le locataire restant à partir. Envoyez cette lettre en recommandé avec avis de réception. Si c'est une agence qui agit ainsi, envoyez copie du courrier au propriétaire pour l'alerter sur les agissements de l'agence.

Vos nom et prénom
Adresse

Date

Nom du propriétaire
Adresse

Recommandé avec avis de réception

Monsieur (*ou* Madame),

Le... (*date*), vous avez établi un bail aux noms de M. ... (*nom et prénom de votre ex-compagnon*) et de Mme ... (*vos nom et prénom*), c'est-à-dire moi-même.

M. ... vous ayant donné son congé pour le ... (*date*), vous avez, par de nombreux appels téléphoniques, exigé que je quitte les lieux au motif que mon seul salaire serait insuffisant pour régler un loyer aussi élevé.

En signant un bail à nos deux noms, vous vous êtes engagé personnellement à l'égard de chacun de nous. Mon compagnon ayant mis fin au contrat qui le liait à vous, celui-ci se poursuit de plein droit entre les deux signataires restants, c'est-à-dire vous et moi.

En conséquence, je vous prie de bien vouloir respecter votre engagement contractuel et de cesser de me harceler au téléphone.

À défaut, je porterai l'affaire devant les tribunaux compétents.

Veuillez agréer, Monsieur (*ou* Madame), l'expression de mes salutations distinguées.

Signature

LE CONTRAT D'ASSURANCE DE VOTRE HABITATION EST ÉTABLI AU NOM DE VOTRE MARI OU AMI. VOUS VOUS SÉPAREZ. VOUS DEMANDEZ QUE LE CONTRAT SOIT TRANSFÉRÉ À VOTRE NOM.

Comme souvent, le contrat d'assurance a été établi au nom de votre mari ou concubin. À la suite de votre séparation, vous avez conservé le logement et il est parti vivre ailleurs. Pour éviter d'éventuels soucis, demandez d'urgence que le contrat soit établi à votre seul nom.

• **Ce que dit la loi** : Tout locataire est tenu d'assurer le logement qu'il occupe. Cette obligation légale ne s'applique pas si vous êtes propriétaire. Pourtant, que vous soyez locataire ou propriétaire, vous avez tout intérêt à assurer votre logement et les biens qui s'y trouvent.

Hélas, les assureurs ont tendance à toujours établir les contrats d'assurance au nom du mari ou du concubin, plus rarement aux deux noms.

L'article 113-16 du code des assurances prévoit que tout changement dans la situation de l'assuré doit être porté à la connaissance de l'assureur. Parmi ces changements figurent notamment le changement dans la situation matrimoniale (divorce, séparation, décès), le changement de profession…

Si, à la suite de votre séparation ou divorce, vous avez conservé le logement tandis que votre mari (ou femme) ou ami(e) est allé(e) vivre ailleurs, vous devez d'urgence en informer l'assureur et lui demander d'établir le contrat d'assurance du logement à votre seul nom. Souvent, il ne recommencera pas le contrat et se contentera de rédiger un avenant à ce dernier.

• **Notre conseil** : Signalez par lettre recommandée avec avis de réception toute séparation, divorce…, et exigez systématiquement qu'un nouveau contrat (ou avenant) soit établi à votre seul nom.

Vos nom et prénom
Adresse

Date

Police n° ......

Nom de la compagnie
d'assurances
Adresse

Recommandé avec avis de réception

Madame, Monsieur,

À la suite de notre séparation (*ou* divorce) intervenue le ..., Monsieur (*ou* Madame) ... (*nom de votre mari, ami ou femme*) a quitté le logement que nous occupions ensemble au ... (*adresse du logement assuré*). Désormais, je suis seul(e) titulaire du bail (*ou encore* : désormais, j'occupe seul(e) ce logement avec mes deux enfants).

Or, au moment de sa souscription, le contrat multirisque habitation a été établi au nom de Monsieur (*ou* Madame) ... (*ou encore* : conjointement au nom de ... et du mien).

En conséquence, je vous prie de bien vouloir établir, dans les meilleurs délais, un nouveau contrat ou un avenant prenant en compte cette nouvelle situation et indiquant clairement que je suis la seule assurée pour le logement cité en référence.

Vous remerciant de votre diligence, je vous prie d'agréer, Madame, Monsieur, l'expression de mes salutations distinguées.

Signature

VOUS VOULEZ ADOPTER UN ENFANT : VOUS DEMANDEZ L'AGRÉMENT AU CONSEIL GÉNÉRAL.

Pour des raisons qui vous sont personnelles, vous avez décidé d'adopter un enfant. Après avoir clairement défini vos motivations, il vous faut entreprendre les démarches nécessaires. La première et incontournable étape est l'obtention de l'agrément.

• **Ce que dit la loi** : Le processus de l'adoption plénière se déroule en deux temps :

– l'obtention de l'agrément qui donne la possibilité de procéder aux démarches sur le terrain pour obtenir l'enfant,

– l'obtention du jugement du tribunal de grande instance de votre domicile qui prononce l'adoption plénière, ou bien si l'adoption a eu lieu dans un pays signataire de la convention de La Haye, le jugemet du tribunal du pays d'origine.

Ce sont les services de l'Aide Sociale à l'Enfance qui délivrent ou refusent cet agrément, à partir d'enquêtes sociales et psychologiques destinées à déterminer si votre foyer est en mesure d'accueillir dans les meilleures conditions un enfant venu d'ailleurs.

Vous devez demander cet agrément au Président du Conseil Général de votre département.

Selon l'article 63 du Code de la famille et de l'aide sociale, « l'agrément est accordé pour cinq ans, dans un délai de neuf mois à compter du jour de la demande par le président du Conseil général, après avis d'une commission ».

Si vous êtes concubins, hétérosexuels ou homosexuels, que vous soyez ou non pacsés, la demande d'agrément doit être faite par un des membre du couple, car tant que vous n'êtes pas mariés, vous êtes considéré comme célibataire.

• **Notre conseil** : Adressez votre courrier par lettre recommandée avec accusé de réception ; dans la mesure où l'Administration a 9 mois pour vous rendre sa décision, cette précaution aura le mérite de donner date certaine à la mise en oeuvre des démarches.
Bien entendu, si vous formulez cette demande en tant que célibataire, rédigez votre lettre à la première personne du singulier.

Vos nom et prénom
Votre adresse
Votre numéro de téléphone

Monsieur le Président
du Conseil général
Adresse

Date

Monsieur le Président du Conseil général,

Nous avons l'honneur de solliciter votre service de l'Aide sociale à l'Enfance en vue de postuler pour un agrément nous autorisant à adopter un enfant. A cette fin, nous nous tenons à la disposition des personnes qui seront chargées de mener les investigations appropriées.

Vous remerciant de l'attention que vous porterez à la présente demande, nous vous prions de croire, Monsieur le Président, à l'expression de nos sentiments distingués.

Signatures des deux conjoints

VOUS CHANGEZ DE DÉPARTEMENT APRÈS AVOIR OBTENU L'AGRÉMENT EN VUE D'UNE ADOPTION : VOUS LE SIGNALEZ AU CONSEIL GÉNÉRAL.

Vous avez obtenu l'agrément en vue d'adopter un enfant de la part des services de l'Aide Sociale à l'Enfance de votre département de résidence. Vous déménagez et changez de département. Vous le signalez aux services concernés.

• **Ce que dit la loi** : Depuis la loi du 5 juillet 1996, l'agrément accordé aux parents adoptifs est valable pour tous les départements alors qu'auparavant, il ne valait que pour le seul département de résidence. Mais selon l'article 63 du Code de la famille et de l'aide sociale, « lorsque les personnes agréées changent de département, leur agrément reste valable sous réserve d'une déclaration préalable adressée au président du Conseil général de leur département de résidence ».

Si un refus d'agrément vous a été notifié, il reste opposable même si vous changez de département.

Vos nom et prénom
Votre adresse
Votre numéro de téléphone

Monsieur le Président
du Conseil général
Adresse

Date

Monsieur le Président du Conseil général,

Nous avons reçu de votre service de l'Aide sociale à l'Enfance un accord pour un agrément nous autorisant à adopter un enfant.

Nous vous signalons que nous déménageons le .....pour résider dorénavant à ......et nous vous remercions d'en prendre acte.

Nous vous prions de croire, Monsieur le Président, à l'expression de nos sentiments distingués.

Signatures des deux conjoints

• **Notre conseil** : Comme pour toute correspondance importante, nous vous recommandons d'envoyer cette lettre en recommandé avec accusé de réception. Et comme la précédente lettre, si vous êtes célibataire, vous rédigez ce courrier à la première personne du singulier.

VOUS AVEZ RECU UNE NOTIFICATION DE REFUS DE L'AGRÉMENT ; ELLE VOUS PARAÎT INJUSTIFIÉE. VOUS EXERCEZ VOTRE DROIT DE RECOURS

Vous vous êtes vu opposer un refus à votre demande d'agrément. D'après vous, les raisons de ce refus ne sont pas acceptables. Vous décidez d'exercer un recours.

• **CE QUE DIT LA LOI** : Depuis la réforme Mattéi de 1996, le refus d'agrément en vue d'adopter un enfant est valable trente mois au lieu de cinq ans auparavant. Mais, selon l'article 63 du Code de la famille et de l'aide sociale, vous pouvez cependant, dans un délai de deux mois suivant la notification de rejet de l'agrément, demander que « tout ou partie des investigations effectuées pour l'instruction du dossier soient accomplies une seconde fois par d'autres personnes que celles auxquelles elles avaient été confiées initialement ».

• **NOTRE CONSEIL** : Pour avoir les meilleurs chances d'obtenir l'agrément au cours de cette seconde tentative, tentez de mettre davantage au clair vos motivations, et d'étudier avec attention les motivations du refus qui vous a été opposé afin de pouvoir pallier aux lacunes de votre dossier.

Vos nom et prénom
Votre adresse
Votre numéro de téléphone

Monsieur le Président
du Conseil général
Adresse

Date

Monsieur le Président du Conseil général,

Nous avons reçu de votre service de l'Aide sociale à l'Enfance, en date du .... la notification du refus de l'agrément nous autorisant à adopter un enfant.

Conformément aux dispositions de l'article 63 du Code de la famille et de l'aide sociale qui prévoit des voies de recours dans les deux mois qui suivent cette notification, nous sollicitons de nouvelles investigations par une équipe différente de la précédente pour l'instruction de notre dossier.

Nous vous prions de croire, Monsieur le Président, à l'expression de nos sentiments distingués.

Signatures des deux conjoints

VOUS VOULEZ METTRE FIN À VOTRE PACTE CIVIL DE SOLIDARITÉ, VOUS DEMANDEZ À L'HUISSIER DE JUSTICE D'EN INFORMER VOTRE PARTENAIRE.

C'était une belle histoire, mais vous estimez qu'elle est terminée. Pour reprendre votre liberté, vous mettez fin au pacte civil de solidarité qui vous lie à votre partenaire.

• **Ce que dit la loi** : Le Pacte civil de solidarité (Pacs) est un contrat que deux personnes de même sexe ou de sexes opposés concluent pour organiser leur vie commune (article 515-1 du code civil). La signature du Pacs est déclarée au greffe du tribunal d'instance du lieu du domicile commun. Le Pacs produit à peu près les mêmes effets que le mariage : vous êtes solidaires pour le paiement de certaines dettes, vous avez une obligation d'entraide pendant la vie commune, vous êtes soumis à une imposition commune au bout de trois ans, etc.

Mais chaque partenaire peut librement mettre fin au Pacs, il lui suffit de respecter la procédure prévue par la loi. Ainsi, pour rompre votre Pacs, vous devez demander à un huissier de justice de signifier votre décision à votre partenaire.

La signification est l'acte officiel par lequel l'huissier de justice informe de votre décision la personne qui partage votre vie.

• **Notre conseil** : Il est inutile de vous déplacer, vous pouvez contacter l'huissier de justice par écrit.

Vos nom, prénom et adresse

À..., le...

Maître...
Huissier de justice
Adresse

Maître,

J'ai conclu un pacte civil de solidarité avec M... (*nom, prénom et adresse du ou de la partenaire*), enregistré au greffe du tribunal d'instance de ... (*ville*), en date dû..., et dont vous trouverez copie jointe. J'ai décidé de mettre fin à notre vie commune.

Conformément à la loi, je vous prie de bien vouloir signifier à M... (*nom et prénom du, de la partenaire*) ma décision de mettre fin au Pacs qui nous lie.

Vous voudrez bien trouver ci-joint chèque de... € à valoir sur vos honoraires.

Je vous prie de croire, Maître, à l'expression de mes salutations distinguées.

Signature

VOUS VOULEZ METTRE FIN À VOTRE PACTE CIVIL DE SOLIDARITÉ, VOUS EN INFORMEZ VOTRE PARTENAIRE.

C'est décidé, vous prenez vos distances. Vous avez eu plusieurs discussions avec votre partenaire, mais vous officialisez votre décision en le prévenant par écrit.

• **Ce que dit la loi** : Le Pacte civil de solidarité (Pacs) est un contrat que deux personnes de même sexe ou de sexes opposés concluent pour organiser leur vie commune (article 515-1 du code civil). La signature du Pacs est déclarée au greffe du tribunal d'instance du lieu du domicile commun. Le Pacs produit à peu près les mêmes effets que le mariage : vous êtes solidaires pour le paiement de certaines dettes, vous avez une obligation d'entraide pendant la vie commune, vous êtes soumis à une imposition commune au bout de trois ans etc.

Mais chaque partenaire peut librement mettre fin au Pacs, il lui suffit de respecter la procédure prévue par la loi. Ainsi, pour rompre votre Pacs, vous devez demander à un huissier de justice de signifier votre décision à votre partenaire.

La signification est l'acte officiel par lequel l'huissier de justice informe de votre décision la personne qui partage votre vie.

À..., le...

Alain, (*ou Christelle*)

Depuis quelques semaines, tu as dû t'en apercevoir : je suis tendu (e), angoissé(e), désabusé(e). C'est que notre vie commune ne m'apporte plus la petite étincelle des débuts.

Mes sentiments à ton égard ont changé, même si je te garde une affection fraternelle.

J'ai donc décidé de reprendre ma liberté et de rompre le Pacs que nous avions signé. La loi m'oblige à t'informer de ma décision par l'intermédiaire d'un huissier de justice. C'est donc Maître... qui viendra te faire la signification comme la loi le prévoit.

Je suis bien entendu, prêt (e) à discuter avec toi de ma décision, mais sache qu'elle est irrévocable.

Je t'embrasse,
Jean-Marc

• **Notre conseil** : On ne quitte pas une personne dont on a partagé la vie par une simple signification. même si la loi ne le prévoit pas, d'un point de vue humain, il nous semble judicieux d'informer votre ami (e) de votre décision avant le passage de l'huissier, soit verbalement soit par un petit mot simple écrit de votre main.

VOUS VOULEZ METTRE FIN À VOTRE PACTE CIVIL DE SOLIDARITÉ, VOUS EN AVERTISSEZ LES ORGANISMES SOCIAUX.

Pour terminer enfin votre procédure de séparation, vous prévenez les organismes sociaux.

• **Ce que dit la loi** : Le Pacte civil de solidarité (Pacs) est un contrat que deux personnes de même sexe ou de sexes opposés concluent pour organiser leur vie commune (article 515-1 du code civil). La signature du Pacs est déclarée au greffe du tribunal d'instance du lieu du domicile commun. Le Pacs produit à peu près les mêmes effets que le mariage : vous êtes solidaires pour le paiement de certaines dettes, vous avez une obligation d'entraide pendant la vie commune, vous êtes soumis à une imposition commune au bout de trois ans etc.

Mais chaque partenaire peut librement mettre fin au Pacs, il lui suffit de respecter la procédure prévue par la loi.

Vos nom, prénom et adresse

À..., le...

Nom de l'organisme
Adresse

Référence dossier :

Madame, Monsieur,

Je vous prie de bien vouloir noter la rupture intervenue le... (*date*) du pacte civil de solidarité que j'avais conclu le... (*date*) avec M. (*nom et prénom du ou de la partenaire*). Voulez-vous également enregistrer l'adresse de mon nouveau domicile qui est désormais (*indiquez votre nouvelle adresse*).

Vous en remerciant,

Je vous prie de croire, Madame, Monsieur, à l'expression de ma considération distinguée.

Signature

• **Notre conseil** : Il est utile d'avertir les organismes sociaux de la rupture du Pacs

UNE AGENCE MATRIMONIALE VOUS A FAIT SIGNER UN CONTRAT IL Y A MOINS DE SEPT JOURS. VOUS DÉSIREZ L'ANNULER.

Un soir de blues, vous avez poussé la porte d'une agence matrimoniale et sous la pression, vous avez signé un contrat. Après mûre réflexion, vous décidez de le résilier.

• **Ce que dit la loi** : Sur un coup de tête, vous signez un contrat de courtage matrimonial avec une agence matrimoniale pour qu'elle vous présente l'âme sœur. Mais une fois rentré chez vous ou après quelques jours de réflexion, vous regrettez votre engagement.

Pas d'inquiétude, la loi vous permet de revenir sur votre signature. En effet, l'article 6 II alinéa 1 de la loi du 23 juin 1989 vous accorde un droit de rétractation. Cela signifie que vous pouvez annuler le contrat que vous avez signé à condition d'en informer l'agence matrimoniale par lettre recommandée avec avis de réception, au plus tard dans les sept jours qui suivent la date de signature du contrat. Si ce délai expire un samedi, un dimanche, ou un jour férié ou chômé, il est prolongé jusqu'au premier jour ouvrable suivant. Il est interdit à l'agence matrimoniale d'exiger le versement d'une somme d'argent avant la fin du délai de rétractation. Il lui est également interdit de vous réclamer une indemnité de résiliation, de frais de dossier etc.

• **Notre conseil** : Avant de le signer, vérifiez soigneusement la date inscrite sur le contrat de courtage matrimonial, il peut avoir été antidater à votre insu.

Vos nom, prénom et adresse

À..., le...

Nom de l'agence matrimoniale
Adresse

Recommandé avec avis de réception

Monsieur, Madame,

Le... (*date*), j'ai souscrit auprès de votre agence un contrat en vue d'offres de rencontres de personnes souhaitant se marier ou accéder à une union stable.

J'ai décidé de renoncer à ce projet.

Conformément à l'article 6 II alinéa 1 de la loi du 23 juin 1989, j'utilise mon droit de rétractation de sept jours pour mettre fin au contrat que j'ai signé.

Par ailleurs, je vous demande de me rembourser par retour, la somme de ... € que j'ai versée lors de la signature du contrat. Je vous indique que ce versement était illégal et passible de sanctions pénales. Il est en effet interdit à une agence matrimoniale d'exiger un quelconque versement d'argent avant l'expiration du délai légal de rétractation.

Je vous prie de croire, Madame, Monsieur, à l'expression de mes salutations distinguées.

Signature

CHAPITRE 5

LA PROTECTION DE VOS PARENTS

LES FACULTÉS MENTALES D'UN MEMBRE DE VOTRE FAMILLE SONT GRAVEMENT ALTERÉES. VOUS DEMANDEZ UNE MISE SOUS TUTELLE.

Pertes de mémoire catastrophiques ou immobilisation définitive à la suite d'un accident ou d'une maladie et empêchant toute activité physique ou intellectuelle : tel est le quotidien d'un membre de votre famille qui ne peut exprimer librement sa volonté. La mise sous tutelle s'impose. Vous engagez la procédure auprès du tribunal d'instance.

• **Ce que dit la loi** : Selon les articles 490 et 492 du code civil, une personne majeure peut être mise sous tutelle si elle a besoin d'être représentée d'une manière continue dans les actes de la vie civile lorsque ses facultés mentales sont altérées par une maladie, une infirmité ou un affaiblissement dû à l'âge ou en cas d'altération de ses facultés physiques, si elle empêche l'expression de sa volonté. L'altération des facultés mentales ou corporelles doit être médicalement établie.

L'ouverture de la tutelle peut être demandée par :

– la personne qui doit être protégée si son état le permet ;
– son conjoint vivant avec elle ou le concubin partenaire d'un pacte civil de solidarité ;
– ses ascendants (parents, grands-parents) ;
– ses descendants (enfants et petits-enfants) ;
– ses frères et sœurs ;
– le curateur lorsqu'une mise sous curatelle s'avère insuffisante alors que l'état de la personne s'aggrave ;
– le procureur de la République.

Par ailleurs, une tutelle peut être ouverte d'office par le juge s'il a été informé par les autres parents, les alliés ou des amis et après avoir recueilli leur avis sur la cause qui justifierait l'ouverture de la tutelle. Il en est de même du médecin traitant et du directeur de l'établissement où séjourne, le cas échéant, la personne concernée.

La mise sous tutelle est demandée au moyen d'une requête devant comporter certaines informations obligatoires (voir notre modèle) adressée au secrétariat-greffe du tribunal d'instance (avocat non obligatoire).

• **Notre conseil** : De la patience ! Inutile de harceler le juge par des lettres de réclamations. Après avoir reçu votre demande, celui-ci a un an pour rendre sa décision. Il est donc indispensable de joindre à votre requête une déclaration du médecin traitant ou du médecin hospitalier demandant de placer la personne concernée sous sauvegarde de justice (article 491-2 du code civil).

Vous nom et prénom — Date
Adresse

Objet : Requête à Monsieur (*ou* Madame) le juge des tutelles

Monsieur (*ou* Madame)
le Juge des tutelles
Tribunal d'instance de ...
Adresse

Monsieur, Madame le juge,

Je soussigné(e) ... (*nom, prénom*) né(e) le ... à ..., demeurant ... (*adresse*) requiers, en application de l'article 493 du code civil, l'ouverture d'une tutelle en faveur de Monsieur (*ou* Madame) ... (*nom, prénom, date et lieu de naissance, adresse*). Cette personne dont je suis ... (*indiquez votre lien de parenté*) souffre d'une grave altération de ses facultés mentales (*et/ou* physiques). En effet, ... (*expliquez les symptômes* : pertes de mémoire, grand grabataire suite à un accident, etc.).

Je joins à ma requête un certificat médical délivré par le docteur ... (*nom, prénom, adresse, éventuelle spécialité*).

Ajoutez le cas échéant :

Dans l'attente de votre décision, vous trouverez ci-joint une lettre du docteur ... déclarant la nécessité de placer la personne concernée sous sauvegarde de justice en application de l'article 491-2 du code civil.

Fait à ..., le ... — Signature

P.J. : Acte de naissance de Monsieur (*ou* Madame) ...

UN MEMBRE DE VOTRE FAMILLE DOIT ÊTRE ASSISTÉ POUR ACCOMPLIR CERTAINS ACTES. VOUS DEMANDEZ UNE MISE SOUS CURATELLE.

Sans être complètement « gaga », un membre de votre famille délire « grave » ou dépense exagérément, mettant en péril son patrimoine. La curatelle vous semble la mesure la mieux adaptée. Vous saisissez le juge.

• **Ce que dit la loi** : Selon l'article 508 du code civil, lorsqu'une personne majeure, sans être hors d'état d'agir elle-même, a besoin d'être conseillée ou contrôlée dans les actes de la vie civile, elle peut être placée sous un régime de curatelle. Les raisons pouvant justifier la curatelle sont les mêmes que celles requises pour demander une mise sous tutelle (voir page précédente).

La personne rencontrant des difficultés est aidée par un curateur nommé par le juge. Il l'assiste pour les actes importants concernant la gestion de son patrimoine. Par exemple, le majeur en curatelle peut percevoir ses salaires ou pensions et rédiger des chèques. Mais il ne peut pas vendre ou acheter un bien immobilier, se marier, faire une donation sans l'assistance du curateur. D'ailleurs, en ouvrant la curatelle ou dans un jugement postérieur, le juge, sur l'avis du médecin traitant, peut énumérer certains actes que la personne en curatelle aura la capacité de faire seule ou, à l'inverse, ajouter d'autres actes à ceux pour lesquels l'assistance du curateur est exigée.

La mise sous curatelle est demandée au moyen d'une requête adressée au secrétariat-greffe du tribunal d'instance (avocat non obligatoire).

• **Notre conseil** : Attention au jugement précipité. Certains comportements bien que fantasques ou oisifs ne justifient pas toujours une mise sous curatelle. Avant d'engager la procédure, essayez d'expliquer à la personne concernée le risque (économique ou autre) qu'elle fait courir à elle-même et à sa famille.

Vos nom et prénom — Date
Adresse
Objet : Requête à Monsieur (*ou* Madame)
le Juge des curatelles

Monsieur, Madame
le Juge des curatelles
Tribunal d'instance de ...
Adresse

Monsieur, Madame le juge,

Je soussigné(e) ... (*nom, prénom*), né(e) le ..., à ..., demeurant ... (*adresse*) requiers, en application de l'article 508 du code civil, l'ouverture d'une curatelle en faveur de Monsieur (*ou* Madame) ... (*nom, prénom, date et lieu de naissance, adresse*).

Cette personne dont je suis ... (*indiquez votre lien de parenté*) souffre d'une altération de ses facultés mentales (et/ou physiques) qui l'empêchent pour certains actes de la vie civile d'exprimer clairement sa volonté (*citez des exemples*).

Ou bien : Cette personne souffre d'une altération de ses facultés mentales se traduisant par un comportement prodigue (dépenses excessives) ou oisif (personne restant volontairement sans travail) qui revêt un caractère dangereux pour lui-même et pour sa famille.

Je joins à ma requête un certificat médical délivré par le docteur ... (*nom, prénom, adresse, éventuelle spécialité*) (*certificat non nécessaire en cas de comportement prodigue ou oisif*).

Ajoutez le cas échéant : Dans l'attente de votre décision, vous trouverez ci-joint une lettre du docteur ... déclarant la nécessité de placer la personne concernée sous sauvegarde de justice en application de l'article 491-2 du code civil.

Fait à ..., le ... — Signature

P.J. : Acte de naissance de Monsieur (ou Madame) ...

DES MEMBRES DE VOTRE FAMILLE ONT OBTENU VOTRE MISE SOUS TUTELLE OU SOUS CURATELLE. VOUS CONTESTEZ.

Certains membres de votre famille en apparence bien intentionnés ont obtenu votre mise sous tutelle ou sous curatelle pour vous aider ou effectuer à votre place certains actes concernant la gestion de votre patrimoine. En réalité, vous pensez qu'ils veulent vous déposséder de vos biens. Vous formez un recours contre le jugement qui a ouvert la tutelle ou la curatelle.

• **Ce que dit la loi** : Les articles 1255 et suivants du nouveau code de procédure civile prévoient qu'un recours peut être formé contre la décision qui ouvre la tutelle (ou la curatelle) par lettre sommairement motivée. Cette lettre doit être signée par l'une des personnes ayant qualité pour demander la mise sous tutelle ou sous curatelle. Il en résulte que la personne mise en tutelle ou curatelle peut exercer un recours contre la décision la concernant. Elle doit être adressée au président du tribunal de grande instance mais remise, ou adressée sous pli recommandé avec avis de réception, au secrétariat-greffe du tribunal d'instance. Quelle que soit la forme du recours, le ministère d'avocat n'est pas obligatoire. La mesure de mise sous tutelle ou sous curatelle est suspendue par l'effet du recours, c'est-à-dire qu'elle ne peut pas s'appliquer sauf si le juge en a ordonné l'application immédiate.

• **Notre conseil** : Attention aux délais ! Les recours contre une mise en tutelle ou curatelle doivent être exercés dans les quinze jours du jugement. Mais à l'égard de la personne concernée par la mesure de tutelle ou de curatelle, le délai ne court qu'à compter du jour où la décision lui a été notifiée. En outre, sachez que l'intéressé peut demander au juge de lui désigner d'office un conseil si celui-ci n'en a pas choisi.

Vos nom et prénom Date
Adresse
Objet : Requête à Monsieur (*ou* Madame)
le Président du Tribunal de grande instance

Greffe du Tribunal
d'instance de ...
Adresse

Monsieur, Madame le juge,

Je soussigné(e) ... (nom, prénom), né(e) le ..., à ..., demeurant ... (*adresse*) a l'honneur d'exposer que par ordonnance du ... (*date*) Monsieur (*ou* Madame) le juge des tutelles de ... (*ville*) a ouvert au bénéfice de ma personne une mesure de tutelle (*ou* de curatelle) (ou bien : a ouvert au bénéfice de Monsieur ou Madame ... une mesure de tutelle ou de curatelle). Il a désigné en qualité de tuteur (*ou* de curateur) Monsieur (*ou* Madame ou organisme) ...

Cette mesure a été prononcée aux motifs que ... (*indiquez les raisons retenues par le juge et les témoignages sur lesquels il s'est appuyé*).

J'ai l'honneur de vous informer par la présente qu'en application des articles 1243 et suivants du nouveau code de procédure civile, j'ai décidé de former un recours contre l'ordonnance précitée. En effet, ... (*expliquez vos motifs, par exemple* : je considère que la mesure censée me protéger est disproportionnée par rapport à la réalité de mon état mental ou physique).

Vous trouverez ci-joint un certificat médical du docteur ... (*nom, prénom, adresse, éventuelle spécialité*) inscrit sur la liste dressée par Monsieur (*ou* Madame) le procureur de la République près le tribunal de grande instance de ... (*ville*) attestant que ... (*par exemple* : mes facultés mentales ne sont pas altérées à un point tel qu'elles nécessitent ma mise sous tutelle ou sous curatelle).

Fait à ..., le ... Signature

P.J. : Certificat médical, Ordonnance du juge des tutelles du ......

VOS PARENTS SONT DÉPENDANTS ET VOUS AVEZ SOLLICITÉ L'ALLOCATION PERSONNALISÉE D'AUTONOMIE. VOUS EN CONTESTEZ LE REFUS OU LE MONTANT INSUFFISANT.

Avoir des parents grabataires, c'est une véritable sinécure. Comme les vôtres ont besoin de l'assistance d'une tierce personne, vous avez sollicité pour leur compte l'allocation personnalisée d'autonomie. Si le montant que l'on vous propose de leur verser mensuellement vous semble dérisoire ou si, encore pire, on vous refuse le principe de l'allocation, n'hésitez pas à effectuer un recours amiable et/ou contentieux.

• **Ce que dit la loi** : La loi n° 2001–647 du 20 juillet 2001 (JO du 21) applicable depuis le 1er janvier 2002 a créé l'allocation personnalisée d'autonomie (APA) qui remplace la prestation spécifique dépendance. Elle est réservée aux personnes âgées de 60 ans au moins, résidant en France, et qui se trouvent dans l'incapacité d'assumer les conséquences d'un manque ou de la perte d'autonomie liés à leur état physique ou mental. Cette allocation doit permettre une prise en charge adaptée à leurs besoins.

C'est une commission départementale qui propose au président du conseil général les montants de l'APA correspondant aux besoins des personnes et à leurs ressources.

Cette commission peut être saisie de toute décision arrêtée par le président du conseil général en matière d'APA (refus, suspension, révision du montant, appréciation du degré de perte d'autonomie, écart manifeste entre le montant de l'allocation et le barème national) pour formuler des propositions en vue du règlement des litiges.

Le demandeur dispose d'un délai de deux mois à compter de la date de réception de la décision contestée. Il doit adresser une lettre recommandée avec avis de réception à l'attention du président du conseil général.

La commission dispose d'un délai d'un mois pour formuler une proposition en vue de régler le litige dont elle est saisie. Une fois la nouvelle proposition élaborée, la commission informe le demandeur de la décision infirmant ou confirmant la décision initiale. Celle-ci est notifiée à l'intéressé. En cas de refus d'attribution, la décision doit être motivée et indiquer les possibilités de recours.

La demande doit être faite par le bénéficiaire lui-même (ou son représentant) dans un délai de deux mois à compter de la notification de la décision du président du conseil général ou à compter de la proposition de la commission de l'APA.

• **Notre conseil** : Renseignez-vous auprès d'associations qui s'occupent des personnes âgées dépendantes. Elles sauront vous conseiller si la décision que vous entendez contester a une chance d'aboutir.

Vos nom et prénom
Adresse   Date
Recommandé avec avis de réception
Objet : Recours amiable

M. le Président
du Conseil général
Adresse

Monsieur le Président,

J'ai déposé le ... (*date*) un dossier auprès de vos services afin que mes parents tous deux dépendants physiquement puissent bénéficier de l'allocation personnalisée d'autonomie.

Le ... (*date*) vous m'avez notifié la décision suivante : ... (*indiquez de quoi il s'agit* : refus ou acceptation avec un montant mensuel d'allocation de ... €).

J'ai l'honneur de vous informer que je conteste cette décision pour les raisons suivantes : ... (*indiquez vos raisons* : erreur dans la prise en compte des ressources de vos parents, mauvaise appréciation du degré de perte d'autonomie, écart manifeste entre le montant de l'allocation et le barème national, etc.).

Je demande donc à la commission départementale de réexaminer ce dossier et de formuler de nouvelles propositions davantage en rapport avec l'état de dépendance de mes parents.

Je ne doute pas de la volonté de chacun de trouver une solution acceptable à ce douloureux problème.

Je vous prie d'agréer, Monsieur le Président, l'expression de ma haute considération.

Signature

P.J. : Copie de la notification de la commission

VOS PARENTS SONT DÉPENDANTS ET ON A REFUSÉ DE LEUR VERSER L'ALLOCATION PERSONNALISÉE D'AUTONOMIE. VOUS EXERCEZ UN RECOURS CONTENTIEUX.

Après le recours amiable, vous tentez le recours contentieux.

• **Ce que dit la loi** : La loi n° 2001–647 du 20 juillet 2001 (JO du 21) applicable depuis le 1er janvier 2002 a créé l'allocation personnalisée d'autonomie (APA) qui remplace la prestation spécifique dépendance. Elle est réservée aux personnes âgées de 60 ans au moins, résidant en France, et qui se trouvent dans l'incapacité d'assumer les conséquences d'un manque ou de la perte d'autonomie liés à leur état physique ou mental. Cette allocation doit permettre une prise en charge adaptée à leurs besoins.

C'est une commission départementale qui propose au président du conseil général les montants de l'APA correspondant aux besoins des personnes et à leurs ressources.

En dehors du recours amiable (voir lettre précédente) vous pouvez exercer un recours contentieux devant la commission départementale d'aide sociale. La demande doit être faite par le bénéficiaire lui-même ou son représentant dans un délai de deux mois à compter de la notification de la décision du conseil général ou à compter de la proposition de la commission de l'APA.

• **Notre conseil** : Renseignez-vous auprès d'associations qui s'occupent des personnes âgées dépendantes. Elles sauront vous conseiller si la décision que vous entendez contester a une chance d'aboutir.

Vos nom et prénom
Adresse — Date
Recommandé avec avis de réception
Objet : Recours contentieux

Commission départementale
d'aide sociale
Adresse

Messieurs,

J'ai déposé le ... (*date*) un dossier auprès du président du conseil général du ... (*département*) afin que mes parents tous deux dépendants physiquement puissent bénéficier de l'allocation personnalisée d'autonomie.

Le ... (*date*), le président du conseil régional m'a notifié la décision suivante : ... (*indiquez de quoi il s'agit* : refus ou acceptation avec un montant mensuel d'allocation de ... €).

J'ai effectué auprès de la commission départementale un recours amiable contre cette décision en date du ... qui a confirmé sa première décision le ... (*date*).

J'ai l'honneur de vous informer par la présente que je dépose contre cette décision un recours contentieux devant votre commission aux motifs suivants : ... (*voir lettre page précédente*).

Je vous prie d'agréer, Messieurs, mes salutations distinguées.

Signature

P.J. : Copie de la notification de la commission
ou du président du conseil général

CHAPITRE 6

VOTRE HÉRITAGE

L'UN DE VOS PROCHES EST HÉLAS DÉCÉDÉ. VOUS DEMANDEZ UNE COPIE DE L'ACTE DE DÉCÈS.

Une personne de votre famille étant décédée, les organismes vous réclament une copie de l'acte de décès. Vous demandez ce document au bureau de l'état-civil.

• **Ce que dit la loi** : Les organismes exigent une copie de l'acte de décès pour la plupart des démarches : calcul de la pension de réversion, obtention de capitaux décès auprès de la sécurité sociale ou d'une compagnie d'assurance privée, liquidation de la succession, etc.

L'acte de décès contient l'état civil de la personne décédée, les date, lieu et heure du décès. Cet acte est enregistré sur le registre de l'état civil du lieu où la personne était née. En cas de mort violente, il est interdit de mentionner les causes du décès.

Une copie du registre de l'état civil est délivrée sous le nom de copie de l'acte de décès. Il convient de vous adresser à la mairie de la ville où la personne décédée était née ou à la mairie de son dernier domicile. Si vous faites la demande par courrier, il est judicieux de joindre une enveloppe timbrée et libellée à votre adresse.

À l'appui de votre demande, vous devez indiquer précisément l'état civil de la personne décédée.

Vos nom, prénom et adresse

À..., le...

Mairie de... (*ville*)
Service de l'état civil
Adresse

Monsieur, Madame,

Je vous prie de bien vouloir m'adresser une (*deux, trois, quatre..., selon vos besoins*) copie de l'acte de décès concernant M. (*nom et prénom de la personne décédée*), né (e) le... (*date*) à... (*ville*) et décédée le... (*date du décès*) à...(*ville du décès*).

Vous voudrez bien trouver ci-joint une enveloppe timbrée pour le retour.

Vous remerciant,

Je vous prie de croire, Monsieur, Madame, à l'expression de mes salutations distinguées.

Signature

• **Notre conseil** : La copie de l'acte de décès étant réclamée par de nombreux organismes, il est judicieux d'en demander sept ou huit exemplaires. Dans ce cas, joignez une enveloppe suffisamment timbrée.

VOUS AVIEZ CHARGÉ UN NOTAIRE DE RÉGLER LA SUCCESSION D'UN PROCHE, IL Y A DÉJÀ PLUSIEURS MOIS. COMME RIEN NE BOUGE, VOUS LE RELANCEZ.

Le notaire que vous aviez chargé de régler la succession d'un membre de votre famille ne semble pas très pressé. Vous perdez patience et lui écrivez.

• **Ce que dit la loi** : Légalement, le recours au notaire pour liquider une succession n'est jamais obligatoire, même si la succession comprend des biens immobiliers. Vous pouvez donc réaliser vous-même les opérations et formalités liées à une succession : partage des biens et des valeurs, déclaration de succession à faire au fisc dans les six mois du décès, etc.

Le recours au notaire peut être un confort si la succession est compliquée ou si vous manquez de temps.

Mais pourquoi, une succession en France traîne t-elle en longueur pendant des mois, voire parfois des années ? D'un point de vue juridique, administratif et fiscal, rien ne justifie que le règlement d'une succession s'éternise. La raison est que les études de notaires ont trop de travail et pas toujours suffisamment d'effectif. Quoi qu'il en soit, si vous voyez que les choses ne bougent pas, n'hésitez pas à relancer le notaire par un courrier simple d'abord, puis par un courrier envoyé sous la forme recommandée.

• **Notre conseil** : Plutôt qu'une relance téléphonique, préférez une relance par écrit. Si le retard vient d'un employé (le notaire en titre ne traite personnellement que les très gros dossiers), votre courrier permettra au notaire d'être informé.

Vos nom, prénom et adresse

À..., le...

Maître... (*nom*)
notaire
Adresse

Succession : (*nom*)

Maître,

A la suite du décès de... (*par exemple, mon mari, Maurice Pary*) survenu le... (*date*), les autres héritiers et moi-même vous avons confié le règlement de sa succession.

Or, voici ... mois que ce dossier est entre vos mains, sans aucune avancée.

Cette situation qui nous est préjudiciable, ne saurait se prolonger.
En conséquence, je vous prie de bien vouloir effectuer dans les plus brefs délais toutes les opérations nécessaires à la clôture de cette affaire.

Vous remerciant de votre diligence,

Je vous prie de croire, Maître, à l'expression de ma considération distinguée.

Signature

À LA SUITE DU DÉCÈS DE L'UN DE VOS PROCHES, VOUS RÉCLAMEZ À SON EMPLOYEUR LES SOMMES QUI LUI SONT DUES.

Une personne dont vous êtes l'héritier est hélas décédée. Vous pouvez demander à son employeur de vous verser toutes les sommes qu'il restait lui devoir.

• **Ce que dit la loi** : Votre père, votre mère, votre mari, votre femme ou toute autre personne dont vous êtes l'héritier est décédée. Son patrimoine et ses valeurs seront partagés entre ses héritiers.

Si le défunt était salarié, son contrat de travail est automatiquement rompu au jour du décès, l'employeur doit verser les sommes qui lui sont dues à ses héritiers.

Il est donc nécessaire d'informer l'employeur du décès de votre proche. Il vous faut ensuite lui demander de vous verser ce qui lui était dû, c'est-à-dire : le salaire correspondant à la période écoulée entre la dernière paye et le jour du décès (salaire de base, primes, 13ème mois au prorata, majorations pour heures supplémentaires, congés-payés acquis mais non pris. Enfin, vous pouvez lui demander (c'est un droit) le déblocage anticipé de l'épargne salariale que le défunt avait pu acquérir, notamment la participation aux résultats, l'intéressement, le Plan d'épargne entreprise etc.

• **Notre conseil** : Vérifiez soigneusement que l'employeur n'a pas oublié de vous verser une prime ou un autre avantage peu connu. Le courrier est à adresser au directeur des ressources humaines ou au dirigeant (gérant) s'il s'agit d'une structure modeste.

Vos nom, prénom et adresse À..., le...

Société...
Adresse

Madame, Monsieur,

Comme vous le savez, mon époux M... (*nom et prénom*) est décédé le....

En ma qualité de conjointe, je succède aux droits et obligations de M... (*nom du défunt*).

En conséquence, je vous saurais gré de bien vouloir me faire tenir le versement des sommes qui lui restent dues au titre de son contrat de travail. Je demande également le blocage anticipé de la totalité de ses droits acquis au titre participation aux résultats.

Vous remerciant,

Je vous prie de croire, Madame, Monsieur, à l'expression de ma considération distinguée.

Signature

VOUS DEMANDEZ À VOTRE MÈRE DE PRENDRE PARTI SUR L'HÉRITAGE LAISSÉ PAR VOTRE PÈRE.

À son décès, votre père vous a laissé un coquet héritage à partager avec votre mère. Hélas, cette dernière hésite et n'a pas clairement exprimé son choix. Vous lui demandez d'opter.

• **Ce que dit la loi** : Ouf, le conjoint survivant n'est plus le mal aimé du droit successoral. Personne ne s'en plaindra. Depuis la loi du 3 décembre 2001 (applicable aux décès survenus depuis le 1er juillet 2002), une épouse hérite de son mari s'il décède. Un mari hérite de son épouse si elle décède. Le conjoint (e) survivant a le droit de rester dans le logement pendant un an après le décès. Parallèlement, il (elle) a la qualité d'héritier et peut recevoir une partie du patrimoine du défunt.

Ainsi, lorsque tous les enfants sont issus du couple (ils ont le même père et la même mère), le conjoint (e) survivant a le choix entre : la totalité des biens du défunt en usufruit ou le quart de ces mêmes biens en pleine propriété (article 757 du code civil).

C'est au conjoint survivant de choisir ce qu'il (elle) préfère. La loi n'a pas prévu de délai pour exprimer ce choix. Mais les autres héritiers (donc ses enfants) peuvent contraindre le parent survivant à exprimer son option. Dans ce cas, le parent, doit exprimer son choix dans un délai maximum de trois mois.

• **Notre conseil** : Essayez d'abord le dialogue. Utilisez la loi seulement si votre mère (votre père) persiste à ne pas exprimer de choix.

Vos nom, prénom et adresse — À..., le...

Nom du parent
Adresse

Chère mère (*ou* cher père),

Comme tu le sais, sur le patrimoine laissé par notre père à son décès, la loi t'accorde à ton choix, le bénéfice de la totalité ou en usufruit ou le quart en pleine propriété, le reste échoit à nous tes enfants.

Voilà plusieurs mois que nous attendons que tu exprimes clairement ton choix, mais sans succès. La gestion des biens commence à souffrir de ton indécision.

C'est pourquoi, nous venons officiellement te demander de bien vouloir exprimer clairement l'option que tu choisis, et ce dans un délai de trois mois.

Si tu laisses passer ce délai de trois mois sans exprimer ton option, c'est la loi qui choisit pour toi. Tu seras alors considérée comme ayant opté pour l'usufruit.

Sache que cette démarche nous coûte à ma sœur et moi et que nous n'y recourons que parce que ton silence met notre patrimoine en péril.

Affectueusement,
Ton fils François-Xavier

À LA SUITE DU DÉCÈS DE VOTRE CONJOINT (E), VOUS EXPRIMEZ AUX HÉRITIERS VOTRE INTENTION DE RESTER DANS LE LOGEMENT FAMILIAL.

Votre époux (se) étant décédé, la loi vous permet de bénéficier d'un droit d'usage et d'habitation sur le logement que vous occupez. À condition de manifester votre volonté dans l'année qui suit le décès.

• **Ce que dit la loi** : Au décès de votre époux (se), vous avez deux types de droits sur le logement (articles 764 à 766 du code civil) que vous occupiez avec le défunt au moment du décès, à savoir :

- un droit permanent temporaire au logement et aux biens qui s'y trouvent pendant un an à dater du décès. Cela signifie que vous pouvez continuer à vivre dans le logement sans que quiconque puisse vous demander de partir ni vous faire payer quoi que ce soit.
- Un droit permanent au logement vous est ensuite accordé. Ce droit d'habitation et d'usage vous permet de vivre dans le logement jusqu'à la fin de votre vie, si vous le souhaitez. La valeur de ce droit est déduite de votre part d'héritage. Personne ne peut vous priver du logement, y compris si sa valeur est beaucoup plus élevée que votre part d'héritage. Et ce sans que vous ayez à dédommager les autres héritiers.

La loi prévoit que le conjoint survivant doit, dans le délai d'un an suivant le décès, exprimer aux autres héritiers sa volonté de rester dans le logement.

• **Notre conseil** : Lorsqu'il s'agit de vos enfants, les courriers officiels ne sont pas forcément obligatoires. Mais si dans les héritiers se trouvent des « pièces rapportées » (enfants que votre conjoint a eus avec d'autres personnes), il est judicieux d'exprimer votre option dans le délai fixé par la loi.

Vos nom, prénom et adresse — À..., le....

Recommandé avec
avis de réception

Consorts...
Héritiers de...

Mesdames, Messieurs,

En ma qualité de veuve de M...(*nom et prénom du défunt*), je bénéficie d'un droit d'habitationet d'usage du logement familial.

Conformément à l'article 765-1 du code civil, je vous indique que j'entends exercer ce droit et continuer par conséquent à occuper ce logement.

Veuillez agréer, mes salutations distinguées.

Signature

À LA SUITE DU DÉCÈS DE VOTRE CONJOINT, VOUS AVERTISSEZ LES HÉRITIERS QUE VOUS LOUEZ LE LOGEMENT FAMILIAL.

Cet appartement est devenu trop grand pour vous, ou votre état de santé étant précaire, vous décidez d'aller habiter chez votre fille ou d'aller en maison de retraite : vous décidez de le mettre en location.

• **CE QUE DIT LA LOI** : Le conjoint survivant peut aussi, s'il ne souhaite pas continuer à habiter dans le logement qu'il occupait avec le défunt, décider de le louer pour financer un logement plus adapté à ses besoins ou payer les frais d'une maison de retraite.

• **NOTRE CONSEIL** : Prévenez les héritiers de votre intention.

Vos nom, prénom et adresse À..., le....

Recommandé avec avis de réception

Consorts...
Héritiers de...

Mesdames, Messieurs,

En ma qualité de veuve de M... (*nom et prénom du défunt*), je bénéficie d'un droit d'habitation et d'usage du logement familial.

Mon état de santé m'oblige à m'installer dans une maison de retraite. J'ai donc décidé, comme l'article 765 du code civil m'y autorise, de louer ce logement afin de financer le coût de mon séjour dans une telle institution (*ou encore* de financer le loyer d'un logement plus adapté à mes besoins).

Veuillez agréer, mes salutations distinguées.

Signature

À LA SUITE DU DÉCÈS DE VOTRE CONJOINT (E), VOUS DEMANDEZ AUX HÉRITIERS DE PAYER LE LOYER DE VOTRE LOGEMENT.

Votre époux (se) étant décédé, le loyer n'est plus payé. Vous demandez à ses héritiers de le régler à votre place.

• **Ce que dit la loi** : Les droits du conjoint (e) survivant sont désormais significatifs.

Finie l'époque, où les enfants, les frères et sœurs, les parents, bref les héritiers du défunt pouvaient jeter la veuve (le veuf) hors de son logement. la loi veut assurer au conjoint un toit sur la tête. Et elle prévoit de nombreuses possibilités pour y parvenir. Ainsi, si lors du décès de votre conjoint (e), vous êtes locataire du logement que vous occupiez avec lui, l'article 763 alinéa du code civil prévoit que ses héritiers doivent payer les loyers. Et ce, pendant un an à dater du décès.

Ce droit est d'ordre public. Ce qui signifie que nul ne peut vous en priver. La loi stipule que la succession doit rembourser les loyers au conjoint (e) survivant. Peu importe que vous ayez largement les moyens de paiement votre loyer ou que vous ne les ayez pas.

• **Notre conseil** : Si vos finances sont limitées, avertissez rapidement les héritiers de votre conjoint (e) pour qu'ils règlent les loyers de votre logement afin de ne pas risquer une procédure d'expulsion.

Vos nom, prénom et adresse À..., le....

Recommandé avec
avis de réception

Consorts...
Héritiers de...

Mesdames, Messieurs,

L'habitation que j'occupais avec votre parent M... (*nom et prénom du défunt*) est un logement locatif, dont le loyer charges incluses s'élève à .....€.

Conformément à l'article 763 alinéa 2 du code civil, je vous demande de bien vouloir me verser le 1er de chaque mois cette somme, et ce jusqu'au... (*indiquez la date ; votre droit est pour un an*).

Je vous en remercie par avance.

Veuillez agréer, mes salutations distinguées.

Signature

CHAPITRE 7

VOTRE BANQUE

VOUS DEMANDEZ UN CHÉQUIER À VOTRE BANQUE.

La dernière fois, votre banque a oublié de renouveler votre chéquier. Pour éviter la même mésaventure, commandez-le suffisamment à l'avance.

• **Ce que dit la loi** : Dans la mesure où vous n'êtes pas interdit bancaire, votre agence demande le renouvellement automatique de votre chéquier, lorsqu'elle constate qu'il arrive à épuisement. De fait, le renouvellement est demandé lorsque vous utilisez le troisième ou quatrième chèque avant la fin du chéquier.

Fréquemment, certaines agences ne font pas leur travail à temps et vous vous retrouvez sans chéquier.

Faites un courrier pour demander le renouvellement du chéquier et précisez si vous souhaitez qu'on vous l'envoie à domicile ou si vous préférez le retirer à l'agence. L'envoi à domicile se fait sous la forme recommandée et les frais vous sont facturés. Le retrait au guichet est gratuit.

• **Notre conseil** : Si vous ne pouvez pas vous déplacer à votre agence parce que vous rentrez tard le soir, sachez que vous pouvez demander que votre chéquier soit tenu à votre disposition dans l'agence la plus proche de votre lieu de travail.

Vos nom et prénom
Adresse

Date

Compte n° ...

Banque...
adresse

Madame, Monsieur,

Je vous prie de bien vouloir éditer un chéquier à mon nom, comprenant 50 chèques, modèle à souche, et le tenir à ma disposition au guichet de l'agence (*ou encore : et me l'adresser à mon domicile par envoi postal sous la forme recommandée*).

Vous en remerciant, je vous prie de croire, Madame, Monsieur, à l'expression de ma considération distinguée.

Signature

VOUS VOULEZ OUVRIR UN COMPTE EN BANQUE.

Vous avez reçu votre premier chèque ; vous ouvrez un compte en banque.

• **Ce que dit la loi** : En France, la loi prévoit un droit au compte bancaire pour tous.

L'article 58 de la loi n° 84-46 du 24 janvier 1984 modifié par la loi du 31 juillet 1998, dite loi contre les exclusions) énonce que toute personne dépourvue d'un compte chèque a droit à l'ouverture d'un compte dans la banque de son choix ou si elle le préfère auprès de La Poste ou du Trésor public.

La démarche est très simple. Vous devez vous rendre dans l'agence bancaire ou postale où vous voulez ouvrir un compte, muni d'une attestation sur l'honneur spécifiant que vous ne possédez aucune compte chèque (que la loi nomme compte de dépôt), et préciser que vous souhaitez en ouvrir un dans cette agence.

Attestation sur l'honneur d'absence de compte de dépôt

Je soussigné(e) ... (*vos nom et prénom*), demeurant ... (*adresse*), atteste sur l'honneur que je ne possède aucun compte de dépôt.

Fait à ... (*ville*), le ... (*date*),
Établi conformément à l'article 58 de la loi n° 84-46 du 24 juillet 1984.

Signature

• **Notre conseil** : La loi du 31 juillet 1998 renforce le droit au compte bancaire pour tous, notamment ceux dont les moyens sont modestes. Si aucune banque ne veut vous accueillir, n'hésitez pas à saisir la Banque de France (voir page suivante).

AUCUNE BANQUE NE VEUT DE VOUS. VOUS SAISISSEZ LA BANQUE DE FRANCE.

Vous vous êtes adressé à plusieurs banques pour ouvrir un compte, mais toutes ont refusé. Vous êtes en droit de demander à la Banque de France de désigner un établissement bancaire avec obligation de vous accueillir.

• **Ce que dit la loi** : En France, la loi prévoit un droit au compte bancaire pour tous.

L'article 58 de la loi n° 84-46 du 24 janvier 1984 modifié par la loi du 31 juillet 1998, dite loi contre les exclusions) énonce que toute personne dépourvue d'un compte chèque a droit à l'ouverture d'un compte dans la banque de son choix ou si elle le préfère auprès de La Poste ou du Trésor public.

La démarche est très simple. Vous devez vous rendre dans l'agence bancaire ou postale où vous voulez ouvrir un compte, muni d'une attestation sur l'honneur spécifiant que vous ne possédez aucune compte chèque (que la loi nomme compte de dépôt), et préciser que vous souhaitez en ouvrir un dans cette agence.

En cas de refus de la part de l'établissement choisi, vous pouvez saisir la Banque de France (BDF) afin qu'elle désigne un établissement qui aura l'obligation de vous ouvrir un compte. Il est inutile de faire le tour des banques, un seul refus suffit pour entraîner l'intervention de la Banque de France. Votre demande est à adresser à la succursale de la Banque de France de votre département. Si vous ne trouvez pas son adresse, téléphonez au siège social de la BDF à Paris (voir « les adresses utiles » p. 789) qui vous communiquera l'adresse de la BDF la plus proche de votre domicile.

Vos nom et prénom
Adresse

Date

Banque de France
Adresse

Recommandé avec avis de réception

Madame, Monsieur,

Mon ancien compte ayant été clôturé, je ne dispose plus d'aucun compte bancaire. Je me suis présenté(e) au guichet de ... (*nom de la banque : par exemple* de la Société Générale de Morlaix) pour ouvrir un compte, mais un refus m'a été opposé.

C'est pourquoi, conformément à l'article 58 de la loi n° 84-46 du 24 juillet 1984, je vous demande de désigner une banque auprès de laquelle je pourrai rapidement ouvrir un compte de dépôt.

Vous remerciant de votre intervention, je vous prie de croire, Madame, Monsieur, à l'expression de ma considération distinguée.

Signature

VOTRE BANQUE REFUSE QUE VOTRE CHÉQUIER SOIT ÉTABLI À VOTRE NOM DE JEUNE FILLE. VOUS LUI RAPPELEZ QU'UNE FEMME N'EST JAMAIS TENUE DE PORTER LE NOM DE SON MARI.

Votre banquier est vraiment rétrograde et conservateur. Il refuse d'intituler votre chéquier à votre nom de jeune fille. Ou encore, il a autoritairement modifié l'intitulé de votre compte dès qu'il a appris votre mariage.

• **Ce que dit la loi** : La loi du 6 fructidor an II énonce que le nom de jeune fille demeure légalement le nom de toute femme, qu'elle soit ou non mariée. Une circulaire ministérielle du 26 juin 1986 rappelle que le nom de tout citoyen est celui qui lui a été transmis selon les règles de la filiation et qui résulte de son acte de naissance. Autrement dit, légalement, le nom d'une femme est celui qui lui a été transmis par ses parents. Mais en vertu d'un usage, de nombreuses femmes prennent le nom du mari. Il s'agit là seulement d'un usage qui n'a aucune valeur juridique.

Par conséquent, une femme mariée a le droit de se faire ouvrir des comptes bancaires uniquement sous son nom de jeune fille et d'exiger que le nom du mari ne figure ni dans l'intitulé du compte, ni sur les chéquiers, cartes bancaires...

La femme mariée peut, si elle le souhaite, ajouter le nom du mari au sien et ouvrir ses comptes au double nom. De la même façon, le mari peut ajouter à son nom celui de son épouse et ouvrir ses comptes au double nom.

• **Notre conseil** : Si vous rencontrez une difficulté avec l'agent du guichet, demandez un rendez-vous au directeur de l'agence, qui généralement ne fera pas de difficulté pour intituler le compte à votre nom de jeune fille.

Vos nom et prénom
Adresse

Date

Compte n° ...

Monsieur le Directeur
de l'agence
Nom de la banque
Adresse

Monsieur le Directeur,

Je viens de recevoir mon nouveau chéquier. Or, à ma grande surprise, l'intitulé en a été autoritairement modifié. Mon nom de jeune fille a été remplacé par le nom de mon mari, sans aucune demande de ma part.
Cette façon de faire est cavalière et illégale.

Je vous rappelle que selon la loi du 6 fructidor an II, le nom d'une femme est celui qui lui a été transmis par acte de naissance. L'utilisation du nom du mari constitue seulement un usage, sans valeur juridique.

En conséquence, je vous prie instamment de me délivrer un nouveau chéquier établi à mon nom de jeune fille.

Veuillez agréer, Monsieur le Directeur, l'expression de ma considération distinguée.

Signature

VOTRE BANQUE A FERMÉ VOTRE COMPTE SANS AUCUN PRÉAVIS. VOUS RÉAGISSEZ AUPRÈS DU DIRECTEUR DE L'AGENCE.

Votre banque s'est conduite de manière inacceptable. Elle a fermé votre compte sans vous donner de préavis. Du coup, vos prélèvements ont été rejetés et en plus vous vous retrouvez sans compte. Bref, vous avez subi d'énormes frais. Vous lui en demandez le remboursement.

• **Ce que dit la loi** : Un compte chèque est un contrat conclu entre vous et la banque. Et, comme tout contrat, il peut être résilié. Le banquier peut donc fermer votre compte sans donner de raisons. Mais cette ferme-ture ne doit pas intervenir brutalement et surtout la banque doit vous donner un préavis pour vous permettre de trouver un autre établissement. Sauf faute caractérisée de votre part, comme c'est le cas si vous êtes chroniquement à découvert.

Selon les tribunaux, la banque qui clôture un compte sans préavis commet une faute qui engage sa responsabilité.

En principe, la convention d'ouverture de compte que vous avez signée indique la durée du préavis que la banque doit respecter. Si vous n'avez pas signé une telle convention ou si elle n'a rien prévu, la charte des services bancaires (signée par la plupart des grandes banques) prévoit un délai allant de trente à quarante-cinq jours.

Lorsque le compte a été ouvert sur intervention de la Banque de France (cas des personnes qui ne possèdent aucun compte), l'article 58 de la loi du 24 juillet 1984 prévoit qu'avant de fermer le compte, la banque doit obligatoirement respecter un préavis d'au minimum quarante-cinq jours.

• **Notre conseil** : Si la fermeture sans préavis de votre compte vous a occasionné un préjudice, n'hésitez pas à demander un dédommagement correspondant aux frais que vous avez dû supporter du fait de la désinvolture de votre banque. Envoyez le courrier au directeur de votre agence.

Vos nom et prénom
Adresse
Compte n° ...

Date

Monsieur le Directeur
de l'agence
Nom de la banque
Adresse

Recommandé avec avis de réception

Monsieur le Directeur,

Le ... (*date*), vous avez clôturé le compte que j'avais ouvert auprès de votre agence. Cette clôture est intervenue sans aucun préavis (*ou encore* : après un faible préavis de trois jours...).

En conséquence, les prélèvements automatiques qui étaient domiciliés sur ce compte ont tous été rejetés. Ce qui m'a valu de payer d'importants frais et intérêts de retard aux bénéficiaires de ces prélèvements.

Certes, vous êtes en droit de fermer unilatéralement un compte, sans avoir à donner de raison. Mais selon la convention d'ouverture de compte que j'ai signée (*ou encore* : selon la charte des services bancaires), vous auriez dû respecter un préavis de ... jours.

Une jurisprudence constante considère comme fautive la clôture d'un compte sans préavis. Je vous mets donc en demeure de me verser la somme de ... € correspondant aux frais que j'ai dû supporter du fait de votre attitude intempestive. À défaut, je me verrai dans l'obligation de vous assigner en justice pour obtenir réparation de ce préjudice.

J'adresse copie à Monsieur ..., président du conseil d'administration de votre banque (*ou* tout autre responsable de la banque).

Veuillez agréer, Monsieur le Directeur, l'expression de mes salutations distinguées.

Signature

VOTRE BANQUE A FERMÉ VOTRE COMPTE SANS AUCUN PRÉAVIS. VOUS PRÉVENEZ LE SIÈGE SOCIAL.

Après avoir réagi auprès du directeur de l'agence, vous avertissez le siège social de votre banque.

• **Ce que dit la loi** : Un compte chèque est un contrat conclu entre vous et la banque. Et, comme tout contrat, il peut être résilié. Le banquier peut donc fermer votre compte sans donner de raisons. Mais cette ferme-ture ne doit pas intervenir brutalement et surtout la banque doit vous donner un préavis pour vous permettre de trouver un autre établissement. Sauf faute caractérisée de votre part, comme c'est le cas si vous êtes chroniquement à découvert.

Selon les tribunaux, la banque qui clôture un compte sans préavis commet une faute qui engage sa responsabilité.

En principe, la convention d'ouverture de compte que vous avez signée indique la durée du préavis que la banque doit respecter. Si vous n'avez pas signé une telle convention ou si elle n'a rien prévu, la charte des services bancaires (signée par la plupart des grandes banques) prévoit un délai allant de trente à quarante-cinq jours.

Lorsque le compte a été ouvert sur intervention de la Banque de France (cas des personnes qui ne possèdent aucun compte), l'article 58 de la loi du 24 juillet 1984 prévoit qu'avant de fermer le compte, la banque doit obligatoirement respecter un préavis d'au minimum quarante-cinq jours.

Envoyez une copie de la lettre que vous avez adressée au directeur de votre agence au Président du Conseil d'Administration de votre banque.

Vos nom et prénom
Adresse

Date

Compte n° ...

Monsieur le Président du
Conseil d'administration
Nom de la banque
Adresse du siège social

Recommandé avec avis de réception

Monsieur le Président,

Je vous prie de bien vouloir trouver ci-joint copie d'une lettre que j'ai adressée à Monsieur ..., directeur de l'agence ..., située à ... (*ville*) et vous demande de m'indiquer quelles suites vous comptez lui donner.

Vous en remerciant, je vous prie de croire, Monsieur le Président, à l'expression de ma considération distinguée.

Signature

• **Notre conseil** : Si la fermeture sans préavis de votre compte vous a occasionné un préjudice, n'hésitez pas à demander un dédommagement correspondant aux frais que vous avez dû supporter du fait de la désinvolture de votre banque. Envoyez le courrier au directeur de votre agence.

VOUS NE VOUS ENTENDEZ PLUS AVEC VOTRE BANQUIER ET DÉCIDEZ DE CHANGER DE BANQUE. VOUS L'EN INFORMEZ.

Cela ne peut plus durer, votre banquier est vraiment pénible. Au moindre découvert, il vous inonde de coups de téléphone et de lettres menaçantes. Votre décision est prise, vous le laissez tomber.

• **Ce que dit la loi** : Le compte bancaire (ou postal) est une convention à durée indéterminée passée entre un établissement bancaire et un client. Selon le code civil et notamment l'article 1134, une convention peut être révoquée par consentement mutuel ou pour des causes expressément prévues par la loi.

Vous pouvez donc à tout moment décider de fermer votre compte bancaire (ou postal) sans avoir à donner le motif de votre décision et sans avoir à vous justifier auprès de votre banquier.

Pour ne pas risquer de vous retrouver sans compte, prenez soin d'en ouvrir un autre avant de clôturer celui que vous possédez. En effet, les banques du secteur privé cherchent à décourager l'ouverture de comptes par ceux qui ont des petits revenus.

Vos nom et prénom
Adresse

Date

Monsieur (*ou* Madame) ...
Directeur d'agence
Nom de la banque
Adresse

Compte(s) n°...

Monsieur le Directeur,

Je vous prie de bien vouloir prendre note de ma décision de clôturer mon (mes) compte(s) n° ... le ... (*date*).

Jusqu'à cette date, je laisserai sur mon compte la provision nécessaire pour assurer le paiement des chèques et autres prélèvements qui pourraient être présentés.

Après cette date, je vous serai reconnaissant de bien vouloir m'adresser un relevé de compte détaillé et un chèque représentant le montant du solde définitif.

Je vous prie de croire, Monsieur le Directeur, à l'expression de ma considération distinguée.

Signature

• **Notre conseil** : Si vous fermez votre compte, pensez à laisser suffisamment de provision pour faire face au paiement des chèques (prélèvements et paiements de cartes bancaires) que vous avez émis avant votre décision de le fermer et qui risquent d'arriver un peu plus tard. Afin d'éviter qu'on vous prélève des frais de clôture exorbitants, videz votre compte avant d'avertir votre banque de votre intention de le fermer.

VOTRE LITIGE AVEC VOTRE BANQUE DURE : VOUS AVEZ RECOURS AU MÉDIATEUR DE LA BANQUE.

Vous avez un litige avec votre banque dont vous n'arrivez pas à vous sortir. Vous pouvez saisir le médiateur de la banque.

• **Ce que dit la loi** : Chaque établissement bancaire doit désigner un médiateur. Certaines banques ont un médiateur qui est leur propre, d'autres utilisent les services du médiateur de la Fédération bancaire française, qui est commun à plusieurs établissements.

Les sociétés de crédit ont également leur médiateur qui se trouve au siège de l'association des sociétés financières (ASF).

Pour connaître les coordonnées du médiateur, interrogez votre agence bancaire.

Toutefois, le médiateur n'est compétent que pour quelques types de litiges.

De plus, avant de le saisir vous devez tenter de régler le problème avec votre agence ou le service chargé des litiges (souvent dénommé service relations clientèle).

Si la solution proposée par le médiateur ne vous convient pas, vous gardez la liberté de porter l'affaire devant le tribunal d'instance. De toutes, la saisine du médiateur de la banque n'est qu'une possibilité. Vous pouvez décider de soumettre directement l'affaire au tribunal sans avoir à saisir le médiateur.

• **Notre conseil** : Récapitulez les faits, expliquez la nature du litige. Concluez en précisant ce que vous attendez du médiateur.

Vos nom et prénom
Adresse

Date

Recommandé avec avis de réception

Monsieur (*Madame*)...
Médiateur de la banque...
adresse

Monsieur (*Madame*) le médiateur,

Je suis titulaire d'un compte n° ... ouvert auprès de... (*nom de la banque*), agence... (*nom*).

Un litige me sépare de cette agence. En effet... (*expliquez le problème*).

Malgré les nombreux courriers dont copies jointes, adressés et reçus de cette agence, le différend persiste.

En conséquence, je sollicite votre arbitrage afin que ce dossier trouve rapidement une issue satisfaisante.

Je vous prie de croire, Monsieur (*Madame*) le médiateur, à l'expression de ma considération distinguée.

Signature

VOTRE BANQUE VOUS PRÉLÈVE DES FRAIS IMPRÉVUS OU EXORBITANTS. VOUS PROTESTEZ.

Votre banque abuse vraiment. À la moindre opération, au moindre découvert, elle prélève des frais exorbitants sans vous avoir demandé votre accord. Vous l'en informez.

• **Ce que dit la loi** : En France, les établissements bancaires ont toute liberté pour pratiquer les tarifs qu'ils désirent. Mais l'article 7 du décret n° 84-708 du 24 juillet 1984 énonce qu'ils doivent porter à la connaissance de leur clientèle et du public les conditions générales de banque qu'ils pratiquent.

Ainsi, lorsqu'ils ouvrent un compte, les établissements bancaires doivent informer leurs clients sur les prix des différents services : frais de gestion de compte, coût d'une carte bleue, prix d'un virement, taux des agios et commissions...

L'article 7 de la loi n° 92-60 du 18 janvier 1992 dispose que la banque peut percevoir des intérêts, commissions ou frais en contrepartie des facilités de caisse ou de découverts bancaires mais à condition d'en avoir avisé la clientèle.

Ces tarifs doivent en outre être affichés dans le local d'accueil du public.

Selon cet article 7 de la loi, en cas de hausse de ses tarifs, la banque doit de nouveau vous en avertir par tous moyens (téléphone, lettre-circulaire, courrier personnalisé...). L'article 1907 du code civil énonce que le taux des agios doit être fixé par écrit. À défaut d'écrit, vous pouvez exiger que vos agios soient calculés au taux de l'intérêt légal (soit 3,29 % en 2003) et non pas au taux normal des agios. Attention, si en recevant votre relevé de compte, vous ne contestez pas les frais perçus, votre silence vaut approbation.

• **Notre conseil** : Si vous constatez des frais imprévus ou plus élevés que d'habitude, ne vous abstenez pas, demandez des explications au gestionnaire de votre compte. Si ces explications ne vous satisfont pas, contestez par écrit les frais qui vous ont été prélevés.

Vos nom et prénom
Adresse

Date

Monsieur (*ou* Madame) ...
Nom de la banque
Adresse

Recommandé avec avis de réception

Monsieur (*ou* Madame),

À réception de mon dernier relevé de compte daté du ..., j'ai découvert que vous avez perçu la somme de ... € au titre d'agios (*indiquez la nature des frais prélevés*).

Selon l'article 7 de la loi du 18 janvier 1992, vous étiez tenu d'obtenir mon accord exprès avant de prélever ces frais sur mon compte.

Or, à aucun moment je n'ai été informé de l'existence ni du montant de tels frais.

En conséquence, je vous enjoins de recréditer mon compte de la somme indûment perçue.

À défaut, je porterai le litige devant le tribunal d'instance.

Veuillez agréer, Monsieur (*ou* Madame), l'expression de mes salutations distinguées.

Signature

VOTRE SALAIRE N'A PAS ÉTÉ VIRÉ À TEMPS OU VOUS AVEZ DES DIFFICULTÉS PASSAGÈRES. VOUS DEMANDEZ UN DÉCOUVERT OCCASIONNEL.

Votre employeur n'a pas viré votre salaire à temps. Avec le loyer à payer et les prélèvements des crédits, votre compte risque de se retrouver à découvert. N'attendez pas, sollicitez de votre banque un découvert occasionnel.

• **Ce que dit la loi** : En principe, vous ne pouvez utiliser votre compte bancaire que s'il est créditeur, c'est-à-dire s'il comporte un solde suffisant pour payer les chèques ou facturettes de cartes bleues que vous avez émis. Si le compte ne contient pas un solde suffisant, le banquier peut refuser de payer les chèques qui arrivent.

Mais la pratique du découvert permet au banquier de payer vos chèques même si votre compte ne comporte pas le solde suffisant. Le découvert est une forme de crédit pour quelques jours ou quelques semaines.

Attention, un découvert n'est jamais un droit. Le banquier peut refuser de vous l'accorder, s'il a des craintes par rapport à votre situation financière.

À noter que certaines banques (comme la BNP) accordent un découvert automatique pendant huit jours pour une somme qui est généralement de 457 €.

Mais si vous avez des difficultés, il est préférable d'obtenir une autorisation écrite de découvert. Ainsi, en cas de changement de directeur ou de gestionnaire de votre compte, vous êtes à l'abri et n'aurez pas à solliciter de nouveau une autorisation de découvert.

Le découvert occasionnel vous est accordé à l'occasion de problèmes de trésorerie ponctuels : votre salaire a été viré avec retard, vous avez eu des dépenses imprévues, une rentrée d'argent tarde à arriver…

Le montant en est fixé par le banquier en fonction de vos revenus domiciliés chez lui (salaires, retraites, revenus de placements financiers…) et de vos charges (loyer, crédit en cours, enfants…).

Bien sûr, en échange du découvert, le banquier va vous facturer des agios.

Enfin, un découvert n'est pas un cadeau ni un crédit à long terme. À un moment ou un autre, il faudra approvisionner votre compte.

• **Notre conseil** : Vous pouvez demander le découvert en téléphonant à votre banque ou en vous y rendant. Mais si vous êtes timide ou incapable de demander une faveur, envoyez votre demande par écrit au directeur de l'agence. Que vous le demandiez verbalement ou par écrit, exigez de votre banque qu'elle vous confirme l'autorisation de découvert par écrit.

Vos nom et prénom
Adresse

Date

Compte n° …

Monsieur (*ou* Madame) …
Directeur d'agence
Nom de la banque
Adresse

Demande de découvert occasionnel

Monsieur le Directeur,

Mon salaire est habituellement viré sur mon compte chèque le … (*indiquez la date*) de chaque mois. Or, à la suite de problèmes informatiques, il ne sera viré que le … du mois prochain.

Ainsi, jusqu'au … (*indiquez la période durant laquelle votre compte sera à découvert*), mon compte ne sera pas suffisamment alimenté.

En conséquence, je sollicite l'autorisation d'utiliser mon compte à découvert jusqu'à cette date.

Le découvert devrait être limité à la somme de 1 000 € (*indiquez le montant dont vous avez besoin*).

Vous en remerciant par avance, je vous prie de croire, Monsieur le Directeur, à l'expression de ma considération distinguée.

Signature

VOUS DEMANDEZ À VOTRE BANQUE UN DÉCOUVERT PERMANENT.

Vos revenus sont irréguliers et il arrive souvent que vous soyez à découvert. Autant que votre banquier soit au courant de vos problèmes.

• **Ce que dit la loi** : Le découvert permanent est accordé aux très bons clients, notamment ceux qui ont des avoirs bloqués en banque (plan d'épargne logement, actions, bligations, SICAV...).

Comme le découvert occasionnel, le montant en est fixé par le banquier en fonction des vos revenus domiciliés chez lui (Salaires, retraites, revenus de placements financiers...) et de vos charges.

• **Notre conseil** : N'espérez pas une réponse positive si vous n'avez que peu d'avoirs bloqués.

Vos nom et prénom
Adresse

Date

Compte n° ...

Monsieur (*ou* Madame) ...
Directeur d'agence
Nom de la banque
Adresse

Demande de découvert permanent

Monsieur le Directeur,

J'exerce mon activité pour plusieurs employeurs. Et, de ce fait, mes salaires me sont versés de manière irrégulière, à des dates qui varient d'un mois à l'autre.

Mon compte chèque risque donc de se trouver non approvisionné pendant certaines périodes.

Pour éviter cette situation, je sollicite une autorisation pour un découvert permanent de ... € (*indiquez le montant souhaité*).

Vous en remerciant par avance, je vous prie de croire, Monsieur le Directeur, à l'expression de ma considération distinguée.

Signature

VOTRE BANQUE A REJETÉ CHÈQUES ET PRÉLÈVEMENTS MALGRÉ L'AUTORISATION ÉCRITE DE DÉCOUVERT. VOUS EXIGEZ UN DÉDOMMAGEMENT.

Erreur ou décision volontaire, toujours est-il que votre banque a refusé d'honorer les chèques et les prélèvements alors que vous bénéficiez d'une autorisation écrite de découvert. Vous lui rappelez que cette rupture brutale engage sa responsabilité.

• **Ce que dit la loi** : Il n'existe pas de droit au découvert bancaire, c'est une simple faculté que la banque est libre d'accorder ou refuser. Toutefois, lorsqu'elle l'a accordée par écrit, cette autorisation a la valeur d'un contrat qui engage la banque. Elle peut annuler l'autorisation de découvert sans avoir à se justifier, mais elle ne doit pas le faire de manière brusque.

Elle doit vous avertir à l'avance de son intention en respectant un préavis. La convention de découvert que vous avez signée fixe généralement la durée de ce préavis à un délai situé entre trente et soixante jours selon les banques.

Dans la pratique, la résiliation d'un découvert n'a lieu que si la situation française du client est compromise (baisse de revenus, surendettement) ou encore s'il utilise le découvert de manière abusive.

C'est le cas si vous laissez votre compte à découvert pendant une période consécutive de plus de trois mois. Même si vous bénéficiez d'un découvert, vous devez rendre votre compte créditeur avant ce délai légal de trois mois.

• **Notre conseil** : Si la banque a rejeté vos chèques malgré une autorisation de découvert, n'hésitez pas à exiger un dédommagement. En cas de refus, vous pouvez saisir le tribunal d'instance. Envoyez une copie de votre lettre au siège social de votre banque.

Vos nom et prénom
Adresse

Compte n°...

Date

Monsieur (*ou* Madame) ...
Directeur d'agence
Nom de la banque
Adresse

Recommandé avec avis de réception

Monsieur le Directeur,

Par autorisation écrite en date du ..., vous m'avez accordé un découvert dans la limite de ... €.

Or, en refusant d'honorer plusieurs chèques et prélèvements, vous avez rompu sans préavis mon autorisation de découvert. Selon la jurisprudence constante de la Cour de cassation, cette rupture brutale engage votre responsabilité.

Je vous demande donc, en réparation du préjudice que j'ai subi, de me restituer la somme de ... € correspondant aux frais qui m'ont été prélevés à la suite des rejets de chèques et de prélèvements.

À défaut, je porterai l'affaire en justice.

Veuillez agréer, Monsieur le Directeur, l'expression de mes salutations distinguées.

Signature

Copie à la direction générale au siège social de la banque.

À LA SUITE D'UNE ERREUR DE VOTRE BANQUE, VOUS VOUS RETROUVEZ INTERDIT BANCAIRE. VOUS EXIGEZ L'ANNULATION DE CETTE INTERDICTION.

Votre banque a encore commis une erreur. Mais, cette fois, les conséquences sont graves et vous vous retrouvez avec une interdiction d'émettre des chèques. Vous exigez qu'elle intervienne auprès de la Banque de France pour obtenir la levée de l'interdiction.

• **Ce que dit la loi** : Celui qui émet des chèques sans provision subit en principe une interdiction d'émettre des chèques pendant dix ans. L'interdiction est cependant levée si la régularisation intervient dans les délais prévus par la loi.

Mais il arrive que votre banque rejette des chèques alors que votre compte est suffisamment approvisionné. Il peut aussi arriver que votre compte se retrouve à découvert parce que votre banque a enregistré un virement ou un chèque qui vous étaient destinés, sur le compte d'un autre client. Parfois, vous vous retrouvez à découvert parce que votre employeur a viré votre salaire en retard. Bref, vous êtes interdit bancaire à la suite d'une erreur commise par votre banque ou votre employeur.

L'article 17 du décret n° 92-456 du 22 mai 1992 énonce que la Banque de France annule la déclaration d'incidents de paiement lorsque le refus de paiement résulte :

– d'une erreur de la banque du client,

– d'un événement dont le titulaire du compte n'est pas responsable ;

Si vous vous retrouvez interdit bancaire alors que vous n'êtes en rien responsable, l'interdiction doit être annulée. C'est votre banque qui doit, dans les dix jours suivant votre demande, intervenir auprès de la Banque de France pour obtenir l'annulation de l'interdiction.

• **Notre conseil** : Ne perdez pas de temps à en débattre oralement avec votre banque. Envoyez-lui rapidement une demande écrite d'annulation d'incidents de paiement par lettre recommandée avec avis de réception.

Vos nom et prénom
Adresse

Compte n° ...

Date

Monsieur (*ou* Madame) ...
Directeur d'agence
Nom de la banque
Adresse

Recommandé avec avis de réception

Monsieur le Directeur,

Vous avez refusé le paiement d'un chèque numéro ... (*ou d'un certain nombre à préciser de chèques*) d'un montant de ... €, au motif d'absence de provision.

Or, cette absence de provision résulte d'une erreur de vos services. En effet, un chèque (*ou* un virement) d'un montant de ... €, qui devait être porté au crédit de mon compte a été affecté au compte d'une autre personne.

Cela a occasionné un découvert sur mon compte.

L'erreur vient d'être rectifiée et mon compte crédité du montant du chèque (*ou* du virement). Mais je suis sous le coup d'une interdiction bancaire.

En conséquence, je vous prie de bien vouloir utiliser la procédure prévue par l'article 17 du décret n° 92-456 du 22 mai 1992, et demander à la Banque de France l'annulation de la mesure d'interdiction bancaire qui me frappe indûment.

Je vous prie de croire, Monsieur le Directeur, à l'expression de ma considération distinguée.

Signature

VOUS CONSTATEZ UNE ERREUR SUR VOTRE RELEVÉ DE COMPTE. VOUS CONTESTEZ.

Si vous constatez une erreur ou un prélèvement injustifié (ou inexpliqué comme des agios, par exemple) sur votre relevé de compte, avisez votre banque sans tarder en lui demandant de rectifier rapidement votre compte.

• **Ce que dit la loi** : Le titulaire d'un compte bancaire (ou postal) a l'obligation de vérifier les relevés que la banque lui envoie régulièrement. S'il conserve le silence à la suite de la réception d'un relevé, il est considéré comme étant d'accord avec les informations qui y sont inscrites. C'est une approbation tacite. S'il constate des erreurs ou des anomalies, il doit contester le relevé dans un délai de quinze à trente jours. Ce délai varie selon les banques, mais le relevé doit indiquer quel est le délai exact pour contester.

Toutefois, si la contestation porte sur une erreur de compte comme une opération omise, erronée ou ne concernant pas le titulaire du compte, c'est le délai général de prescription en matière bancaire qui s'applique, c'est-à-dire dix ans.

Vos nom et prénom
Adresse

Date

Compte n°...

Nom de la banque
Adresse

Messieurs,

Je constate sur mon dernier relevé, daté du ..., que mon compte a été débité de ... € (*montant du chèque*) pour le chèque numéro ... du ... (*date figurant sur le relevé*).

Or, je n'ai pas émis de chèque d'un tel montant.

Cette opération concerne vraisemblablement un autre client de votre établissement.

Je vous prie de bien vouloir créditer mon compte du montant correspondant dans les plus brefs délais.

Je vous prie de croire, Messieurs, à l'expression de ma considération distinguée.

Signature

• **Notre conseil** : Il est d'usage de régler certains problèmes avec son banquier par téléphone. Dans le cas présent, un coup de fil n'est pas inutile, mais la lettre dans la foulée peut s'avérer une précaution utile, voire nécessaire.

VOUS AVEZ ÉMIS UN CHÈQUE SANS PROVISION. VOUS RÉGULARISEZ.

Vous avez fait un chèque sans provision et aussitôt la banque vous a envoyé une lettre vous demandant de lui restituer les formules de chèques qu'il vous reste. Vous contestez sa décision.

• **Ce que dit la loi** : L'émetteur d'un chèque sans provision est interdit bancaire jusqu'à la régularisation de l'incident. Cela veut dire qu'il doit régler le montant du chèque impayé, soit directement auprès du bénéficiaire, soit par approvisionnement de son compte bancaire, mais également payer une « pénalité libératoire », c'est-à-dire une amende recouvrée par le banquier mais reversée à l'État. La pénalité libératoire est de 22 € par tranche de 150 € sans provision ramenée à 5 € si la part non provisionnée est inférieure à 50 €. L'émetteur du chèque sans provision est de suite interdit de chéquier. Puis il a deux moix pour régulariser sa situation. Sinon, c'est l'interdiction pendant cinq ans.

Toutefois, l'interdiction bancaire pourra être levée à tout moment si le mauvais payeur régularise sa situation. Vous pouvez soit remettre des espèces au bénéficiaire du chèque impayé, mais il doit vous rendre le chèque impayé, soit lui demander de le représenter pour paiement. Cette seconde solution est préférable. Car certaines personnes refusent de rendre le chèque impayé sous prétexte de l'avoir perdu et ensuite le remettent à l'encaissement. Ce qui fait que vous payez deux fois. Certains encaissent les espèces en promettant de vous envoyer par courrier le chèque impayé. Or, le chèque impayé est nécessaire pour obtenir l'annulation de l'interdiction d'émettre des chèques.

• **Notre conseil** : Si vous avez émis un chèque sans provision, trouvez un moyen pour régulariser avant les deux mois fatidiques. Ne remettez jamais d'espèces si le bénéficiaire du chèque impayé n'est pas en mesure de vous le rendre immédiatement.

Vos nom et prénom
Adresse
Compte n°...

Date

Nom de la banque
Adresse

Recommandé avec avis de réception

Messieurs,

Après avoir émis un chèque sans provision, j'ai reçu le ... (*date*) une lettre recommandée avec avis de réception me faisant injonction de ne plus émettre de chèques et de restituer les formules détenues.

Or, selon l'article 65-3 du décret-loi du 30 octobre 1935, modifié par la loi du 30 décembre 1991, j'ai deux mois pour régulariser ma situation. Ce délai expire le ... (*date*) prochain.

Ou encore :
La régularisation de cet incident a été effectuée le ... (*date*) par (*selon le cas*) :
- règlement direct au(x) bénéficiaire(s) du chèque impayé. Vous trouverez ci-joint les chèques acquittés ;
- approvisionnement de mon compte par virement d'un montant de ... € ;
- dépôt au guichet d'une somme de ... € en espèces.

Je vous prie de bien vouloir lever la mesure d'interdiction dont je fais l'objet, l'incident ayant été totalement régularisé.

Veuillez croire, Messieurs, à l'expression de ma considération distinguée.

Signature

VOUS AVEZ RÉGULARISÉ VOS CHÈQUES SANS PROVISION. VOUS REFUSEZ DE PAYER LA PÉNALITÉ CAR C'EST VOTRE PREMIER INCIDENT DE PAIEMENT.

Vous avez régularisé tous les chèques impayés. Or, votre banque refuse de lever votre interdiction bancaire tant que vous n'avez pas payé la pénalité. Vous lui rappelez que vous en êtes dispensé car c'est votre premier incident.

• **Ce que dit la loi** : L'article 65-3 du décret-loi du 30 octobre 1935, modifié par la loi du 30 décembre 1991, prévoit que l'interdiction bancaire est levée si le client régularise tous les chèques impayés dans un délai maximal de trente jours et paie une pénalité, dite pénalité libératoire, qui est en réalité une amende.

Toutefois, l'article 65-3-1 de la même loi prévoit que le titulaire du compte est dispensé du paiement de la pénalité libératoire s'il régularise les chèques impayés dans un délai maximal de trente jours et s'il n'a fait l'objet d'aucun incident de paiement dans les douze mois précédents. Autrement dit, s'il n'a pas émis un chèque sans provision dans les douze mois précédent l'incident de paiement.

À titre d'exemple, vous avez émis un ou plusieurs chèques sans provision, le 15 novembre 2003. Si entre le 15 novembre 2002 et le 15 novembre 2003, vous n'aviez pas émis un chèque sans provision, vous êtes dispensé du paiement de la pénalité libératoire.

• **Notre conseil** : Soyez vigilant, les banques ont tendance à réclamer la pénalité un peu rapidement.

Vos nom et prénom
Adresse

Date

Compte n°...

Nom de la banque
Adresse

Recommandé avec avis de réception

Madame, Monsieur,

Ayant régularisé les chèques sans provision que j'avais émis, je vous ai demandé la levée de l'interdiction d'émettre des chèques, qui me frappe.
Or, l'agent du guichet m'a indiqué que la mesure d'interdiction ne serait levée que lorsque j'aurai réglé la pénalité libératoire.

Je vous rappelle qu'aux termes de l'article 65-3-1 du décret-loi du 30 octobre 1935, la pénalité n'est pas due lorsque le titulaire du compte n'a pas émis un autre chèque rejeté pour défaut de provision dans les douze mois qui précèdent l'incident.

N'ayant subi aucun incident de paiement dans les douze mois écoulés, je n'ai pas à vous verser la pénalité libératoire.

En conséquence, je vous prie de bien vouloir lever rapidement la mesure d'interdiction bancaire qui me frappe.

Veuillez agréer, Madame, Monsieur, mes salutations distinguées.

Signature

VOUS AVEZ REÇU UN CHÈQUE SANS PROVISION. VOUS DEMANDEZ LE PAIEMENT DE LA SOMME DUE.

Vous avez vendu votre chaîne hi-fi et découvrez que le chèque reçu en paiement est sans provision. Vous écrivez à l'émetteur du chèque pour lui rappeler tous les ennuis qu'il risque et lui demander de vous payer.

• **CE QUE DIT LA LOI** : L'article 65-3 du décret-loi du 30 octobre 1935, modifié par la loi du 30 décembre 1991, prévoit une procédure rapide pour le recouvrement des chèques sans provision. Si une personne émet un chèque sans provision, sa banque doit lui envoyer une lettre recommandée pour exiger qu'elle régularise l'incident dans un délai de deux mois, soit en approvisionnant son compte, soit en réglant directement le destinataire du chèque impayé. Dans ce dernier cas, l'émetteur du chèque impayé doit apporter à son banquier la preuve qu'il a bien réglé sa dette.

Si, après deux mois, l'émetteur du chèque impayé n'a pas régularisé sa situation, le banquier adresse au porteur du chèque un certificat de non-paiement. La notification par huissier de justice du certificat de non-paiement au tireur du chèque impayé vaut commandement de payer.

Si, quinze jours après, l'huissier n'a pas reçu justification du paiement du chèque impayé, il peut entamer une procédure de recouvrement forcé : saisie des biens de l'émetteur du chèque, saisie sur son salaire, sur son compte bancaire...

• **NOTRE CONSEIL** : Vous pouvez tenter un recouvrement amiable auprès de l'émetteur du chèque avant de saisir un huissier de justice, surtout s'il s'agit de l'un de vos proches. Quand vous vendez un bien à un particulier, demandez-lui de vous remettre un chèque de banque, vous éviterez les risques de chèques sans provision.

Vos nom et prénom
Adresse

Date

Nom de l'émetteur du chèque
Adresse

Recommandé avec avis de réception

Madame, (Monsieur),

Vous m'avez remis un chèque portant le n° ..., daté du ..., d'un montant de ... €, en règlement de ... (*par exemple*, d'un achat effectué dans mon magasin ; *ou encore*, d'une table que je vous ai vendue).

Ma banque vient de m'avertir que le chèque a été rejeté, votre compte n'étant pas approvisionné.

Je vous mets en demeure d'honorer votre dette, soit en approvisionnant votre compte afin qu'une seconde présentation puisse avoir lieu, soit en m'envoyant un mandat dans les huit jours suivant la réception de cette lettre.

À défaut d'une régularisation dans un délai de deux mois, ma banque me remettra un certificat de non-paiement. Je vous rappelle que ce document, après avoir été signifié par huissier de justice, permet d'opérer une saisie sur vos biens, revenus et avoirs.

Veuillez agréer, Madame, Monsieur, mes salutations distinguées.

Signature

VOUS AVEZ REÇU UN CHÈQUE SANS PROVISION. VOUS DEMANDEZ À VOTRE BANQUE UN CERTIFICAT DE NON-PAIEMENT.

Un chèque que vous avez reçu a été rejeté faute de provision. Les trente jours légaux sont passés et l'émetteur ne vous a toujours pas réglé. Demandez à votre banque un certificat de non-paiement afin de le communiquer à un huissier de justice pour qu'il poursuive le mauvais payeur.

• **Ce que dit la loi** : L'article 65-3 du décret-loi du 30 octobre 1935, modifié par la loi du 30 décembre 1991, prévoit qu'un chèque sans provision doit être régularisé dans les deux mois qui suivent. Passé ce délai, celui qui est victime d'un chèque sans provision peut demander à sa banque de lui délivrer un certificat de non-paiement.

Après un délai de deux mois, vous devez demander à votre banque de représenter le chèque à l'encaissement une seconde fois. S'il revient de nouveau impayé, vous pouvez demander un certificat de non-paiement.

Muni de ce certificat, vous pourrez vous adresser à un huissier de justice pour qu'il procède au recouvrement forcé du montant du chèque, auprès de celui qui l'a émis.

Vos nom et prénom
Adresse

Date

Compte n°...

Nom de la banque
Adresse

Madame, Monsieur,

Le chèque d'un montant de ... € établi à mon ordre par ... (*nom et prénom de l'émetteur du chèque*) tiré sur ... (*nom de sa banque : par exemple* tiré sur le Crédit Lyonnais) a été rejeté faute de provision.

Depuis la date de ce rejet, un délai de plus de deux mois s'est écoulé.

Conformément à l'article 65-3 du décret-loi du 30 octobre 1935, je vous prie de bien vouloir m'adresser par retour un certificat de non-paiement afin que je puisse procéder aux mesures de recouvrement forcé.

Vous en remerciant, je vous prie de croire, Madame, Monsieur, à l'expression de ma considération distinguée.

Signature

• **Notre conseil** : Les banques ne délivrent le certificat de non-paiement que sur demande. Réclamez-le à votre banque dès que les trente jours sont passés. Dans un premier temps, vous pouvez réclamer ce document par téléphone. Si rien ne vient rapidement, envoyez cette lettre.

MUNI DU CERTIFICAT DE NON-PAIEMENT, VOUS DEMANDEZ À L'HUISSIER DE JUSTICE DE POURSUIVRE LA PERSONNE QUI VOUS A REMIS UN CHÈQUE SANS PROVISION.

Vous avez reçu un chèque sans provision. Muni du certificat de non-paiement délivré par votre banque, vous demandez à l'huissier de justice de procéder au recouvrement forcé du montant du chèque.

• **Ce que dit la loi** : L'article 65-3 du décret-loi du 30 octobre 1935, modifié par la loi du 30 décembre 1991, énonce que passé un délai de deux mois, la victime d'un chèque sans provision peut réclamer à sa banque un certificat de non-paiement.

La procédure est la suivante : vous avez déposé le chèque pour encaissement et votre banquier vous a ensuite informé qu'il est impayé. Après un délai de deux mois, vous devez demander à votre banque de représenter le chèque à l'encaissement. S'il revient de nouveau impayé, vous pouvez demander un certificat de non-paiement.

Envoyez ce certificat à un huissier de justice et demandez-lui de poursuivre le recouvrement forcé du montant du chèque. La signification du certificat de non-paiement par l'huissier de justice à celui qui a émis le chèque sans provision vaut commandement de payer. Si dans les quinze jours suivant la signification, l'huissier de justice ne reçoit pas le paiement du chèque, il peut alors utiliser toutes les mesures de saisie pour obliger le débiteur à payer. Il peut notamment lui saisir ses biens, ses salaires, ses comptes d'épargne...

• **Notre conseil** : Dès que vous êtes en possession du certificat de non-paiement, alertez rapidement un huissier de justice pour qu'il contraigne le mauvais payeur à régulariser le chèque sans provision. Les frais de recouvrement sont entièrement à la charge de celui qui a donné le chèque sans provision.

Vos nom et prénom
Adresse

Date

Nom de l'huissier de justice
Adresse

Maître,

Monsieur ... (*nom de l'émetteur du chèque*) m'a remis un chèque qui a été rejeté faute de provision sur son compte. Malgré mes rappels, Monsieur ... n'a toujours pas honoré ce chèque.

Je vous adresse ci-joint le certificat de non-paiement délivré par ma banque et vous prie de bien vouloir procéder au recouvrement forcé du chèque par toutes voies que vous jugerez utiles.

Vous en remerciant, je vous prie de croire, Maître, à l'expression de ma considération distinguée.

Signature

UN CHÈQUE A ÉTÉ REJETÉ SANS INFORMATION PRÉALABLE : VOUS RÉAGISSEZ.

Votre compte étant à découvert, votre banque a rejeté un ou plusieurs chèques sans vous en avertir auparavant.

• **CE QUE DIT LA LOI** : Si votre compte bancaire ou postal n'est pas alimenté et que vous ne bénéficiez pas d'une autorisation de découvert, la banque (ou la Poste) peut rejeter le chèque pour défaut de provision.

Mais avant de faire ce rejet, l'établissement bancaire doit vous avertir de la situation de votre compte et vous informer des conséquences d'un tel rejet. Il doit, en outre, vous laisser un peu de temps (en général deux jours) pour que vous puissiez trouver une solution.

À défaut, il engage sa responsabilité.

Article : L. 131-73 du code monétaire et financier, issu de la loi n° 2001-1168 du 11 décembre 2001, dite Loi Murcef.

• **NOTRE CONSEIL** : Si l'agence refuse de vous indemniser, saisissez le siège social de la banque ou le tribunal d'instance, si le refus persiste.

Vos nom et prénom — Date
Adresse

Recommandé avec avis de réception

Monsieur (*Madame*)...
directeur d'agence
Banque...
adresse

Monsieur (*Madame*) le directeur d'agence,

Le ..., vous avez refusé pour défaut de provision le paiement d'un (*plusieurs*) chèque(s) d'un montant de ... €, portant le(s) numéro(s) ...

Aux termes de l'article L 131-73 du code monétaire et financier (issu de la loi Murcef), vous auriez dû m'avertir de la situation débitrice de mon compte avant d'effectuer ce rejet.

Ce défaut d'information m'a causé un préjudice que j'évalue à ... €, somme qui correspond aux frais que j'ai subis à la suite de ce rejet intempestif.

En conséquence, je vous demande de créditer mon compte de ce montant. A défaut, je porterai l'affaire devant le tribunal d'instance.

Je vous prie de croire, Monsieur (*Madame*) le directeur d'agence, à l'expression de ma considération distinguée.

Signature

VOUS AVEZ ÉMIS DES CHÈQUES QUI ONT ÉTÉ REJETÉS FAUTE DE PROVISION PAR VOTRE BANQUE. VOUS DEMANDEZ AUX BÉNÉFICIAIRES DE REPRÉSENTER LES CHÈQUES POUR ENCAISSEMENT.

Un ou plusieurs de vos chèques ont été rejetés par votre banque. Faute de régulariser dans les deux mois, vous serez interdit bancaire. Pour éviter cette fâcheuse sanction, vous demandez aux bénéficiaires des chèques de les représenter à l'encaissement.

• **Ce que dit la loi** : Si vous avez émis des chèques que votre banque a rejetés faute de provision, vous avez deux mois, à compter du rejet, pour régulariser.

Pour la loi, régulariser veut dire régler les chèques impayés. Vous pouvez régler le bénéficiaire du chèque par un autre moyen (mandat, chèque tiré sur un autre compte...) et lui demander de vous rendre le chèque impayé. Mais le moyen le plus simple et le plus sécurisant pour vous est de lui demander de représenter le chèque à l'encaissement.

Si vous aviez émis plusieurs chèques impayés, envoyez cette lettre à chacune des personnes concernées, mais sous la forme simple. La forme recommandée est une agression inutile.

Dans la mesure où il s'agit de votre premier incident de paiement depuis douze mois, vous n'aurez pas à subir la pénalité, à condition de régulariser dans les deux mois. Si plusieurs chèques sont rejetés sur plusieurs jours ou semaines, le décompte des deux mois commence à la date du premier chèque rejeté.

• **Notre conseil** : Contactez rapidement les bénéficiaires des chèques car trente jours passent très vite.

Vos nom et prénom
Adresse

Date

Nom du porteur du
chèque sans provision
Adresse

Monsieur (*ou* Madame),

Le chèque d'un montant de ... €, que je vous avais remis le ... (*date*), a été rejeté par ma banque, faute de provision. Je vous présente mes excuses pour cet incident désagréable.

Mon compte étant de nouveau provisionné, je vous prie de bien vouloir représenter le chèque à l'encaissement. Je vous donne l'assurance qu'il sera honoré.

Vous remerciant de votre diligence, je vous prie d'agréer, Monsieur (*ou* Madame), l'expression de mes salutations distinguées.

Signature

INTERDIT BANCAIRE DEPUIS PLUSIEURS ANNÉES, VOUS VOULEZ RÉGULARISEZ VOTRE SITUATION.

Il y a quelques années, vous vous êtes retrouvé interdit bancaire. Le temps a passé et vous avez oublié les coordonnées de la banque qui vous avait fiché ainsi que les montants impayés. La Banque de France peut vous fournir ces informations.

• **Ce que dit la loi** : Selon l'article 65-3-4 du décret-loi du 30 octobre 1935, le titulaire d'un compte auquel a été notifié une injonction d'émettre des chèques recouvre cette faculté s'il a régularisé les chèques. S'il n'a pas procédé à cette régularisation, il subit une interdiction d'émettre des chèques pendant cinq ans. Autrement dit, vous êtes interdit bancaire tant que vous n'avez pas régularisé.

Même si l'interdiction remonte à plusieurs années, vous pouvez régulariser et retrouver le droit d'émettre des chèques. À titre d'exemple, une interdiction bancaire a été prononcée contre vous en 2003 : si, en 2005, vous régularisez, l'interdiction est annulée.

Mais il se peut que vous ayez oublié les coordonnées de l'agence bancaire qui vous a appliqué l'interdiction ou les montants des chèques impayés. La Banque de France peut vous fournir les coordonnées de la banque qui vous a fiché ainsi que les montants des chèques impayés.

Vous bloquez ensuite les sommes correspondant aux chèques impayés, non pas auprès de votre banque actuelle, mais auprès de la banque qui vous a fiché. Dès ce blocage, l'interdiction bancaire contre vous est levée. Les sommes sont bloquées pendant un an. Si, à l'issue de cette période, les victimes n'ont pas réclamé le paiement, vous retrouvez la liberté de disposer de ces sommes.

• **Notre conseil** : Si vous le pouvez, déplacez-vous au bureau de la banque de France de votre département. Si cela est impossible, envoyez cette lettre en y joignant un justificatif de votre domicile (quittance EDF, facture de téléphone...) et une photocopie de votre carte d'identité.

Vos nom et prénom
Adresse

Date

Banque de France
Adresse

Recommandé avec avis de réception

Monsieur, Madame,

Il y a plusieurs années, une interdiction d'émettre des chèques a été prononcée contre moi. Ma situation financière s'étant améliorée, je suis en mesure de désintéresser mes créanciers.

Je vous saurai gré de bien vouloir me communiquer les références de la banque qui a prononcé l'interdiction bancaire ainsi que les montants respectifs des chèques impayés. Dès réception de ces éléments, je bloquerai la totalité de la provision correspondante auprès de cet établissement.

Avec mes remerciements anticipés, je vous prie de croire, Monsieur, Madame, à l'expression de ma considération distinguée.

Signature

P.J. : Justificatif de domicile
Photocopie pièce d'identité

Étourdi, vous avez égaré votre chéquier. Pire encore, on vous l'a volé. Pour éviter qu'il ne soit utilisé par des inconnus, vous faites opposition au paiement.

• **Ce que dit la loi** : Selon l'article 32 alinéa 2 du décret-loi du 30 octobre 1935 modifié par la loi du 30 décembre 1991, l'opposition est admise uniquement en cas de vol ou de perte d'un chèque ou d'un chéquier ou d'utilisation frauduleuse.

En cas de perte ou vol de votre chéquier, vous devez immédiatement avertir par téléphone (ou télécopie) votre agence bancaire pour lui demander d'enregistrer votre opposition. Demandez le nom de l'interlocuteur qui vous répond et notez-le par écrit ainsi que l'heure exacte de l'entretien.

Si vous ne pouvez pas joindre rapidement votre banque, signalez la perte ou le vol du chéquier au service SOS Chèques perdus ou volés de la Banque de France. Gratuit et ouvert sept jours sur sept, ce service met en place une opposition pour 48 heures. En cas de vol, vous devez, en plus, faire une déclaration au commissariat de police ou à la gendarmerie (s'il s'agit d'une perte, cette déclaration n'est pas nécessaire).

Dans tous les cas, vous devez systématiquement confirmer votre opposition à votre agence par lettre recommandée avec avis de réception, même si l'agent de la banque vous dit que c'est inutile. Une cliente qui, sur le conseil d'un guichetier, a omis de confirmer son opposition sous la forme recommandée, a dû supporter la charge de tous les chèques détournés. Dans votre lettre, rappelez la date et l'heure de l'opposition téléphonique.

Vous ne devez donc pas faire opposition simplement parce que vous êtes en désaccord avec un tiers, vous risquez des sanctions graves. Quoi qu'il en soit, l'opposition est un service que le banquier vous facture. Comptez entre 10 € et 32 € pour un chéquier complet.

Vos nom et prénom
Adresse

Date

Compte n°...

Nom de la banque
Adresse

Recommandé avec avis de réception

Messieurs,

Je vous confirme l'opposition que j'ai formulée auprès de votre établissement le ... (*date*) à ... heures, après la perte (*ou* le vol) de mon chéquier (du n° de chèque ... au n° ...).

Vous trouverez ci-joint copie de la déclaration de vol effectuée auprès du commissariat de police de mon domicile.

Je vous prie de croire, Messieurs, à l'expression de ma considération distinguée.

Signature

• **Notre conseil** : Surtout ne vous contentez pas d'une opposition téléphonique, même si l'employé de la banque vous dit que votre coup de téléphone suffit, confirmez systématiquement votre opposition par lettre recommandée avec avis de réception en y joignant le récépissé de la déclaration de vol faite auprès du commissariat de police.

VOUS AVEZ SIGNALÉ LE VOL DE VOTRE CHÉQUIER, MAIS DES CHÈQUES ONT ÉTÉ DÉBITÉS.

Vous redoublez de malchance ! Après la perte (ou le vol) de votre chéquier, vous avez fait opposition, mais des personnes indélicates ont émis des chèques que votre banque a honorés. Vous exigez qu'elle rembourse les sommes prélevées sur votre compte.

• **Ce que dit la loi** : L'opposition prend effet immédiatement. Dès qu'il a fait opposition, le titulaire du compte dégage sa responsabilité et n'a pas à supporter le paiement des chèques indûment payés. Sauf si la banque démontre une négligence ou une faute de sa part. Selon les tribunaux, le comportement du titulaire du compte est fautif lorsqu'il a fait preuve de négligence dans la garde de son chéquier : s'il l'a par exemple laissé dans sa voiture avec ses papiers d'identité), s'il a fait une opposition tardive, s'il n'a pas fait opposition alors qu'il connaissait le vol ou la perte, s'il n'a pas vérifié ses comptes retardant ainsi la découverte de la disparition du chéquier.

Le banquier qui paie des chèques alors que l'opposition a été faite dans les délais engage sa responsabilité et doit donc rembourser au titulaire du compte les sommes indûment payées. Sachez que les banquiers essaient toujours de dégager leur responsabilité.

À noter que vous pouvez assurer la perte ou le vol de vos chéquiers et cartes bleues pour un coût annuel fort modeste.

• **Notre conseil** : Si votre agence bancaire a payé des chèques malgré votre opposition, soyez ferme et exigez qu'elle crédite votre compte des sommes dont elle l'a indûment débité. En cas de refus persistant de la part de votre agence bancaire, n'hésitez pas à saisir le siège social de la banque.

Vos nom et prénom
Adresse

Date

Compte n°...

Nom de la banque
Adresse

Recommandé avec avis de réception

Messieurs,

Par appel téléphonique du ... (*indiquez la date si vous vous en souvenez*), puis lettre recommandée avec avis de réception en date du ..., j'ai fait opposition au paiement de tous les chèques du n° ... au n° ... qui seraient présentés sur mon compte n° ...

Or, à réception de mon relevé, je constate que mon compte a été débité comme suit :
– chèque n° ... 1 325 €
– chèque n° ... 354 €
(*inscrivez l'ensemble des chèques qui ont été payés*).

Ces chèques ont été payés alors que vous connaissiez mon opposition.

En conséquence, je vous prie de bien vouloir créditer mon compte de la somme de ... € correspondant au montant total des chèques que vous avez indûment payés.

Je vous prie de croire, Messieurs, à l'expression de ma considération distinguée.

Signature

Vous avez fait opposition après le vol ou la perte de votre carte bancaire. Mais elle a été utilisée chez des commerçants pour payer des achats. La banque a débité votre compte pour ces opérations. Vous exigez le remboursement.

• **CE QUE DIT LA LOI** : Dès que vous découvrez la perte ou le vol de votre carte bancaire (que tout le monde nomme carte bleue), vous devez téléphoner au centre d'opposition des cartes bancaires en mentionnant le numéro à 16 chiffres figurant sur votre carte : vous pouvez le retrouver sur les tickets de retrait et les facturettes de paiement.

Désormais, l'interlocuteur qui prend votre opposition téléphonique vous donne un numéro d'enregistrement, que vous devez noter et garder précieusement. S'il s'agit d'un vol, vous devez, en plus, faire une déclaration au commissariat de police ou à la gendarmerie. Dans le cas d'une perte, cette déclaration n'est pas exigée. Ensuite, vous devez, **systématiquement**, confirmer l'opposition par lettre recommandée avec avis de réception à votre agence bancaire, en joignant éventuellement une copie de la déclaration de vol (en cas de vol bien sûr).

Tant que vous n'avez pas fait opposition, si la carte est utilisée frauduleusement, la banque a le droit de mettre à votre charge la franchise forfaitaire maximale de 150 € à compter du 1er janvier 2003. À dater de l'opposition, votre responsabilité est dégagée et la banque devra supporter les paiements qu'elle aurait autorisés après l'opposition. Récemment, un tribunal a retenu la responsabilité d'une banque qui avait autorisé une opération avec une carte volée alors qu'elle avait reçu l'opposition une demi-heure plus tôt. Il est important de noter l'heure exacte de votre opposition téléphonique.

Attention : Vous pourriez avoir à supporter les retraits frauduleux si la banque prouve que vous avez commis une négligence dans la garde de votre code confidentiel : vous l'aviez par exemple noté par écrit alors que le règlement des cartes bancaires l'interdit.

N'indiquez jamais dans votre lettre (et encore moins au téléphone) le numéro confidentiel de votre carte, certains voleurs téléphonent à leur victime en se faisant passer pour le banquier ! Donnez uniquement le numéro du compte auquel elle se rapporte, et sa date d'échéance par écrit ou en vous présentant au guichet.

• **NOTRE CONSEIL** : Dans la majorité des cas, le banquier va essayer de vous faire supporter les retraits frauduleux. Soyez ferme et n'hésitez pas à menacer de porter l'affaire devant les tribunaux. Notez que les banques vous proposent d'assurer le vol et la perte de cartes bancaires pour environ 20 € par an. C'est une somme modeste au regard de la tranquillité d'esprit qu'apporte une telle assurance.

Vos nom et prénom — Date
Adresse

Compte n°... — Nom de la banque
Adresse

Recommandé avec avis de réception

Messieurs,

Après avoir débité mon compte des retraits frauduleux effectués par un tiers inconnu, vous me faites part de votre refus de me rembourser les sommes en question au motif que ma responsabilité est engagée dans le vol (*ou* la perte) de ma carte bancaire. Selon vous, je n'ai pas pris toutes les précautions indispensables à sa protection (*par exemple*, carte volée dans une résidence secondaire ou une voiture).

Or, la jurisprudence n'admet la faute du titulaire de la carte que lorsque son imprudence a permis au voleur de dérober le code confidentiel en même temps que la carte elle-même. Ce qui n'est pas mon cas.

Je vous rappelle que j'ai fait opposition dans les formes requises et dans un délai très bref. Il vous appartenait donc de prendre toutes les mesures pour empêcher les retraits à l'aide de la carte volée.

En conséquence, je vous prie instamment de porter au crédit de mon compte les sommes indûment débitées. À défaut, je me verrai contraint de porter l'affaire devant les juridictions compétentes.

Je vous prie de croire, Messieurs, à l'expression de ma considération distinguée.

Signature

VOTRE BANQUE VOUS IMPOSE UNE CARTE BANCAIRE. VOUS REFUSEZ.

Votre banque a des méthodes cavalières. Par courrier elle vous demande de venir retirer une carte bleue alors que vous ne l'avez jamais demandée. Vous refusez et exigez qu'on vous rembourse les frais indûment débités sur votre compte.

• **Ce que dit la loi** : Certaines banques ont des pratiques déplorables. Elles établissent systématiquement des cartes bancaires et en prélèvent le coût sur le compte du client.

Or, la loi française comme les directives européennes prévoient que la carte bancaire doit être délivrée uniquement si le client le demande. La loi interdit la vente forcée. L'article 7 de la loi n° 92-60 du 18 janvier 1992 sur la protection des consommateurs énonce que tout prestataire de services qui aura indûment perçu d'un consommateur un paiement sans engagement exprès et valable de ce dernier est tenu de restituer les sommes ainsi prélevés.

Vous pouvez refuser de retirer une carte bancaire que vous n'avez pas demandée et exiger qu'on vous rembourse les sommes qui ont été prélevées sur votre compte pour régler le coût de la carte.

• **Notre conseil** : Dans un premier temps, vous pouvez envoyer la lettre sous la forme simple. Si la banque n'obtempère pas, envoyez alors ce courrier sous la forme recommandée avec avis de réception.

Vos nom et prénom
Adresse

Compte n°...

Date

Monsieur (*ou* Madame)
le Directeur
Nom de la banque
Adresse

Monsieur le Directeur,

J'ai reçu un avis pour venir retirer une carte bancaire au guichet. Or, je n'ai jamais demandé de carte bancaire. En outre, à la lecture de mon relevé de compte, je constate que vous avez prélevé une somme de ... € représentant le coût de ladite carte.

Je vous rappelle que l'article 7 de la loi du 18 janvier 1992 interdit aux banques de prélever des sommes sans l'accord exprès et préalable du titulaire du compte.

En conséquence, je vous demande de créditer mon compte de la somme indûment prélevée.

Veuillez agréer, Monsieur le Directeur, l'expression de mes salutations distinguées.

Signature

VOUS NE VOULEZ PLUS DE VOTRE CARTE BANCAIRE ET LE FAITES SAVOIR À VOTRE BANQUE.

La carte bancaire vous pousse à vivre au-dessus de vos moyens. Sagement, vous décidez de ne pas la renouveler. Avertissez votre banque en respectant le préavis.

• **Ce que dit la loi** : En demandant une carte bancaire, vous signez un contrat avec votre banque. Ce contrat prévoit que la carte est délivrée pour une durée de deux ans et qu'elle est tacitement renouvelée à sa date anniversaire. Autrement dit, tant que vous ne manifestez pas d'avis contraire, votre carte est automatiquement renou-velée. Sa date d'expiration correspond à la date d'échéance figurant sur la carte.

Si vous ne souhaitez pas renouveler votre carte bancaire, vous devez expressément le faire savoir à votre banque. Vous devez l'en avertir en respectant un préavis. La durée du préavis est mentionnée sur votre contrat d'ouverture de carte bancaire. Il est de deux ou trois mois selon les établissements. Si vous avez perdu le contrat, interrogez votre banque qui vous l'indiquera.

Certains contrats prévoient que le non-renouvellement de la carte bancaire doit obligatoirement être exprimé au moyen d'une lettre recommandée avec avis de réception. D'autres contrats prévoient qu'une lettre sous la forme simple suffit. Relisez votre contrat ou demandez à votre agence bancaire si la forme recommandée est exigée.

Bien sûr, vous pouvez à tout moment rendre votre carte à votre banque sans attendre la date d'échéance. Mais si vous ne refusez pas le renouvellement dans les délais, le coût de la carte vous sera facturé.

Vos nom et prénom
Adresse

Date

Compte n°...

Nom de la banque
Adresse

Madame, Monsieur,

Je vous prie de bien vouloir prendre bonne note de ma volonté de ne pas renouveler mon adhésion à la carte bancaire dont je suis actuellement titulaire.

Cette carte vient à échéance le ...

Veuillez agréer, Madame, Monsieur, l'expression de mes salutations distinguées.

Signature

• **Notre conseil** : Envoyez votre lettre suffisamment à l'avance pour éviter qu'on vous facture inutilement le coût de la carte bancaire.

VOTRE CARTE BANCAIRE A ÉTÉ UTILISÉE ALORS QU'ELLE N'A JAMAIS QUITTÉ VOTRE POCHE : VOUS CONTESTEZ.

Votre compte bancaire est débité d'une opération par carte bancaire que vous n'avez jamais réalisée. Contestez l'opération, la banque vous remboursera les sommes indûment retirées de votre compte.

• **Ce que dit la loi** : Votre carte bancaire peut être frauduleusement utilisée alors qu'elle n'a jamais quitté votre poche ou votre sac. Les moyens sont multiples.

À l'occasion d'une transaction sur Internet, par téléphone ou minitel, vous communiquez les références de votre carte. Ou peut être jetez-vous négligemment les facturettes de vos achats et les reçus de vos retraits.

Les seize chiffres de votre carte seront ensuite utilisés pour réaliser des achats à distance pour dupliquer votre carte.

Désormais, il est permis de faire opposition sur une carte bancaire en cas d'utilisation frauduleuse alors qu'auparavant c'était seulement en cas de perte ou vol. De plus, votre responsabilité n'est pas engagée si le paiement que vous contestez a été effectué à distance sans utilisation physique de la carte. Ou encore si la carte a été contrefaite. Les retraits et les dépenses frauduleux y compris les frais d'opposition doivent vous être remboursés par votre banque dans le délai d'un mois suivant votre contestation.
(articles L 132-4, L 132-5 et L 132-6 du code monétaire et financier).

• **Notre conseil** : Vérifiez régulièrement et attentivement vos relevés bancaires afin de détecter les éventuelles anomalies. Vous disposez d'un délai minimal de soixante-dix jours pour contester l'opération litigieuse auprès de votre banque. Et ce, à compter de la date où l'opération frauduleuse est réalisée.

Vos nom et prénom Date
Adresse

Recommandé avec avis de réception

Monsieur (*Madame*)...
Directeur d'agence
Banque...
adresse

Monsieur (*Madame*) le directeur,

La lecture de mon dernier relevé fait apparaître le (les) débit d'une somme de ...€ correspondant à un règlement par carte bancaire.

Or, je n'ai jamais réalisé cette opération, dont je conteste expressément l'existence.

Conformément aux dispositions de l'article L 132-4 du code monétaire et financier, je vous prie de bien vouloir créditer mon compte de cette somme.

De plus, il convient de mettre ma carte bancaire en opposition.

Je vous prie de croire, Monsieur (*Madame*) Le Directeur, à l'expression de ma considération distinguée.

Signature

Vous ne voulez plus payer vos factures par prélèvement automatique, ou vous avez un litige avec un commerçant, vous préférez revenir au système du paiement par chèque... par prudence, demandez à votre banque de faire opposition au prélèvement.

• **Ce que dit la loi** : Le prélèvement automatique est un moyen commode de régler vos factures. Pour les distraits, cela évite le risque d'oublier la date de paiement. En réalité, les avantages sont surtout pour les organismes et les entreprises (établissements de crédit, EDF, France Telecom...) : leur gestion comptable est facilitée, ils sont sûrs d'être payés dans les délais. Pour le consommateur, le prélèvement automatique présente des inconvénients ; il est toujours plus difficile de contester une facture déjà prélevée, sa mise en place est parfois payante.

Quoi qu'il en soit, si après avoir signé une autorisation de prélèvement, vous décidez de revenir au règlement des factures par chèques, annulez l'autorisation auprès de votre banque. Et ce même si l'organisme vous assure qu'il s'en charge. De même, en cas de litige avec un organisme ou une entreprise, faites opposition au prélèvement auprès de votre banque.

Vos nom et prénom — Date
Adresse

Recommandé avec avis de réception
Compte n° ...

Banque...
adresse

Madame (*Monsieur*),

Je vous prie de bien vouloir noter mon opposition pour une période indéterminée, au règlement du prélèvement automatique que j'avais précédemment signé au profit de ... (*nom de l'organisme*)

(*ou encore* : je vous prie de bien vouloir noter que j'annule immédiatement et définitivement l'autorisation de prélèvement automatique que j'avais signée au profit de ...).

Je vous prie de croire, Madame (Monsieur), à l'expression de ma considération distinguée.

Signature

ON A FAIT UNE SAISIE SUR VOTRE SALAIRE : VOUS DEMANDEZ UN SOLDE INSAISISSABLE.

Une saisie a été demandée sur votre compte bancaire par un organisme ou une personne à qui vous devez de l'argent. Il est interdit de saisir la totalité de votre compte. Un solde bancaire insaisissable doit être laissé à votre disposition.

• **CE QUE DIT LA LOI** : Finie l'époque où la totalité d'un compte pouvait être saisie laissant dans le dénuement total la personne concernée. Désormais, en cas de saisie de votre compte, une somme minimale, appelée solde bancaire insaisissable (SBI), doit être laissée à votre disposition par l'agence bancaire ou le bureau de Poste qui tient votre compte. A condition, bien sûr, que votre compte soit alimenté.

Le solde bancaire insaisissable est équivalent au montant du revenu minimum d'insertion (RMI), donc actuellement 405,62 €.

Mais vous devez expressément demander à votre banque ou à la Poste (si vous avez un compte postal) de mettre cette somme à votre disposition. Cette demande est à faire au plus tard dans les quinze jours qui suivent la date où vous êtes informé de la saisie de votre compte.

Notez que vous pouvez en plus faire une demande pour que les sommes insaisissables (allocations familiales notamment) soient laissées à votre disposition (voir page 578).

Articles : décret n° 2002-1150 du 11 septembre 2002 modifiant l'article 45 du décret n° 92-755 du 31 juillet 1992.

• **NOTRE CONSEIL** : Faites cette demande rapidement, car si vous laissez passer plus de quinze jours, elle sera rejetée.

Vos nom et prénom   Date
Adresse

Recommandé avec avis de réception

Compte n° ...

Banque...
adresse

Monsieur, Madame,

Je demande à bénéficier des dispositions de l'article 45 du décret du 31 juillet 1992, modifié par le décret du 11 septembre 2002, qui m'autorisent à obtenir immédiatement la mise à disposition (*ou le retrait si vous voulez la retirer en espèces*) sur mon compte n° ... d'une somme égale au montant du RMI.

Je vous prie de croire, Madame, Monsieur, à l'expression de ma considération distinguée.

Signature

Votre compte n'étant pas alimenté, votre banque a rejeté un prélèvement automatique. Vous demandez à l'organisme concerné d'accepter l'étalement de la somme impayée.

• **Ce que dit la loi** : Le titulaire d'un compte bancaire, ou postal, peut autoriser ses créanciers (EDF, France Telecom, établissements de crédit, commerçants, etc...) à prélever sur son compte les sommes qui leur sont dues. Encore faut-il que le compte soit suffisamment alimenté. S'il ne l'est pas, le banquier refuse d'honorer le prélèvement et vous applique des frais de rejet allant de 10 € à 30 €. Ensuite, il en informe votre créancier. A vous alors de trouver des solutions amiables pour régler la somme qui n'a pu être prélevée.

Vous avez tout intérêt à contacter rapidement votre créancier pour lui indiquer de quelle façon vous comptez régler la somme qui n'a pas pu être prélevée. Proposez à l'organisme un paiement en deux, trois ou quatre fois. En général, il va accepter sachant qu'il vaut mieux un paiement en plusieurs fois plutôt que pas de paiement du tout.

• **Notre conseil** : Agissez rapidement. Le créancier dont le prélèvement a été rejeté peut demander votre inscription sur le fichier des incidents de paiement.

Vos nom et prénom
Adresse

Date

Recommandé avec avis de réception

Nom du créancier
adresse

Madame (*Monsieur*),

Le prélèvement automatique à échéance du ... d'un montant de ... € n'a pas été honoré par mon agence bancaire car mon compte présentait un solde négatif.

Je vous prie de bien vouloir accepter mes excuses pour cet incident. Par ailleurs, je sollicite l'étalement de la somme impayée en ... fois (par exemple quatre fois), soit un chèque (*ou un mandat*) ci-joint de ... €, puis ... règlements le ... de chaque mois (*par exemple trois règlements le 10 de chaque mois*) par chèque.

Vous en remerciant, je vous prie de croire, Madame (*Monsieur*), à l'expression de ma considération distinguée.

Signature

VOUS ACCORDEZ UNE PROCURATION PROVISOIRE.

Un problème de santé vous empêche d'accéder à votre banque. Vous donnez une procuration provisoire à l'un de vos proches qui fera les opérations à votre place.

• **Ce que dit la loi** : Donner une procuration signifie que vous autorisez une personne nommément désignée à utiliser votre compte bancaire ou postal. La procuration peut être générale, ce qui permet à la personne que vous désignez de faire toutes les opérations sur votre compte : retraits illimités d'espèces, paiements, virements, etc…

Une procuration peut également être provisoire c'est-à-dire qu'elle est limitée à une durée précise de quelques jours, quelques semaines ou quelques mois, selon votre choix. La procuration peut aussi être limitée à quelques opérations que vous délimitez.

Le bénéficiaire de la procuration pourra, dans ce cas, réaliser uniquement les opérations que vous avez autorisées : par exemple, retirer votre chéquier au guichet, retirer une somme précise (et de préférence modeste) chaque semaine…

• **Notre conseil** : Assurez-vous que la personne à qui vous donnez procuration est vraiment digne de confiance car si elle pille votre compte, vous n'aurez aucun recours.

Vos nom et prénom
Adresse

Date

Compte n° …

Banque…
adresse

Monsieur (*Madame*),

Je vous prie de bien vouloir noter que je donne procuration sur mon compte à … (*nom, prénom et adresse du bénéficiaire de la procuration*).

Cette procuration est limitée à la période du … au … (*dates*) et s'applique exclusivement aux opérations suivantes (*indiquez ce que vous autorisez : par exemple*, retrait au guichet d'une somme de … € par semaine).

Je vous prie de croire, Monsieur (*Madame*), à l'expression de ma considération distinguée.

Signature

POUR VOUS ÉVITER DES ENNUIS, VOUS METTEZ FIN À UNE PROCURATION SUR VOTRE COMPTE.

Vous avez donné procuration sur votre compte à une per-sonne de votre choix (conjoint, compagne, parent, enfant, ami, etc.). Vous pouvez décider d'y mettre fin sans en donner la raison à votre banquier.

• **Ce que dit la loi** : Vous pouvez donner procuration à toute personne de votre choix, sans qu'il y ait un lien de famille entre elle et vous.

La procuration peut être générale et permanente, c'est-à-dire que la personne désignée (appelée mandataire) peut librement effectuer toute opération sur votre compte : paiements, retraits, dépôts, virements…

L'autorisation peut également être réduite à une seule opération ou à certaines opérations précises et limitées dans le temps. En cas de mauvaise utilisation du compte (par exemple, émission d'un chèque sans provision) par le mandataire, vous êtes responsable en tant que titulaire du compte.

La procuration peut être révoquée à tout moment sans qu'il soit nécessaire d'en fournir la raison.

N'oubliez pas que la procuration est un acte dangereux qu'il ne faut pas faire à la légère. Si, par exemple, vous avez donné procuration à un ami (ou à un concubin…) et que celui-ci s'empare des petites économies qui se trouvent sur votre compte bancaire, vous n'aurez aucun recours.

• **Notre conseil** : Si vous avez donné un peu légèrement une procuration, n'hésitez pas à la révoquer sans tarder. En cas d'urgence (par exemple, séparation d'avec un concubin), avisez le banquier par téléphone et confirmez par lettre recommandée votre décision.

Vos nom et prénom
Adresse

Date

Compte n°…

Nom de la banque
Adresse

Recommandé avec avis de réception

Messieurs,

J'avais donné procuration à M. … (*indiquez le nom du ou de la bénéficiaire de la procuration*) sur mon (mes) compte(s) n° …

Je vous prie de bien vouloir noter que je révoque totalement et à dater de ce jour ladite procuration.

M. …… (*nom du bénéficiaire*) n'a donc plus aucun pouvoir pour faire fonctionner mon compte.

Je vous prie de croire, Messieurs, à l'expression de ma considération distinguée.

Signature

VOUS RÉSILIEZ LA LOCATION D'UN COFFRE-FORT.

Vous aviez loué un coffre-fort auprès de votre banque. Vous décidez de mettre fin à cette location.

• **Ce que dit la loi** : Pour la loi bancaire, la location d'un coffre-fort ne fait pas partie des opérations bancaires.

La location d'un coffre-fort est soumise aux règles du code civil. Le banquier et son client concluent un contrat de louage de choses. Chaque banque fixe librement les prix de location de ses coffres-forts. Le contrat de location d'un coffre-fort est généralement conclu pour une durée d'un an, renouvelable par tacite reconduction. Cela signifie que la location se poursuit automatiquement tant que vous n'exprimez pas le désir d'y mettre fin.

Certains contrats prévoient un préavis qui peut être de deux ou trois mois selon les banques. Si vous n'envoyez pas la résiliation dans les délais, le contrat repart pour un an sans que vous puissiez vous y opposer.

• **Notre conseil** : Vérifiez si votre contrat prévoit un préavis et, dans ce cas, envoyez votre lettre de résiliation suffisamment à l'avance, par rapport à la date anniversaire du contrat.

Vos nom et prénom
Adresse

Date

Référence contrat

Recommandé avec avis de réception

Banque...
adresse

Monsieur (*Madame*),

Je vous prie de bien vouloir noter la résiliation du contrat portant sur la location d'un coffre-fort.

Cette résiliation prendra effet à l'échéance du contrat, donc le ... (*date*).

Je vous prie de croire, Monsieur (*Madame*), à l'expression de ma considération distinguée.

Signature

VOUS AVEZ DEMANDÉ QU'UNE PARTIE DE VOTRE PORTEFEUILLE BOURSIER SOIT VENDUE, MAIS L'ORDRE A ÉTÉ MAL EXÉCUTÉ. VOUS EXIGEZ QUE LA BANQUE RECTIFIE SON ERREUR.

Votre banquier a encore fait une erreur. Cette fois-ci, l'erreur a des conséquences importantes. Il a vendu trop de titres de votre portefeuille boursier. De ce fait, vous dépassez le plafond légal et risquez d'avoir à payer l'impôt sur les plus-values.

• **Ce que dit la loi** : Le banquier doit exécuter vos ordres rapidement et de bonne foi. Mais il lui arrive, comme à chacun, de commettre des erreurs. Il doit les rectifier rapidement afin de ne pas causer de préjudice à son client. Pour les erreurs matérielles (un virement est passé sur le compte d'un client alors qu'il était destiné à un autre, par exemple), le banquier accepte volontiers d'obtempérer. En revanche, lorsqu'il s'agit d'erreurs dans l'exécution d'un ordre de Bourse, il a tendance à faire la sourde oreille et à répondre que la rectification est impossible.

Pire, l'agent au guichet essaie souvent de vous convaincre que l'erreur n'est pas grave, ou qu'elle est de votre fait. De toute façon, tous les ordres liés à l'achat et à la vente de titres doivent être écrits. Soit vous avez donné un ordre écrit qui a été mal exécuté, soit vous n'avez pas donné d'ordre écrit – dans ce cas la banque n'avait pas à toucher à vos titres. Ne vous laissez pas intimider.

Si la banque ne peut vraiment pas rectifier son erreur, elle doit vous indemniser du préjudice que sa mauvaise exécution de l'ordre vous a fait subir.

• **Notre conseil** : Si le guichetier vous oppose un refus verbal, envoyez une lettre recommandée au directeur d'agence. S'il persiste dans son refus, envoyez une lettre plus ferme (notre modèle). Enfin, vous pouvez saisir l'inspection générale des banques qui se trouve au siège social, et qui a pouvoir sur toutes les agences de son réseau. Surtout, soyez très ferme.

Vos nom et prénom
Adresse

Date

Compte n° ...

Nom du Directeur d'agence
Adresse de la banque

Recommandé avec avis de réception

Monsieur le Directeur,

Le ... (*date*), je vous ai demandé de vendre une partie de mon portefeuille à hauteur du plafond de cession admis par la loi fiscale, afin que je n'aie pas à payer l'impôt sur les plus-values de cessions de valeurs mobilières.

Ou encore : Je vous ai demandé de vendre 200 actions L'Oréal et vous en avez vendu 2 000.

Or, l'avis d'opéré (*joignez une photocopie*) m'apprend que le nombre de titres vendus excède le plafond de cession admis par la loi. Ce qui a pour effet de rendre mes plus-values taxables.

En conséquence, je vous prie instamment de rectifier cette erreur afin que le montant de mes cessions reste inférieur au seuil légal. À défaut, j'exige que vous preniez à votre charge ce préjudice, c'est-à-dire que vous me versiez la somme de ... €, correspondant au montant de l'impôt que je vais devoir payer par suite de votre erreur.

En cas de refus de votre part d'accepter l'une de ces deux solutions, je me verrai contraint de saisir la Commission bancaire, voire de porter l'affaire en justice, si cela est nécessaire.

Je vous prie de croire, Monsieur le Directeur, à l'expression de ma considération distinguée.

Signature

VOUS AVEZ UN LITIGE AVEC UNE SOCIÉTÉ DE BOURSE OU UNE BANQUE AU SUJET D'UN PORTEFEUILLE BOURSIER. VOUS SAISISSEZ LA COB.

Le gestionnaire de votre portefeuille est vraiment mal organisé. Il a encore exécuté votre ordre de vente avec retard. Entre-temps, la Bourse a chuté et vous avez subi d'importantes pertes. Comme il refuse de vous dédommager, vous sollicitez l'aide de la Commission des opérations de Bourse (COB).

• **Ce que dit la loi** : La COB est chargée de veiller à la qualité et à la régularité des informations diffusées par les sociétés auprès des actionnaires. Elle surveille le fonctionnement du marché financier. Elle est le « gendarme » de la Bourse. Elle peut intervenir auprès de tout organisme gestionnaire de portefeuilles boursiers (banques, maisons de titres, sociétés de Bourse…).

Le gestionnaire de votre portefeuille a peut-être commis une erreur ou même une faute lors de l'exécution d'un ordre que vous lui aviez transmis. Ou encore, il a pris des risques importants avec votre portefeuille alors que vous aviez demandé une gestion de « bon père de famille », au point que votre portefeuille a subi d'importantes pertes.

Quel que soit le motif du litige, commencez par envoyer une lettre recommandée avec avis de réception au gestionnaire de vos titres, pour lui préciser vos reproches et lui demander réparation. S'il refuse ou ne répond pas à vos courriers (de nombreux organismes choisissent de ne pas répondre aux doléances du client et attendent que celui-ci se lasse), vous pouvez adresser une réclamation à la COB ou même déposer une plainte si une infraction a été commise.

Votre lettre à la COB doit rappeler les faits et conclure en demandant l'intervention de cet organisme auprès du gestionnaire de vos titres. Là encore, évitez les commentaires personnels du genre « ce n'est pas étonnant que Monsieur X soit si mauvais gestionnaire, il passe son temps à déjeuner ou à la chasse ». Contentez-vous d'évoquer sobrement les faits.

Votre courrier est à adresser sous la forme recommandée avec avis de réception au service juridique de la COB.

• **Notre conseil** : Joignez à votre courrier le maximum d'informations : copies de vos ordres de Bourse, raisons du litige, relevés de compte portant mention des opérations litigieuses, courriers échangés avec le gestionnaire… N'envoyez pas d'originaux mais uniquement des photocopies. Si les originaux étaient perdus, vous ne pourriez plus aller en justice, puisque devant les tribunaux, les originaux sont nécessaires.

Vos nom et prénom
Adresse

Date

Commission des opérations
de Bourse
Service juridique
17, place de la Bourse
75002 PARIS

Recommandé avec avis de réception

Monsieur, Madame,

J'avais donné mandat à la banque ou à la société de Bourse … (*nom de l'établissement*) pour gérer mon portefeuille de valeurs mobilières.

Le … (*date*), j'ai adressé un ordre de vente, d'achat … (*nature de l'ordre*) qui n'a pas été exécuté ou qui a été exécuté avec retard (*indiquez ce que vous aviez demandé et la mauvaise exécution de l'opération. Bref, l'erreur, le retard, la négligence*…).

À la suite de cette exécution tardive de mon ordre, mon portefeuille s'est déprécié et a subi une moins-value de … € (*montant de la perte*) (*ou encore* : alors que j'avais demandé une gestion de bon père de famille, on a utilisé mon capital pour intervenir sur des marchés hautement spéculatifs, ce qui a entraîné une dépréciation de 40 % de mon portefeuille, soit une moins-value de … €).

Malgré mes nombreuses lettres de réclamation, cet établissement refuse de réparer le préjudice qu'il m'a fait subir (ou encore : mes nombreux courriers adressés à cet organisme sont à ce jour restés sans réponse).

En conséquence, je sollicite l'intervention de vos services auprès de cet établissement afin que ma demande de réparation soit satisfaite.

Vous en remerciant par avance, je vous prie de croire, Monsieur, Madame, à l'expression de ma considération distinguée.

Signature

POUR OBTENIR LA LEVÉE D'UNE VIEILLE INTERDICTION BANCAIRE, VOUS DEMANDEZ À LA BANQUE DE FRANCE LES COORDONNÉES DE LA BANQUE QUI VOUS A FICHÉ.

Il y a quelques années, vous vous êtes retrouvé interdit bancaire. Avec le temps, vous avez oublié les coordonnées de la banque qui vous avait fiché et/ou les montants impayés.
Vous demandez à la Banque de France de vous fournir les coordonnées de la banque qui a prononcé l'interdiction et les montants des chèques impayés à l'époque.

• **Ce que dit la loi** : Lorsque vous signez des chèques qui ne peuvent pas être payés parce que votre compte ne comporte pas l'argent nécessaire, deux situations peuvent se présenter. Soit vous régularisez votre situation, c'est-à-dire que vous trouvez l'argent pour alimenter votre compte dans les deux mois (et non pas un mois) suivant la date à laquelle vous avez reçu la lettre recommandée de votre banque. Dans ce cas, l'interdiction bancaire n'est pas prononcée. Soit le délai de deux mois est passé sans que vous ayez pu honorer les chèques impayés. Dans ce cas, votre banque prononce contre vous une interdiction d'émettre des chèques pendant cinq ans.

Explication : vous retrouverez automatiquement le droit d'émettre des chèques à l'issue d'une période de cinq ans, donc sans avoir à rembourser les chèques impayés.

Mais si vous régularisez la situation avant ce délai de cinq ans, vous retrouvez immédiatement le droit d'avoir un chéquier.

Or, lorsqu'il s'agit d'une interdiction qui remonte à plusieurs années, on peut avoir oublié le nom et les coordonnées de la banque qui a prononcé l'interdiction, on peut avoir oublié les montants impayés...

Pour obtenir la levée de l'interdiction bancaire, vous devez respecter les étapes suivantes : En écrivant à la Banque de France (succursale la plus proche de votre domicile actuel), vous obtenez les coordonnées de la banque qui vous a fiché et les montants impayés. Ensuite, vous bloquez les sommes qui correspondent aux chèques impayés auprès de cette banque (et non pas auprès de votre banque actuelle). Les sommes sont bloquées pendant un an. L'interdiction bancaire est levée dès que vous avez bloqué les sommes.
Si à l'issue d'un délai d'un an, les victimes des chèques sans provision n'ont pas réclamé leur dû, vous récupérez les sommes non réclamées.

• **Notre conseil** : Joignez au courrier que vous envoyez à la Banque de France une photocopie de votre carte d'identité et un justificatif de votre domicile.

Vos nom et prénom　　　　Date
Adresse

Recommandé avec avis de réception

Banque de France
Adresse

Monsieur, Madame,

Il y a plusieurs années, une interdiction d'émettre des chèques a été prononcée contre moi. Ma situation financière s'étant améliorée, je suis en mesure de désintéresser les bénéficiaires des chèques.

Je vous saurai gré de bien vouloir me communiquer les références de la banque qui a prononcé l'interdiction bancaire ainsi que les montants respectifs de chèques impayés.

Dès réception de ces éléments, je bloquerai auprès de cet établissement la totalité de la provision correspondante.

Je vous prie de croire, Monsieur, Madame, à l'expression de ma parfaite considération.

Signature

CHAPITRE 8

VOS EMPRUNTS

Vous avez acheté à crédit un téléviseur, des meubles, une voiture, une machine à laver ou tout autre bien. Après réflexion, vous vous dites que vraiment cet achat n'est pas raisonnable. Vous pouvez l'annuler dans les sept jours qui suivent la signature de l'offre de crédit.

• **Ce que dit la loi** : L'article 7 de la loi Scrivener du 10 janvier 1978, devenu l'article L. 311-15 du code de la consommation, prévoit que l'acheteur peut annuler son achat dans les sept jours qui suivent l'offre préalable de crédit sans avoir à motiver sa décision auprès de qui que ce soit. Il vous suffit, pendant les sept jours, de renvoyer à l'organisme de crédit le coupon détachable qui est obligatoirement joint au formulaire d'offre préalable de crédit.

Votre renonciation au crédit (ou le refus de crédit de l'établissement prêteur) entraîne l'annulation du contrat de vente que le vendeur vous a fait signer. Si vous avez égaré le coupon de rétractation, ou s'il ne vous a pas été remis, vous pouvez adresser la lettre suivante à l'établissement de crédit. Dans les deux cas (coupon ou lettre), l'envoi doit être fait en recommandé avec avis de réception.

Vos nom et prénom
Adresse

Date

Dossier n° ...

Nom de
l'établissement de crédit
Adresse

Recommandé avec avis de réception

Messieurs,

Le ... (*date*), j'ai signé une offre préalable de crédit pour un montant de ... € proposé par votre établissement.

En vertu de l'article L. 311-15 du code de la consommation prévoyant une faculté de rétractation pendant un délai de sept jours, je vous informe que je renonce à l'offre de crédit référencée sous le numéro ... (*indiquez le numéro figurant sur l'offre de crédit*).

Je vous prie de croire, Messieurs, à l'expression de ma considération distinguée.

Signature

• **Notre conseil** : Ne vous trompez pas dans le calcul du délai de sept jours. Il commence à partir du jour qui suit la signature de l'offre de crédit et expire le septième jour à minuit. Mais si ce dernier jour tombe un samedi, dimanche ou jour férié, le délai est prorogé jusqu'au premier jour ouvrable suivant.
Exemple : vous achetez à crédit le samedi. Vous avez jusqu'au lundi suivant minuit pour vous rétracter.

VOUS AVEZ RENONCÉ À UN ACHAT. VOUS EXIGEZ LE REMBOURSEMENT DE VOTRE VERSEMENT.

Vous avez acheté à crédit un téléviseur, un meuble… en versant un acompte. Dans le délai de sept jours (voir lettre précédente), vous avez renoncé à votre achat et le vendeur tarde à vous rembourser votre acompte. Vous le réclamez avec les intérêts.

• **Ce que dit la loi** : L'exercice du droit de rétractation annule le contrat de crédit et par suite le contrat de vente, les deux étant totalement liés. Informez l'établissement de crédit de votre décision dans les formes et conditions précisées page 124.

Ensuite, par lettre simple, faites part de votre décision au vendeur en lui demandant le remboursement des sommes que vous avez versées. L'article L. 311-25, alinéa 2 du code de la consommation, le prévoit en ces termes : « Le vendeur ou le prestataire de services doit, sur simple demande, rembourser toute somme que l'acheteur aurait versée d'avance sur le prix. »

Si au bout de huit jours vous n'êtes toujours pas remboursé, envoyez au vendeur une lettre recommandée avec avis de réception cette fois, en exigeant le respect de l'article L. 311-25, alinéa 2 que nous venons de citer. La deuxième partie de cet article est ainsi rédigée : « À compter du huitième jour suivant la demande de remboursement, cette somme est productive d'intérêts de plein droit au taux légal majoré de la moitié. »

Pour l'année 2003, le taux légal est de 3,29 %. Vous pouvez donc demander 4,93 % d'intérêts.

• **Notre conseil** : Certains vendeurs essaient de vous faire payer une « indemnité d'annulation ». Ne vous laissez pas faire, c'est illégal. Exigez que votre acompte vous soit remboursé rapidement, sinon demandez au vendeur de vous verser des intérêts.

Vos nom et prénom
Adresse

Date

Référence dossier

Nom de l'établissement
(*qui vous a vendu le bien*)
Adresse

Recommandé avec avis de réception

Messieurs,

Par lettre en date du ..., je vous ai informé de l'exercice de mon droit de rétractation auprès de l'établissement de crédit.

Je vous ai en outre demandé de me restituer la somme de ... € que j'avais versée à titre d'acompte, puisque le contrat de vente s'est trouvé résilié de plein droit.

À ce jour, ma demande est restée sans réponse.

Je vous mets en demeure de me rembourser cette somme augmentée des intérêts au taux légal majoré de moitié, soit 6,39 % conformément à l'article L. 311-25 du code de la consommation.

À défaut d'obtenir satisfaction dans les huit jours, je me verrai obligé de saisir le tribunal compétent.

Je vous prie de croire, Messieurs, à l'expression de ma considération distinguée.

Signature

AVANT LA LIVRAISON DE VOTRE CANAPÉ, ON VOUS RÉCLAME DES ÉCHÉANCES. VOUS CONTESTEZ.

Vous avez acheté à crédit un canapé, un lave-linge, un magnétoscope, etc. (ou emprunté de l'argent pour réaliser des travaux). On vous réclame les premières échéances alors que vous n'avez pas encore été livré. Vous refusez de payer.

• **Ce que dit la loi** : L'article 9 de la loi du 10 janvier 1978 (loi Scrivener), devenu l'article L. 311-20 du code de la consommation, dispose : « Lorsque l'offre de crédit mentionne le bien ou la prestation de service financé, les obligations de l'emprunteur ne prennent effet qu'à compter de la livraison du bien ou de la fourniture de la prestation de services... » En d'autres termes, si, dans la demande de crédit, vous avez indiqué à quoi devait servir l'argent emprunté (par exemple, achat d'une voiture, d'un salon, réalisation de travaux...), le remboursement de ce crédit ne doit commencer qu'à compter de la réception (par vous) du bien acheté ou du début des travaux.

Il est interdit de vous demander de commencer à rembourser avant. Si une échéance a été prélevée, informez-en l'établissement de crédit en lui demandant de cesser ses prélèvements sur votre compte.

• **Notre conseil** : En recevant votre achat à crédit, contrôlez que la livraison n'est pas défectueuse (biens endommagés ou livraison non conforme à la commande) car, si vous l'acceptez, vous serez dans l'obligation de commencer les remboursements immédiatement. Dans les papiers que l'on vous fait signer à la commande, vérifiez qu'un bon de livraison ne s'est pas glissé « par mégarde » dans la liasse de documents.

Vos nom et prénom
Adresse

Date

Référence dossier

Nom de l'établissement
Adresse

Recommandé avec avis de réception

Messieurs,

J'ai obtenu de votre établissement un crédit pour financer l'achat d'un bien (*ou encore*, des travaux d'aménagement). Or, à ce jour, je n'ai pas reçu livraison du bien (*ou encore*, les travaux n'ont pas commencé).

Toutefois, vous m'avez prélevé ... (une, deux *selon le cas*) mensualités.

Je vous rappelle qu'aux termes de l'article L. 311-20 du code de la consommation, les obligations de l'emprunteur ne prennent effet qu'à compter de la livraison des biens ou de la fourniture de la prestation.

Vous voudrez bien cesser vos prélèvements tant que la livraison n'aura pas eu lieu (*ou encore*, tant que les travaux n'auront pas débuté).

À défaut, je me verrai obligé de saisir la juridiction compétente.

Je vous prie de croire, Messieurs, à l'expression de ma considération distinguée.

Signature

VOUS NE POUVEZ PLUS PAYER. VOUS DEMANDEZ UN NOUVEL ÉCHÉANCIER.

Vous avez souscrit un emprunt. Vous avez eu des problèmes personnels ou professionnels, et vous avez des difficultés pour rembourser. Vous demandez à l'établissement de crédit un réaménagement de l'échéancier prévu.

• **Ce que dit la loi** : Aux termes de l'article 8 de la loi du 10 janvier 1978, devenu l'article L. 313-12 du code de la consommation, le juge d'instance peut, en cas de graves difficultés financières, accorder des délais de paiement d'une durée qui ne peut excéder deux ans. Il peut également ordonner que, pendant ce délai de grâce, les sommes dues ne produisent pas d'intérêts. Pour les dettes qui ne sont pas liées à un crédit (loyers, dépenses courantes...) l'article 1244-1 du code civil permet au juge de reporter ou d'échelonner le paiement des sommes dues (au maximum sur deux ans) et de limiter le taux d'intérêt applicable pendant cette période. Il ne peut cependant abaisser cet intérêt au-dessous du taux d'intérêt légal (3,29 % pour 2003).

• **Notre conseil** : Dans un premier temps, écrivez à l'établissement de crédit pour lui demander le réaménagement de votre échéancier et, s'il refuse, saisissez le juge d'instance pour lui demander des délais.

Vos nom et prénom
Adresse

Date

Référence dossier

Nom de l'établissement
Adresse

Recommandé avec avis de réception

Messieurs,

Vous m'avez consenti un crédit de ... € pour l'achat de ... par contrat du ... (*date du prêt*).

Or, j'ai de grosses difficultés financières (*indiquez le motif ; par exemple* : à la suite de la perte de mon emploi, ou : à la suite d'une longue maladie). Il m'est donc impossible d'honorer mes échéances.

C'est pourquoi je sollicite une diminution des mensualités avec un allongement de la période de remboursement. Je vous propose l'échéancier suivant : ... (*proposez des dates avec les montants ; vous pouvez également demander un report des échéances de plusieurs mois. Par exemple, cinq mois si vous savez que vous aurez un emploi bientôt*...).

En cas de refus de votre part, je serai dans l'obligation de saisir le juge d'instance pour lui demander de me faire bénéficier des dispositions de l'article L. 313-12 du code de la consommation et de l'article 1244-1 du code civil.

Je vous prie de croire, Messieurs, à l'expression de ma considération distinguée.

Signature

Vous ne pouvez plus faire face à vos remboursements et l'organisme de crédit vous refuse un nouvel échéancier. Pour éviter d'être étranglé financièrement, vous demandez des délais de paiement au tribunal d'instance.

• **Ce que dit la loi** : Le tribunal d'instance est compétent pour juger tous les litiges liés au crédit à la consommation : demande de délais, calcul des intérêts et pénalités…

Si le montant total de votre dette n'excède pas 3 800 €, vous pouvez saisir le tribunal d'instance très simplement : vous rédigez votre demande de délais sur papier libre en expliquant vos difficultés et en joignant des justificatifs (photocopies). Cette demande peut être directement déposée au greffe (c'est-à-dire le secrétariat) du tribunal d'instance, ou envoyée en recommandé à ce même greffe.

Si votre dette excède 3 800 €, vous devez demander à un huissier de justice de faire une assignation à votre créancier. En clair, l'huissier se présentera à l'établissement de crédit (ou chez tout autre créancier) afin de l'informer que vous avez saisi le tribunal d'instance pour demander des délais de paiement (ou autre chose).

Le tribunal territorialement compétent est celui du lieu où se trouve le domicile ou le siège de votre créancier.

Exemple : vous avez une dette à l'égard de la société CETELEM qui se trouve à Paris 8e alors que vous habitez Neuilly-sur-Marne. Le tribunal d'instance compétent sera celui du 8e arrondissement de Paris et non celui de Neuilly-sur-Marne.

• **Notre conseil** : Si vos dettes sont très importantes, vous pouvez demander à bénéficier de la loi sur le surendettement des particuliers.

Vos nom et prénom — Date
Adresse
Référence dossier

Monsieur le Président du Tribunal d'instance de …
Adresse

Recommandé avec avis de réception

Monsieur le Président,

Je soussigné(e) … (*indiquez vos nom, prénom, profession*) ai l'honneur de vous exposer le litige qui m'oppose à …(*indiquez le nom de l'établissement de crédit*).

Le … (*date*), cette société m'a consenti un prêt d'un montant de … €, remboursable sur … ans, à raison de … € par mois.

À la suite de mon récent licenciement économique (*ou toute autre raison ; par exemple* : à la suite d'une longue maladie, ou du décès de mon conjoint), je ne peux plus honorer mes remboursements ... (*précisez* mensuels, trimestriels…).

J'ai demandé à la société … (*indiquez le nom de l'établissement de crédit ou de votre créancier*) de bien vouloir procéder à une diminution des mensualités avec un allongement de la durée de remboursement, mais ma demande a été refusée.

J'ai l'honneur de solliciter du tribunal l'octroi de délais de paiement, sur la base de l'article L. 313-12 du code de la consommation. Vous trouverez ci-joint toutes les pièces justificatives (*joignez des photocopies de l'échéancier, un avis de paiement des ASSEDIC si vous êtes au chômage, un avis d'imposition ou de non-imposition…, bref tout document qui démontre votre situation financière exacte*).

Je vous prie de croire, Monsieur le Président, à l'expression de mes sentiments respectueux.

Signature

UN ÉTABLISSEMENT FINANCIER A REFUSÉ DE VOS ACCORDER UN EMPRUNT CAR VOUS FIGUREZ AU FICHIER DES INCIDENTS DE PAIEMENT. VOUS EXIGEZ L'ACCÈS À CE FICHIER.

Vous avez demandé un prêt et celui-ci vous a été refusé au motif que vous figurez au fichier des incidents de paiement. Vous êtes très étonné car vous êtes un bon payeur. Vous pensez qu'il y a erreur sur la personne. Par lettre recommandée, vous allez exercer votre droit d'accès à ce fichier et, le cas échéant, votre droit de rectification.

• **Ce que dit la loi** : L'article L. 333-4, alinéa 5, du code de la consommation autorise certains établissements de crédit ainsi que les services financiers de La Poste à tenir des fichiers recensant les incidents de paiement de leurs clients. Par ailleurs, ce même article institue un fichier national recensant les informations sur les incidents de paiement caractérisés liés aux crédits accordés aux personnes physiques par des besoins non professionnels. C'est le Fichier national des incidents de remboursements des crédits aux particuliers, géré par la Banque de France.

Sachez que tous ces fichiers sont soumis à la loi n° 78-17 du 6 janvier 1978 relative à l'informatique, aux fichiers et aux libertés. Selon l'article 34 de cette loi, toute personne justifiant de son identité a le droit d'interroger ces organismes en vue de savoir si ces fichiers portent des informations nominatives la concernant et, le cas échéant, d'en obtenir communication.

Ainsi, dans votre cas, vous pouvez adresser votre demande par écrit (joindre la photocopie de la carte d'identité) à l'établissement financier concerné. Il doit vous répondre. En cas de délivrance d'une copie, on peut vous demander une somme forfaitaire (sauf la Banque de France qui vous répondra oralement).

Vos nom et prénom
Adresse

Date

Nom de
l'établissement financier
Adresse

Monsieur,

Je viens de recevoir un refus à ma demande de prêt au motif que je serais inscrit au fichier des incidents de paiement.

Conformément aux dispositions de l'article 34 de la loi n° 78-17 du 6 janvier 1978 relative à l'informatique, aux fichiers et aux libertés, je souhaite accéder aux informations me concernant et qui figurent dans ce fichier.

Veuillez croire, Monsieur, à l'expression de ma considération distinguée.

Signature

P.J. : photocopie de ma carte d'identité

• **Notre conseil** : Si les informations sont inexactes, incomplètes, périmées ou équivoques, vous pouvez obtenir leur correction ou leur suppression en adressant une seconde lettre à l'établissement financier responsable du fichier. Pour toute réclamation concernant ces fichiers, vous pouvez contacter la Commission nationale de l'informatique et des libertés (CNIL), 21, rue Saint-Guillaume, 75340 Paris Cedex 07 ou la Banque de France.

VOUS AVEZ DEMANDÉ UN EMPRUNT AU TITRE DE VOS DROITS ACQUIS SUR PEL... IL VOUS EST REFUSÉ, VOUS CONTESTEZ CE REFUS.

Vous avez longtemps épargné sur votre Plan d'épargne logement (PEL). Vous voulez utiliser vos droits pour faire un emprunt destiné à l'achat d'un logement. La banque refuse de vous accorder ce prêt. Estimant ce refus abusif, vous le contestez.

• **CE QUE DIT LA LOI** : Vous vous engagez à épargner des sommes sur un plan d'épargne logement pendant au moins quatre ans (dix-huit mois pour un compte d'épargne logement). Ces sommes sont bloquées mais vous rapportent des intérêts, calculés chaque année mais bloqués également pendant la même période. Lorsque le PEL arrive à échéance, vous pouvez effectuer un emprunt à un taux très avantageux. Cet emprunt doit servir à financer l'achat ou la construction d'un logement situé en France, ou la réalisation de travaux dans un logement dont vous êtes locataire ou propriétaire.

La somme que vous pouvez emprunter dépend des droits à prêts que vous avez engrangés. Autrement dit, cela dépend de votre effort d'épargne. Plus celui-ci est important, plus vos droits à prêts sont élevés.

En vous ouvrant un PEL, le banquier sait qu'un jour il devra vous faire un prêt à un taux réduit. Pourtant, malgré l'existence de droits à prêts, la banque peut vous refuser le prêt si elle ne peut pas prendre une hypothèque sur le logement que le prêt doit financer. Elle peut également refuser si vous êtes surendetté, ou encore si elle ne peut pas prendre une assurance décès-invalidité sur votre tête (c'est parfois le cas si l'emprunteur est très âgé ou très malade).

Mais le refus de vous accorder le prêt ne doit pas être abusif. Une banque qui avait refusé un prêt au motif que l'endettement du demandeur lui semblait important a été condamnée à verser à celui-ci des dommages-intérêts.

• **NOTRE CONSEIL** : Si on a refusé de vous accorder ce prêt, envoyez une lettre recommandée au directeur de votre agence pour lui demander de revenir sur son refus. Ne vous laissez pas intimider. Le banquier doit, sauf cas particuliers, vous accorder le prêt.

Vos nom et prénom Date
Adresse

Compte n° ... Nom du Directeur de l'agence
Adresse

Recommandé avec avis de réception

Monsieur le Directeur,

Le ... (*date*), j'ai ouvert un Plan d'épargne logement auprès de votre établissement, sous le numéro ...

Je viens de déposer une demande de prêt pour financer l'achat d'un logement (*ou* de travaux), correspondant aux droits à prêts que j'ai acquis pendant la période d'épargne.

Or, vous opposez un refus à ma demande pour des motifs qui me semblent bien vagues.

Je vous rappelle que la législation relative à l'épargne logement vous oblige à m'accorder ce prêt dans la mesure où je ne dépasse pas les normes d'endettement.

Selon l'article 23 de la circulaire du 11 juillet 1986, il est fait application des normes d'endettement appliquées pour tous les crédits immobiliers.

Je vous rappelle que les normes habituellement retenues fixent l'endettement maximal de l'emprunteur à 30 % de ses revenus. Ce n'est pas mon cas.

Je vous prie donc de revenir sur votre décision, et, dans l'attente de vous lire, je vous prie de croire, Monsieur le Directeur, à l'expression de mes salutations distinguées.

Signature

VOUS SOUHAITEZ ANTICIPER LE REMBOURSEMENT DE VOTRE EMPRUNT... LA BANQUE VEUT VOUS APPLIQUER D'IMPORTANTES PÉNALITÉS. VOUS CONTESTEZ.

Vous avez hérité d'une grosse somme. Vous décidez d'en profiter pour solder un crédit personnel que votre banquier vous a consenti. Il veut vous appliquer de grosses pénalités de remboursement anticipé. Vous réagissez.

• **Ce que dit la loi** : Le code de la consommation prévoit que le remboursement anticipé est un droit que les établissements financiers ne peuvent refuser d'appliquer.

Constituent des crédits à la consommation, les crédits inférieurs à 21 500 €. Il peut s'agir d'un crédit personnel non affecté, d'un crédit ayant financé un achat (véhicule, meubles, électroménager, cuisine équipée, etc), d'un crédit revolving, renouvelable, etc.

L'emprunteur peut toujours rembourser son crédit à la consommation par anticipation, en partie ou en totalité, même si cela n'est pas prévu dans son contrat de prêt.

L'article L. 311-29 du code de la consommation prévoit qu'un emprunteur peut toujours rembourser par anticipation, sans aucune indemnité ou pénalité, en partie ou en totalité, le crédit qui lui a été consenti.

Mais le banquier peut refuser un remboursement anticipé partiel s'il est inférieur à trois fois le montant de l'échéance à venir la plus proche.

Exemple : vous avez emprunté 15 000 € et vous remboursez 475 € par mois. La banque peut refuser tout remboursement anticipé inférieur ou égal à 1 125 € (475 € x 3).

Vos nom et prénom
Adresse

Date

Nom de la Banque
Adresse

Recommandé avec avis de réception

Madame, Monsieur,

Je souhaite rembourser par anticipation la totalité (ou une partie) du crédit que vous m'avez consenti le ... (*date*).

À mon grand étonnement, l'agent qui m'a reçue au guichet a évoqué l'application d'une indemnité de remboursement anticipé.

Il s'agit d'un crédit à la consommation puisque la somme empruntée est inférieure à 21 500 €. Or, l'article L. 311-32 du code de la consommation interdit au prêteur d'exiger une indemnité ou des frais de remboursement.

Je vous prie de bien vouloir me confirmer, par retour de courrier, votre accord pour un remboursement anticipé dans les conditions fixées par la loi.

Veuillez agréer, Madame, Monsieur, l'expression de ma considération distinguée.

Signature

• **Notre conseil** : Les banquiers ont horreur des remboursements anticipés et cherchent à les décourager.
Soyez ferme et faites respecter les droits que la loi vous offre. Ne vous laissez pas appliquer des pénalités indues et vérifiez les calculs, car les banques essaient parfois d'ajouter sournoisement des frais.

VOUS VOULEZ ANTICIPER LE REMBOURSEMENT DE VOTRE CRÉDIT IMMOBILIER. VOUS DEMANDEZ AU BANQUIER D'ÉVALUER LE COÛT DE CETTE OPÉRATION.

Baisse des taux d'intérêts, divorce, mutation, héritage... Les raisons de rembourser par anticipation votre crédit immobilier ne manquent pas. Demandez d'abord au banquier d'en évaluer le coût, car celui-ci peut être élevé.

• **Ce que dit la loi** : Vous pouvez rembourser de manière anticipée un emprunt immobilier. Mais l'article L. 312-21 du code de la consommation n'oblige le banquier à accepter le remboursement anticipé que s'il représente au moins 10 % du montant initial du crédit, sauf s'il s'agit du remboursement du solde.

Les contrats de crédit immobilier prévoient assez souvent l'application de pénalités de remboursement anticipé. Mais selon l'article L. 312-21 du code de la consommation, cette pénalité de remboursement anticipé ne doit pas dépasser 3 % du capital restant dû avant le remboursement, sans pouvoir dépasser un semestre d'intérêts sur le capital remboursé.

Ce texte protecteur s'applique même si le contrat que vous avez signé prévoit une pénalité supérieure à ce plafond. Exemple : sur un prêt de 90 000 €, il reste 45 000 € à rembourser : l'indemnité ne peut dépasser 1 350 € (45 000 € x 3 %).

Pour les contrats de crédits signés depuis le 29 juin 1999, aucune pénalité ni indemnité n'est due par l'emprunteur en cas de remboursement anticipé lorsque le remboursement est motivé par la vente du bien immobilier faisant suite à un changement du lieu d'activité professionnelle de l'emprunteur ou de son conjoint, au décès ou au chômage de l'un d'eux.

• **Notre conseil** : Vérifiez si votre contrat de prêt prévoit ou non une indemnité de remboursement anticipé. Si votre emprunt date de la période où les taux d'intérêt étaient très élevés, un remboursement anticipé peut être avantageux.

Vos nom et prénom
Adresse

Date

Dossier n° ...

Nom de la banque
Adresse

Madame, Monsieur,

Le ... (*date*), j'ai effectué un emprunt auprès de votre établissement afin de financer l'achat de ma résidence principale.

J'envisage d'effectuer, conformément à l'article L. 312-21 du code de la consommation, le remboursement anticipé de ce prêt (*ou encore* : de rembourser une somme de ... € à valoir sur ce prêt).

Je vous prie de bien vouloir m'indiquer le montant exact du capital restant dû, les pénalités éventuelles et le montant des autres frais que j'aurais éventuellement à supporter.

Ou encore, si l'on a voulu vous appliquer des pénalités élevées : Je vous rappelle que, selon l'article L. 312-21 du code de la consommation, la pénalité de remboursement anticipé est plafonnée à 3 %, sans pouvoir excéder un semestre sur le capital restant dû.

Dans l'attente de votre réponse, je vous prie de croire, Madame, Monsieur, à l'expression de ma considération distinguée.

Signature

UN CRÉDIT VOUS A ÉTÉ REFUSÉ AU MOTIF QUE VOUS ÊTES INSCRIT SUR LE FICHIER DES INCIDENTS DE PAIEMENT. VOUS DEMANDEZ LA MODIFICATION DES INFORMATIONS VOUS CONCERNANT.

Vous avez demandé un crédit qui, à votre grande surprise, a été refusé. Renseignements pris, vous apprenez que ce refus est motivé par votre inscription sur le fichier des incidents de paiement. Alors que vous n'avez jamais rencontré d'incidents dans le remboursement de vos crédits. Vous demandez que l'on supprime votre nom de ce fichier.

• **Ce que dit la loi** : Avant d'accorder un crédit à un particulier, toutes les banques interrogent le Fichier national des remboursements de paiement (FICP).

Ce fichier permet de répertorier nommément tous les particuliers ayant eu un incident de paiement pour un crédit. Il est nominatif et comporte les nom, prénom, date de naissance et adresse de chaque emprunteur qui n'a pas correctement honoré le remboursement de ses crédits.

Vous êtes inscrit sur ce fichier si vous avez subi un incident de paiement caractérisé, comme notamment le remboursement total ou partiel d'un crédit (à la consommation, immobilier, revolving…), pendant au minimum quatre-vingt-dix jours. Les incidents qui ont été régularisés par un paiement ne figurent pas sur le fichier.

Or, il arrive que votre état civil figure dans ce fichier par erreur. Par exemple, on vous a confondu avec un homonyme (mêmes nom et prénom) ou encore vous avez eu un incident que vous avez régularisé, mais le fichier a conservé l'enregistrement de votre nom. Même si vous n'avez pas payé un crédit, vous ne pouvez être fiché que pendant un délai maximal de cinq ans.

L'article 36 de la loi du 6 janvier 1978, dite loi de l'informatique et des libertés, énonce que tout citoyen a un droit d'accès qui lui permet d'obtenir la communication des données qui sont répertoriées à son nom, ainsi que la rectification des mentions erronées ou fausses.

Pour accéder aux informations vous concernant, vous devez envoyer un courrier à la Banque de France (bureau le plus proche de votre domicile actuel) accompagné d'une photocopie de votre carte d'identité et d'un justificatif de domicile (facture de France Telecom, d'EDF…).

• **Notre conseil** : En cas de litiges, vous pouvez saisir la Commission nationale informatique et libertés (CNIL – 21, rue Saint-Guillaume – 75007 Paris) qui interviendra auprès des gestionnaires du fichier pour exiger la rectification des mentions inexactes.

Vos nom et prénom | Date

Adresse

Recommandé avec avis de réception

Banque de France
Adresse

Monsieur le Gouverneur,

Ma demande de crédit auprès de … (*nom de l'établissement*) a été refusée car mon nom est semble-t-il inscrit au fichier des incidents de paiement. Or, je n'ai jamais eu aucun incident de remboursement (*ou encore* j'ai eu un incident de paiement que j'ai régularisé).

Conformément aux dispositions de l'article 34 de la loi n° 78-17 du 6 janvier 1978, relative à l'informatique, aux fichiers et aux libertés, je souhaiterais accéder aux informations me concernant et en obtenir la rectification.

Je vous prie de croire, Monsieur le Gouverneur, à l'expression de mes sentiments respectueux.

Signature

Délai de réflexion : soyez vigilant

Si vous passez par le vendeur pour la demande de crédit, il est évidemment au courant. En revanche, si vous demandez un crédit par vos propres moyens (par exemple, vous commandez une voiture neuve chez FIAT et vous faites une demande de crédit à votre banque), n'oubliez pas de le signaler au vendeur qui devra l'indiquer sur le bon de commande. Si le crédit est refusé, vous pouvez ainsi demander l'annulation de la vente.
Si vous souhaitez une livraison immédiate de votre achat à crédit, le vendeur vous fera signer un formulaire indiquant que vous acceptez que le délai de rétractation soit ramené de sept à trois jours.
La loi est faite pour vous protéger et vous permettre de revenir sur les « achats coup de cœur ». Veillez à ce que l'offre de crédit que vous signez ne soit pas antidatée pour vous faire perdre le bénéfice du délai de réflexion de sept jours.

VOUS DEMANDEZ À TRANSFORMER VOTRE REVOLVING EN CRÉDIT CLASSIQUE.

Vous avez un crédit permanent (revolving) que vous traînez depuis des années et qui vous coûte cher. Vous décidez de le transformer en crédit classique.

• **CE QUE DIT LA LOI** : Les anglo-saxons l'appellent « revolving » et la loi française le nomme crédit permanent, terme beaucoup plus précis. Car c'est bien de cela qu'il s'agit. Ces formules de crédit sont proposées avec une carte de paiement permettant de faire des achats ou directement versés au moyen d'un chèque ou un virement que vous utilisez à votre guise.

Toute somme que vous remboursez reconstitue d'autant votre crédit et vous permet d'un nouvel emprunt. Bref, comme son nom l'indique, le crédit permanent est un crédit que vous traînez pendant des années. Pour en sortir, vous avez deux possibilités : le rembourser par anticipation, et sans frais en une ou plusieurs fois. Mais la loi (article L 311-9 du code de la consommation) vous permet également de demander que votre crédit permanent soit transformé en crédit classique. Dans ce cas, l'établissement de crédit vous délivre un tableau d'amortissement indiquant le taux des intérêts et le montant des remboursements (échéancier) fixes. Vous connaissez avec précision la fin des remboursements, la date étant mentionnée sur l'échéancier.

• **NOTRE CONSEIL** : les crédits permanents sont responsables de la plupart des situations de surendettement. Après avoir demandé la transformation de votre revolving en crédit classique, évitez d'en souscrire un nouveau.

Vos nom et prénom
Adresse

À..., le...

Nom de l'établissement
de crédit
Adresse

Recommandé avec avis de réception

Monsieur, Madame,

Par lettre en date du..., vous me précisez les conditions du renouvellement de mon crédit permanent référencé sous le numéro...

Je vous indique que je ne souhaite pas renouveler ce crédit. Comme me le permet l'article L 311-9 du code de la consommation, je demande à ne plus bénéficier de mon ouverture de crédit permanent. Je souhaite désormais rembourser le capital restant à un taux et des mensualités fixes.

En conséquence, je vous prie de bien vouloir m'adresser le tableau d'amortissement correspondant.

Je vous prie de croire, Monsieur, Madame, à l'expression de mes salutations distinguées.

Signature

VOUS AVEZ RÉGULARISÉ VOS ÉCHÉANCES IMPAYÉES, MAIS UNE SOCIÉTÉ DE CRÉDIT MAINTIENT VOTRE INSCRIPTION AU FICHIER DES MAUVAIS PAYEURS.

Une société de crédit vous a inscrit au FICP parce que vous n'avez pas honoré plusieurs échéances de remboursement de votre crédit. Vous avez régularisé le retard, mais l'établissement refuse de vous radier du fichier.

• **Ce que dit la loi** : Un crédit classique, permanent, à la consommation, immobilier etc, vous a été consenti par une banque ou une société de crédit. L'article L 333-4 du code de la consommation permet à l'établissement prêteur de vous inscrire sur ce fichier (sorte de fichiers des mauvais payeurs) si vous ne cessez de rembourser votre crédit, mais sous certaines conditions. Le Comité de réglementation bancaire a précisé les cas où un particulier peut être inscrit sur ce fichier : il faut avoir soit au moins trois mensualités de crédit non payées ; soit un non-paiement de sommes supérieures à 500 € pendant 90 jours ; soit une décision de la banque de prononcer la déchéance du terme. Mais lorsque vous régularisez et payez les échéances impayées, l'établissement prêteur doit demander l'annulation de votre inscription au fichier. Or, certaines sociétés spécialisées dans les crédits permanents refusent d'annuler l'inscription tant que la totalité du crédit n'est pas remboursée ! Ce qui est totalement illégal.

La Commission nationale de l'informatique et des libertés (CNIL) vient d'ailleurs de rappeler à l'ordre ces organismes.

• **Notre conseil** : Menacez de saisir la CNIL si vous n'obtenez pas gain de cause.

Vos nom et prénom
Adresse

À..., le...

Nom de l'établissement
de crédit
Adresse

Recommandé avec avis de réception

Madame, Monsieur,

J'ai régularisé les échéances impayées et j'honore désormais le remboursement de mon crédit aux dates convenues par notre contrat. Or, malgré cette régularisation, vous refusez de demander à la banque de France l'annulation de mon inscription au fichier national des incidents de paiements (FICP). Et ce, en violation totale des articles L 333-4 et suivants du code de la consommation et de la loi n° 78-17 du 6 janvier 1978 relative à l'informatique, aux fichiers et aux libertés.

Conformément à l'article 34 de cette loi, je vous mets en demeure d'annuler ladite inscription sous huit jours. À défaut d'obtenir satisfaction, je déposerai une réclamation, voire une plainte auprès du président de la CNIL.

Veuillez agréer, Madame, Monsieur, l'expression de mes salutations distinguées.

Signature

MALGRÉ LA RÉGULARISATION DES IMPAYÉS, LA SOCIÉTÉ DE CRÉDIT REFUSE D'ANNULER VOTRE INSCRIPTION AU FICHIER, VOUS SAISISSEZ LA CNIL.

La société de crédit ne vous répond pas ou refuse d'annuler votre inscription : ne vous laissez pas faire. Écrivez à la Commission nationale de l'informatique et des libertés.

• **CE QUE DIT LA LOI** : Un crédit classique, permanent, à la consommation, immobilier etc, vous a été consenti par une banque ou une société de crédit. L'article L 333-4 du code de la consommation permet à l'établissement prêteur de vous inscrire sur ce fichier (sorte de fichiers des mauvais payeurs) si vous ne cessez de rembourser votre crédit, mais sous certaines conditions. Le Comité de réglementation bancaire a précisé les cas où un particulier peut être inscrit sur ce fichier : il faut avoir soit au moins trois mensualités de crédit non payées ; soit un non-paiement de sommes supérieures à 500 € pendant 90 jours ; soit une décision de la banque de prononcer la déchéance du terme. Mais lorsque vous régularisez et payez les échéances impayées, l'établissement prêteur doit demander l'annulation de votre inscription au fichier. Or, certaines sociétés spécialisées dans les crédits permanents refusent d'annuler l'inscription tant que la totalité du crédit n'est pas remboursée ! Ce qui est totalement illégal.

La Commission nationale de l'informatique et des libertés (CNIL) vient d'ailleurs de rappeler à l'ordre ces organismes. C'est pourquoi il est recommandé de faire appel à elle en cas de litige avec la société de crédit.

Vos nom et prénom
Adresse

À..., le...

Monsieur Le président de la CNIL
21 rue Saint-Guillaume
75007 Paris

Recommandé avec avis de réception

Monsieur le président,

J'ai l'honneur de saisir votre Commission aux fins d'obtenir la radiation de mon inscription au Fichier national des incidents de paiement (FICP).

Cette inscription a été demandée par ... (*nom et adresse de la banque ou de la société de crédit*) à la suite d'échéances impayées au cours de la période du... (*date*) au...Ultérieurement, j'ai régularisé ma situation et réglé la totalité des impayés. En outre, j'honore le remboursement des échéances aux dates fixées par le contrat.

Or, cet organisme refuse ma radiation du fichier tant que je n'aurai pas réglé la totalité du prêt qui m'a été consenti.

C'est pourquoi je dépose cette réclamation auprès de votre Commission.

Je vous remercie de votre attention et je vous prie de croire, Monsieur le président, à l'expression de mes sentiments respectueux.

Signature

CHAPITRE 9

VOS DETTES

VOUS NE POUVEZ PAS RÉGLER L'ÉCHÉANCE DE VOTRE CRÉDIT. VOUS DEMANDEZ DES DÉLAIS DE PAIEMENT À LA BANQUE.

Chômage, maladie, naissance d'un enfant, baisse de revenus... Bref, vous ne pouvez pas régler l'échéance de votre crédit. Demandez à l'établissement de crédit de vous accorder des délais de paiement.

• **Ce que dit la loi** : Des difficultés financières peuvent vous empêcher de régler vos échéances de crédit. Contactez rapidement l'établissement de crédit pour demander le report de l'échéance. L'organisme n'est pas obligé de vous accorder des délais, mais vous avez de fortes chances d'obtenir satisfaction. Souvent, les établissements de crédit préfèrent accorder volontairement des délais sachant qu'en cas de refus, l'emprunteur pourra obtenir du juge des délais qui peuvent être plus importants.

Dans un premier temps, vous pouvez téléphoner. En cas de refus, envoyez cette lettre recommandée mais sans évoquer le refus téléphonique.

L'article L. 313-12 du code de la consommation stipule : « L'exécution des obligations du débiteur peut être, notamment en cas de licenciement, suspendue par ordonnance du juge d'instance dans les conditions prévues aux articles 1244-1 à 1244-3 du code civil. Les délais ne sont pas réservés aux personnes qui ont subi un licenciement, le juge peut prendre en compte toutes les difficultés. »

Ce texte informe les consommateurs confrontés à des difficultés qu'ils peuvent demander aux juges d'instance les délais de paiement prévus par ces articles du code civil, délais pouvant atteindre vingt-quatre mois. Le juge peut suspendre les mesures de saisie qui auraient été lancées contre vous.

• **Notre conseil** : Négociez un report de vos échéances, sans attendre les relances et poursuites de l'établissement de crédit. En cas de refus, saisissez le tribunal d'instance.

Vos nom et prénom
Adresse

Date

Dossier n° ...

Nom de la banque
Adresse

Madame, Monsieur,

Je vous informe que je suis dans l'incapacité de régler l'échéance du ... (*date*) d'un montant de ... € en remboursement de mon emprunt.

À la suite d'un licenciement, mes revenus ont subi une baisse très importante.
En conséquence, je sollicite le report de cette échéance au ..., date à laquelle je serai en mesure de la régler (*ou encore* : je propose de vous régler cette échéance en trois fois à raison d'un tiers par mois).

En cas de refus de votre part, je solliciterai du tribunal l'octroi de délais de paiement sur la base de l'article 1244-1 du code civil.

Veuillez agréer, Madame, Monsieur, l'expression de mes salutations distinguées.

Signature

VOUS N'AVEZ PAS RÉGLÉ UNE FACTURE... UNE OFFICINE SPÉCIALISÉE VOUS RÉCLAME DES FRAIS DE RECOUVREMENT. VOUS CONTESTEZ.

Étourdi, vous avez oublié de payer des livres achetés par correspondance. Peu de temps après, vous recevez d'une agence de recouvrement un courrier péremptoire – voire menaçant – vous ordonnant de payer votre dette augmentée de frais de recouvrement. Ne les payez pas, car cette pratique est illégale.

• **Ce que dit la loi** : Le recouvrement de créances est souvent assuré par des cabinets de contentieux ou autres officines spécialisées. À la différence des huissiers de justice qui constituent une profession (hyper) réglementée, les sociétés de recouvrement de créances ne font l'objet d'aucune réglementation spécifique. Ces officines n'ont aucun pouvoir légal particulier, elles sont de simples entreprises commerciales, mandataires de leurs clients. Les frais (quel qu'en soit le nom : de dossier, de recouvrement, de poursuites, etc.) occasionnés par l'intervention de ces officines ne peuvent en aucune façon vous être réclamés. Cette règle trouve son fondement dans l'article 1999 du code civil. En outre, l'article 32 de la loi n° 91-650 du 9 juillet 1991 (sur les procédures civiles d'exécution) énonce que « les frais de recouvrement entrepris sans titre exécutoire restent à la charge du créancier. Toute stipulation contraire est réputée non écrite ».
Vous n'êtes donc redevable que du seul montant de la dette, éventuellement majoré des intérêts de retard. Refusez fermement de payer les frais de recouvrement.

• **Notre conseil** : Ne vous laissez pas intimider par des formules choc parfaitement illégales comme : dernier avis avant poursuite. Si la dette est due, traitez directement avec votre créancier. Les opérateurs de téléphones portables (Bouygues, France Telecom) font souvent appel à ces officines.

Vos nom et prénom
Adresse

Date

Nom de l'agence
de recouvrement
Adresse

Recommandé avec avis de réception

Messieurs,

Je viens de recevoir de vos services l'ordre de vous régler sous huitaine la somme de ... € que je dois à ... (*nom de la personne ou de la société à qui vous devez l'argent*).

J'adresse ce jour à mon créancier un chèque bancaire du montant principal de ma dette. Quant aux frais que vous me réclamez, ils sont à la charge de mon créancier qui vous a mandaté, en application de l'article 1999 du code civil.

Veuillez agréer, Messieurs, l'expression de mes sentiments distingués.

Signature

VOUS AVEZ REÇU UN COMMANDEMENT (OU UNE SOMMATION) DE PAYER D'UN HUISSIER DE JUSTICE. VOUS LUI DEMANDEZ DES DÉLAIS DE PAIEMENT.

Vous avez trouvé dans votre boîte aux lettres un avis vous indiquant qu'un huissier a déposé en mairie « un acte vous concernant ». En allant le chercher, vous découvrez que l'on vous réclame le paiement immédiat d'une somme importante. Écrivez à l'huissier pour lui demander des délais.

• **Ce que dit la loi** : Les actes de recouvrement de l'huissier de justice n'ont pas la valeur absolue qu'on imagine ; il ne faut ni vous affoler, ni prendre la démarche de l'huissier à la légère. Si votre dette n'est pas contestable, demandez-lui des délais de paiement. Il ne les refusera pas, car il sait que vous pourriez obtenir ces délais du juge.

En général, les huissiers accordent des échelonnements sachant qu'il vaut mieux un paiement en plusieurs fois que pas de paiement du tout. Si l'huissier de justice vous refuse des délais de paiement, saisissez le tribunal d'instance qui peut vous accorder jusqu'à deux ans de délai.

Enfin, les honoraires restent à la charge de celui qui a fait appel à l'huissier de justice, c'est-à-dire le créancier (article 1999 du code civil), sauf en matière de recouvrement de pensions alimentaires.

• **Notre conseil** : Ne laissez pas l'huissier vous effrayer. Demandez-lui des délais de paiement. En cas de refus, demandez-les au tribunal d'instance. Si vous êtes surendetté, vous pouvez bénéficier de la loi sur le surendettement des particuliers (voir page 149).

Vos nom et prénom
Adresse

Date

Référence dossier

Maître ...
Huissier de justice
Adresse

Maître,

À la suite de votre commandement de payer du ... (*date*), je vous indique que je ne conteste pas ma dette de ... € à l'égard de ... (*indiquez le nom de la personne ou de la société à qui vous devez l'argent*).

Toutefois, je suis dans l'incapacité d'acquitter la totalité de la somme en raison de difficultés financières dues à ... (*expliquez brièvement les raisons de vos difficultés, par exemple* : la perte de mon emploi survenue le ... ; une longue maladie, ou encore : ma situation de surendettement, etc.).

Je vous joins un chèque de ... € à titre de paiement partiel et vous propose de régler le solde en ... mensualités égales (*par exemple*, 6 ou 12 mensualités) de ... €, payables par ... (chèques bancaires, mandat...) le ... de chaque mois.

En cas de refus de votre part, je solliciterai du tribunal d'instance l'octroi de délais de paiement sur la base de l'article 1244-1 du code civil (*ou encore* : je demanderai à bénéficier des dispositions de la loi sur le surendettement des particuliers).

Je vous prie de croire, Maître, à l'expression de ma considération distinguée.

Signature

UN HUISSIER DE JUSTICE VOUS RÉCLAME DES FRAIS DE PLUS D'UN AN. INVOQUANT LA PRESCRIPTION, VOUS REFUSEZ DE PAYER.

Un huissier de justice vous réclame des frais pour une affaire remontant à plus d'un an. Vous pouvez refuser de payer s'il ne vous a jamais envoyé de relance en recommandée.

• **Ce que dit la loi** : L'article 2272 du code civil stipule qu'un huissier de justice peut réclamer le paiement de ses frais pendant le délai d'un an, à compter de la date du dernier acte. Toutefois, les relances sous la forme recommandée entraînent une interruption de la prescription.

Si pendant un an l'huissier ne vous a envoyé aucune demande de paiement sous la forme recommandée, vous pouvez invoquer la prescription et refuser de payer.

• **Notre conseil** : Avant d'invoquer la prescription, vérifiez si aucune relance recommandée n'est venue l'interrompre.

Vos nom et prénom
Adresse

Date

Nom de l'huissier de justice
Adresse

Recommandé avec avis de réception

Maître,

L'article 2272 du code civil énonce que les frais des huissiers de justice sont soumis à la prescription abrégée d'un an.

Votre dernier acte remonte à plus d'un an et aucun rappel sous la forme recommandée n'est venu interrompre cette prescription. Les frais que vous me réclamez sont donc prescrits. Votre demande de recouvrement est irrecevable.

Veuillez agréer, Maître, l'expression de mes salutations distinguées.

Signature

LE TRIBUNAL VOUS ADRESSE UNE INJONCTION DE PAYER. VOUS VOUS Y OPPOSEZ.

Vous avez reçu une ordonnance d'injonction de payer obtenue par votre créancier auprès du tribunal d'instance. Vous faites rapidement opposition à cette injonction en vous adressant au président du tribunal.

• **Ce que dit la loi** : L'ordonnance d'injonction de payer est un jugement qu'un créancier obtient contre un débiteur qui lui doit de l'argent, mais sans que ce dernier soit préalablement averti.

Cette procédure, prévue par les articles 1405 et suivants du code civil, permet au tribunal de rendre un jugement rapide lorsque la dette semble incontestable. C'est l'huissier de justice qui viendra vous porter l'ordonnance d'injonction de payer rendue contre vous. Si vous n'êtes pas d'accord avec le montant qui vous est réclamé, dans son principe ou dans son montant, vous avez un mois pour faire opposition à l'injonction de payer. Ce délai part du jour où l'huissier vous a signifié l'ordonnance d'injonction de payer.

Pour effectuer cette opposition, vous pouvez vous rendre au greffe (secrétariat) du tribunal qui a rendu cette ordonnance (en général le tribunal d'instance), ou écrire (en recommandé) au président de ce même tribunal, en lui joignant toutes les pièces justificatives. Vous serez alors convoqué avec votre adversaire pour une audience contradictoire.

• **Notre conseil** : Si vous recevez une telle ordonnance pour une dette discutable (totalement ou partiellement), faites opposition dans les délais sinon elle devient exécutoire, c'est-à-dire que vous serez obligé de payer sans aucune possibilité de recours.

Vos nom et prénom
Adresse

Date

Référence dossier

Monsieur le Président du tribunal d'instance de ...
Adresse

Recommandé avec avis de réception

Monsieur le Président,

À la demande de ... (*nom de votre créancier*), vous avez rendu contre moi une ordonnance d'injonction de payer.

J'ai l'honneur de vous informer que je formule opposition à l'encontre de cette ordonnance, pour les motifs suivants : ... (*précisez-les brièvement*).

Je vous prie de croire, Monsieur le Président, à l'expression de mes sentiments respectueux.

Signature

UN CRÉANCIER A FAIT UNE SAISIE-ARRÊT SUR VOTRE COMPTE BANCAIRE OU POSTAL. VOUS RAPPELEZ AU BANQUIER QUE LA SAISIE DOIT ÊTRE LIMITÉE.

À la demande d'un créancier, votre banquier a bloqué votre compte bancaire. Vous vous apercevez que la somme retenue est plus importante que celle autorisée par le barème légal. Vous protestez auprès de votre banquier.

• **Ce que dit la loi** : L'article 42 de la loi du 9 juillet 1991 énonce que tout créancier muni d'un titre exécutoire constatant une créance liquide et exigible peut, pour en obtenir le paiement, saisir entre les mains d'un tiers les créances de son débiteur portant sur une somme d'argent, sous réserve des dispositions particulières à la saisie des rémunérations prévues par le code du travail.

Un créancier peut donc sur autorisation du juge ou dans certains cas par une procédure diligentée par un huissier de justice, procéder à une saisie-arrêt sur votre compte bancaire ou postal. Le Trésor public peut faire une saisie sur votre compte au moyen d'une simple lettre appelée Avis à tiers détenteur.

Toutefois, la banque (ou La Poste) doit laisser à la disposition du salarié la partie insaisissable des rémunérations. La protection légale ne s'applique qu'à la partie saisissable des salaires (ou pensions si vous êtes un pensionné-vieillesse) des deux derniers mois précédant la signification de l'acte de saisie à la banque. La protection s'applique même si la saisie est faite à la demande du Trésor public.

La protection légale n'est pas automatique, vous devez écrire au banquier, sous la forme recommandée avec avis de réception, pour lui signaler qu'une partie des sommes figurant sur le compte est insaisissable, car elle provient de salaires, de pensions de retraite, d'allocations chômage. Pour calculer la partie saisissable, le banquier doit appliquer le barème prévu, sur le salaire du mois précédant la demande de saisie. L'article 88, loi du 29 juillet 1998 stipule : « Il est en outre tenu compte d'une fraction insaisissable, égale au montant de ressources dont disposerait le salarié s'il ne percevait que le revenu minimum d'insertion. » Autrement dit, une somme minimale correspondant au moins au montant du RMI mensuel doit être laissée à votre disposition.

Les allocations familiales (article L. 553-4 de code de la Sécurité sociale), le RMI et l'allocation spécifique de solidarité sont insaisissables.

• **Notre conseil** : Dès que vous recevez l'avis de saisie ou l'avis à tiers détenteur, envoyez une lettre recommandée à votre banque pour demander le cantonnement (la limitation) de la saisie.

Vos nom et adresse
Référence

Nom de la banque
Adresse

Recommandé avec avis de réception

Madame, Monsieur,

À la suite de l'avis à tiers détenteur de la Trésorerie de ... (*ou encore* à la demande de Maître ..., huissier de justice représentant ...), vous avez immobilisé la totalité des sommes figurant sur mon compte.

En application de l'article 42 de la loi du 9 juillet 1991, vous devez cantonner la saisie aux proportions saisissables prévus par l'article R. 145-1 du code du travail et me rendre la disponibilité de la part insaisissable de mon salaire (ou de ma pension de retraite, ou de mes allocations de chômage...).

Vous trouverez ci-joint copie de mon bulletin de paie (*ou* du dernier bordereau de versement de ma pension) du mois précédant la procédure, ainsi qu'une fiche familiale d'état civil justifiant de mes charges de famille.

Veuillez agréer, Madame, Monsieur, l'expression de mes salutations distinguées.

Signature

UNE BANQUE VOUS DEMANDE DE PAYER UNE DETTE QUE VOUS AVIEZ CAUTIONNÉE. VOUS REFUSEZ CAR IL MANQUAIT UNE MENTION OBLIGATOIRE À L'ACTE.

Vous vous êtes porté caution à l'occasion d'un emprunt effectué par l'un de vos amis pour financer l'achat d'un bien ou d'un logement. Il n'a pas respecté ses remboursements. Le créancier vous réclame les sommes dues. Vous pouvez refuser de payer.

• **Ce que dit la loi** : Le cautionnement est un acte très dangereux : vous vous engagez à payer à la place d'une autre personne si celle-ci ne s'acquitte pas de sa dette. Ce n'est pas une simple formalité morale, c'est un véritable contrat !

Caution simple ou solidaire ? Une « caution simple » n'est appelée à payer que si les biens du débiteur sont insuffisants pour couvrir la dette. Elle peut demander au créancier de s'adresser d'abord au débiteur principal en invoquant « le bénéfice de discussion » prévu aux articles 2021 et suivants du code civil. Une « caution solidaire » peut être poursuivie dès que le débiteur principal a été mis en demeure de payer par le créancier. Ce dernier peut donc s'adresser à la caution pour le paiement de la dette, et celle-ci ne peut pas invoquer le fait que le débiteur possède éventuellement des biens permettant de la couvrir. Peu importe que le débiteur principal ne veuille pas ou ne puisse pas payer !

Il existe cependant des cas où, en tant que caution, vous pouvez refuser de payer. Ainsi, les cautionnements concernant des crédits immobiliers ou des crédits à la consommation donnés par une personne physique « doivent, à peine de nullité de l'engagement (article L. 313-7 du code de la consommation), comporter des mentions précises, et uniquement celles-là, écrites de la main de la caution juste avant sa signature ».

• **Notre conseil** : Avant tout, vérifiez que ce cautionnement est vraiment valable et que vous êtes réellement engagé. Enfin, si, après un cautionnement imprudent, vous êtes obligé de payer à la place du débiteur, prenez immédiatement une hypothèque sur tous ses biens immobiliers et des garanties sur ces derniers.

Vos nom et prénom
Adresse

Date

Référence dossier
(éventuellement)

Nom du créancier
Adresse

Monsieur (ou Madame),

Vous m'avez averti que M. ... (*ou* Madame, *suivi nom et prénom de la personne cautionnée*) ne peut rembourser sa dette et vous m'avez mis en demeure de m'en acquitter à sa place.

Je refuse de régler cette dette, car l'acte de cautionnement que j'ai signé est nul.

En effet, selon l'article L. 313-7 du code de la consommation, la personne physique qui se porte caution doit, à peine de nullité de son engagement, faire précéder sa signature de la mention manuscrite suivante, et uniquement de celle-ci :
« En me portant caution de M. ..., dans la limite de la somme de ... € couvrant le paiement du principal, des intérêts et, le cas échéant, des pénalités ou intérêts de retard et pour la durée de ..., je m'engage à rembourser au prêteur les sommes dues sur mes revenus et mes biens si M. ... n'y satisfait pas lui-même. »

Or, cette mention obligatoire ne figure pas sur l'acte que j'ai signé.

Je vous prie de croire, Monsieur (*ou* Madame), à l'expression de mes sentiments distingués.

Signature

UNE BANQUE VOUS DEMANDE DE PAYER UNE DETTE QUE VOUS AVEZ CAUTIONNÉE. VOUS REFUSEZ CAR IL MANQUAIT UNE MENTION À L'ACTE (2).

Vous vous êtes rendu compte qu'une mention obligatoire manquait à l'acte : vous en faites état pour refuser de payer.

• **Ce que dit la loi** : Le cautionnement est un acte très dangereux : vous vous engagez à payer à la place d'une autre personne si celle-ci ne s'acquitte pas de sa dette. Ce n'est pas une simple formalité morale, c'est un véritable contrat !

Caution simple ou solidaire ? Une « caution simple » n'est appelée à payer que si les biens du débiteur sont insuffisants pour couvrir la dette. Elle peut demander au créancier de s'adresser d'abord au débiteur principal en invoquant « le bénéfice de discussion » prévu aux articles 2021 et suivants du code civil. Une « caution solidaire » peut être poursuivie dès que le débiteur principal a été mis en demeure de payer par le créancier. Ce dernier peut donc s'adresser à la caution pour le paiement de la dette, et celle-ci ne peut pas invoquer le fait que le débiteur possède éventuellement des biens permettant de la couvrir. Peu importe que le débiteur principal ne veuille pas ou ne puisse pas payer !

Il existe cependant des cas où, en tant que caution, vous pouvez refuser de payer. Ainsi, les cautionnements concernant des crédits immobiliers ou des crédits à la consommation donnés par une personne physique « doivent, à peine de nullité de l'engagement (article L. 313-7 du code de la consommation), comporter des mentions précises, et uniquement celles-là, écrites de la main de la caution juste avant sa signature ».

• **Notre conseil** : Avant tout, vérifiez que ce cautionnement est vraiment valable et que vous êtes réellement engagé. Enfin, si, après un cautionnement imprudent, vous êtes obligé de payer à la place du débiteur, prenez immédiatement une hypothèque sur tous ses biens immobiliers et des garanties sur ces derniers.

Vos nom et prénom
Adresse

Date

Référence dossier

Nom du créancier
Adresse

Monsieur (*ou* Madame),

J'ai reçu votre lettre du ... (*date*) me réclamant le versement de la somme de ... € au titre de l'acte de cautionnement solidaire que j'ai signé en faveur de M. ... (*ou* Madame, *suivi des nom et prénom de la personne cautionnée*).

Je refuse de régler cette dette, car l'acte que j'ai signé est nul.

En effet, selon l'article L. 313-8 du code de la consommation, la personne physique qui se porte caution doit, à peine de nullité de son engagement, faire précéder sa signature de la mention manuscrite suivante : « En renonçant au bénéfice de discussion défini à l'article 2021 du code civil et en m'obligeant solidairement avec M. ..., je m'engage à rembourser le créancier sans pouvoir exiger qu'il poursuive préalablement M. ... »

Or, le cautionnement solidaire que j'ai signé ne comporte pas cette mention obligatoire.

Je vous prie de croire, Monsieur (*ou* Madame), à l'expression de mes sentiments distingués.

Signature

UNE BANQUE VOUS DEMANDE DE PAYER UNE DETTE QUE VOUS AVEZ CAUTIONNÉE. VOUS REFUSEZ CAR ELLE EST DISPROPORTIONNÉE PAR RAPPORT À VOS BIENS.

Faibles revenus, pas de patrimoine : vous ne pouvez pas payer la dette qu'on vous réclame. Vous l'expliquez au créancier.

• **Ce que dit la loi** : Le cautionnement est un acte très dangereux : vous vous engagez à payer à la place d'une autre personne si celle-ci ne s'acquitte pas de sa dette. Ce n'est pas une simple formalité morale, c'est un véritable contrat !

Caution simple ou solidaire ? Une « caution simple » n'est appelée à payer que si les biens du débiteur sont insuffisants pour couvrir la dette. Elle peut demander au créancier de s'adresser d'abord au débiteur principal en invoquant « le bénéfice de discussion » prévu aux articles 2021 et suivants du code civil. Une « caution solidaire » peut être poursuivie dès que le débiteur principal a été mis en demeure de payer par le créancier. Ce dernier peut donc s'adresser à la caution pour le paiement de la dette, et celle-ci ne peut pas invoquer le fait que le débiteur possède éventuellement des biens permettant de la couvrir. Peu importe que le débiteur principal ne veuille pas ou ne puisse pas payer !

Il existe cependant des cas où, en tant que caution, vous pouvez refuser de payer. Ainsi, les cautionnements concernant des crédits immobiliers ou des crédits à la consommation donnés par une personne physique « doivent, à peine de nullité de l'engagement (article L. 313-7 du code de la consommation), comporter des mentions précises, et uniquement celles-là, écrites de la main de la caution juste avant sa signature ».

• **Notre conseil** : Avant tout, vérifiez que ce cautionnement est vraiment valable et que vous êtes réellement engagé. Enfin, si, après un cautionnement imprudent, vous êtes obligé de payer à la place du débiteur, prenez immédiatement une hypothèque sur tous ses biens immobiliers et des garanties sur ces derniers.

Vos nom et prénom
Adresse

Date

Référence dossier

Nom du créancier
Adresse

Monsieur (*ou* Madame),

Vous m'avez mis en demeure de régler la dette due par M. ... (*ou* Madame, *ajouter nom et prénom de la personne cautionnée*) dont j'ai cautionné l'emprunt.

Je refuse de régler cette dette, car l'acte que j'ai signé est nul.

En effet, selon l'article L. 313-10 du code de la consommation, un établissement de crédit ne peut se prévaloir d'un contrat de cautionnement d'une opération de crédit ... (*précisez* immobilier ou à la consommation, *selon votre cas*) donné par une personne physique dont l'engagement était à sa conclusion manifestement disproportionné à ses biens et revenus.

Or, je perçois comme seuls revenus une retraite mensuelle (*ou autre, à préciser*) de ... € et ne possède aucun bien immobilier.

Je vous prie de croire, Monsieur (*ou* Madame), à l'expression de mes sentiments distingués.

Signature

VOUS ÊTES SURENDETTÉ. VOUS DEMANDEZ UN DOSSIER À LA COMMISSION DE SURENDETTEMENT.

Vous avez de multiples dettes et ne savez plus comment vous en sortir. Vous pouvez saisir la Commission de surendettement. Demandez-lui de vous adresser un dossier de déclaration d'endettement.

• **Ce que dit la loi** : La loi du 31 décembre 1989, dite loi Niertz (du nom de la ministre alors en poste) plusieurs fois modifiée, codifiée dans les articles L. 331-1 et suivants du code de la consommation énonce que : « La personne qui est dans une situation financière grave doit saisir la Commission de surendettement pour déclencher l'ouverture de la procédure de surendettement, totalement gratuite. » La commission élabore un plan d'apurement des dettes, que le surendetté devra respecter.

Il existe au minimum une Commission de surendettement par département. Une commission n'a pas de locaux propres, elle est hébergée dans les bureaux de la Banque de France.

La personne endettée doit se rendre auprès de la succursale de la Banque de France la plus proche de son domicile afin d'y retirer un dossier intitulé Déclaration de surendettement. Le particulier qui ne veut pas ou ne peut pas se déplacer peut téléphoner ou écrire pour demander qu'on lui envoie ce dossier à son domicile.

Le dossier est très simple à remplir. Ceux qui ont des difficultés pour remplir le dossier peuvent se faire aider par le secrétariat de la Commission, par une association de consommateurs, un organisme caritatif, une assistante sociale, etc.

• **Notre conseil** : Si vous ne pouvez pas aller chercher un dossier, demandez-le par une lettre envoyée sous la forme simple.

Vos nom et prénom
Adresse

Date

Commission de surendettement
Banque de France de ...
Adresse

Monsieur, Madame,

Je souhaite bénéficier des dispositions de la loi sur le surendettement des particuliers.

En conséquence, je vous prie de bien vouloir m'adresser, par retour, un dossier de déclaration de surendettement.

Avec mes remerciements anticipés, je vous prie de croire, Monsieur, Madame, à l'expression de ma considération distinguée.

Signature

APRÈS L'AVOIR REMPLI ET SIGNÉ, VOUS ENVOYEZ VOTRE DÉCLARATION DE SURENDETTEMENT À LA COMMISSION.

Vous avez rempli votre déclaration de surendettement, vous la retournez à la commission.

• **Ce que dit la loi** : La déclaration de surendettement doit être faite sur un formulaire gracieusement fourni par les commissions de surendettement. Sur ce document, vous devez indiquer votre état, vos charges de famille, les éléments de votre patrimoine, vos revenus, etc. Vous devez y joindre des justificatifs.

Vous pouvez le déposer en vous rendant sur place. Si vous ne pouvez pas vous déplacer, envoyez-le sous la forme recommandée avec avis de réception. Voici le mot pour l'accompagner.

Vos nom et prénom
Adresse

Date

Commission de surendettement
Banque de France de ...

Recommandé avec avis de réception

Madame, Monsieur,

Je vous prie de bien vouloir trouver ci-joint dûment remplie, et appuyée de pièces justificatives, ma déclaration de surendettement aux fins d'examen par votre commission.

Vous en souhaitant bonne réception, je vous prie de croire, Madame, Monsieur, à l'expression de ma considération distinguée.

Signature

• **Notre conseil** : Il est préférable de déposer le dossier sur place. Ainsi, l'agent de la Banque de France pourra vérifier s'il n'y manque rien. En cas d'impossibilité de vous déplacer, envoyez-le par courrier recommandé avec avis de réception (lettre).

LA COMMISSION DE SURENDETTEMENT A REFUSÉ VOTRE DOSSIER. VOUS CONTESTEZ CE REFUS.

Noyé de dettes, vous avez déposé un dossier pour demander l'aide de la Commission de surendettement. Hélas, elle a rejeté votre dossier. Vous contestez ce rejet.

• **Ce que dit la loi** : L'article L. 331-1 du code de la consommation prévoit l'existence d'une Commission de surendettement dans chaque département. Vous pouvez saisir cette Commission si vous êtes endetté.

Pour cela, vous devez retirer un dossier auprès du siège de la Commission, qui se trouve à la Banque de France. Si elle accepte votre dossier, la Commission de surendettement va essayer de trouver des solutions pour vous sortir de vos difficultés. Mais il ne suffit pas de se croire surendetté pour que la Commission accepte votre dossier. Elle peut le rejeter pour toutes sortes de raisons : vous n'avez pas joint les justificatifs demandés, vous l'avez mal rempli, vous n'êtes pas réellement surendetté…, mais parfois on ne sait pas très bien pourquoi un dossier est rejeté.

La décision de la Commission peut faire l'objet d'un recours dans les quinze jours suivant la date où elle vous a été transmise (article R. 331-8 du code de la consommation).

Ce recours prend la forme d'une attestation que vous devez rédiger, signer et remettre au secrétariat de la Banque de France, qui la transmettra au juge de l'exécution.

Date

Secrétariat de la
Commission de surendettement
de …
Banque de France de
Adresse

Messieurs,

Je soussigné(e) … (*nom, prénom*) demeurant … (*adresse*), conformément aux dispositions de l'article L. 331-8 du code de la consommation, déclare contester la décision de la Commission de surendettement concernant l'irrecevabilité de ma demande d'examen de ma situation financière au regard de la procédure de traitement des situations de surendettement, prévue aux articles L. 331-1 et suivants du même code.

Cette décision de refus d'ouverture de la procédure m'a été notifiée le … (*date de réception de la lettre recommandée*).

Je la conteste pour les raisons suivantes : …

Je demande que ma déclaration soit transmise au juge de l'exécution avec mon dossier.

Fait à ..., le ... Signature

Attention : lettre recommandée avec avis de réception à envoyer dans les quinze jours de la réception de la notification.

CHAPITRE 10

VOS PRÊTS

VOUS AVEZ PRÊTÉ DE L'ARGENT À VOTRE NIÈCE POUR QU'ELLE REFASSE SA SALLE DE BAINS. VOUS LUI FAITES SIGNER UNE RECONNAISSANCE DE DETTE.

Votre nièce est contente. Elle va enfin pouvoir refaire sa salle de bains grâce à la somme que vous lui avez prêtée. Ce n'est pas que vous n'avez pas confiance, mais on ne sait jamais par qui elle peut se laisser influencer. Vous lui faites signer une reconnaissance de dette.

• **Ce que dit la loi** : Rien n'oblige à rédiger un écrit chaque fois que l'on prête un peu d'argent à un proche. Mais l'article 1341 du code civil prévoit que le prêt supérieur à 760 € ne peut être prouvé que par un acte écrit. En dessous de ce chiffre, la preuve peut se faire par tout moyen (témoignages, par exemple).

On ne connaît jamais assez les réactions d'une personne face à l'argent. On a vu des individus très intègres escroquer leurs meilleurs amis en niant avoir reçu un prêt ! Et que dire des problèmes en cas de décès de l'emprunteur !

Demandez à votre emprunteur de rédiger de sa main une reconnaissance de dette qu'il devra dater et signer. En deux exemplaires : un pour vous, un pour lui.

Attention, dans la reconnaissance de dette ou le contrat de prêt, l'emprunteur doit clairement indiquer son intention de rembourser. Récemment, des parents ont prêté de l'argent à leur gendre et à leur fille. Dans la reconnaissance de dette, le jeune couple reconnaissait qu'il avait bien reçu la somme de X euros. Devant le tribunal, le jeune couple a soutenu qu'il avait bien reçu la somme, mais qu'il s'agissait d'une donation. Le tribunal a refusé d'ordonner le remboursement car l'intention de remboursement ne figurait pas dans la reconnaissance de dette.

Reconnaissance de dette

Je soussigné(e) ... (*nom, prénom et domicile*) reconnais devoir à M. ... (*nom, prénom, domicile*) la somme de ... euros (*à énoncer en toutes lettres et en chiffres*), montant du prêt qu'il m'a consenti ce jour, par remise d'espèces (*ou, ce qui est préférable*, par remise d'un chèque n° ..., tiré sur la banque ..., daté du ... ou par virement à mon compte à la banque ...).

Je m'engage expressément à lui rembourser cette somme au plus tard le ..., avec intérêts au taux de ... % par an (*ou* sans intérêts).

Ou encore :
Je m'engage à lui rembourser cette somme de la façon suivante : ... € par mois à dater du ... (*date du premier remboursement*), pendant ... mois (*nombre de mois nécessaires au remboursement total*).

Fait à ... (*ville*)
le ... (*date*)

Signature

Si le texte est dactylographié, il faut que l'emprunteur ajoute de sa main « Je reconnais devoir la somme de ... euros » (en toutes lettres et en chiffres) et fasse suivre cette mention de sa signature.

• **Notre conseil** : Faites toujours vos prêts par chèque et gardez-en une photocopie. Si vous voulez donner une date certaine de l'acte (c'est-à-dire rendre la date incontestable), faites-le enregistrer. Mais prévoyez un exemplaire supplémentaire que le bureau de l'enregistrement voudra garder. Cette formalité vous coûtera 75 €.

VOTRE CRÉANCIER TARDE À VOUS REMBOURSER. VOUS LE METTEZ EN DEMEURE.

Vous êtes inquiet. On vous doit de l'argent. La date de remboursement est passée, mais vous ne voyez rien venir. Or, vous avez un besoin impérieux de cet argent. Pour inciter votre débiteur à vous rembourser, adressez-lui une mise en demeure.

• **Ce que dit la loi** : En soi, la mise en demeure (de payer, de livrer, de faire quelque chose...) n'a pas de valeur contraignante, l'interlocuteur qui la reçoit peut décider de ne pas obéir. Mais elle présente le grand intérêt de procurer à l'expéditeur la preuve que son destinataire l'a reçue, et qu'il ne peut donc ignorer la mise en garde qu'elle contient.

En effet, le code civil prévoit qu'on ne peut exercer de contraintes (poursuites, notamment) contre un débiteur sans l'avoir auparavant mis en demeure de payer.

Selon l'article 1139 du code civil, la mise en demeure doit clairement indiquer qu'elle est « une interpellation » du destinataire. Elle s'envoie obligatoirement sous forme de lettre recommandée avec avis de réception, mais vous pouvez aussi demander à un huissier de justice de la signifier au destinataire.

• **Notre conseil** : Si le débiteur ne répond pas à votre mise en demeure de payer, engagez une procédure d'injonction de payer (voir comment page 777). Pour qu'il n'y ait pas de doute, écrivez sur la lettre : « Mise en demeure de payer ».

Vos nom et prénom
Adresse

Date

Nom et prénom du débiteur
(*ou* Société...)
Adresse

Mise en demeure de payer
Recommandé avec avis de réception

Monsieur (*ou* Madame),

Je vous rappelle que, par acte sous seing privé en date du ..., enregistré le ..., je vous ai consenti un prêt d'une somme de ... €, avec intérêts au taux de ..., remboursable le ... (*date prévue pour le remboursement, ou encore* : remboursable en ... mensualités de ... € chacune, le ... de chaque mois).

Or, malgré mes rappels téléphoniques et mes lettres simples, vous n'avez toujours pas réglé votre dette (*ou encore* : les échéances des 5 septembre et 5 octobre). En conséquence, par la présente lettre recommandée avec avis de réception, je vous mets en demeure de me payer cette somme (*ou* ces intérêts, *ou* ces échéances...) dans les huit jours (*ou* quinze jours, si le contrat prévoit un tel délai) à compter de la réception de cette lettre.

À défaut de règlement de votre part dans ces délais, j'utiliserai les procédures légales de recouvrement forcé, avec toutes les conséquences de droit qui en résulteront pour vous.

Veuillez agréer, Monsieur (*ou* Madame), l'expression de mes salutations distinguées.

Signature

L'ACQUÉREUR DE VOTRE LOGEMENT EN VIAGER EST EN RETARD POUR PAYER LES RENTES. VOUS LUI DEMANDEZ DE RESPECTER LA DATE DE VERSEMENT.

Pour obtenir quelques revenus décents, vous avez vendu votre logement en viager. Mais le débirentier paye systématiquement en retard et vous met dans une situation financière difficile. Dès le premier retard, réagissez.

• **Ce que dit la loi** : Si vous vendez votre logement en viager, vous touchez immédiatement un capital appelé « bouquet » puis une somme mensuelle ou trimestrielle appelée rente viagère, et jusqu'à la fin de votre vie. Le viager est dit occupé si vous continuez à vivre dans le logement, c'est un viager libre dans le cas contraire. L'acquéreur est le débirentier, le vendeur s'appelle le crédirentier. L'acquéreur logement, doit bien sûr, vous verser la rente viagère à la date convenue. Que se passe-t-il s'il cesse de payer ?

Vous pouvez demander en justice la résolution (l'annulation) du viager dans la mesure où le contrat de vente comporte une clause résolutoire. En pratique, cette clause est systématiquement incluse dans les contrats de vente en viager.

Si l'acquéreur vous verse la rente systématiquement en retard, envoyez-lui une mise en garde.

• **Notre conseil** : Avant de signer une vente en viager, prenez toutes les garanties pour être sûr que vous pourrez toucher votre revenu tout au long de votre vie.

Vos nom et prénom
Adresse

À..., le...

Nom et prénom de l'acquéreur
Adresse

Recommandé avec avis de réception

Monsieur, (*Madame*),

Aux termes du contrat de viager qui nous lie, vous devez me verser la rente le ... (*date*) de chaque mois. Or, vous ne respectez jamais cette date, vos versements me parviennent toujours hors délai.

Ces retards répétés me mettent dans une situation financière difficile. En conséquence, je vous demande de respecter la date contractuellement fixée.

A défaut, je saisirai le tribunal pour envisager tous les moyens de droit pouvant vous contraindre à respecter votre engagement.

Veuillez agréer, Monsieur, l'expression de mes salutations distinguées.

Signature

L'ACQUÉREUR DE VOTRE LOGEMENT EN VIAGER NE PAIE PLUS LES RENTES. VOUS LE MENACEZ DE DEMANDER LA RÉSOLUTION DE LA VENTE.

Voici plusieurs mois que vous n'avez reçu aucun paiement de la rente, ce qui vous pose de gros problèmes financiers. Vous menacez d'annuler le contrat.

• **CE QUE DIT LA LOI** : Si vous vendez votre logement en viager, vous touchez immédiatement un capital appelé « bouquet » puis une somme mensuelle ou trimestrielle appelée rente viagère, et jusqu'à la fin de votre vie. Le viager est dit occupé si vous continuez à vivre dans le logement, c'est un viager libre dans le cas contraire. L'acquéreur est le débirentier, le vendeur s'appelle le crédirentier. L'acquéreur logement, doit bien sûr, vous verser la rente viagère à la date convenue. Que se passe-t-il s'il cesse de payer ?

Vous pouvez demander en justice la résolution (l'annulation) du viager dans la mesure où le contrat de vente comporte une clause résolutoire. En pratique, cette clause est systématiquement incluse dans les contrats de vente en viager.

• **NOTRE CONSEIL** : Soyez vigilant, dès le premier impayé, écrivez-lui pour lui dire que vous demanderez la résolution de la vente s'il ne s'en acquitte pas.

Vos nom et prénom
Adresse

À..., le...

Nom et prénom de l'acquéreur
Adresse

Recommandé avec avis de réception

Monsieur, (*Madame*),

La rente mise à votre charge par le contrat qui nous lie n'a pas été réglée depuis le... (*date*), soit ... (*nombre, par exemple deux*) échéances impayées pour un montant total de... €.

Je vous mets en demeure de régulariser cette situation en versant l'intégralité des sommes qui me sont dues.

Le contrat de vente qui nous lie comporte une clause résolutoire permettant la résolution du contrat si deux échéances consécutives sont impayées.

A défaut d'une régularisation sous dix jours, je demanderai en justice l'application de cette clause résolutoire.

Veuillez agréer, Monsieur, l'expression de mes salutations distinguées.

Signature

CHAPITRE 11

VOS IMPÔTS

VOUS NE POUVEZ PAS PAYER VOS IMPÔTS. VOUS DEMANDEZ UNE REMISE GRACIEUSE.

Vous êtes terriblement ennuyé. Votre impôt a été correctement calculé, mais vous ne pouvez pas le payer en raison de graves difficultés financières (chômage, naissance d'un enfant, décès du conjoint, situation de surendettement...). L'administration fiscale peut vous faire cadeau d'une partie des impôts dus.

• **CE QUE DIT LA LOI** : Selon l'article L. 247 du Livre des procédures fiscales, l'administration fiscale peut accorder des remises gracieuses d'impôts directs (impôt sur le revenu, taxe d'habitation...) totales ou partielles, si le contribuable est dans l'impossibilité de payer, par suite de gêne ou d'indigence.

Votre demande de remise gracieuse doit être effectuée par écrit, être accompagnée d'une photocopie de l'avis d'imposition et des justificatifs de votre situation : photocopie des avis de paiement des ASSEDIC, quittance de loyer, fiche d'état civil en cas de naissance d'un enfant..., et adressée en recommandé avec avis de réception au responsable du centre des impôts (CDI) dont dépend votre domicile. La remise gracieuse est seulement une « gentillesse » du fisc et non un droit.

• **NOTRE CONSEIL** : Si vous êtes vraiment dans une situation financière délicate, demandez une remise gracieuse. En attendant l'examen de votre demande, ne payez pas l'impôt dont vous sollicitez la remise gracieuse ou versez de tout petits acomptes afin que le percepteur ne vous ennuie pas trop. Logique de l'administration : si vous avez déjà réglé votre impôt, c'est que vos difficultés ne sont pas si graves.

Vos nom et prénom — Date
Adresse

Référence impôt

Monsieur (*ou* Madame)
le Responsable
du centre des impôts de ...
Adresse

Monsieur le Responsable de centre,

J'ai été assujetti à l'impôt sur le revenu (*ou* à la taxe d'habitation...) suivant l'avis d'imposition dont photocopie ci-jointe.

Or, il m'est absolument impossible de régler cette somme pour les raisons suivantes : ... (*exposez exactement votre situation et les raisons de vos difficultés, avec franchise et sans fausse honte*).
Exemple : Ayant été licencié le ..., je perçois des ASSEDIC une indemnité mensuelle de ... €, ce qui représente une baisse considérable par rapport à mon précédent salaire. Le loyer de mon appartement (*ou* les remboursements du prêt, *si vous l'avez acheté à crédit*) s'élève(nt) à ... € par mois et j'ai deux enfants à charge.

Je sollicite donc la remise ou la modération la plus large possible de cet impôt. Vous trouverez ci-joint les documents justifiant de mes revenus, de mes charges et des motifs invoqués.

Vous remerciant de la bienveillance que vous voudrez accorder à ma demande, je vous prie d'agréer, Monsieur le Responsable de centre, l'expression de ma considération distinguée.

P.J. : ... — Signature

VOUS N'AVEZ PAS PU ACQUITTER VOTRE IMPÔT AVANT LA DATE LIMITE EN RAISON DE DIFFICULTÉS FINANCIÈRES. VOUS DEMANDEZ UNE REMISE DE LA MAJORATION DE 10 %.

Vous avez perdu votre emploi, votre petit dernier a été gravement malade, ce qui a entraîné de grosses dépenses... Bref, avec tous ces soucis, vous avez payé vos impôts avec retard et le percepteur veut vous faire payer les 10 % de majoration. Demandez-lui de vous en faire cadeau en justifiant de vos difficultés.

• **Ce que dit la loi** : La Direction de la Comptabilité publique (c'est l'organe qui coiffe toutes les perceptions de France) a indiqué aux comptables du Trésor qu'un large étalement des cotisations fiscales doit être systématiquement accordé aux contribuables à la recherche d'un emploi et précisé qu'il convient d'accorder automatiquement la remise gracieuse de la majoration de 10 % à ceux qui, par suite de leur situation, ne peuvent s'acquitter de leurs cotisations d'impôt sur le revenu ou d'impôts directs dans les délais légaux.

Si vous êtes demandeur d'emploi, on doit vous accorder d'importants délais de paiement et obligatoirement vous faire cadeau de la majoration de 10 % tant pour l'impôt sur le revenu que pour la taxe d'habitation. Pourtant, même si vos difficultés ne sont pas dues au chômage mais à d'autres raisons (qu'il faut justifier), on doit vous accorder des délais de paiement et éventuellement vous faire remise de la majoration de 10 %. La demande de remise de la majoration de 10 % doit être formulée par une lettre motivée adressée au comptable du Trésor ou Trésorier principal que la pratique continue d'appeler « percepteur ».

• **Notre conseil** : Ne payez pas la majoration de 10 % si vous envisagez d'en demander la remise. Hélas ! si vous l'avez déjà payée, vous n'avez pratiquement aucune chance de voir le percepteur vous en faire cadeau.

Vos nom et prénom
Adresse

Date

Référence impôt

Monsieur le Comptable
du Trésor
Adresse

Monsieur le Comptable du Trésor,

Par suite de difficultés financières graves, je n'ai pu régler mon impôt sur le revenu (*ou* ma taxe d'habitation) dans les délais.

Toutefois, je viens de payer le solde du montant en principal.

Je vous serais donc reconnaissant de bien vouloir m'accorder la remise gracieuse de la majoration de 10 %.

Vous trouverez ci-joint les documents justifiant de mes revenus et de ma situation.

Bien entendu, je me tiens à votre disposition pour tout renseignement complémentaire.

Vous remerciant de la bienveillance que vous voudrez accorder à la présente, je vous prie de croire, Monsieur le Comptable du Trésor, en l'expression de ma considération respectueuse.

Signature

P.J. : les documents

C'EST LA CRISE, VOUS NE POUVEZ PAS PAYER VOTRE IMPÔT. VOUS DEMANDEZ DES DÉLAIS DE PAIEMENT.

Vous avez été licencié, un bébé est arrivé... Financièrement, c'est la crise. Impossible de payer les impôts qui viennent d'arriver. Pas d'affolement ! Des délais de paiement peuvent vous être consentis si vos difficultés sont suffisamment graves pour convaincre le percepteur de vous les accorder.

• **Ce que dit la loi** : Pour les demandeurs d'emploi, des délais de paiement et la remise de la majoration de 10 % sont automatiquement accordés. Encore faut-il, lorsqu'on se trouve dans cette situation, les demander.

Des délais de paiement doivent également être accordés aux personnes qui, sans être au chômage, ont des difficultés (décès, baisse de ressources, naissance, divorce, catastrophe naturelle...) pour payer leur impôt sur le revenu ou leur taxe d'habitation.

Vous pouvez vous présenter au guichet de la Trésorerie (perception). Si on vous refuse verbalement des délais de paiement, envoyez une demande écrite de délais. Inutile d'évoquer le refus verbal de l'agent au guichet. En l'absence de réponse de la perception ou de refus écrit, versez spontanément les sommes que vous avez proposées dans votre lettre.

Proposez un délai d'étalement très large, sachant que souvent l'agent du Trésor le divise par deux. Demandez douze mois pour être sûr d'obtenir un étalement sur six mois.

Vos nom et prénom
Adresse

Date

Référence impôt

Monsieur le Comptable
du Trésor
Adresse

Monsieur le Comptable du Trésor,

Il m'est impossible de régler la totalité de l'impôt sur le revenu (*ou* de la taxe d'habitation), figurant sur l'avis d'imposition dont copie ci-jointe.

En effet, j'ai de grosses difficultés financières : ... (*exposez l'origine de vos difficultés. Exemples* : licenciement survenu le ... (*date*), ou encore : changement d'emploi avec baisse de revenus, graves problèmes de santé personnels ou familiaux, grosses dépenses imprévues et obligatoires, créance non recouvrée sur une collectivité publique, catastrophe naturelle qui vous a fait tout perdre).

C'est pourquoi je sollicite des délais de paiement. Je vous joins un premier acompte de ... € et propose de vous régler le solde à raison de ... € par mois jusqu'à extinction de ma dette.

Je vous prie de croire, Monsieur le Comptable du Trésor, à l'expression de ma considération distinguée.

Signature

• **Notre conseil** : Si vous êtes dans une situation grave (chômage, baisse importante des ressources) et que l'agent du guichet refuse malgré tout de vous accorder des délais, écrivez (en recommandé) au percepteur en rappelant l'instruction de la Direction de la comptabilité publique. Joignez systématiquement un chèque d'acompte, même de faible montant, pour prouver votre bonne foi.
En cas de refus persistant de délais, saisissez la Trésorerie générale (c'est elle qui coiffe les perceptions du département) de votre département. Pour Paris intra-muros, c'est la Recette générale des finances.

VOUS NE VOULEZ PLUS PAYER MENSUELLEMENT VOTRE IMPÔT, ET VOUS LE FAITES SAVOIR.

L'impôt sur le revenu peut être réglé soit par le système traditionnel, c'est-à-dire par le versement de deux tiers provisionnels et d'un solde payé à l'automne, soit par paiement mensuel. Dans ce cas, le fisc prélève une somme précise chaque mois sur l'un de vos comptes bancaires ou postaux. Vous pouvez renoncer au paiement mensuel de l'impôt.

• **CE QUE DIT LA LOI** : Le paiement mensuel de l'impôt est une faculté, non une obligation. Vous pouvez donc renoncer à la mensualisation pour revenir au système traditionnel des tiers provisionnels. Mais attention, vous ne pouvez sortir du régime de la mensualisation qu'à des dates bien précises. Il faut écrire en recommandé au comptable du Trésor (percepteur) pour l'informer que vous renoncez à la mensualisation.

La première année, votre lettre est à envoyer avant le 1er mars. Les prélèvements cessent en principe le 1er avril suivant. La seconde année, il faut l'envoyer avant le 1er décembre (pour prise d'effet au 1er janvier suivant).

• **NOTRE CONSEIL** : Envoyez votre lettre de renonciation à la mensualisation longtemps à l'avance, l'expérience montre que le courrier est traité avec retard. Si les mensualités continuent d'être prélevées alors que vous avez écrit dans les délais, envoyez une seconde lettre recommandée pour rappeler votre renonciation. Ou, mieux, allez au guichet.

Vos nom et prénom
Adresse

Date

Référence impôt

Trésorerie principale
Adresse

Recommandé avec avis de réception

Madame, Monsieur,

Je paie l'impôt sur le revenu par prélèvements mensuels sous la référence ... (*indiquez le numéro de votre contrat de mensualisation ou joignez une photocopie de votre échéancier*).

Toutefois, j'ai décidé de renoncer au système du paiement mensuel de l'impôt à dater de ce jour ; les prélèvements sur mon compte bancaire (*ou* postal) devront donc cesser à dater du 1er avril (*ou* 1er janvier, *selon la période à laquelle vous écrivez*).

Je vous prie de croire, Madame, Monsieur, à l'expression de ma considération distinguée.

Signature

VOS REVENUS AYANT BAISSÉ, VOUS DEMANDEZ AU COMPTABLE DU TRÉSOR DE RÉDUIRE VOS PRÉLÈVEMENTS MENSUELS.

Vos revenus ont diminué, vous avez eu un enfant... Bref, votre impôt sur le revenu va être inférieur à celui de l'année précédente. Vous pouvez demander la modulation de vos prélèvements mensuels.

• **Ce que dit la loi** : Pour les contribuables qui ont choisi de payer leur impôt mensuellement, le Trésor public prélève sur leur compte bancaire ou postal une somme mensuelle correspondant à un dizième de l'impôt payé l'année précédente. Or, il arrive que le montant de l'impôt soit appelé à diminuer à la suite d'une baisse des revenus, de la naissance d'un enfant, du décès du conjoint, etc. Lorsque vous constatez que votre impôt à venir est inférieur d'au moins 10 % à celui payé l'année précédente, vous pouvez demander la modulation (diminution) des prélèvements mensuels avant le 15 d'un mois, pour une prise d'effet le mois suivant, et cela avant le 10 mai.

Toutefois, l'administration accepte les demandes de modulation et de suspention jusqu'à ce que les avis d'imposition soient émis.

Attention, si vous vous trompez, vous paierez une majoration de 10 % sur les sommes non versées. Les demandes de modulation sont à adresser à la Trésorerie où vous payez habituellement votre impôt.

• **Notre conseil** : Calculez bien le montant de l'impôt pour ne pas risquer de subir une majoration de retard en diminuant trop les mensualités.

Vos nom et prénom
Adresse

Date

Référence impôt

Trésorerie principale
Adresse

Madame, Monsieur,

Mes revenus de ... (*année*) sont inférieurs à ceux de l'année précédente, et l'impôt correspondant ne s'élève qu'à ... €.

Je vous demande donc de bien vouloir réduire chaque acompte au dixième de mon impôt présumé, soit un prélèvement mensuel de ... €.

Je vous prie de croire, Madame, Monsieur, à l'expression de ma considération distinguée.

Signature

VOS REVENUS AYANT CONSIDÉRABLEMENT BAISSÉ, VOUS DEMANDEZ AU COMPTABLE DU TRÉSOR DE SUSPENDRE VOS PRÉLÈVEMENTS MENSUELS.

La chute de vos revenus est vertigineuse et vous ne pouvez plus faire face aux prélèvements du fisc. Vous pouvez en demander la suspension.

• **Ce que dit la loi** : Comme pour la modulation, le fisc accepte les demandes de suspension jusqu'à ce que les avis d'imposition soient émis.

En effet, dans certains cas, vous pouvez carrément demander la suspension des prélèvements mensuels. Vous pouvez le faire si vous n'êtes pas imposable alors que vous l'étiez précédemment ; les mensualités déjà prélevées couvrent le montant probable de votre impôt.

Envoyez votre lettre à la Trésorerie où vous payez habituellement votre impôt.

• **Notre conseil** : Ne vous trompez pas alors vos calculs si vous ne voulez pas subir une majoration de retard.

Vos nom et prénom
Adresse

Date

Référence impôt

Trésorerie principale
Adresse

Madame, Monsieur,

Mes revenus de ... (*année*) sont inférieurs à ceux de l'année précédente, et l'impôt correspondant ne s'élève qu'à ... €.

Les prélèvements mensuels effectués à ce jour couvrent totalement le montant de mon impôt probable.

Je vous demande donc de bien vouloir suspendre les prélèvements mensuels à venir.

Je vous prie de croire, Madame, Monsieur, à l'expression de ma considération distinguée.

Signature

LE FISC A FAIT UNE ERREUR ET A TROP PRÉLEVÉ SUR VOTRE COMPTE. VOUS RÉCLAMEZ LE TROP-PERÇU ET LE PAIEMENT D'INTÉRÊTS MORATOIRES.

La Trésorerie a indûment prélevé des sommes sur votre compte bancaire ou postal. Ou encore vous avez payé un impôt alors que vous n'auriez pas dû. Vous réclamez au fisc le remboursement du trop-perçu ainsi que le paiement d'intérêts moratoires.

• **Ce que dit la loi** : Quand vous réglez vos impôts en retard, le fisc vous fait payer des intérêts de retard. À l'inverse, quand le fisc encaisse des impôts qui ne sont pas dus, il doit dans certains cas verser des intérêts (appelés intérêts moratoires) au contribuable.

L'article L. 208 du Livre des procédures fiscales prévoit différentes situations permettant au contribuable d'exiger le versement d'intérêts moratoires.

Ainsi, vous avez payé un impôt et, à la suite de votre réclamation, un dégrèvement a été prononcé par l'administration fiscale, mais on ne vous a remboursé la somme versée que plusieurs mois après. Vous avez droit à des intérêts moratoires calculés à partir de la date de paiement de l'impôt jusqu'à son remboursement par l'administration.

Vous avez également droit à des intérêts moratoires quand un tribunal a donné tort au fisc, et lui ordonne de vous rembourser l'impôt indûment encaissé.

Il peut aussi arriver qu'à la suite d'une erreur on prélève deux fois vos mensualités ou encore qu'à la suite d'un redressement fiscal on ait prélevé (si vous êtes mensualisé, bien sûr) une somme plus élevée que le montant du redressement fiscal. Dans ces deux cas, vous avez droit à des intérêts moratoires.

En revanche, vous ne pouvez pas exiger des intérêts moratoires lorsque l'administration vous a fait une remise gracieuse d'impôt, c'est-à-dire vous a fait cadeau d'un impôt par simple mesure de bienveillance.

Les intérêts moratoires se calculent par application du taux de l'intérêt légal, soit 3,29 % en 2003.

Votre demande est à adresser sous la forme recommandée avec avis de réception à la Trésorerie (perception) de votre ville.

• **Notre conseil** : Ne demandez le paiement d'intérêts moratoires que si vous êtes à jour de vos autres impôts et n'avez pas besoin de délais de paiement. Et surtout si les sommes que vous espérez sont vraiment significatives.
Les agents du Trésor ont horreur de verser des intérêts moratoires, car il leur faut remplir un tas de formalités.
Si, par exemple, le lundi vous demandez des intérêts moratoires et le vendredi vous sollicitez des délais de paiement pour un autre impôt, vous pouvez être sûr que votre demande de délais sera refusée.

Vos nom et prénom
Adresse

Date

Référence impôt

Trésorerie principale
Adresse

Recommandé avec avis de réception

Madame, Monsieur,

Le ... (*date*), vous avez prélevé sur mon compte bancaire numéro ..., ouvert auprès de ... (*nom de votre banque*), une somme de ... € correspondant à un redressement fiscal.

Or, le montant de ce redressement s'élève à ... €, soit un trop-perçu en ma faveur de ... €.

En conséquence, je vous prie de bien vouloir me rembourser la somme de ... €, augmentée des intérêts moratoires, calculés à dater du ... (*date du paiement indu*).

Je vous prie de croire, Madame, Monsieur, à l'expression de ma considération distinguée.

Signature

VOUS AVEZ FAIT UN HÉRITAGE MAIS VOUS NE POUVEZ PAS PAYER LES DROITS DE SUCCESSION. VOUS RÉCLAMEZ DES FACILITÉS DE PAIEMENT.

Un de vos amis est décédé. À votre grand étonnement, il vous a légué une somptueuse villa située à Cannes. Hélas, vous ne pouvez faire le tour du propriétaire qu'après avoir payé les droits de succession. Si vous avez des difficultés, le fisc peut vous faire crédit.

• **CE QUE DIT LA LOI** : L'article 404 A, annexe III, du code général des impôts stipule que les droits de succession peuvent être réglés en plusieurs versements égaux. Vous n'avez pas de raisons à donner.

En revanche, il faut fournir des garanties à l'Administration : hypothèque sur un bien immobilier, caution bancaire…

Le crédit est évidemment consenti moyennant le paiement d'intérêts dont le taux est fixé par décret. Ainsi pour les demandes de crédit formulées en 2003, le taux des intérêts est fixé à 3,29 %. Ce taux reste inchangé pendant toute la durée du crédit. Le délai maximal est de cinq ans, mais il peut être porté à dix ans pour les successions en ligne directe et pour le conjoint survivant si la succession comporte au moins 50 % de biens non négociables dans l'immédiat (par exemple, immeubles, fonds de commerce, etc.).

• **NOTRE CONSEIL** : Il peut être intéressant de payer les droits de succession à crédit afin de conserver vos disponibilités pour un autre usage. Ce peut être le cas si le bien hérité vous sert d'habitation principale. Dans ce cas, les intérêts versés au Trésor vous ouvrent droit à la réduction d'impôt prévue en cas d'acquisition de l'habitation principale.

Vos nom et prénom
Adresse

Date

Référence impôt

Monsieur le Receveur
des impôts
Adresse

Recommandé avec avis de réception

Monsieur le Receveur,

En ma qualité d'héritier de … (*nom et prénom de la personne dont vous avez hérité*), je suis redevable d'une somme de … € au titre des droits de succession.

Je sollicite cependant le bénéfice d'un paiement échelonné sur … années (*indiquez le délai que vous demandez; par exemple*, trois années).

Restant à votre disposition pour tout renseignement complémentaire, je vous prie d'agréer, Monsieur le Receveur, l'expression de ma considération distinguée.

Signature

VOUS AVEZ DES DIFFICULTÉS FINANCIÈRES ÉNORMES. VOUS DEMANDEZ LA REMISE GRACIEUSE DE VOTRE REDEVANCE TÉLÉVISION.

Chômage, baisse de revenus, naissance, décès du conjoint, surendettement... Vous êtes dans une situation financière difficile. Et vous n'avez pas le premier sou pour régler la redevance télévision. Vous en demandez la remise gracieuse.

• **Ce que dit la loi** : Toute personne qui a l'usage d'un poste de télévision, qu'elle en soit ou non propriétaire, est tenue de régler une redevance annuelle. Des exonérations sont toutefois prévues en faveur des personnes âgées de plus de 65 ans qui ont des ressources modestes (voir page 174).

Mais, quel que soit votre âge, vous pouvez, si vous êtes dans une situation financière difficile, demander au service de la redevance dont dépend votre domicile (son adresse figure sur l'avis de paiement) de vous accorder une remise gracieuse totale ou partielle de votre redevance ainsi que des frais et pénalités de poursuites (s'il y en a eu). Vous devez joindre à votre lettre tous les justificatifs prouvant vos difficultés, par exemple : attestation indiquant que vous percevez l'allocation de fin de droits des ASSEDIC, ou le revenu minimum d'insertion (RMI), attestation de Sécurité sociale indiquant que vous êtes en longue maladie... Indiquez également le détail de vos charges mensuelles.

• **Notre conseil** : Expliquez bien clairement toutes vos difficultés financières. Si vous n'obtenez pas satisfaction auprès du directeur de votre centre de redevance télévision, adressez-vous au Service central de la redevance (46, rue d'Amsterdam, 75009 Paris) pour solliciter un réexamen de votre demande.

Vos nom et prénom
Adresse

Date

Référence dossier

Monsieur le Directeur
Centre de redevance télévision
Adresse

Monsieur le Directeur,

J'ai reçu mon avis de redevance télévision d'un montant de ... € à régler avant le ... (*date*).

En raison de difficultés financières particulièrement graves, je suis dans l'incapacité de régler cette somme.

Je sollicite donc de votre bienveillance une remise gracieuse de ma redevance.

En effet, étant sans emploi, je perçois une somme de ... € au titre du RMI (*exposez l'origine exacte de vos problèmes. Exemple* : à la suite du décès de mon conjoint, je suis désormais sans ressources).

En outre, je verse un loyer mensuel de ... € (*indiquez le détail de vos charges : loyer, électricité et gaz, soins médicaux importants*...) et j'ai deux enfants à ma charge.

Je vous joins en annexe tous les justificatifs démontrant la précarité de ma situation.

Vous remerciant de la bienveillance que vous voudrez accorder à ma demande, je vous prie de croire, Monsieur le Directeur, à l'expression de ma respectueuse considération.

Signature

P.J. : ...

VOUS AVEZ DES PROBLÈMES FINANCIERS EN CE MOMENT. VOUS DEMANDEZ DES DÉLAIS POUR PAYER VOTRE REDEVANCE TÉLÉVISION.

Dépenses imprévues, moins de revenus... vous êtes dans une mauvaise passe. Vous pouvez demander des délais de paiement pour votre redevance télévision.

• **CE QUE DIT LA LOI** : Toute personne qui a l'usage d'un poste de télévision, qu'elle en soit ou non propriétaire, est tenue de régler une redevance annuelle. Des exonérations sont toutefois prévues en faveur des personnes âgées de plus de 65 ans qui ont des ressources modestes (voir page 174).

Mais, quel que soit votre âge, vous pouvez, si vous êtes dans une situation financière difficile, demander au service de la redevance dont dépend votre domicile (son adresse figure sur l'avis de paiement) de vous accorder des délais de paiement. Joignez à votre lettre un chèque d'acompte même si le montant est modeste. Vous devez joindre à votre lettre tous les justificatifs prouvant vos difficultés, par exemple : attestation indiquant que vous percevez l'allocation de fin de droits des ASSEDIC, ou le revenu minimum d'insertion (RMI), attestation de Sécurité sociale indiquant que vous êtes en longue maladie... Indiquez également le détail de vos charges mensuelles.

Vos nom et prénom
Adresse
Référence dossier

Date

Monsieur le Directeur
Centre de redevance télévision
Adresse

Monsieur le Directeur,

J'ai reçu mon avis de redevance télévision d'un montant de ... € à régler avant le ... (*date*).

En raison de difficultés financières particulièrement graves, je suis dans l'incapacité de régler immédiatement cette somme.

En effet, étant sans emploi, je perçois une somme de ... € au titre du RMI (*exposez l'origine exacte de vos problèmes. Exemple* : à la suite du décès de mon conjoint, je suis désormais sans ressources).

En outre, je verse un loyer mensuel de ... € (*indiquez le détail de vos charges : loyer, électricité et gaz, soins médicaux importants*...) et j'ai deux enfants à ma charge. C'est pourquoi je sollicite de votre bienveillance des délais pour un règlement échelonné de ma redevance, sur trois mois. Ainsi, je vous joins un chèque de ... € et vous adresserai ensuite le ... de chaque mois un chèque de ... €.

Je vous joins en annexe tous les justificatifs démontrant la précarité de ma situation.

Vous remerciant de la bienveillance que vous voudrez accorder à ma demande, je vous prie de croire, Monsieur le Directeur, à l'expression de ma respectueuse considération.

Signature

P.J. : ...

• **NOTRE CONSEIL** : Expliquez bien clairement toutes vos difficultés financières. Si vous n'obtenez pas satisfaction auprès du directeur de votre centre de redevance télévision, adressez-vous au Service central de la redevance (46, rue d'Amsterdam, 75009 Paris) pour solliciter un réexamen de votre demande.

VOUS PENSEZ AVOIR DROIT À L'EXONÉRATION DE LA TAXE FONCIÈRE. VOUS EN AVISEZ VOTRE CENTRE DES IMPÔTS (CDI).

La taxe foncière sur les propriétés bâties est un impôt dû par toute personne propriétaire d'un bien immobilier (maison, appartement, bureaux, usine...) à la date du 1er janvier de l'année d'imposition. Des exonérations sont toutefois prévues, mais parfois le centre des impôts ne les applique pas. Par erreur ou par manque d'information.

• **Ce que dit la loi** : Selon l'article 1383 du code général des impôts, les logements nouvellement construits ou reconstruits sont exonérés de taxe foncière pendant deux ans, sauf si la commune où se trouve le local en décide autrement. De plus, cette exonération est subordonnée à la condition que le propriétaire fasse au service des impôts fonciers une déclaration dans les quatre-vingt-dix jours de l'achèvement de la construction. Sont également exonérées de taxe foncière pour leur habitation principale les personnes âgées de plus de 75 ans ou titulaires de l'allocation aux adultes handicapés et dont le revenu imposable n'excède pas certaines limites fixées par la loi. Ainsi pour la taxe foncière 2003, votre revenu net imposable de 2002 doit être inférieur à 7 046 € si vous êtes seul ou 10 810 € si vous êtes marié(e).

Les personnes qui perçoivent l'allocation supplémentaire du Fonds national de solidarité, qui remplissent la condition d'âge et de revenu ont également droit à l'exonération. Si vous avez reçu un avis d'imposition à la taxe foncière alors que vous en êtes exonéré, réclamez (en recommandé) auprès du centre des impôts du lieu où se trouve votre résidence principale.

• **Notre conseil** : La réclamation est à envoyer au CDI. Mais envoyez – pour information – au percepteur une photocopie de votre demande de dégrèvement afin qu'il ne vous poursuive pas en attendant l'aboutissement de votre demande.

Vos nom et prénom
Adresse

Date

Référence impôt

Centre des impôts de ...
Adresse

Recommandé avec avis de réception

Madame, Monsieur,

J'ai reçu un avis d'imposition à la taxe foncière pour le logement qui constitue mon habitation principale (*joignez une photocopie de cet avis*).

Or, je suis exonéré de cet impôt au motif suivant : ... (*par exemple* : je suis âgé de plus de 75 ans et mon revenu imposable est inférieur aux limites fixées par la loi fiscale. *Ou encore* : je suis titulaire du Fonds national de solidarité, etc.).

En conséquence, je vous prie de bien vouloir m'accorder le dégrèvement de la taxe foncière.

Vous trouverez ci-joint tous les justificatifs de ma situation (*joindre la photocopie des documents nécessaires : avis de non-imposition, avis de paiement du FNS...*).

Je vous prie d'agréer, Madame, Monsieur, l'expression de ma considération distinguée.

Signature

P.J. : ...

VOUS DEMANDEZ À ÊTRE EXONÉRÉ EN TOTALITÉ OU EN PARTIE DE LA TAXE D'HABITATION.

La taxe d'habitation est due par toute personne qui, au 1er janvier de l'année d'imposition, a la disposition d'un logement à quelque titre que ce soit.

• **Ce que dit la loi** : Une exonération totale de taxe d'habitation est accordée aux personnes :

- titulaires de l'allocation supplémentaire du Fonds national de solidarité ;
- titulaires de l'allocation aux adultes handicapés et non imposables sur le revenu ;
- âgées de plus de 60 ans ;
- veuves (sans condition d'âge) dont le revenu imposable n'excède pas certaines limites fixées par la loi fiscale ;
- titulaires du RMI.

Pour la taxe d'habitation 2003, votre revenu net imposable de 2002 doit être inférieur à 7 046 € si vous êtes seul (augmenté de 1 882 € si vous bénéficiez d'une demi-part supplémentaire de quotient familial) et 10 810 € si vous êtes marié.

Exemple : vous êtes marié et avez un enfant à charge. Pour bénéficier de l'exonération partielle, votre revenu imposable ne doit pas excéder 12 692 €.

En principe, l'administration applique automatiquement les exonérations, mais parfois elle omet de le faire, soit par négligence, soit parce qu'elle n'a pas les éléments lui permettant de savoir que vous y avez droit.

• **Notre conseil** : Vous pouvez soit vous présenter au guichet pour obtenir un dégrèvement sur place, soit écrire au centre des impôts en joignant une copie de l'avis d'imposition que vous avez reçu, ainsi que les justificatifs.
Dans le doute, ne vous abstenez pas. Demandez si vous avez droit à une exonération totale ou partielle de taxe d'habitation.

Vos nom et prénom
Adresse

Date

Référence impôt

Monsieur le Responsable
de centre des impôts de ...
Adresse

Monsieur le Responsable de centre,

Âgé de plus de 60 ans, mon revenu net imposable s'élève à ... € (*ou* je suis titulaire d'une allocation du Fonds national de solidarité...).

À ce titre, je suis donc totalement exonéré de taxe d'habitation.

En conséquence, je vous prie de bien vouloir m'accorder un dégrèvement correspondant au montant de ladite taxe.

Vous trouverez ci-joint tous les justificatifs de ma situation (*joignez copie de l'avis de non-imposition, l'avis de paiement du FNS...*).

Je vous prie d'agréer, Monsieur le Responsable de centre, l'expression de ma considération distinguée.

Signature

P.J. : ...

VOUS ÊTES ÉRÉMISTE MAIS L'ADMINISTRATION VOUS A ENVOYÉ UNE TAXE D'HABITATION À PAYER. VOUS LUI SIGNALEZ QUE VOUS EN ÊTES EXONÉRÉ.

Vous êtes au RMI mais le fisc vous envoie une taxe d'habitation. Vous devez signaler que vous en êtes exonéré en joignant le justificatif de versement du RMI.

• **Ce que dit la loi** : En principe, toute personne qui a la disposition d'un logement au 1er janvier de l'année, en tant que propriétaire-occupant, locataire, hébergée à titre gratuit..., doit payer la taxe d'habitation pour l'année entière. Certaines personnes sont toutefois dispensées de taxe d'habitation.

L'article 1414-III du code général des impôts énonce que les bénéficiaires du revenu minimum d'insertion (RMI) sont dégrevés d'office de la taxe d'habitation afférente à leur habitation principale.

L'administration ne peut pas deviner que vous êtes RMiste. Donc, en principe, elle vous envoie la taxe d'habitation à payer. Vous devez envoyer un courrier au centre des impôts dont dépend votre domicile pour indiquer que vous en êtes exonéré.

Attention, ne jetez pas l'avis d'imposition de taxe d'habitation dans un coin, sous prétexte que vous êtes exonéré.

• **Notre conseil** : Dès que vous recevez votre avis de taxe d'habitation, envoyez un courrier en recommandé appuyé d'un justificatif de votre situation de RMiste. Joignez une photocopie de l'avis.

Vos nom et prénom
Adresse

Date

Référence impôt

Centre des impôts de ...
Adresse

Recommandé avec avis de réception

Madame, Monsieur,

J'ai reçu un avis d'imposition à la taxe d'habitation, dont vous trouverez copie jointe.

Etant titulaire du revenu minimum d'insertion, je suis conformément à l'article 1414-III du code général des impôts, exonéré de taxe d'habitation.

Je sollicite un dégrèvement d'office du montant de cette taxe.

Vous trouverez ci-joint les justificatifs de ma situation de RMiste.

Vous remerciant de votre diligence, je vous prie de croire, Madame, Monsieur, à l'expression de ma considération distinguée.

Signature

P.J. : ...

VOUS DEMANDEZ DES EXPLICATIONS À PROPOS DE LA TAXE D'HABITATION.

Chaque logement a une valeur locative cadastrale qui sert de base pour le calcul de la taxe d'habitation. Mais, pour des raisons historiques, certaines valeurs locatives sont fantaisistes et excessives. Demandez des explications si la valeur attribuée à votre logement vous semble élevée.

• **CE QUE DIT LA LOI** : Le service du cadastre doit attribuer une valeur locative à chaque bien immobilier en tenant compte de ses caractéristiques propres : situation, surface, confort, architecture… Pour chaque logement, il existe une fiche n° 6675H qui contient les éléments ayant permis d'en fixer la valeur locative.

Si vous estimez que la valeur locative de votre logement est trop élevée, demandez les éléments de calcul au centre des impôts fonciers du lieu de situation du logement.

Joignez une photocopie de l'avis d'imposition à la taxe d'habitation.

• **NOTRE CONSEIL** : Dans le doute, ne vous abstenez pas ; demandez des explications sur le calcul de la valeur locative de votre logement.

Vos nom et prénom
Adresse

Date

Référence impôt

Monsieur le Responsable
de centre des impôts fonciers
Adresse

Monsieur le Responsable de centre,

Étant locataire (*ou* propriétaire) d'un logement situé à ... (*indiquez l'adresse*), je désire connaître les éléments qui ont servi à l'établissement de la valeur locative de mon habitation.

Je vous prie de bien vouloir me communiquer copie de la fiche de calcul modèle 6675H de ce local.

Je vous prie de croire, Monsieur le Responsable de centre, à l'expression de ma considération distinguée.

Signature

PJ.

Vous avez un poste de télévision. Que vous en soyez ou non propriétaire, vous devez payer la redevance, même si vous trouvez les programmes affligeants. À moins de faire partie des personnes exonérées de redevance.

• **Ce que dit la loi** : La redevance télévision est due par toute personne qui possède un téléviseur, même si elle n'en est pas propriétaire. Toutefois, selon le décret n° 92-304 du 30 mars 1992, modifié en partie par le décret n° 95-1333 du 29 décembre 1995, modifié lui même par le décret n° 2001-459 du 23 mai 2001, certaines personnes sont exonérées de redevance.

Vous pouvez en bénéficier si vous êtes âgé(e) de 65 ans au 1er janvier de l'année d'exigibilité de la redevance, et remplissez simultanément les conditions suivantes :

– ne pas être passible de l'impôt de solidarité sur la fortune,

– ne pas être imposé sur le revenu au titre de l'avant dernière année (2001 pour la redevance 2003).

Vous devez également vivre seul ou avec votre conjoint et, le cas échéant, avec des personnes à charge ou avec des personnes non passibles de l'impôt de solidarité sur la fortune et non imposées sur le revenu au titre de l'avant dernière année (2001 pour la redevance 2003).

Vous pouvez en bénéficier si vous êtes infirme ou invalide au taux minimum de 80 % et remplissez les conditions suivantes : vous devez bénéficier, l'année précédente, d'un revenu fiscal de référence inférieur à un certain seuil, soit pour les revenus de 2002, 7 046 € pour la première part du quotient familial, majorée de 1 882 € pour chaque demi-part supplémentaire.

Si vous remplissez ces conditions, vous pouvez demander l'exonération en remplissant le petit cadre qui se trouve au verso de l'avis de paiement de la redevance. Si vous l'avez égaré, envoyez une lettre (notre modèle) au centre chargé du recouvrement de la redevance télévision, en joignant tous les justificatifs : avis de non-imposition, fiche d'état civil...

• **Notre conseil** : Le décret prévoit, en outre, que vous ne devez pas héberger sous votre toit une personne (enfant, ami, concubin...) sou-mise à l'impôt sur le revenu. Mais les agents du centre de redevance télévision (pas plus que les agents des impôts) ne peuvent entrer dans un domicile privé.

Vos nom et prénom
Adresse

Date

N° de compte
(figurant sur l'avis
de redevance)

Monsieur le Directeur
Centre de redevance
télévision
Adresse

Recommandé avec avis de réception

Monsieur le Directeur,

Étant âgé de plus de ... ans et titulaire d'un revenu imposable de ... €, je demande à bénéficier de l'exonération de la redevance télévision conformément au décret n° 92-304 du 30 mars 1992 modifié par le décret n° 93-1314 du 20 décembre 1993 et le décret n° 95-1333 du 29 décembre 1995.

Vous trouverez ci-joint copie de l'avis de redevance à échéance du ... (*indiquez ici la date de paiement figurant sur l'avis*) et les justificatifs de ma situation (*fiche d'état civil pour la première année d'exonération, avis de non-imposition*...).

Je vous prie de croire, Monsieur le Directeur, à l'expression de ma considération distinguée.

Signature

P.J. : les justificatifs

LE CDI VOUS A APPLIQUÉ UNE DEMI-PART POUR VOTRE PREMIER ENFANT À CHARGE, ALORS QUE VOUS VIVEZ SEULE. VOUS RÉCLAMEZ.

Vous avez oublié de cocher la petite case adéquate sur votre déclaration de revenus, et on vous a appliqué seulement une demi-part pour votre premier enfant. Réclamez à votre CDI la demi-part supplémentaire à laquelle vous avez droit.

• **CE QUE DIT LA LOI** : Depuis une réforme de 1995, tout enfant, qu'il soit légitime ou naturel, ouvre droit à une demi-part de quotient familial. Toutefois, pour ne pas mettre en difficulté les parents élevant seuls un enfant, la loi a laissé subsister la possibilité d'accorder une demi-part supplémentaire au premier enfant à charge de tout parent isolé. Mais elle a donné une définition très stricte du parent isolé.

Ainsi, votre premier enfant à charge ouvre droit à une part entière si vous remplissez cumulativement toutes les conditions suivantes :

– vous êtes célibataire, veuf(ve), divorcé(e) ou séparé(e) et avez un ou plusieurs enfants à charge ;
– vous vivez seul(e) avec votre ou vos enfants, c'est-à-dire que vous ne vivez pas en concubinage ou en union libre ;
– si vous percevez une pension alimentaire (du père des enfants), elle a été fixée par une décision de justice. Ou, si elle n'a pas été fixée par le juge mais est versée spontanément par le père de l'enfant, elle est inférieure à 2 700 € (chiffre pour les revenus 2002).

Auparavant, il suffisait de cocher une case sur la déclaration de revenus et la demi-part supplémentaire pour le premier enfant à charge vous était accordée automatiquement.

Désormais, pour en bénéficier, vous devez chaque année cocher la case T du cadre B de la déclaration de revenus. Si vous avez oublié de cocher cette case, envoyez une réclamation écrite, en recommandé, au CDI pour demander l'application rétroactive de cette demi-part supplémentaire.

• **NOTRE CONSEIL** : Dans le doute, ne vous abstenez pas, demandez au centre des impôts si vous avez droit à la part entière pour votre premier enfant à charge. Joignez à votre lettre une copie de l'avis d'impôt sur le revenu.

Vos nom et prénom
Adresse
Référence impôt

Date

Monsieur le Responsable
de centre des impôts
Adresse

Recommandé avec avis de réception

Monsieur le Responsable de centre,

J'ai été assujetti(e) à l'impôt sur le revenu au titre de l'année ... suivant l'avis d'imposition dont copie ci-jointe.

Après examen, il s'avère que le service a établi mon imposition sur la base d'une part et demie de quotient familial, au lieu de deux parts.

Mon fils (*ou* ma fille) ... (*nom et prénom de l'enfant*) âgé(e) de ... ans doit compter pour une part entière et non pas une demi-part.

En effet, je remplis toutes les conditions fixées par la loi et la doctrine administrative pour bénéficier d'une demi-part supplémentaire pour mon enfant à charge. Ainsi, je ne vis pas en concubinage, je suis divorcé(e) et la pension alimentaire que je perçois a été fixée par un jugement (*ou* une ordonnance) en date du ... (*ou encore* : la pension versée spontanément par le père de mon enfant est inférieure au seuil fixé par la doctrine administrative).

En conséquence, je joins à la présente une photocopie de la décision du juge et vous demande de bien vouloir m'attribuer le bénéfice de la demi-part supplémentaire pour mon impôt sur le revenu 2003, établi sur mes revenus de 2002.

Vous en remerciant, je vous prie de croire, Monsieur le Responsable de centre, à l'expression de ma considération distinguée.

Signature

P.J. : ...

ON A OUBLIÉ DE VOUS APPLIQUER LA RÉDUCTION D'IMPÔT POUR LES FRAIS DE GARDE DE VOTRE JEUNE ENFANT. VOUS RÉCLAMEZ.

L'administration fiscale n'est pas infaillible. Elle peut se tromper et faire quelques oublis. En recevant votre avis d'imposition, vous constatez qu'il ne vous est pas appliqué la réduction d'impôt au titre des frais de garde de votre enfant, ou encore la réduction d'impôt pour l'emploi d'une personne à domicile... Faites une réclamation.

• **Ce que dit la loi** : Le contribuable qui estime que son avis d'imposition comporte une erreur doit demander un dégrèvement au responsable du centre des impôts (CDI) qui a émis l'avis d'imposition.

Sauf cas très exceptionnels, les réclamations en matière d'impôt sur le revenu doivent parvenir au CDI au plus tard le 31 décembre de la seconde année qui suit celle de la mise en recouvrement. Exemple : 31 décembre 2004 pour les impôts mis en recouvrement en 2002. La réclamation n'entraîne pas l'application du sursis de paiement, sauf si vous le demandez expressément. Adressez une copie de la demande au percepteur, afin qu'il ne vous poursuive pas en attendant le résultat de votre réclamation. Celle-ci doit être envoyée par lettre recommandée avec avis de réception et être accompagnée d'une photocopie de l'avis d'imposition, ainsi que des pièces justificatives.

L'article L. 277 du Livre des procédures fiscales prévoit que le contribuable peut demander le sursis de paiement, c'est-à-dire le droit de ne pas payer contesté en attendant que sa réclamation soit étudiée.

Attention

Vos réponses à une notification de redressement, vos réclamations et tous vos courriers relatifs à un litige fiscal doivent être envoyés sous la forme recommandée avec avis de réception, car seul ce document (une fois qu'il vous revient avec la signature du destinataire) vaut preuve de votre envoi. En matière fiscale, un recommandé sans avis de réception ne constitue pas une preuve.

Vos nom et prénom — Date
Adresse
Rôle n° ...
Réclamation suspensive

Monsieur le Responsable
de centre des impôts de ...
Adresse

Recommandé avec avis de réception

Monsieur le Responsable de centre,

J'ai été assujetti(e) à l'impôt sur le revenu (*ou* à la taxe d'habitation, par exemple) au titre de l'année ... suivant l'avis d'imposition dont copie ci-jointe.

Après examen, il s'avère que : ... (*expliquez en détail les raisons de votre contestation*). *Exemple* : Le Service a oublié de m'accorder la réduction d'impôts au titre des frais que je verse à la crèche de ... (*ou* à Madame X, *si c'est une nourrice qui garde l'enfant*) pour la garde de mon fils (*ou* ma fille) âgé(e) de 4 ans. J'avais joint à ma déclaration de revenus l'attestation remise par la directrice de la crèche (*ou* du relevé fourni par l'URSSAF, *si vous utilisez une garde à domicile*).

Je vous en joins un duplicata et vous prie de bien vouloir m'accorder le dégrèvement correspondant.

En outre, je demande, conformément à l'article L. 277 du Livre des procédures fiscales, à surseoir au paiement de la partie d'imposition contestée, soit la somme de ... € (*si vous ne savez pas faire le calcul, ne chiffrez pas*).

Vous en remerciant, je vous prie de croire, Monsieur le Responsable de centre, à l'expression de ma considération distinguée.

Signature

P.J. : ...

• **Notre conseil** : En cas de doute sur votre droit à un avantage, ne vous abstenez pas, demandez des explications à votre CDI. Si la réponse verbale de l'agent des impôts ne vous satisfait pas, écrivez au responsable de centre des impôts. N'oubliez pas de signer votre réclamation

VOUS ÊTES SEUL(E) ET VOUS N'AVEZ PLUS D'ENFANT À CHARGE. VOUS RÉCLAMEZ L'APPLICATION DE LA DEMI-PART À LAQUELLE VOUS AVEZ DROIT.

Vous avez eu un ou plusieurs enfants, qui désormais sont majeurs et ne sont plus à votre charge. Et de plus, vous êtes divorcé(e), célibataire ou veuf(ve). La loi fiscale vous accorde une demi-part supplémentaire, quel que soit le nombre d'enfants que vous avez eus.

• **Ce que dit la loi** : L'article 195-I a) du code général des impôts accorde une demi-part supplémentaire aux personnes seules qui ont élevé un ou plusieurs enfants désormais majeurs et qui ne sont plus à leur charge. Vous avez droit à cet avantage même si, par exemple, votre enfant a 30, 40, 50 ans (ou plus). Bref, peu importe l'âge de l'enfant du moment qu'il est majeur et qu'il ne déclare pas ses revenus avec les vôtres.

De son côté, l'autre parent de l'enfant, s'il n'est pas marié ou remarié, a droit à cette demi-part supplémentaire.

C'est en quelque sorte un cadeau de la « Nation reconnaissante » à ceux et à celles qui ont eu un ou plusieurs enfants, et qui sont seuls(es).

• **Notre conseil** : Demandez l'application de cette demi-part pour l'impôt en cours, mais aussi l'application rétroactive pour les deux années précédentes.

Vos nom et prénom
Adresse

Date

Monsieur le Responsable
de centre des impôts de ...
Adresse

Recommandé avec avis de réception

Monsieur le Responsable de centre,

Divorcé(e) et père (*ou* mère) d'un enfant majeur imposé séparément, je bénéficie conformément à l'article 195-I a) du code général des impôts d'une demi-part supplémentaire. Mon impôt sur les revenus de ... (*indiquez l'année*) aurait donc dû être établi sur la base d'une part et demie et non sur la base d'une seule part.

En conséquence, je vous prie de bien vouloir prononcer en ma faveur le dégrèvement correspondant à mon impôt 2004, sur mes revenus de 2003.

Je sollicite, en outre, le bénéfice de cette demi-part pour l'imposition des revenus des années ... et ....

Enfin, je vous demande de surseoir au paiement de la partie d'imposition contestée, conformément à l'article L. 277 du Livre des procédures fiscales.

Vous en remerciant, je vous prie de croire, Monsieur le Responsable de centre, à l'expression de ma considération distinguée.

Signature

P.J. : ...

Il n'existe ni cantine ni restaurant d'entreprise. Pour déjeuner, vous achetez un sandwich ou une salade au fast-food du coin, mais vous n'avez pas gardé les tickets de caisse. L'agent des impôts a refusé cette déduction. Vous contestez.

• **Ce que dit la loi** : L'article 93-3 du code général des impôts stipule qu'un salarié peut déduire ses frais réels, comme notamment les frais de transport, de documentation, de formation, et les frais de repas.

De la note de restaurant, il faut déduire la valeur du repas que vous auriez pris à la maison si vous n'aviez pas travaillé. Seule la différence est déductible.

Or, comme de nombreux salariés, vous n'allez sans doute pas au restaurant et vous vous contentez d'un sandwich ou d'une salade achetés à la boulangerie ou au fast-food du coin. Pour ces menus achats, il est rare que l'on vous délivre une note. Comment alors déduire votre repas si vous n'avez pas de justificatifs ?

L'instruction fiscale sur les frais réels (doctrine adminis-trative 5 F-1-99 BOI n° 4 du 7 janvier 1999) vous permet de déduire, sans justificatif, une somme forfaitaire correspondant à une fois et demie le minimum garanti (MG), soit actuellement la somme de 4,97 € par repas.

Mais l'administration fiscale peut vous demander de lui fournir une attestation patronale stipulant qu'il n'existe ni cantine ni restaurant d'entreprise.

• **Notre conseil** : De nombreux agents des impôts ignorent cette mesure de simplification. Si l'agent maintient son refus d'accepter cette déduction, écrivez au responsable du centre des impôts et à la direction des services fiscaux de votre département.

Vos nom, prénom — Date
Adresse

Recommandé avec avis de réception

Nom de l'inspecteur des impôts
Adresse

Madame (*Monsieur*) l'inspecteur,

Par notification de redressement en date du ..., dont vous voudrez bien trouver copie jointe, vous me faites connaître que vous envisagez de refuser la déduction de mes frais de repas au motif que je ne suis pas en mesure d'apporter les justifications.

Je vous indique que je refuse le redressement envisagé pour les raisons qui suivent : Ma pause méridienne est d'une heure, je réside à ... kilomètres de mon lieu de travail ; il m'est donc impossible de déjeuner à mon domicile.

Conformément à la doctrine administrative (5 F-199, BOI n° 4 du 4 janvier 1999), j'ai évalué ces frais à une fois et demie le minimum garanti, soit 4,97 € par repas.

Selon la réponse ministérielle Mélenchon du 19 février 1998, expressément rappelée dans la doctrine administrative précitée, en l'absence de justifications, la dépense supplémentaire de repas peut être évaluée à une fois et demie le minimum garanti par repas.

Je vous serais obligé(e) de bien vouloir me faire connaître quelle suite vous comptez donner à la présente.

Je vous prie de croire, Madame (*Monsieur*) l'inspecteur, à l'expression de ma considération distinguée.

P.J. : ... — Signature

LE FISC CONTESTE VOS FRAIS RÉELS DE BLANCHISSAGE. VOUS LUI RÉPONDEZ.

Vous avez opté pour une déduction de vos frais réels et vous avez déduit les frais de blanchissage de votre bleu de travail en les évaluant selon le tarif pratiqué par les blanchisseurs. Le fisc rejette cette déduction. Vous contestez.

• **Ce que dit la loi** : Les dépenses d'habillement des salariés ne constituent des frais professionnels que si elles se rapportent à des vêtements ou tenues spécifiques à la profession exercée ou caractéristiques à cette profession. Les dépenses déductibles comprennent non seulement le prix d'achat, mais également le coût de l'entretien et du blanchissage de ces vêtements (DB 5F 2542, n° 57).

Selon une réponse ministérielle et une directive de l'administration fiscale, il est admis à titre de règle pratique que les dépenses de blanchissage sont évaluées, pour le calcul des frais réels, par référence au tarif pratiqué par les blanchisseurs (JO-AN-QR du 10 août 1987 p. 4530, n° 24967, BOI 5F 16-87 et DB 5G 2353, n° 50 et 51).

Attention, les contribuables, qui ne sont pas tenus par leur profession au port de vêtements spéciaux mais portent des vêtements d'un usage courant, ne peuvent déduire de dépenses à ce titre. Ainsi, les frais d'achat de vêtements de ville ne sont pas déductibles, même pour les employés de bureau.

• **Notre conseil** : N'hésitez pas à saisir le tribunal administratif pour demander l'application de la décision ministérielle.

Vos nom et prénom — Date
Adresse
Référence impôt — Centre des impôts de ....
Adresse
Recommandé avec avis de réception

Monsieur le Responsable de centre,
Je conteste le redressement effectué à mon encontre concernant les frais de blanchissage de mes vêtements de travail. (*Expliquez en détail les raisons de votre contestation, par exemple* : je suis ouvrier dans une entreprise automobile et mon employeur m'oblige à porter un uniforme qu'il me fournit gratuitement. Je ne perçois aucune indemnité pour les frais de blanchissage de cet uniforme.)

Selon une réponse ministérielle et une directive de l'administration fiscale, il est admis à titre de pratique que les dépenses de blanchissage sont évaluées, pour le calcul des frais réels, par référence au tarif pratiqué par les blanchisseurs, conformément aux dispositions prévues pour l'assiette des bénéfices non commerciaux (Réponse ministérielle Ravassard – JO de l'Assemblée nationale du 10 août 1987 p. 4530 n° 24967 ; BOI 5 F 16-87 et DB 5 G 2353 n° 50 et 51). Par ailleurs, selon le Premier ministre, l'administration fiscale doit adopter une solution conforme à celle exprimée par son ministre de tutelle, sauf si une décision de justice vient ultérieurement la contredire (Réponse ministérielle Mathieu du 3 juillet 1997, JO du Sénat du 23 août 1997 p. 2198).

En conséquence, je vous prie de bien vouloir m'accorder le dégrèvement correspondant.

Par ailleurs, je demande à surseoir au paiement de la partie d'imposition contestée.

Je vous prie de croire, Monsieur le Responsable de centre, à l'expression de ma considération distinguée.

Signature

L'AGENT DES IMPÔTS VEUT RÉÉVALUER LE PRIX D'ACHAT DE VOTRE LOGEMENT. VOUS REFUSEZ LE REDRESSEMENT.

Tout acquéreur d'un bien immobilier (maison, appartement, villa...) doit payer des droits d'enregistrement calculés sur la valeur du bien acheté. Mais lorsque l'administration juge que le prix du logement n'est pas assez élevé, elle peut le réévaluer. Et donc calculer les droits d'enregistrement sur ce nouveau montant.

• **Ce que dit la loi** : Selon l'article L. 17 du Livre des procédures fiscales (LPF), l'administration peut, pour le calcul des droits d'enregistrement, rectifier le prix ou l'évaluation d'un bien lorsque ce prix ou cette évaluation lui paraît inférieur à la valeur vénale réelle du bien.

À l'origine, ce texte a été créé parce que l'administration était incapable de prouver qu'un dessous de table avait été versé à l'occasion d'une transaction immobilière. On a donc créé un texte facile à appliquer : chaque fois que l'administration estime que le bien n'a pas été acheté assez cher, elle peut en réévaluer la valeur vénale. D'où des abus, notamment en Île-de-France.

Quoi qu'il en soit, pour réévaluer un prix, l'administration utilise la méthode de comparaison. Et elle compare le prix que vous avez payé un bien avec celui qu'ont été vendus, à la même époque et dans le même quartier, des biens similaires au vôtre (dont elle vous donne les adresses). Puis c'est à vous de démontrer pourquoi votre maison ou votre appartement « ne vaut » que le prix que vous annoncez l'avoir payé.

Il s'agit uniquement d'arguments de fait qui dévaluent votre bien. À titre d'exemple, ce peut être que votre maison est située près d'une voie ferrée ou d'un groupe de HLM, qu'elle était habitée par une personne âgée qui n'y a jamais fait de travaux, que la toiture est en piteux état, que les fenêtres donnent sur une autoroute ou une centrale nucléaire, etc. Vous pouvez aussi présenter vos propres chiffres de comparaison (avec adresses) de logements vendus au même prix que le vôtre.

Si vous êtes sûr que votre logement ne vaut pas plus, vous pouvez inviter l'agent des impôts à venir le voir. Voyez le cas de cet homme, qui vivait fenêtres closes parce que lesdites fenêtres donnaient sur le local de poubelles. Après avoir vu cet appartement, l'agent horrifié a vite renoncé à son intention de réévaluer le logement.

• **Notre conseil** : Ne vous laissez pas intimider. Le fisc frappe très fort pour donner ensuite l'impression de vous faire une faveur, en diminuant la valeur qu'il avait initialement fixée. Prenez rendez-vous (par téléphone) avec le signataire du redressement, car souvent cela vous permet de mieux expliquer la situation de votre logement. Vous devez répondre dans les trente jours (et non pas un mois) suivant la réception de la notification de redressement.

Vos nom et prénom
Adresse
Référence dossier

Date

Monsieur (*ou* Madame) ... (*nom du signataire de la notification de redressement*)
Adresse du CDI

Recommandé avec avis de réception

Monsieur (*ou* Madame),

Par notification de redressement que j'ai reçue le ... (*date*), vous me faites part de votre intention de réévaluer la valeur vénale de mon appartement (*ou* de ma maison, *évitez le terme pompeux « villa »*) de ... € à ... €. Soit un écart de ... €.

Je ne peux que refuser ce redressement fiscal.
En effet, ... (*détaillez ici les raisons qui font que votre appartement ou votre maison ne vaut que ce prix-là*).

Par exemple : Les maisons que vous avez retenues à titre de comparaison sont situées dans le centre-ville résidentiel alors que la mienne est située à l'extrême nord de la ville, dans un quartier décoté car proche d'une zone industrielle, d'un groupe de HLM, d'une voie ferrée, etc.

Ou encore : Vous avez retenu comme éléments de comparaison des appartements en bon état et situés en étage alors que le mien est en très mauvais état et situé au rez-de-chaussée.

Vous remerciant de l'attention que vous voudrez bien accorder à la présente, je vous prie de croire, Monsieur (*ou* Madame), à l'expression de ma considération distinguée.

Signature

L'AGENT DES IMPÔTS S'OBSTINE À VOULOIR RÉÉVALUER LE PRIX D'ACHAT DE VOTRE LOGEMENT. VOUS SAISISSEZ LA COMMISSION DE CONCILIATION.

Vos arguments n'ont pas persuadé l'agent du fisc qui tient à réévaluer le prix du logement que vous venez d'acheter. Vous contestez.

• **Ce que dit la loi** : En cas de désaccord persistant sur le prix réel de votre logement, vous pouvez demander la saisine de la Commission de conciliation.

Vos nom et prénom
Adresse

Date

Monsieur (*ou* Madame) ... (*nom du signataire du redressement*)

Référence dossier

Adresse du CDI

Recommandé avec avis de réception

Monsieur (*ou* Madame),

Le ... (*date*), vous m'avez notifié un redressement portant la valeur vénale du logement que j'ai acquis le ... (*date*), de ... € (*prix d'achat*) à la somme de ... €, soit un rappel de droits d'enregistrement de ... € (*montant du rappel d'impôt*).

Malgré nos multiples entretiens et nos échanges de courrier, le différend persiste puisque vous maintenez le redressement fiscal. De mon côté, je maintiens mon refus d'accepter ce redressement.

En conséquence, je demande, conformément à l'article L. 59-B du Livre des procédures fiscales, la saisine de la Commission départementale de conciliation.

Je vous prie de croire, Monsieur (*ou* Madame), à l'expression de ma considération distinguée.

Signature

VOUS AVEZ DÉMÉNAGÉ OU ALLEZ LE FAIRE. VOUS PRÉVENEZ LE CDI ET LA TRÉSORERIE.

Vous venez de déménager ou allez le faire bientôt. Vous en informez les administrations fiscales et vous leur communiquez votre nouvelle adresse.

• **Ce que dit la loi** : Le changement d'adresse doit être communiqué aux différentes administrations fiscales, notamment le centre des impôts et la Trésorerie (perception). Vous devez donc donner votre nouvelle adresse au CDI et à la Trésorerie dont dépend le domicile que vous quittez.

Vous pouvez faire cette démarche quelques jours ou quelques semaines avant de déménager. Mais vous pouvez aussi la faire après avoir déménagé. Cependant ne tardez pas trop.

En ne communiquant pas votre nouvelle adresse, vous prenez des risques. Comme l'illustre ce cas vécu : Pierre Didier déménage et omet de communiquer sa nouvelle adresse au fisc. Le CDI lui écrit pour demander des précisions concernant les déclarations de revenus faites par Pierre pour les deux années précédentes. Les courriers reviennent au CDI sans être distribués. Faute de réponse, l'agent des impôts fait un redressement fiscal élevé au nom de Pierre et demande à la Trésorerie de le mettre en recouvrement. Cette fois, ce sont les courriers de la Trésorerie qui reviennent sans être distribués. Le comptable du Trésor envoie alors un avis à tiers détenteur à l'employeur de Pierre. Il faudra des mois à ce dernier pour réussir à débrouiller cette affaire…

S'il avait communiqué son adresse, il aurait reçu les courriers des services fiscaux dans les délais et aurait pu réclamer ou contester aussitôt.

Quoi qu'il en soit, n'imaginez pas que vous pouvez disparaître sans laisser de traces. Il suffit à un agent des impôts ou du Trésor de taper votre nom sur un fichier (appelé FICOBA) pour obtenir le nom de votre banque. Il lui suffit ensuite d'utiliser le droit de communication pour obliger la banque à lui donner votre nouvelle adresse et tous les autres renseignements qu'elle détient sur vous.

• **Notre conseil** : Pour le CDI comme pour la Trésorerie, envoyez votre lettre sous la forme recommandée avec avis de réception, rapidement.
Le même modèle de lettre peut être utilisé pour les deux administrations.

Vos nom et prénom
Adresse

Date

Centre des impôts de …
Adresse

Recommandé avec avis de réception

Madame, Monsieur,

Je vous prie de bien vouloir noter que je change de domicile à compter du … (*date du déménagement*) et enregistrer ma nouvelle adresse que voici …

Veuillez agréer, Madame, Monsieur, l'expression de ma considération distinguée.

Signature

L'ADMINISTRATION A REJETÉ VOTRE RÉCLAMATION ET MAINTENU LE REDRESSEMENT FISCAL. VOUS SAISISSEZ LE TRIBUNAL ADMINISTRATIF.

Le fisc vous a infligé un redressement fiscal. Vous avez fait une réclamation pour le contester mais celle-ci a été rejetée. Vous saisissez le tribunal administratif.

• **Ce que dit la loi** : Vous avez demandé l'application d'un avantage fiscal mais le centre des impôts a refusé. Ou encore, il vous a infligé un redressement fiscal... Les motifs de désaccord avec l'administration fiscale ne manquent pas.

En cas de désaccord avec le fisc, le contribuable doit d'abord faire une réclamation devant l'administration fiscale.

L'administration peut rejeter votre réclamation et vous en informer par lettre recommandée. Elle peut aussi garder le silence pendant six mois. Son silence vaut rejet de votre réclamation.

Lorsque l'administration a explicitement ou implicitement rejeté votre réclamation, vous avez deux mois à dater de la réception de la lettre de rejet pour saisir le tribunal administratif du lieu de votre domicile. Vous n'avez pas besoin d'avocat.

Votre lettre (appelée requête) envoyée au président du tribunal administratif doit comporter votre état civil, les faits, le motif du désaccord, vos arguments juridiques justifiant un refus des redressements. En conclusion, vous devez demander la décharge des impositions et majorations. Devant le tribunal, tous les documents doivent être fournis en trois exemplaires : trois exemplaires de votre requête, trois copies de la lettre de rejet de l'administration, trois copies de l'avis d'imposition supplémentaire, trois copies des justificatifs que vous produisez à l'appui de votre requête. Sur les documents qui ne sont pas des originaux, écrivez de votre main la formule « certifié conforme à l'original » suivie de votre signature.

Le tribunal administratif est compétent pour tous les litiges liés à l'impôt sur le revenu : revenus imposables, charges déductibles, enfants à charge, réductions d'impôt, etc.

Attention : vous devez apposer un timbre fiscal sur votre requête. À défaut, le tribunal rejettera votre affaire sans même l'examiner. Le modèle de requête qui suit est à établir sur papier libre. Tapez-le à la machine de préférence. N'oubliez pas d'y apposer votre signature manuscrite.

• **Notre conseil** : Téléphonez ou déplacez-vous au greffe (secrétariat) du tribunal administratif pour qu'on vous précise exactement la marche à suivre et les pièces à joindre. La requête est à envoyer sous la forme recommandée avec avis de réception.

Vos nom et prénom
Adresse

Date

Monsieur le Président
Tribunal administratif
Adresse

Recommandé avec avis de réception
(important : apposez un timbre fiscal de 15 €)

Objet : Requête introductive d'instance

Monsieur le Président,

Par notification de redressement du ... (*date*) l'administration a ... (*indiquez la nature du redressement : par exemple*, l'administration a réintégré dans mes revenus imposables la pension alimentaire versée à mes parents, mes frais réels de repas...).

Le Service a mis en recouvrement le supplément d'impôt et me réclame la somme totale de ... € se décomposant en ... € au titre du principal, ... € au titre des pénalités et ... € d'intérêts.

Par décision en date du ..., notifiée le ... (*date de réception*), le responsable du centre des impôts de ... (*ville*) a rejeté la réclamation que j'avais déposée le ... (*date*) afin d'obtenirla décharge de l'imposition contestée.

Vous voudrez bien trouver copie jointe de cette décision de rejet.

Je conteste le bien-fondé de cette décision, et par la présente requête, j'ai l'honneur de porter le litige devant votre juridiction.

L'ADMINISTRATION A REJETÉ VOTRE RÉCLAMATION ET MAINTENU LE REDRESSEMENT FISCAL. VOUS SAISISSEZ LE TRIBUNAL ADMINISTRATIF.

Le fisc vous a infligé un redressement fiscal. Vous avez fait une réclamation pour le contester mais celle-ci a été rejetée. Vous saisissez le tribunal administratif.

MOYENS
Pour rejeter ma réclamation, le Responsable du centre des impôts développe les arguments suivants : ... (*résumez les arguments du fisc*).
Je réfute cette argumentation car ... (*réfutez les arguments du fisc en produisant les textes de loi, instructions fiscales et décisions de jurisprudence sur lesquels on s'appuie*).

CONCLUSIONS
Par les moyens exposés ci-dessus et tous ceux que je pourrai développer en cours d'instance, je demande à votre tribunal de prononcer en ma faveur la décharge des impositions contestées et des pénalités et intérêts afférents à ces impositions.

Je me permets de rappeler au tribunal que ma réclamation préalable était assortie d'une demande de sursis de paiement.

Je joins à la présente requête les pièces justificatives numé-rotées comme suit :
(*numérotez chacune des pièces jointes et joignez les documents en trois exemplaires, donc trois copies de la requête, trois copies de la décision de rejet...*).

Je vous prie de croire, Monsieur le Président, à l'expression de ma haute considération.

Signature

• **Notre conseil** : N'oubliez pas d'apposer votre signature manuscrit car le fisc peut rejeter une demande ou une réclamation non signée.

VOUS ACCEPTEZ LE REDRESSEMENT FISCAL, MAIS VOUS DEMANDEZ REMISE DES MAJORATIONS.

Le redressement fiscal est justifié, vous avez décidé de l'accepter. Vous demandez au signataire de vous accorder la remise des majorations et autres pénalités de retard.

• **Ce que dit la loi** : Vous acceptez le redressement fiscal, car vous reconnaissez votre erreur. Mais vous êtes de bonne foi et souhaitez qu'on vous fasse grâce des majorations et des pénalités de retard.

Vous pouvez en faire la demande à l'inspecteur des impôts. Mais pour avoir des chances que votre demande soit acceptée, mettez en avant votre bonne foi et vos problèmes financiers.

Vos nom, prénom
Adresse

Date

Recommandé avec avis de réception

Nom de l'inspecteur
des impôts
Adresse

Madame (*Monsieur*) l'inspecteur,

Par lettre que j'ai reçue le..., dont vous voudrez bien trouver copie jointe, vous m'avez notifié un redressement fiscal portant sur .... (*précisez*).

Les redressements notifiés ne soulèvent pas d'observations particulières de ma part.

Toutefois, compte tenu de ma bonne foi et afin d'atténuer les graves difficultés dans lesquelles me placent ces suppléments d'imposition, je vous saurais gré de bien vouloir me dispenser des majorations et intérêts de retard.

Vous remerciant de la bienveillance que vous voudrez bien accorder à la présente, je vous prie de croire, Madame (*Monsieur*) l'inspecteur, à l'expression de ma considération distinguée.

Signature

PJ : copie de la notification de redressement

VOUS AVEZ DÉDUIT DE VOS REVENUS LA PENSION QUE VOUS VERSEZ À VOS PARENTS DÉMUNIS. LE FISC VOUS DEMANDE DES EXPLICATIONS.

Vous trouvez normal d'aider vos parents dont les ressources sont bien insuffisantes. Ce qui vous permet de diminuer le montant de vos impôts. Mais le fisc veille et vous a écrit pour vous demander des justifications.

• **Ce que dit la loi** : L'article 205 du code civil oblige les enfants à aider leurs parents, lorsque les ressources de ces derniers sont inexistantes ou insuffisantes pour leur permettre de vivre. Vous avez donc une obligation alimentaire envers vos parents dans le besoin.

De son côté, le code général des impôts stipule que cette aide est déductible si les parents sont dans une situation de besoin. L'aide (la pension alimentaire) peut prendre la forme d'un versement en argent chaque mois ou plusieurs fois par an, de paiements directs de factures tels que frais de séjour dans une maison de retraite, paiement du loyer, frais de mutuelle, d'électricité, de téléphone, de consultations médicales, etc. Elle peut aussi se faire sous la forme d'une mise à leur disposition d'un logement qui vous appartient, complétée par des versements en argent.

Toutes les formes d'aide sont admises du moment que vos parents sont en situation de besoin et que vous êtes en mesure de justifier la réalité de cette aide. L'abus de générosité des enfants envers leurs parents n'étant pas un risque sérieux, la loi n'a donc pas posé de limite chiffrée. Vous pouvez déduire la totalité de votre aide dans la mesure où il y a une proportion raisonnable entre vos revenus et les charges et revenus de vos parents. Le fisc peut vous écrire pour vous demander de justifier que vos parents (ou votre mère, ou père) sont dans un état de besoin et/ou les preuves des sommes que vous leur avez versées.
Répondez point par point à la lettre de l'agent des impôts.

• **Notre conseil** : Même si le centre des impôts vous écrit sous la forme simple, envoyez votre réponse sous la forme recommandée avec avis de réception.

Vos nom et prénom Date
Adresse
Recommandé avec avis de réception

Nom de l'inspecteur
des impôts
Adresse

Madame (*ou* Monsieur) l'inspecteur,

En réponse à votre demande d'information (*copie jointe*), je vous prie de bien vouloir trouver ci-joint divers éléments et justificatifs.

- L'état de besoin de ... (précisez ma mère, mon père, mes parents) ... (justifiez la situation de besoin du bénéficiaire de la pension). Âgés de ... ans, mes parents perçoivent une pension de vieillesse de ... € par mois. Locataires de leur appartement, ils versent un loyer mensuel de ... €, auquel s'ajoutent ... (*indiquez les autres frais et leur montant mensuel* : EDF, cotisation à la mutuelle, soins médicaux...).

Leurs charges fixes s'élèvent à ... € mensuels, leurs ressources sont donc notoirement insuffisantes.

- Justificatifs des versements : Comme vous le savez, les relations entre parents et enfants sont informelles. Il est difficile de penser à se ménager systématiquement des preuves. L'instruction 5 B 2421 tient compte du particularisme des relations familiales et précise « Il appartient au contribuable la justification ou tout au moins les explications propres à établir la réalité des dépenses. »

Ainsi, mes justificatifs ne sont forcément pas exhaustifs, car il m'est arrivé de faire des versements en espèces à mes parents.

VOUS AVEZ DÉDUIT DE VOS REVENUS LA PENSION QUE VOUS VERSEZ À VOS PARENTS DÉMUNIS. LE FISC VOUS DEMANDE DES EXPLICATIONS.

Vous trouvez normal d'aider vos parents dont les ressources sont bien insuffisantes. Ce qui vous permet de diminuer le montant de vos impôts. Mais le fisc veille et vous a écrit pour vous demander des justifications.

Les sommes que j'ai déduites ont toutefois été intégralement déclarées par mes parents, comme l'attestent leurs avis d'impôt sur le revenu dont vous trouverez copie jointe.

Pour l'avenir, j'ai demandé à l'établissement bancaire qui tient mes comptes d'instaurer un virement permanent.

Je vous prie de croire, Madame (*ou* Monsieur) l'inspecteur, à l'expression de ma considération distinguée.

Signature

P.J. : votre demande d'information
copies de relevés de banque
copies des avis d'impôt sur le revenu des bénéficiaires de la pension

UN DE VOS PROCHES EST DÉCÉDÉ, VOUS DEMANDEZ UNE RÉDUCTION DE SES IMPÔTS.

Votre conjoint, l'un de vos parents ou tout autre proche dont vous êtes l'héritier est décédé. Le fisc vous réclame le paiement des impôts dus par ce proche. Vous pouvez solliciter une réduction, voire l'effacement total de cet impôt.

• **CE QUE DIT LA LOI**. Quand une personne décède, ses héritiers doivent payer les impôts établis en son nom, comme l'impôt sur les revenus, la taxe foncière, la taxe d'habitation, etc

Ainsi, le fisc pourra vous réclamer le paiement de l'impôt sur le revenu du par votre époux (se) décédé, même s'il ne vous laisse aucun bien.

Si vos moyens financiers ne vous permettent pas de payer les dettes fiscales de ce proche décédé, vous pouvez demander l'annulation (la remise) ou la réduction (modération) de cette dette. En cas de décès de votre conjoint (e), surtout si vous avez des enfants à charge, votre demande devrait recevoir une réponse positive. Si la personne décédée ne laisse aucun patrimoine, il peut être judicieux de renoncer à l'héritage. Ce qui vous dispense d'avoir à payer ses dettes y compris fiscales. Hormis en cas de décès du conjoint (e) où la renonciation à l'héritage n'a pas d'effet. Un texte spécifique permet au fisc de réclamer la totalité des impôts au survivant (e).

• **NOTRE CONSEIL** : La remise ou la modération de l'impôt dû par la personne décédée vous sera aisément accordé si vous justifiez que vous êtes dans une situation de vraie gêne financière.

Vos nom et prénom — Date
Adresse
Recommandé avec avis de réception

Monsieur, Madame
le chef de centre
des impôts de... (*adresse*)

Objet : Requête gracieuse

Monsieur, Madame, le chef de centre,

À la suite du décès survenu le... (*date*) de .... (*nom et prénom de la personne décédée*), dont je suis ... (*indiquez le lien, par exemple le fils, le conjoint...*), l'administration fiscale me réclame le paiement de... (*par exemple l'impôt sur le revenu, la taxe foncière...*).

Or, cette disparition a entraîné de gros bouleversements dans ma situation matérielle. En effet (*expliquez les difficultés qui ont résulté de ce décès. Par exemple*, je n'exerce pas d'activité professionnelle et seul le salaire de mon époux faisait vivre la famille..).

Je suis donc dans l'incapacité totale de régler cette somme.

Aussi, je vous serais très obligé (e) de bien vouloir adapter cette dette fiscale à ma situation présente en m'accordant la remise la plus large possible.

Je vous remercie par avance de votre bienveillance, et vous prie de croire, Monsieur le chef de centre, à l'expression de mes respectueux sentiments.

Signature

VOUS DEMANDEZ UNE REMISE GRACIEUSE DE L'IMPÔT DÛ PAR VOTRE EX-ÉPOUX.

L'époux dont vous avez, ou êtes en train de divorcer, n'a pas payé son impôt sur le revenu. Le fisc vous somme de payer à sa place. Vous demandez à être déchargé de cette obligation.

• **CE QUE DIT LA LOI**. Les couples mariés sont obligés de déclarer leurs revenus ensemble, et ils sont solidaires pour le paiement. Ce qui signifie que le fic peut réclamer à l'un des deux conjoints la totalité des impôts dus pour la période où ils étaient mariés. Le cas le plus fréquent est celui où le mari (cas le plus fréquent) " disparaît " dans la nature sans avoir payé les impôts dus sur les revenus qu'il a touchés. Grâce aux enfants dont elle a généralement la garde, l'épouse est plus facilement localisable.

C'est ainsi que dans 90 % des dossiers, c'est l'épouse qui est poursuivie par le fisc qui lui demande de payer les impôts dus par le mari dont elle est divorcée ou séparée, mais correspondant à l'époque de la vie commune.

Heureusement, l'article 1685-2 du code général des impôts permet à chacun des conjoints de demander à être déchargé de cette obligation. Autrement dit, vous demandez à être dispensé du paiement des impôts qui concernent votre époux.

Toutefois, vous n'obtiendrez cette dispense que si vous démontrez que vous êtes dans l'incapacité de régler la dette qui vous est réclamée.

• **NOTRE CONSEIL**. Appuyez votre demande de tous les justificatifs et envoyez à la trésorerie générale de votre département. Ou pour Paris à la Recette générale des finances.

Vos nom et prénom
Adresse

Date

Recommandé avec avis de réception

Monsieur le trésorier payeur général
(*du département*), adresse

Références de l'impôt :

Monsieur le trésorier payeur général,

J'ai reçu un avis d'imposition sur mes propres revenus de...et ceux de mon ex-conjoint. Ma situation familiale a été modifiée du fait de notre divorce (*ou* séparation, *ou* abandon du domicile familial) prononcé par jugement en date du..., dont vous trouverez copie jointe. La trésorerie de... (*ville*) me réclame le paiement des impôts dus par mon ex-époux.

Mes ressources ne me permettent pas de faire face à cette solidarité. En effet, je perçois un salaire mensuel de...€, je supporte un loyer mensuel de... € et j'ai deux enfants à charge.

Conformément à l'article 1685-2 du code général des impôts, je sollicite de votre bienveillance la décharge gracieuse de responsabilité.

Vous remerciant, je vous prie de croire, Monsieur le trésorier payeur général, à l'expression de mes respectueux sentiments.

Signature

VOUS DEMANDEZ L'APPLICATION DE LA MOYENNE TRIENNALE AUX CESSIONS DE VALEURS MOBILIÈRES.

Ayant vendu plus de 15 000 € de Sicav, actions, obligations…, vous devez en principe payer l'impôt sur la plus-value. Toutefois, si cette cession est motivée par des raisons légitimes, la moyenne de vos ventes peut être calculée sur trois ans. Ce qui peut vous permettre d'échapper à l'impôt.

• **Ce que dit la loi**. Si vous vendez tout ou partie des titres de votre portefeuille boursier (actions, parts sociales, Sicav, fonds communs de placements, obligations etc) pour un montant, appelé seuil de cession, inférieur à 15 000 € dans l'année, la plus-value (profit) que vous réalisez échappe à l'impôt. Si le montant de vos cessions est supérieur à ce seuil de cession, vous devrez payer un impôt de 26 % sur la plus-value réalisée.

L'article 39 A annexe II du code général vous offre cependant la possibilité de calculer le montant de vos cessions de titres, sur une période de trois ans (l'année de la vente et les deux précédentes) à condition que cette cession soit motivée par un événement exceptionnel, dont l'article 150-0-A du CGI donne la liste : licenciement, départ en retraite, décès de votre conjoint (e), invalidité subie par vous, votre conjoint ou l'un de vos enfants, mise en redressement judiciaire de votre entreprise, etc.

Exemple : vous avez vendu cette année 18 000 € de valeurs mobilières : votre plus-value est imposable. Supposons que vous ayez cédé ces titres suite à votre licenciement (ou l'un des évènements indiqués ci-dessus), le calcul des cessions s'effectue sur trois ans.

Cession de l'année dernière 10 000 €, et 13 000 € l'avant dernière année. La moyenne de vos cessions sur trois ans est de 13 667 €

(18 000 € + 10 000 € + 13 000 € : 3). Votre plus-value échappe à l'impôt, la moyenne de vos cessions étant inférieure au seuil de 15 000 €.

• **Notre conseil** : Joignez ce courrier à votre déclaration de revenus de l'année où vous avez cédé les titres.

Vos nom et prénom
Adresse

Date

Recommandé avec avis de réception

Monsieur, Madame le chef
de centre
des impôts de… (*adresse*)

Monsieur, Madame, le chef de centre,

Je sollicite le bénéfice des dispositions de l'article 39 A annexe II du code général des impôts, qui permet d'apprécier le seuil des cessions de valeurs mobilières sur la base d'une moyenne triennale.

Cette cession est en effet motivée par… (*par exemple, mon licenciement survenu le* …). Le montant de mes cessions s'élève à … € en 2003, … € en 2002 et … € en 2001, soit une moyenne triennale de …€. Ce chiffre étant inférieur au seuil de cession, la plus-value sur mes cessions se trouve donc exonérée d'impôt sur le revenu, je ne l'ai donc pas déclarée.

Je vous prie de croire, Monsieur, Madame, le chef de centre à l'expression de ma considération distinguée.

Signature

VOUS SAISISSEZ LE MÉDIATEUR DES IMPÔTS SUITE À UN LITIGE AVEC LE FISC.

Vous avez un litige avec le centre des impôts ou la trésorerie qui ont rejeté vos différentes réclamations. Vous pouvez saisir le médiateur des impôts. Il va gratuitement tenter de régler le litige.

• **Ce que dit la loi**. Vous rencontrez une difficulté avec votre centre des impôts : par exemple, il refuse de vous accorder un avantage auquel vous avez pourtant droit, il vous a infligé un redressement non justifié etc. Ou encore, vous avez un litige avec la trésorerie (perception) qui vous a infligé des intérêts de retard non justifiés, refuse de vous délivrer une attestation, vous réclame un impôt déjà payé etc. Quelle que soit la nature du litige, vous pouvez saisir le médiateur des impôts.

Dans un premier temps, vous devez tenter de régler le litige avec l'organisme concerné en faisant les réclamations en bonne et due forme et dans les délais.

C'est seulement si votre réclamation est rejetée ou si le fisc conserve un silence ostensible que vous pourrez saisir le médiateur des impôts.

Ses services sont gratuits. Il n'existe qu'un seul médiateur qui se trouve à Paris. Dans la lettre adressée au médiateur des impôts, vous devez expliquer la nature du litige et y joindre les copies des pièces justificatives. Il vous envoie un accusé de réception et ensuite va tenter de trouver une solution satisfaisante avec le service concerné. Si le dossier nécessite un traitement long du fait de sa complexité, vous êtes tenu informé de son avancement.

• **Notre conseil** : Votre réclamation auprès du médiateur des impôts n'interrompt pas les délais légaux de recours. Ainsi, si vous envisagez de saisir le tribunal administratif, faites-le sans attendre d'avoir eu une réponse du médiateur.

Vos nom et prénom — Date
Adresse

Recommandé avec avis de réception

Médiateur du ministère de
l'économie et des finances
Télédoc 215
139, rue de Bercy
5572 Paris cedex 12

Monsieur le Médiateur,

Un litige me sépare du centre des impôts de ... (*ville*). En effet, ce CDI ... (*expliquez le problème, par exemple refuse la déduction de mes frais de repas etc*). J'ai adressé une réclamation au chef de ce centre, mais celle-ci a été rejetée le..., comme le montre la copie jointe.

En conséquence, je sollicite votre aide et vous demande de bien vouloir intervenir auprès de ce CDI afin que ce dossier évolue rapidement.

Vous remerciant, je vous prie de croire, Monsieur le Médiateur, à l'expression de mes respectueux sentiments.

Signature

VOUS REFUSEZ DE PAYER LA REDEVANCE DE TÉLÉVISION.

On vous réclame la redevance de télévision alors que vous en êtes exonérée, vous avez donné ou vendu votre poste, il est définitivement hors d'usage, le vendeur l'a repris, vous payez déjà une redevance pour un premier poste installé à la même adresse...

• **Ce que dit la loi** : La redevance est une taxe parafiscale perçue en raison de la détention d'un téléviseur. Vous ne pouvez donc pas refuser de la payer parce que vous jugez les programmes mauvais.

En revanche, vous n'avez pas à la payer et vous pouvez résilier votre compte redevance de télévision si vous avez vendu ou donné votre appareil (on vous demandera les coordonnées du nouveau détenteur du poste), s'il a été détruit ou perdu, s'il est hors d'usage, inutilisable par suite d'une alimentation électrique due à EDF, s'il a été repris par le vendeur ou la société de location.

Vous pouvez également être exonéré(e) du paiement de cette redevance sous conditions d'âge et de revenus (voir page 174).

Si vous estimez ne pas devoir payer la redevance, le décret n° 92-304 du 30 mars 1992 (article 21) énonce que vous devez envoyer une réclamation au chef du centre de la redevance dont vous dépendez dans un délai de quatre mois à compter de la date de sa mise en paiement.

Si sa réponse ne vous satisfait pas, vous pourrez dans les deux mois qui suivent la réception de cette réponse, saisir le tribunal administratif. Ou dans les quatre mois suivant l'envoi de votre réclamation, si elle est restée sans réponse.

• **Notre conseil** : Le service de la redevance vous demandera de justifier que vous n'avez plus l'usage du téléviseur. Notez que les contrôleurs peuvent sonner à votre porte pour vous demander si vous détenez un téléviseur. Mais en aucun cas, ils ne peuvent pénétrer à l'intérieur du domicile d'un particulier.

Vos nom et prénom
Adresse

Date

Recommandé avec avis de réception

Monsieur, Madame le chef
de centre
de la Redevance-télévision
de...
adresse

Monsieur, Madame le chef de centre,

Vous me réclamez une redevance de télévision dont je ne suis pas redevable pas car :

Cas n° 1 : ainsi que je vous l'ai déjà signalé par courrier recommandé avec avis de réception en date du..., je n'ai plus d'appareil de télévision, celui-ci étant définitivement hors d'usage depuis le...

Cas n° 2 : il s'agit d'un deuxième appareil et je paie déjà sous le numéro...(*indiquez la référence*) une redevance pour un poste installé à la même adresse.

Je vous demande donc de bien vouloir résilier définitivement ce compte et supprimer cette facturation.

Je vous prie de croire, Monsieur, Madame, le chef de centre à l'expression de ma considération distinguée.

Signature

PJ : copie de l'avis de recouvrement de la redevance

VOUS CONTESTEZ LE PAIEMENT DE LA TAXE D'HABITATION APRÈS DÉMÉNAGEMENT.

On vous réclame le paiement de la taxe d'habitation et / ou de la taxe foncière, alors que vous avez déménagé il y a déjà plusieurs mois.
Vous demandez au centre des impôts d'annuler cet (ces) avis d'imposition.

• **Ce que dit la loi** : L'article 1407 du code général des impôts énonce que la taxe d'habitation est due par la personne qui a l'usage du logement au 1er janvier.

Ainsi, si vous avez quitté votre logement entre le 1er janvier et le 31 décembre 2003, vous aurez à payer la taxe d'habitation 2003, mais pas la taxe 2004.

Idem pour la taxe foncière qui doit être payée par celui qui est propriétaire du logement au 1er janvier.

En cas de déménagement, avertissez le centre des impôts afin qu'il cesse d'émettre la taxe d'habitation (ou la taxe foncière) à votre nom. Si vous avez omis de faire cette démarche ou si malgré votre courrier, le CDI a néanmoins émis une taxe d'habitation et /ou foncière à votre nom, faites une réclamation au CDI pour qu'il annule cette imposition. À défaut, le comptable du Trésor (percepteur) qui n'est absolument pas au courant de la situation va vous poursuivre.

• **Notre conseil** : Si vous recevez un avis de paiement de la taxe d'habitation et / ou foncière alors que vous estimez ne pas avoir à la payer, faites rapidement une réclamation auprès du CDI en joignant une copie de l'avis.

Vos nom et prénom — Date
Adresse

Recommandé avec avis de réception

Centre des impôts de...
adresse

Madame, Monsieur,

J'ai reçu un avis d'imposition à la taxe d'habitation pour l'année... pour un logement situé... (*adresse de votre ancien domicile*).

Ayant quitté ce logement le... (*date*), je ne suis pas redevable de cette. (*Si vous connaissez le nom du nouvel occupant, ajoutez : désormais, ce logement est occupé par...*)

En conséquence, je vous saurais gré de bien prendre en compte cette nouvelle situation et établir un dégrèvement correspondant à ladite taxe.

Vous en remerciant, je vous prie de croire, Monsieur, Madame, le chef de centre à l'expression de ma considération distinguée.

Signature

PJ : copie de l'avis de taxe d'habitation

VOUS CONTESTEZ LE CALCUL DE VOTRE TAXE D'HABITATION.

En lisant la fiche d'évaluation qui a servi au calcul de votre taxe d'habitation (ou foncière), vous découvrez qu'elle a été calculée sur une surface erronée, des éléments de confort inexistants... Vous demandez au fisc de recalculer votre taxe.

• **Ce que dit la loi** : La taxe d'habitation tout comme la taxe foncière est calculée sur la valeur locative du logement. Selon les articles 324 D à 324 S annexe III du CGI, cette valeur est déterminée en fonction d'un ensemble d'éléments tels que surface du logement, éléments de confort, architecture, état d'entretien, environnement etc. Tous ces éléments figurent sur la fiche d'évaluation cadastrale détenue par l'administration pour chaque logement.

Cette fiche peut comporter des erreurs : par exemple elle précise une surface plus élevée que celle de votre logement, elle mentionne une baignoire alors que vous n'avez qu'un coin douche, un WC intérieur alors que celui-ci se trouve sur le palier, un parking alors que votre logement n'en possède pas etc. Un coefficient de 0,8 pour une construction à l'abandon à 1,2 pour une habitation neuve vient diminuer ou augmenter la valeur locative de votre logement.

Si après avoir épluché cette fiche (que le fisc est obligé de vous communiquer si vous la demandez), vous y découvrez des erreurs, demandez la rectification de la valeur locative de votre logement.

• **Notre conseil** : En recevant votre réclamation sur la taxe d'habitation, le fisc va en profiter pour contrôler votre situation au regard de l'impôt sur le revenu. Faites cette réclamation uniquement si votre situation fiscale est irréprochable.

Vos nom et prénom — Date
Adresse

Recommandé avec avis de réception

Centre des impôts foncier de...
adresse

Madame, Monsieur,

La lecture de la fiche d'évaluation cadastrale de mon logement laisse apparaître (*indiquez l'élément erroné ; par exemple* l'existence d'un chauffage central collectif alors que le logement est chauffé par convecteurs électriques ; la présence d'un WC intérieur alors que celui-ci est situé à l'extérieur etc).

La valeur locative retenue pour mon logement est donc erronée.

Je vous saurais gré de bien vouloir la modifier en conséquence et recalculer le montant de mon imposition.

Vous en remerciant, je vous prie de croire, Monsieur, Madame, le chef de centre à l'expression de ma considération distinguée.

Signature

PJ : copie de l'avis de taxe d'habitation

VOUS DEMANDEZ L'ACCÈS À VOTRE DOSSIER FISCAL.

Vous voulez savoir ce que contient votre dossier fiscal. Rien de plus simple, il vous suffit de demander au fisc de vous organiser sa consultation.

• **CE QUE DIT LA LOI** : La loi n° 78-753 du 17 juillet 1978 sur l'accès au document administratif permet à tout individu de consulter tout dossier qui le concerne. Cette mesure s'applique également aux impôts. Vous pouvez donc demander à consulter le dossier fiscal que le CDI (ou la perception, ou la recette des impôts) détient à votre nom. Et ce sans que le fisc puisse vous opposer le secret professionnel.

Le droit de consulter inclut la possibilité d'obtenir des photocopies de ce dossier. La consultation est gratuite, mais l'administration fiscale peut néanmoins vous réclamer une participation aux frais de copies.

Si vous êtes marié ou pacsé, vous pouvez consulter le dossier fiscal du foyer mais uniquement pour les périodes où vous étiez imposés ensemble.

Autrement dit, vous ne pouvez pas consulter le dossier de votre ex-conjoint (e) ou ex-partenaire alors que vous n'êtes plus imposé avec lui (ou avec elle).

• **NOTRE CONSEIL** : La consultation de votre dossier fiscal peut vous permettre d'apprendre certaines informations intéressantes.

Vos nom et prénom Date
Adresse

Recommandé avec avis de réception

Référence dossier :

Monsieur, Madame le chef
de centre
des impôts de... (adresse)

Monsieur, Madame, le chef de centre,

Conformément aux dispositions de la loi du 17 juillet 1978 modifiée, je vous prie de bien vouloir me permettre la consultation du dossier fiscal établi à mon nom par vos services.

L'heure et le jour de cette consultation étant à votre entière convenance.

Vous en remerciant, je vous prie de croire, Monsieur, Madame, le chef de centre à l'expression de ma considération distinguée.

Signature

VOUS SAISISSEZ LA CADA APRÈS REFUS D'ACCÈS À VOTRE DOSSIER FISCAL.

Vous avez demandé à consulter votre dossier fiscal. Mais l'administration n'a pas répondu à votre demande ou a refusé. Vous saisissez le président de la Cada.

• **Ce que dit la loi** : La loi du 17 juillet 1978 vous permet de consulter votre dossier fiscal, comme tout autre dossier administratif vous concernant.

Si vous avez demandé à consulter votre dossier fiscal mais que l'administration a refusé ou ne vous a pas répondu, vous avez un recours.

Vous devez saisir le président de la Commission d'accès aux documents administratifs (Cada) pour l'informer de ce refus.

La Cada va intervenir auprès du fisc pour lui rappeler que la consultation du dossier fiscal est un droit. À l'appui de votre lettre à la Cada, joignez une copie de la lettre de refus du fisc. Du moins si ce refus vous a été explicitement opposé.

• **Notre conseil** : Si malgré l'intervention de la Cada, le fisc persiste dans son refus, il vous faudra renoncer à votre projet ou contester ce refus devant le tribunal administratif.

Vos nom et prénom À..., le...
Adresse
Recommandé avec avis de réception

Monsieur le président de
la Commission d'accès
aux documents administratifs
66 rue Bellechasse
75700 Paris 07 SP

Monsieur le Président,

Par lettre en date du..., dont vous trouverez copie-jointe j'ai demandé au chef du centre des impôts de... (*ville*) de bien vouloir m'autoriser à consulter mon dossier fiscal.

L' administration m'a fait connaître par lettre en date du..., dont photocopie ci-jointe son refus d'accéder à ma demande.
(*ou l'administration a conservé le silence, ce qui équivaut à un refus implicite*)

Or, ma démarche est conforme aux dispositions de la loi du 17 juillet 1978 dont l'objectif est l'amélioration des relations entre l'administration et le public.

Je demande donc à votre commission de bien vouloir rendre son avis conformément aux dispositions de cette loi.

Vous en remerciant, je vous prie de croire, Monsieur le Président, à l'expression de mes respectueux sentiments.

Signature

Après l'avoir envoyée, vous réalisez que vous avez commis une erreur sur votre déclaration de revenus. Vous rectifiez l'erreur auprès du centre des impôts.

• **Ce que dit la loi** : Toute personne imposable doit remplir une déclaration de revenus n° 2042, le 15 mars de chaque année. Sans report de la date décidée en dernière minute.

La déclaration étant un brin complexe, une erreur est vite arrivée. Ainsi, vous avez déclaré vos revenus en salaire alors qu'il s'agit de pensions de retraite, vous avez à tort coché une case, vous avez oublié de déclarer un revenu pourtant imposable etc.

Vous pouvez soit remplir une nouvelle déclaration (que vous irez chercher dans un CDI) et sur laquelle vous ajoutez à la main « déclaration rectificative » que vous envoyez accompagnée d'un mot explicatif. Soit vous envoyez une lettre (ci-dessous) pour signaler au CDI votre erreur en lui demandant de rectifier votre déclaration.

Vos nom et prénom
Adresse

Date

Recommandé avec avis de réception

Centre des impôts de...
adresse

Monsieur, Madame,

Lorsque j'ai déclaré mes revenus de l'année..., j'ai commis une erreur sur ma déclaration 2042.

En effet, j'ai indiqué mes revenus dans la catégorie « traitements et salaires » alors que j'aurais du les déclarer dans la catégorie « pensions de retraite »

(*ou encore, j'ai par erreur coché la case...figurant à la page ... de la déclaration 2042*).

En conséquence, je vous prie de bien vouloir rectifier ma déclaration 2042 en prenant en compte cette information.

Je vous prie de croire, Monsieur, Madame, à l'expression de ma considération distinguée.

Signature

• **Notre conseil** : si l'erreur ne porte que sur quelques dizaines d'euros, abandonnez la demande de rectification. Car sachez-le, chaque fois que vous vous manifestez, le fisc en profite pour éplucher votre situation fiscale.

VOUS AVEZ TRANSFORMÉ VOTRE PIED-À-TERRE EN RÉSIDENCE PRINCIPALE. VOUS EN INFORMEZ LE SERVICE DE LA TAXE D'HABITATION.

Vous aviez une maison de campagne ou un appartement de ville que vous utilisiez ponctuellement. Vous avez décidé d'en faire votre résidence principale. Vous en informez le centre des impôts pour qu'il vous applique les abattements fiscaux.

• **Ce que dit la loi** : Divers abattements sont appliqués pour le calcul de la taxe d'habitation d'une résidence principale, c'est-à-dire le logement où vous vivez en permanence. Chaque individu ne peut fiscalement avoir qu'une seule résidence principale. Tout logement qui n'est pas votre résidence principale est fiscalement considéré comme résidence secondaire même s'il est situé en ville. Sauf s'il est loué car dans ce cas, la taxe d'habitation est payée par le locataire.

Les résidences secondaires sont soumises à une fiscalité oppressive et ne bénéficient pas des abattements. Heureusement, le classement n'est pas figé.

Si un logement qui est une résidence secondaire devient votre résidence principale, la loi vous permet de bénéficier des abattements. Il est donc judicieux d'avertir le centre des impôts lorsque vous envisagez un tel changement.

Mais le changement n'est pris en compte qu'à partir du 1er janvier.

Ainsi si votre maison de campagne devient votre résidence principale le 15 janvier de l'année, vous paierez pour cette année-là une taxe d'habitation pour résidence secondaire, et c'est seulement l'année suivante que votre taxe sera établie pour une résidence principale. C'est toujours la date du 1er janvier qui sert de référence.

• **Notre conseil** : N'oubliez pas d'informer le centre des impôts de ce type de changement qui peut entraîner un allègement substantiel du montant de votre impôt.

Vos nom et prénom
Adresse

À..., le...

Recommandé avec avis de réception

Centre
des impôts de... (adresse)

Objet : taxe d'habitation
Référence dossier :

Monsieur, Madame,

Je vous prie de bien vouloir noter que le logement situé... (*adresse*) constitue ma résidence principale depuis le...

Vous voudrez bien prendre en compte cette nouvelle situation pour l'établissement de ma taxe d'habitation.

Vous en remerciant,
je vous prie d'agréer, Monsieur, Madame, l'expression de ma parfaite considération.

Signature

VOTRE AMI ÉTANT PARTI VIVRE AILLEURS, VOUS EN INFORMEZ LE SERVICE DE LA TAXE D'HABITATION.

Jusqu' à présent, vous viviez en couple. Votre compagnon ayant déménagé, votre taxe d'habitation devrait diminuer. Vous informez le fisc de ce départ.

• **Ce que dit la loi** : Les collectivités locales (communes et départements notamment) votent des taux d'imposition qui sont appliquées sur la valeur locative du logement. Cette valeur étant éventuellement abattue s'il s'agit d'une résidence principale. Le montant de la taxe d'habitation peut ensuite être plafonné, c'est-à-dire limité, si vos revenus n'excèdent pas certains plafonds. Et toujours pour une résidence principale. Pour apprécier si vous dépassez ou non les plafonds légaux donnant droit aux allègements de la taxe, le fisc retient vos revenus mais également les revenus des personnes vivant au foyer.

Donc, si vous vivez avec un compagnon, que vous soyez marié ou non, qu'il (elle) figure ou non sur le bail, ses revenus sont ajoutés aux vôtres pour vérifier si vous dépassez les plafonds. C'est dire qu'une rupture peut favorablement modifier le montant de votre taxe d'habitation, puisque les revenus de votre ami (e) ne vont plus s'ajouter aux vôtres.

• **Notre conseil** : Si votre compagnon a décidé de faire définitivement logement à part, vous avez tout intérêt à en avertir le CDI. Il tiendra compte de cette situation pour le calcul de votre taxe d'habitation de l'année suivante.

Vos nom et prénom | À..., le...
Adresse

Recommandé avec avis de réception

Centre
des impôts de... (adresse)
Références fiscales : | Service taxe d'habitation

Madame, Monsieur,

Je vous prie de bien vouloir noter la rupture de mon union avec M... (nom de la personne), survenue le... M... (*nom*) est parti vivre dans une autre habitation dont j'ignore l'adresse.

Le logement référencé ci-dessus constitue exclusivement ma résidence principale et celle de mes (*deux*) enfants (Anne-Sophie et Louis Dumont).

Vous voudrez bien prendre en compte cette nouvelle situation pour l'établissement de ma taxe d'habitation.

Vous en remerciant,
je vous prie d'agréer, Monsieur, Madame, l'expression de ma parfaite considération.

Signature

VOUS N'AVEZ PAS DÉCLARÉ LE JOB D'ÉTÉ DE VOTRE ENFANT. VOUS EN INFORMEZ LE CENTRE DES IMPÔTS.

Convaincu que les jobs d'été ne sont pas imposables, vous n'avez pas déclaré les modestes euros que votre enfant a touchés. Pour éviter un redressement fiscal coûteux, vous déclarez cette somme au fisc.

• **Ce que dit la loi** : De nombreux parents sont persuadés que les revenus d'appoint des jeunes ne sont pas imposables. Et c'est en toute bonne foi, qu'ils omettent de les déclarer au fisc. Sauf qu'ils risquent un redressement fiscal, assorti d'intérêts de retard très élevés. Car autant le savoir, les revenus des enfants comptés à votre charge doivent être déclarés avec les vôtres, quelles que soient la durée et la nature de l'activité : job d'été, petit boulot le week-end, baby-sitting etc. Un travail, même s'il n'est que pour quelques jours doit donc être déclaré, dans la mesure où un bulletin de salaire a été établi. (Évidemment, on ne déclare pas le travail au noir). Et ce y compris si vous estimez que la somme vraiment faible.

Seule exception : si l'enfant a touché dans l'année une somme inférieure à 370 € (chiffre réévalué légèrement chaque année). Cette exonération s'applique chaque année et pour chaque enfant.

Notez que les revenus des enfants bénéficient de la déduction de 10 % et de l'abattement de 20 %, comme tous les salaires.

• **Notre conseil** : Un redressement fiscal est toujours coûteux car il intervient souvent plusieurs années après. Il est préférable de déclarer d'emblée les revenus des enfants.

Vos nom et prénom
Adresse

À..., le...

Recommandé avec avis de réception

Centre
des impôts de... (*adresse*)

Références fiscales :

Madame, Monsieur,

Croyant que les revenus des jeunes sont exonérés d'impôt sur le revenu, j'ai en toute bonne foi, omis de déclarer le salaire que ma fille, ... (*par exemple*, Charline Dubois) a touché à l'occasion d'un emploi pendant le mois de juillet... (*année*).

en conséquence, je vous prie de bien vouloir ajouter à ma déclaration la somme de...€ correspondant au salaire que ma fille a perçu pour ce poste temporaire.

Vous en remerciant,
je vous prie de croire, Monsieur, Madame, le responsable de centre, à l'expression de mes respectueux sentiments.

Signature

LE FISC VOUS A ENVOYÉ UNE DEMANDE DE JUSTIFICATIONS. VOUS DEMANDEZ UN DÉLAI SUPPLÉMENTAIRE POUR Y RÉPONDRE.

Le fisc vous demande de justifier dans les soixante jours l'origine du capital qui a financé l'achat de votre maison. Vous demandez un report de ce délai car les justificatifs se trouvent dans un pays étranger.

• **Ce que dit la loi** : L'administration fiscale peut vous interroger sur un point ou un autre de votre déclaration, situation fiscale, patrimoine etc. Elle peut ainsi vous envoyer une demande d'information (imprimé n° 754) sous la forme simple.

Vous n'êtes pas tenu de répondre à une demande reçue sous la forme simple, mais il est préférable de le faire. Votre silence peut être mal interprété.

Le fisc peut également vous envoyer une demande d'éclaircissements et de justifications (imprimé n° 2172) sous la forme recommandée avec avis de réception, et vous devez absolument y répondre. C'est le cas s'il veut savoir d'où vient le capital qui a financé un achat important, principalement un logement ou un fonds de commerce. En principe, vous devez répondre à la demande de justifications dans les soixante jours qui suivent la date où vous l'avez reçue. Mais le fisc peut vous accorder un délai complémentaire, si les recherches sont complexes, notamment si vous devez demander des documents à l'étranger. À condition que vous en fassiez la demande auprès de l'agent des impôts qui vous a écrit.

• **Notre conseil** : Répondre ou pas, comment savoir ? Tout ce que vous recevez sous la forme recommandée appelle une réponse obligatoire dans les délais indiqués dans le courrier. Demandez, sous la forme recommandée, un délai complémentaire si nécessaire.

Vos nom et prénom À..., le...
Adresse

Recommandé avec avis de réception

Centre
des impôts de... (adresse)

Références fiscales :

Madame,

Par lettre que j'ai reçue le... (*date*), vous me demandez des justifications au sujet des fonds qui ont servi à financer l'acquisition de mon logement.

je ne refuse pas de répondre, mais pour vous vous fournir les justifications, je dois m'adresser à divers banques et organismes situés ... (*nom du pays ; par exemple situés au Canada*). Ce qui nécessite des délais plus longs.

C'est pourquoi je vous prie de bien vouloir m'accorder un délai supplémentaire de ... (*par exemple 45 jours*).

Je m'engage ainsi à répondre à votre demande au plus tard le... (*date*).

Vous en remerciant de la bienveillance que vous voudrez bien accorder à la présente,

je vous prie de croire, Monsieur, Madame, le responsable de centre, à l'expression de mes respectueux sentiments.

Signature

LE FISC VOUS DEMANDE POURQUOI VOUS N'AVEZ PAS DÉCLARÉ LA PENSION ALIMENTAIRE DUE PAR VOTRE EX-MARI. VOUS LUI RÉPONDEZ.

Depuis plusieurs années vous déclarez la pension alimentaire versée par votre ex-époux. Ne voyant rien sur votre déclaration de revenus, le fisc vous interroge. Vous lui répondez.

• **CE QUE DIT LA LOI** : Une pension alimentaire est un revenu qui doit être déclaré par la personne qui la touche. Du moins, si celui qui la verse est autorisé à la déduire.

La pension alimentaire que le père de vos enfants vous verse doit donc être déclarée avec vos autres revenus. Mais vous ne devez déclarer que la somme que vous avez effectivement touchée. S'il cesse de la payer, vous n'avez rien à déclarer. S'il ne la verse qu'en partie, vous ne déclarez que la partie encaissée. Or, le fisc qui est vigilant peut s'étonner de voir que cette année vous n'avez pas déclaré de pension alimentaire. Surtout si votre mari l'a déduite comme si de rien n'était. Le contrôle étant facilité si vous vivez dans le même secteur géographique et dépendez du même centre des impôts.

• **NOTRE CONSEIL** : Répondez systématiquement et dans les délais si l'administration fiscale vous fait part de son étonnement de ne pas relever la pension alimentaire sur votre déclaration.

Vos nom et prénom
Adresse

À..., le...

Recommandé avec avis de réception

Centre
des impôts de... (*adresse*)

Références fiscales :

Madame,

Par lettre que j'ai reçue le... (*date*), vous me demandez pourquoi je n'ai pas mentionné de pension alimentaire sur ma déclaration de... (*année*) alors que je déclare un tel revenu depuis plusieurs années.

Mon ex-mari a cessé de me verser la pension alimentaire le...Depuis cette date, je n'ai reçu aucune somme de sa part.

Il est donc légitime que je n'aie pas mentionné une somme que je n'ai pas encaissée.

je vous prie d'agréer, Madame, l'expression de ma parfaite considération.

Signature

CHAPITRE 12

VOUS ÊTES LOCATAIRE

UNE AGENCE IMMOBILIÈRE ENTEND VOUS FAIRE PAYER LA TOTALITÉ D'UNE COMMISSION. VOUS REFUSEZ.

Une agence immobilière entend vous faire payer la totalité d'une commission. Vous refusez.
Vous venez de louer un appartement par l'intermédiaire d'une agence immobilière. Celle-ci vous demande de payer la totalité de la commission liée aux frais de location. Vous pouvez contester par lettre le montant ainsi exigé car, selon la loi, les frais de location doivent être partagés par moitié entre vous et votre propriétaire-bailleur.

• **Ce que dit la loi** : L'article 5 de la loi n° 89-462 du 6 juillet 1989, tendant à améliorer les rapports locatifs, prévoit que « la rémunération des personnes – notaires, avocats, intermédiaires de l'immobilier – qui se livrent ou prêtent leur concours à l'établissement d'un acte de location d'un immeuble appartenant à autrui est partagée par moitié entre le bailleur et le locataire ».

Depuis le 1er janvier 1987, les commissions des agents immobiliers sont fixées librement par accord entre les parties. Cependant, depuis le 1er septembre 1990, le montant de la rémunération (prix, pourcentages prélevés et modalités de calcul) doit être affiché à l'entrée de l'établissement de façon visible et lisible pour la clientèle. Les agences immobilières connaissent cette loi mais, comme les propriétaires sont révulsés à l'idée de payer une partie de cette commission, les agences tentent de la faire supporter au seul locataire.

• **Notre conseil** : Refusez de payer par avance toute somme pour ouverture de dossier, frais d'inscription, etc. Tant qu'un bail n'est pas signé, aucun frais n'est exigible. Et ne payez que la moitié des honoraires de l'agence.

Vos nom et prénom
Adresse

Date

Objet : contestation d'une commission

Nom de l'agence
Adresse

Recommandé avec avis de réception

Monsieur,

J'ai loué par votre intermédiaire un logement comprenant deux pièces, cuisine et salle de bains. La demande de paiement de la totalité de votre commission liée aux frais de cette location m'est bien parvenue. Mais je suis au regret de vous dire que j'en conteste le montant.

En effet, selon l'article 5 de la loi du 6 juillet 1989 tendant à améliorer les rapports locatifs, la rémunération de l'agent immobilier qui s'est livré ou a prêté son concours à l'établissement d'un acte de location d'un immeuble appartenant à autrui est partagée par moitié entre le bailleur et le locataire.

En conséquence, je vous demande de me faire parvenir une nouvelle facture en prenant en considération ma réclamation. Dès réception, je vous adresserai un chèque correspondant à la moitié du montant que vous m'aviez demandé.

Veuillez agréer, Monsieur, l'expression de mes salutations distinguées.

Signature

VOUS AVEZ VERSÉ UNE COTISATION CONTRE LA PROMESSE D'AVOIR DES OFFRES DE LOGEMENT À LOUER, VOUS DÉCOUVREZ QU'IL S'AGIT D'UN MARCHAND DE LISTES...

Désespérant de trouver un appartement à louer, vous avez versé une grosse somme à un organisme, avant de découvrir qu'il s'agissait d'un marchand de listes. Vous exigez le remboursement de votre versement.

• **Ce que dit la loi** : Il y a toujours des gens malhonnêtes pour profiter des situations de pénurie, qu'il s'agisse d'emplois ou de logements. Ainsi, des officines promettent de vous trouver, en quelques jours, le logement à louer de vos rêves. Mais il faut bien sûr verser une « participation » aux frais entre 100 et 300 €.

Ceux qui veulent vendre un logement sont des proies encore plus tentantes. Ces sociétés proposent de vous présenter rapidement un acheteur grâce à leurs fichiers et à leurs petites annonces. Mais, ici, l'addition est plus lourde : de 450 à 1 600 €.

Ne vous laissez pas abuser par ces arnaques. Utilisez les ser-vices des professionnels de l'immobilier (agents immobiliers, administrateurs de biens...) ou plus simplement les annonces des journaux.

• **Notre conseil** : Si vous pensez avoir été victime d'une arnaque, n'hésitez pas à saisir la Direction départementale de la concurrence, de la consommation et de la répression des fraudes de votre département, ou à porter plainte auprès du Procureur de la République.

Vos nom et adresse
Adresse

Date

Nom de la société
Adresse

Recommandé avec avis de réception

Madame, Monsieur,

Le ... (*date*), je vous ai versé la somme de ... €. En contrepartie, vous vous êtes engagé à passer des annonces pour trouver un acheteur pour l'appartement que je désire vendre (*ou encore* : vous vous êtes engagé à me faire visiter de nombreux logements à louer correspondant à mes souhaits, etc.).

Je n'ai pas vu les annonces que vous vous étiez engagé à passer, pas plus que je n'ai reçu la liste d'acheteurs que vous aviez promis de m'envoyer. Je vous rappelle que vous tombez sous le coup de la loi du 1er août 1905 sur les fraudes.

Je vous demande donc de me restituer, sous huit jours, la somme que j'ai versée.

A défaut, je serai contraint d'alerter la Direction départementale de la concurrence, de la consommation et de la répression de fraudes. Je me verrai, en outre, obligé de déposer plainte.

Je vous prie de croire, Madame, Monsieur, à l'assurance de mes sentiments distingués.

Signature

VOTRE PROPRIÉTAIRE NE VOUS A RIEN FAIT SIGNER. VOUS LUI DEMANDEZ UN BAIL ÉCRIT.

Vous êtes locataire d'un pavillon ou d'un appartement depuis plusieurs mois, mais votre propriétaire ne vous a rien fait signer. Vous souhaitez, afin d'éviter tout malentendu, qu'un bail écrit soit établi.

• **Ce que dit la loi** : Vous êtes locataire depuis plusieurs mois, en vertu d'un bail verbal. N'ayez aucune inquiétude, vous bénéficiez des mêmes droits que si vous aviez un bail écrit. Vous avez toutefois intérêt à demander un bail écrit, car cela évite les litiges ultérieurs (date de fin du bail, augmentations de loyer...).

L'article 3 de la loi n° 89-462 du 6 juillet 1989 tendant à améliorer les rapports locatifs prévoit que « le contrat de location est établi par écrit (...). Chaque partie peut exiger, à tout moment, de l'autre partie, l'établissement d'un contrat conforme aux dispositions légales ».

Aucune obligation de passer devant le notaire ou de faire enregistrer le contrat qui peut être fait sur papier libre, en deux originaux au moins. Un exemplaire est remis à chaque partie.

• **Notre conseil** : Vous pouvez commencer par envoyer une lettre simple à votre propriétaire. S'il refuse l'établissement d'un bail écrit, renouvelez votre demande par lettre recommandée avec avis de réception.

Et s'il maintient son refus, vous pouvez demander au juge du tribunal d'instance où est situé votre logement de lui ordonner d'établir un contrat écrit.

Vos nom et prénom
Adresse

Date

Référence dossier

Nom du propriétaire
Adresse

Recommandé avec avis de réception

Monsieur (*ou* Madame),

Je suis votre locataire, en vertu d'un contrat verbal depuis le ... (*date*).

Or, l'article 3 de la loi du 6 juillet 1989 tendant à améliorer les rapports locatifs précise que le contrat de location doit être établi par écrit et que chaque partie peut exiger, à tout moment, l'établissement d'un contrat conforme à la loi.

C'est pourquoi je souhaite qu'un bail écrit soit établi et je vous demande de me faire parvenir un contrat de location en deux exemplaires, dûment signés par vous.

Je vous retournerai un exemplaire après l'avoir signé et je conserverai l'autre.

Vous en remerciant, je vous prie d'agréer, Monsieur (*ou* Madame), l'assurance de mes salutations distinguées.

Signature

VOUS DEMANDEZ UN AJOUT À L'ÉTAT DES LIEUX.

Juste après avoir emménagé dans votre nouveau logement, vous découvrez un défaut ou un dysfonctionnement d'un élément que vous n'aviez pas vu le jour de l'état des lieux. Vous en informez votre bailleur.

• **Ce que dit la loi** : Au moment où vous entrez dans le logement, le bailleur établit avec vous un état des lieux. Ce document permet de constater l'état du logement mais aussi celui des équipements qui s'y trouvent. Lorsque vous quitterez le logement, un état des lieux de sortie sera établi.

La comparaison entre l'état des lieux d'entrée et l'état des lieux de sortie permettra de vérifier si vous avez commis des dégradations. Si un défaut ou une dégradation n'est pas mentionné sur l'état des lieux, la loi considère que c'est le locataire qui en est responsable.

Si après avoir signé l'état des lieux vous découvrez un défaut important, envoyez aussitôt un courrier de réserves au bailleur.

Pour l'installation de chauffage, vous disposez d'un mois après le début de la période de chauffe pour demander à compléter l'état des lieux.

Texte : article 3, loi du 6 juillet 1989.

Vos nom et prénom — Date
Adresse

Recommandé avec avis de réception

Nom du bailleur
adresse

Monsieur (*Madame*),

Nous avons établi l'état des lieux d'entrée le ... (*date*) soit à une époque où le temps clément ne nécessitait pas de chauffage.

Or, après avoir mis la chaudière en marche, je constate qu'elle fonctionne de manière chaotique. Conformément à l'article 3 de la loi du 6 juillet 1989, je demande que l'état des lieux soit complété des réserves que je formule sur l'état de cet équipement (*précisez la nature de vos réserves*).

Je vous prie de croire, Monsieur (*Madame*), à l'expression de ma considération distinguée.

Signature

LA CHAUDIÈRE EST HORS D'USAGE, LES FENÊTRES SONT VERMOULUES... VOUS DEMANDEZ AU BAILLEUR D'EFFECTUER CES GROSSES RÉPARATIONS.

La chaudière vient d'expirer. Les fenêtres, complètement vermoulues, laissent entrer l'eau de pluie. Et la toiture laisse pénétrer grêle, pluie et neige dans votre logement. L'installation électrique est vétuste, le chauffe-eau ne chauffe rien... Ces grosses réparations doivent être réalisées par votre bailleur.

• **Ce que dit la loi** : L'article 6 c) de la loi n° 89-462 du 6 juillet 1989 précise que le bailleur est obligé « d'entretenir les locaux en état de servir à l'usage prévu par le contrat et d'y faire toutes les réparations, autres que locatives, nécessaires au maintien en état et à l'entretien normal des lieux loués ».

En clair, les réparations locatives (c'est-à-dire les menues réparations : purges des points de chauffage, petites réparations de plomberie, nouvelles prises électriques...) sont à la charge du locataire, alors que les grosses réparations sont à la charge du bailleur : canalisations d'arrivée d'eau, électricité, fenêtres, volets, toitures, remplacement des appareils comme les chaudières... (liste figurant dans le décret n° 87-713 du 26 août 1987).

• **Notre conseil** : Commencez par téléphoner à votre bailleur. S'il ne répond pas à votre demande verbale, envoyez-lui cette lettre en recommandé avec avis de réception. Et s'il persiste à ne pas vous entendre, saisissez le tribunal d'instance.

Vos nom et prénom
Adresse

Date

Nom du bailleur
Adresse

Recommandé avec avis de réception

Monsieur (*ou* Madame),

Comme je vous l'ai indiqué lors de notre entretien téléphonique, la chaudière de mon logement est hors d'usage et ne peut être réparée (*ou encore* : l'installation électrique de mon appartement ne correspond pas aux normes de sécurité, etc.).

Je suis donc sans chauffage depuis le ... (*ou encore, selon le problème* : la toiture en mauvais état laisse passer l'eau de pluie dans l'appartement, etc.).

Cette défaillance nuit à l'occupation normale du logement et me cause un préjudice certain. Je vous demande donc de remplacer cette chaudière (*ou* ce chauffe-eau, *ou encore* : de réparer la toiture...) dans les plus brefs délais.

À défaut de réponse dans les ... jours, je serai dans l'obligation de saisir le juge d'instance pour qu'il vous contraigne à exécuter les travaux. Je demanderai, en outre, des dommages-intérêts pour réparer ce préjudice.

J'espère toutefois ne pas être obligé de recourir à cette solution.

Je vous prie d'agréer, Monsieur (ou Madame), l'assurance de mes salutations distinguées.

Signature

Surfaces minuscules, logements sans toilettes ni salle d'eau, voire insalubres, colonies de cafards, murs dégoulinant d'eau, votre logement est immonde. Vous exigez du bailleur qu'il fasse les travaux nécessaires.

• **Ce que dit la loi** : Tous les bailleurs, qu'ils soient privés ou publics (HLM, logements conventionnés, etc...), doivent louer des logements décents (article 6 de la loi du 6 juillet 1989 issu de la loi SRU).

Le décret n° 2002-120 du 30 janvier 2002 définit ce qu'est un logement décent. Ainsi une habitation est décente si elle est confortable et comprend notamment un élément de chauffage, une évacuation des produits de combustion, une alimentation en eau potable avec une pression et un débit suffisant à une utilisation normale, des installations d'évacuation des eaux ménagères, une cuisine ou un coin cuisine comprenant un évier raccordé à l'eau chaude et froide et à une installation d'évacuation des eaux usées empêchant le refoulement des odeurs, une installation sanitaire intérieure avec douche ou baignoire, des WC séparés de la cuisine ou du logement dans le cas d'une pièce unique. Outre qu'il doit être confortable, le logement ne doit pas présenter de danger pour votre sécurité et votre santé.

Si votre logement n'est pas décent, exigez que le propriétaire y réalise les travaux nécessaires.

Vos nom et prénom
Adresse

Date

Recommandé avec avis de réception

Nom du bailleur
adresse

Madame (*Monsieur*),

Le logement que vous me louez au prix mensuel de ... € n'est pas décent au regard de l'article 6 de la loi du 6 juillet 1989 (issu de la loi SRU du 13 décembre 2000) et de son décret d'application n° 2002-120 du 30 janvier 2002.

En conséquence, je vous mets en demeure de réaliser les travaux nécessaires afin de le rendre conforme à la loi.

Voici la liste des travaux qui sont indispensables :
- (*par exemple*) travaux d'étanchéité permettant de protéger la façade contre le ruissellement des eaux.

À défaut d'une prise de position de votre part dans les dix jours qui suivent, je solliciterai l'autorisation judiciaire de réaliser ces travaux à votre charge sans préjudice d'une demande de réduction de loyer.

Je vous prie de croire, Madame (*Monsieur*), à l'expression de ma considération distinguée.

Signature

• **Notre conseil** : Si le bailleur refuse de réaliser les travaux ou garde le silence, demandez au tribunal d'instance de l'y obliger. Vous pouvez aussi demander au juge de vous accorder une baisse de loyer.

VOUS PAYEZ VOTRE LOYER RÉGULIÈREMENT ET VOUS N'AVEZ PAS DE QUITTANCES. VOUS LES RÉCLAMEZ À VOTRE PROPRIÉTAIRE.

À plusieurs reprises, vous avez demandé à votre propriétaire, par téléphone, l'envoi de la quittance correspondant au paiement mensuel de votre loyer. Là, vous vous fâchez et vous lui rappelez, par lettre recommandée avec avis de réception, votre droit.

• **Ce que dit la loi** : Le bailleur n'est pas tenu de remettre spontanément une quittance de loyer. Mais il doit le faire si le locataire le demande.

En effet, l'article 21 de la loi du 6 juillet 1989 précise : « Le bailleur est tenu de remettre gratuitement une quittance au locataire qui en fait la demande. La quittance porte le détail des sommes versées par le locataire en distinguant le loyer en principal, le droit de bail et les charges. Si le locataire effectue un paiement partiel, le bailleur est tenu de délivrer un reçu. »

En outre, cet article 21 indique clairement que la remise de la quittance est gratuite. Or, certaines agences gestionnaires de logements font payer des frais de remise de quittance. Dans tous les cas, refusez de les payer.

Vos nom et prénom
Adresse

Date

Nom du propriétaire
Adresse

Recommandé avec avis de réception

Monsieur (*ou* Madame),

Vous trouverez ci-joint un chèque de ... € en règlement de mon loyer du mois de ...

En vertu de l'article 21 de la loi du 6 juillet 1989, je vous demande de m'adresser une quittance correspondant à ce versement, ainsi qu'à tous les paiements effectués à ce jour.

Je vous précise également que je souhaite désormais recevoir tous les mois une quittance distinguant le loyer, le droit de bail et les charges, pour chaque règlement.

Je vous prie d'agréer, Monsieur (*ou* Madame), l'expression de mes sentiments distingués.

Signature

• **Notre conseil** : Si vous n'effectuez qu'un paiement partiel en application de l'article 1253 du code civil, vous avez le droit d'indiquer à quelle dette (loyer ou charges) vous entendez que ce paiement soit affecté en priorité. Si votre propriétaire refuse de vous donner une quittance ou un reçu et si vous subissez un préjudice (par exemple, la suppression de l'allocation logement), vous pourrez en demander réparation à votre propriétaire-bailleur.

VOUS DEMANDEZ DES DÉLAIS DE PAIEMENT À VOTRE BAILLEUR.

Vous avez des problèmes financiers et voici quelque temps que vous n'avez pas réglé votre loyer. Vous demandez au bailleur de vous accorder des délais de paiement.

• **Ce que dit la loi** : Le propriétaire du logement doit vous assurer la jouissance paisible du logement. En contrepartie, vous devez régler votre loyer et vos charges locatives à la date convenue.

Si vous laissez les loyers impayés s'accumuler ou si vous payez régulièrement en retard, le bailleur peut demander en justice la résiliation de votre contrat de location, et donc votre expulsion.

Si vous n'avez pas réglé votre loyer, il est judicieux de demander un étalement au bailleur en versant immédiatement un acompte même modeste.

• **Notre conseil** : Ne faites pas l'autruche, contactez rapidement votre bailleur pour lui demander des délais de paiement. Respectez scrupuleusement les engagements que vous prenez.

Vos nom et prénom
Adresse

Date

Recommandé avec avis de réception

Nom du bailleur
adresse

Madame (*Monsieur*),

À la suite de difficultés significatives, je n'ai pas pu vous régler le(s) loyer(s) du(des) mois de ...

Je vous saurais gré de bien vouloir accepter le règlement de cette somme en ... fois (par exemple quatre fois), soit un acompte ci-joint de ... €, et trois versements de ... € chacun, le ... (*date*) de chaque mois.

Parallèlement à la résorption de l'arriéré, je recommencerai à honorer mes loyers aux dates d'échéances habituelles.

Vous remerciant, je vous prie de croire, Madame (*Monsieur*), à l'expression de ma considération distinguée.

Signature

VOTRE PROPRIÉTAIRE VOUS RÉCLAME LES CHARGES SANS LES DÉTAILLER. VOUS LUI DEMANDEZ UN JUSTIFICATIF.

Malgré vos versements mensuels à titre de charges locatives, votre propriétaire vous réclame en fin d'année, voire plusieurs années après, un solde assez important à ce titre. Cela vous étonne. Vous lui demandez de vous envoyer le détail de ces charges par poste de dépenses, comme la loi le prévoit.

• **Ce que dit la loi** : Selon l'article 23, alinéa 3 de la loi du 6 juillet 1989, en cas de versement par provision, les charges locatives doivent être régularisées une fois par an. Un mois avant la régularisation annuelle, le propriétaire communique au locataire le décompte des charges par poste (ascenseurs, chauffage, eau, électricité, espaces verts, salaires du gardien, taxes) ainsi que, dans les immeubles collectifs, le mode de répartition entre les locataires. Durant un mois après l'envoi du décompte, les pièces justificatives (factures, bons de livraison, photocopie de bulletins de paie, contrats d'entretien, devis, listing des relevés de compteurs, etc.) sont tenues à la disposition du locataire.

• **Notre conseil** : Dès la réception du décompte de charges, vérifiez que celui-ci est clair et détaillé, sinon demandez-en un autre plus expli-cite. Contrôlez ce décompte poste par poste. Sachez que vous devez payer les dépenses correspondant à des services effectifs et que vous pouvez contester les charges trop élevées dues à l'inadaptation des équipements ou au mauvais état d'entretien de l'immeuble.

Vos nom et prénom
Adresse

Date

Référence dossier
(s'il s'agit d'un cabinet)

Nom du propriétaire
Adresse

Recommandé avec avis de réception

Monsieur (*ou* Madame),

Vous m'avez envoyé le ... une quittance pour mon loyer du ... (*mois et année*) comportant la somme de ... € au titre des charges locatives.

Mais, contrairement aux dispositions légales, vous ne m'avez pas envoyé un décompte par nature de charges (ni le mode de répartition entre les locataires, *dans le cas d'un immeuble collectif*).

En attendant les justifications nécessaires, je vous envoie par chèque le montant de mon loyer principal, plus ... € à titre d'acompte sur le montant des charges.

Veuillez agréer, Monsieur (ou Madame), l'expression de mes sentiments distingués.

Signature

VOTRE PROPRIÉTAIRE VOUS ENVOIE UN RAPPEL DE CHARGES DEPUIS PLUSIEURS ANNÉES. VOUS DEMANDEZ DES DÉLAIS DE PAIEMENT.

Plusieurs années de charges accumulées, cela représente trop pour votre budget. Vous l'expliquez à votre bailleur.

• **Ce que dit la loi** : Le paiement des charges comme celui des loyers se prescrit par cinq ans. En clair, si le rappel de charges porte sur une période inférieure à cinq ans, vous êtes tenu de le payer. Par exemple, en 2003, on ne peut pas vous demander un rappel de charges pour 1998.

• **Notre conseil** : Si le rappel porte sur plusieurs années et s'il est trop important, demandez par lettre simple, des délais de paiement.

Vos nom et prénom
Adresse

Date

Recommandé avec avis de réception

Nom du propriétaire
Adresse

Monsieur (*ou* Madame),

Vous m'avez adressé une régularisation de charges pour les années 1999 à 2003, soit une somme totale de ... € (*le montant qu'on vous réclame*).

Je vous rappelle que, selon l'article 2277 du code civil, le paiement des charges se prescrit par cinq ans. Je n'ai donc pas à régler les rappels concernant les deux années 1995 et 1996.

Le solde reste toutefois important et dépasse mes capacités financières.

Aussi, je me propose de vous le régler en ... mensualités (trois mensualités, ou quatre, *selon l'importance de la somme*).

Je vous adresse ce jour un chèque de ... € à valoir sur ce rappel de charges.

Veuillez agréer, Monsieur (*ou* Madame), l'expression de mes salutations distinguées.

Signature

VOUS CONSTATEZ UNE ERREUR DANS LE JUSTIFICATIF DES CHARGES. VOUS DEMANDEZ LA RÉVISION DE LEUR MONTANT.

Votre propriétaire s'est trompé. Vous vous apercevez, selon le décompte annuel, qu'il vous a facturé le curage des canalisations intérieures et extérieures qui sont en fait à sa charge. Ne vous laissez pas intimider. Faites respecter vos droits car ces dépenses ne figurent pas sur la liste des charges récupérables.

• **Ce que dit la loi** : En vertu de l'article 23 de la loi du 6 juillet 1989, les charges imputables aux locataires correspondent à trois catégories de dépenses :

- celles qui sont entraînées par les services rendus liés à l'usage du logement (consommation d'eau, chauffage collectif, électricité, ascenseur) ;
- celles qui concernent l'entretien courant et les petites réparations des parties communes de l'immeuble ;
- celles qui correspondent au droit de bail et aux taxes afférentes à des services dont le locataire profite directement (taxe d'habitation, redevance d'enlèvement des ordures ménagères, taxe de balayage).

La liste des charges locatives récupérables a été fixée par le décret n° 87-713 du 26 août 1987. Elle concerne les logements du secteur libre, les logements HLM, ainsi que ceux soumis à la loi de 1948. Seules les dépenses qui y figurent sont à la charge du locataire.

• **Notre conseil** : Soyez très attentif en ce qui concerne l'application de cette liste par votre bailleur. Car nombreux sont les propriétaires qui détournent les textes en faisant supporter aux locataires des dépenses qui sont, en principe, non récupérables.

Vos nom et prénom
Adresse

Date

Nom du propriétaire
Adresse

Recommandé avec avis de réception

Monsieur (*ou* Madame),

J'ai bien reçu votre demande de régularisation annuelle des charges, ainsi que le décompte détaillé par poste des dépenses.

Je conteste le solde demandé pour les motifs suivants : ... (*énoncez vos différends*). Après vérification du décompte, je constate que vous m'avez imputé des dépenses qui sont en fait à votre charge.

Par exemple : Concernant les espaces verts, le décret du 26 août 1987 stipule comme récupérables les charges liées « à l'exploitation et à l'entretien courant ». Or, le remplacement des arbres, la réfection des massifs et l'élagage ne font pas partie de « l'entretien courant ». Toutes ces opérations sont à la charge du bailleur.

En outre, vous me facturez les travaux de remplacement partiel de canalisations d'eaux usées, ainsi que les travaux de curage des grosses canalisations intérieures. Je vous rappelle que ces dépenses ne figurent pas sur la liste du décret du 26 août 1987.

Ou encore : Vous m'avez facturé la contribution sur les revenus locatifs, la taxe foncière...

En conséquence, je vous demande de me renvoyer un nouveau décompte des charges en prenant en considération mes réclamations, et de rectifier le montant du solde que vous me réclamez.

Veuillez agréer, Monsieur (*ou* Madame), l'expression de mes sentiments distingués.

Signature

EN COURS DE BAIL, VOTRE PROPRIÉTAIRE AUGMENTE VOTER LOYER ABUSIVEMENT. VOUS CONTESTEZ.

Votre contrat prévoit une clause d'indexation annuelle de votre loyer. Or, ce mois-ci, votre propriétaire vous informe que votre loyer sera augmenté dans des proportions plus importantes que les calculs que vous avez faits. Contestez cette augmentation qui vous semble illégale.

• **Ce que dit la loi** : En vertu de l'article 17 d) de la loi du 6 juillet 1989, modifié par l'article 17-I de la loi du 21 juillet 1994 sur l'habitat, lorsque le contrat de location prévoit la révision du loyer, celle-ci intervient chaque année à la date convenue entre les parties ou, à défaut, au terme de chaque année du contrat. Cette loi a également modifié l'application des indices. Ainsi, depuis le 1er janvier 1995, l'augmentation du loyer qui en résulte ne peut pas excéder la variation moyenne sur quatre trimestres de l'indice national du coût de la construction publié par l'Institut national de la statistique et des études économiques (INSEE). Cette moyenne est celle de l'indice du coût de la construction à la date de référence et des indices des trois trimestres qui la précèdent.

À défaut de clause contractuelle fixant l'indice de référence, c'est le dernier indice publié à la date de signature du contrat de location qui est pris en compte. L'indice du coût de la construction est établi tous les trimestres par l'INSEE, avec un retard d'environ six mois, et publié au Journal officiel. Généralement, le bail de location fixe l'indice de référence et la date de révision du loyer.

• **Notre conseil** : La révision annuelle du loyer en cours de contrat n'est possible que si une clause le prévoit expressément. Rien n'interdit d'exclure toute clause de révision ou de prévoir une augmentation de moindre importance. En effet, la loi prévoit que la hausse de loyer en fonction de la variation de l'indice du coût de la construction est un maximum.

Vos nom et prénom
Adresse

Date

Recommandé avec avis de réception

Nom du propriétaire
Adresse

Monsieur (ou Madame),

J'ai bien reçu votre demande d'augmentation annuelle de loyer, mais j'en conteste le montant. Vous m'appliquez une majoration de ... €, calculée apparemment selon l'indice de la consommation.

En tout cas, vous n'indiquez pas sur quelles bases cette augmentation a été calculée.

Or, selon l'article 17-I de la loi du 21 juillet 1994 relative à l'habitat, mon loyer doit être révisé à la date anniversaire du bail, soit le mois de ... 20..., en fonction de la variation moyenne sur quatre trimestres de l'indice du coût de la construction à cette date anniversaire.

Mon nouveau loyer sera donc de ... € (*multipliez le montant de votre loyer actuel par la moyenne sur quatre trimestres de l'indice de construction de référence de l'année en cours, et divisez le résultat par la moyenne sur quatre trimestres de l'indice de l'année précédente*).

J'attends donc votre accord sur ce calcul pour vous adresser un chèque de ce montant.

Veuillez agréer, Monsieur (*ou* Madame), l'expression de mes sentiments distingués.

Signature

LORS DU RENOUVELLEMENT DU BAIL, VOTRE PROPRIÉTAIRE AUGMENTE VOTRE LOYER D'UNE FAÇON ABUSIVE... VOUS REFUSEZ.

Votre bail doit être renouvelé prochainement. Quelle n'est pas votre surprise en apprenant de votre propriétaire qu'il entend augmenter votre loyer de façon importante ! Selon vous, rien ne le justifie, car vous estimez déjà que vous payez trop. Refusez expressément cette proposition.

• **Ce que dit la loi** : Selon l'article 17 c) de la loi du 6 juillet 1989, lors du renouvellement d'un contrat de location, le loyer ne doit être augmenté que « s'il est manifestement sous-évalué ». Dans le cas contraire, il est révisé uniquement selon la clause de révision annuelle prévue dans le contrat (éventuellement la moyenne sur quatre trimestres de l'indice national de construction, voir page 215).

En cas de loyer « manifestement sous-évalué », le bailleur doit vous proposer, au moins six mois avant l'échéance du bail, un nouveau loyer fixé par référence aux loyers habituellement constatés dans le voisinage pour des logements comparables. Cette proposition doit être faite par lettre recommandée avec avis de réception, ou signifiée par acte d'huissier.

La notification de la proposition doit reproduire intégralement, à peine de nullité, le texte de l'article 17 c) de la loi du 6 juillet 1989 et mentionner le montant du loyer, ainsi que la liste des références ayant servi à le déterminer (au moins trois loyers, et même six loyers dans les grandes agglomérations de plus d'un million d'habitants).

En cas de désaccord ou à défaut de réponse du locataire quatre mois avant le terme du contrat, le propriétaire ou le locataire peuvent saisir la commission de conciliation. À défaut d'accord devant la commission, le juge du tribunal d'instance doit être saisi avant le terme du contrat, sinon celui-ci est reconduit aux conditions antérieures du loyer éventuellement révisé.

• **Notre conseil** : Contrôlez les références données par le propriétaire (adresses, qualité et époque de la construction de l'immeuble, étage du logement, ascenseur ou escalier, état d'équipement). Vérifiez que les deux tiers de ces références concernent des locataires rentrés dans leur logement depuis plus de trois ans, ainsi que la loi le prévoit. Sachez que la proposition de renouvellement du bail avec augmentation de loyer exclut que le propriétaire vous donne congé pour la même échéance.

Vos nom et prénom — Date
Adresse
Recommandé avec avis de réception

Nom du propriétaire
Adresse

Monsieur (*ou* Madame),

Vous me proposez une augmentation de loyer de ... % pour le renouvellement de mon contrat de location.

Première hypothèse :
Je refuse cette augmentation qui ne me semble pas respecter les dispositions des articles 15, 17 c) et 19 de la loi du 6 juillet 1989. En effet, je considère que le loyer que je paie actuellement n'est pas « manifestement sous-évalué ». Il est dans la moyenne des loyers pratiqués dans le voisinage pour des logements comparables au mien.

Deuxième hypothèse :
Cette majoration ne me semble pas justifiée par une réfé-rence aux loyers habituellement constatés dans le voisinage (*énoncez les raisons* : loyers inférieurs dans les logements de l'immeuble, du quartier, de la localité ; mauvais état ou absence de confort de votre logement ; défauts d'agrément qui dévalorisent le logement, etc.).

En outre, je vous rappelle que selon l'article 17 c) de la loi du 6 juillet 1989, le fait d'adresser une proposition d'augmentation de loyer vaut reconduction du bail.

Veuillez agréer, Monsieur (ou Madame), l'expression de mes sentiments distingués.

Signature

CROYANT AVOIR LE DROIT DE VISITER VOTRE LOGEMENT UNE FOIS PAR AN, VOTRE BAILLEUR S'EST FAIT OUVRIR LA PORTE PAR VOS ENFANTS... FACE À CETTE VIOLATION DE DOMICILE, VOUS RÉAGISSEZ.

Votre bailleur s'est présenté chez vous et, comme vous étiez absent, il s'est fait ouvrir la porte par vos jeunes enfants. Vous lui signalez qu'il s'agit d'une violation de domicile et lui rappelez qu'il ne peut entrer chez vous sans votre accord. Même si le bail comporte une clause prévoyant cette « visite » annuelle.

• **Ce que dit la loi** : En louant son logement, un bailleur renonce contractuellement à en jouir mais aussi à y pénétrer, puisque le logement loué devient le domicile privé du locataire. Or, certains propriétaires éprouvent une inquiétude maladive quant à l'entretien des lieux loués. Ils vont donc jusqu'à inclure dans le bail une clause stipulant qu'ils ont le droit de « visiter » le logement loué une fois par an.

Une telle clause est parfaitement nulle, même si elle a été acceptée par le locataire. De toute façon, clause ou pas, un bailleur qui pénètre chez son locataire sans l'accord de ce dernier commet une violation de domicile privé, pénalement sanctionnée.

En effet, l'article 379 du code pénal protège le domicile privé de tous les citoyens sans distinction entre ceux qui sont propriétaires et ceux qui sont locataires.

En revanche – et uniquement dans ce cas –, en présence d'un congé (donné par l'un ou l'autre) le locataire doit, afin de faciliter la vente ou la relocation, permettre la visite du logement. Mais au maximum deux heures par jour et en aucun cas pendant les jours fériés.

• **Notre conseil** : Refusez catégoriquement de laisser le bailleur faire sa visite annuelle. S'il profite de votre absence pour se faire ouvrir la porte par votre grand-mère ou vos enfants, menacez-le de déposer plainte s'il récidive. Envoyez la lettre en recommandé.

Vos nom et prénom
Adresse

Date

Recommandé avec avis de réception

Nom du propriétaire
Adresse

Monsieur (*ou* Madame),

En mon absence, vous vous êtes présenté(e) à mon domicile et avez demandé aux enfants de vous laisser visiter le logement. Comme mon grand fils a hésité, vous lui avez précisé que cette « visite annuelle » était prévue par le bail.

Je vous rappelle qu'une telle clause est nulle.

En pénétrant dans mon appartement sans mon autorisation, vous avez commis une violation de domicile, pénalement sanctionnée sur la base de l'article 379 du code pénal.

Je vous demande solennellement de ne pas renouveler cette violation.

À défaut, je déposerai plainte pour violation de domicile auprès du procureur de la République.

Veuillez agréer, Monsieur (*ou* Madame), l'assurance de mes salutations distinguées.

Signature

VOTRE PROPRIÉTAIRE VOUS DEMANDE DE PARTIR SANS RESPECTER LE DÉLAI LÉGAL. VOUS CONTESTEZ LA VALIDITÉ DE CE CONGÉ.

Votre propriétaire est formel et sûr de son droit : dans trois mois, vous devez avoir quitté l'appartement que vous occupez. Sans paniquer, vous lui expliquez tranquillement que ce congé n'est pas valable et que, de plus, vous estimez que votre bail a été tacitement reconduit.

• **Ce que dit la loi** : L'article 15-1, alinéa 2 de la loi du 6 juillet 1989 stipule que le bailleur peut donner congé à son locataire, soit par lettre recommandée avec avis de réception, soit par acte d'huissier six mois avant la fin du contrat. Ce délai court à compter du jour de la présentation de la lettre par le facteur ou la signification de l'acte d'huissier.

L'article 10 de la loi du 6 juillet 1989, modifié par l'article 14-I de la loi du 21 juillet 1994 relative à l'habitat, prévoit que, à défaut de congé donné dans les conditions de forme et de délai prévues à l'article 15 (ci-dessus), le contrat de location parvenu à son terme soit ou reconduit tacitement, ou renouvelé. En cas de renouvellement ou de reconduction tacite, la durée du contrat renouvelé est de trois ans si le bailleur est une personne physique, et de six ans si le bailleur est une personne morale (société, banque, compagnie d'assurances…).

À noter qu'une société civile immobilière (SCI) familiale est assimilée à une personne physique pour la durée des baux.

• **Notre conseil** : Soyez attentif aux modalités de forme et de délai du congé donné par le propriétaire. Tout congé qui ne respecte pas les formes précises est considéré nul et non avenu, même si le motif invoqué par le propriétaire pour justifier le congé est légitime.

Vos nom et prénom
Adresse

Date

Recommandé avec avis de réception

Nom du propriétaire
Adresse

Monsieur (*ou* Madame),

Le ... (*date*), vous m'avez adressé un congé me demandant de quitter les lieux pour le ... (*date*).

Or, ce congé m'a été notifié par lettre simple et non dans la forme « recommandé avec avis de réception » et, de plus, il ne m'est pas parvenu six mois avant l'échéance de mon contrat de location, comme le prévoit l'article 10 de la loi du 6 juillet 1989.

Ce congé est donc sans effet. En application de l'article 14-I de la loi du 21 juillet 1994 (modifiant en partie l'article 10 de la loi du 6 juillet 1989), mon bail est donc reconduit tacitement pour une durée de trois ans (six ans, *si le bailleur est une personne morale*).

Veuillez agréer, Monsieur (*ou* Madame), l'expression de mes sentiments distingués.

Signature

VOTRE PROPRIÉTAIRE VOUS DEMANDE DE PARTIR SANS AUCUNE PRÉCISION. VOUS CONTESTEZ LA VALIDITÉ DE CE CONGÉ.

Par lettre recommandée avec avis de réception et six mois avant l'échéance de votre bail de location, votre propriétaire vous demande de quitter l'appartement sans justifier son congé. Vous lui répondez en lui précisant que vous considérez ce congé nul et non avenu.

• **Ce que dit la loi** : L'article 15-1, alinéa 1, de la loi du 6 juillet 1989 prévoit que lorsque le bailleur donne congé à son locataire, ce congé doit être justifié soit par sa décision de reprendre ou de vendre le logement, soit par un motif légitime et sérieux, notamment l'inexécution par le locataire de l'une des obligations lui incombant. À peine de nullité, le congé du bailleur doit indiquer le motif allégué et, en cas de reprise, les nom et adresse du bénéficiaire de la reprise qui ne peut être que le bailleur, son conjoint, son concubin notoire depuis au moins un an à la date du congé, ses ascendants, ses descendants ou ceux de son conjoint ou concubin notoire.

Les retards répétés de paiement du loyer ou des charges, la non-souscription d'une assurance des risques locatifs peuvent constituer des motifs réels et sérieux justifiant, sous certaines conditions, la résiliation du contrat de location par le bailleur ou son non-renouvellement.

Vos nom et prénom
Adresse — Date

Recommandé avec avis de réception

Nom du propriétaire
Adresse

Monsieur (*ou* Madame),

Vous m'avez adressé, par lettre recommandée avec avis de réception, un congé de six mois pour le logement que j'occupe en tant que locataire en vertu d'un bail venant à expiration le ... (*date*) prochain.

Selon les dispositions de l'article 15-1 de la loi du 6 juillet 1989, le congé donné par le bailleur doit indiquer les motifs qui le justifient, et ce, à peine de nullité.

Je ne donnerai aucune suite à votre congé, car celui-ci n'étant pas motivé, je le considère comme nul et non avenu.

Veuillez agréer, Monsieur (*ou* Madame), l'expression de mes sentiments distingués.

Signature

• **Notre conseil** : Surtout, attendez le dernier moment pour écrire au bailleur que son congé non motivé est nul. Sinon, il aurait le temps de régulariser la procédure !
Enfin, faites-lui savoir que vous demanderez des dommages-intérêts auprès du tribunal compétent en cas de reprise frauduleuse, ou si le motif invoqué n'est pas réel et sérieux.

VOUS ALLEZ DÉMÉNAGER ET VOUS INFORMEZ VOTRE PROPRIÉTAIRE DE VOTRE DÉPART.

Ça y est ! Vous quittez enfin votre minuscule studio pour un appartement plus spacieux. Vous donnez un préavis de trois mois à votre propriétaire.

• **CE QUE DIT LA LOI** : L'article 12 de la loi du 6 juillet 1989 prévoit que le locataire peut à tout moment résilier son contrat de location en respectant un délai de préavis de trois mois, sans avoir à motiver son départ.

Pendant la période de préavis, le locataire est redevable du loyer et des charges jusqu'au terme du contrat, à moins que, en accord avec le bailleur, le logement se trouve occupé par un autre locataire avant la fin du préavis.

• **NOTRE CONSEIL** : Sachez que le délai de préavis (trois mois ou un mois) court à compter du jour de la présentation de la lettre recommandée par le facteur ou de la signification de l'acte d'huissier. Lorsqu'un délai est exprimé en mois, il expire le jour du dernier mois du délai portant le même quantième que celui du point de départ. Ainsi, par exemple, une lettre de congé reçue le 5 octobre fait courir un préavis jusqu'au 5 janvier à minuit s'il est de trois mois. À défaut de quantième identique, il s'agit du dernier jour de ce mois : un délai d'un mois partant du 31 janvier expire le 28 février ou le 29 les années bissextiles.
Bien que la loi soit muette sur ce point, on admet que le propriétaire puisse demander des justificatifs en cas de réduction du préavis. Le congé est à envoyer en recommandé avec avis de réception, même si vous entretenez de bonnes relations avec votre bailleur ou s'il habite le même immeuble.

Vos nom et prénom — Date
Adresse

Recommandé avec avis de réception

Nom du propriétaire
Adresse

Monsieur (*ou* Madame),

Je dois déménager prochainement. En conséquence, je vous donne mon congé par la présente lettre recommandée avec avis de réception pour le ... (*date éloignée de trois mois au minimum*).

Mon déménagement est prévu pour le ... (*date, en principe le dernier jour des trois mois de préavis*). Je vous contacterai téléphoniquement pour convenir de la date et de l'heure vous convenant pour établir ensemble l'état des lieux.

Je vous prie de croire, Monsieur (*ou* Madame), à l'expression de ma considération distinguée.

Signature

VOUS ALLEZ DÉMÉNAGER ET VOUS RÉDUISEZ LE PRÉAVIS À UN MOIS.

Vous avez enfin le poste dont vous rêviez, mais cela vous oblige à quitter très vite votre commune. Vous en informez votre propriétaire.

• **Ce que dit la loi** : Un préavis de résiliation d'un contrat de location par le locataire est en principe de trois mois. Mais l'article 15-1, alinéas 2 et 3, modifié par l'article 14-III de la loi du 21 juillet 1994 relative à l'habitat, permet au locataire de réduire son préavis à un mois en cas de mutation, « de perte d'emploi, ou de nouvel emploi consécutif à une perte d'emploi ». Ce préavis réduit s'applique également au locataire âgé de plus de 60 ans dont l'état de santé justifie son changement de domicile, ou d'un locataire bénéficiaire du revenu minimum d'insertion (RMI). Depuis la loi relative à la lutte contre les exclusions du 29 juillet 1998, ce préavis d'un mois s'applique aussi aux locataires du parc de HLM (et de logements conventionnés loués par une société d'économie mixte) qui se voient attribuer un nouveau logement appartenant au même bailleur. Ce délai est de deux mois si les deux logements appartiennent à des bailleurs différents.

Vos nom et prénom — Date
Adresse

Recommandé avec avis de réception

Nom du bailleur
Adresse

Monsieur (ou Madame),

Ma mutation professionnelle me contraint à déménager (*ou* : j'ai perdu mon emploi ; *ou* : étant âgé de 60 ans et de santé fragile, je dois quitter la région ; *ou* : à la suite d'une période de chômage, j'ai retrouvé un emploi à ...). Je vous donne donc mon congé pour le ... (*date éloignée au minimum d'un mois*).

L'article 15-1, alinéa 2 de la loi du 6 juillet 1989, modifié par l'article 14-III de la loi du 21 juillet 1994, prévoit en effet que, dans cette hypothèse, le préavis donné par le locataire est réduit à un mois.

Je vous précise que mon déménagement est prévu pour le ... (*date, en principe dernier jour du mois de préavis*). Je vous contacterai téléphoniquement pour convenir de la date et de l'heure vous convenant pour établir l'état des lieux.

Veuillez agréer, Monsieur (*ou* Madame), l'expression de mes sentiments distingués.

Signature

VOUS DEMANDEZ UN DÉLAI SUPPLÉMENTAIRE POUR QUITTER VOTRE LOGEMENT.

Vous avez donné votre congé à votre bailleur. Ou bien c'est lui qui en a pris l'initiative. Toujours est-il que vous ne pouvez pas partir à la date prévue. Demandez un petit délai.

• **Ce que dit la loi** : Si c'est vous qui avez pris l'initiative du congé, vous devez en principe quitter le logement à la date que vous avez mentionnée dans votre lettre de congé. Si c'est le bailleur qui a pris l'initiative du congé, vous devez quitter les lieux à la date mentionnée dans la lettre recommandée qu'il vous a envoyée. Cette date correspond généralement à la date anniversaire du bail, c'est-à-dire la troisième ou la sixième année selon sa durée.

Il arrive que vous soyez dans l'incapacité de quitter le logement à la date prévue : les travaux de votre nouveau logement ne sont pas achevés, votre déménageur n'est pas disponible, etc… peu importe la raison. Rien ne vous empêche de demander un report de la date prévue pour votre départ.

Le bailleur peut refuser s'il a déjà reloué le logement. S'il accepte ou si vous retardez votre départ malgré son refus, il ne peut vous réclamer un loyer que jusqu'à la date de remise des clefs.

La pseudo-règle selon laquelle « tout mois commencé est dû » est totalement illégale.

• **Notre conseil** : Si le bailleur se sert sur votre dépôt de garantie pour compenser votre refus de payer les loyers au-delà de la date de remise des clefs, assignez-le devant le tribunal d'instance.

Vos nom et prénom
Adresse

Date

Recommandé avec avis de réception

Nom du bailleur
adresse

Madame (*Monsieur*),

Comme vous le savez, je devais quitter le logement que vous me louez le … et établir l'état des lieux de sortie contradictoire avec vous le même jour (*indiquez la date si elle est différente*).

Les travaux de mon nouveau logement n'étant pas achevés, il me sera impossible de quitter les lieux à la date prévue. C'est pourquoi, je vous saurai gré de bien vouloir accepter une libération des lieux pour le … (*indiquez la nouvelle date que vous souhaitez*).

Bien entendu, je vous réglerai les loyers jusqu'à la date de mon départ effectif.

Vous en remerciant, je vous prie de croire, Madame (*Monsieur*), à l'expression de ma considération distinguée.

Signature

UN MEMBRE DE VOTRE FAMILLE EST DÉCÉDÉ. VOUS AVERTISSEZ LE BAILLEUR.

Vous êtes encore sous le choc du deuil qui vous touche. Hélas, il vous faut dépasser votre chagrin et régler les différents problèmes administratifs. Pensez à avertir rapidement le propriétaire de son logement.

• **Ce que dit la loi** : Le ou les héritiers se substituent à la personne décédée. Cela veut dire qu'ils assument les droits (héritage des biens) mais aussi les obligations laissés par le défunt. Ils doivent notamment payer les dettes et, si nécessaire, résilier les différents contrats en cours.

Aux termes de l'article 14 dernier alinéa de la loi du 6 juillet 1989, le décès du locataire titulaire du bail entraîne sa résiliation. Sauf si un ayant-droit (conjoint survivant, enfant mineur, et.) demande sa poursuite. En tant qu'héritier(s), vous devez avertir le bailleur du décès de votre proche.

• **Notre conseil** : En tant qu'héritier, vous êtes redevable des loyers presqu'à la date de remise effective des clefs.

Vos nom et prénom
Adresse

Date

Recommandé avec avis de réception

Nom, prénom et adresse
de la personne décédée

Nom du bailleur
Adresse

Monsieur (*ou* Madame),

Je vous informe du décès de ma mère Mme ... (*nom et prénom du défunt*), survenu le ..., dont je suis l'héritier. Ma mère était titulaire d'un bail que vous lui aviez consenti le ...

Conformément à l'article 14 dernier alinéa de la loi du 6 juillet 1989, le contrat de location est résilié de plein droit par le décès du locataire. Il me faut une dizaine de jours pour vider le logement.

Si vous en êtes d'accord, nous pourrions établir l'état des lieux le jour de la remise des clés. Je prendrai contact avec vous pour convenir de la date et de l'heure de cette rencontre.

En ma qualité d'héritier, je me substitue aux droits et obligations de ma mère. C'est donc à moi que vous devrez restituer le dépôt de garantie.

Veuillez agréer, Monsieur (*ou* Madame), mes salutations distinguées.

Signature

VOTRE ANCIEN PROPRIÉTAIRE NE VOUS A PAS REMBOURSÉ LE DÉPÔT DE GARANTIE AU BOUT DE DEUX MOIS. VOUS LE RÉCLAMEZ.

Voici plus de deux mois que vous avez quitté le logement et votre ancien propriétaire ne vous a pas encore rendu le dépôt de garantie. Situation plus fréquente qu'on ne le croit. Vous pouvez mettre votre propriétaire en demeure de vous restituer la caution.

• **Ce que dit la loi** : L'article 22 de la loi du 6 juillet 1989 prévoit que le dépôt de garantie doit être restitué dans un délai maximal de deux mois à compter de la remise des clés par le locataire, déduction faite, le cas échéant, des sommes restant dues au propriétaire, sous réserve qu'elles soient dûment justifiées. Le propriétaire ne peut pas, comme cela est souvent le cas, réduire ou conserver le dépôt de garantie sans motif valable. À défaut de restitution dans un délai de deux mois, le solde du dépôt de garantie restant dû, après arrêté des comptes, produit intérêt au taux légal au profit du locataire (3,29 % pour l'année 2003).

• **Notre conseil** : En cas de refus de remboursement de votre dépôt de garantie sans motif ou de non-réponse de votre bailleur, vous pouvez vous adresser au tribunal d'instance du lieu où était situé le logement. Vous disposez d'un délai de trente ans pour le réclamer.

Vos nom et prénom Date
Adresse
Recommandé avec avis de réception

Nom du propriétaire
Adresse

Monsieur (*ou* Madame),

J'ai déménagé de l'appartement dont j'étais locataire et vous en ai remis les clés le ... (*date*).

Cela fait plus de deux mois et vous ne m'avez toujours pas remboursé mon dépôt de garantie d'un montant de ... €.

Selon l'article 22 de la loi du 6 juillet 1989, à défaut de restitution du dépôt de garantie dans les deux mois suivant la remise des clés, le solde de ce dépôt dû au locataire, après arrêté des comptes, produit intérêt au taux légal au profit du locataire.

En conséquence, je vous demande de me faire parvenir, dans les plus brefs délais, l'intégralité de ce dépôt de garantie, soit ... F, majoré de ... F correspondant à ... mois d'intérêt au taux de légal de 3,29 % (*pour 2003*).

À défaut de paiement ou de réponse sous huit jours, je serai obligé de saisir le tribunal d'instance.

Veuillez agréer, Monsieur (*ou* Madame), l'expression de mes sentiments distingués.

Signature

Votre propriétaire refuse de vous rembourser votre dépôt de garantie sous prétexte de remise en état à effectuer après votre départ. Vous contestez le motif invoqué et vous demandez la restitution de votre argent.

• **Ce que dit la loi** : L'article 22, alinéa 3, de la loi du 6 juillet 1989 précise que le dépôt de garantie est restitué dans un délai maximal de deux mois à compter de la restitution des clés par le locataire, déduction faite, le cas échéant :

– des sommes restant dues au bailleur (loyers ou charges impayés, réparations et remise en état du logement rendues nécessaires par un entretien défaillant ou par des travaux de transformation non autorisés) ;

– et des sommes dont le bailleur pourrait être tenu, au lieu et place du locataire (par exemple, la taxe d'habitation et la taxe professionnelle).

Dans tous les cas, ces déductions doivent être justifiées par le bailleur qui veut les opérer.

• **Notre conseil** : En cas de réparations ou de remise en état invoquées par votre propriétaire pour ne pas vous rembourser le dépôt de garantie, comparez attentivement les deux états des lieux d'entrée et de sortie. Vérifiez si les travaux sont justifiés et, en tout état de cause, exigez des justificatifs (factures, différents devis, etc.).

Vos nom et prénom — Date
Adresse
Recommandé avec avis de réception

Nom du propriétaire
Adresse

Monsieur (*ou* Madame),

Le ... (*date*), vous m'avez fait part de votre refus de me rembourser le dépôt de garantie de ... € que j'ai versé à la signature du bail, sous prétexte que vous avez été obligé d'effectuer des travaux de remise en état après mon départ (par exemple : changement du papier peint de la salle de séjour et remplacement de la moquette).

Or, selon l'état des lieux de sortie que nous avons établi ensemble lors de mon départ le ... (date), aucune dégradation ne m'était imputable. Nous avons précisé que le papier peint de la salle de séjour était décollé à cause de la forte humidité dont je ne suis pas responsable. En ce qui concerne l'usure de la moquette, je vous rappelle que, dans l'état des lieux d'entrée, nous avons indiqué que celle-ci était maculée de taches résultant de sa vétusté.

Conformément à l'article 22 de la loi du 6 juillet 1989, je vous demande de me rembourser l'intégralité du dépôt de garantie, majoré de ... € correspondant à ... mois d'intérêt de retard au taux légal de 3,29 %.

À défaut de paiement ou de réponse dans les huit jours, je serai obligé de saisir le tribunal d'instance.

Veuillez agréer, Monsieur (ou Madame), l'expression de mes sentiments distingués.

Signature

VOTRE COMPAGNON, LOCATAIRE EN TITRE, VOUS A QUITTÉ... VOUS DEMANDEZ LE MAINTIEN DANS LES LIEUX.

Le compagnon avec lequel vous viviez depuis quelques années vous a quittée et le contrat de location était à son nom. Vous demandez au propriétaire du logement le maintien du contrat.

• **CE QUE DIT LA LOI** : L'article 14 de la loi du 6 juillet 1989 prévoit que, en cas d'abandon du domicile par le locataire (titulaire du bail), le contrat de location continue :

– au profit du conjoint, sauf si le juge chargé du divorce (ou de la séparation de corps) en décide autrement ;
– au profit des descendants, des ascendants et du concubin notoire ou des personnes à charge qui vivaient avec lui depuis au moins un an à la date de l'abandon du domicile.

En cas de demandes multiples, le juge du tribunal d'instance du lieu du logement se prononce en fonction des intérêts en présence.

• **NOTRE CONSEIL** : Attention ! Il faut entendre par « abandon du domicile », le départ brusque et imprévisible du locataire, un départ définitif sans laisser de traces. Concrètement, dites que votre compagnon est parti brusquement et que vous ne connaissez pas sa nouvelle adresse.

Vos nom et prénom — Date
Adresse

Recommandé avec avis de réception

Nom du propriétaire
Adresse

Monsieur (*ou* Madame),

Je vous indique que mon concubin, M. ... (*nom de votre ex-compagnon*), locataire en titre de l'appartement, a brusquement quitté le domicile.

J'ai constaté ce départ le ... (*date*), en rentrant de mon travail.

Conformément à l'article 14 de la loi du 6 juillet 1989, je demande la poursuite du bail à mon profit, en tant que concubine notoire de M. ... (*nom de votre ex-compagnon*) depuis trois ans. Vous trouverez ci-joint copie du certificat de concubinage et des témoignages attestant le départ brusque et imprévisible de M. ... (*nom de votre ex-compagnon*).

Je vous serai reconnaissante de bien vouloir établir un avenant prenant en compte la nouvelle situation et d'établir désormais les quittances à mes nom et prénom.

Vous en remerciant, je vous prie d'agréer, Monsieur (*ou* Madame), l'expression de ma considération distinguée.

Signature

VOUS AVIEZ CAUTIONNÉ LES LOYERS D'UNE AMIE... LORS DU RENOUVELLEMENT DU BAIL, VOUS REFUSEZ QUE LE CAUTIONNEMENT SE POURSUIVE ET EN INFORMEZ LE BAILLEUR DE VOTRE AMIE.

Pour que votre amie puisse obtenir son bail, vous aviez accepté de vous porter caution auprès de son propriétaire. Comme vos relations se dégradent, vous avez pris conscience de la gravité de votre engagement. Son bail va arriver à échéance. Vous refusez que votre cautionnement se poursuive.

• **Ce que dit la loi** : En Île-de-France, les bailleurs demandent presque systématiquement que le futur locataire fasse cautionner ses loyers par une tierce personne. La caution croit s'engager pour trois ans et découvre alors que son engagement se poursuit tant que le bail est renouvelé.

Pour éviter que les cautions ne se retrouvent engagées ad vitam æternam, l'article 23-I de la loi du 21 juillet 1994 a posé des limites. Ce texte précise que lorsque le cautionnement ne comporte aucune précision de durée (ou lorsque cette durée est spécifiée indéterminée), la caution peut résilier unilatéralement son engagement. Cette résiliation prend alors effet au terme du bail concerné (initial ou renouvelé).

• **Notre conseil** : Si vous avez un peu imprudemment cautionné les loyers de quelqu'un et que cet engagement ne comporte aucune indication de durée, vous pouvez y mettre fin en envoyant une lettre recommandée avec avis de réception au bailleur auprès de qui vous vous êtes engagé.
La loi n'a pas fixé de délai de prévenance. Vous pouvez donc résilier votre engagement quelque temps avant la date d'échéance du bail. N'attendez pas le dernier jour, il est préférable d'envoyer votre lettre trois ou quatre semaines avant l'échéance du bail.

Vos nom et prénom　　　　　　　　Date
Adresse

Recommandé avec avis de réception

Nom du propriétaire
Adresse

Monsieur (*ou* Madame),

Par acte en date du ... (*date du cautionnement*), je me suis porté(e) caution au profit de ... (*nom de la personne cautionnée*) pour les loyers qu'il (elle) serait amené(e) à vous devoir.

Or, mon engagement ne comporte aucune indication de durée (*ou encore* : mon engagement est stipulé de durée indéterminée). Le bail de ... (*nom du locataire*) arrive à échéance le ... (*date*).

Je ne souhaite pas voir mon engagement se poursuivre à l'occasion du renouvellement du bail.

En conséquence, conformément à l'article 23-I de la loi du 21 juillet 1994 relative à l'habitat, je vous notifie par la présente lettre recommandée avec avis de réception la résiliation de mon engagement de caution qui prendra fin le ... (*date d'échéance du bail*), c'est-à-dire le dernier jour du présent bail.

Veuillez agréer, Monsieur (*ou* Madame), l'expression de mes salutations distinguées.

Signature

VOTRE PROPRIÉTAIRE VOUS IMPOSE UN BAIL DE DURÉE ABRÉGÉE APRÈS UN PREMIER CONTRAT DE LOCATION NORMAL DE TROIS ANS. VOUS RÉAGISSEZ.

Votre bailleur vous propose un nouveau contrat de location d'une durée inférieure à trois ans pour des raisons familiales, car il est probable qu'un événement précis le concernant se réalise dans les prochaines années. Vous lui faites savoir que vous entendez ne pas être floué(e) à cette occasion.

• **Ce que dit la loi** : L'article 11 de la loi du 6 juillet 1989 prévoit la possibilité de signer un bail de moins de trois ans, sans que sa durée soit inférieure à un an au minimum si un événement précis justifie que le propriétaire ait à reprendre le local pour des raisons familiales ou professionnelles. Il faut que le contrat mentionne ces raisons et l'événement invoqué : par exemple, le prochain départ à la retraite du bailleur et son projet de reprendre le logement loué à ce moment-là pour s'y installer.

Le projet d'une mise en vente future n'autorise pas le bailleur à établir un bail abrégé. En outre, deux mois au moins avant le terme du contrat, le propriétaire est tenu de notifier le congé au locataire par lettre recommandée avec demande d'avis de réception (ou par acte d'huissier) en confirmant la réalisation de l'événement mentionné dans le bail. Dans le même délai, si la réalisation de l'événement est différée, il est possible de proposer au locataire le report du terme du contrat (cette possibilité ne peut être utilisée qu'une seule fois).

Lorsque l'événement s'est produit, et est confirmé, le locataire est contraint de s'en aller à la date inscrite dans le bail. Si l'événement ne s'est pas produit, ou n'est pas confirmé, le contrat est réputé avoir été conclu pour trois ans dès sa signature.

• **Notre conseil** : Comme vous étiez déjà dans les lieux lors de la conclusion du bail à durée abrégée, le propriétaire doit vous prévenir au moins six mois avant la date du renouvellement du bail initial ; sinon, votre bail de trois ans est renouvelé.

Vos nom et prénom
Adresse

Date

Nom et prénom du propriétaire
Adresse

Recommandé avec avis de réception

Monsieur (*ou* Madame),

J'ai appris avec surprise votre intention de conclure avec moi un bail de courte durée à l'issue du contrat en cours de trois ans.

Cette possibilité, prévue par la loi du 6 juillet 1989, ne fait pas mon affaire. Je m'y soumets, mais en vous demandant de suivre minutieusement les prescriptions légales.

Je me permets d'attirer votre attention, notamment, sur deux points :
– comme le bail de durée abrégée fait suite à un contrat de location normal de trois ans conclu pour le même logement, le montant du nouveau loyer ne peut être supérieur à celui de l'ancien, éventuellement révisé en fonction de la variation de l'indice du coût de la construction de l'INSEE si une clause d'indexation a été prévue ;
– d'autre part, si l'événement invoqué ne se produit pas, ou si les raisons familiales ou professionnelles sont mensongères, le contrat de location sera considéré comme un bail de trois ans.
Je ne manquerai pas de contester le motif allégué pour justifier un congé anticipé si je n'ai pas la certitude que les raisons avancées pour la demande de congé correspondent à la réalité.

Veuillez agréer, Monsieur (*ou* Madame), l'assurance de mes salutations distinguées.

Signature

VOUS AVEZ PLUS DE 70 ANS ET LOCATAIRE DE VOTRE LOGEMENT. VOUS CRAIGNEZ QUE VOTRE PROPRIÉTAIRE S'OPPOSE AU RENOUVELLEMENT DE VOTRE BAIL.

Comme beaucoup de locataires âgés, vous souhaitez conserver votre cadre de vie familier. À votre âge, le changement fait peur : d'où votre souhait d'obtenir le renouvellement ou la reconduction tacite de votre bail. Or vous n'êtes pas sûr des intentions de votre propriétaire.

• **Ce que dit la loi** : Selon l'article 15-III de la loi du 6 juillet 1989 sur les rapports locatifs, si vous êtes âgé de plus de 70 ans et si en outre, vos ressources sont inférieures à une fois et demie le montant annuel du SMIC, le bailleur ne peut vous reprendre le logement que dans deux cas :

1) Il vous propose un autre logement dans une zone géographique située à moins de cinq kilomères, et correspondant à vos besoins et à vos ressources.

L'âge du locataire est apprécié à la date d'échéance du contrat, mais le montant de ses ressources se détermine à la date de notification du congé. En 2003, le SMIC étant fixé à 1 154,27 € par mois, vos ressources annuelles doivent être inférieures à : 1 154,27 € x 12 x 1,5 = 20 776,86 €. Si vous êtes marié ou vivez en concubinage, il suffit que l'un de vous ait plus de 70 ans, les ressources de chacun étant considérées séparément.

2) Le bailleur est lui-même âgé de plus de 60 ans à la date d'échéance du contrat ou ses ressources annuelles sont inférieures à une fois et demie le montant annuel du SMIC à la date de notification du congé.

Dans ce cas, il n'a pas à vous proposer un relogement.

• **Notre conseil** : Si vous êtes marié ou vivez en concubinage, il faut diviser l'ensemble de vos ressources par 2 pour vous assurer qu'elles sont inférieures à une fois et demie le montant du SMIC.

Vos nom et prénom
Adresse

Date

Nom et prénom
du propriétaire
Adresse

Recommandé avec avis de réception

Monsieur (*ou* Madame),

Notre bail prend fin le 31 mars .... Je suis âgée de 72 ans, et ma femme de 67 ans. Nos ressources, si on les divise par 2, sont inférieures à une fois et demie le montant du SMIC.

Conformément à l'article 15-III de la loi du 6 juillet 1989, vous ne pouvez mettre fin au bail qu'à la condition de nous proposer un logement situé à proximité correspondant à nos besoins et à nos ressources.

Veuillez croire, Monsieur (*ou* Madame), à l'assurance de nos salutations distinguées.

Signature

DANS UNE HLM, VOUS PAYEZ UN LOYER POUR UN PARKING QUE VOUS N'UTILISEZ PAS. VOUS RENONCEZ À CET EMPLACEMENT ET EXIGEZ LA RÉDUCTION DU LOYER EN PROPORTION.

Lors de la signature de votre bail, l'organisme d'HLM vous avait imposé la location d'un parking en plus de celle de votre logement. Vous n'utilisez pas cette aire de stationnement. Vous décidez d'y renoncer et exigez la réduction de votre loyer et des charges d'un montant correspondant au prix qui vous est réclamé pour la location du parking.

• **Ce que dit la loi** : L'article L. 442-6-4 du code de la construction et de l'habitation (issu de la loi n° 98-657 du 29 juillet 1998, Journal officiel du 31, relative à la lutte contre les exclusions) dispose que, dans les immeubles collectifs sociaux construits à compter du 5 janvier 1977 à l'aide de primes et aides publiques ou de prêts réglementés par l'État, la location des logements à usage locatif ne peut être subordonnée à la location d'une aire de stationnement.

À compter de la publication de la loi du 29 juillet 1998 (c'est-à-dire à partir du 31 juillet 1998), les locataires concernés peuvent renoncer à l'usage d'une aire de stationnement. Dans cette hypothèse, ils bénéficient d'une réduction de loyer et de charges d'un montant correspondant au prix qui leur était demandé pour la location de l'aire de stationnement considérée.

Sachez que vous pouvez renoncer à votre parking sans remettre en cause le bail du logement.

• **Notre conseil** : Pour tous les immeubles HLM – quelle que soit leur date de construction – le loyer des emplacements de stationnement et autres locaux annexes (jardins, remise, garage) ne peut plus augmenter davantage que le loyer du logement (article 48 de la loi du 29 juillet 1998 précitée).

Vos nom et prénom
Adresse

Date

Recommandé avec avis de réception

Nom et adresse
du bailleur social

Monsieur (*ou* Madame),

Lors de la signature de mon bail pour la location de mon appartement, vous m'avez imposé la location d'un parking.

Selon l'article L. 442-6-4 du code de la construction et de l'habitation, dans les immeubles collectifs sociaux construits à compter du 5 janvier 1977, la location des logements à usage locatif ne peut pas être subordonnée à la location d'une aire de stationnement. À compter de la publication de la loi n° 98-657 du 29 juillet 1998 d'orientation relative à la lutte contre les exclusions (c'est-à-dire du 31 juillet 1998), les locataires concernés peuvent en application des dispositions précédentes renoncer à l'usage de cette aire.

Par la présente lettre recommandée, je vous informe que je renonce à mon parking à partir de ce jour. Je vous demande de réduire mon loyer et mes charges en conséquence.

Veuillez agréer, Monsieur (*ou* Madame), l'expression de mes salutations distinguées.

Signature

LES RÈGLES DE CALCUL DU SURLOYER ONT ÉTÉ MODIFIÉES. VOUS DEMANDEZ LA RÉVISION DU MONTANT DE VOTRE SURLOYER EN FONCTION DE NOUVELLES DISPOSITIONS.

Les règles de mise en œuvre du supplément de loyer de solidarité (anciennement appelé surloyer) ont été positivement modifiées. En effet, leur application réduit de plus du tiers le nombre de familles assujetties. Vous demandez, par lettre recommandée avec accusé de réception, la révision de votre surloyer et le remboursement du trop-perçu.

• **Ce que dit la loi** : Depuis le 1er juillet 1998, les règles de mise en œuvre du surloyer ont été modifiées par l'arrêté du 26 juin 1998 relatif aux plafonds de ressources (Journal officiel du 28). Ces changements portent principalement sur :

– la suppression de la prise en compte de l'activité professionnelle du conjoint ;
– le relèvement des plafonds de ressources annuelles imposables ;
– la suppression de la durée maximale de mariage pour les « jeunes couples », désormais seule l'addition de l'âge des époux compte, c'est-à-dire moins de 55 ans.

Le seuil de déclenchement du surloyer non obligatoire est relevé de 10 à 20 % de dépassement des plafonds de ressources depuis le 2 août 1998 par la loi du 29 juillet 1998 relative à la lutte contre les exclusions (Journal officiel du 31).

Le surloyer reste toujours obligatoire lorsque les ressources annuelles imposables du ménage dépassent d'au moins 40 % les plafonds de ressources.

• **Notre conseil** : Sachez que le montant annuel du supplément de loyer, cumulé avec le montant annuel du loyer principal, ne doit pas excéder 25 % des ressources de l'ensemble des personnes vivant au foyer.

Vos nom et prénom Date
Adresse
Recommandé avec avis de réception

Nom et adresse du bailleur social

Monsieur (*ou* Madame),

Le seuil de déclenchement facultatif du supplément du loyer a été porté de 10 à 20 % de dépassement des plafonds de ressources par l'article 56-II de la loi n° 98-657 du 29 juillet 1998, Journal officiel du 31.

Mes ressources annuelles imposables de l'année 2000, qui ont servi de base pour calculer le surloyer de l'année 2002, se situent en dessous des 20 % requis. Je ne suis donc plus soumis au surloyer.

Ou : Les règles de calcul du supplément de loyer ont été modifiées par un arrêté ministériel du 26 juin 1998, Journal officiel du 28 applicable depuis le 1er juillet 1998. La distinction entre les ménages « conjoint actif » et « conjoint inactif » est supprimée, unifiant ainsi les plafonds de ressources au niveau le plus favorable. Les plafonds de ressources des ménages de 2 ou 3 personnes ont été revalorisés de 12 %, 8 %, 5 % selon la zone géographique.

Ces modifications doivent entraîner, de votre part, une révision du montant du surloyer à chaque fois qu'un nouveau plafond de ressources est applicable, comme le prévoit l'article L. 441-3, alinéa 3, du code de la construction et de l'habitation.

En conséquence, je vous demande de revoir le montant de mon supplément de loyer en fonction de ces nouvelles dispositions (*ou* : de cesser de me compter le surloyer) et de me restituer dans le plus bref délai le trop-perçu.

Veuillez agréer, Monsieur (*ou* Madame), l'expression de mes salutations distinguées.

Signature

ON VOUS IMPOSE UN SURLOYER ET VOUS CONSTATEZ UNE ERREUR DANS LES MODALITÉS DE CALCUL. VOUS DEMANDEZ LA RECTIFICATION DE SON MONTANT.

Vous venez de recevoir votre quittance de loyer et vous constatez une erreur dans les modalités de calcul du surloyer qu'on vous réclame. Vous contestez le montant de votre surloyer et vous demandez la rectification de cette erreur et le remboursement du trop-perçu.

• **Ce que dit la loi** : Selon, l'article R. 441-20 du code de la construction et de l'habitation (CCH), le montant mensuel du supplément de loyer de solidarité (anciennement appelé surloyer), calculé par l'organisme d'HLM, est égal « au produit de la surface habitable du logement par le coefficient de dépassement du plafond de ressources et par le supplément de loyer de référence mensuel par mètre carré habitable ».

Selon l'article R. 111-2 du CCH, la surface habitable d'un logement est la surface de plancher construite, après déduction des surfaces occupées par les murs, cloisons, marches et cages d'escaliers, gaines, ébrasements de portes et de fenêtres.

Le coefficient de dépassement du plafond de ressources est fixé en fonction de l'importance du dépassement. L'organisme d'HLM peut prendre en compte le nombre et l'âge des personnes vivant au foyer.

Le supplément de loyer de référence de l'immeuble est fixé en euros par mètre carré. Il peut varier en fonction de la qualité et de la situation géographique de l'immeuble.

En vertu de l'article L. 441-9 du CCH, chaque année, l'organisme d'HLM demande à ses locataires communication des avis d'imposition ou de non-imposition à l'impôt sur le revenu et des renseignements concernant l'ensemble des personnes vivant au foyer. Vous êtes tenu de répondre à cette demande dans un délai d'un mois. En l'absence de réponse, l'organisme d'HLM vous appliquera le surloyer maximal. Cependant, le trop-perçu du surloyer vous sera reversé dans les deux mois après communication des renseignements demandés.

• **Notre conseil** : Votre bailleur devra revoir votre situation, à votre demande, si vos revenus baissent de 10 % en cours d'année ou si la composition de votre famille se trouve sensiblement modifiée.

Vos nom et prénom
Adresse

Date

Nom et adresse
du bailleur social

Monsieur (*ou* Madame),

Je viens de recevoir ma quittance de loyer du ... (*indiquez le mois et l'année*) et j'ai constaté une erreur dans les modalités de calcul du supplément de loyer de solidarité que vous me réclamez.

En effet, vous avez retenu comme ressources mon revenu brut global et non, comme la loi l'exige, mon revenu imposable (*ou bien* : je dois être classé dans la catégorie ... et non dans celle où vous m'avez classé, car mon ménage se compose de ... personnes comme je vous l'ai indiqué dans le questionnaire que je vous ai adressé ; *ou encore toute autre erreur constatée*). Vous trouverez ci-joint les photocopies des pièces justificatives.

En conséquence, je vous demande de rectifier le montant du supplément de loyer et de me restituer le trop-perçu dans le délai le plus bref.

Veuillez agréer, Monsieur (*ou* Madame), l'expression de mes salutations distinguées.

Signature

P.J. : ...

VOTRE CONJOINT EST DÉCÉDÉ. VOUS DEMANDEZ LE PAIEMENT DES LOYERS PAR LA SUCCESSION PENDANT UN AN.

Les enfants de votre conjoint n'ont jamais accepté son remariage avec vous. À son décès, ils sont bien décidés à récupérer le domicile familial. Manque de chance, ils devront patienter et vous loger gratuitement pendant un an. Comme ils se font un peu tirer l'oreille, vous leur rappelez leur devoir à votre égard.

• **CE QUE DIT LA LOI** : Selon l'article 763 du code civil tel qu'il résulte de la loi du 3 décembre 2001 relative aux droits du conjoint survivant, si, àl'époque du décès, le conjoint survivant occupe effectivement, à titre d'habitation principale, un logement appartenant aux époux ou dépendant totalement de la succession, il a de plein droit, pendant une année, la jouissance gratuite de ce logement, ainsi que du mobilier, compris dans la succession, qui le garnit.

Si son habitation était assurée au moyen d'un bail à loyer, les loyers doivent être remboursés au conjoint survivant par la succession pendant l'année, au fur et à mesure de leur acquittement.

• **NOTRE CONSEIL** : L'article 763 du code civil est d'ordre public, ce qui signifie que l'on ne peut y déroger par des conventions particulières. En conséquence de quoi si les héritiers vous proposent un arrangement juteux en échange de la reprise du logement, non seulement vous êtes libre de le refuser, mais votre éventuelle acceptation serait illégale.

Vos nom et prénom
Adresse

Date

M. et Mme...
Adresse

Monsieur, Madame,

Depuis le décès de ..., je continue d'habiter le logement situé ... (*adresse*), logement qui appartient à votre père (*ou* à votre mère) ; *ou bien* : logement que nous avions en location avec votre père (*ou* votre mère).

En application de l'article 763 du code civil, vous n'ignorez pas que j'ai de plein droit, pendant une année, la jouissance gratuite de ce logement, ainsi que du mobilier, compris dans la succession, qui le garnit.

Étant locataire, je vous rappelle que vous devez me rembourser, pendant l'année qui suit le décès, les loyers au fur et à mesure de leur acquittement ; vous trouverez à cet effet les deux premières quittances du mois de ... et du mois de ...

Veuillez agréer, Monsieur, Madame, mes salutations distinguées.

Signature

VOUS SOUHAITEZ RÉALISER DES TRAVAUX DANS VOTRE LOGEMENT, ET EN DEMANDEZ L'AUTORISATION ÉCRITE À VOTRE BAILLEUR.

C'est décidé, vous allez réaliser des travaux importants dans votre logement. Auparavant, il vous faut obtenir l'accord écrit de votre bailleur. Qui peut refuser son accord ou le donner sous condition.

• **Ce que dit la loi** : Un locataire peut, sans avoir à demander d'autorisation, réaliser des menus travaux comme la réfection des peintures ou du papier peint. Mais selon la loi, un locataire ne doit pas transformer le logement et ses équipements sans autorisation. Ainsi, dès qu'il s'agit de travaux significatifs, vous devez obtenir l'accord exprès du bailleur. Il en est ainsi, si vous voulez remplacer la moquette par du parquet (ou inversement), supprimer la baignoire pour installer une douche, supprimer ou ajouter une cloison fixe...

Lorsqu'il s'agit de travaux visibles de l'extérieur (volets roulants, façades...), il vous faut, en outre, obtenir l'accord du syndic de copropriété.

Quoi qu'il en soit, votre courrier au bailleur doit détailler les travaux que vous comptez réaliser.

Même s'il vous accorde l'autorisation, le propriétaire peut néanmoins, lors de votre départ, exiger que vous remettiez les locaux dans leur forme d'origine.

Si vous effectuez sans autorisation des travaux qui se révèlent perturbants ou dangereux pour le voisinage, le bailleur peut sans attendre la fin du bail exiger la remise en état des locaux.

Pour rassurer le propriétaire, vous pouvez lui indiquer que les travaux seront réalisés par un homme de l'art.

• **Notre conseil** : S'il s'agit de travaux très importants risquant de provoquer des dommages au voisinage (on ne sait jamais), demandez à votre assureur une extension de garantie pendant la durée du chantier, surtout si vous les réalisez vous-même. Les entrepreneurs sont en principe assurés, mais parfois ils oublient de payer les primes.

Vos nom et prénom Date
Adresse

Recommandé avec avis de réception

Nom du bailleur
Adresse

Monsieur, Madame,

Dans la maison (*ou* l'appartement) que vous me louez, je souhaite ... (*précisez les travaux envisagés, par exemple* supprimer la cloison du salon pour obtenir une pièce plus large, transformer le débarras en cabinet de toilettes, installer des volets roulants sur les fenêtres...).

En conséquence, je vous saurais gré de bien vouloir me délivrer votre accord exprès pour la réalisation de ces travaux qui vont apporter une réelle amélioration au logement.

Vous en remerciant,

Je vous prie de croire, Monsieur, Madame, à l'expression de ma considération distinguée.

Signature

VOTRE BAILLEUR VOUS A FAIT UNE OFFRE POUR VOUS VENDRE VOTRE LOGEMENT. VOUS LUI FAITES PART DE VOTRE ACCEPTATION.

Votre bailleur ne souhaite pas renouveler votre bail. Il vous a envoyé un congé assorti d'une offre de vente. Après mûre réflexion, vous avez décidé d'accepter son offre, et vous le lui faites savoir.

• **Ce que dit la loi** : La loi du 6 juillet 1989 sur les rapports locataires-bailleurs stipule que le locataire est toujours prioritaire pour acquérir le logement qu'il occupe.

Le propriétaire de votre logement ne peut donc en aucun cas vendre votre logement sans vous l'avoir auparavant proposé. S'il le fait, la vente est nulle.

Ainsi, si votre bailleur décide de ne pas renouveler votre bail et de vendre votre logement, il doit respecter une procédure très précise. Au moins six mois avant la fin de votre bail, il doit vous notifier un congé assorti d'une offre de vente, sous la forme recommandée avec accusé de réception ou par exploit d'un huissier de justice.

L'offre de vente doit être précise, le bailleur doit y indiquer notamment le prix qu'il souhaite obtenir du logement. Vous avez deux mois, à dater de la réception de la lettre recommandée (ou l'exploit de l'huissier), pour prendre position. Si vous ne réagissez pas dans les deux mois, votre silence vaut refus d'acheter et vous devrez quitter le logement à la date d'échéance du bail.

En revanche, si vous souhaitez acheter, vous devez le faire savoir à votre bailleur au moyen d'une lettre envoyée, avant la fin des deux mois, sous la forme recommandée avec avis de réception.

Vous disposez d'un délai de deux mois à dater de l'envoi de votre réponse au bailleur pour réaliser l'acquisition. Si vous comptez financer votre achat avec un crédit, vous devez l'indiquer dans la réponse que vous adressez au bailleur. Dans ce cas, l'article 15-II de la loi du 6 juillet 1989 vous accorde un délai de quatre mois pour réaliser l'acquisition.

• **Notre conseil** : Même si vous pensez pouvoir acheter comptant, dans votre réponse, indiquez systématiquement que vous avez l'intention de recourir à des emprunts. Cela vous permet de faire face aux imprévus, par exemple l'hypothèse d'un financement familial qui au dernier moment tombe à l'eau.

Vos nom et prénom
Adresse

Date

Recommandé avec avis de réception

Nom du bailleur
Adresse

Monsieur (*ou* Madame),

Par lettre recommandée que j'ai reçue le ... (*ou* exploit d'huissier en date du ...), vous m'avez notifié un congé assorti d'une offre de vente du logement dont je suis loca-taire.

Je vous indique que j'ai décidé d'accepter votre offre au prix mentionné dans votre lettre. J'ajoute que mon acquisition sera financée au moyen d'un emprunt que je compte solliciter auprès d'une banque.

En conséquence, le délai de réalisation de l'opération est porté à quatre mois, conformément à l'article 15-II de la loi du 6 juillet 1989.

Je vous prie de croire, Monsieur (*ou* Madame), à l'expression de ma considération distinguée.

Signature

VOUS DONNEZ VOTRE ACCORD POUR ACQUÉRIR VOTRE LOGEMENT SOUS RÉSERVE D'OBTENIR LES CRÉDITS NÉCESSAIRES.

Votre bailleur vous a proposé d'acheter votre logement. Vous êtes très intéressé, mais n'avez pas les fonds disponibles. Vous lui faites savoir que vous acceptez son offre mais sous réserve d'obtenir les crédits nécessaires.

• **Ce que dit la loi** : L'article 15-II de la loi du 6 juillet 1989 permet au propriétaire de ne pas renouveler le bail s'il envisage de vendre le logement. En tant que locataire, vous êtes en effet prioritaire pour acheter le logement que vous occupez. Au moins six mois avant la fin du bail, le propriétaire doit vous envoyer, par lettre recommandée avec avis de réception, votre congé assorti d'une offre de vente. Votre silence pendant deux mois équivaut à un refus d'acheter.

Si vous souhaitez acquérir le logement, vous devez le faire savoir au bailleur dans les deux mois qui suivent la date où vous avez reçu son offre.

• **Notre conseil** : Si vous devez financer tout ou partie de l'acquisition avec un crédit, indiquez-le dans votre lettre d'acceptation.

Vos nom et prénom
Adresse

Date

Recommandé avec avis de réception

Nom du bailleur
adresse

Madame (*Monsieur*),

Je vous indique que j'accepte votre offre de me vendre le logement que j'occupe au prix de ... €, incluant la cave et le parking.

Mon accord est exprimé sous la condition suspensive d'obtention des crédits immobiliers que je vais solliciter pour financer cette acquisition.

Je vous prie de croire, Madame (*Monsieur*), à l'expression de ma considération distinguée.

Signature

VOUS DEMANDEZ UNE DÉSINSECTISATION ET/OU DÉRATISATION.

Cafards, blattes, capricornes et autres bêtes colonisent votre logement, ou des rats se promènent tranquillement dans le parking ou le hall de l'immeuble. Vous sommez le bailleur de procéder à la désinsectisation et la dératisation.

• **CE QUE DIT LA LOI** : Paris est infesté de rats au point que la Préfecture lance un appel aux propriétaires pour qu'ils demandent la dératisation des immeubles.

Paris n'est pas un cas isolé. Partout en France, on trouve des immeubles (et des maisons) colonisés par des tas de bestioles répugnantes.

Mais qui du locataire ou du propriétaire doit se charger des opérations de désinsectisation et de dératisation ?

Le décret n° 82-955 du 9 novembre 1987 est clair. Sont à la charge exclusive du bailleur :

– la désinsectisation des locaux communs (halls d'immeubles, espaces parkings ...)
– les frais de main-d'œuvre liés à la désinsectisation des logements
– la totalité des frais de dératisation.

Le propriétaire peut, en revanche, vous réclamer au titre des charges récupérables 40% du prix d'achat des produits nécessaires à la désinsectisation.

• **NOTRE CONSEIL** : Trop de propriétaires négligent la désinsectisation des logements, n'hésitez pas à exiger du vôtre qu'il respecte son obligation. Vous pouvez aussi alerter la Préfecture et le Service de l'Hygiène de votre Mairie.

Vos nom et prénom
Adresse

Date

Recommandé avec avis de réception

Nom du bailleur
adresse

Monsieur (*Madame*),

Depuis plusieurs semaines, je constate la présence d'insectes xylophages (*cafards et blattes notamment*) dans mon appartement mais également dans les parties communes.

Je vous demande donc de faire procéder dans les plus brefs délais à la désinsectisation de mon appartement ainsi que celle des parties communes.

Je vous prie de croire, Monsieur (*Madame*), à l'expression de ma considération distinguée.

Signature

L'organisme qui vous loue votre logement a décidé la mise en vente de l'immeuble. Vous exigez un relogement.

• **Ce que dit la loi** : Votre bailleur est un organisme privé ou public (OPAC, SCIC, secteur intermédiaire) qui a décidé de vendre plus de dix logements situés dans le même immeuble.
Il vous a proposé d'acheter votre logement mais vous n'êtes pas en mesure de le faire. Le bailleur doit vous proposer un relogement quel que soit votre âge, si vos revenus sont inférieurs à 80% du plafond PLI (prêt locatif intermédiaire). Le logement qu'il vous propose doit être compatible avec vos revenus et à un loyer qui ne doit pas être plus élevé que votre loyer actuel.
Si votre grand âge (plus de 70 ans) ou votre état de santé présentant une certaine gravité ou un handicap vous interdisent de déménager, le bailleur ne peut pas reprendre le logement. Il doit obligatoirement renouveler votre bail.
Texte : décret n° 99-628 du 22 juillet 1999.
Pour les locataires âgés de plus de 70 ans, se reporter également en page 229.

• **Notre conseil** : N'acceptez pas n'importe quel relogement sous prétexte que vous ne pouvez pas acheter votre logement mis en vente. Enfin, regroupez-vous avec d'autres locataires dans la même situation, vous pourrez ainsi mieux vous défendre.

Vos nom et prénom
Adresse

Date

Recommandé avec avis de réception

Nom du bailleur
adresse

Monsieur (*Madame*),

A la suite du congé pour vente que vous m'avez notifié, je vous indique que je demande le bénéfice du décret n° 99-628 du 22 juillet 1999.

Aux termes de ce texte, vous êtes tenu de me proposer un relogement. Mes revenus sont en effet inférieurs à 80% du plafond PLI actuellement en vigueur.

J'attends donc votre proposition d'une habitation en rapport avec mes besoins et dont le prix n'excède pas le montant de mon loyer actuel.

Je vous prie de croire, Monsieur (*Madame*), à l'expression de ma considération distinguée.

Signature

VOUS DEMANDEZ QU'UN GARDIEN SOIT INSTALLÉ DANS VOTRE IMMEUBLE.

Vous vivez dans une grosse copropriété sans gardien ni surveillance. Vous rappelez à votre bailleur qu'il est désormais obligé d'installer un gardien.

• **Ce que dit la loi** : L'obligation de gardiens concernent les bailleurs privés ou publics (donc les offices HLM) qui gèrent au moins 100 logements situés dans un immeuble ou groupe d'immeuble collectifs installés soit en zone urbaine sensible (ZUS), soit dans une commune dont la population dépasse 25 000 habitants, soit dans une aire urbaine de 50 000 habitants au moins et dont une ou plusieurs communes comptent plus de 15 000 habitants.

Pour ces immeubles, il faut au moins un gardien pour 100 logements. Le bailleur peut recruter un gardien à demeure ou recourir aux services d'une société de gardiennage, mais le salarié que cette société délègue doit exercer son activité de manière permanente. Pas question d'avoir quelqu'un qui passe faire un petit tour dans l'immeuble puis s'en va.

Textes : articles L 127-1 et R 127-2 du code de la construction et de l'habitation.

• **Notre conseil** : Si votre bailleur n'a pas encore mis en place un gardiennage, n'hésitez pas à lui rappeler qu'il risque une amende de 1500 €.

Vos nom et prénom — Date
Adresse

Recommandé avec avis de réception

Nom du bailleur
adresse

Madame, Monsieur,

Aux termes de l'article L 1271 et R 127-1 et R 127-2 du code de la construction et de l'habitation, un gardiennage de notre immeuble devrait être assuré par au moins une personne à temps plein ayant le titre de gardien ou mise à disposition par un prestataire de service en équivalent temps plein.

En conséquence, je vous mets en demeure de respecter votre obligation dans les plus brefs délais.

Je vous rappelle que le non-respect de cette disposition vous expose à une amende de 1500 €, sans préjudice de l'injonction de faire que je solliciterai du tribunal d'instance si cette situation devrait perdurer.

Je vous prie de croire, Monsieur (*Madame*), à l'expression de ma considération distinguée.

Signature

LE BAILLEUR VEUT RÉSILIER VOTRE CONTRAT DE LOCATION PARCE QUE VOUS HÉBERGEZ UN PROCHE. VOUS LUI RÉPONDEZ.

Ayant appris que vous hébergez un proche, le bailleur prétend qu'il s'agit d'une sous-location et menace de résilier votre bail. Vous contestez cette interprétation tendancieuse.

• **Ce que dit la loi** : Il est interdit à un locataire de sous-louer le logement sans l'accord express et écrit du bailleur.

Mais certains bailleurs traquent le moindre prétexte pour tenter de reprendre le logement, surtout si son loyer est modeste. Et n'hésitent pas à prétendre qu'il y a sous-location là il y a seulement hébergement.

Un homme qui hébergeait son frère depuis plusieurs années a été assigné en justice par son bailleur qui demandait la résiliation du bail en prétendant qu'il s'agissait en réalité d'une sous-location. Le bailleur croyait détenir la preuve de l'hébergement du fait que le frère hébergé avait à plusieurs reprises payé le loyer. Les juges (cour d'appel de paris, 6ème chambre B, 12 septembre 2002) ont rejeté la demande du bailleur et lui ont répondu que le paiement de quelques loyers par le frère hébergé ne signifie pas qu'il y a sous-location. Quoi qu'il en soit, répondez au bailleur pour lui dire qu'il s'agit d'un hébergement.

Parfois, le bail contient une clause interdisant au locataire d'héberger ses proches ou prévoyant une occupation « strictement personnelle du logement » Selon la cour de cassation, une telle clause est nulle, car contraire à l'article 8-1 de la convention européenne des droits de l'homme.

• **Notre conseil** : Si vous hébergez un proche, inutile de donner prise au bailleur en le laissant payer directement les loyers.

Vos nom et prénom
Adresse

À..., le...

Nom et prénom du bailleur
Adresse

Recommandé avec avis de réception

Monsieur, (*Madame*),

Par lettre en date du..., vous me faites savoir que vous envisagez la résiliation de mon bail au motif d'un prétendue sous-location du logement.

Effectivement, une personne vit avec moi à mon domicile depuis plusieurs mois. Mais il s'agit d'un hébergement et non d'une sous-location comme vous l'affirmez.

Vos affirmations sont donc sans fondement.

Veuillez agréer, Monsieur, l'expression de mes salutations distinguées.

Signature

LE BAILLEUR VEUT RÉSILIER VOTRE CONTRAT DE LOCATION PARCE QUE VOUS HÉBERGEZ UN PROCHE EN PRÉTEXTANT UNE CLAUSE D'OCCUPATION PERSONNELLE. VOUS L'INFORMEZ QU'ELLE EST NULLE.

Votre ami(e) est venu(e) vivre chez vous. Votre propriétaire prétend vous appliquer une clause d'occupation personnelle. Réagissez car elle est illégale.

• **Ce que dit la loi** : Un locataire n'a pas le droit de sous-louer le logement qu'il est sensé occuper sans l'accord express et écrit du bailleur.

Mais certains bailleurs traquent le moindre prétexte pour tenter de reprendre le logement, surtout si son loyer est modeste. Et n'hésitent pas à prétendre qu'il y a sous-location là où il y a seulement hébergement.

Parfois, le bail contient une clause interdisant au locataire d'héberger ses proches ou prévoyant une occupation « strictement personnelle du logement » Selon la cour de cassation, une telle clause est nulle, car contraire à l'article 8-1 de la convention européenne des droits de l'homme. Si votre bailleur se fonde sur cette clause pour mettre fin à votre bail, réagissez.

Vos nom et prénom
Adresse

À..., le...

Nom et prénom du bailleur
Adresse

Recommandé avec avis de réception

Monsieur, (*Madame*),

Ayant appris que j'héberge un proche dans mon logement, vous m'avez mis en demeure de respecter la clause de mon bail stipulant une occupation strictement personnelle du logement et interdisant tout hébergement.

Selon la jurisprudence constante de la cour de cassation, cette clause est nulle car contraire à l'article 8-1 de la convention européenne des droits de l'homme.

Je la considère donc sans effet et vous indique que je ne compte pas faire droit à votre demande.

Veuillez agréer, Monsieur, l'expression de mes salutations distinguées.

Signature

VOUS DEMANDEZ À VOTRE BAILLEUR DE VOUS FOURNIR LES FACTURES ET LES CONTRATS JUSTIFIANT LA RÉALITÉ DES CHARGES.

Votre bailleur vous a envoyé un décompte détaillé des charges par poste. Pour en avoir le cœur net vous lui demandez de vous fournir les contrats, factures, bulletins de salaire etc, justifiant leur réalité.

• **Ce que dit la loi** : En même temps que le montant du loyer, le locataire paie une provision pour charges calculée forfaitairement par rapport aux charges réelles de l'année précédentes. Une fois par an, le bailleur doit régulariser les charges, c'est-à-dire qu'il vous envoie un décompte indiquant le détail des dépenses réelles par poste. Mais vous pouvez aller plus loin dans la vérification des charges. En effet, l'article 23 de la loi du 6 juillet 1989 sur les rapports locataires-propriétaires vous permet de demander également les contrats de fourniture signés avec les entrepreneurs et les prestataires (contrats d'entretien, de fourniture etc), les factures correspondantes, les bulletins de salaires du gardien, les contrats signés avec une société de gardiennage si la surveillance est assurée par une telle société.

Bref, vous avez le droit communication de tous les documents qui peuvent expliciter les charges que l'on vous réclame. Le bailleur peut refuser de vous envoyer les documents par la poste et vous demander de venir les consulter chez lui ou chez son agent. Dans ce cas, il doit vous laisser en prendre copie quitte à vous les faire payer.

• **Notre conseil** : Certains bailleurs font discrètement payer au locataire la totalité des charges. N'hésitez pas à demander tous les documents qui vous semblent nécessaires.

Vos nom, prénom et adresse À..., le....

Recommandé avec avis de réception

Nom et prénom du bailleur
Adresse

Monsieur (*ou* Madame),

J'accuse réception de mon décompte de charges annuelles dont je vous remercie.

Afin de bien comprendre comment se décompose chacun des postes des charges faisant l'objet de ce décompte, je vous prie de bien vouloir me communiquer (ou tenir à ma disposition), conformément à l'article 23 de la loi du 6 juillet 1989, les justificatifs suivants :

- factures correspondant aux sommes appelées ;
- ensemble des contrats avec leurs avenants distinguant les charges totalement ou partiellement récupérables ;
- copie des bulletins de salaires totalement ou partiellement récupérables ;
- ainsi que tous les autres documents en votre possession pouvant valablement éclairer ma lecture.

Je vous prie de croire, Monsieur, à l'expression de mes salutations distinguées.

Signature

VOUS REFUSEZ DE PAYER LES FRAIS DE RACCORDEMENT AU CÂBLE.

Sur votre décompte de décharge, vous constatez que le bailleur vous a fait payer les frais de raccordement au réseau câblé. Vous refusez de payer car vous n'avez pas demandé ce raccordement.

• **CE QUE DIT LA LOI** : L'article 23 de la loi du 6 juillet 1989 fixe les grandes catégories de charges récupérables sur le locataire, tandis que le décret du 26 août 1987 en fournit la liste complète. Mais certaines dépenses qui correspondent à des techniques ou services qui n'existaient pas à l'époque posent problème. C'est le cas du réseau câblé et des antennes collectives. Qui du bailleur ou du locataire doit supporter les frais nécessaires pour obtenir le raccordement du logement au réseau câblé ou à l'antenne collective ?

Ce sont les tribunaux qui apportent la réponse à cette question.

Aucune somme ne peut être réclamées au locataire qui n'a pas expressément sollicité le raccordement au réseau câblé ou à l'antenne collective (arrêt de la cour de cassation du 29 janvier 2001).

En revanche, si le raccordement a été fait à sa demande expresse, une quote-part des dépenses d'installation, de raccordement et d'entretien du réseau câblé et / ou de l'antenne collective peut lui être réclamée par le bailleur (article 2 de la loi du 10 juillet 1966).

Vos nom, prénom et adresse — À..., le.....

Recommandé avec avis de réception

Nom et prénom du bailleur
Adresse

Monsieur (*ou* Madame),

À la lecture de mon décompte de charges, je constate l'imputation d'une somme de ... €, correspondant aux frais de raccordement et d'entretien du câble.

Or, selon la jurisprudence de la cour de cassation (arrêt du 29 janvier 2001), cette dépense n'est récupérable que si le raccordement a été expressément demandé par le locataire. Ce qui n'est pas mon cas. Je n'ai jamais exprimé le souhait d'obtenir ce raccordement.

En conséquence, vous voudrez bien me rembourser cette dépense qui m'a été indûment imputée, soit au moyen d'un chèque à mon ordre soit par diminution de mon prochain terme.

Je vous prie de croire, Monsieur, à l'expression de mes salutations distinguées.

Signature

VOUS DEMANDEZ UN TABLEAU D'AFFICHAGE POUR L'ASSOCIATION DES LOCATAIRES.

Vous avez constitué une association de locataires. Conformément à la loi, vous exigez que le syndic mette un panneau d'affichage à votre disposition.

• **Ce que dit la loi** : L'article 44 issu de la loi SRU (du 13 décembre 2000) et intégré à la loi du 23 décembre 1986 élargit considérablement les droits des associations de location. Dans un immeuble ou groupe d'immeubles tout groupement de locataires ou association qui représente au moins 10 % des locataires peut exercer de multiples droits auprès du bailleur mais également du syndic de l'immeuble. Ainsi, l'association de locataires peut contrôler vos charges (si vous le lui demandez bien sûr), la loi lui donne en effet accès à tous les documents concernant les charges. L'association peut aussi formuler des propositions ou observations auprès du syndic de l'immeuble.

Enfin, dans chaque bâtiment d'habitation, un panneau d'affichage doit être mis à la disposition de l'association ou groupement de locataires pour leur communication concernant le logement, l'habitat et les travaux dans les lieux de passage des locataires. Si l'immeuble appartient à un seul propriétaire (cas des bailleurs institutionnels), c'est à lui que vous devez demander le panneau d'affichage. Dans le cas contraire, réclamez ce panneau auprès du syndic.

• **Notre conseil** : Comme l'union fait la force, n'hésitez pas à vous regrouper en association de défense des locataires.

Vos nom, prénom et adresse À..., le...

Recommandé avec avis de réception

Nom du syndic
Adresse

Monsieur,

Comme vous le savez déjà, les locataires de l'immeuble situé... (*adresse*) se sont regroupés au sein de l'association... (*nom*) chargée de les représenter et de défendre leurs intérêts.

Aux termes de l'article 44 de la loi n° 86-1290 du 23 décembre 1986 (modifié par l'article 193 de la loi SRU du 23 décembre 2000), un panneau d'affichage doit être mis à la disposition de notre association.

En conséquence, je vous demande de bien vouloir prendre les mesures nécessaires pour que ce droit devienne effectif.

Vous en remerciant, Je vous prie de croire, Monsieur, à l'expression de mes salutations distinguées.

Signature

VOUS DEMANDEZ AU BAILLEUR DE FAIRE AFFICHER LE PV RELATIF AUX TRAVAUX PRÉVUS DANS L'IMMEUBLE.

Vous avez appris que des travaux importants ont été votés par les copropriétaires. Vous rappelez au syndic de l'immeuble qu'il doit en informer les locataires au moyen d'un affichage.

• **Ce que dit la loi** : Pour les travaux réalisés dans des parties communes, les locataires n'ont pas leur mot à dire. Ce sont les copropriétaires occupants ou non qui décident en assemblée générale s'il faut réaliser des travaux, leur importance, leur durée, etc. C'est donc seulement lorsque les entrepreneurs commencent l'exécution que le locataire découvre que des travaux ont été votés. Or, il est éminemment concerné puisque c'est lui qui va supporter au moins une partie du coût de ces travaux, sur son relevé de charges. La loi a donc voulu que le locataire ne soit pas le dernier à être informé des projets de travaux.

L'article 44 de la loi du 23 décembre 1986 (issu de l'article 193 de la loi SRU) stipule que les décisions prises en assemblées des copropriétaires et relatives à l'entretien de l'immeuble et aux travaux font l'objet d'un procès-verbal abrégé affiché dans les parties communes de l'immeuble.

• **Notre conseil** : Beaucoup de copropriétaires cultivent le goût du secret et n'aiment pas communiquer ce genre d'information. Faites valoir vos droits auprès de votre bailleur.

Vos nom, prénom et adresse — À..., le....

Recommandé avec avis de réception

Nom et prénom du bailleur
Adresse

Monsieur (*ou* Madame),

J'ai appris que les copropriétaires viennent de voter des travaux qui seront réalisés prochainement dans l'immeuble dont je suis locataire. L'article 44 alinéa 4 de la loi n° 86-1290 (issu de la loi SRU) impose l'affichage d'un procès-verbal abrégé pour informer les occupants de l'immeuble de tous les travaux votés.

En conséquence, je vous demande de bien vouloir intervenir auprès du syndic de l'immeuble pour que cette disposition soit respectée.

Je vous prie de croire, Monsieur, à l'expression de mes salutations distinguées.

Signature

VOUS RAPPELEZ AU SYNDIC DE L'IMMEUBLE QU'IL DOIT AFFICHER LE PV RELATIF AUX TRAVAUX PROJETÉS.

Vous apprenez par hasard qu'on doit repeindre le hall de votre immeuble. Vous n'avez pas été prévenu, vous relancez le syndic.

• **Ce que dit la loi** : En tant que locataire, vous n'avez pas à décider des travaux entrepris dans l'immeuble où vous habitez. Mais vous êtes toutefois directement concerné, puisque vous allez en supporter au moins une partie sur votre relevé de charges.

La loi a donc voulu que le locataire ne soit pas le dernier à être informé des projets de travaux.

L'article 44 de la loi du 23 décembre 1986 (issu de l'article 193 de la loi SRU) stipule que les décisions prises en assemblées des copropriétaires et relatives à l'entretien de l'immeuble et aux travaux font l'objet d'un procès-verbal abrégé affiché dans les parties communes de l'immeuble.

• **Notre conseil** : Faites valoir vos droits auprès de votre bailleur (voir lettre précédente), mais aussi auprès du syndic de l'immeuble.

Vos nom, prénom et adresse À..., le....

Recommandé avec avis de réception

Nom et prénom du syndic
Adresse

Monsieur (*ou* Madame),

M... (*nom et prénom de votre bailleur*) me loue un logement situé au... étage de l'immeuble situé... (*adresse*) que vous gérez.

Les copropriétaires de cet immeuble viennent semble t-il de voter des travaux de rénovation des parties communes.

L'article 44 alinéa 4 de la loi n° 86-1290 (issu de la loi SRU) vous fait obligation d'afficher un procès-verbal abrégé pour informer les occupants de l'immeuble de tous les travaux votés.

En conséquence, je vous saurais gré de bien vouloir établir cette communication dans les meilleurs délais.

Je vous prie de croire, Monsieur, à l'expression de mes salutations distinguées.

Signature

QUELQU'UN AFFIRME AVOIR HÉRITÉ OU ACHETÉ VOTRE LOGEMENT ET VOUS DEMANDE DE LUI PAYER LES LOYERS. VOUS DEMANDEZ À L'ANCIEN PROPRIÉTAIRE DE VOUS CONFIRMER LE CHANGEMENT.

Vous avez reçu un courrier à vos nom et prénom d'une personne qui prétend être votre nouveau propriétaire et qui vous demande de lui verser les loyers. Cela vous surprend et vous inquiète. Vous vous tournez vers votre ancien propriétaire pour savoir ce qu'il en est.

• **Ce que dit la loi** : À la fin du bail, vous êtes prioritaire pour acquérir votre logement, du moins si le bailleur veut vous donner congé. Mais le propriétaire du logement peut vendre ou donner votre logement occupé. Ce qui ne change rien pour vous. le nouveau propriétaire étant tenu de poursuivre la location dans les mêmes conditions. Pour éviter des malentendus, la loi oblige le nouveau propriétaire à notifier au locataire tout changement juridique, c'est-à-dire lorsque le logement change de mains suite à une transmission par succession, par donation ou par vente.

Or, n'importe qui (notamment des escrocs) peut se prétendre le nouveau propriétaire de votre logement et vous demander de lui envoyer les loyers.

Ne prenez pas pour agent comptant une telle demande. Avant de verser le loyer à une nouvelle personne, exigez une preuve du changement de propriétaire.

Soyez vigilant, aujourd'hui les montages de copies ressemblent à de vrais documents.

Vos nom, prénom et adresse À..., le....

Recommandé avec avis de réception

Nom et prénom
de l'ancien bailleur
Adresse

Monsieur (*ou* Madame),

J'ai reçu un courrier (*dont copie jointe*) de M... (*nom*) qui affirme être le nouveau propriétaire de mon logement à la suite d'une acquisition réalisée auprès de vous.

Cette personne me demande de lui verser mes loyers.

Je vous saurais reconnaissant de bien vouloir me confirmer que M... (*nom*) est bien le nouveau propriétaire de mon logement, et qu'il se substitue effectivement à vos droits et obligations.

Je vous prie de croire, Monsieur, à l'expression de mes salutations distinguées.

Signature

• **Notre conseil** : Si vous avez le moindre doute, faites-vous confirmer le changement par l'ancien propriétaire, et demandez des preuves à celui qui s'affirme le nouveau propriétaire (voir lettre suivante). Vous pouvez aussi interroger le notaire qui est supposé avoir réalisé l'opération.

QUELQU'UN AFFIRME AVOIR HÉRITÉ OU ACHETÉ VOTRE LOGEMENT ET VOUS DEMANDE DE LUI PAYER LES LOYERS. VOUS DEMANDEZ DES PREUVES AU NOUVEAU PROPRIÉTAIRE.

Demandez à celui qui affirme être votre nouveau propriétaire d'en apporter la preuve, vous en avez le droit.

• **Ce que dit la loi** : À la fin du bail, vous êtes prioritaire pour acquérir votre logement, du moins si le bailleur veut vous donner congé. Mais le propriétaire du logement peut vendre ou donner votre logement occupé. Ce qui ne change rien pour vous. le nouveau propriétaire étant tenu de poursuivre la location dans les mêmes conditions. Pour éviter des malentendus, la loi oblige le nouveau propriétaire à notifier au locataire tout changement juridique, c'est-à-dire lorsque le logement change de mains suite à une transmission par succession, par donation ou par vente.

Or, n'importe qui (notamment des escrocs) peut se prétendre le nouveau propriétaire de votre logement et vous demander de lui envoyer les loyers.

Ne prenez pas pour agent comptant une telle demande. Avant de verser le loyer à une nouvelle personne, exigez une preuve du changement de propriétaire.

Soyez vigilant, aujourd'hui les montages de copies ressemblent à de vrais documents.

Vos nom, prénom et adresse — À..., le.....

Recommandé avec avis de réception

Nom et prénom
du nouveau bailleur
Adresse

Monsieur (*ou* Madame),

Par courrier en date du..., vous me faites savoir que vous avez acquis le logement que j'occupe suite à... (*par exemple, une opération successorale, son achat, une donation etc*) et vous demandez de vous régler mes loyers.

Vous comprendrez aisément que je ne puisse me contenter d'une simple affirmation. C'est pourquoi, je vous saurais gré de bien me fournir un justificatif démontrant votre droit de propriété sur ce logement.

Je vous prie de croire, Monsieur, à l'expression de mes salutations distinguées.

Signature

• **Notre conseil** : Si vous avez le moindre doute, faites-vous confirmer le changement par l'ancien propriétaire (voir lettre précédente) et demandez des preuves à celui qui s'affirme le nouveau propriétaire. Vous pouvez aussi interroger le notaire qui est supposé avoir réalisé l'opération.

VOUS DEMANDEZ AU BAILLEUR LA MISE EN PLACE D'UN CONTRAT D'ENTRETIEN DE L'ASCENSEUR.

L'ascenseur de votre immeuble est à l'abandon. Aucun suivi ni entretien ne sont prévus. Vous exigez de votre bailleur qu'un contrat d'entretien soit signé.

• **CE QUE DIT LA LOI** : Le parc des ascenseurs français est le plus vieux d'Europe. Mal ou pas du tout entretenus, les ascenseurs de nombreux immeubles du secteur privé mais aussi du secteur HLM ont été laissés à l'abandon.

D'ailleurs, ces dernières années de nombreux accidents, parfois mortels ont été déplorés. C'est pourquoi, les articles L 125-2-1 à L 125-2-4 (issus de la loi n° 2003-590 du 2 juillet 2003) énoncent que les ascenseurs doivent faire l'objet d'un entretien régulier permettant d'en assurer le bon fonctionnement et la sécurité. Ils doivent également être soumis à un contrôle technique périodique réalisé par des techniciens qualifiés. Vous pouvez donc exiger de votre bailleur qu'il mette en place les mesures nécessaires à la sécurisation de l'ascenseur.

• **NOTRE CONSEIL** : Unissez-vous avec d'autres locataires pour que les frais de communication du rapport ne soient pas trop lourds.

Vos nom et prénom
Adresse

À..., le...

Nom du bailleur
Adresse

Références du PV :

Recommandé avec avis de réception

Monsieur,

Comme vous le savez l'ascenseur de notre immeuble est dans un piètre état, au risque de mettre en danger la sécurité des résidents. De plus, il bénéficie d'aucun contrat d'entretien.

Conformément à l'article L 125-2-2 du code de la construction et de l'habitation, je vous demande de mettre en place un contrôle technique périodique pouvant garantir le fonctionnement de l'ascenseur et la sécurité des personnes.

Je vous prie de croire, Madame, à l'expression de mes salutations distinguées.

Signature

VOUS DEMANDEZ COMMUNICATION DU RAPPORT DU CONTRÔLE TECHNIQUE DE L'ASCENSEUR.

Maintenant que le contrôle a été fait, sur votre demande, vous voulez connaître l'avis des techniciens.

• **Ce que dit la loi** : Toute personne qui dispose d'un titre d'occupation dans l'immeuble (donc qu'elle soit locataire, propriétaire ou hébergé) peut obtenir à ses frais la communication du rapport technique relatif à l'ascenseur et ses conclusions.

Vos nom et prénom
Adresse

À..., le...

Nom du bailleur
Adresse

Références du PV :

Recommandé avec avis de réception

Madame,

Conformément aux dispositions de l'article L 125-2-3 alinéa 3 (issu de la loi n° 2003-590 du 2 juillet 2003), je vous prie de bien vouloir me communiquer copie du rapport du contrôle technique qui a été établi sur l'ascenseur de notre immeuble. Je souhaite également la communication des conclusions et préconisations émises par le technicien chargé du contrôle.

Je vous prie de croire, Madame, à l'expression de mes salutations distinguées.

Signature

CHAPITRE 13

VOUS ÊTES PROPRIÉTAIRE-OCCUPANT

LE SYNDIC DE L'IMMEUBLE REFUSE DE CONVOQUER L'ASSEMBLÉE GÉNÉRALE... AVEC D'AUTRES COPROPRIÉTAIRES, VOUS DEMANDEZ AU PRÉSIDENT DU CONSEIL SYNDICAL DE LA FAIRE À SA PLACE.

Le syndic de votre copropriété n'est vraiment pas pressé de convoquer l'assemblée des copropriétaires. Car il sait qu'on veut mettre fin à son mandat et lui demander quelques comptes. Avec d'autres copropriétaires, vous demandez au président du conseil syndical d'organiser cette convocation.

• **Ce que dit la loi** : Selon l'article 7 du décret n° 67-223 du 17 mars 1967 relatif au statut de la copropriété, le syndic doit convoquer l'assemblée des copropriétaires au moins une fois par an. Mais ce chiffre n'est pas un maximum. Il doit la convoquer chaque fois que cela est nécessaire.

Selon l'article 8 de ce décret, la convocation est de droit lorsqu'elle est demandée au syndic soit par le conseil syndical, soit par un ou plusieurs copropriétaires représentant au moins un quart des voix de tous les copropriétaires.

Il faut adresser une mise en demeure au syndic pour lui demander de faire cette convocation. Si au bout de huit jours il n'a pas obtempéré, le président du conseil syndical est autorisé (article 8 du décret) à convoquer l'assemblée des copropriétaires.

• **Notre conseil** : Il arrive qu'il y ait collusion entre le président du conseil syndical et le syndic. La situation est alors bloquée. Il ne vous reste plus alors qu'à demander au président du tribunal de grande instance statuant en référé (en urgence) de permettre à un copropriétaire de convoquer l'assemblée.

Vos nom et prénom — Date
Adresse
Recommandé avec avis de réception

Nom du président du
syndicat des copropriétaires
Adresse

Monsieur (*ou* Madame),

Copropriétaires de l'immeuble situé ... (*adresse*), nous réunissons ... tantièmes.

Nous avons l'honneur de vous demander, en application de l'article 8 du décret du 17 mars 1967, la convocation d'une assemblée générale qui aura pour ordre du jour les questions suivantes : ... (*précisez les points à mettre à l'ordre du jour. Par exemple* : révocation et remplacement de M. ..., le syndic de l'immeuble).

Vous remerciant de votre diligence, nous vous prions de croire, Monsieur (*ou* Madame), à l'expression de notre considération distinguée.

Signature

NB. : *Indiquez sur une feuille le nombre des copropriétaires signataires et les tantièmes de chacun.*

LE SYNDIC DE VOTRE IMMEUBLE REFUSE D'INSCRIRE UNE QUESTION NON PRÉVUE À L'ORDRE DU JOUR DE L'ASSEMBLÉE DES COPROPRIÉTAIRES. VOUS EXIGEZ QU'IL LE FASSE.

Le syndic de votre copropriété évite soigneusement d'inscrire à l'ordre du jour les questions qui peuvent le mettre en difficulté. Vous exigez qu'il inscrive vos questions à l'ordre du jour de la prochaine assemblée.

• **Ce que dit la loi** : L'article 10 du décret du 17 mars 1967 relatif au statut de la copropriété prévoit que, dans les six jours suivant la convocation de l'assemblée, un ou plusieurs copropriétaires, ou le conseil syndical s'il en existe un, peuvent notifier à la personne (en principe le syndic) qui a convoqué l'assemblée les questions dont ils demandent l'inscription à l'ordre du jour.

Le signataire de la convocation notifie aux membres de l'assemblée générale un état de ces questions, cinq jours au moins avant la tenue de l'assemblée.

• **Notre conseil** : Dans certaines copropriétés des « clans » dominent et ne laissent pas la parole aux autres copropriétaires. Exigez que vos questions soient inscrites à l'ordre du jour. On ne peut pas vous le refuser.

Vos nom et prénom
Adresse

Date

Recommandé avec avis de réception

Nom du syndic
(*ou* du signataire de
la convocation)
Adresse

Monsieur (*ou* Madame),

Copropriétaire d'un appartement dans l'immeuble situé ... (*adresse*), je relève que certaines questions importantes ne sont jamais inscrites à l'ordre du jour.

Je vous demande donc, comme l'article 10 du décret du 17 mars 1967 m'y autorise, de bien vouloir inscrire à l'ordre du jour de l'assemblée qui se tiendra le ... (*date*) les questions suivantes : ...

Exemples :
1° La société qui entretient l'ascenseur n'intervient que plusieurs jours après le début des pannes. Peut-on y remédier ?
2° Le week-end, l'eau chaude fournie par l'immeuble est insuffisante. Peut-on trouver une solution ?...

Je vous prie de croire, Monsieur (*ou* Madame), à l'expression de ma considération distinguée.

Signature

LE SYNDIC REFUSE DE VOUS REMETTRE UNE COPIE DU PROCÈS-VERBAL DE L'ASSEMBLÉE ET DE LA FEUILLE DE PRÉSENCE. VOUS EXIGEZ CES DOCUMENTS.

Le syndic de votre immeuble a un faible pour le secret. Il refuse systématiquement de vous communiquer des copies des procès-verbaux des assemblées et des listes des participants. Vous lui rappelez qu'il est obligé de satisfaire votre demande.

• **Ce que dit la loi** : L'article 33 du décret du 17 mars 1967 (codifié dans le code de la copropriété) prévoit que le syndic de l'immeuble est tenu de délivrer des copies des procès-verbaux des assemblées de copropriétaires et des annexes.

Pour les procès-verbaux, la réponse est donnée claire et sans équivoque.

La question s'est en revanche posée de savoir si les feuilles de présence constituent ou non des « annexes ».

La Cour de cassation a répondu par l'affirmative. Un copropriétaire peut donc exiger du syndic qu'il lui communique une copie des feuilles de présence aux assemblées.

Mais le syndic peut exiger du copropriétaire qu'il paie le prix des copies.

• **Notre conseil** : Certains syndics d'immeubles entourent la gestion de l'immeuble d'une sorte de secret et réagissent très mal dès qu'ils ont l'impression qu'un copropriétaire met le « nez » dans leurs petites affaires.

Commencez par demander ces documents en lettre simple, mais si on vous oppose le silence ou un refus catégorique, envoyez cette lettre en recommandé avec avis de réception.

Vos nom et prénom
Adresse

Date

Nom du syndic
(*ou* du signataire de la convocation)
Adresse

Monsieur (*ou* Madame),

J'ai téléphoné à vos services pour demander des copies du procès-verbal de l'assemblée des copropriétaires du ... (*date*) et de la feuille de présence à cette assemblée.

Or, à ce jour, je n'ai pas reçu ces documents.

En conséquence, je renouvelle ma demande en vous rappelant que l'article 33 du décret du 17 mars 1967 prévoit expressément qu'un copropriétaire peut obtenir une copie du procès-verbal de l'assemblée.

Il est vrai qu'une hésitation s'est produite quant à la feuille de présence. Mais la Cour de cassation a, dans un arrêt du 4 janvier 1996, clairement jugé qu'un copropriétaire peut aussi obtenir une copie de la feuille de présence.

Bien entendu, j'accepte de régler les frais de copie et d'expédition.

Veuillez agréer, Monsieur (*ou* Madame), l'expression de mes salutations distinguées.

Signature

VOUS AVEZ VENDU VOTRE APPARTEMENT. VOUS EN AVISEZ LE SYNDIC AFIN QU'IL PRÉPARE VOTRE ARRÊTÉ DE COMPTE OU QU'IL INFORME VOTRE NOTAIRE QUE VOUS ÊTES À JOUR DE VOS CHARGES.

Votre acquéreur a obtenu ses crédits et le notaire a fixé une date pour la signature de l'acte de vente. Vous en avisez le syndic de l'immeuble afin qu'il fasse votre arrêté de compte et qu'il informe votre notaire que vous êtes à jour de vos charges.

• **Ce que dit la loi** : De nombreux propriétaires de logement partaient en ne payant pas les charges de copropriété. Une fois l'appartement vendu, il était bien difficile d'agir contre eux. La loi du 21 juillet 1994 fait donc obligation au notaire chargé de la vente d'informer le syndic de l'immeuble de ce projet.

Si le vendeur doit des charges à la copropriété, le syndic adresse au notaire un relevé détaillé indiquant la somme due. Le notaire doit alors retenir le montant des charges dues sur la somme qui revient en principe au vendeur. Il versera directement cette somme au syndic.

S'il y a un litige entre le copropriétaire-vendeur et le syndic sur le montant de l'arriéré, sur sa réalité..., le notaire séquestre la somme en attendant qu'un tribunal ait tranché le litige entre les deux parties.

En revanche, si le copropriétaire-vendeur est à jour de ses charges de copropriété, le syndic adresse une attestation au notaire indiquant qu'il n'existe pas d'arriéré.

Tant que le syndic ne s'est pas manifesté, le notaire ne doit pas réaliser la vente.

• **Notre conseil** : Souvent, le syndic ne répond au notaire qu'après de longs délais. Pour éviter de perdre du temps à attendre, avertissez le syndic dès que votre acquéreur a obtenu ses crédits.

Inutile de penser partir sans payer vos charges, le notaire a l'obligation d'y veiller sous peine d'engager sa responsabilité.

Vos nom et prénom
Adresse

Date

Nom du syndic
Adresse

Madame, Monsieur,

Je vous informe que j'ai signé une promesse pour vendre mon appartement situé ... (*adresse*). L'acte notarié doit être signé le ... (*date*).

En conséquence, je vous prie de bien vouloir arrêter mes comptes pour cette date et en communiquer le montant au notaire chargé de la transaction, Maître Patrick BOISSY, dont l'étude est située 38, rue du Champ-des-Oiseaux 76000 Rouen (*nom et adresse du notaire chargé de la vente*) (*ou* : Je vous prie de bien vouloir adresser au notaire chargé de la transaction une attestation indiquant que je suis à jour de mes charges de copropriété).

Vous remerciant de votre diligence, je vous prie de croire, Madame, Monsieur, à l'expression de ma considération distinguée.

Signature

VOUS AVIEZ DONNÉ UN MANDAT EXCLUSIF DE VENTE À UN AGENT IMMOBILIER. VOUS LE RÉSILIEZ AFIN D'ÉVITER DE FUTURES DIFFICULTÉS.

Vous aviez accepté de signer un mandat exclusif de vente au profit d'un agent immobilier. Mais entre temps, vous avez trouvé un acheteur par vos propres moyens. Vous avez intérêt à mettre fin au mandat exclusif avant d'envisager une vente par vos propres moyens.

• **CE QUE DIT LA LOI** : Le propriétaire qui veut vendre son logement peut demander à un agent immobilier de s'en charger. Dans ce cas, ce professionnel lui fait signer un mandat de vente. Ce document mentionne que le propriétaire charge l'agent immobilier de trouver un acquéreur. Il indique le prix que le vendeur souhaite obtenir, le montant de la commission de l'agent immobilier etc.

Il existe deux types de mandat de vente : le mandat simple et le mandat exclusif.

Dans le cadre du mandat simple, vous pouvez confier le bien à plusieurs agents immobiliers, et vous pouvez également le vendre par vos propres moyens.

Dans un mandat est exclusif, seul l'agent immobilier que vous avez choisi peut vendre le logement. Il vous est interdit de vous en charger. Et si vous trouvez un acquéreur par vos propres moyens, l'agent immobilier a néanmoins droit à sa commission. Et ce pendant la durée du mandat.

Le mandat exclusif est signé pour un, deux ou trois mois selon votre choix. Mais il comprend toujours une clause stipulant qu'il se poursuit par tacite reconduction (donc automatiquement) tant que le propriétaire ne le dénonce pas.

• **NOTRE CONSEIL** : N'oubliez pas de mettre fin au mandat exclusif, sinon l'agent immobilier vous obligera à lui verser sa commission, même si vous trouvez un acheteur par vos propres moyens.

Vos nom et prénom
Adresse

À..., le...

Agence immobilière...
Adresse

Recommandé avec avis de réception

Madame, Monsieur,

Le... (*date*), j'ai signé votre profit un mandat exclusif d'une durée de ... (*par exemple un mois*) en vue de la vente de... (*par exemple ma maison*).

Je ne souhaite pas la poursuite de cette convention. En conséquence, je vous prie de bien vouloir noter que je mets fin à ce mandat pour le... (*date, par exemple* le 15 octobre).

Veuillez agréer, Madame, Monsieur, mes salutations distinguées.

Signature

LE HALL DE L'IMMEUBLE PART EN LAMBEAUX, LES MURS DÉGOULINENT D'EAU. VOUS PRESSEZ LE SYNDIC D'AGIR.

L'immeuble se dégrade à grande vitesse, mais le syndic se garde bien de réagir. Malgré de multiples relances téléphoniques, il n'a toujours pas soumis la question des travaux aux copropriétaires. Vous le menacez d'engager sa responsabilité.

• **Ce que dit la loi** : Dans un immeuble il y a souvent un antagonisme entre les copropriétaires qui vivent sur place et sont favorables à la réalisation de travaux et les copropriétaires-bailleurs qui n'y vivent pas et sont récalcitrants.

Il revient néanmoins au syndic de l'immeuble de vérifier si des travaux sont nécessaires et, dans ce cas, il inscrit la proposition de travaux à l'ordre du jour. Mais la décision de réaliser ou non les travaux appartient aux copropriétaires. Le syndic engage sa responsabilité s'il refuse d'inscrire cette question à l'ordre du jour.

En revanche, il n'est pas responsable du refus des copropriétaires d'effectuer les travaux. En principe, il ne peut pas de sa propre initiative réaliser des travaux. Il doit obtenir le vote des copropriétaires. Sauf s'il s'agit de travaux nécessaires à la sauvegarde de l'immeuble. Par exemple, des travaux consolidant un escalier, des travaux de réparation et de consolidation de solives et de voûtes. Enfin, si les copropriétaires refusent d'effectuer les travaux rendus obligatoires par la loi, ils peuvent être tenus pour responsables si un accident survient.

• **Notre conseil** : Si l'assemblée refuse de voter les travaux, un ou plusieurs copropriétaires peuvent demander au tribunal de grande instance de les ordonner.

Vos nom et prénom
Adresse

À..., le...

Cabinet...
Syndic d'immeubles
Adresse

Recommandé avec avis de réception

Madame, Monsieur,

Comme je vous l'ai indiqué à plusieurs reprises, les parties communes de l'immeuble se dégradent à grande vitesse. Les murs sont fissurés, les peintures sont délavées, ce qui produit une impression d'abandon et de désolation.

Des travaux deviennent indispensables.

Conformément à l'article 10 du décret du 17 mars 1967, je vous demande donc d'inscrire à l'ordre de jour de la prochaine assemblée des copropriétaires, la question des travaux à réaliser.

Veuillez agréer, Madame, Monsieur, mes salutations distinguées.

Signature

APRÈS VOUS ÊTRE ENGAGÉ À ACQUÉRIR UN LOGEMENT EXISTANT, VOUS ANNULEZ VOTRE ENGAGEMENT DANS LES SEPT JOURS.

Sur un coup de tête, vous avez signé un acte auprès d'un particulier ou un agent immobilier pour acquérir un logement existant. Revenu à la raison, vous décidez d'annuler votre engagement dans les sept jours qui suivent.

• **Ce que dit la loi** : Jusqu'à présent, le délai de réflexion n'existait que pour les logements neufs. Désormais, le droit de changer d'avis est également accordé aux particuliers qui s'engagent sur l'acquisition de logements existants, souvent nommés logements anciens.

Si vous avez signé un avant-contrat, c'est-à-dire une promesse unilatérale de vente, un compromis ou tout acte d'engagement quel qu'en soit l'appellation auprès d'un agent immobilier ou d'un particulier, la loi vous accorde le droit de changer d'avis et d'annuler votre engagement. Vous n'avez pas à motiver votre décision.

En effet, les articles L 271-1 et L 271-2 stipulent que le particulier peut se rétracter dans un délai de sept jours suivant la date où il reçoit à son domicile l'acte qu'il a signé. La procédure est simple : vous signez un avant-contrat auprès d'un particulier-vendeur ou d'un agent immobilier. Celui-ci doit vous notifier l'acte c'est-à-dire vous envoyer le document à votre domicile par lettre recommandée avec avis de réception. Le délai de sept jours se calcule à compter du lendemain du passage du facteur (qui vous a remis la lettre recommandée ou laissé un avis de passage).

• **Notre conseil** : Votre lettre de rétractation est à envoyer impérativement sous la forme recommandée avec avis de réception sinon le vendeur ou l'agent immobilier va prétendre qu'il ne l'a pas reçue.

Vos nom et prénom
Adresse

À..., le...

Agence immobilière...
Adresse

Recommandé avec avis de réception

Madame, Monsieur,

J'ai bien reçu l'avant-contrat que nous avions signé. Je ne désire pas donner suite à mon projet d'acquisition.

Conformément à l'article L 271-1 du code de la construction et de l'habitation, j'exerce mon droit de rétractation et je mets fin à mon engagement.

(On peut ajouter : vous voudrez bien me restituer le chèque que je vous ai remis en dépôt)

Veuillez agréer, Madame, Monsieur, mes salutations distinguées.

Signature

VOUS ALLEZ BIENTÔT SIGNER DEVANT LE NOTAIRE POUR FINALISER L'ACHAT D'UN LOGEMENT. VOUS LUI DEMANDEZ UNE COPIE DU PROJET D'ACTE POUR L'ÉTUDIER ATTENTIVEMENT.

Vous vous apprêtez à passer chez le notaire pour signer l'acte authentique d'acquisition d'un logement. Vous pouvez lui demander de vous envoyer une copie de l'acte avant la vente afin de l'étudier attentivement.

• **Ce que dit la loi** : De nombreuses lois ont été votées ces dernières années pour protéger le particulier qui projette d'acquérir un logement. Mais dans le même temps, les actes notariés de vente sont résolument favorables au vendeur. Ils sont truffés de clauses exclusives qui déchargent le vendeur de toute responsabilité.

Rien n'oblige un particulier à accepter toutes ces clauses qui favorisent le vendeur. Or, le jour de la signature, on n'a pas le temps de lire et de comprendre toutes les clauses qui émaillent l'acte authentique de vente. Le meilleur moyen de débusquer ces clauses pour pouvoir les refuser, c'est encore de demander au notaire de vous communiquer une copie du projet d'acte authentique.

Avant le jour de la signature, il vous envoie la copie de l'acte authentique que vous pouvez ainsi lire et annoter à tête reposée.

En incluant des clauses d'irresponsabilité du vendeur sans attirer l'attention de l'acquéreur sur l'exacte portée de ces clauses, le notaire engage sa responsabilité civile (cour de cassation, 3 février 1998, 1ère chambre civile, 96-13.201).

Vos nom et prénom
Adresse

À..., le...

Maître...
notaire
Adresse

Recommandé avec avis de réception

Maître,

Je dois prochainement signer dans votre étude l'acte authentique me permettant d'acquérir la maison (*l'appartement, le terrain*) de M. ... (*nom du vendeur*) située... (*adresse*). Je vous saurais gré de bien vouloir m'adresser une copie du projet de l'acte authentique afin de permettre d'en faire une lecture attentive, et si besoin est, de vous questionner sur les clauses dont la portée pourrait me sembler obscure.

Vous en remerciant,
je vous prie de croire, Maître, à l'expression de mes respectueux sentiments.

Signature

VOUS REFUSEZ CERTAINES CLAUSES DE L'ACTE AUTHENTIQUE.

Certaines clauses de cet acte ne vous conviennent pas du tout. Prévenez le notaire que vous les refusez.

• **Ce que dit la loi** : Si certaines clauses de l'acte de vente qui vous a été envoyé par le notaire vous surprennent, interrogez le notaire, au besoin par écrit. Et si certaines, notamment celles qui sont relatives à l'irresponsabilité du vendeur,vous heurtent, refusez-les.

Vos nom et prénom
Adresse

À..., le...

Maître...
notaire
Adresse

Recommandé avec avis de réception

Maître,

Après lecture du projet de l'acte authentique que vous avez bien voulu me communiquer, je souhaite formuler quelques réserves et vous indiquer que je ne peux accepter certaines clauses en l'état. Ces clauses instituent en effet, une large irresponsabilité au profit du vendeur et me privent par avance de toute réclamation ou action.

Ainsi, la clause stipulant que « l'acquéreur s'interdit d'élever toute réclamation » me semble inacceptable. C'est pourquoi, je la réfute. (détaillez toutes les clauses que vous refusez d'accepter). Voulez-vous m'envoyer un autre projet d'acte tenant compte de mes réserves.

Je vous prie de croire, Maître, à l'expression de mes respectueux sentiments.

Signature

CHAPITRE 14

VOUS ÊTES PROPRIÉTAIRE-BAILLEUR

Voici quelque temps que votre locataire ne paie plus ses loyers. Malgré vos mises en garde téléphoniques, vous ne voyez toujours rien venir. Vous pouvez lui adresser une mise en demeure en le menaçant de reprendre le logement.

• **Ce que dit la loi** : Les rapports propriétaires/locataires sont soumis à la loi du 6 juillet 1989 (dite loi Mermaz Malandain et qui remplace la loi Méhaignerie). Conformé-ment à l'article 24 de cette loi, le bail peut prévoir qu'en cas de non-paiement du loyer (ou des charges) aux dates convenues, sa résiliation pourra intervenir au minimum deux mois après l'envoi d'un commandement de payer au locataire.

En cas de difficultés financières, votre locataire peut obtenir des délais de paiement du juge d'instance (voir page 128) qu'il devra saisir avant l'expiration de ce délai de deux mois.

Dans un premier temps, adressez à votre locataire une mise en demeure de payer. S'il est de bonne foi, trouvez avec lui un accord d'échelonnement des arriérés, car il y a de fortes chances pour que le juge lui accorde les délais (jusqu'à vingt-quatre mois) que vous lui auriez refusés.

• **Notre conseil** : Matérialisez par écrit tout octroi de délais. Ainsi, en cas d'instance judiciaire ultérieure, vous pourriez démontrer que le locataire avait déjà obtenu des délais de paiement. Le juge hésitera peut-être (mais ce n'est pas sûr) à lui en accorder de nouveaux.

Vos nom et prénom — Date
Adresse

Recommandé avec avis de réception

Nom et prénom du locataire
(les deux noms pour un couple)
Adresse

Monsieur (*ou* Madame),

Malgré mes nombreux rappels et les délais que je vous ai consentis, vous n'avez toujours pas réglé les loyers des mois de ... (*par exemple* : mars, avril, mai 2002).

Je vous rappelle que, conformément à l'article 24 de la loi du 6 juillet 1989, je suis en droit de résilier le bail qui nous lie pour non-paiement du loyer.

En conséquence, je vous mets en demeure de m'adresser sous huit jours la somme de ... € en paiement des termes échus (*loyer en principal plus charges*).

À défaut, je me verrai dans l'obligation de vous signifier congé par commandement d'huissier.

Veuillez agréer, Monsieur (*ou* Madame), l'expression de mes salutations distinguées.

Signature

VOTRE LOCATAIRE A COMMIS DES DÉGRADATIONS. VOUS LUI DEMANDEZ DE PAYER LES RÉPARATIONS.

Votre locataire est vraiment mal élevé. Non seulement il n'a pas entretenu les installations courantes mais, de plus, il a commis des dégradations. Vous pouvez exiger de lui qu'il effectue ou paie les remises en état nécessaires.

• **Ce que dit la loi** : L'article 7 de la loi du 6 juillet 1989 (loi Mermaz-Malandain) prévoit que le locataire soit responsable des dégradations et pertes qui surviennent dans le logement pendant la durée du bail, sauf s'il prouve qu'elles ont eu lieu par cas de force majeure : cambriolage accompagné d'actes de vandalisme, par exemple.

Le locataire doit en outre assurer les réparations courantes. Le décret du 26 août 1987 fixe la liste des réparations courantes qu'il doit assurer : par exemple plomberie, installation électrique (en partie), portes et fenêtres…

Vos nom et prénom — Date
Adresse

Recommandé avec avis de réception

Nom et prénom du locataire
(les deux noms pour un couple)
Adresse

Monsieur (*ou* Madame),

J'ai constaté que vous aviez commis d'importantes dégradations dans le logement que je vous loue, situé ... (*adresse*). (*Indiquez la nature des dégâts. Par exemple* : les fenêtres sont cassées et le parquet est enfoncé, les éviers sont bouchés... *Ou encore* : vous n'avez pas entretenu les équipements fournis.)

Je vous rappelle que, selon l'article 7 de la loi du 6 juillet 1989, le locataire répond des dégradations et détériorations subies par le logement pendant la durée du bail.

Je vous mets donc en demeure de réparer les dégâts dans un délai de ... et de m'en justifier.

À défaut, je me verrai obligé de saisir le tribunal d'instance aux fins de résiliation du bail qui nous lie, sans préjudice des dommages-intérêts.

Veuillez agréer, Monsieur (*ou* Madame), l'expression de mes salutations distinguées.

Signature

• **Notre conseil** : Si, après la mise en demeure, le locataire n'effectue pas les réparations, vous pouvez saisir le tribunal d'instance pour obtenir une injonction de faire, c'est-à-dire un ordre du tribunal l'obligeant à effectuer ces réparations.

VOTRE LOCATAIRE DÉPOSE SES ORDURES SUR LE PALIER. VOUS LUI DEMANDEZ DE RESPECTER LE RÈGLEMENT DE COPROPRIÉTÉ.

Vos locataires sont malpropres. Se croyant tout seuls, ils déposent tranquillement leurs ordures (ou des cartons) sur le palier. Les voisins sont très mécontents. Vous demandez à vos locataires de respecter le règlement de copropriété.

• **Ce que dit la loi** : Selon la loi du 6 juillet 1989, le locataire doit user paisiblement des locaux loués. Cela veut dire qu'il ne doit pas causer de troubles ni de nuisances excédant les inconvénients normaux de voisinage. Il doit notamment s'abstenir de provoquer des nuisances sonores : par exemple, laisser son chien aboyer incessamment et furieusement, faire hurler sa chaîne stéréo à n'importe quelle heure…

Mais le locataire doit également – comme tout habitant d'un immeuble – respecter le règlement de copropriété et les interdictions qu'il prévoit. La plupart des règlements de copropriété interdisent d'entreposer des objets ou déchets dans les parties communes.

Or, le palier d'un appartement fait partie des parties communes.

• **Notre conseil** : Dans un premier temps, passez un coup de téléphone au locataire. Parfois, cela suffit. Dans le cas contraire, envoyez-lui ensuite une lettre simple. S'il persiste, écrivez-lui en recommandé (modèle ci-joint).

Vos nom et prénom
Adresse

Date

Nom et prénom
du locataire
(les deux noms pour un couple)
Adresse

Monsieur (*ou* Madame),

Comme je vous l'ai déjà signalé, le dépôt des ordures ménagères (*ou autres objets, par exemple*, landau ou objets à débarrasser…) sur le palier est strictement interdit par le règlement de copropriété de l'immeuble. Lors de la dernière réunion des copropriétaires, j'ai reçu plusieurs plaintes de vos voisins que cette situation perturbe.

Je vous rappelle que vous devez respecter le contrat de location qui prévoit que la jouissance des lieux doit se faire « bourgeoisement en bon père de famille ». Le respect de ces règles nous éviterait à tous les deux les désagréments d'un éventuel procès.

Veuillez agréer, Monsieur (*ou* Madame), l'expression de mes salutations distinguées.

Signature

VOUS DONNEZ CONGÉ À VOTRE LOCATAIRE CAR VOUS DÉSIREZ VENDRE VOTRE LOGEMENT.

Vous désirez reprendre le logement que vous louez pour le vendre. Vous devez signifier son congé au locataire dans les formes et délais légaux, et lui rappeler son droit de préemption.

• **Ce que dit la loi** : L'article 15-I de la loi du 6 juillet 1989 permet au bailleur de reprendre le logement pour le vendre. Vous devez donner congé au locataire au moins six mois avant l'échéance du bail, en indiquant le motif de la reprise et – à peine de nullité du congé – le prix et les conditions de la vente. Vous devez expressément lui signaler qu'il bénéficie d'un droit de préemption.

Enfin, l'article 15-I de la loi du 21 juillet 1994 modifie les alinéas 4 et 5 de l'article 15-II de la loi du 6 juillet 1989, afin de rendre plus effectif ce droit de préemption.

Depuis le 1er janvier 1995, le propriétaire qui désire vendre à des conditions ou à un prix plus avantageux pour l'acquéreur, doit – à peine de nullité de la vente – notifier au locataire ces (nouvelles) conditions et prix. S'il ne le fait pas, cette obligation incombe au notaire.

• **Notre conseil** : Certains propriétaires annonçaient un prix de vente très élevé au locataire et le baissaient ensuite juste pour ne pas lui vendre à lui ! La loi met fin à ces abus. Si vous baissez le prix du logement, faites-en aussitôt part au locataire. Ce genre de mesquinerie peut vous coûter temps et argent, puisque le locataire peut demander l'annulation de la vente.

Vos nom et prénom — Date
Adresse
Recommandé avec avis de réception

Nom du locataire
Adresse

Monsieur (*ou* Madame),

Votre contrat de location venant à échéance le ... (*date*), je vous donne congé par la présente aux fins de vendre ce logement.

La vente projetée sera faite au prix de (par exemple) :
– deux-pièces de 50 m² avec cave : 115 000 €
– parking : 7 650 €
soit un prix total de : 122 650 €
payable comptant.

Le présent congé vaut également offre de vente de ce logement à votre profit pour une période de deux mois.

À l'expiration du délai de préavis, si vous n'avez pas accepté cette offre de vente, vous serez déchu de plein droit de tout titre d'occupation sur ce logement. Si vous quittez les lieux avant la date indiquée, vous ne serez redevable du loyer et des charges que pour le temps où vous aurez réellement occupé les lieux.

Pour satisfaire aux conditions légales, je vous prie de trouver le texte intégral des alinéas premier à 5 de l'article 15 de la loi du 6 juillet 1989, modifiés par la loi du 21 juillet 1994 relative à l'habitat :

« Lorsqu'il est fondé sur la décision de vendre le logement, le congé doit, à peine de nullité, indiquer le prix et les conditions de la vente projetée. Le congé vaut offre de vente au profit du locataire : l'offre est valable pendant les deux premiers mois du délai de préavis. À l'expiration du délai de préavis, le locataire qui n'a pas accepté l'offre de vente est déchu de plein droit de tout titre d'occupation sur le local. »

...

Vous désirez reprendre le logement que vous louez pour le vendre. Vous devez signifier son congé au locataire dans les formes et délais légaux, et lui rappeler son droit de préemption.

…

« Le locataire qui accepte l'offre dispose, à compter de la date d'envoi de sa réponse au bailleur, d'un délai de deux mois pour la réalisation de l'acte de vente. Si, dans sa réponse, il notifie son intention de recourir à un prêt, l'acceptation par le locataire de l'offre de vente est subordonnée à l'obtention du prêt et le délai de réalisation de la vente est porté à quatre mois. Le contrat de location est prorogé jusqu'à l'expiration du délai de réalisation de la vente. »

« Dans le cas où le propriétaire décide de vendre à des conditions et à un prix plus avantageux pour l'acquéreur, le notaire doit, lorsque le bailleur n'y a pas préalablement procédé, notifier au locataire ces conditions et prix à peine de nullité de la vente. Cette notification est effectuée à l'adresse indiquée à cet effet par le locataire au bailleur ; si le locataire n'a pas fait connaître cette adresse au bailleur, la notification est effectuée à l'adresse des locaux dont la location avait été consentie. Elle vaut offre de vente au profit du locataire pendant une durée d'un mois à compter de sa réception. L'offre qui n'a pas été acceptée dans le délai d'un mois est caduque. »

« Le locataire qui accepte l'offre ainsi notifiée dispose, à compter de la date d'envoi de sa réponse au bailleur et au notaire, d'un délai de deux mois pour la réalisation de l'acte de vente. Si, dans sa réponse, il notifie son intention de recourir à un prêt, l'acceptation par le locataire de l'offre de vente est subordonnée à l'obtention du prêt et le délai de réalisation de la vente est porté à quatre mois. Si, à l'expiration de ce délai, la vente n'a pas été réalisée, l'acceptation de l'offre est nulle de plein droit. »

Veuillez agréer, Monsieur (*ou* Madame), l'expression de mes salutations distinguées.

Signature

VOUS DÉSIREZ LOGER UN MEMBRE DE VOTRE FAMILLE DANS L'APPARTEMENT LOUÉ. VOUS DONNEZ CONGÉ AU LOCATAIRE.

Votre mère n'a pas de toit. Vous décidez de reprendre le logement que vous louez afin de l'y installer. Vous donnez congé au locataire dans les formes prévues par la loi.

• **Ce que dit la loi** : Le bailleur peut reprendre son logement pour le vendre (voir page 414), mais également pour se loger lui-même ou y installer des membres de sa famille dont la liste est expressément fixée par l'article 15-I de la loi du 6 juillet 1989 : son conjoint, son partenaire lié par un PACS enregistré à la date du congé, son concubin notoire depuis au moins un an à la date du congé, ses ascendants et descendants, ainsi que les ascendants et descendants de son conjoint, de son partenaire ou de son concubin. Ce congé doit être notifié six mois avant la date d'échéance du bail.

À peine de nullité, ce congé doit préciser le motif allégué mais également les nom et adresse du (ou des) bénéficiaire(s) de la reprise.

En cas de fraude (le bailleur prétend reprendre le logement pour un membre de sa famille, alors que c'est pour le relouer plus cher ou en faire une résidence secondaire), le bailleur peut être condamné à verser des dommages-intérêts au locataire, sans oublier l'annulation du congé par les tribunaux.

Récemment, la Cour de cassation a donné raison à un locataire qui a refusé de donner suite au congé : le bailleur prétendait reprendre le logement pour loger son fils… qui venait d'être professionnellement muté dans une autre région.

• **Notre conseil** : Ne sous-estimez pas votre locataire. Il connaît très probablement ses droits et il va vérifier que le motif allégué est réel. D'ailleurs, même après avoir quitté les lieux, il peut mettre en cause votre responsabilité si vous l'avez grugé.

Attention, quel que soit le motif du congé, si le locataire ne va pas chercher la lettre à La Poste (même s'il en a été avisé régulièrement), il est considéré comme n'ayant pas été averti du congé. Il faut donc envoyer le congé longtemps à l'avance afin d'avoir le temps de refaire la procédure s'il ne va pas chercher sa lettre à La Poste.

Vos nom et prénom
Adresse

Date

Recommandé avec avis de réception

Nom du locataire
(les deux noms pour un couple)
Adresse

Monsieur (*ou* Madame),

Votre contrat de location venant à échéance le ... (*date*), je vous donne congé par la présente aux fins de reprendre le logement pour y installer ma fille (mon fils...) Florence X, demeurant ... (*adresse*) (*ou encore* : m'y installer personnellement...).

Si vous quittez les lieux avant la date indiquée, vous ne serez redevable du loyer et des charges que pour la période où vous aurez réellement occupé les lieux.

Veuillez agréer, Monsieur (*ou* Madame), l'expression de mes sentiments distingués.

Signature

VOUS AVEZ INFORMÉ VOTRE LOCATAIRE DE VOTRE INTENTION D'AUGMENTER SON LOYER. IL GARDE LE SILENCE OU REFUSE CETTE HAUSSE. VOUS SAISISSEZ LA COMMISSION DE CONCILIATION.

Six mois avant l'échéance du bail, vous avez proposé à votre locataire de le renouveler mais en augmentant le loyer qui est manifestement sous-évalué. Votre locataire garde le silence pendant quatre mois ou conteste le montant du nouveau loyer.

• **Ce que dit la loi** : Selon l'article 17 c) de la loi du 6 juillet 1989, si le loyer est manifestement sous-évalué, le bailleur peut, six mois avant le renouvellement du bail, faire, sous la forme recommandée avec avis de réception, une proposition de hausse au locataire par référence aux loyers voisins. Mais selon l'article 19 de la même loi, le bailleur doit accompagner sa proposition de trois références de loyers et même six références dans certaines villes (agglomérations faisant partie de Paris, Lyon et Marseille).

Les références fournies doivent être représentatives des loyers du quartier pour des logements comparables (même surface, même standing, même confort...) et indiquer l'adresse exacte des logements retenus en comparaison. Le silence du locataire vaut refus de cette hausse. Si le bailleur veut maintenir sa proposition, il doit alors saisir la commission de conciliation (qui siège dans chaque préfecture) dans les quatre mois précédant l'échéance du bail. À défaut d'accord constaté par la commission, le bailleur doit saisir le juge d'instance avant la date d'échéance du contrat. S'il ne respecte pas ces délais, le contrat est reconduit tacitement pour trois ans, ou six ans si le bailleur est une personne morale.

• **Notre conseil** : Respectez scrupuleusement les formes et délais fixés par la loi. Les juges sont très exigeants. N'oubliez pas de reproduire le texte de loi dans votre lettre recommandée. Enfin, dès que la date d'échéance du bail approche, saisissez le juge même si la commission ne vous a pas encore convoqué. Cela vous permet d'interrompre ces délais.

Vos nom et prénom — Date
Adresse

Recommandé avec avis de réception

Commission de conciliation
de ... (*préfecture*)
Adresse

Mesdames, Messieurs,

Propriétaire d'un logement dont le bail arrive à échéance le ... (*date*), j'ai adressé à mon (*ou* ma, *ou* mes) locataire(s) une proposition de renouvellement de bail avec hausse de loyer. Quatre mois se sont écoulés et mon locataire n'a toujours pas répondu à cette proposition (*ou encore* : mon locataire refuse cette réévaluation du loyer).

En conséquence, je saisis votre commission pour qu'elle examine cette affaire.
Voici les noms et adresses des parties :
– locataire : ... *(nom et adresse du ou des locataires)* ;
– bailleur : ... *(vos nom et adresse)*.

Dans l'attente de votre convocation, je vous prie de croire,Mesdames, Messieurs, à l'expression de ma considération distinguée.

Signature

VOTRE LOCATAIRE DÉMÉNAGE. VOUS EN AVISEZ RAPIDEMENT LE FISC POUR NE PAS AVOIR À PAYER SA TAXE D'HABITATION.

Votre locataire vient de vous adresser son préavis. Vous devez prévenir votre comptable du Trésor. Pour ne pas avoir à payer sa taxe d'habitation.

• **CE QUE DIT LA LOI** : La taxe d'habitation est due par toute personne qui, au 1er janvier de l'année d'imposition, a la disposition d'un logement. Ainsi, un locataire qui occupe un logement doit payer la taxe d'habitation.

C'est pourquoi, l'article 1686 du code général des impôts oblige tout bailleur qui a connaissance du prochain déménagement de son locataire à en aviser rapidement le comptable du Trésor.

Le bailleur qui ne respecte pas cette obligation peut se voir réclamer le paiement de la taxe d'habitation due par le locataire.

• **NOTRE CONSEIL** : Avisez le comptable du Trésor par lettre recommandée avec avis de réception, dès que votre locataire vous a adressé son préavis. Et, en tout cas, au minimum un mois avant la date de son déménagement. Si vous connaissez la nouvelle adresse du locataire, indiquez-la dans votre courrier.

Conservez une photocopie de votre lettre et le reçu du recommandé délivré par le bureau de poste. Inutile de dénigrer ou de critiquer le locataire dans votre lettre. Ce que vous pensez de lui n'intéresse nullement l'agent du Trésor qui va lire votre lettre.

Vos nom et prénom Date
Adresse

Recommandé avec avis de réception

Objet :
Déménagement de ... (*nom, prénom*), locataire
Adresse du logement loué

Monsieur
le Comptable du Trésor
Adresse

Monsieur le Comptable du Trésor,

Conformément aux dispositions de l'article 1686 du code général des impôts, je vous informe que Monsieur François BERLIN et Madame Aude BERNARD (noms et prénoms du ou des locataires) actuellement locataires de mon logement situé ... (*adresse du logement loué*) viennent de m'adresser leur préavis et déménagent le ... (*si c'est vous qui leur avez donné congé, indiquez simplement* : déménagent le ...).

Leur nouveau domicile est situé ... (*nouvelle adresse des locataires si vous la connaissez*).

Je vous prie de croire, Monsieur le Comptable du Trésor, à l'expression de ma respectueuse considération.

Signature

VOTRE LOCATAIRE A DÉMÉNAGÉ SANS LAISSER D'ADRESSE. VOUS PRÉVENEZ LE COMPTABLE DU TRÉSOR DE SON DÉPART.

Parti à la sauvette, votre locataire ne vous a pas laissé d'adresse. Vous avez juste des présomptions. Faites en part au fisc pour ne pas avoir à payer sa taxe d'habitation.

• **Ce que dit la loi** : Si le locataire est parti sans laisser de trace, le bailleur est tenu d'en aviser le fisc dès qu'il a connaissance de ce départ furtif.

• **Notre conseil** : Envoyez une lettre recommandée avec avis de réception pour vous couvrir et conserver en un double.

Vos nom et prénom
Adresse

Date

Objet :
Déménagement furtif
de ... (*nom, prénom*), locataire
Adresse du logement loué

Monsieur
le Comptable du Trésor
Adresse

Recommandé avec avis de réception

Monsieur le Comptable du Trésor,

Conformément aux dispositions de l'article 1686 du code général des impôts, je vous informe du déménagement furtif et sans préavis de Monsieur François BERLIN et Madame Aude BERNARD (*noms et prénoms du ou des locataires*) qui étaient locataires de mon logement situé ... (*adresse du logement loué*).

Selon le gardien de l'immeuble (*ou* un voisin), ces personnes ont quitté le logement le ... (*date présumée du départ*).

Aux dires d'un voisin, leur nouveau domicile serait situé ... (*nouvelle adresse du locataire si vous la connaissez*).

Je vous prie de croire, Monsieur le Comptable du Trésor, à l'expression de ma respectueuse considération.

Signature

VOTRE LOGEMENT DESTINÉ À LA LOCATION N'A PU ÊTRE LOUÉ. VOUS DEMANDEZ À ÊTRE DISPENSÉ DE TAXE FONCIÈRE.

Habituellement loué, ce logement est vide. Vous pouvez demander l'exonération totale ou partielle de taxe foncière.

• **Ce que dit la loi** : La taxe foncière est due par tout propriétaire d'un logement, que celui-ci l'occupe personnellement ou qu'il soit loué.

Toutefois, l'article 1389 du code général des impôts énonce que les contribuables peuvent obtenir un dégrèvement de taxe foncière quand un logement (maison, appartement) normalement destiné à la location est vacant (inoccupé). Pour obtenir le dégrèvement de taxe foncière, la réunion de trois conditions cumulatives est nécessaire. Ainsi, la vacance doit :

– être indépendante de la volonté du propriétaire ;
– avoir une durée de trois mois au moins ;
– affecter la totalité du logement destiné à la location.

Votre demande de dégrèvement est à faire au plus tard le 31 décembre de l'année suivant celle au cours de laquelle la vacance atteint la durée de trois mois.

Exemple : le logement est resté vide du 1er janvier au 30 avril 2003 : vous devez réclamer avant le 31 décembre 2004.

Pour bénéficier d'un dégrèvement, vous devez justifier que vous avez sérieusement recherché un locataire en produisant les annonces passées dans les journaux, un mandat de recherche de locataire donné à une agence, etc. En outre, vous devez justifier que vous avez proposé le logement aux conditions normales du marché et que vous n'avez pas réclamé un loyer prohibitif. Le dégrèvement est accordé uniquement pour la période où le logement est vide. À titre d'exemple, s'il est resté vide un autre mois, vous aurez un dégrèvement correspondant à 4/12 de la taxe foncière.

• **Notre conseil** : Joignez à votre lettre le maximum de justificatifs de recherche de locataire ainsi qu'une copie de l'avis d'imposition à la taxe foncière.

Vos nom et prénom
Adresse

Date

Référence impôt

Monsieur le Responsable
de centre des impôts de ...
Adresse

Recommandé avec avis de réception

Monsieur le Responsable de centre,

Mon appartement situé ... (*adresse*) est vacant depuis le ... (*date de départ du locataire*), soit une vacance de ... mois.

Malgré mes nombreuses démarches, il m'a été impossible de retrouver un nouveau locataire.

Conformément à l'article 1389 du code général des impôts, je sollicite un dégrèvement partiel de taxe foncière à hauteur de ... mois (trois mois, six mois...). À l'appui de ma demande, je vous joins les justificatifs de recherche d'un locataire, soit :
– quatre annonces immobilières dans la presse ;
– un mandat de recherche d'un locataire donné à l'agence ... (*nom*).

Vous remerciant de la bienveillance que vous voudrez bien accorder à ma demande, je vous prie de croire, Monsieur le Responsable de centre, à l'expression de ma considération distinguée.

Signature

VOTRE LOCATAIRE S'EST MARIÉ SANS VOUS EN AVISER. LE CONGÉ QUE VOUS LUI AVEZ NOTIFIÉ EST OPPOSABLE À SON CONJOINT.

Pour récupérer un logement loué afin d'y installer un de vos enfants, vous avez adressé un congé à votre locataire. Son conjoint, dont vous ignoriez l'existence, prétend que ce congé, envoyé à un seul des époux, n'a aucune valeur vis-à-vis de lui : d'où votre réponse soulignant qu'il est dans l'erreur, car le locataire ne vous a pas annoncé son mariage.

• **Ce que dit la loi** : Si le locataire se marie en cours de bail, il est de son intérêt de prévenir le propriétaire. Son silence maintient celui-ci dans l'ignorance. Dans une telle situation, l'article 9-1 de la loi du 6 juillet 1989, modifié par la loi du 21 juillet 1994, spécifie que le congé donné par le propriétaire à son locataire, par lettre recommandée avec avis de réception ou acte d'huissier, six mois au minimum avant la fin du contrat, est automatiquement opposable à son conjoint.

En revanche, si le locataire a mis le bailleur au courant de l'existence du conjoint, le congé doit être délivré au mari et à la femme par un envoi distinct. À défaut, le conjoint du locataire et, par ricochet, le locataire lui-même, ont droit au maintien dans les lieux.

Notifications au conjoint du locataire

La Cour de cassation avait estimé que toute notification ou signification se rapportant au bail devaient être faites à chaque époux séparément. Cette règle de la « double notification » posait problème et de nombreux congés ont été annulés sur cette base, alors que le bailleur pouvait ignorer le mariage.

Depuis le 1er janvier 1995 (article 13 de la loi du 21 juillet 1994 relative à l'habitat), les notifications et significations faites par le bailleur sont de plein droit opposables au conjoint du locataire si son existence n'a pas été préalablement portée à la connaissance du bailleur.

• **Notre conseil** : L'information du propriétaire par le locataire constitue une démarche très importante. Elle peut s'effectuer par n'importe quel moyen. Il est cependant judicieux d'utiliser la lettre recommandée avec avis de réception, car c'est la meilleure façon d'en conserver la trace.

Vos nom et prénom — Date
Adresse
Recommandé avec avis de réception

Nom du conjoint du locataire
Adresse

Monsieur (*ou* Madame),

Le ... (*date*), vous m'avez écrit pour me préciser votre point de vue à propos du congé que j'ai adressé récemment au titulaire du bail, Monsieur (*ou* Madame) ....
Or, j'ignorais qu'il(elle) était marié(e) avec vous.

Aux termes de l'article 9-1 de la loi du 6 juillet 1989 (issu de la loi du 21 juillet 1994), si un bail est consenti à un locataire célibataire, le bailleur ne connaît que lui, à moins qu'il ne l'avertisse de la présence d'un conjoint. C'est seulement dans ce cas que le propriétaire est tenu de notifier un congé distinct à chaque époux.

Étant donné que le locataire en titre, Monsieur (*ou* Madame) ... a omis de m'informer de son mariage, la loi m'autorise à agir comme s'il n'avait pas de conjoint.

C'est donc légalement que j'ai pu adresser le congé uniquement au locataire en titre, c'est-à-dire à la personne avec qui j'ai signé le bail à une époque où elle était encore célibataire. Ce congé produit tous ses effets vis-à-vis de vous. En conséquence, vous êtes tenu(e) de quitter les lieux pour le ... (*date*).

Veuillez agréer, Monsieur (*ou* Madame), l'expression de mes salutations distinguées.

Signature

VOTRE LOCATAIRE RÉSILIE LE BAIL EN RESPECTANT UN PRÉAVIS D'UN MOIS AU LIEU DE TROIS MOIS. EN A-T-IL LE DROIT ?

Votre locataire vous a fait part de sa décision de quitter le logement qu'il occupe. Il peut librement concrétiser ses intentions. Encore faut-il qu'il se soumette à quelques règles dont il n'est pas sûr qu'il ait vraiment conscience.

• **CE QUE DIT LA LOI** : L'article 15-I de la loi du 6 juillet 1989, modifié par la loi du 21 juillet 1994, instaure la règle du préavis de trois mois lorsque le locataire donne congé. Il s'agit de laisser au propriétaire un délai raisonnable pour limiter la vacance du logement en lui permettant de découvrir un nouveau locataire.

Toutefois, pour les personnes aux prises avec certaines difficultés, la durée du préavis est réduite à un mois. Les situations qui y donnent droit sont les suivantes :

– la mutation professionnelle ;
– la perte d'emploi (c'est-à-dire le licenciement qui débouche sur le chômage) ;
– l'obtention d'un nouvel emploi consécutif à une perte d'emploi ;
– l'état de santé du locataire âgé de plus de 60 ans s'il justifie un changement de domicile ;
– la situation financière du locataire qui reçoit le RMI.

• **NOTRE CONSEIL** : Pour gagner du temps, le locataire susceptible de prétendre à un délai de préavis réduit doit indiquer, dans sa demande de congé, les motifs qui le justifient ; sinon il devra présenter une nouvelle demande.

Vos nom et prénom
Adresse

Date

Nom et prénom
du locataire
Adresse

Recommandé avec avis de réception

Monsieur (*ou* Madame),

J'ai bien pris connaissance de votre lettre recommandée dans laquelle vous me donnez un préavis d'un mois.

Or, vous n'indiquez pas le motif vous permettant de bénéficier d'un préavis réduit d'un mois.

Je vous rappelle que l'article 15-I de la loi du 6 juillet 1989 précise limitativement les cas où le préavis peut-être réduit à un mois.

Auriez-vous l'obligeance de me communiquer ce motif et de m'en justifier dans une nouvelle lettre recommandée qui se substituera à la première.

Veuillez agréer, Monsieur (*ou* Madame), l'expression de mes salutations distinguées.

Signature

VOTRE LOCATAIRE NE VEUT PAS PRENDRE À SA CHARGE LES FACTURES DE PLOMBERIE. VOUS CONTESTEZ.

Vous essuyez les foudres de votre locataire qui élève de vives protestations contre les frais de plomberie dont vous entendez lui faire supporter le coût. Votre position est inflexible car elle a un fondement légal : certaines dépenses de plomberie incombent au locataire qui ne peut s'y soustraire.

• **Ce que dit la loi** : L'article 23 de la loi du 6 juillet 1989 met à la charge du loca-taire les frais engagés pour l'entretien courant du logement et les petites réparations. Parmi ces frais, souvent appelés réparations locatives, figurent, en particulier, certaines dépenses concernant les installations de plomberie.

En voici les principales.

Pour les canalisations d'eau, il revient au locataire de prendre à son compte la remise en état des conduites d'eau bouchées, le changement des joints et des colliers. Si les dégâts sont dus à sa négligence (gel ou utilisation de produits corrosifs), il doit supporter le coût de la remise en état. Le locataire doit également veiller à l'entretien courant des robinets, siphons et ouvertures d'aération des canalisations de gaz, ainsi qu'au remplacement périodique des tuyaux souples de raccordement.

Quant à la robinetterie, le locataire est obligé de procéder au remplacement des joints, flotteurs et joints cloches des chasses d'eau. Le locataire a, en outre, des obligations à l'égard du chauffage et de la production d'eau chaude : le nettoyage des tuyauteries, entre autres, lui incombe, de même que les frais de maintenance d'une chaudière. Il doit s'occuper aussi des éviers et appareils sanitaires : il est tenu de procéder au nettoyage des dépôts de calcaire et au remplacement des tuyaux flexibles des douches.

• **Notre conseil** : Pour connaître la liste quasi exhaustive des réparations relevant du locataire, reportez-vous au Journal officiel du 30 août 1987 qui publie le décret du 26 août 1987.

Vos nom et prénom
Adresse

Date

Nom et prénom
du locataire
Adresse

Monsieur (*ou* Madame),

Comme je vous l'ai déjà signalé, toutes les réparations ne doivent pas être mises à la charge du propriétaire.
Seules incombent au bailleur :
- les grosses réparations, notamment la remise en état de la couverture par suite de fuites dans le toit, des murs, des poutres ..., ce qu'on appelle le clos et le couvert ;
- les réparations qui concernent le bon fonctionnement des éléments d'équipement (chauffage, chauffe-eau...) ;
- les dépenses se rattachant à l'entretien normal des locaux loués, nécessitées, par exemple, par les fenêtres, portes, volets... ;
- les réparations imputables à l'usure, résultant d'un usage normal et prolongé du logement loué (réfection des parquets, peintures, remplacement d'une chaudière ou d'un chauffe-eau remontant à 10 ou 15 ans...) si on ne peut pas reprocher une aggravation au locataire ;
- les réparations occasionnées par la force majeure : le bailleur doit réparer les dommages causés par une inondation, un incendie, une tempête...

Veuillez croire, Monsieur (*ou* Madame), à l'assurance de mes salutations distinguées.

Signature

VOTRE LOCATAIRE EST DÉCÉDÉ SANS HÉRITIER CONNU. VOUS SOLLICITEZ L'AUTORISATION D'ENLEVER SON MOBILIER ET SES EFFETS PERSONNELS.

Votre locataire est décédé. Vous ne connaissez ni ses amis ni sa famille. Vous demandez au juge l'autorisation de vider le logement.

• **Ce que dit la loi** : En louant un logement, vous perdez le droit d'y pénétrer sans l'accord exprès du locataire. C'est son domicile privé, vous ne pouvez y pénétrer que s'il y consent.

Et le fait qu'il soit décédé n'y change rien. Vous ne pouvez pas entrer dans le logement. Si vous connaissez l'un de ses proches, vous devez lui demander de vider le logement. Dans le cas contraire, vous devez demander au président du tribunal d'instance de vous autoriser à y pénétrer pour enlever le mobilier et les effets du locataire. L'article 1324 du nouveau code de procédure civile stipule qu'un mois après le décès, lorsqu'il n'y a pas d'héritier connu et si le contrat de location a pris fin, le juge du tribunal d'instance peut autoriser le propriétaire des locaux, sur lesquels ont été apposés les scellés, à faire enlever les meubles pour les déposer en un autre lieu…

Pour cela, vous devez établir une requête.

Dans la mesure où le locataire décédé laisse un actif successoral (Livret de caisse d'épargne, compte bancaire…), les loyers échus devront vous être payés par la ou les personnes qui acceptent la succession.

Quoi qu'il en soit, votre demande d'enlèvement du mobilier est à adresser sous la forme recommandée avec avis de réception au président du tribunal d'instance. Comptez une réponse dans un délai de deux à trois mois.

Requête

À Monsieur le président
du tribunal d'instance de…

Monsieur … (*vos nom, prénom, date de naissance, adresse*)

A l'honneur de vous exposer

Qu'il est propriétaire d'un logement sis à … (*adresse*), donné en location à M. … (*nom, prénom du locataire*) selon bail conclu sous seing privé le … (*date*).

Que M. … (*nom du locataire*) qui vivait seul dans le logement est décédé le …, sans héritier connu.

Que les conditions de l'article 1324 du code civil étant pleinement réunies, le soussigné sollicite l'autorisation de faire enlever le mobilier et les effets ayant appartenu à M. … (*nom du locataire*), et à les déposer dans un garde-meubles.

Fait le …, à …

Signature

Chaque mois, c'est la même histoire. Le locataire vous fait parvenir son loyer avec plusieurs jours, voire plusieurs semaines de retard. Vous estimez que ces abus doivent cesser et vous le lui faites savoir.

• **Ce que dit la loi** : Le contrat de location (bail) précise les droits et les obligations du locataire et celles du bailleur. Pour le locataire, la principale obligation c'est de payer le loyer et les charges récupérables à la date fixée dans le bail. Il doit payer spontanément, sans rappel et assumer le coût de l'envoi, c'est-à-dire le prix d'un timbre-poste.

Le locataire qui paie systématiquement ses loyers en retards viole ses obligations et s'expose à des sanctions. Le bailleur peut demander la résiliation du bail en justice. Ainsi, si votre locataire paie toujours en retard, vous pouvez demander au juge de mettre fin à son bail. Dans un premier temps, envoyez-lui un courrier pour lui demander de respecter la date de paiement prévue. Le juge a un pouvoir d'appréciation et n'est pas obligé de vous accorder la résiliation du bail. Mais en pratique, il va exiger du locataire qu'il respecte la date de paiement.

• **Notre conseil** : Si le locataire persiste à payer en retard, assignez-le devant le tribunal d'instance du lieu où se situe le logement. Il verra ainsi votre détermination et devrait revenir à un comportement plus raisonnable.

Vos nom et prénom
Adresse

À..., le...

Nom et prénom de la locataire
Adresse

Recommandé avec avis de réception

Madame,

Aux termes du bail qui nous lie, vous devez régler votre loyer le... (*date*) de chaque mois. Or, vos règlements me parviennent systématiquement hors délai, avec parfois plusieurs semaines de retard.

Cette situation ne saurait perdurer.

En conséquence, je vous mets en demeure de régler à l'avenir vos loyers à la date contractuellement fixée. A défaut, je demanderai au tribunal d'instance de prononcer la résiliation du contrat de location qui nous lie.

Veuillez agréer, Madame, l'expression de mes salutations distinguées.

Signature

VOUS INFORMEZ VOTRE LOCATAIRE DE VOTRE DÉCISION DE BAISSER LE PRIX DE VENTE DU LOGEMENT QU'IL OCCUPE.

Vous avez envoyé un congé-vente à votre locataire pour l'informer qu'il est prioritaire pour acheter son logement. Entre temps, vous avez décidé de baisser le prix que vous souhaitez en obtenir. Vous en informez votre locataire.

• **Ce que dit la loi** : Six mois avant l'expiration du bail, le bailleur peut délivrer à son locataire un congé pour vente. La procédure est très stricte (voir page 265). Le congé pour vente doit comporter de nombreuses mentions, et notamment le prix auquel le bailleur veut vendre son logement.

Vous pouvez librement fixer le prix que vous entendez tirer du logement. mais vis à vis de votre locataire, vous avez des obligations. Ainsi, si vous décidez de baisser le prix de vente, vous devez absolument en informer votre locataire, au moyen d'une notification que vous lui envoyez sous la forme recommandée avec avis de réception, afin qu'il ne puisse pas prétendre n'avoir rien reçu.

Si vous fixez un prix de vente plus avantageux sans en informer le locataire, ce dernier pourra obtenir la nullité du congé en affirmant que par votre comportement vous avez voulu le dissuader d'acquérir le logement. Si le locataire est marié, ou si le bail appartient à plusieurs co-locataires, cette nouvelle notification est à adresser à chacun d'eux.

• **Notre conseil** : Inutile d'espérer vendre le logement à un prix plus avantageux à l'insu du locataire. Il le saura forcément, puisque votre notaire devra (si vous ne l'avez pas fait) lui notifier le nouveau prix de vente. Ce qui risque de retarder votre projet de plusieurs mois.

Vos nom et prénom
Adresse

À..., le...

Nom et prénom du locataire
Adresse

Recommandé avec avis de réception

Monsieur,

Dans le congé pour vente que je vous ai notifié, j'ai stipulé un prix de vente

de ... €. Je vous indique que j'ai décidé de réviser ce prix à la baisse, pour le fixer à ...€ (*indiquez le nouveau prix*). Vous voudrez bien considérer que la présente vaut notification et offre de vente conformément à l'article 15-II alinéa 3 de la loi du 6 juillet 1989.

La présente offre est valable pendant une durée d'un mois à compter de la réception lettre recommandée avec avis de réception. Si à l'expiration de ce délai vous n'avez pas fait connaître votre position, votre silence vaut refus de la présente offre.

Je vous prie de croire, Monsieur, à l'expression de mes salutations distinguées.

Signature

VOUS VOULEZ VENDRE LE LOGEMENT À L'UN DE VOS PROCHES. VOUS DONNEZ CONGÉ AU LOCATAIRE SANS OFFRE DE VENTE.

Vous avez décidé de ne pas renouveler le bail pour vendre le logement à un membre de votre famille. Vous en informez le locataire et lui rappelez que son droit de priorité ne s'applique pas dans ce cas.

• **Ce que dit la loi** : Au moins six mois avant la date d'expiration du bail, le propriétaire du logement peut donner congé et son locataire et l'informer qu'il bénéficie d'un droit de préemption, c'est-à-dire qu'il est prioritaire pour acquérir le logement qu'il occupe. Mais le locataire ne bénéficie pas systématiquement de cette priorité pour acquérir le logement qu'il occupe. Ainsi, si vous souhaitez vendre le logement à l'un de vos proches, vous pouvez donner congé au locataire sans avoir l'obligation de lui faire une offre de vente. A condition de respecter certaines conditions.

Pour que le droit de priorité du locataire ne s'applique pas, il faut deux conditions cumulatives. D'une part, vous devez vendre le logement à une ou plusieurs personnes qui sont vos parents jusqu'au troisième inclus. Il peut s'agir de vos enfants, de vos parents, de vos frères, sœurs, de vos petits-enfants, de vos grands-parents… D'autre part, la (les) personne qui acquiert le logement doit y habiter pendant au moins deux ans (article 15-II alinéa 5 de la loi n° 89-462 du 6 juillet 1989).

• **Notre conseil** : Ne cherchez pas à faire une prétendue vente familiale, juste pour ne pas le vendre au locataire. Il pourra obtenir l'annulation de la vente si la fraude est avérée.

Vos nom et prénom
Adresse

À..., le...

Nom et prénom de la locataire
Adresse

Recommandé avec avis de réception

Madame,

Votre contrat de location venant à échéance le... (*date*), je vous donne congé par la présente aux fins de vendre le logement.

Cette vente est consentie à ... (*indiquez le lien de parenté et le nom de l'acquéreur ; par exemple* ma fille Yasmine Petit).

Le présent congé n'est pas assorti d'une offre de vente car aux termes de 15-II alinéa 5 de la loi n° 89-462 du 6 juillet 1989), le droit de prémption du locataire ne s'applique pas lorsque la vente est consentie au profit d'une personne parente du propriétaire des locaux loués.

J'ajoute que si vous quittez les lieux avant la date d'expiration de votre bail, vous ne serez redevable du loyer et des charges que pour la période où vous aurez réellement occupé les lieux.

Je vous prie de croire, Monsieur, à l'expression de mes salutations distinguées.

Signature

VOUS AVEZ ACHETÉ OU HÉRITÉ UN LOGEMENT LOUÉ. VOUS EN INFORMEZ LE LOCATAIRE.

Vous venez d'acheter un logement loué. Ou bien, il vous a été transmis par une donation ou un héritage. Vous devez informer le locataire de ce changement juridique afin qu'il sache à qui il doit payer son loyer.

• **Ce que dit la loi** : Un logement loué peut changer de propriétaire sans que le locataire en soit informé à l'avance. Il suffit que ses droits soient respectés, et que son bail se poursuive dans les mêmes conditions. Il en est ainsi quand un acquéreur achète un logement occupé ou encore lorsque le logement est transmis à des héritiers à la suite du décès du propriétaire. Le logement peut également faire l'objet d'une donation ou une donation-partage consentie à des proches du propriétaire.

Or, tout changement juridique dans le droit de propriété a des conséquences significatives pour le locataire. Il est donc légitime qu'il en soit informé. C'est pourquoi l'article 3 stipule qu'en cas de mutation à titre gratuit ou à titre onéreux des locaux, le nouveau bailleur est tenu de notifier au locataire son nom ou sa dénomination et son domicile ou son siège social, ainsi que le cas échéant, ceux de son mandataire.

• **Notre conseil** : Informez rapidement le locataire que vous êtes le nouveau propriétaire. Sinon, il risque de continuer à payeur le loyer au vendeur. Ce qui peut créer une situation compliquée si ce dernier refuse de vous reverser les loyers indûment perçus.

Vos nom et prénom
Adresse

À..., le...

Nom et prénom du locataire
Adresse

Recommandé avec avis de réception

Monsieur,

Aux termes d'un acte de vente (*ou encore* à la suite de l'ouverture de la succession de M..., *ou* d'une donation en ma faveur consentie par M...) reçue par Maître..., notaire à... (*adresse*), j'ai acquis auprès de... (*nom et prénom du vendeur*) le logement dont vous êtes locataire.

Je me substitue aux droits et obligations de M... (*nom du vendeur*) dans le strict respect du bail que vous avez signé le...

C'est donc à moi que vous devez désormais verser le loyer, à la date fixée dans le bail.

Vous en remerciant, Je vous prie de croire, Monsieur, à l'expression de mes salutations distinguées.

Signature

VOUS METTEZ FIN AU MANDAT DE GESTION DU LOGEMENT DONT VOUS ÊTES PROPRIÉTAIRE. VOUS EN INFORMEZ LE MANDATAIRE.

Vous aviez confié la gestion du logement à un cabinet immobilier. Vous avez décidé de mettre fin à ce mandat. Vous en informez le mandataire.

• **Ce que dit la loi** : Un bailleur peut confier la gestion d'un logement à un mandataire, c'est-à-dire un administrateur de biens ou un agent immobilier.

Ce service est évidemment payant, le mandataire touche en principe une rémunération proportionnelle au montant des loyers charges incluses.

Le mandataire effectue tous les actes prévus dans le mandat, notamment la (re)location du logement, le paiement des charges au syndic, l'encaissement des loyers, etc.

Si vous avez signé un tel mandat, vous pouvez y mettre fin dans les conditions qu'il prévoit. La plupart des mandats sont reconductibles tacitement, il faut donc surveiller la date d'échéance. Dans la plupart des mandats, une clause stipule que le propriétaire doit respecter un préavis de trois mois.

• **Notre conseil** : Respectez scrupuleusement le préavis indiqué dans le mandat de gestion pour être à l'abri de mauvaises surprises.

Vos nom et prénom
Adresse

À..., le...

Nom et adresse
du mandataire immobilier
Adresse

Recommandé avec avis de réception

Madame, Monsieur,

Le mandat de gestion que j'ai signé à votre profit vient à échéance le...

Par la présente, je vous informe que j'ai décidé de résilier ce mandat, en respectant le préavis de...mois. Votre mission prendra donc fin le...

À l'expiration de cette date, je me chargerai personnellement de toutes les opérations concernant ce logement. Vous voudrez bien m'adresser le décompte définitif assorti des versements qui me sont dus.

Vous en remerciant, Je vous prie de croire, Monsieur, à l'expression de mes salutations distinguées.

Signature

VOUS METTEZ FIN AU MANDAT DE GESTION DU LOGEMENT DONT VOUS ÊTES PROPRIÉTAIRE. VOUS EN INFORMEZ LE LOCATAIRE.

Dès que vous avez résilié votre mandat de gestion, prévenez le locataire qu'il ne doit plus payer ses loyers au mandataire mais directement à vous.

• **Ce que dit la loi** : Vous pouvez résilier un mandat de gestion que vous aviez signé avec un conseil immobilier pour gérer votre bien en respectant les clauses inscrites (voir lettre précédente), mais si vous n'informez pas le locataire que vous avez mis fin au mandat de gestion, il va continuer à verser les loyers au mandataire. Il vous faudra souvent des mois avant de pouvoir récupérer ces sommes.

• **Notre conseil** : Dès que vous envoyez votre lettre de résiliation du mandat, envoyez aussitôt un courrier au locataire pour l'informer de ces nouvelles dispositions.

Vos nom et prénom
Adresse

À..., le...

Nom et prénom du locataire
Adresse

Recommandé avec avis de réception

Monsieur,

Je vous informe que j'ai mis fin au mandat de gestion que j'avais signé au profit du cabinet... (*nom et adresse*). Ce mandat s'achève le..., je reprends personnellement la gestion du logement (*ou bien* j'ai désigné un nouveau cabinet pour gérer le logement, il s'agit du cabinet...situé à...).

Ainsi, à compter du... (*date d'expiration du mandat*), c'est à moi que vous devrez verser les loyers et les charges.

Pour toutes questions concernant le logement que vous occupez, vous pourrez me joindre à mon domicile situé à... (*adresse*), dont le numéro de téléphone est...

En cas d'urgence, vous pourrez me contacter sur mon téléphone portable au numéro...

Je vous prie de croire, Monsieur, à l'expression de mes salutations distinguées.

Signature

VOUS REFUSEZ DE REMBOURSER AU LOCATAIRE DES TRAVAUX QU'IL A RÉALISÉS SANS VOTRE ACCORD.

Votre locataire a fait des travaux ou a réparé la chaudière sans vous en parler. Il vient de vous envoyer un courrier pour vous demander de lui rembourser les sommes qu'il a déboursées. Vous refusez.

• **Ce que dit la loi** : Le bailleur a l'obligation d'entretenir le logement en bon état d'usage et d'y effectuer toutes les réparations autres que locatives. Schématiquement, les menus travaux d'entretien sont à la charge du locataire, et les réparations et travaux lourds sont à la charge du bailleur.

Certains locataires imaginent que si le bailleur ne répond pas à leur demande de travaux, ils peuvent les réaliser et en obtenir le remboursement auprès du propriétaire du logement. Il n'en est rien. Si le bailleur est défaillant, le locataire doit demander au tribunal d'instance de lui donner l'autorisation de réaliser les travaux au frais du bailleur. Donc, si vous n'avez pas pris l'engagement de rembourser au locataire les travaux ou que celui n'ait pas obtenu une autorisation du tribunal, vous pouvez refuser de lui rembourser ce qu'il a déboursé.

Certains tribunaux admettent néanmoins que le locataire puisse réaliser les travaux aux frais du propriétaire s'il y a un péril imminent, par exemple une chaudière risque d'exploser. Mais il faut vraiment qu'il y ait un danger grave et imminent.

• **Notre conseil** : La clause du bail qui stipule que le locataire prend le logement en l'état est sans valeur. Si le locataire vous demande des travaux, ne refusez pas d'emblée. Voyez avec lui si ces travaux sont nécessaires et s'ils vous incombent.

Vos nom et prénom
Adresse

À..., le...

Nom et prénom du locataire
Adresse

Recommandé avec avis de réception

Monsieur,

Par lettre en date du..., vous me demandez de vous verser la somme de... € correspondant aux travaux que vous avez réalisés dans le logement dont vous êtes locataire.

Je suis désolé (e) de devoir vous opposer un refus. En effet, je ne vous ai ni donné mon accord pour la réalisation de ces travaux ni pris l'engagement de vous en rembourser le coût.

Je vous prie de croire, Monsieur, à l'expression de mes salutations distinguées.

Signature

LE LOCATAIRE A CASSÉ DES CLOISONS OU TRANSFORMÉ LE LOGEMENT. VOUS EXIGEZ LA REMISE IMMÉDIATE EN ÉTAT DES LIEUX.

Le locataire a, sans votre accord écrit, fait des travaux pour transformer tout ou partie du logement. Vous exigez la remise immédiate des lieux dans leur état initial.

• **Ce que dit la loi** : L'article 6 d interdit au bailleur de s'opposer aux aménagements qui ne transforme pas le logement. Votre locataire est donc libre de remplacer la peinture par du papier peint ou l'inverse, de décorer comme il l'entend, de poser des installations murales, une moquette…

Cette liberté a des limites. Pour toutes les transformations, il doit vous demander votre accord écrit (article 7 f de la loi du 6 juillet 1989). Il en est ainsi s'il veut abattre ou poser une cloison, percer une ouverture, installer un volet extérieur, remplacer une fenêtre etc. Tout ce qui modifie la consistance ou la distribution du logement nécessite votre accord, voire parfois aussi celui du syndic de l'immeuble. En principe, le locataire remettra les choses en l'état lors de son départ. Mais vous pouvez demander qu'il remette immédiatement les lieux en l'état, si les transformations qu'il a effectuées mettent en péril le bon fonctionnement de l'immeuble (c'est le cas s'il a transformé un balcon en véranda couverte) ou des équipements, portent atteinte à la sécurité….

• **Notre conseil** : Si les travaux entraînent des transformations importantes ou aberrantes, exigez la remise des lieux dans leur état initial. Si le locataire renâcle, saisissez le tribunal d'instance pour l'y contraindre.

Vos nom et prénom
Adresse

À…, le…

Nom et prénom du locataire
Adresse

Recommandé avec avis de réception

Monsieur,

On m'apprend que vous êtes en train de réaliser des travaux très lourds qui vont transformer profondément le logement et qui risque de mettre en péril la sécurité de l'immeuble. Or, aux termes de l'article 7 f de la loi du 6 juillet 1989, mon accord écrit est requis pour les travaux qui entraînent une transformation des lieux. Je n'ai pas et ne peux autoriser de tels travaux.

En conséquence, je vous mets en demeure de remettre immédiatement les lieux dans leur état initial.

A défaut, je demanderai au tribunal d'instance de vous y contraindre, sans préjudice d'une demande de résiliation du bail pour motif sérieux et légitime.

Veuillez agréer, Madame, l'expression de mes salutations distinguées.

Signature

VOUS DEMANDEZ AU LOCATAIRE DE REMETTRE LA MOQUETTE QU'IL A SUPPRIMÉE, CAR CES TRAVAUX SONT INTERDITS PAR LE RÈGLEMENT DE COPROPRIÉTÉ.

Votre locataire n'en fait qu'à sa tête, sans s'inquiéter du règlement de copropriété. Le syndic vous a prévenu et vous réagissez.

• **Ce que dit la loi** : L'article 6 d interdit au bailleur de s'opposer aux aménagements qui ne transforme pas le logement. Votre locataire est donc libre de remplacer la peinture par du papier peint ou l'inverse, de décorer comme il l'entend, de poser des installations murales, une moquette…

Cette liberté a des limites. Pour toutes les transformations, il doit vous demander votre accord écrit (article 7 f de la loi du 6 juillet 1989). Il en est ainsi s'il veut abattre ou poser une cloison, percer une ouverture, installer un volet extérieur, remplacer une fenêtre etc. Tout ce qui modifie la consistance ou la distribution du logement nécessite votre accord, voire parfois aussi celui du syndic de l'immeuble. En principe, le locataire remettra les choses en l'état lors de son départ. Mais vous pouvez demander qu'il remette immédiatement les lieux en l'état, si les transformations qu'il a effectuées mettent en péril le bon fonctionnement de l'immeuble (c'est le cas s'il a transformé un balcon en véranda couverte) ou des équipements, portent atteinte à la sécurité…

Vous pouvez également exiger la remise en état si le syndic vous informe que les travaux réalisés par votre locataire violent le règlement de copropriété.

Vos nom et prénom
Adresse

À…, le…

Nom et prénom du locataire
Adresse

Recommandé avec avis de réception

Monsieur,

Vos voisins de l'étage situé en dessous se plaignent d'une moindre acoustique depuis que vous avez remplacé la moquette d'origine par un parquet.

Or, le règlement de copropriété interdit expressément la suppression de la moquette.

A la demande pressante du syndic de l'immeuble, je me vois contraint de vous demander de remettre la moquette initiale ou une autre de même qualité si vous ne l'avez pas conservée.

Je vous prie de croire, Monsieur, à l'expression de mes salutations distinguées.

Signature

VOUS INFORMEZ VOTRE LOCATAIRE DE LA RÉALISATION DE PROCHAINS TRAVAUX DANS SON LOGEMENT.

Le logement loué nécessite la réalisation de travaux qui ne peuvent plus être différés. Vous en informez votre locataire afin qu'il en permette l'accès aux ouvriers.

• **Ce que dit la loi** : L'article 7e de la loi du 6 juillet 1989 oblige le locataire à supporter les travaux décidés par le propriétaire dans le logement ou par les copropriétaires dans les parties communes. Il s'agit des travaux nécessaires au bon maintien et à l'entretien du logement. Il en est de même pour les travaux d'amélioration, même si ces travaux ou réparations ne présentent pas de caractère d'urgence.

Une limite : si les travaux durent plus de quarante jours, vous devrez accorder une réduction de loyer à votre locataire. Cette réduction est proportionnelle à la période pendant laquelle il a subi les perturbations.

Mais en aucun cas, le locataire ne peut s'opposer à la réalisation de travaux dans le logement qu'il loue ou dans les parties communes.

• **Notre conseil** : Informez votre locataire suffisamment à l'avance de la date de début des travaux. Cela lui permettra de s'organiser pour ne pas trop subir les nuisances dues aux travaux.

Vos nom et prénom
Adresse

À..., le...

Nom et prénom du locataire
Adresse

Recommandé avec avis de réception

Monsieur,

J'ai demandé à la société... (*nom de l'entrepreneur*) de réaliser les travaux suivants dans le logement que je vous loue. (*par exemple, installation d'une cloison pour isoler les WC de la cuisine, création d'un système d'aération etc*).

Ces travaux seront réalisés au cours de la période du... (*date*) au..., soit une durée totale de... jours.

Je vous prie de bien vouloir accepter mes excuses pour ces désagréments.

Je reste à votre disposition pour toute précision concernant ce projet, et je vous prie de croire, Monsieur, à l'expression de mes salutations distinguées.

Signature

CHAPITRE 15

VOUS ACHETEZ UN LOGEMENT

Vous avez signé une promesse de vente pour l'achat d'un logement sous la condition suspensive d'obtention d'un prêt. Votre banque vous refuse ce dernier. Vous renoncez à votre achat et vous demandez le remboursement des arrhes que vous avez versés.

• **Ce que dit la loi** : L'article L. 312-16 du code de la consommation (applicable à la protection des emprunteurs immobiliers), stipule que toute personne ayant besoin d'un ou plusieurs prêts pour financer l'achat d'un bien immobilier d'habitation (appartement, pavillon...) peut renoncer à cet achat si elle n'obtient pas l'un de ces prêts. Et cela quel qu'en soit le montant.

Qu'il s'agisse d'un particulier ou d'un professionnel (agence immobilière, notaire, marchand de biens...), le vendeur (ou constructeur) doit vous rembourser intégralement les sommes déjà versées, quelle que soit leur appellation : acompte, arrhes, dédit, indemnité d'immobilisation.

À partir du quinzième jour suivant votre demande de remboursement, les sommes que vous avez versées sont productives d'intérêts calculés au taux légal majoré de moitié.

Ce texte interdit en outre au vendeur toute retenue à quelque titre que ce soit.

• **Notre conseil** : Sachez qu'aucune indemnité de résiliation ne peut vous être réclamée, même si elle a été prévue au contrat. Vérifiez bien que le remboursement est intégral et qu'aucune retenue n'a été effectuée pour frais de dossier, d'étude, de projet, etc.

Vos nom et prénom | Date
Adresse
Dossier n° ...

Recommandé avec avis de réception

M. ...
(*ou* Agence immobilière ...)
Adresse

Monsieur,

Je vous informe que le prêt que j'avais sollicité pour l'acquisition du bien immobilier situé à ... (*adresse*) m'a été refusé, comme l'atteste la photocopie de la lettre de ... (*indiquez le nom de la banque ou de l'organisme de crédit*) en date du ... que vous trouverez ci-jointe.

Conformément à l'article L. 312-16 du code de la consommation, ce refus entraîne l'annulation de la promesse de vente que j'ai signée le ... (*date*).

En conséquence, je vous prie de bien vouloir me rembourser l'intégralité des arrhes que j'ai versés le ... (*date*) dans les quinze jours. Vous n'ignorez pas que, passé ce délai, cette somme sera productive d'intérêts au taux légal majoré de moitié.

Veuillez agréer, Monsieur, l'expression de mes salutations distinguées.

Signature

VOTRE BANQUE AYANT REFUSÉ DE VOUS PRÊTER L'ARGENT POUR L'ACHAT, VOUS AVEZ DEMANDÉ LE REMBOURSEMENT DE VOS ARRHES MAIS LE VENDEUR A REFUSÉ. VOUS CONTESTEZ.

Vous aviez signé une promesse de vente pour acquérir un logement. La banque ayant refusé de vous accorder le prêt, vous avez renoncé à votre achat et réclamé le remboursement de vos arrhes. Mais le vendeur a refusé au motif que la promesse de vente ne contenait pas de condition suspensive. Vous lui rappelez la loi...

• **Ce que dit la loi** : Avant 1979, seul l'acquéreur qui avait pensé à faire mentionner dans la promesse de vente qu'il s'engageait sous la condition d'obtenir les emprunts bancaires était protégé.

Or souvent, les acquéreurs de logements à crédit ne connaissent pas la loi et ne savent donc pas qu'ils peuvent demander une telle clause.

C'est pourquoi la loi du 13 juillet 1979, dite loi Scrivener (codifiée aux articles L. 312-16 et suivants du code de la consommation), exige qu'elle soit indiquée dans les promesses de vente (compromis de vente et autres engagements, quel qu'en soit le nom) si l'achat doit être en tout ou partie financé à crédit. Dans ce cas, l'acte est considéré d'office comme conclu sous la condition suspensive d'obtention des crédits par l'acquéreur, même s'il ne mentionne pas expressément cette condition suspensive.

En outre, selon l'article L. 312-17 du code de la consommation, lorsque la promesse de vente (ou tout autre acte) indique que l'acquisition ne sera pas financée à crédit, cet acte doit comporter une mention écrite de la main de l'acquéreur par laquelle celui-ci reconnaît que si par la suite il recourt néanmoins à un emprunt, il ne pourra se prévaloir de cette protection.

Si l'acte ne précise pas comment l'achat est financé (à crédit ou au comptant) ou encore s'il ne comporte pas de mention manuscrite de l'acquéreur indiquant qu'il reconnaît avoir été informé des dispositions de la loi, il est présumé avoir été conclu sous condition suspensive.

Ainsi, la loi protège l'acquéreur qui n'obtient pas les crédits immobiliers nécessaires à l'achat projeté, même si la promesse de vente (le compromis de vente, ou tout autre engagement) ne mentionne pas qu'il finance son acquisition par un crédit. Sauf s'il a écrit de sa main qu'il renonce à la protection de la loi. Ce qui est pour le moins imprudent…

Nom et prénom
Adresse
Dossier n° ...
Recommandé avec avis de réception

Date

M. ...
(*ou* Agence immobilière ...)
Adresse

Monsieur (*ou* Madame),

Je vous ai informé le ... (*date*) du refus de la banque ... (*nom*) de me consentir l'emprunt que j'avais sollicité pour financer cette acquisition, et adressé une copie de la lettre de refus de cet organisme.

Or, vous avez refusé de me rembourser la somme de ... € que j'avais versée au motif que la promesse unilatérale de vente (le compromis...) que j'ai signée n'indiquait pas que le financement de mon acquisition devait se faire au moyen d'un crédit et que par suite cet engagement n'avait pas été conclu sous la condition suspensive d'obtention des crédits.

Cette interprétation des textes est totalement erronée.

Car, bien que l'acte ne mentionne pas le recours à un crédit, l'article L. 312-17 du code de la consommation est automatiquement applicable, puisque je n'ai pas indiqué par une mention manuscrite que je renonçais à me prévaloir de ce texte.

À défaut de cette mention expresse, l'acte que j'ai signé est considéré comme ayant été conclu sous condition suspensive.

Vous aviez signé une promesse de vente pour acquérir un logement. La banque ayant refusé de vous accorder le prêt, vous avez renoncé à votre achat et réclamé le remboursement de vos arrhes. Mais le vendeur a refusé au motif que la promesse de vente ne contenait pas de condition suspensive. Vous lui rappelez la loi…

Ces textes s'appliquent aussi bien pour l'achat ou la construction d'un logement, que pour celui d'un terrain à construire ou encore pour des travaux d'un montant minimal de 21 500 €.

L'article L. 312-16 du code de la consommation prévoit que lorsque la condition suspensive n'est pas réalisée, c'est-à-dire que le crédit n'a pas été obtenu par l'acquéreur, celui-ci est en droit d'obtenir le remboursement des sommes versées d'avance, quelle qu'en soit l'appellation : arrhes, acompte, versement d'avance…

Qu'il soit un particulier ou un professionnel (agent immobilier, marchand de biens, notaire…), le vendeur (ou constructeur) doit rembourser l'intégralité de la somme versée et ne peut retenir ni indemnité ni frais.

En conséquence, je vous prie de bien vouloir me rembourser l'intégralité des arrhes que j'ai versés le … (*date*) dans les quinze jours. Vous n'ignorez pas que, passé ce délai, cette somme sera productive d'intérêts au taux légal majoré de moitié.

Veuillez agréer, Monsieur (*ou* Madame), mes salutations distinguées.

Signature

• **Notre conseil** : Dès que votre demande de crédit est refusée, envoyez au vendeur une lettre recommandée avec avis de réception pour demander le remboursement de vos arrhes. N'acceptez jamais qu'on mentionne dans la promesse de vente que vous financez votre achat au comptant alors que cela n'est pas exact. La loi est faite pour vous protéger, refusez de la violer.

L'ACHAT DE VOTRE LOGEMENT N'A PAS PU SE RÉALISER. VOUS DEMANDEZ L'ANNULATION DE VOTRE PRÊT.

Vous avez obtenu les prêts pour acheter le logement de vos rêves. Mais deux mois après avoir signé la promesse de vente, le vendeur se désiste. Vous pouvez alors demander l'annulation de votre prêt.

• **Ce que dit la loi** : En vertu de article L. 312-12 du code de la consommation, le contrat de prêt immobilier peut être annulé, sans pénalité financière, dans un délai de quatre mois à compter de son acceptation, si l'opération immobilière pour laquelle le prêt a été demandé n'est pas réalisée.

L'emprunteur est tenu de rembourser la totalité des sommes que le prêteur lui aurait déjà effectivement versées ou qu'il aurait versées pour son compte, ainsi que les intérêts y afférant.

L'établissement financier ne peut retenir du montant du prêt que les frais d'étude dont le montant maximal est fixé à 0,75 % sans que cette somme puisse excéder 150 €, à l'exclusion de toute autre indemnité (article L. 312-14 du code de la consommation).

• **Notre conseil** : Vous pouvez porter plainte auprès du procureur de la République si l'établissement financier vous retient des frais supplémentaires. En effet, selon l'article L. 312-35 du code de la consommation, le prêteur est passible, dans ce cas, d'une amende de 30 490 €.

Vos nom et prénom		Date
Adresse
Dossier n° ...

Recommandé avec avis de réception

Monsieur le Directeur
Banque
(*ou* Établissement financier) ...

Monsieur le Directeur,

Vous m'avez accordé un prêt de ... € pour financer l'achat d'un bien immobilier situé à ... (*adresse*). Malheureusement, le ... (*date*), le vendeur a renoncé à cette opération.

Je vous prie donc de procéder à l'annulation du contrat de prêt n° ... du ... (*date*), accepté le ... (*date*).

Conformément à l'article L. 312-12 du code de la consommation, ce contrat ayant été accepté il y a moins de quatre mois, je le résilie sans qu'aucune pénalité ne puisse m'être imputée.

Dans l'hypothèse où vous envisageriez de procéder à une retenue pour frais d'étude, je vous rappelle que celle-ci ne peut pas dépasser 0,75 % du montant du prêt dans la limite d'un plafond de 150 €, selon les dispositions de l'article L. 312-14 du code de la consommation.

Veuillez agréer, Monsieur le Directeur, mes salutations distinguées.

Signature

VOUS ANNULEZ VOTRE ENGAGEMENT POUR UN MOTIF PERSONNEL... VOUS DEMANDEZ LA RÉDUCTION DE L'INDEMNITÉ D'IMMOBILISATION.

Lors de la signature de la promesse unilatérale de vente pour l'achat d'un appartement ou d'une maison, vous avez versé une indemnité d'immobilisation au vendeur. Pour des raisons personnelles, vous renoncez peu de temps après à cet achat et vous demandez au vendeur le remboursement d'une partie de l'indemnité d'immobilisation.

• **Ce que dit la loi** : En vertu de l'article 1589 du code civil, la promesse unilatérale de vente est une convention par laquelle le propriétaire (appelé le promettant) promet d'une manière ferme et définitive de vendre son logement à une autre personne (appelée le bénéficiaire). Ce dernier accepte la promesse mais ne s'engage pas à acheter.

Dans cette convention, il est prévu un délai de réflexion pour l'acheteur (appelé délai d'option). Pendant ce délai, seul le vendeur est engagé. Bien que la loi ne l'exige pas, dans la pratique le bénéficiaire verse au vendeur une « indemnité d'immobilisation » (ou « dédit ») égale généralement à 10 % du prix convenu.

À l'expiration du délai d'option, si le bénéficiaire renonce à l'achat, il perd l'indemnité versée. Sauf si l'acte a été signé sous condition suspensive d'obtention de crédits. Autrement dit, l'acquéreur, qui pour des raisons personnelles renonce à acquérir le bien immobilier, perd la somme qu'il a versée.

Toutefois, les tribunaux admettent que si le futur acquéreur à l'achat du bien n'a pas utilisé entièrement le délai de réflexion, il peut demander une réduction de l'indemnité d'immobilisation au prorata du temps pendant lequel il a « immobilisé » le bien immobilier.

• **Notre conseil** : Lors de la conclusion d'une promesse unilatérale de vente, vous pouvez convenir par une clause appropriée que le montant de l'indemnité sera calculé en fonction de la durée de l'immobilisation. Plus cette dernière sera brève, plus le dédit pourra être bas.

Vos nom et prénom — Date
Adresse
Dossier n° ...

Recommandé avec avis de réception

M. ...
(*ou* Agence immobilière ...)
Adresse

Monsieur,

Je vous informe par la présente que je renonce à l'achat de votre appartement (*ou* maison). Je vous libère ainsi de votre promesse de vente à mon égard que nous avons signée le ... (date), avec un délai d'option de ... mois expirant le ... (*date*).

Ayant immobilisé votre bien pendant une partie seulement du délai d'option, soit ... (semaines *ou* mois), je vous prie de me rembourser au prorata la somme que je vous ai versée au titre d'indemnité d'immobilisation.

En cas de refus de votre part, je me verrai dans l'obligation de remettre cette affaire entre les mains des juges compétents afin d'obtenir la réduction de l'indemnité. En effet, je vous indique à titre d'information que la jurisprudence constante de la Cour de cassation admet que le montant de ladite indemnité peut être réduit du fait de la renonciation anticipée du bénéficiaire de la promesse.

Veuillez agréer, Monsieur, mes salutations distinguées.

Signature

LE PLAN SUR LEQUEL VOUS AVEZ ACHETÉ VOTRE LOGEMENT A ÉTÉ MODIFIÉ. VOUS ANNULEZ LA RÉSERVATION.

Vous avez réservé un appartement vendu sur plans et versé un dépôt de garantie. Lorsque vous avez reçu le projet de contrat définitif, vous constatez que certains équipements prévus dans le contrat ont été supprimés. Vous pouvez annuler votre réservation et récupérer l'intégralité de votre dépôt de garantie.

• **Ce que dit la loi** : Le contrat de vente d'un logement à construire est régi par les articles L. 261-1 à L. 261-22 et R. 261-1 à R. 261-33 du code de la construction et de l'habitation. Il est précédé d'un contrat de réservation ou contrat préliminaire. Un dépôt de garantie doit être versé par le candidat acheteur. Ce dernier peut refuser de signer le contrat définitif et obtenir le remboursement de son dépôt de garantie, sans retenue ni pénalité, dans l'un des cas suivants :

– un des éléments d'équipement prévus fait défaut (par exemple une ou plusieurs fenêtres ont été supprimées) ;
– le contrat de vente n'est pas signé dans le délai prévu au contrat de réservation par la faute du vendeur ;
– le prix de vente dépasse de plus de 5 % le prix fixé initialement (éventuellement révisé si cela a été prévu dans le contrat) ;
– le ou les prêts prévus dans le contrat de réservation ne sont pas obtenus ou leur montant est inférieur d'au moins 10 % à ceux prévus ;
– la construction envisagée présente une diminution de valeur supérieure à 10 %.

Vos nom et prénom
Adresse
Dossier n° ...

Date

Recommandé avec avis de réception

M. ...
(*ou* Agence immobilière ...)
Adresse

Monsieur,

Nous avons conclu le ... (*date*) un contrat de réservation de l'appartement (*ou* de la maison) n° ... dans l'immeuble (*ou* dans la résidence) situé(e) à ... (*adresse*).

Le notaire m'a envoyé le projet de contrat définitif que nous devons signer dans un mois. Or, je constate que ... (*indiquez les anomalies constatées : précisez, par exemple*, que la fenêtre de l'une des chambres a été supprimée).

Dans ces conditions, je ne désire pas donner suite à ma réservation. Je vous demande en conséquence le remboursement de mon dépôt de garantie sans retenue ni pénalité, conformément à l'article R. 261-31 du code de la construction et de l'habitation.

Veuillez agréer, Monsieur, mes salutations distinguées.

Signature

• **Notre conseil** : Passez le contrat définitif au peigne fin ! Si vous constatez une anomalie, votre demande de remboursement du dépôt de garantie doit être envoyée par lettre recommandée avec avis de réception au vendeur et à l'organisme où le dépôt a été consigné. Vous devez être remboursé dans un délai de trois mois suivant votre demande.

Vous avez signé un compromis de vente pour acquérir votre toit. Le vendeur se rétracte. Vous pouvez le contraindre à conclure l'acte définitif de vente devant le notaire.

• **Ce que dit la loi** : Le compromis de vente est une convention par laquelle le vendeur s'engage à vendre son logement un certain prix et le bénéficiaire, à l'acheter. Le vendeur et l'acheteur sont liés réciproquement. Aucun des deux ne peut se désister à la différence d'une simple promesse de vente.

L'article 37 du décret n° 55-22 du 4 janvier 1955 prévoit une procédure particulière par laquelle l'une des parties à un compromis de vente (acheteur ou vendeur) peut contraindre l'autre à respecter son engagement en l'assignant devant le tribunal de grande instance (avocat obligatoire).

• **Notre conseil** : Le compromis de vente peut comporter une clause de dédit ou d'arrhes. Ainsi, si vous renoncez à acheter, vous perdrez vos arrhes. Mais si le vendeur renonce à vendre, il devra vous verser le double de la somme que vous avez versée. En tout état de cause, le compromis ou la promesse de vente peuvent être négociés.

Vos nom et prénom   Date
Adresse
Dossier n° ...

Recommandé avec avis de réception

M. ... (*ou* Mme)
Adresse

Monsieur (*ou* Madame),

Vous m'avez informé par lettre du ... (*date*) de votre rétractation à la vente du pavillon (*ou* de l'appartement) situé à ... (*adresse*).

Je vous rappelle que le ... (*date*) nous avons signé un compromis de vente dans lequel aucune clause de dédit n'a été prévue.

Je vous mets donc en demeure de vous présenter le ... (*date*) à ... heures devant Maître ..., notaire chargé de la vente, afin de signer l'acte de vente définitif.

Faute de votre présence, je me verrai dans l'obligation de vous assigner devant le tribunal de grande instance, afin que le juge ordonne la réalisation de la vente.

Veuillez agréer, Monsieur (*ou* Madame), mes salutations distinguées.

Signature

SUR UN COUP DE TÊTE, VOUS AVEZ SIGNÉ UN CONTRAT POUR ACHETER UN APPARTEMENT NEUF... VOUS ANNULEZ CE CONTRAT DANS LES SEPT JOURS.

Sans passer devant le notaire, vous avez signé trop hâtivement le contrat d'acquisition d'un appartement neuf (ou d'une maison neuve). Vous décidez après réflexion de résilier ce contrat par lettre recommandée avec avis de réception avant l'expiration du délai de rétractation de sept jours.

• **Ce que dit la loi** : En vertu de l'article L. 271-1 du code de la construction et de l'habitation, tout acheteur d'un logement neuf dispose d'un délai de sept jours pour résilier le contrat de construction ou de vente qu'il a signé, si ce contrat a été conclu sans le concours d'un notaire.

Le contrat doit être envoyé par le vendeur ou le constructeur à l'acheteur en recommandé avec avis de réception. Le délai de réflexion de sept jours commence à être décompté à partir du lendemain de la réception du pli recommandé.

Vous devez envoyer la demande de résiliation du contrat par lettre recommandée avec avis de réception.

• **Notre conseil** : Même si rien ne vous interdit de verser des fonds au vendeur dès la signature du contrat, évitez de le faire. Sachez que si vous vous rétractez dans le délai de sept jours, les fonds que vous avez éventuellement versés doivent vous être restitués immédiatement sans retenue d'aucune sorte.

Vos nom et prénom
Adresse
Dossier n° ...

Date

Recommandé avec avis de réception

M. ...
Adresse du constructeur
(*ou* de l'agence immobilière)

Monsieur,

J'ai bien reçu le contrat que nous avons signé le ... (*date*) pour l'acquisition d'un appartement neuf situé à ... (*adresse*).

Après réflexion, j'ai décidé de résilier ce contrat comme me le permet l'article L. 271-1 du code de la construction et de l'habitation.

En conséquence, je vous demande de me rembourser dans les plus brefs délais la somme que je vous ai versée.

Veuillez agréer, Monsieur, mes salutations distinguées.

Signature

VOUS AVEZ SIGNÉ UN CONTRAT POUR OCCUPER UN BUNGALOW DEUX SEMAINES PAR AN PENDANT VINGT ANS EN MULTIPROPRIÉTÉ. VOUS ANNULEZ CE CONTRAT DANS LES DIX JOURS.

Vous avez signé un contrat appelé offre d'achat pour avoir le droit d'occuper deux semaines par an, pendant vingt ans, un bungalow dans une résidence de vacances en France. Après réflexion, vous décidez d'annuler ce contrat par lettre recommandée avec avis de réception avant l'expiration du délai de rétractation de dix jours.

• **Ce que dit la loi** : Selon l'article L. 122-64 du code de la consommation (issu de la loi n° 98-566 du 8 juillet 1998 concernant la protection des acquéreurs pour certains aspects des contrats portant acquisition d'un droit d'utilisation à temps partiel de biens immobiliers), le professionnel doit vous remettre ou vous envoyer en deux exemplaires l'offre d'achat avec un coupon détachable pour faciliter la rétractation.

À compter de la remise ou de la réception de l'offre, vous disposez de sept jours pour réfléchir. Si, au terme de ce délai, vous décidez d'acheter, vous devez signer l'offre (faisant précéder votre signature de la mention manuscrite de la date et du lieu) et l'envoyer au professionnel par lettre recommandée avec avis de réception.

Mais vous disposez encore de dix jours à compter de cet envoi pour vous rétracter sans indemnité ni frais à l'exception éventuelle des frais tarifés nécessairement engagés.

Cette rétractation doit être faite par lettre recommandée avec avis de réception ou tout autre moyen présentant des garanties équivalentes pour la détermination de la date d'envoi.

Si ce délai expire un samedi, un dimanche ou un jour férié ou chômé, il est prolongé jusqu'au premier jour ouvrable suivant.

• **Notre conseil** : Refusez de verser des acomptes, des avances ou des frais de dossier avant l'expiration du délai de retractation de dix jours. En effet, l'article L. 122-66 du code de la consommation interdit au professionnel de les réclamer ou de les recevoir avant l'expiration de ce délai. Toutefois, la loi réserve le cas des frais tarifés nécessairement engagés que l'acheteur pourrait devoir au professionnel (par exemple, frais éventuels d'huissier ou de notaire).

Vos nom et prénom
Adresse Date

Recommandé avec avis de réception

Nom et adresse
du professionnel
(Agence immobilière
ou agence de voyages)

Monsieur,

J'ai reçu l'offre d'achat que j'ai signé(e) et envoyé(e) le ... (*date*) pour l'acquisition d'un bungalow (*ou appartement*) dans une résidence de vacances à temps partagé.

Après reflexion, j'ai décidé d'annuler ce contrat comme me le permet l'article L. 122-64, alinéa 2 du code de la consommation. Ainsi, je vous demande de prendre acte de cette résiliation.

Veuillez agréer, Monsieur, mes salutations distinguées.

Signature

LA SURFACE DE L'APPARTEMENT À VENDRE DOIT APPARAÎTRE DANS L'AVANT-CONTRAT ET LE CONTRAT DE VENTE. EN TANT QU'ACQUÉREUR, VOUS DISPOSEZ D'UN RECOURS DISSUASIF.

Vous projetez d'acheter un logement situé dans une copropriété. Pour arrêter l'affaire, vous allez bientôt signer l'avant-contrat. Comme il s'agit d'un lot de copropriété, la surface réelle doit y être indiquée. À défaut, une action en nullité pourrait être exercée devant le tribunal de grande instance du lieu, avec le concours d'un avocat.

• **CE QUE DIT LA LOI** : Du moment que vous achetez un lot de copropriété, la loi du 18 décembre 1996, qui ajoute un article 46 à la loi du 10 juillet 1965, oblige le vendeur à mentionner la superficie réelle du bien vendu. La surface doit être inscrite dans l'avant-contrat et l'acte de vente. Cette obligation s'impose pour la vente d'un lot de copropriété de 8 mètres carrés ou plus. Peu importe qu'il s'agisse d'un appartement, d'une boutique, d'un local professionnel ou à usage mixte, ou même d'une maison individuelle dans une copropriété horizontale. Tout immeuble est concerné, qu'il soit ancien ou récent. Mais sont exclus les caves, emplacements de stationnement et garages.

En l'absence d'indication de la superficie, la vente peut être annulée, au plus tard dans le délai d'un mois à compter de l'acte notarié, devant le tribunal de grande instance. Mais cette action en nullité ne pourra pas être intentée si l'acte notarié de vente indique la surface omise dans l'avant-contrat (compromis ou promesse de vente).

• **NOTRE CONSEIL** : Si le mesurage fait peur au vendeur, ce qui peut se comprendre, invitez-le à s'adresser à un géomètre-expert. S'il n'en connaît pas, l'Ordre des géomètres-experts (40, avenue Hoche 75008 Paris, tél. 01 53 83 88 00) est susceptible de lui communiquer des noms de professionnels proches du bien à vendre.

Vos nom et prénom
Adresse

Date

Nom et prénom du vendeur
Adresse

Monsieur (*ou* Madame),

Je me permets de prendre contact avec vous, afin d'attirer votre attention sur l'importance de la loi du 18 décembre 1996 qui stipule que la surface précise des lots vendus doit être mentionnée dans l'avant-contrat (compromis *ou* promesse de vente).
À défaut d'indication de superficie, la vente peut être annulée.

Je propose que, pour la rédaction de l'avant-contrat, vous vous adressiez à un professionnel (*agent immobilier, notaire...*), qui pourra facilement vous mettre en relation avec un géomètre-expert pour le mesurage de votre appartement.
Le géomètre-expert nous fournira l'indication de la surface et, si vous le souhaitez, un plan coté de l'appartement susceptible d'être annexé à la vente.

Avec le concours d'un professionnel, la mention de la superficie figurera dans l'avant-contrat comme dans l'acte de vente, et l'opération immobilière se réalisera dans les meilleures conditions.

Dans l'attente d'une prochaine rencontre, je vous prie de croire, Monsieur (*ou* Madame), à mes salutations distinguées.

Signature

LA SUPERFICIE RÉELLE DE L'APPARTEMENT QUE VOUS VENEZ D'ACHETER EST INFÉRIEURE À CELLE QUI EST MENTIONNÉE DANS L'ACTE DE VENTE. VOUS DEMANDEZ UNE DIMINUTION DU PRIX.

Vous avez acheté un appartement. L'acte de vente indique la superficie, mais vous avez constaté que la surface réelle est inférieure à celle qui est exprimée dans ce document. C'est pourquoi vous cherchez à obtenir une baisse du prix.

• **Ce que dit la loi** : Une loi du 18 décembre 1996, dite loi Carrez, du nom du député qui en a pris l'initiative, a introduit un article 46 dans la loi du 10 juillet 1965 qui oblige le vendeur d'un lot de copropriété à en préciser la superficie dans l'avant-contrat (compromis de vente, promesse unilatérale de vente). Cette surface est ensuite indiquée dans l'acte authentique de vente signé chez le notaire.

L'acquéreur dispose d'un délai de douze mois pour vérifier cette superficie. S'il s'aperçoit que la surface effective est inférieure de plus de 1/20 (c'est-à-dire de plus de 5 %) à celle qui figure dans l'acte de vente, l'acquéreur peut réclamer une diminution de prix proportionnelle à la différence de superficie.

Exemple :

L'acte de vente mentionne une surface de 100 mètres carrés, alors que la superficie réelle, après mesurage, est de 94 mètres carrés, soit 6 mètres carrés en moins (l'erreur est de 6 %), et l'appartement est vendu 228 600 €. L'acheteur est fondé à exiger une diminution de prix de : (228 600 x 6) : 100 = 13 716 €.
Si l'erreur est au détriment du vendeur, aucun recours n'est envisageable.

• **Notre conseil** : Si vous avez la certitude que la surface réelle de l'appartement, établie par vous ou un géomètre-expert, est inférieure de plus de 5 % à celle qui figure dans l'acte de vente, prenez immédiatement contact avec le vendeur pour aboutir à un accord à l'amiable avec lui.

S'il refuse de vous restituer la somme due, au plus tard un an après la signature de l'acte de vente, il faut envisager une action devant le tribunal de grande instance du lieu de la situation du bien, avec le concours d'un avocat.

Vos nom et prénom
Adresse

Date

Nom et prénom du vendeur
Adresse

Recommandé avec avis de réception

Monsieur (*ou* Madame),

Je vous informe que votre appartement, dont je me suis porté acquéreur le ... (*date*), a, en réalité, une superficie inférieure à celle qui est indiquée dans l'acte de vente.

La surface effective est de ... mètres carrés et non pas ..., comme cela est mentionné dans l'acte. L'écart à mon détriment est donc supérieur à 5 %.

En vertu de la loi du 18 décembre 1996 (dite Loi Carrez) qui a ajouté un article 46 à la loi du 10 juillet 1965 sur la copropriété, je suis fondé à vous demander une diminution de prix proportionnelle à la différence de superficie.

En conséquence, je vous serai obligé de bien vouloir me verser la somme de ... €.

Je vous prie de croire, Monsieur (*ou* Madame), à l'expression de mes salutations distinguées.

Signature

VOUS AVEZ EXPRIMÉ VOTRE DÉSACCORD À PROPOS DES TRAVAUX DÉCIDÉS PAR LA MAJORITÉ. VOUS DEMANDEZ LE PAIEMENT ÉCHELONNÉ DE CES TRAVAUX.

Vous vous êtes opposé récemment à la décision prise par la majorité des copropriétaires réunis en assemblée générale au sujet de travaux d'amélioration. Stressé à la pensée de la note supplémentaire qu'il vous faudra acquitter malgré votre avis défavorable, vous sollicitez le paiement échelonné de ces travaux.

• **Ce que dit la loi** : L'article 33 de la loi du 18 juillet 1965 vous autorise à demander un paiement échelonné de ces travaux sur dix ans, sous certaines conditions. Autrement dit, vous n'aurez à supporter que 1/10 du coût de ces travaux chaque année. À quoi s'ajoutera l'intérêt au taux légal des sommes faisant l'objet d'un paiement échelonné, qui s'élève à 3,29 % pour 2003.

Vous pouvez profiter de cette facilité pour la plupart des travaux. Seuls n'y donnent pas droit ceux imposés par le respect d'obligations légales ou réglementaires (prescriptions de sécu-rité entre autres).

Le paiement échelonné vous est accordé à la condition que vous ayez voté « contre » les travaux, ou si vous vous êtes abstenu au moment du vote, ou encore si vous étiez absent et non représenté et avez, dans ce cas, contesté la décision de l'assemblée générale dans les deux mois suivant sa notification par le syndic.

• **Notre conseil** : Lors d'une assemblée générale, si des décisions doivent être prises pour des travaux importants, posez au syndic des questions de nature à faire réfléchir les autres copropriétaires, en particulier sur le coût de ces travaux : l'assemblée a-t-elle tous les éléments pour décider en connaissance de cause ? Il vaut mieux différer certaines décisions plutôt que de subir les conséquences du vote de copropriétaires qui n'ont pas donné un consentement vraiment éclairé.

Vos nom et prénom
Adresse

Date

Nom du syndic
Adresse

Recommandé avec avis de réception

Monsieur (*ou* Madame),

Lors de l'assemblée générale du ... (*date*) ont été votés des travaux d'amélioration de notre immeuble.

M'estimant insuffisamment éclairé sur le coût de ces travaux par les débats au cours de cette assemblée générale, je m'y suis opposé en votant « contre ».

En raison de mon opposition au vote de ces travaux, je demande à les payer en dix annuités égales au 1/10 de ma part.

L'article 33 de la loi du 10 juillet 1965 m'y autorise.

Veuillez croire, Monsieur (*ou* Madame), à mes salutations distinguées.

Signature

CHAPITRE 16

VOUS FAITES CONSTRUIRE

LE TERRAIN QUE VOUS AVEZ ACHETÉ POUR FAIRE CONSTRUIRE LA VILLA DE VOS RÊVES EST INCONSTRUCTIBLE. VOUS RÉSILIEZ LE CONTRAT DE VENTE DE CE TERRAIN.

Vous avez acquis un terrain pour faire construire une maison. Lors de la demande du certificat d'urbanisme, vous constatez que le terrain est impropre à la construction. Vous résiliez le contrat de vente du terrain et récupérez le prix.

• **Ce que dit la loi** : L'article 1641 du code civil stipule que le vendeur est tenu de garantir l'acheteur à raison des défauts cachés de la chose vendue qui la rendent impropre à l'usage auquel on la destine, ou qui diminuent tellement cet usage que l'acheteur ne l'aurait pas acquise si ces défauts s'étaient révélés plus tôt.

Dans ce cas, l'article 1644 du même code dispose que l'acheteur a le choix entre rendre la chose et se faire restituer le prix, ou la garder et obtenir une réduction du prix payé.

• **Notre conseil** : Avant d'acheter un terrain, consultez le plan d'occupation des sols (POS) de la commune où ce terrain est situé. Cela vous permettra de vous assurer qu'il n'y a pas de risque d'expropriation et d'exiger du vendeur un certificat d'urbanisme récent indiquant si le terrain est constructible ou non.

Vos nom et prénom Date
Adresse
Dossier n° ...
Recommandé avec avis de réception

M. ...
Adresse

Monsieur,

Le ... (*date*), vous m'avez vendu un terrain situé à ... (*adresse*) pour un prix de ... F que je vous ai payé comptant.

Le certificat d'urbanisme délivré par la mairie indique l'existence sur ce terrain d'une servitude non mentionnée dans l'acte de vente. En effet, ... (*indiquez ici les vices cachés du terrain qui le rendent impropre à la construction* : superficie trop faible en considération des prescriptions du POS, instabilité et humidité excessive du sol, assainissement collectif inexistant et assainissement individuel impossible, etc.).

Je vous rappelle que l'article 1641 du code civil précise que le vendeur est tenu de garantir l'acheteur à raison des défauts cachés de la chose vendue qui la rendent impropre à l'usage auquel on la destine, ou qui diminuent tellement cet usage que l'acheteur ne l'aurait pas acquise.

En conséquence, je vous demande la résolution de la vente de ce terrain ainsi que le remboursement des frais engagés, conformément à l'article 1644 du code civil.

Veuillez agréer, Monsieur, mes salutations distinguées.

Signature

LE PERMIS DE CONSTRUIRE QUE VOUS AVEZ DEMANDÉ POUR VOTRE VILLA EST REFUSÉ. VOUS DEMANDEZ L'ANNULATION DU CONTRAT PASSÉ AVEC LE CONSTRUCTEUR.

Le permis de construire que vous avez demandé pour votre maison vous est refusé. Vous pouvez annuler le contrat passé avec le constructeur et exiger le remboursement intégral de l'acompte.

• **Ce que dit la loi** : Le contrat de construction d'une maison individuelle avec fourniture de plans est très réglementé par les articles L. 231-1 et suivants du code de la construction et de l'habitation. Ainsi, l'article L. 231-4 prévoit que ce contrat peut comporter des conditions suspensives parmi lesquelles, notamment, l'obtention du permis de construire et des autres autorisations administratives.

Si ces conditions ne se réalisent pas, l'acheteur peut résilier le contrat et obtenir immédiatement la restitution, sans retenue ni pénalité, des arrhes qu'il a versés.

Il est donc prudent, avant de signer un acte (promesse de vente, compromis...) de vérifier qu'il comporte bien une clause suspensive relative à l'obtention du permis de construire et des différentes autorisations administratives.

• **Notre conseil** : Le permis de construire peut être accordé sous réserve de modifier les plans. Dans la pratique, le constructeur propose de réaliser ces modifications moyennant une augmentation de prix. Sachez que vous n'êtes pas obligé d'accepter cette proposition. Il vous est possible de résilier le contrat. En effet, personne ne peut vous imposer la construction d'une maison différente de celle que vous avez choisie.

Vos nom et prénom — Date
Adresse

Recommandé avec avis de réception

M. ...
Adresse du constructeur

Monsieur,

J'ai signé le ... (*date*) un contrat pour la construction d'une maison individuelle au vu des plans et descriptifs que vous m'avez soumis.

Le permis de construire que j'ai demandé en fonction de ces plans m'a été refusé le ... (*date*).

Conformément à l'article L. 231-4-III, alinéa 3, du code de la construction et de l'habitation, j'ai le regret de vous informer que je résilie le contrat qui nous liait pour la construction de cette maison.

En conséquence, je vous demande le remboursement intégral de l'acompte que je vous ai versé à la commande.

Veuillez agréer, Monsieur, mes salutations distinguées.

Signature

L'ADMINISTRATION VOUS REFUSE UN PERMIS DE CONSTRUIRE. VOUS DÉPOSEZ UN RECOURS GRACIEUX.

Le maire a refusé le permis de construire que vous avez sollicité pour agrandir votre maison. Les raisons invoquées ne vous paraissent pas justifiées. Vous allez lui demander, par lettre recommandée, de revenir sur sa décision.

• **Ce que dit la loi** : L'article L. 421-3 du code de l'urbanisme dispose que « le permis de construire ne peut être accordé que si les constructions projetées sont conformes aux dispositions législatives et réglementaires concernant l'implantation des constructions, leur nature, leur architecture, leurs dimensions et l'aménagement de leurs abords, et si le demandeur s'engage à respecter les règles générales de construction » prévues par la loi.

Un refus de permis de construire doit s'inscrire dans le cadre général de cet article. La décision du refus doit être motivée de façon précise et indiquer les règles nationales ou locales (notamment celles prévues dans le plan d'occupation des sols) que le projet ne respecte pas. Elle doit aussi mentionner les voies et les délais de recours, faute de quoi elle ne serait pas opposable.

Vous avez deux mois à compter de la notification de la décision de refus pour exercer un recours gracieux contre elle. Il s'agit de demander au maire (ou au préfet, selon le cas) de revoir sa décision. S'il ne vous répond pas dans un délai de quatre mois à dater du jour de la réception de votre demande, vous avez encore deux mois pour attaquer le refus de permis devant le tribunal administratif, sans que l'assistance d'un avocat soit nécessaire.

À noter : dans un recours gracieux, vous pouvez demander qu'un refus de permis se transforme en un accord ou que votre permis soit modifié sur tel ou tel point.

• **Notre conseil** : Soyez vigilant, la loi n° 94-112 du 9 février 1994 (Journal officiel du 10), en matière d'urbanisme et de construction, a modifié l'article 600-3 du code de l'urbanisme en précisant que l'auteur d'un recours tant administratif (gracieux ou hiérarchique) que contentieux est tenu de notifier son recours à l'auteur de la décision attaquée et, s'il y a lieu, au titulaire de l'autorisation, à peine d'irrecevabilité. Cette notification doit intervenir par lettre recommandée avec avis de réception dans un délai de quinze jours francs à compter du dépôt du recours.

Vos nom et prénom
Adresse

Date

Recommandé avec avis de réception

Monsieur le Maire
Adresse

Monsieur le Maire,

Par décision datée du ... dont ci-joint photocopie, vous avez refusé ma demande de permis de construire pour agrandir ma maison au motif que ... (*exposez les raisons invoquées*).

J'ai l'honneur de vous demander l'annulation de cette décision. En effet, ce refus ne me paraît pas justifié, car ... (*contestez ici les motifs du refus*).

Je vous remercie, Monsieur le Maire, de bien vouloir accorder toute votre bienveillante attention à mon recours.

Veuillez agréer, Monsieur le Maire, l'expression de ma considération distinguée.

Signature

VOTRE CONTRAT NE PRÉVOIT PAS DE CLAUSE DE RÉVISION DU PRIX ET LE CONSTRUCTEUR VEUT VOUS IMPOSER UNE AUGMENTATION. VOUS CONTESTEZ.

Le contrat que vous avez signé pour la construction de votre maison individuelle comporte un prix forfaitaire et définitif. Aucune clause de révision du prix n'a été prévue. Votre constructeur vous réclame peu de temps après un supplément de prix. Vous contestez fermement cette révision.

• **Ce que dit la loi** : L'article L. 231-2 d) du code de la construction et de l'habitation précise que le contrat de construction d'une maison individuelle doit comporter, parmi d'autres mentions obligatoires, le prix forfaitaire et définitif de la maison, sous réserve (s'il y a lieu) de sa révision. Celle-ci doit être prévue expressément dans le contrat.

Selon l'article L. 231-11 du même code, le contrat doit inclure une clause indiquant que le propriétaire (maître d'ouvrage) a été informé des deux modalités de révision de prix autorisées par la loi, ainsi que de la modalité choisie. À défaut de ces deux mentions, le prix n'est pas révisable.

Attention : certains contrats font état d'un prix prévisionnel, ce qui veut dire qu'il sera augmenté ultérieurement.

Mais quel que soit le terme employé, si l'augmentation dépasse 5 %, quelle que soit la cause (révision prévue ou amélioration des prestations), vous pouvez renoncer à votre réservation et récupérer vos arrhes.

• **Notre conseil** : Demandez au constructeur l'attestation de la garantie de livraison à prix et délais convenus. En effet, il doit vous informer qu'il a obtenu le cautionnement solidaire d'un établissement de crédit ou d'une compagnie d'assurances. Ce garant s'engage, en cas de défaillance du constructeur, à prendre en charge les dépassements du prix convenu quand ils sont nécessaires à l'achèvement de la maison, dans les conditions prévues au contrat.

Vos nom et prénom
Adresse
Dossier n° ...

Date

Recommandé avec avis de réception

M. ...
Adresse du constructeur

Monsieur,

J'ai bien reçu votre lettre du ... (*date*) par laquelle vous m'annoncez une augmentation du prix de construction de ma maison, augmentation due aux difficultés que vous avez rencontrées sur le chantier.

Je vous rappelle que le ... (*date*) nous avons signé un contrat de construction qui prévoit un prix forfaitaire et définitif de la maison, conformément aux articles L. 231-2 et suivants du code de la construction et de l'habitation. Aucune clause de révision du prix n'a été prévue.

En conséquence, je suis au regret de vous informer que je suis en droit de refuser fermement toute augmentation de prix, quel qu'en soit le motif.

Veuillez agréer, Monsieur, mes salutations distinguées.

Signature

LES TRAVAUX SONT INTERROMPUS. VOUS METTEZ LE CONSTRUCTEUR EN DEMEURE DE LES REPRENDRE.

Catastrophe ! Vous pensiez pouvoir emménager dans votre nouvelle maison pendant l'été. Cela est compromis car les travaux de construction sont arrêtés et, si cela se prolonge, vous risquez de prendre possession des lieux à la Toussaint ! Vous mettez le constructeur en demeure de reprendre le chantier.

• **Ce que dit la loi** : En vertu de l'article L. 231-2 k) du code de la construction et de l'habitation, le constructeur de votre maison doit vous apporter, lors de la signature du contrat, une garantie de bonne livraison.

Il doit donc justifier auprès de vous qu'il a obtenu la caution solidaire d'un établissement de crédit ou d'une compagnie d'assurances. Cette garantie a pour but de vous protéger contre les risques d'inexécution ou de mauvaise exécution des travaux prévus au contrat, aux prix et délais convenus.

En cas de défaillance du constructeur (retard de livraison, erreur de prévisions, réserves et reprises en fin de chantier, redressement ou liquidation judiciaire), le garant s'engage à faire terminer la maison par les entreprises de son choix.

Toutefois, si la maison a atteint le stade du hors d'eau (toit terminé), il peut aussi vous proposer de passer vous-même les marchés. Si vous acceptez, l'établissement garant paiera directement les entreprises que vous avez choisies.

Vous devez, par lettre recommandée avec avis de réception, informer l'organisme garant que vous avez adressé une mise en demeure au constructeur et que, si cette sommation restait sans effet, il devrait assurer l'exécution du chantier.

• **Notre conseil** : Si votre constructeur a simplement pris du retard dans les travaux et que vous pensez que les délais ne seront pas respectés, vous pouvez également faire intervenir le garant afin que la livraison ait lieu à la date prévue.

Vos nom et prénom | Date
Adresse
Dossier n° ...

Recommandé avec avis de réception

M. ...
Adresse du constructeur

Monsieur,

Par le contrat du ... (*date*) qui nous lie, vous êtes responsable de la construction de ma maison située ... (*adresse*).

Ayant constaté depuis le ... (*date*) l'arrêt du chantier, je vous mets en demeure par la présente de reprendre immédiatement les travaux.

Si dans un délai de huit jours ceux-ci ne sont pas repris, je me verrai dans l'obligation, conformément à l'article L. 231-6 du code de la construction et de l'habitation, de demander à votre garant ... (*nom de l'établissement de crédit ou de la compagnie d'assurances*) d'exécuter ses obligations de caution solidaire. Il devra, à cet effet, faire terminer le chantier par une autre société.

Veuillez agréer, Monsieur, mes salutations distinguées.

Signature

LES HONORAIRES DE VOTRE ARCHITECTE SONT DÉMESURÉS. VOUS LES CONTESTEZ.

Pour la construction de votre maison, vous avez fait appel à un architecte pour établir le projet et demander le permis de construire. D'un commun accord, vous avez fixé ses honoraires à environ 5 % du coût final de la maison. Mais, au moment de la livraison des plans, il vous réclame le double. Vous vous fâchez.

• **Ce que dit la loi** : Il existe un code des devoirs professionnels des architectes (décret n° 80-217 du 20 mars 1980, Journal officiel du 25). L'article 11 de ce code précise que tout engagement professionnel de l'architecte doit faire l'objet d'une convention écrite préalable. Cette convention doit définir l'étendue des missions de l'architecte, ainsi que les modalités de sa rémunération. S'il n'y a pas eu de devis écrit préalable, le montant des honoraires réclamés par l'architecte peut toujours être discuté.

L'architecte exerçant à titre individuel ou la société d'architectes peuvent prétendre à un droit d'auteur (construction selon un modèle type industrialisé) ou à des honoraires qui sont fixés librement selon un forfait, ou sur la base des frais réels, en fonction des missions confiées.

• **Notre conseil** : Sachez qu'un barème variable en fonction du coût et de la difficulté de la construction est établi chaque année par le Conseil de l'Ordre des architectes. Bien que ce barème ne soit pas obligatoire, celui-ci s'impose si l'architecte et son client décident de s'y référer. Par ailleurs, dans tous les cas, le juge peut s'inspirer du barème pour évaluer les sommes dues à l'architecte.
Le mieux est encore de ne pas vous engager sans un devis écrit signé de l'architecte et indiquant le prix qu'il demande.

Vos nom et prénom
Adresse

Date

Dossier n° ...
Recommandé avec avis de réception

M. ...
Adresse de l'architecte

Monsieur,

J'ai bien reçu votre note d'honoraires correspondant aux plans de construction de ma maison.

Je suis fortement surpris par la somme que vous me réclamez. En effet, d'un commun accord, nous avions fixé verbalement vos honoraires à ... €, correspondant à l'établissement du projet et à la demande du permis de construire.

Je vous rappelle que, selon l'article 11 du code de votre profession, vous auriez dû me soumettre préalablement un devis écrit. Je suis donc autorisé à refuser vos honoraires, ainsi que vos plans.

Bien entendu, je suis disposé à accepter vos plans si vous acceptiez de modifier vos honoraires sur la base du tarif dont nous étions convenus.

Dans l'attente de votre réponse, veuillez agréer, Monsieur, mes salutations distinguées.

Signature

VOUS AVEZ VERSÉ DES ARRHES À UN ARCHITECTE. LA BANQUE AYANT REFUSÉ DE VOUS ACCORDER UN EMPRUNT, VOUS EXIGEZ QUE L'ARCHITECTE VOUS REMBOURSE VOS ARRHES.

Vous aviez signé un contrat avec un architecte pour qu'il crée les plans de votre maison et vous lui aviez versé des arrhes. Or, la banque a refusé de vous prêter l'argent nécessaire à la construction. Vous demandez à l'architecte de vous rendre vos arrhes.

• **Ce que dit la loi** : Les articles L. 312-15 à L. 312-17 du code de la consommation (issus de la loi du 13 juillet 1979, dite loi Scrivener) prévoient que lorsque les crédits sont refusés, le contrat principal (d'achat) est résilié.

Or, la loi n'a pas clairement abordé le cas où un contrat accessoire est conclu avec un architecte pour la réalisation de plans et qu'ensuite le crédit devant financer la construction est refusé.

La Cour de cassation estime que le sort du contrat accessoire (celui conclu avec l'architecte) suit le sort du contrat principal (contrat pour la construction). Et si le contrat principal est résilié faute d'obtention des crédits, le contrat accessoire se trouve également résilié. La loi Scrivener s'applique donc au contrat conclu avec l'architecte. Du reste, les contrats types rédigés par l'Ordre des architectes indiquent clairement que la loi Scrivener s'applique.

Autrement dit, en cas de refus des crédits, le contrat avec l'architecte se trouve résilié et ce dernier doit rembourser les arrhes qu'il a éventuellement perçus.

En réalité, il est plus prudent de ne pas vous engager avec un architecte avant de savoir si votre demande de crédit est acceptée par la banque. Parce que, dans la pratique, tous les architectes ne sont pas d'accord et trouvent « inacceptable » que la loi Scrivener s'applique à leurs contrats.

Toutefois, si vous signez un contrat avec un architecte sans attendre la réponse à votre demande de crédit, pensez à faire indiquer clairement dans le contrat que celui-ci sera résilié de plein droit si vos demandes de crédit de financement de la construction sont refusés et que vos arrhes vous seront rendus. Mais le mieux est encore de ne rien verser tant que vous n'avez pas l'accord de votre banque pour le financement de la construction.

• **Notre conseil** : La sagesse, c'est encore de ne pas vous engager avec un architecte tant que votre demande de crédit n'est pas acceptée.

Notez que pour tout litige avec un architecte (honoraires, malfaçons...), vous pouvez demander la médiation du conseil régional de l'Ordre des architectes de votre région.

Vos nom et prénom Date
Adresse
Dossier n° ...

Recommandé avec avis de réception

M. ... (*nom de l'architecte*)
Adresse

Monsieur,

Je vous informe que le prêt que j'avais sollicité pour la construction de ma maison située à ... (*adresse*) m'a été refusé, comme l'atteste la photocopie de la lettre de ... (*indiquez le nom de la banque ou de l'organisme de crédit*) en date du ... que vous trouverez ci-jointe.

Conformément à la loi Scrivener et notamment les articles L. 312-15 à L. 312-17 du code de la consommation, ce refus entraîne l'annulation du contrat que j'ai signé le ... (*date*).

En conséquence, je vous prie de bien vouloir me rembourser la somme de ... € correspondant aux arrhes que je vous ai versés le ... (*date*).

Veuillez agréer, Monsieur, mes salutations distinguées.

Signature

P.J. : attestation du refus de prêt

VOTRE ARCHITECTE A MAL CONÇU L'ESCALIER. VOUS DEMANDEZ UNE INDEMNITÉ.

Votre architecte a mal conçu l'escalier principal de votre maison. Cette erreur de conception vous occasionne des frais supplémentaires. Vous avez dû effectuer des modifications et le chantier a pris du retard. Vous mettez en demeure votre architecte de prendre à sa charge ces dépenses supplémentaires.

• **Ce que dit la loi** : En vertu de l'article 1792 du code civil, l'architecte est responsable, comme toute personne qui participe à une construction, des dommages qui compromettent la solidité de l'ouvrage ou qui, l'affectant dans l'un de ses éléments constitutifs ou l'un de ses éléments d'équipement, le rendent impropre à sa destination.

Sa responsabilité peut donc être engagée pour les erreurs de conception (instabilité de construction, défaut dans le choix des matériaux, aérations ou écoulements mal agencés, dalles ou poutres insuffisantes, etc.) ou les carences ou négligences dans la direction et la surveillance du chantier, car il doit veiller à la bonne exécution des travaux par les entreprises.

Cette responsabilité pèse sur lui pendant dix ans à compter de la réception des travaux (article 2270 du code civil).

• **Notre conseil** : Assurez-vous que votre architecte a une bonne assurance ! En effet, pour couvrir sa responsabilité professionnelle, tout architecte doit s'assurer. Quoi qu'il arrive, cette assurance vous paiera les sommes dont votre architecte vous est redevable.

Vos nom et prénom — Date
Adresse
Dossier n° ...

Recommandé avec avis de réception

M. ...
Adresse de l'architecte

Monsieur,

Je vous informe que vous avez commis une erreur de conception lorsque vous avez établi les plans de ma maison.

En effet, l'entrepreneur est dans l'impossibilité de continuer les travaux d'après vos plans en ce qui concerne ... (*indiquez de quoi il s'agit*).

Des modifications de construction s'imposent donc, et l'entrepreneur m'a remis un devis additionnel.

Par la présente, je vous mets en demeure de supporter tous les frais supplémentaires que ce défaut de conception a occasionnés. Le montant total est de ... €, correspondant au devis ci-joint de l'entrepreneur.

En cas de refus de votre part, je me verrai dans l'obligation de saisir le tribunal de grande instance afin de faire valoir mes droits.

Voulant croire que nous n'en arriverons pas à une telle extrémité, je vous prie d'agréer, Monsieur, mes salutations distinguées.

Signature

P.J. : devis additionnel

VOTRE VILLA EST TERMINÉE MAIS LE CONSTRUCTEUR NE VOUS REMET PAS LES CLÉS. VOUS LES LUI RÉCLAMEZ.

Lors de la réception des travaux de votre villa, vous avez relevé certains défauts de conformité et des malfaçons. Vous avez formulé des réserves dans le procès-verbal de réception et décidé de consigner le solde du prix entre les mains du notaire ou d'une banque.

• **Ce que dit la loi** : En vertu de l'article L. 231-3e) du code de la construction et de l'habitation, le contrat de construction d'une maison individuelle ne peut pas comporter une clause ayant pour objet ou pour effet de subordonner la remise des clés au paiement intégral du prix. En effet, une telle clause serait illégale car elle vous empêcherait, si vous avez émis des réserves à la réception des travaux, de déposer le solde du prix chez le notaire ou à la banque.

Cette disposition légale vise à faire disparaître une pratique très répandue dans le domaine des ventes d'immeubles à construire, ainsi que dans celui des contrats de construction d'une maison individuelle.

• **Notre conseil** : Si le constructeur refuse de vous remettre les clés, adressez-vous au juge des référés du tribunal de grande instance en demandant la condamnation du constructeur à vous remettre les clés, avec ... euros d'astreinte par jour de retard.

Vos nom et prénom — Date
Adresse
Dossier n° ...

Recommandé avec avis de réception

M. ...
Adresse du constructeur

Monsieur,

Lors de la réception des travaux de ma maison située à ... (*adresse*), j'ai émis un certain nombre de réserves qui figurent sur le procès-verbal de réception.

En conséquence et conformément à la loi, j'ai décidé de ne pas vous verser le solde du prix convenu et de le consigner chez Maître ... (*nom et adresse du notaire ou de la banque*) jusqu'à la levée des réserves.

Par ailleurs, en vertu de l'article L. 231-3 e) du code de la construction et de l'habitation, aucune clause ne peut subordonner la remise des clés au paiement intégral du prix. C'est pourquoi je vous demande que les clés de ma maison me soient remises dans les plus brefs délais.

En cas de refus de votre part, je me verrai dans l'obligation de saisir le tribunal compétent afin de faire valoir mes droits.

Voulant croire que nous n'en arriverons pas à une telle extrémité, je vous prie d'agréer, Monsieur, mes salutations distinguées.

Signature

VOUS AVEZ FAIT CONSTRUIRE UNE PISCINE ET VOUS CONSTATEZ DES FISSURES DANS LE DALLAGE. VOUS DEMANDEZ À L'ASSURANCE DU CONSTRUCTEUR L'APPLICATION DE LA GARANTIE DÉCENNALE.

La construction de votre piscine est terminée depuis deux ans seulement, mais déjà des fissures importantes apparaissent dans le dallage qui l'entoure. Vous exigez de l'assureur du constructeur qu'il prenne en charge la réfection des travaux.

• **Ce que dit la loi** : L'article 1792 du code civil prévoit que tout constructeur d'un ouvrage est responsable des dommages qui peuvent survenir. Sauf s'il prouve qu'ils sont dus à une cause étrangère à la construction.

C'est pourquoi les articles L. 241-2 et L. 242-1 du code des assurances obligent les constructeurs à s'assurer pour les travaux qu'ils réalisent. Ils doivent notamment souscrire une assurance dommages-ouvrage (article L. 242-1 du code des assurances) qui permet de financer les réparations des désordres qui peuvent apparaître dans les dix ans (garantie décennale) suivant l'achèvement de la construction.

Bien que ce soit obligatoire, il arrive que de petits constructeurs ne soient pas assurés. Il est donc judicieux, avant de signer le contrat, de demander au constructeur de vous communiquer les coordonnées de sa compagnie et le numéro de son contrat d'assurance ainsi qu'une attestation indiquant qu'il est à jour des cotisations.

S'il s'agit d'un petit constructeur, il y a de fortes chances qu'il ne soit plus là dans dix ans. Vous avez donc intérêt à conserver précieusement ces renseignements. Surtout qu'en cas de désordres, vous devez directement saisir l'assureur du constructeur.

Les assureurs rechignent évidemment à appliquer la garantie décennale et répondent souvent que les désordres proviennent d'éléments d'équipement non couverts par la garantie décen-nale. Il ne faut pas se laisser décourager par un tel argument et rester ferme.

• **Notre conseil** : Si l'assureur refuse de prendre en charge les travaux, menacez-le de porter l'affaire en justice. Votre lettre est à envoyer sous la forme recommandée avec avis de réception.

Vos nom et prénom — Date
Adresse

Dossier n° ...
Recommandé avec avis de réception

Compagnie ...
Adresse de l'assureur

Madame, Monsieur,

La société de construction ... (*nom et adresse du constructeur*) a, au moment de la construction de ma piscine, souscrit une assurance dommages-ouvrage sous le numéro ... (*numéro du contrat du constructeur*) auprès de votre compagnie.

La construction de ma piscine s'est achevée le ... (*date de réception des travaux*).

Or, de nombreux désordres apparaissent dans cet édifice. Ainsi, le dallage comporte aujourd'hui d'importantes fissures, rendant inutilisable la piscine (*expliquez précisément la nature des désordres*).

Ces désordres entrent clairement dans la définition de la garantie décennale.

En conséquence, je vous déclare le présent sinistre et vous prie de bien vouloir prendre en charge le prix des travaux nécessaires à la remise en état de ma piscine.

Restant à votre disposition pour toute précision complémentaire, je vous prie de croire, Madame, Monsieur, à l'expression de ma considération distinguée.

Signature

Mieux vaut prévenir que guérir : l'assurance dommages-ouvrage

Si vous faites construire une maison, vous devez souscrire une assurance dommages-ouvrage avant l'ouverture du chantier (article L. 111-30 du code de la construction et de l'habitation). Cette assurance couvre les dommages dont sont responsables pendant dix ans les constructeurs et professionnels assimilés (architectes, entrepreneurs, techniciens, vendeurs d'un ouvrage qu'ils ont construit ou qu'ils ont fait construire).
Elle couvre le coût des travaux de remise en état des ouvrages et des éléments d'équipement, et cela sans limitation de montant. Elle entre en jeu un an après la réception des travaux. Sa durée de validité est de dix ans à compter, là encore, de la réception des travaux.
Le prix de l'assurance est calculé sur le coût total de la construction, à un taux variant de 1 % à 1,5 % de celui-ci.

Acquéreurs immobiliers, attention...

Le code de la consommation protège celui qui envisage d'acquérir un bien immobilier à crédit en lui permettant de récupérer les sommes versées en cas de refus du crédit. Mais certains acquéreurs ont abusé de cette protection ; ainsi, quand ils n'ont plus envie d'acheter, ils affirment que le crédit a été refusé.

Or, les juges sont devenus très sévères à leur égard. En cas de litige, ils contrôlent si l'acquéreur a vraiment demandé les crédits, s'il a fait sa demande sérieusement, dans des délais rapides...

Ainsi, un tribunal a refusé le remboursement des arrhes à un acquéreur qui avait attendu huit jours, avant la fin de la date de validité de la promesse de vente, pour faire sa demande de crédit.

Même refus dans une affaire où l'acquéreur avait demandé le crédit mais n'avait pas fourni à la banque les justificatifs et renseignements lui permettant de se prononcer sur la demande de crédit.

Prudence, ne jouez pas avec le feu. Si le vendeur démontre que vous n'avez pas sérieusement tenté d'obtenir votre crédit, vous pouvez perdre vos arrhes.

L'ENTREPRISE À QUI VOUS AVIEZ CONFIÉ LA CONSTRUCTION DE VOTRE LOGEMENT EST DÉFAILLANTE. VOUS DEMANDEZ À SON GARANT D'ACHEVER LE CHANTIER.

Vous étiez sûr de faire le bon choix en confiant la construction de votre maison à cette entreprise. Rien ne va plus. En quasi-faillite, elle est incapable d'achever les travaux. Vous demandez à son garant de les achever à sa place.

• **CE QUE DIT LA LOI** : Les constructeurs de maisons individuelles doivent souscrire de nombreuses assurances. Le constructeur doit également souscrire auprès d'un établissement bancaire ou une société d'assurance une garantie dont les références sont mentionnées dans le contrat qu'il vous fait signer. À condition qu'il paie les cotisations, le garant se substitue au constructeur pour achever le chantier si celui-ci est incapable.

Cette garantie est destinée à faire face aux difficultés financières, dépôts de bilan ou défaillances qui empêcheraient le constructeur de finir le chantier. Cette garantie de livraison ou de bonne fin des travaux est souscrite à votre entier profit (article L. 231-6 du code de la construction et de l'urbanisme).

Une réponse ministérielle (réponse Proriol du 7 décembre 1998) précise qu'il y a défaillance du constructeur dès que celui-ci ne remplit pas ses obligations contractuelles et non pas uniquement s'il est en dépôt de bilan. Le garant doit prendre en charge les travaux restants et le coût de leur dépassement si cela est nécessaire, avec une possibilité de franchise maximale de 5 %, les pénalités de retard forfaitaires qui vous sont dues et les travaux nécessaires à la levée des réserves. Il s'agit de l'hypothèse où le constructeur a achevé la maison, mais lors de sa livraison vous avez constaté et signalé des défauts de conformité et des vices de construction.

• **NOTRE CONSEIL** : Avant de signer le contrat de construction d'une maison individuelle, vérifiez que votre constructeur possède un garant, mais qu'en outre il est à jour du paiement de ses primes ou cotisations.

Vos nom, prénom
Adresse

Date

Recommandé avec avis de réception

Nom du garant
Adresse

Référence contrat...

Madame, Monsieur,

Le ... (*date*), j'ai adressé à l'entreprise ... (*nom*) une mise en demeure (copie jointe) de reprendre les travaux de construction de ma maison qu'elle avait interrompus. En votre qualité de garant de cette entreprise, vous devez conformément à l'article L. 231-6 du code de la construction et de l'urba-nisme, exécuter ses obligations contractuelles et prendre les mesures nécessaires à l'achèvement de la construction.

J'ajoute que cette entreprise m'est en outre redevable d'une importante pénalité de retard dont vous voudrez bien, au titre du même contrat, assurer le versement.

Je vous prie de croire, Madame, Monsieur, à l'expression de ma considération distinguée.

Signature

P.J. : copie de la mise en demeure

VOUS AVIEZ CHARGÉ UN ENTREPRENEUR DE RÉNOVER VOTRE MAISON DE CAMPAGNE. DES MOIS PLUS TARD, LES TRAVAUX EN SONT TOUJOURS AU MÊME POINT. VOUS RÉAGISSEZ.

Après en avoir longtemps rêvé, vous avez franchi le pas et chargé un artisan de réaliser ces travaux qui devaient embellir votre logement. Malgré ses promesses répétées, l'entrepreneur n'a toujours pas achevé les travaux prévus. Vous le mettez en demeure de les achever.

• **Ce que dit la loi** : Lorsque vous décidez d'entreprendre des travaux (rénovation, ajout d'une pièce, installation d'une cuisine équipée, réparation, etc.), l'entrepreneur vous délivre un devis qui doit indiquer la nature exacte et détaillée des travaux, les matériaux utilisés, avec les surfaces..., ainsi que le prix taxes comprises. Il vous indique ensuite qu'il réalisera vos travaux de telle date à telle date, mais le plus souvent verbalement.

Peu de particuliers pensent, en effet, à demander une confirmation écrite de la durée exacte des travaux. Or, quelle que soit la région, un bon artisan est toujours débordé. Certains commencent le chantier pour capter le client et l'abandonnent ensuite pour de longs mois.

Pour peu qu'il s'agisse d'une résidence secondaire éloignée, vos travaux risquent de traîner pendant des années.

Si, sur le devis ou un courrier sur papier à en-tête, l'entrepreneur a indiqué la durée des travaux, il doit s'y tenir. À défaut, vous pouvez le mettre en demeure d'achever le travail.

En revanche, si vous avez eu l'imprudence de ne pas faire mentionner par écrit la date de la fin des travaux, vous pourrez difficilement agir.

• **Notre conseil** : Ne payez pas les travaux avant leur achèvement. Versez un acompte (pas plus de 40 %) au début des travaux et refusez tout nouveau versement tant que le chantier n'est pas totalement achevé.

Attention, ne faites pas continuer le chantier par un autre entrepreneur sans en avoir fait constater l'état par un huissier de justice. Le premier entrepreneur pourra toujours prétendre que le chantier était plus avancé. Car même s'il est désin-volte, il a néanmoins le droit d'être payé de la partie de travaux qu'il a effectivement réalisée.

Vos nom, prénom
Adresse

Date

Recommandé avec avis de réception

Nom de l'entrepreneur
Adresse

Monsieur,

Suivant devis en date du ..., votre entreprise devait réaliser entre le ... (*date*) et le ... (*date*) des travaux à ... (*par exemple* : à mon domicile ou dans ma maison de campagne...).

Or, à ce jour, il s'avère que vous n'avez pas encore donné suite à vos engagements, les travaux ne sont pas achevés.

En dépit de mes nombreux appels téléphoniques et courriers, je suis sans nouvelle de vous.

En vertu de l'article 1610 du code civil, je vous mets en demeure d'exécuter votre prestation en achevant le chantier.

À défaut, je me verrais contraint d'obtenir du tribunal l'autorisation de faire réaliser les travaux restants par une autre entreprise.

Je vous prie de croire, Monsieur, à l'expression de ma considération distinguée.

Signature

L'ASSUREUR DOMMAGES-OUVRAGE N'AYANT PAS RÉPONDU À VOTRE DÉCLARATION DANS LES 60 JOURS, VOUS LUI NOTIFIEZ QU'IL NE PEUT PLUS VOUS REFUSER SA GARANTIE.

Pas de chance ! À peine construite, votre maison affiche déjà des malfaçons et autres désordres. Vous avez déclaré le sinistre à l'assureur dommages-ouvrage, mais il est resté silencieux depuis plus de 60 jours.
Vous lui faites savoir que vous allez vous charger des travaux et lui joignez les devis.

• **Ce que dit la loi** : Le maître de l'ouvrage (le propriétaire de la future maison) doit souscrire une assurance dommages-ouvrage, destinée à le protéger. Elle assure en dehors de toute recherche de responsabilité des constructeurs le paiement des travaux nécessaires à la réparation des dommages et malfaçons qui peuvent apparaître. Si vous deviez agir contre les constructeurs, vous ne seriez indemnisé que plusieurs années après. Pendant ce temps, les désordres s'aggraveraient. Pour éviter ce genre de situations préjudiciables au particulier qui fait construire sa maison, la loi prévoit qu'il peut obtenir réparation des malfaçons en dehors de toute recherche de responsabilité. Il suffit que ces malfaçons relèvent de la garantie décennale, et que bien entendu vous ayez souscrit cette assurance avant de commencer la construction.

Dès que vous constatez des désordres ou malfaçons, vous devez envoyer une déclaration de sinistre à l'assureur dommages-ouvrage (et non pas au constructeur, ni au courtier), sous la forme recommandée avec avis de réception. Dans votre déclaration de sinistre, vous devez préciser le numéro de contrat d'assurance, vos coordonnées, la date de réception des travaux et la description des malfaçons.

À réception de votre déclaration, l'assureur nomme un expert si le sinistre excède 1 829,39 euros, et dans le cas contraire vous fait une offre d'indemnisation.

Dans tous les cas, l'assureur doit vous donner une réponse (refus de garantie, acceptation totale ou partielle) dans les soixante jours suivant la date de réception de votre déclaration de sinistre. Lorsque l'assureur laisse passer un délai de soixante jours (articles L. 242-1 et L. 243-1 du code des assurances) sans vous avoir répondu, il ne peut plus refuser sa garantie, ni discuter, il est obligé de prendre en charge le paiement des réparations. Mieux, vous pouvez demander à une entreprise de votre choix d'établir un devis des travaux que vous lui communiquez, à l'appui de la lettre qui suit.

• **Notre conseil** : L'assurance construction suscite un intense contentieux entre les assureurs et les particuliers. Envoyez tous les documents sous la forme recommandée, et conservez systématiquement tous les courriers reçus et copies de ceux que vous envoyez à l'assureur. Vous n'êtes pas expert, n'essayez pas d'expliquer une malfaçon. Contentez-vous de dire ce que vous constatez, par exemple des fissures, un affaissement de l'escalier…

Vos nom, prénom
Adresse

Date

Recommandé avec avis de réception

Nom de l'assureur
Adresse

Contrat d'assurance n° ...

Monsieur, Madame,

Vous avez reçu le .... (*la date figure sur l'avis de réception que La Poste vous a retourné*) ma déclaration de sinistre concernant ma maison située .... (*adresse*).

Plus de soixante jours se sont écoulés sans que vous m'ayez fait part de votre position.

Conformément aux articles L. 242-1 et L. 243-1 du code des assurances, votre garantie m'est donc définitivement acquise et je me trouve autorisé à faire réaliser les réparations nécessaires par une entreprise de mon choix.

Vous voudrez bien trouver ci-joint le (les) devis que j'ai fait établir.

Je vous prie de croire, Monsieur, Madame, à l'expression de ma considération distinguée.

Signature

CHAPITRE 17

VOTRE AUTO

VOUS AVEZ COMMANDÉ UNE VOITURE NEUVE DONT LA LIVRAISON EST RETARDÉE. VOUS RÉAGISSEZ.

Vous pensiez étrenner votre nouvelle voiture ce samedi. Le concessionnaire vient de vous prévenir qu'il ne peut pas vous livrer comme convenu. Vous le menacez d'annuler votre commande s'il ne vous livre pas rapidement.

• **Ce que dit la loi** : Les articles L. 114-1 et R. 114-1 du code de la consommation énoncent que tout bon de commande portant sur un achat d'un montant supérieur à 500 € doit obligatoirement indiquer la date limite de livraison.

Cet article vous autorise à annuler votre commande dès le septième jour de retard. Vous pouvez annuler votre commande pendant soixante jours à compter de la date de livraison prévue, c'est-à-dire en réalité pendant cinquante-trois jours après le dépassement. Vous devez le faire par lettre recommandée avec avis de réception.

Si votre commande est annulée, on doit vous rembourser votre acompte, augmenté des intérêts au taux légal, qui sont calculés à compter de l'expiration d'un délai de trois mois suivant le versement.

En revanche, si la livraison a eu lieu pendant la période située entre l'envoi de votre lettre recommandée et sa réception par le concessionnaire, votre commande n'est pas résiliée.

• **Notre conseil** : Exigez du garagiste qu'il indique sur le bon de commande une date précise (le 15 mai, le 12 juin, etc.) plutôt qu'une indication vague du genre « sous quinzaine » ou « le plus rapidement possible » (formules d'ailleurs interdites ici). Commencer par adresser une mise en demeure au garagiste. Surtout, si vous avez vraiment envie d'avoir cette voiture.

Vos nom et prénom
Adresse
N° bon de commande ...
Mise en demeure

Date

Garage... (*ou* Société...)
Adresse

Recommandé avec avis de réception

Messieurs,

Je vous ai passé commande le ... d'un véhicule de tourisme, type ... (*par exemple* Ford ...), que vous deviez me livrer le ... (*indiquez la date de livraison stipulée dans le bon de commande*).

Constatant qu'à ce jour la livraison n'a toujours pas eu lieu, je vous mets en demeure de me livrer dans les sept jours qui suivent la réception de cette lettre.

À défaut de réponse de votre part dans ces délais, je serai en droit, conformément à l'article L. 114-1 du code de la consommation, de considérer le contrat comme rompu et vous demanderai de me restituer la somme que j'ai versée au moment de la signature.

De plus, ce retard m'ayant empêché de me rendre à mon travail dans de bonnes conditions (ou de partir en vacances...), je considère qu'il y a eu préjudice et, en vertu de l'article 1610 du code civil, je vous demande ... € de dommages-intérêts.

Je vous prie de croire, Messieurs, à l'expression de ma considération distinguée.

Signature

VOUS AVEZ COMMANDÉ UNE VOITURE NEUVE DONT LA LIVRAISON EST RETARDÉE. VOUS ANNULEZ VOTRE COMMANDE.

Vous pensiez étrenner votre nouvelle voiture ce samedi. Le concessionnaire vient de vous prévenir qu'il ne peut pas vous livrer comme convenu. Vous le menacez d'annuler votre commande s'il ne vous livre pas rapidement.

• **CE QUE DIT LA LOI** : Si le retard de livraison de votre voiture excède sept jours, les articles L. 114 et R. 114-1 du code de la consommation vous autorise à annuler votre commande.

Vous pouvez annuler votre commande pendant soixante jours à compter de la date de livraison prévue, c'est-à-dire en réalité pendant cinquante-trois jours après le dépassement. Vous devez le faire par lettre recommandée avec avis de réception.

Si votre commande est annulée, on doit vous rembourser votre acompte, augmenté des intérêts au taux légal, qui sont calculés à compter de l'expiration d'un délai de trois mois suivant le versement.

En revanche, si la livraison a eu lieu pendant la période située entre l'envoi de votre lettre recommandée et sa réception par le concessionnaire, votre commande n'est pas résiliée.

Vos nom et prénom
Adresse

Date

N° bon de commande
Résiliation de contrat

Garage... (*ou* Société...)
Adresse

Recommandé avec avis de réception

Messieurs,

Je vous ai passé commande le ... d'un véhicule de tourisme, type ... (*par exemple* Ford ...), que vous deviez me livrer le ... (*indiquez la date de livraison stipulée dans le bon de commande*).

Constatant qu'à ce jour la livraison n'a toujours pas eu lieu, je vous prie de noter que je résilie le contrat que j'ai signé, conformément à l'article L. 114-1 du code de la consommation.

En conséquence, je vous prie de me restituer la somme que j'ai versée, augmentée du taux de l'intérêt légal.

Veuillez agréer, Messieurs, l'expression de mes salutations distinguées.

Signature

VOUS AVEZ ACHETÉ UNE VOITURE D'OCCASION ET VOUS VOUS APERCEVEZ QU'IL S'AGIT D'UNE AUTO ACCIDENTÉE. VOUS ANNULEZ LA VENTE.

Le particulier ou le garagiste qui vous a vendu d'occasion votre voiture est vraiment malhonnête. Il vous a caché que la voiture avait été endommagée. Dès que vous découvrez la vérité, vous pouvez annuler la vente pour tromperie.

• **Ce que dit la loi** : Un vendeur, même s'il s'agit d'un particulier, est responsable du véhicule qu'il vend. Il engage sa responsabilité pour les défauts graves connus de lui, ce qui s'apparente à une tromperie, mais également pour les vices cachés qu'il ignorait en toute bonne foi.

La loi du 1er août 1905 sur les fraudes et tromperies permet d'appliquer des sanctions pénales à « quiconque, qu'il soit ou non partie au contrat, aura trompé ou tenté de tromper le contractant par quelque moyen que ce soit… sur les qualités substantielles de toutes marchandises ».

Selon cette loi, le vendeur, qu'il soit un professionnel ou un particulier, risque en cas de tromperie une peine d'emprisonnement de trois mois à deux ans et une amende de 152 € à 38 000 €. Si vous êtes dans cette situation, envoyez au vendeur une lettre recommandée pour exiger une diminution du prix de vente (si la tromperie n'est pas trop grave) ou pour demander l'annulation de la vente et le remboursement du prix payé.

• **Notre conseil** : En cas d'achat d'un véhicule d'occasion, soyez très vigilant et sachez que les tromperies sont nombreuses. Surtout de la part des particuliers. Les tribunaux considèrent que le silence du vendeur constitue un dol et donne droit à réparation.
Si le vendeur refuse l'annulation de la vente, prenez contact avec la direction départementale de la concurrence, de la consommation et de la répression des fraudes.

Vos nom et prénom
Adresse

Date

M. (*ou* Mme) …
Adresse

Monsieur (*ou* Madame),

Je vous ai acheté un véhicule d'occasion type … (*indiquez la description de la voiture ; par exemple* BMW).

Or, un garagiste vient de m'apprendre que la boîte de vitesses est défectueuse.

Je vous demande l'annulation de la vente et vous mets en demeure de me restituer la somme versée pour l'achat du véhicule, que je vous prie de venir chercher dans les huit jours.

À défaut d'accord amiable, je porterai plainte pour tromperie sur les qualités substantielles d'un bien en application de la loi du 1er août 1905.

Ou encore :
Je vous demande de bien vouloir prendre en charge les réparations indispensables selon le devis ci-joint.

Je vous prie de croire, Monsieur (*ou* Madame), à l'expression de ma considération distinguée.

Signature

VOUS DÉCOUVREZ QUE VOTRE AUTO, RÉCEMMENT ACHETÉE, PRÉSENTE DE GRAVES DÉFAUTS QUI LA RENDENT INUTILISABLE… VOUS DEMANDEZ L'APPLICATION DE LA GARANTIE DES VICES CACHÉS.

Cette voiture avait belle allure et vous l'avez achetée en toute confiance. Mais elle présente de graves dysfonctionnements.

• **Ce que dit la loi** : Même si le délai de garantie est dépassé, le vendeur demeure responsable des vices cachés.

Selon l'article 1641 du code civil, « le vendeur est tenu de la garantie à raison des défauts cachés de la chose vendue qui la rendent impropre à l'usage auquel on la destine, ou qui diminuent tellement cet usage que l'acheteur ne l'aurait pas acquise ou n'en aurait donné qu'un moindre prix s'il les avait connus ». La garantie légale des vices cachés s'applique que la voiture ait été achetée neuve ou d'occasion, à un professionnel ou à un particulier, avec ou sans garantie contractuelle.

L'article 1644 du code civil permet à l'acheteur de demander l'annulation de la vente et le remboursement du prix payé, ou de garder le véhicule et d'obtenir remboursement d'une partie du prix.

Vos nom et prénom
Adresse

Date

Nom du vendeur
Adresse

Monsieur (*ou* Madame),

Le véhicule que vous m'avez vendu le … présente de graves défauts (*décrivez les défauts*).

Je vous demande d'annuler la vente et de bien vouloir me rembourser la somme versée, conformément aux dispositions de l'article 1644 du code civil.

Ou encore :
Je souhaite conserver le véhicule et obtenir le remboursement d'une partie du prix que j'ai payé, soit une réduction de … €.

Je vous prie de croire, Monsieur (*ou* Madame), à l'expression de ma considération distinguée.

Signature

• **Notre conseil** : L'obligation de garantie des vices cachés d'un particulier est nettement moins étendue que celle d'un professionnel et est plus difficile à mettre en œuvre. Soyez vigilant au moment de l'achat.

LA FACTURE DE RÉPARATION DE VOTRE VÉHICULE VOUS SEMBLE ANORMALEMENT GONFLÉE. VOUS CONTESTEZ.

Vous avez demandé à un garagiste d'effectuer des réparations sur votre voiture. Mais au moment de payer, c'est la mauvaise surprise : la somme inscrite sur la facture est exorbitante. Afin de récupérer votre véhicule, vous avez été obligé de régler le prix demandé. Cela ne vous empêche pas de demander des explications, voire un remboursement partiel de la facture.

• **Ce que dit la loi** : Le montant d'une facture dépend de divers éléments : les pièces à changer, le temps passé, etc. En ce qui concerne le temps de main-d'œuvre, des barèmes de temps de remise en état (mécanique, tôlerie, peinture...) sont établis par les fédérations professionnelles ou par les constructeurs. Ces barèmes doivent être affichés et respectés. Facturer un temps de main-d'œuvre trop élevé peut tomber sous le coup de la loi du 1er août 1905 sur les fraudes et tromperies (voir page 320). Si un devis est établi, le garagiste ne doit pas le dépasser sans l'accord exprès du client. Il doit remettre une note détaillée indiquant clairement la nature des réparations et le temps passé. Dans un premier temps, tentez de trouver une solution amiable directement avec le garagiste. Si cela n'aboutit pas, n'hésitez pas à porter l'affaire à la connaissance du constructeur dont le garagiste diffuse la marque (par exemple Citroën, s'il s'agit d'un concessionnaire de cette marque).

• **Notre conseil** : Dans tous les cas, demandez un devis écrit. La loi interdit que des travaux supplémentaires soient effectués sans votre avis. Il est préférable de faire jouer la concurrence en comparant les prix de plusieurs garages. Vous verrez que les factures peuvent doubler, voire tripler, pour les mêmes travaux. Enfin, vous pouvez alerter la direction départementale de la concurrence, de la consommation et de la répression des fraudes.
Sachez aussi que les prix des réparations sont nettement plus élevés en Île-de-France qu'en province.

Vos nom et prénom
Adresse

Date

Nom du garage
Adresse

Messieurs,

Je vous avais confié mon véhicule ... (*marque et numéro d'immatriculation*) pour des réparations peu importantes.

Or, la facture qui m'a été présentée est d'un montant manifestement disproportionné par rapport au prix qu'il aurait été normal de payer.

En conséquence, je vous demande de revoir votre facture dont la version actuelle est certainement due à une erreur de votre service comptable ; un remboursement partiel de la somme que j'ai payée me paraît s'imposer.

À défaut d'un arrangement amiable, je me verrai contraint de saisir la Direction départementale de la concurrence, de la consommation et de la répression des fraudes à propos de vos agissements, et de porter plainte auprès du procureur de la République.

En outre, j'adresse copie de la présente lettre à la Direction de la société ... (*indiquez ici le nom du constructeur, par exemple* Renault, Fiat...).

Je vous prie de croire, Messieurs, à l'expression de ma considération distinguée.

Signature

VOTRE EMBRAYAGE A ÉTÉ MAL RÉPARÉ. VOUS CONTESTEZ.

Votre voiture est tombée en panne. Vous l'avez confiée à un garagiste. Après quelques jours, la même panne se reproduit et vous constatez que la réparation a été mal effectuée. Vous demandez à ce garagiste de la remettre gratuitement en état de marche.

• **Ce que dit la loi** : Le garagiste, en tant que professionnel, a une obligation de résultat, c'est-à-dire qu'il doit rendre une voiture qui fonctionne normalement. Il est obligé de faire un diagnostic exact et d'exécuter correctement les réparations.

Le client peut exiger le remboursement de la réparation qui s'est révélée inutile, augmenté éventuellement du préjudice occasionné par la nouvelle panne (par exemple, immobilisation supplémentaire du véhicule).

Il n'est pas nécessaire de prouver la faute du garagiste ; celui-ci est présumé responsable d'une panne survenant peu après son intervention. La preuve du mauvais fonctionnement peut être apportée par tout moyen, notamment une facture de dépannage d'un autre garagiste, un constat d'huissier, des témoignages…

• **Notre conseil** : Écrivez au garagiste pour exiger qu'il effectue gratuitement les réparations nécessaires et envoyez une copie de votre lettre au constructeur de la marque de la voiture. Si vous avez dû faire intervenir un autre garagiste en urgence, demandez-lui d'établir une attestation indiquant les causes précises de la nouvelle panne. Envoyez la photocopie de cette attestation au premier garagiste.

Vos nom et prénom — Date
Adresse
Référence du dossier — Nom du garage
Adresse

Messieurs,

À la suite d'une panne de ... (*indiquez la nature de la panne si vous la connaissez, par exemple* : de ma boîte de vitesses, de mon embrayage, etc.), je vous ai demandé d'effectuer les réparations nécessaires.

J'ai repris mon véhicule et vous ai réglé une facture d'un montant de ... €, le ... (*date*).

Or, j'ai constaté (ou j'ai fait constater par un autre garagiste) que les réparations avaient été mal exécutées puisque la même panne se reproduit.

Je vous rappelle que vous êtes tenu d'une obligation de résultat. Je vous demande donc de bien vouloir remettre gratuitement mon véhicule en état de fonctionnement (*ou* me restituer le prix de la réparation, si vous avez fait exécuter la nouvelle réparation ailleurs) sous huit jours.

En cas de silence ou de refus de votre part, je me verrai dans l'obligation de saisir le tribunal d'instance (*ou* le tribunal de grande instance, *si le litige dépasse 7 600 €*) et de vous réclamer des dommages-intérêts.

Enfin, j'adresse copie de la présente lettre à la société ... (*par exemple*, Opel).

Je vous prie de croire, Messieurs, à l'expression de ma considération distinguée.

Signature

VOUS AVEZ TROUVÉ UN PV SOUS VOS ESSUIE-GLACES. VOUS CONTESTEZ.

Vous avez eu un procès-verbal pour interdiction de stationner (ou pour une autre raison). Or, rien n'indiquait l'interdiction de stationnement. Vous écrivez au préfet de police du département pour contester le bien-fondé de ce PV.

• **Ce que dit la loi** : La violation de certaines règles du code de la route est sanctionnée par des contraventions dont le montant varie en fonction de la gravité de la faute commise. Des peines complémentaires – comme le retrait de points ou la suspension du permis de conduire – viennent parfois s'ajouter à l'amende.

La police nationale a le droit de verbaliser tous les délits liés au code de la route, alors que les polices municipales ne peuvent dresser des contraventions qu'en cas de non-respect des règles de stationnement.

Si vous estimez avoir été injustement verbalisé, contestez. Mais les termes de votre lettre doivent rester courtois. Vous pouvez penser que l'agent de police est un sale individu jaloux de votre belle Jaguar, mais inutile de l'écrire dans votre lettre.

Vous disposez d'un délai de trente jours à dater de la contravention pour réclamer auprès du préfe.

Si vous avez laissé passer ce délai, vous avez dix jours supplémentaires pour adresser une réclamation motivée au procureur de la République.

Même si le PV est mérité, vous pouvez tout de même demander la bienveillance du préfet. Parfois, c'est efficace.

Vos nom et prénom
Adresse

Date

Monsieur le Préfet de ...
Adresse

Monsieur le Préfet,

J'ai été verbalisé le ... (*date*) à ... heures, selon procès-verbal n° ... dont copie ci-jointe.

Je conteste le bien-fondé de cette sanction car ... (*indiquez la raison de votre contestation, par exemple* : il n'y avait pas de panneau d'interdiction de stationner à cet endroit ni de marquage au sol).

En conséquence, je demande à être exonéré du paiement de ladite contravention.

Je vous prie de croire, Monsieur le Préfet, à l'expression de ma considération distinguée.

Signature

VOUS AVEZ TROUVÉ UN PV SOUS VOS ESSUIE-GLACES. IL ÉTAIT MÉRITÉ MAIS VOUS DEMANDEZ LA BIENVEILLANCE.

Vous avez mal garé votre voiture mais vous aviez des circonstances atténuantes. Vous sollicitez une mesure de bienveillance.

• **CE QUE DIT LA LOI** : Même si un PV est mérité, vous pouvez demander la bienveillance du Préfet. Expliquez les raisons qui vous ont poussé à vous mettre en infraction et exprimez vos regrets. Vous avez trente jours pour écrire au Préfet.

• **NOTRE CONSEIL** : Si vous estimez que la contravention n'est pas méritée, n'hésitez pas à saisir le préfet. Et même si elle est justifiée, vous pouvez (respectueusement) solliciter sa bienveillance.
Si le PV a été établi par la police municipale, écrivez à Monsieur le Maire.

Vos nom et prénom — Date
Adresse

Référence — Monsieur le Préfet de ...

Monsieur le Préfet,

J'ai été verbalisé le ... (*date*), selon procès-verbal n° ... dont vous trouverez copie ci-jointe.

Je ne conteste pas le bien-fondé de cette sanction, mais je sollicite une mesure de bienveillance afin d'être exonéré(e) du paiement de cette somme. (*Expliquez votre situation et les circonstances de la verbalisation. Par exemple* : Le montant de ce procès-verbal représente, en effet, une part importante de mon budget, alors que je suis sans emploi et ai trois enfants à charge.)

En outre, il ne s'agit pas d'une infraction grave. Je n'ai pas mis autrui en danger.

Je devais déposer mes trois enfants âgés de 9, 5 et 3 ans auprès de leur père dont je suis divorcée. En plus des enfants, j'avais un sac très lourd contenant leurs affaires.

Devant l'impossibilité de trouver une place de stationnement, j'ai laissé la voiture en double file, juste le temps d'accompagner rapidement les enfants au troisième étage où vit leur père.

Je suis redescendue quelques instants plus tard. J'ai bien tenté d'expliquer ma bonne foi à l'agent de police, mais il n'a pas souhaité tenir compte de mes difficultés.

Vous remerciant par avance de votre bienveillance, je vous prie de croire, Monsieur le Préfet, à l'expression de ma respectueuse considération.

Signature

VOUS AVEZ PRÊTÉ VOTRE VOITURE À UN CHAUFFARD QUI A COMMIS UN EXCÈS DE VITESSE. VOUS CONTESTEZ LE PAIEMENT DE L'AMENDE QU'ON VOUS RÉCLAME.

Votre ami Gérard, à qui vous aviez prêté votre véhicule, a sans doute oublié les limitations de vitesse. Mais pas le radar qui a « flashé » votre auto bien au-delà des limites autorisées. Et comme vous êtes le propriétaire, on vous réclame le paiement de l'amende. Vous répondez que vous n'y êtes pour rien… Mais il faut le prouver.

• **Ce que dit la loi** : Selon l'article L. 121-3 du code de la route, le titulaire du certificat d'immatriculation du véhicule est redevable pécuniairement de l'amende encourue pour des contraventions à la réglementation sur les vitesses maximales autorisées et sur les signalisations imposant l'arrêt des véhicules. Toutefois, il peut s'exonérer s'il établit l'existence d'un vol ou de tout autre événement de force majeure, ou bien encore s'il apporte tous les éléments permettant d'établir qu'il n'est pas l'auteur véritable de l'infraction. Vous devez envoyer une lettre recommandée avec avis de réception à l'institution compétente indiquée au dos de l'amende.

Une consolation : le propriétaire du véhicule n'est pas responsable pénalement de l'infraction. Lorsque le tribunal de police lui présente la facture, sa décision ne donne pas lieu à inscription au casier judiciaire, ne peut être prise en compte pour la récidive et n'entraîne pas retrait des points affectés au permis de conduire. Si la personne à laquelle vous avez prêté votre véhicule s'est mal garée et a récolté une contravention, c'est aussi à vous que l'on demandera de régler la note.

• **Notre conseil** : Vous ne serez pas exonéré sur la foi de vos seules déclarations. Il faut donc joindre à votre contestation de l'amende des témoignages de personnes qui peuvent attester qu'elles étaient avec vous lors de la commission de l'infraction (par exemple votre employeur). Sinon, vous devrez passer à la caisse. Si votre ami est bien élevé, il vous remboursera… s'il est solvable !

Vos nom et prénom — Date
Adresse
Recommandé avec avis de réception

Service.....
Adresse

Messieurs,

J'ai reçu le ... (*date*) le procès verbal n° ..., dont vous trouverez ci-joint photocopie, me réclamant le paiement d'une amende de ... € pour dépassement de la vitesse maximale autorisée sur route (*ou* autoroute) (*ou* pour infraction au stationnement des véhicules).

Je vous demande d'être exonéré du paiement de cette amende pour les raisons suivantes.

Indiquez ensuite le cas qui vous concerne :

Si votre véhicule a été volé :

Je ne suis pas l'auteur de l'infraction car mon véhicule a été volé ce jour-là. Vous trouverez ci-joint copie de la plainte déposée le jour même au commissariat de ... qui démontre la véracité de cette affirmation.

Si vous pouvez justifier d'un cas de force majeure :

Je ne suis pas l'auteur de l'infraction car j'avais prêté mon véhicule à un ami dont le propre véhicule était en panne et qui devait emmener d'urgence l'un de ses enfants à l'hôpital de ... (ci-joint le certificat d'admission).

Autre motif :

Je ne suis pas l'auteur de l'infraction car j'ai prêté depuis le ... (*date*) mon véhicule à M. ..., demeurant à ... (*adresse*) qui en avait un besoin impérieux. Au jour et à l'heure où cette infraction a été commise, je me trouvais à mon travail ... (*adresse*) comme le montre l'attestation ci-jointe du service du personnel.

Veuillez agréer, Messieurs, mes salutations distinguées.

Signature

VOUS AVEZ ÉTÉ CONVOQUÉ AU TRIBUNAL POUR EXCÈS DE VITESSE ET VOUS NE POUVEZ PAS VOUS Y RENDRE.

Vous avez été contrôlé sur l'autoroute à 170 km/h, et vous voici convoqué devant la Commission de suspension du permis de conduire qui siège au tribunal de police... Si vous ne pouvez pas vous présenter à la convocation, envoyez des explications écrites et demandez l'indulgence de la commission.

• **Ce que dit la loi** : Pour les infractions les plus graves, outre le retrait de points qui peut entraîner à terme l'annulation de votre permis de conduire, vous risquez une suspension de celui-ci allant de quelques jours à un an dans les cas les plus dangereux (conduite en état d'ivresse et délit de fuite notamment). Il peut s'agir d'une suspension administrative par le préfet ou encore d'une suspension judiciaire par le tribunal. Celui-ci peut également annuler purement et simplement votre permis.

Vous pouvez bénéficier d'une certaine indulgence si vous n'êtes pas un multirécidiviste et si l'infraction n'est pas parmi les plus sérieuses. Ce qui n'est pas votre cas si vous avez brûlé un feu rouge, par exemple.

La convocation vous est adressée dix jours avant la séance. Vous pouvez prendre connaissance du dossier deux jours au moins avant la date de l'audience de la commission.

• **Notre conseil** : Si une raison impérieuse vous empêche de vous rendre à la convocation, envoyez vos explications par écrit. Et si le délit est réel, ne niez pas bêtement. Reconnaissez-le et demandez l'indulgence. Et surtout, ne prenez pas les juges de haut ! Comme on le voit souvent. Envoyez votre lettre en recommandé avec avis de réception.

Vos nom et prénom
Adresse

Date

Référence dossier

Monsieur le Président de la
Commission de suspension
du permis de conduire
Adresse

Monsieur le Président,

Je suis convoqué(e) à votre audience du ... (*indiquez la date de convocation*).

Étant actuellement hospitalisé(e) (*ou autre raison*), je ne peux répondre à cette convocation (*si cela est possible, joignez des justificatifs*). Je vous prie de bien vouloir accepter mes excuses pour cette absence.

Enfin, je me permets de solliciter votre indulgence pour l'application de la sanction que j'encours.

Effectivement, je n'ai pas respecté la limitation de vitesse. Mais il ne s'agit pas d'un mépris délibéré de la loi. (*Expliquez les raisons de votre faute, par exemple* : L'école venait de m'avertir d'un accident dont ma fille avait été victime. J'ai commis cette infraction alors que j'allais la chercher. J'admets que j'avais l'esprit troublé car j'ignorais la gravité exacte des blessures.)

Une suspension de mon permis de conduire pendant une période importante m'empêcherait d'exercer ma profession de ... (*par exemple*, dépanneur à domicile). (*Ou encore* : Habitant à l'extérieur du centre-ville, j'ai absolument besoin de mon véhicule pour conduire mes enfants à l'école distante de douze kilomètres.

Pour cette première infraction, je sollicite votre indulgence.

Je vous prie de croire, Monsieur le Président, à l'expression de ma respectueuse considération.

Signature

LE PRÉFET A SUSPENDU VOTRE PERMIS DE CONDUIRE POUR DEUX MOIS. VOUS FAITES UN RECOURS GRACIEUX.

Vous avez commis un excès de vitesse important. Résultat : le préfet de police a suspendu votre permis de conduire pour plusieurs mois. Vous lui demandez de rapporter sa décision.

• **Ce que dit la loi** : En cas d'infractions au code de la route, on peut vous retirer des points. Ce qui, à terme, peut entraîner l'annulation de votre permis de conduire. À ces retraits de points peut s'ajouter une suspension, voire une annulation de votre permis de conduire. L'annulation du permis ne peut être prononcée que par un tribunal. En revanche, la suspension peut résulter d'une mesure administrative prise par le préfet. En pratique, il n'agit pas personnellement, il délègue son pouvoir aux policiers et gendarmes qui sont sur le terrain et peuvent confisquer immédiatement votre permis de conduire. La suspension du permis peut également être décidée par un tribunal de police.

• **Notre conseil** : Si l'infraction n'est pas trop grave, vous pouvez tenter un recours gracieux auprès du préfet. Ce pouvoir gracieux permet aux préfets de corriger quelques excès des agents de police et gendarmes, qui ont parfois tendance à être un peu excessifs. Mais si vous rouliez avec, par exemple, deux grammes d'alcool dans le sang, inutile de demander l'indulgence.

Si vous le pouvez, joignez des justificatifs à votre demande.

Vos nom et prénom — Date
Adresse

Référence dossier — Monsieur le Préfet de ....

Recommandé avec avis de réception
Objet : recours gracieux

Monsieur le Préfet,

J'ai l'honneur de solliciter de votre haute bienveillance de rapporter votre décision en date du ... (*date de l'arrêté de suspension*) aux termes de laquelle mon permis de conduire a été administrativement suspendu.

Je ne conteste pas la réalité de l'infraction. Je roulais en effet à 110 km/h sur une route nationale dont la vitesse est limitée à 80 km/h.

Cet excès est dû à des raisons familiales graves.

(*Expliquez vos raisons. Par exemple* : Je devais de toute urgence accompagner mon épouse à la clinique car son accouchement était imminent. *Ou encore* : J'étais troublé car je devais me rendre au chevet de mon fils, conduit à l'hôpital par l'école à la suite d'une blessure à l'œil, etc.) (*Attention : ne prenez pas votre interlocuteur pour un imbécile en racontant des histoires cousues de fil blanc.*).

Je comprends, naturellement, que les services de police ne puissent prendre en compte toutes les situations particulières des contrevenants. C'est pourquoi je sollicite, à titre exceptionnel, votre bienveillance.

Je vous en remercie d'avance et vous prie de croire, Monsieur le Préfet, à l'expression de ma haute considération.

Signature

EN RÉCUPÉRANT VOTRE VOITURE À LA FOURRIÈRE, VOUS CONSTATEZ QUE LA PORTIÈRE A ÉTÉ RAYÉE... VOUS RÉAGISSEZ.

Vous avez dû courir à la fourrière pour reprendre votre voiture. Mais vous constatez que la portière a été rayée, sans doute pendant l'opération d'enlèvement.

• **Ce que dit la loi** : Les voitures stationnées dans des lieux considérés comme dangereux ou très gênants peuvent faire l'objet d'un enlèvement. Concrètement, la municipalité a un accord avec une société spécialisée qui, à la demande des agents de police (ou de la police municipale), procède à l'enlèvement des véhicules.

Normalement, on doit prendre soin de votre véhicule. Pourtant il arrive que des dégâts soient occasionnés au moment des opérations d'enlèvement. Après avoir acquitté les frais de fourrière, vérifiez systématiquement que votre carrosserie n'a pas été abîmée.

Si vous constatez un dommage, demandez au fonctionnaire de service de vous remettre un imprimé de réclamation. Remplissez-le immédiatement en donnant le maximum de détails sur les dégâts, ainsi que les coordonnées de votre assureur. Un exemplaire de cette réclamation vous est remis. Vous devrez l'expédier au service Contentieux de la préfecture de police. Si vous constatez ces dégâts seulement après avoir quitté la fourrière, envoyez votre réclamation, accompagnée d'une photocopie de votre carte grise au préfet de police du département, en indiquant tous les détails.

• **Notre conseil** : Si les dégâts sont importants, faites systématiquement une déclaration à votre assureur. C'est plus sûr, car le service Contentieux de la préfecture peut donner une suite défavorable à votre réclamation.

Vos nom et prénom
Adresse

Date

Carte grise n° ...

Préfecture de ...
Service Contentieux

Madame, Monsieur,

Le ... (*date*), mon véhicule de marque ..., immatriculé ... (*numéro*), a été enlevé et déposé à la fourrière de ... (*ville*).

Après avoir repris mon véhicule, j'ai constaté que la portière avait été rayée.

Selon le devis du garagiste, les travaux de remise en état devraient s'élever à ... €.

Je vous soumets donc ma réclamation en vous priant de bien vouloir prendre en charge ces travaux.

Je vous prie de croire, Madame, Monsieur, à l'expression de ma considération distinguée.

Signature

VOTRE VOITURE DE LOCATION TOMBE EN PANNE. VOUS LA FAITES RÉPARER ET DEMANDEZ LE REMBOURSEMENT DES FRAIS AU LOUEUR.

Ah ! la belle journée gâchée. Vous rouliez tranquillement sur une petite route de campagne quand votre véhicule de location s'est arrêté net. Non seulement vous avez dû le faire réparer, mais en plus le remorquage vous a coûté une petite fortune. Vous exigez du loueur le remboursement de ces frais, ainsi que la mise à votre disposition d'un nouveau véhicule.

• **Ce que dit la loi** : Lorsque vous louez une voiture, le loueur doit vous remettre un véhicule qui fonctionne normalement. Il doit en outre l'entretenir et supporter toutes les réparations nécessaires pendant la durée du contrat (articles 1719 et 1722 du code civil).

Si une panne ou tout autre incident dont vous n'êtes pas responsable survient, vous pouvez vous retourner contre le loueur.

Vous pouvez vous présenter au guichet du loueur, ce qui est la solution la plus simple si vous avez un besoin urgent de remplacer le véhicule défaillant. Mais vous pouvez également formuler vos demandes par écrit, si vous êtes loin de la ville où se trouve le loueur.

• **Notre conseil** : Si vous devez utiliser le véhicule de location pour une longue distance, préférez une société de location connue plutôt qu'un petit garage.

Généralement, ces sociétés ne font pas de difficultés pour remplacer les véhicules défectueux, et elles ont des succursales sur tout le territoire.

Vos nom et prénom
Adresse

Date

Référence du dossier

Nom du loueur
Adresse

Messieurs,

J'ai loué une voiture type ... (Renault 21, *par exemple*) pour la période du ... (*date*) au ... (*date*).

Après ... kilomètres, elle est tombée en panne à ... (*nom du lieu, par exemple* Dijon, Nice...). J'ai dû faire appel à un dépanneur pour assurer le remorquage du véhicule (et des réparations, *si cela est le cas*).

Or, vous n'êtes pas sans savoir que les articles 1719 et 1722 du code civil imposent au loueur d'entretenir la chose louée en état d'usage.

Je vous prie de bien vouloir tenir à ma disposition un véhicule de remplacement à ... (*nom de la ville où vous vous trouvez, si vous n'y habitez pas*). *Variante* : Je vous prie de me restituer sous huit jours le prix de la location et de la caution.

De plus, ayant dû faire remorquer (*ou* réparer) le véhicule à mes frais, je vous demande le remboursement de la somme que j'ai avancée au titre de cette opération, à savoir ... €.

Je vous prie de croire, Messieurs, à l'expression de ma considération distinguée.

Signature

VOUS DEMANDEZ PAR ÉCRIT LE COÛT ET LA NATURE DE LA RÉPARATION DE VOTRE AUTOMOBILE.

Le garagiste vous a annoncé un prix de réparation très élevé. Sceptique, vous demandez une confirmation écrite du coût ou de la nature des réparations.

• **Ce que dit la loi** : Votre voiture est tombée en panne. Avant de procéder à la réparation, le garagiste doit vous remettre un devis estimatif si le coût des réparations dépasse 150 €.

En pratique, les garagistes se contentent de donner un devis verbal, et certains s'empressent de le dépasser. Il est vrai que le client est captif. Ils savent que l'automobiliste dont le véhicule est en panne ou présente un problème ne va pas s'amuser à faire le tour des garagistes pour comparer les prix. D'où les abus (surtout en France) régulièrement dénoncés par la direction des fraudes.

Enfin, le garagiste peut aussi vous annoncer la nécessité de grosses réparations alors que vous savez qu'il n'en est rien. Si vous avez le moindre doute sur le coût ou la nature des réparations, demandez par un écrit envoyé en recommandé la réparation de votre véhicule.

• **Notre conseil** : exigez du garagiste un ordre de réparation, document qui doit indiquer notamment le kilométrage du véhicule, la nature exacte des réparations, leur coût et le délai d'immobilisation du véhicule.

Vos nom et prénom
Adresse

À..., le...

Nom du garage
Adresse

Recommandé avec avis de réception

Monsieur, Madame,

J'ai déposé (*ou fait remorquer*) dans votre garage mon véhicule... (*indiquez le type*), immatriculé..., le... (*date*) à... heures.

Afin de pouvoir prendre une décision en connaissance de cause, je vous saurais gré de bien vouloir m'indiquer précisément l'origine de la panne et les réparations nécessaires ainsi que le coût global de cette prestation.

Vous en remerciant, je vous prie de croire, Monsieur, Madame, à l'expression de ma parfaite considération.

Signature

CHAPITRE 18

VOS CONTRATS D'ASSURANCES

VOTRE ASSUREUR PRATIQUE DES TARIFS EXCESSIFS OU N'EST PAS À LA HAUTEUR. VOUS PROFITEZ DE LA PROCHAINE ÉCHÉANCE ANNUELLE POUR RÉSILIER VOTRE CONTRAT.

Prix excessifs, remboursements tardifs…, vous n'êtes vraiment pas content des services de votre assureur. Vous profitez de l'échéance annuelle pour résilier votre contrat. À condition de respecter le préavis.

• **Ce que dit la loi** : Dans le passé, il était très difficile de résilier un contrat d'assurance. L'article L. 113-12 du code des assurances permet à tout assuré de résilier, sans avoir à donner de motif, le contrat chaque année, à la date anniversaire de celui-ci. Mais, curieusement, de nombreux assurés l'oublient et subissent pendant des années un assureur qui ne les satisfait pas.

Vous devez cependant respecter un préavis minimal de deux mois. C'est un délai minimal, cela veut dire que rien ne vous empêche d'envoyer votre lettre de résiliation quatre, cinq ou six mois avant la date d'échéance du contrat.

Votre lettre doit parvenir à l'assureur au plus tard la veille du jour où le préavis commence à courir. Par exemple, pour un contrat qui arrive à échéance le 31 décembre, votre lettre doit parvenir à la compagnie d'assurances au plus tard le 31 octobre.

Votre contrat prendra fin à la date d'échéance. Surtout, n'oubliez pas de souscrire sans tarder une nouvelle assurance pour remplacer celle que vous avez résiliée.

• **Notre conseil** : Envoyez votre lettre de résiliation suffisamment à l'avance. Si elle arrive avec un jour de retard, votre contrat repart pour un an. Comptez large avec les délais d'acheminement de La Poste.

Autant le savoir, certains bureaux de poste ne traitent pas le courrier recommandé au jour le jour lorsqu'ils ont du retard avec le courrier normal.

Bien sûr, votre lettre de résiliation est à envoyer en recommandé avec avis de réception. Conservez-en une photocopie.

Vos nom et prénom
Adresse

Date

Police n° …

Nom de la compagnie
d'assurances
Adresse

Recommandé avec avis de réception

Madame, Monsieur,

Je vous prie de bien vouloir prendre bonne note de la résiliation de mon contrat d'assurance … (*nature du contrat* : multirisque-habitation, automobile…) souscrit auprès de votre compagnie sous le numéro …, à sa prochaine échéance, soit le … (*date d'échéance de votre contrat*).

Je vous saurai gré de bien vouloir me confirmer rapidement la résiliation du présent contrat.

Vous en remerciant, je vous prie d'agréer, Madame, Monsieur, l'expression de mes salutations distinguées.

Signature

VOTRE ASSUREUR AUGMENTE ABUSIVEMENT VOTRE PRIME. VOUS CONTESTEZ.

Quelle surprise ! Vous venez de recevoir l'échéance de votre assurance. Celle-ci a augmenté dans d'importantes proportions. Vous contestez la hausse et menacez de résilier votre contrat.

• **Ce que dit la loi** : Les contrats comportent une clause d'indexation qui permet de réviser chaque année le montant de la prime.

D'autres augmentations peuvent être prévues dans le cas de situations particulières (par exemple, bonus-malus pour l'assurance voiture).

Enfin, certaines hausses sont imposées par les pouvoirs publics.

En théorie, les modifications peuvent intervenir en dehors des dates d'échéance, mais c'est assez rare. De toute façon, en la matière, c'est la liberté des prix qui s'applique. Vous ne pouvez pas refuser une hausse de votre prime. Vous pouvez seulement résilier votre contrat pour augmentation de la prime, dans les quinze jours qui suivent la date à laquelle vous en avez connaissance. Sauf si la hausse résulte d'un malus.

La résiliation prend effet un mois après la réception de la lettre par l'assureur. La plupart des assureurs ont intégré une clause de résiliation dans leur police, en cas de refus d'une hausse de prime. Enfin, vous devez payer une fraction de prime correspondant à cette période, à l'ancien tarif.

Vos nom et prénom
Adresse

Date

Police n°...

Nom de la compagnie
d'assurances
Adresse

Recommandé avec avis de réception

Messieurs,

En recevant l'avis d'échéance concernant ma police d'assurance ... (*par exemple* : multirisque-habitation, automobile ...), je constate que ma prime a été augmentée de ... € (*indiquez le montant de l'augmentation*), soit une hausse de ... % en un an.

Conformément à la réponse ministérielle du 3 juin 1985, je refuse cette augmentation et vous prie de bien vouloir prendre acte de la résiliation du (*ou* des, *si vous avez plusieurs polices*) contrat(s) cité(s) en référence qui prendra effet un mois après réception de la présente par vos services.

Vous voudrez bien m'indiquer le montant de la prime à payer pour la période du ... (*date de la résiliation*) au ... (*date d'effet, c'est-à-dire un mois après : voir l'exemple ci-dessus*) et m'adresser un avenant de résiliation.

Je vous prie de croire, Messieurs, à l'expression de ma considération distinguée.

Signature

• **Notre conseil** : Si vous avez reçu un avis d'échéance le 15 novembre 2003 comportant une importante hausse de la prime, vous devez envoyer votre lettre de résiliation avant le 30 novembre 2003 Supposons que vous l'ayez envoyée le 20 novembre et que l'assureur l'ait reçue le 22 juillet : la résiliation prend effet un mois après, soit le 22 janvier 2004.

VOUS DÉMÉNAGEZ, MAIS SOUHAITEZ GARDER LA MÊME ASSURANCE. VOUS PRÉVENEZ VOTRE ASSUREUR DE CE CHANGEMENT.

Plutôt satisfait de votre assureur, vous n'avez pas de raison d'en changer. Mais vous devez l'avertir de votre changement de domicile et lui demander d'établir un avenant pour le nouveau logement.

• **Ce que dit la loi** : L'article L. 113-16 du code des assurances stipule que l'assuré doit informer l'assureur des changements intervenus dans sa situation. Il en est ainsi notamment du changement de domicile.

Autrement dit, si vous déménagez (même si c'est dans le même immeuble), vous devez avertir l'assureur de votre changement de domicile et lui demander d'établir un avenant indiquant que l'assurance est transférée sur le nouveau domicile. Il se peut qu'il augmente un peu la prime si le nouveau logement est plus grand ou s'il est situé dans une zone à risques, ou qu'il la diminue dans le cas contraire. Vous pouvez avertir l'assureur de votre changement de domicile par téléphone, mais confirmez toujours par écrit, même si on vous dit que c'est inutile.

En effet, s'il vous arrive un sinistre (dans le logement ou dans les parties communes) au moment d'emménager dans le nouveau logement, l'assureur peut toujours nier avoir eu votre coup de téléphone.

Si, pendant plusieurs jours ou semaines, vous êtes entre les deux logements, prenez soin de les assurer tous les deux, même s'il s'agit d'une courte période.

• **Notre conseil** : Pour demander le transfert de l'assurance sur le nouveau domicile, envoyez toujours votre lettre en recommandé avec avis de réception. N'oubliez pas, pour la journée du déménagement, de garder l'assurance pour les deux logements : celui que vous quittez et celui où vous arrivez. Un sinistre peut arriver le jour d'un déménagement...

Vos nom et prénom
Adresse

Date

Police n° ...

Nom de la compagnie
d'assurances
Adresse

Recommandé avec avis de réception

Madame, Monsieur,

Nous vous informons de notre prochain changement de domicile. En effet, nous quittons notre résidence actuelle le 22 décembre 2003 (*date du déménagement*) pour aller habiter au 78, rue Dumas 93800 Épinay-sur-Seine (*adresse de votre nouveau domicile*). Il s'agit d'un ... (*indiquez la nature du nouveau logement* : pavillon de plain-pied, appartement de 4 pièces situé au 4e étage ...).

En conséquence, nous vous prions de bien vouloir maintenir l'actuel logement assuré jusqu'au 22 décembre 2003 à minuit et d'assurer le nouveau logement à compter du 23 décembre 2003 à partir de 0 heure.

Nous vous saurions gré de nous adresser rapidement un avenant prenant en compte cette nouvelle situation.

Vous remerciant de votre diligence, nous vous prions d'agréer, Madame, Monsieur, l'expression de nos salutations distinguées.

Signature

VOUS DÉMÉNAGEZ ET VOUS DÉCIDEZ DE CHANGER D'ASSURANCE. VOUS PRÉVENEZ VOTRE ASSUREUR ACTUEL.

Vous allez vivre dans un appartement plus grand, ou vous quittez votre pavillon pour habiter en appartement. Vous souhaitez changer d'assurance. Vous pouvez résilier votre contrat actuel sans attendre les dates d'échéance habituelles de celui-ci.

• **Ce que dit la loi** : Vous pouvez, sans motif, résilier tout contrat d'assurance à sa date d'échéance, mais vous devez respecter un préavis de deux mois.

Vous pouvez dans certains cas résilier une police d'assurance en dehors des dates d'échéance. L'article L. 113-16 du code des assurances ouvre cette possibilité dans les cas suivants :

– vente de la chose assurée ;
– changement de domicile ;
– changement de situation matrimoniale (mariage ou veuvage, par exemple) ;
– changement de profession (si ce changement a une influence sur la police d'assurance) ;
– retraite ou cessation définitive de vos activités professionnelles.

Mais à une seule condition : votre nouvelle situation doit modifier le risque précédemment couvert par l'assureur et donc le montant de la prime : logement plus grand ou situé dans une zone comportant plus de risques (inondation, cambriolage…). Vous devez informer votre assureur de cette résiliation dans les trois mois qui suivent le changement (de domicile ou autre). La résiliation prend effet un mois après que l'assureur ait reçu votre notification. Il doit vous rembourser la fraction de la prime relative à la période qui reste à courir.

Vos nom et prénom
Adresse

Date

Police n° ...

Nom de la compagnie
d'assurances
Adresse

Recommandé avec avis de réception

Madame, Monsieur,

Je vous informe de mon changement de domicile depuis le ... (*date*). (*Ou encore* : à compter du ... *si vous n'avez pas encore déménagé.*)

En effet, j'ai déménagé pour occuper un autre appartement (*expliquez brièvement en quoi ce changement modifie votre situation antérieure. Par exemple* : j'ai acheté un appartement plus grand ; *ou encore* j'ai changé de ville).

Profitant des dispositions de l'article L. 113-16 du code des assurances, je souhaite résilier le contrat d'assurance habitation souscrit auprès de votre compagnie, et dont l'échéance est fixée au ... (*date de l'échéance de votre police*).

Enfin, je vous saurai gré de bien vouloir m'adresser dans les meilleurs délais le remboursement de la fraction de prime correspondant à la période du ... (*date de réception de la lettre*) au ... (*date d'échéance annuelle du contrat*).

Vous trouverez ci-joint copie du bail de mon nouvel appartement (ou copie de l'acte d'achat...).

Je vous prie de croire, Madame, Monsieur, à l'expression de ma considération distinguée.

Signature

• **Notre conseil** : Si vous n'êtes pas satisfait de votre assureur, profitez de ce changement pour résilier votre contrat.

EN EMMÉNAGEANT OU EN DÉMÉNAGEANT, VOUS AVEZ ENDOMMAGÉ UN MUR DE L'IMMEUBLE. VOUS LE DÉCLAREZ À L'ASSUREUR DE VOTRE APPARTEMENT.

Vous avez demandé à des amis de vous aider à emménager dans votre nouvel appartement. Mais ce n'est pas facile de rentrer de gros meubles sans causer de dégâts. Et l'inévitable est arrivé : le mur du hall a été rayé ou encore une porte vitrée a été cassée.

• **Ce que dit la loi** : Votre assurance multirisque-habitation couvre les dégâts qui peuvent survenir à l'intérieur de votre appartement mais aussi ceux que vous pouvez occasionner aux parties communes de l'immeuble (halls, couloirs, escaliers, murs...) où vous arrivez et celui que vous quittez.

Il semble que 20 % seulement des ménages fassent appel à une société de déménagement. Les autres se débrouillent entre amis.

Or, enlever ou installer des gros meubles sans provoquer de dégâts est souvent difficile, quand on n'est pas du métier. Il y a donc souvent le risque soit d'abîmer l'appartement soit d'abîmer les parties communes. Cela montre l'intérêt de conserver l'assurance du logement que l'on quitte jusqu'au soir du déménagement à minuit et de faire débuter l'assurance du nouveau logement au minimum la veille du jour du déménagement.

Si vous avez provoqué des dégâts sur les parties communes, avertissez immédiatement votre assureur, sans attendre que le syndic de l'immeuble l'exige.

Méditez cet exemple, simple au départ et qui est maintenant devant le tribunal : Maryse Valet demande à des amis de l'aider à emménager dans son nouvel appartement. Le hall étant très étroit, un mur est rayé et une porte brisée. « Pas vu, pas pris », Maryse se garde bien de prévenir son assureur. Mais un mois plus tard, elle reçoit une lettre recommandée du syndic de l'immeuble lui demandant de réparer le préjudice subi par l'immeuble, des témoins ayant vu les amis de Maryse commettre les dégâts.

L'assureur refuse de prendre en charge le sinistre puisque celui-ci est déclaré hors délai. Le syndic de l'immeuble a assigné Maryse en justice pour qu'elle répare les dégâts...

• **Notre conseil** : Si vous avez provoqué des dégâts, même minimes, sur des parties communes, déclarez systématiquement le sinistre à votre assureur par lettre recommandée avec avis de réception. Il y a forcément un « témoin » qui vous a vu...

Mais précisez bien la nature des dégâts, car parfois le syndic de l'immeuble essaie d'en profiter pour faire prendre en charge par l'assureur des dégradations qui existaient déjà. Lorsque l'expert de votre assureur viendra vous voir, dites-lui la vérité. Inutile de préciser que c'est « tel ami » qui a abîmé le mur, l'assuré c'est vous.

Le sinistre doit être déclaré dans les cinq jours qui suivent.

Vos nom et prénom
Adresse

Date

Police n° ...
Déclaration de sinistre

Nom de la compagnie
d'assurances
Adresse

Recommandé avec avis de réception

Madame, Monsieur,

J'ai emménagé dans mon nouvel appartement le ... (*date*).

Or, au moment de monter une grosse bibliothèque, j'ai rayé un mur situé à l'entrée de l'immeuble et cassé une porte vitrée située au troisième étage (*expliquez clairement les circonstances du sinistre et précisez exactement ce que vous avez abîmé*).

En conséquence, je vous prie de bien vouloir ouvrir un dossier afin d'indemniser la copropriété des dégradations subies par les parties communes.

Le syndic de l'immeuble est ... (*nom et adresse du syndic qui gère l'immeuble où le sinistre a eu lieu*).

Je reste à votre disposition pour toute précision complémentaire et vous prie de croire, Madame, Monsieur, à l'expression de ma considération distinguée.

Signature

UN MEMBRE DE VOTRE FAMILLE EST DÉCÉDÉ. VOUS RÉSILIEZ SON CONTRAT D'ASSURANCE.

La perte d'un être cher est un drame absolu. Hélas, il vous faut dépasser votre chagrin et régler les différents problèmes administratifs. Pensez notamment à résilier les contrats d'assurance ou à les transférer à votre nom. Inutile d'ajouter des tracas financiers au chagrin.

• **CE QUE DIT LA LOI** : Le ou les héritiers se substituent à la personne décédée. Cela veut dire qu'ils assument les droits (héritage des biens) mais aussi les obligations laissés par le défunt. Ils doivent notamment payer les dettes et, si nécessaire, résilier les différents contrats en cours (bail, assurance, téléphone...).

Toutefois, afin d'éviter que des biens se retrouvent non assurés, l'article L. 121-10 du code des assurances prévoit qu'en cas de décès de l'assuré l'assurance continue de plein droit au profit des héritiers. Vous avez donc le choix entre conserver le contrat souscrit par le défunt ou le résilier.

Le code des assurances n'a pas fixé de délai, l'héritier peut donc résilier le contrat à tout moment. Mais ne faites pas cette résiliation trop précipitamment.

Premier cas : le proche décédé était locataire de son logement. Envoyez rapidement le congé au bailleur (voir modèle page 223) et résiliez l'assurance habitation. Prévoyez cependant une date de résiliation suffisamment lointaine pour être certain qu'à ce moment-là vous aurez vidé le logement et surtout rendu les clés au bailleur. En effet, si vous résiliez le contrat d'assurance trop tôt et qu'un sinistre survienne (incendie, dégâts des eaux...), le propriétaire pourrait se retourner contre vous (en tant qu'héritier) si le logement n'est plus assuré.

Toutefois, si vous n'êtes pas sûr de la date à laquelle vous rendrez les clés au bailleur, attendez d'avoir vidé le logement pour envoyer la demande de résiliation du contrat à l'assureur. Quoi qu'il en soit, si vous n'indiquez pas de date de résiliation (plus lointaine), l'assurance prend fin un mois après réception de votre lettre recommandée par l'assureur.

• **NOTRE CONSEIL** : Surtout, n'omettez pas d'avertir l'assureur du décès de votre proche. En cas de sinistre, il pourrait refuser l'indemnisation au motif qu'il n'a pas été prévenu de ce changement.
Que vous ayez décidé de résilier le contrat ou d'en demander le transfert à votre nom, votre courrier est à envoyer en recommandé avec avis de réception.

Vos nom et prénom — Date
Adresse

Contrat n° ...
Nom, prénom et adresse
de la personne décédée

Nom de l'assureur
Adresse

Recommandé avec avis de réception

Madame, Monsieur,

Je vous informe du décès de mon père, Monsieur Patrick Duvivier (*nom et prénom du défunt*), survenu le ... (*date*), dont je suis l'héritier (*héritière*).

En conséquence, je me vois contraint(e) de résilier le (ou les) contrat(s) d'assurance (multirisque-habitation, automobile...) n° ... que mon père avait souscrit(s) auprès de votre compagnie.

Cette résiliation prendra effet un mois après réception de la présente lettre recommandée par vos services (*si vous voulez que le contrat prenne fin à une date plus éloignée, indiquez cette date*).

Je vous remercie de m'adresser rapidement un avenant de résiliation ainsi que le remboursement de la fraction de prime correspondant à la période du ... (*date de réception de la lettre*) au ... (*date d'échéance annuelle du contrat*).

Veuillez agréer, Madame, Monsieur, mes salutations distinguées.

Signature

UN MEMBRE DE VOTRE FAMILLE EST DÉCÉDÉ. VOUS INDIQUEZ À L'ASSUREUR QUE VOUS REFUSEZ SON ASSURANCE.

Vous souhaitez que les biens de votre parent continuent à être assurés. Vous prévenez l'assureur.

• **Ce que dit la loi** : le ou les héritiers se substituent à la personne décédée. Ils peuvent donc prendre les assurances du défunt à leur compte.

Ainsi, si votre proche vous a laissé un logement dont il était propriétaire et une voiture, par exemple. Dans ce cas, il ne faut pas résilier le (ou les) contrat(s), mais informer l'assureur du décès de votre proche et lui demander d'établir un avenant indiquant que vous êtes désormais l'assuré.

Vos nom et prénom
Adresse

Date

Contrat n° ...
Nom, prénom et adresse
de la personne décédée

Nom de l'assureur
Adresse

Recommandé avec avis de réception

Madame, Monsieur,

Je vous informe du décès de mon père, Monsieur ... (*nom et prénom du défunt*), survenu le ... (*date*), dont je suis l'héritier (*héritière*).

Mon père avait souscrit auprès de votre compagnie un contrat ... (multirisque-habitation, automobile...) n° ... .

Conformément à l'article L. 121-10 du code des assurances, j'ai décidé de conserver ce (ces) contrat(s).

En conséquence, je vous prie de bien vouloir noter que, désormais, je suis l'assuré et de m'en donner acte au moyen d'un avenant.

Bien entendu, je réglerai personnellement les primes à leurs dates habituelles d'échéance.

Veuillez agréer, Madame, Monsieur, mes salutations distinguées.

Signature

VOTRE APPARTEMENT A ÉTÉ CAMBRIOLÉ. VOUS LE DÉCLAREZ À VOTRE COMPAGNIE D'ASSURANCES.

Des inconnus ont cambriolé votre maison ou votre appartement. Passé le premier choc émotionnel, vous commencez à faire l'inventaire de ce qui vous a été volé. Vous faites la déclaration à votre assureur.

• **Ce que dit la loi** : L'assuré victime d'un vol, ou de tout autre sinistre, doit faire une déclaration à l'assureur dans les délais fixés par le contrat d'assurance. Les délais de déclaration sont en général très courts. Toutefois, l'article L. 113-2 du code des assurances prévoit que ces délais ne peuvent être inférieurs à deux jours ouvrés pour le vol, et à cinq jours ouvrés pour les autres types de sinistre. (Les jours fériés et chômés ne sont pas des jours ouvrés.)

Exemple : un cambriolage survenu le mardi 3 mai doit être déclaré au plus tard le jeudi 5 mai avant minuit.

Selon le même article, le « délai pour déclarer » court à compter du jour où le sinistre est découvert et non pas du jour où il a eu lieu. Si, par exemple, après un mois de vacances, vous rentrez pour découvrir que votre appartement a été cambriolé, le délai court à dater de la découverte de ce cambriolage.

Vos nom et prénom
Adresse

Date

Police n° ...
Objet : déclaration de sinistre

Nom de la compagnie
d'assurances
Adresse

Recommandé avec avis de réception

Madame, Monsieur,

Je vous informe que mon appartement a été l'objet d'un cambriolage (*ou* d'un incendie, d'un dégât des eaux...) le ... (*date*).

(Expliquez brièvement les circonstances dans lesquelles le sinistre s'est produit et la nature des dommages.)

Vous trouverez ci-joint le récépissé du dépôt de plainte au commissariat de police de ..., ainsi qu'une liste provisoire des biens qui ont été dérobés (je vous enverrai une liste définitive d'ici cinq jours).

Je reste à votre disposition pour toute précision complémentaire et vous prie de croire, Madame, Monsieur, à l'expression de ma considération distinguée.

Signature

• **Notre conseil** : À la suite de tout sinistre, prévenez immédiatement par lettre recommandée votre assureur, car les délais de déclaration sont très stricts. Si l'inventaire des biens volés ou détruits nécessite du temps, faites tout de même la déclaration en indiquant que l'inventaire est provisoire.

Cette lettre peut aussi servir de modèle pour déclarer un dégât des eaux ou un incendie.

Attention : envoyez la déclaration en recommandé car, en cas de perte, c'est à l'assuré de prouver qu'il l'a effectivement faite.

VOTRE ASSUREUR REFUSE DE VOUS INDEMNISER CAR VOUS AVEZ DÉCLARÉ VOTRE CAMBRIOLAGE TARDIVEMENT. VOUS PROTESTEZ.

Votre logement a été cambriolé. Sous le coup de l'émotion, vous avez oublié de respecter les délais prévus à votre contrat d'assurance pour effectuer votre déclaration. Votre assureur refuse de vous couvrir. Vous contestez la validité de son refus et exigez d'être remboursé.

• **Ce que dit la loi** : Selon l'article L. 113-2 du code des assurances, l'assuré doit déclarer les sinistres dont il est victime dans les cinq jours pour la généralité des sinistres, et deux jours (ouvrés) pour les vols. Mais selon l'article L. 113-2 du code des assurances, l'assureur ne peut pas systématiquement refuser de garantir le sinistre déclaré avec retard.

Selon ce texte, l'assureur ne peut valablement opposer une déchéance de garantie que s'il prouve au préalable que le retard dans la déclaration lui a causé un préjudice. Par exemple, le retard a empêché une expertise des lieux…

En pratique, l'assureur aura du mal à établir une telle preuve. Enfin, la déchéance de garantie ne peut pas non plus vous être opposée dans tous les cas où le retard de déclaration est dû à un cas fortuit ou à la force majeure (hospitalisation, traumatismes physique et psychique, par exemple).

• **Notre conseil** : Si l'assureur a refusé de vous indemniser, demandez-lui de vous prouver que le retard dans la déclaration lui a causé un préjudice. S'il maintient son refus, menacez-le de saisir les tribunaux. N'hésitez pas à adresser vos menaces (courtoises) au directeur de la compagnie d'assurances.

Vos nom et prénom
Adresse

Date

Police n° …
Référence du dossier

Recommandé avec avis de réception

Nom de la compagnie
d'assurances
Adresse

Messieurs,

Suite à la déclaration de sinistre référencée par votre société sous le n° …, vous m'opposez la déchéance de la garantie au motif que ma déclaration vous est parvenue hors délai.

Je vous rappelle qu'en vertu de l'article L. 113-2 du code des assurances, vous ne pouvez prononcer cette déchéance que si vous m'apportez la preuve que ce retard vous a causé un préjudice.

Si tel n'est pas le cas, vous vous trouvez dans l'obligation de m'indemniser du dommage que j'ai subi. Si vous persistez dans votre refus, je me verrai dans l'obligation de saisir le juge compétent.

Je vous prie de croire, Messieurs, à l'expression de ma considération distinguée.

Signature

VOTRE ASSUREUR NE VEUT PAS VOUS REMBOURSER VOS BIJOUX. VOUS CONTESTEZ.

Vos bagues et vos colliers ont disparu lors du cambriolage dont vous avez été victime. Votre assureur refuse de vous indemniser car il est sceptique sur l'existence de ces bijoux. Vous exigez d'être indemnisé.

• **Ce que dit la loi** : La valeur et l'existence des biens doivent être déclarées lors de la souscription de la police d'assurance.

Pour les objets dont la valeur excède notablement les sommes forfaitaires prévues par les contrats (exprimée en pourcentage de votre capital mobilier garanti), prévoyez un contrat spécifique.

Dans tous les cas, vous devez pouvoir prouver l'existence et la valeur des biens assurés. Vous devez posséder les justificatifs de vos biens. En l'absence de factures d'achat, la preuve peut être faite par tous moyens. Par exemple, pour un téléviseur, par l'avis de paiement de la redevance, des talons de chèque, des photos ou films, des témoignages, les factures de réparation…

L'assureur doit examiner ces justificatifs dans leur ensemble et leur contexte, et non séparément.

• **Notre conseil** : Prenez toujours la précaution de photographier vos objets de valeur, mais surtout demandez à un expert de faire une estimation préalable des objets dont vous n'avez pas la facture. L'expert se fait rémunérer au pourcentage de la valeur des biens estimés.

Vos nom et prénom
Adresse

Date

Police n° ...
Recommandé avec
avis de réception

Nom de la compagnie
d'assurances
Adresse

Messieurs,

Lors de ma déclaration de ... (*nature du sinistre, par exemple* vol, incendie...) le ... (*date*), je vous ai informé de la disparition de plusieurs bijoux (*ou* monnaie ancienne, meubles...).

En l'absence de factures d'achat, vous refusez de garantir le sinistre. Je vous joins des témoignages attestant l'existence de ces bijoux.

Si vous récusez ces justificatifs, j'en conclus que vous mettez en doute mes déclarations. Or, vous devrez prouver ma mauvaise foi.

Je vous mets donc en demeure de garantir le présent sinistre. À défaut, je me verrai contraint de saisir le tribunal d'instance (*ou* le tribunal de grande instance, *si le litige dépasse 7 600 €*).

Je reste à votre disposition pour toute précision complémentaire et vous prie de croire, Messieurs, à l'expression de ma considération distinguée.

Signature

LE COURTIER N'A JAMAIS TRANSMIS VOS PRIMES À LA COMPAGNIE D'ASSURANCES, QUI REFUSE DONC DE VOUS INDEMNISER... VOUS CONTESTEZ CE REFUS.

Vous avez régulièrement payé vos primes d'assurance au courtier qui vous a vendu le contrat. Quelqu'un vient d'accrocher votre voiture. La société d'assurances refuse de vous indemniser car le courtier ne lui a jamais transmis vos primes. Vous exigez d'être indemnisé.

• **Ce que dit la loi** : Les compagnies d'assurances ne peuvent pas conclure des contrats avec tous les assurés. Elles chargent donc des intermédiaires de vendre leurs produits. Il existe deux grands types d'intermédiaires en assurance : les agents généraux et les courtiers.

L'agent général d'assurances est le mandataire de la société d'assurances. Cela veut dire que les sommes que vous lui remettez sont considérées comme ayant été directement versées à la société d'assurances. Même si l'agent général détourne ces sommes, votre contrat est valable et l'assureur doit le respecter. Vos droits sont donc bien protégés.

En revanche, face à un courtier, vos droits sont plus incertains. Le courtier est un commerçant inscrit au Registre du commerce. Il est le mandataire du client et non celui de l'assureur. Et s'il détourne vos primes, l'assureur peut, en principe, refuser de vous indemniser en considérant qu'il n'est pas responsable de ce détournement.

Heureusement, la loi a atténué ce principe de non-responsabilité de l'assureur. Ainsi, l'article L. 530-2-1 du code des assurances prévoit que, par application de la « théorie du mandat apparent », l'assureur doit tout de même couvrir l'assuré lorsque le courtier indélicat n'a ni assurance de responsabilité civile, ni garanties financières, ou si elles ne peuvent pas jouer. La théorie du mandat apparent est simple : l'assuré qui a eu une attestation et des documents comportant le nom de la compagnie d'assurances peut légitimement croire qu'il est assuré par cette compagnie d'assurances. À elle de se débrouiller avec son courtier.

• **Notre conseil** : En pareil cas, l'assureur commence toujours par refuser de respecter le contrat signé par son courtier. Ne vous laissez pas intimider. Au besoin, demandez l'aide de la Commission de contrôle des assurances (voir adresse page 789).
Enfin, avant de verser de grosses sommes (assurance-vie, par exemple), vérifiez si le courtier possède assurance de responsabilité civile et garantie financière.
Si vous le pouvez, évitez les intermédiaires et prenez vos assurances directement auprès des compagnies d'assurances.
Pour tous les actes graves (résiliation, modification du nom de l'assuré, contestations...), envoyez la lettre recommandée directement à la compagnie d'assurances. Des procès ont lieu parce que l'intermédiaire n'a pas transmis l'information à la compagnie d'assurances, dans les délais.

Vos nom et prénom — Date
Adresse

Numéro de contrat : — Nom de l'assureur
Adresse

Recommandé avec avis de réception

Madame, Monsieur,

Dans votre lettre du ... (*date du courrier de l'assureur*), vous m'indiquez que vous refusez d'honorer le contrat que j'ai souscrit auprès de votre courtier M. ... (*nom et prénom du courtier, ou nom de la société de courtage*) exerçant son activité à ... (*adresse du courtier, par exemple* : à Paris, 32, rue Mozart), au motif qu'il ne vous a pas transmis les primes que je lui ai versées.

Votre refus ne me paraît pas justifié. En effet, M. ... (*nom du courtier ou de la société de courtage*) m'a remis une attestation comportant clairement les coordonnées de votre société. En outre, tous les courriers qu'il m'a envoyés faisaient systématiquement référence à votre compagnie.

Me basant sur les apparences, j'ai, en toute bonne foi, cru être assuré auprès de votre compagnie.

...

LE COURTIER N'A JAMAIS TRANSMIS VOS PRIMES À LA COMPAGNIE D'ASSURANCES, QUI REFUSE DONC DE VOUS INDEMNISER… VOUS CONTESTEZ CE REFUS (SUITE).

Vous avez régulièrement payé vos primes d'assurance au courtier qui vous a vendu le contrat. Quelqu'un vient d'accrocher votre voiture. La société d'assurances refuse de vous indemniser car le courtier ne lui a jamais transmis vos primes. Vous exigez d'être indemnisé.

Mais la loi ne vous protège pas si vous avez un comportement aberrant comme celui d'accepter de remettre une grosse somme en espèces dans un café. Il est donc prudent de payer les primes par chèque, expédié par La Poste ou remis au courtier dans son bureau.

M. … (*nom du courtier ou du cabinet*) ne possède, ni assu-rance de responsabilité civile ni garantie financière.

En conséquence, conformément à l'article L. 530-2-1 du code des assurances sur la théorie de l'apparence, je vous demande expressément d'honorer le contrat que j'ai souscrit auprès de M.… (*nom du courtier*) et d'indemniser le sinistre que j'ai déclaré (*ou encore* : de me verser le capital souscrit, *si le contrat porte sur une assurance-décès souscrite par l'un de vos proches*).

Si vous maintenez votre refus, je me verrai contraint de porter l'affaire en justice.

Je vous prie de croire, Madame, Monsieur, à l'expression de mes salutations distinguées.

Signature

VOUS AVEZ SOUSCRIT UNE ASSURANCE-VIE. APRÈS RÉFLEXION, VOUS DÉCIDEZ D'ANNULER VOTRE ENGAGEMENT.

Epuisé de fatigue, vous avez succombé à l'instance d'un démarcheur et signé un contrat d'assurance-vie. Vous avez trente jours pour annuler votre engagement.

• **Ce que dit la loi** : L'article L. 132-5 du code des assurances énonce que toute personne physique qui a signé une proposition d'assurance ou un contrat d'assurance (sur la vie) a la faculté d'y renoncer par lettre recommandée avec avis de réception pendant le délai de trente jours à compter, non pas de la signature du contrat, mais du premier versement.

En pratique, souvent ces deux dates se confondent car les démarcheurs vous demandent un versement en même temps que la signature du contrat.

Assurance-vie, assurance-décès, assurance vie entière... Peu importe le nom du produit, votre droit de renoncer au contrat s'applique systématiquement.

À réception de votre lettre de renonciation, l'assureur doit vous rembourser l'intégralité des sommes que vous avez éventuellement versées.

• **Notre conseil** : Votre lettre de renonciation est à envoyer sous la forme recommandée.

Vos nom et prénom
Adresse

Date

Référence dossier

Nom de la compagnie d'assurances
Adresse

Recommandé avec avis de réception

Madame, Monsieur,

J'ai souscrit auprès de votre compagnie un contrat d'assurance-vie et effectué un premier versement le ... (*date*).

Conformément à l'article L. 132-5 du code des assurances permettant la renonciation dans les trente jours du premier versement, je vous indique que je renonce à ce contrat.

Aux termes du même texte, vous devez me rembourser la somme de ... € que je vous ai versée.

Veuillez agréer, Madame, Monsieur, mes salutations distinguées.

Signature

VOUS AVEZ ÉTÉ VICTIME D'INONDATIONS. L'ÉTAT DE CATASTROPHE NATURELLE AYANT ÉTÉ PROCLAMÉ, VOUS RÉCLAMEZ UNE INDEMNISATION À VOTRE ASSURANCE.

Des intempéries se sont abattues sur votre région. Vos meubles et votre voiture ont les « pieds » dans l'eau. Sans parler des moquettes et des papiers peints irrécupérables. Heureusement pour vous, le Gouvernement a décrété l'état de catastrophe naturelle. Votre assurance doit, en principe, vous indemniser dans un délai maximal de trois mois.

• **Ce que dit la loi** : Les articles L. 125-1 et suivants du code des assurances prévoient que les dégâts provoqués par des inondations ou autres cataclysmes doivent faire l'objet d'une indemnisation par les compagnies d'assurances dès lors qu'est publié au Journal officiel un arrêté interministériel de catastrophe naturelle et si l'assuré a effectué une déclaration dans les dix jours suivant la publication de cet arrêté audit journal.

Mais, pour bénéficier de l'indemnisation du sinistre par son assureur, il faut avoir souscrit les contrats d'assurance pour chacun des biens endommagés. Par exemple, si vous êtes propriétaire de votre pavillon et de votre voiture, vous devez avoir souscrit une multirisque-habitation pour votre pavillon et une assurance dommages aux biens (vol, incendie) pour votre véhicule. L'assureur prélève à cet effet une cotisation additionnelle à la cotisation principale dont le montant est variable. Ainsi qu'il est précisé dans les clauses types issues de la réglementation, la garantie couvre le coût des dommages matériels subis par les biens. Elle est toutefois soumise à une franchise correspondant à une partie de l'indemnité due après sinistre et mise à la charge de la victime.

Pour bénéficier de la garantie catastrophes naturelles, vous devez expédier ou déposer une déclaration auprès de votre assureur ou de son représentant dans la localité. La loi a prévu que l'assureur doit verser l'indemnité au titre de la garantie, en principe dans un délai de trois mois à compter de la remise par la victime de l'état estimatif des biens endommagés. Toutefois, il peut attendre la publication de l'arrêté interministériel de catastrophes naturelles lorsque cette publication est postérieure au délai de trois mois. L'assureur aura ensuite un délai de trois mois pour vous indemniser. Si l'assureur dépasse ce délai, vous êtes en droit de réclamer un intérêt de retard sur le montant de l'indemnité qu'il aura tardé à payer.

• **Notre conseil** : Avant d'indemniser, les assureurs expertisent les biens endommagés. Conservez les objets abîmés et prenez les mesures pour limiter l'aggravation des dommages. Les photographies des biens endommagés pourront éclairer l'expert. Si c'est votre voiture qui est endommagée, indiquez à l'assureur le lieu où il peut procéder à son examen (garage habituel ou celui agréé par la société d'assurances). Pour prouver l'existence et la valeur des biens endommagés ou détruits, tout document peut être pris en considération : facture d'achat ou de réparation, expertise, photo, acte notarié.

Vos nom et prénom
Adresse

n° de police d'assurance — Date

Recommandé avec avis de réception

Nom de la compagnie
d'assurances
Adresse

Monsieur (*ou* Madame),

J'ai été victime de la catastrophe naturelle qui s'est abattue sur notre région. Ma maison a été inondée (*et/ou* mon véhicule a été endommagé).

Conformément à la loi n° 82-600 du 13 juillet 1982 (JO du 14) et à l'arrêté de catastrophe naturelle du ... (*date*) publié au JO du ... (*date*), je sollicite votre garantie afin de bénéficier d'une indemnisation correspondant à la valeur des biens endommagés ou détruits.

Comptant sur votre célérité, je vous prie d'agréer, Monsieur, (*ou* Madame), mes salutations distinguées.

Signature

VOTRE ASSURANCE COMPLÉMENTAIRE SANTÉ VEUT RÉDUIRE VOS DROITS ET AUGMENTER VOS COTISATIONS. VOUS PROTESTEZ.

Vous l'avez mauvaise. Non seulement vous êtes malade, mais votre assurance complémentaire santé entend réduire les prestations auxquelles vous avez droit parce que vous êtes trop souvent malade. Comme vous avez toujours payé rubis sur l'ongle vos cotisations, vous protestez contre cette décision.

• **Ce que dit la loi** : Selon l'article 6 de la loi du 31 décembre 1989 modifié par l'article 8 de l'ordonnance du 19 avril 2001, si vous bénéficiez d'une mutuelle ou d'une assurance complémentaire en matière de santé, qu'il s'agisse d'un contrat collectif à adhésion facultative dans le cadre de votre entreprise ou d'un contrat que vous avez souscrit individuellement auprès d'un organisme de votre choix, vous avez droit au maintien des garanties prévues au contrat dès lors que vous avez payé vos primes ou cotisations depuis votre adhésion ou la souscription du contrat.

Ainsi, l'organisme assureur ne peut refuser de vous maintenir le remboursement ou l'indemnisation des frais occasionnés par une maladie, une maternité ou un accident, tant que vous le souhaitez, et ceci sans réduction des garanties souscrites, aux conditions tarifaires de la catégorie dont vous relevez.

Après l'expiration d'un délai de deux ans suivant votre adhésion au contrat, les mêmes dispositions sont applicables aux garanties contre les risques d'incapacité de travail ou d'invalidité, le risque chômage et, à titre accessoire à une autre garantie, contre le risque décès tant que l'assuré n'a pas atteint l'âge minimal requis pour faire valoir ses droits à une pension de vieillesse.

Par ailleurs, l'organisme ne peut ultérieurement augmenter votre cotisation en se fondant sur l'évolution de votre état de santé. En revanche, il ne lui est pas interdit de majorer les tarifs d'un type de garantie ou de contrat. La hausse doit alors être uniforme pour l'ensemble des assurés ou adhérents.

• **Notre conseil** : Ne faites pas le malin en faisant de fausses déclarations sur votre état de santé. En effet, le maintien des garanties pourrait vous être refusé et une hausse individuelle de cotisations vous être appliquée si vous avez fait de fausses déclarations depuis la souscription du contrat.

Vos nom et prénom
Adresse — Date
N° de contrat :

Recommandé avec avis de réception

Assurance (*ou* mutuelle)
Adresse

Messieurs,

Vous m'avez informé par lettre du .... (*date*) que vous entendiez ...... (*indiquez les motifs avancés par l'organisme assureur*).

Le ton menaçant de votre lettre ne m'impressionne pas. En effet, je tiens à vous rappeler qu'aux termes de l'article 6 de la loi du 31 décembre 1989 modifié par l'article 8 de l'ordonnance du 19 avril 2001, j'ai droit au maintien des garanties prévues au contrat dans la mesure où j'ai régulièrement payé mes cotisations depuis mon adhésion qui remonte au ..... (*date*).

En conséquence, vous ne pouvez refuser de me maintenir le remboursement ou l'indemnisation des frais occasionnés par ma maladie aux conditions tarifaires de la catégorie dont je relève, c'est-à-dire .... (*indiquez laquelle*).

En attendant, je veux croire en une simple maladresse de votre part, et je ne doute pas que vous allez reconsidérer votre position.

Veuillez agréer, Messieurs, mes salutations distinguées.

Signature

VOUS AVEZ VENDU VOTRE VÉHICULE. VOUS SUSPENDEZ OU RÉSILIEZ VOTRE CONTRAT D'ASSURANCE.

Vous vous séparez de votre véhicule actuel, et vous n'entendez pas en acquérir un autre dans l'immédiat. Que faire avec votre assurance ? Demandez simplement la suspension de votre contrat en attendant d'avoir une nouvelle auto ; ou la résiliation, si vous ne comptez pas racheter de véhicule.

• **CE QUE DIT LA LOI** : En cas de vente du véhicule assuré, vous pouvez transférer la police d'assurance sur une autre voiture. Mais l'article L. 121-11 du code des assurances vous permet de résilier votre contrat, hors échéance, à condition de respecter un préavis de dix jours. L'assureur vous demande de justifier cette vente.

L'assureur ne peut pas refuser votre résiliation pour vente du véhicule ni vous imposer d'accepter une simple suspension du contrat.

En cas de résiliation, il doit bien sûr vous rembourser la partie de la prime non échue.

Vos nom et prénom
Adresse

Date

Police n° ...

Nom de la compagnie
d'assurances
Adresse

Recommandé avec avis de réception

Messieurs,

Je viens de céder mon véhicule type ... (*par exemple* Peugeot 205) assuré par vos soins sous la référence ... (*rappelez ici le numéro du contrat*).

En conséquence, j'ai décidé de résilier le présent contrat comme me le permet l'article L. 1231-11 du code des assurances.

Je vous remercie de m'adresser rapidement un avenant de résiliation ainsi que le remboursement de la fraction de prime correspondant à la période allant du ... (*date de la résiliation*) au ... (*date d'échéance*).

Veuillez agréer, Messieurs, l'expression de mes salutations distinguées.

Signature

VOUS AVEZ VENDU VOTRE VÉHICULE. VOUS SUSPENDEZ VOTRE CONTRAT D'ASSURANCE.

Vous avez prévu d'acheter une nouvelle voiture dans quelques mois. Autant suspendre votre contrat jusqu'à votre achat.

• **Ce que dit la loi** : En cas de vente du véhicule assuré, vous pouvez transférer la police d'assurance sur une autre voiture.

Si vous pensez acquérir rapidement un autre véhicule, vous pouvez vous contenter de suspendre le contrat pour une période qui ne peut en aucun cas excéder six mois, et obtenir sa remise en vigueur en cas de rachat d'une nouvelle voiture. La suspension s'applique à partir du jour qui suit la vente.

• **Notre conseil** : Si vous demandez le transfert du contrat sur un nouveau véhicule après une période de suspension, prenez toutes les précautions quant au nouveau tarif qui sera éventuellement pratiqué. Par exemple, si la nouvelle voiture est plus puissante que l'ancienne. Enfin, vous pouvez demander la suspension du contrat par téléphone et faire une confirmation écrite, à envoyer en recommandé avec avis de réception.

Vos nom et prénom
Adresse

Date

Police n° ...

Nom de la compagnie
d'assurances
Adresse

Recommandé avec avis de réception

Messieurs,

Je viens de céder mon véhicule type ... (*par exemple*, Peugeot 205) assuré par vos soins sous la référence ... (*rappelez ici le numéro du contrat*).

En conséquence, je vous prie de bien vouloir suspendre le présent contrat pour une période indéterminée (*ou, par exemple*, pour une période de deux mois ou trois mois...).

Je vous prie de croire, Messieurs, à l'expression de ma considération distinguée.

Signature

VOUS DÉSIREZ VOUS RENDRE EN BULGARIE AVEC VOTRE VÉHICULE. VOUS EN AVISEZ VOTRE ASSUREUR.

Votre contrat d'assurance mentionne que vous êtes couvert pour les déplacements à l'intérieur de l'Union européenne. Souhaitant vous rendre dans un pays hors Union européenne, vous en informez l'assureur de votre véhicule.

• Ce que dit la loi : En principe, le contrat d'assurance souscrit en France couvre les accidents et sinistres que vous subissez lors de déplacements dans les pays de l'Union européenne, mais aussi dans quelques autres pays voisins.

Certains pays ne sont donc pas automatiquement couverts par l'assurance de votre véhicule. Dans ce cas, vous devez, au minimum 10 jours avant la date de votre départ, écrire à l'assureur pour lui demander une extension de garantie pour le pays où vous comptez vous rendre en précisant la durée de votre séjour.

Selon l'article L. 122-2 du code des assurances, sans réponse dans les dix jours suivant votre courrier, vous pouvez considérer que le silence de l'assureur vaut accord de l'extension de garantie.

Vos nom et prénom
Adresse

Date

Police n° ...
N° d'immatriculation
du véhicule

Nom de la compagnie
d'assurances
Adresse

Recommandé avec avis de réception

Madame, Monsieur,

Je souhaite utiliser le véhicule référencé ci-dessus pour me rendre en Bulgarie du ... au ... (*dates de départ et de retour*).

Ce pays n'étant pas couvert par votre assurance, je vous prie de bien vouloir m'accorder une extension de garantie à la Bulgarie et aux pays que je serais amené à traverser, pendant la période considérée.

Je vous remercie de me faire parvenir une note de couverture avant la date de mon départ fixée au ...

Veuillez agréer, Madame, Monsieur, mes salutations distinguées.

Signature

• **Notre conseil** : Avant de faire un déplacement à l'étranger, vérifiez bien si votre assurance-auto couvre ce pays, mais aussi ceux que vous aurez à traverser pour vous y rendre. Dans le doute, n'hésitez pas à interroger par écrit votre assureur. Enfin, pour les pays non couverts, n'oubliez pas de demander, par lettre recommandée avec avis de réception, avant de partir, une extension de garantie.

VOTRE ASSURANCE APPLIQUE UN MALUS QUI VOUS PARAÎT ÉLEVÉ. VOUS CONTESTEZ.

Ça marche un peu comme à l'école. Si vous avez été sage – c'est-à-dire que vous n'avez pas eu d'accident –, votre assureur vous offre un bon point, le bonus. Si vous avez eu un accident et que vous avez tort, c'est la punition, le malus. Votre assureur vous a infligé un malus qui vous semble trop élevé et votre prime a fait un bond. Vous lui demandez des explications.

• **Ce que dit la loi** : Le code des assurances l'appelle « clause de majoration-réduction », mais la pratique parle de « clause bonus-malus ». La règle est simple : 25 % de pénalisation par accident pour le malus, 5 % d'économie par année sans déclaration d'accident pour le bonus.

Si votre véhicule est volé ou abîmé par un tiers non identifié, alors qu'il est en stationnement licite, le bonus-malus est gelé d'une année sur l'autre ; il n'y a ni majoration ni minoration.

Le pourcentage de malus (ou bonus) n'est pas utilisé directement, il est représenté par un coefficient, et c'est ce coefficient qui est utilisé pour le calcul de la prime. Un assuré qui n'a ni bonus ni malus a un coefficient de 1.

• **Notre conseil** : En cas d'accident, remplissez soigneusement le constat puisqu'il aura une conséquence sur votre bonus-malus. Si le sinistre s'avère sans suite (pas de recours de l'adversaire), vous pouvez vous prévaloir d'une circulaire en date du 18 novembre 1983 de la Direction des assurances demandant aux assureurs de ne pas appliquer de malus.
Enfin, si vous n'êtes pas d'accord avec les réductions (bonus) ou majorations (malus) de vos primes, vous pouvez saisir la Direction des assurances.

Vos nom et prénom
Adresse

Date

Police n° ...

Nom de la compagnie
d'assurances
Adresse

Recommandé avec avis de réception

Messieurs,

Je viens de recevoir l'avis d'échéance relatif à la police de mon véhicule. Or, je constate avec surprise qu'à la rubrique malus figure un coefficient de 1,56 % que je trouve particulièrement élevé.

Je vous serai reconnaissant de bien vouloir me préciser comment ce coefficient a été calculé et le nombre de sinistres retenus pour aboutir à ce chiffre.

Vous en remerciant, je vous prie de croire, Messieurs, à l'expression de ma considération distinguée.

Signature

VOUS AVEZ ÉTÉ ACCIDENTÉ ET VOUS CONTESTEZ L'OFFRE FAITE PAR VOTRE ASSURANCE.

À la suite d'un accident, votre auto est bonne pour la casse. L'indemnisation offerte par votre assureur est insuffisante. Vous exigez qu'elle soit augmentée.

• **Ce que dit la loi** : La valeur des biens constitue le point crucial de tout contrat d'assurance. Soyez attentif. Pour les véhicules, les règles sont différentes selon que vous êtes ou non responsable de l'accident.

Si vous n'êtes pas responsable de l'accident, la voiture vous est remboursée pour sa valeur de remplacement. C'est-à-dire la somme que vous auriez à dépenser pour vous procurer un véhicule équivalent au vôtre au moment de l'accident. Cette valeur (appelée valeur vénale) est en général déterminée d'après les cotes des véhicules de tourisme (Argus). Mais elle peut être diminuée si le véhicule endommagé était en moins bon état que l'état « moyen » pris comme référence par ces cotes. La valeur vénale peut au contraire être supérieure si le véhicule, bien qu'ancien, a peu roulé et est en très bon état. Dans ce cas, les photographies et les factures de révision du véhicule sont retenues comme preuve.

Si vous êtes responsable de l'accident, votre assureur doit indemniser vos éventuelles victimes. Quant à vos propres blessures, elles ne seront indemnisées que si votre assurance comporte une garantie individuelle conducteur.

• **Notre conseil** : Si l'indemnité proposée par l'assureur vous paraît faible en regard de l'état de votre véhicule, exprimez votre désaccord par écrit à l'assureur. Si le désaccord persiste, demandez une contre-expertise.

Vos nom et prénom
Adresse

Date

Police n° ...

Nom de l'assureur
Adresse

Recommandé avec avis de réception

Messieurs,

À la suite de ma déclaration de sinistre (véhicule accidenté), vous me proposez une indemnité de ... €. Cette offre me paraît nettement insuffisante eu égard à l'excellent état de mon véhicule (*précisez, par exemple*, si votre véhicule n'a qu'un kilométrage réduit) : elle est inférieure de 30 % à la valeur Argus prévue pour un véhicule de ce type.

Je vous prie de noter mon refus et de me faire une offre plus acceptable.

Dans cette attente, veuillez agréer, Messieurs, l'expression de mes sentiments distingués.

Signature

VOTRE ASSURANCE ESTIME QUE VOS BLESSURES NE SONT PAS TRÈS IMPORTANTES. VOUS DEMANDEZ UNE EXPERTISE MÉDICALE.

Vous avez été blessé dans un accident de voiture et vous vous en êtes tiré à bon compte ! C'est du moins ce qu'estime votre assureur qui considère vos blessures comme mineures. Il vous propose une indemnisation ridicule. Demandez une contre-expertise.

• **Ce que dit la loi** : Toute victime d'un accident qui a subi un préjudice a droit à indemnisation (à de rares exceptions près). Pour en évaluer le montant, l'assureur demande à un médecin-expert de son choix de vous examiner et de chiffrer votre taux d'incapacité permanente (IPP), les souffrances supportées, les atteintes à votre esthétique, la perte d'une chance (par exemple, après un accident vous ne pouvez plus devenir danseuse alors que vous aviez suivi des cours), les préjudices d'agrément (par exemple, gêne dans la pratique d'un sport)...

Le médecin-expert fixe un taux d'incapacité qui servira à chiffrer le montant de l'indemnité. Si vous n'êtes pas d'accord, vous pouvez, à vos frais, demander l'avis d'un autre médecin-expert. Sachez que le but de l'assureur, c'est évidemment de verser une indemnité minimale.

• **Notre conseil** : Plutôt que d'attendre l'avis du médecin-expert de la société d'assurances pour réagir, il est préférable de prendre des précautions : la meilleure consistant à vous faire accompagner à ce premier rendez-vous par un médecin de votre choix. Si, malgré tout, vous êtes amené à contester le montant de l'indemnité – et donc l'avis du médecin-expert –, faites-le en termes courtois, sans pour autant omettre de dire que son attitude a été grossière ou traumatisante.

Vos nom et prénom
Adresse

Date

Référence dossier

Nom de la compagnie
d'assurances
Adresse

Recommandé avec avis de réception

Messieurs,

J'ai bien reçu votre offre d'indemnisation du préjudice que j'ai subi à la suite de l'accident du ... (*date*).

Je vous informe que je refuse cette offre qui ne prend pas en compte l'importance du préjudice subi (*si vous avez gardé des séquelles de l'accident, rappelez-les brièvement*).

En conséquence, je compte solliciter l'avis d'un autre médecin-expert afin qu'il effectue une juste évaluation de ce préjudice.

Je vous prie de croire, Messieurs, à l'expression de ma considération distinguée.

Signature

HUIT MOIS APRÈS AVOIR ÉTÉ BLESSÉ DANS UN ACCIDENT DE LA CIRCULATION, VOUS N'AVEZ REÇU AUCUNE OFFRE D'INDEMNISATION… VOUS RÉCLAMEZ DES INTÉRÊTS DE RETARD.

Vous avez été blessé dans un accident de voiture. Vous avez transmis à votre assureur tous les certificats médicaux et documents nécessaires. De nombreux mois sont passés avant qu'il ne vous fasse une offre d'indemnisation. Vous lui réclamez des intérêts de retard.

• **CE QUE DIT LA LOI** : Toute personne blessée dans un accident de la circulation doit être indemnisée. Vous devez donc déclarer très rapidement l'accident à votre assureur, même si votre responsabilité n'est pas engagée dans l'accident. C'est en effet votre assureur qui va gérer le dossier, quitte à se faire ensuite rembourser par l'assureur de la partie adverse. Si vous avez été blessé, adressez rapidement à votre assureur les certificats médicaux indiquant l'état de vos blessures, sans en attendre la guérison.

Votre assureur va ensuite vous demander de consulter un médecin-expert qui établira l'importance de votre préjudice et vérifiera si votre état est consolidé. Une offre d'indemnisation doit ensuite vous être adressée.

Selon l'article 211-9 du code des assurances, l'assureur doit, dans un délai maximal de huit mois à compter de l'accident, faire une offre à la victime d'un accident. Si votre état n'est pas consolidé, l'assureur doit néanmoins vous faire une offre provisionnelle.

De son côté, l'article L. 211-13 du code des assurances prévoit que l'assureur qui n'a pas fait une offre d'indemnisation dans le délai de huit mois doit verser à la victime des intérêts de retard correspondant au double du taux de l'intérêt légal. Si, par exemple, l'assureur vous fait une offre dix mois après l'accident, les intérêts de retard seront calculés sur deux mois.

• **NOTRE CONSEIL** : L'offre d'indemnisation est faite dans un délai moyen de quatre mois à deux ans. Cela dépend souvent du gestionnaire qui a la charge de votre dossier. S'il est dynamique, vous aurez une offre rapidement. S'il ne l'est pas, l'offre se fera attendre. Enfin, certaines sociétés ont la réputation d'être très lentes parce qu'elles ont un fonctionnement très « bureaucratique ». Quelle qu'en soit la raison, n'hésitez pas à demander des intérêts de retard si l'offre est tardive.

Vos nom et prénom
Adresse

Date

Nom de votre société d'assurances
Adresse

Dossier n° …

Recommandé avec avis de réception

Madame, Monsieur,

Le … (*date de l'accident*), j'ai été victime d'un accident de la circulation. Alors que je vous ai adressé tous les certificats médicaux et documents demandés, je n'ai vu un médecin-expert que douze mois après l'accident.

En outre, votre offre d'indemnisation vient seulement de me parvenir, soit quatorze mois après l'accident.

Je vous rappelle que, d'après l'article L. 211-9 du code des assurances, vous étiez tenu de me faire une offre dans un délai maximal de huit mois suivant l'accident.

J'accepte votre offre d'indemnisation. Mais conformément à l'article L. 211-13 du code des assurances, je vous demande de me verser des intérêts de retard sur cette somme. Ces intérêts doivent correspondre au double du taux d'intérêt légal, soit : quatre mois au taux de 3,29 % (en 2003).

Je vous prie d'agréer, Madame, Monsieur, l'expression de ma considération distinguée.

Signature

VOTRE DOSSIER D'INDEMNISATION S'EST ENLISÉ. VOUS INFORMEZ VOTRE ASSUREUR DE VOTRE INTENTION DE SAISIR LE MÉDIATEUR EN ASSURANCES.

Vous avez été blessé lors d'un accident de la circulation. Vous avez envoyé à votre assureur tous les certificats médicaux et tous les documents qu'il souhaitait. Pourtant rien ne bouge. Vous menacez l'assureur de saisir le médiateur en assurances.

• **Ce que dit la loi** : Si vous avez été blessé dans un accident de la circulation, vous devez rapidement informer votre assureur et lui envoyer les certificats médicaux adéquats. Il doit aussitôt ouvrir un dossier et vous en communiquer le numéro. Il peut vous demander de remplir certains documents pour compléter son dossier.

En général, les compagnies d'assurances n'ont aucun intérêt à faire traîner les dossiers d'indemnisation car la gestion de dossiers leur coûte cher (cela mobilise du personnel supplémentaire). Les dossiers d'indemnisation qui s'enlisent et traînent en longueur sont souvent le fait de gestionnaires paresseux ou débordés (certaines compagnies ont un manque criant de personnel). Mais, quelle que soit la raison, vous n'avez pas à en supporter les conséquences.

Enfin, notez que certaines sociétés d'assurances ont des services spécialement chargés des réclamations (service Qualité, service Consommateurs, service Clientèle…, bref le nom diffère d'une compagnie à l'autre).

• **Notre conseil** : Envoyez un courrier en recommandé au directeur de la société d'assurances pour l'informer de l'enlisement du dossier. Si cela ne suffit pas, envoyez-lui un second courrier pour l'informer de votre intention de saisir le médiateur en assurance. En général, les assureurs réagissent rapidement, car ils n'apprécient pas d'être ainsi « montrés du doigt ».

Vos nom et prénom
Adresse

Date

Numéro du dossier :

Nom du directeur et de
la société d'assurances
Adresse

Recommandé avec avis de réception

Monsieur le Directeur,

Le … (*date de l'accident*), j'ai été victime d'un accident de la circulation.
J'ai aussitôt déclaré cet accident à votre société et envoyé les certificats médicaux.

Or, à ce jour, je n'ai pas vu le médecin-expert ni reçu d'offre d'indemnisation.

À plusieurs reprises, j'ai adressé au gestionnaire de mon dossier des courriers de rappel, mais sans obtenir de réponse.

En conséquence, je vous informe de ma ferme intention de saisir le médiateur en assurance, et vous prie de bien vouloir me communiquer ses coordonnées par retour du courrier.

Je vous prie de croire, Monsieur le Directeur, à l'expression de ma considération distinguée.

Signature

VOUS N'AVEZ PAS DE NOUVELLES DE VOTRE DOSSIER D'INDEMNISATION. VOUS SAISISSEZ LE MÉDIATEUR EN ASSURANCES.

Votre assureur ne répond pas à vos appels et à vos courriers. Exaspéré, vous faites appel au médiateur.

• **Ce que dit la loi** : En cas de difficultés avec un assureur, vous pouvez demander au médiateur en assurances d'intervenir. Son aide est gratuite.

Vos nom et prénom
Adresse

Date

Médiation Assurance
BP 904,
75424 Paris Cedex 09

Recommandé avec avis de réception

Madame, Monsieur,

Mon véhicule de tourisme est assuré par ... (*nom de la compagnie d'assurances*) sous la référence n° ... (*numéro de votre police d'assurance*).

Le ... (*date de l'accident*), j'ai été blessé dans un accident de la circulation. J'ai aussitôt déclaré cet accident à mon assureur et lui ai envoyé les certificats médicaux nécessaires. Or, ... mois (*par exemple 12*) après cet accident, je n'ai toujours pas vu le médecin-expert ni reçu d'offre d'indemnisation.

J'ai adressé ... lettres (*nombre de vos courriers*), dont je vous joins les copies, à ... (*nom de l'assureur*), sans compter les appels téléphoniques, mais en vain. En conséquence, je sollicite votre aide et vous demande de bien vouloir intervenir auprès de ... (*nom de votre assureur*) afin que ce dossier évolue enfin.

Avec mes remerciements anticipés, je vous prie de croire, Madame, Monsieur, à l'expression de ma considération respectueuse.

Signature

• **Notre conseil** : Ne saisissez le médiateur que si vraiment vous avez épuisé tous les recours auprès de l'assureur. Si vous ne connaissez pas le médiateur dont dépend votre assureur, vous pouvez écrire à l'organisme chargé de centraliser les réclamations . N'envoyez pas les originaux, seulement des photocopies.

VOUS AVEZ ÉTÉ VICTIME D'UN CHAUFFARD. VOUS DEMANDEZ L'INTERVENTION DU FONDS DE GARANTIE AUTOMOBILE.

Vous êtes désemparé. Vous avez été blessé par un conducteur qui a pris la fuite ou par une personne non assurée. Il existe une solution pour être indemnisé. Adressez-vous au Fonds de garantie automobile.

• **Ce que dit la loi** : La loi du 5 juillet 1985, dite loi Badinter, fixe les règles générales d'indemnisation de tout piéton, cycliste, automobiliste ou cyclomotoriste victime d'un accident de la circulation dont le responsable est en fuite, n'est pas assuré, ou est insolvable. Le Fonds de garantie intervient pour vous indemniser si vous avez subi des dommages matériels ou corporels.

Mais il n'indemnise ni les dommages dont la victime est elle-même responsable, ni ceux de nature corporelle pris en charge par la Sécurité sociale. Il n'indemnise pas non plus les dommages corporels causés par un auteur non identifié (par opposition à un auteur identifié et non assuré ou insolvable), sauf si vous avez également subi des blessures ayant entraîné un décès ou une hospitalisation d'au moins sept jours, suivie d'une incapacité temporaire égale ou supérieure à un mois, ou encore d'une incapacité partielle d'au moins 10 %.

Vous devez demander l'intervention du Fonds de garantie par lettre recommandée avec avis de réception, en joignant à votre demande un état descriptif et une copie du procès-verbal de la police. Le Fonds doit faire une offre d'indemnisation dans les cinq mois qui suivent. Vous pouvez refuser l'offre et aller devant les tribunaux.

• **Notre conseil** : Si vous pensez entrer dans un cas de prise en charge par le Fonds de garantie, saisissez cet organisme rapidement (il est situé à Vincennes).
Sachez qu'il existe – à la même adresse – un Fonds de garantie contre les victimes des actes de terrorisme.

Vos nom et prénom
Adresse

Date

Fonds de garantie automobile
64, rue Defrance
94682 Vincennes Cedex

Recommandé avec avis de réception

Messieurs,

J'ai été victime d'un accident de la circulation à ... (*indiquez ensuite brièvement les circonstances de l'accident. Par exemple* : j'ai été renversé par un véhicule alors que j'étais à pied et traversais la chaussée, tandis que le feu était au rouge).

Conformément à la loi du 5 juillet 1985, je sollicite l'intervention du Fonds de garantie automobile aux fins d'indemnisation. Pour vous permettre d'étudier ma demande, je vous joins une note descriptive de l'accident, copie du procès-verbal de police ... (*joignez le maximum d'éléments*).

Je vous prie de croire, Messieurs, à l'expression de ma considération distinguée.

Signature

AUCUN ASSUREUR NE VEUT DE VOUS. VOUS DEMANDEZ L'INTERVENTION DU BUREAU CENTRAL DE TARIFICATION.

Votre compagnie d'assurances vous a prié d'aller vous faire assurer ailleurs. Et, bien entendu, vous êtes un pestiféré pour les autres compagnies. Vous demandez au Bureau central de tarification de désigner une compagnie d'assurances pour vous accueillir.

• **Ce que dit la loi** : Le propriétaire d'un véhicule à moteur a l'obligation d'avoir une assurance de responsabilité civile à l'égard des tiers, sous peine de sanctions très sévères. En contrepartie, la loi oblige les compagnies à assurer les automobilistes. Si tous les assureurs recherchent le bon conducteur, le mauvais, lui, se voit rejeté.

Selon l'article L. 212-1 du code des assurances, le Bureau central de tarification (BCT) a pour rôle de fixer le montant de la cotisation moyennant laquelle la société d'assurances que vous avez choisie a l'obligation de vous assurer. Choisissez votre assureur en prenant de préférence celui qui présente le meilleur rapport qualité-prix. Demandez-lui de vous remettre une proposition d'assurance en deux exemplaires (il est obligé de le faire). À votre tour, remplissez ces documents et envoyez-les à ce même assureur (en recommandé) pour qu'il y mette son cachet. Son silence dans les quinze jours vaut refus, mais il peut également vous envoyer un refus écrit. L'assureur qui refuse de vous assurer alors qu'il a été désigné par le BCT encourt de graves sanctions (article L. 212-3 du code des assurances).

• **Notre conseil** : Vous avez quinze jours pour saisir le Bureau central de tarification (BCT) en lui communiquant l'exemplaire de la proposition (de l'assureur) que vous avez conservé et une copie de la lettre de refus, si vous en avez une. Le BCT imposera alors à l'assureur de vous assurer. Si vous n'avez pas envie de perdre du temps à comparer les prix des différents assureurs, vous pouvez immédiatement écrire au BCT pour lui signaler que personne ne veut vous assurer.

Vos nom et prénom
Adresse

Date

Bureau central de tarification
11, rue La Rochefoucault
75009 PARIS

Recommandé avec avis de réception

Messieurs,

La société d'assurances ... (*indiquez le nom*) refuse de m'assurer pour les risques obligatoires au titre des véhicules à moteur.

Vous trouverez ci-joint sa lettre de refus (*ou bien* : cette société n'a pas répondu à ma demande dans les quinze jours).

En conséquence, je demande l'intervention du Bureau central de tarification conformément aux articles L. 212-1 à L. 212-3 du code des assurances, afin qu'un assureur soit désigné pour me couvrir.

Vous en remerciant, je vous prie de croire, Messieurs, à l'expression de ma considération distinguée.

Signature

L'ASSURANCE REFUSE DE VOUS INDEMNISER EN PRÉTEXTANT QUE VOUS AVEZ RÉGLÉ VOTRE PRIME APRÈS LE SINISTRE. VOUS CONTESTEZ.

Pas de chance ! Pour une fois que vous payez votre prime d'assurance en retard, il vous arrive une tuile. Des sauvageons ont désossé votre voiture. Alors que vous pensiez voir arriver le chèque d'indemnisation, l'assureur a refusé sa garantie en raison du paiement tardif de votre prime.

• **Ce que dit la loi** : Le principe est simple : pas de prime, pas d'assurance. Ainsi, pour n'importe quel type d'assurances (habitation, véhicules, professionnel...), vous n'êtes assuré que si vous payez votre prime au plus tard à la date d'échéance de votre contrat.

Tant que vous n'avez pas réglé votre cotisation, votre assurance est suspendue. Lorsque vous payez, votre situation est régularisée, vous retrouvez vos droits comme si vous aviez réglé dans les délais. Quand un sinistre survient alors que vous n'avez pas encore payé votre prime, l'assureur refuse à juste titre de vous indemniser. Mais il arrive que votre paiement tardif et le sinistre soient concomitants. Autrement dit, un sinistre survient seulement quelques heures ou quelques jours après que vous avez envoyé votre chèque de règlement.

Comme le montre cette affaire jugée récemment (Cour de cassation, 22 janvier 2002). Un particulier envoie un chèque de règlement de sa prime d'assurance daté du 2 janvier et encaissé par l'assureur le 10 janvier. Le 8 janvier, il est victime d'un cambriolage. L'assureur refuse l'indemnisation, car dit-il le chèque de règlement ne lui était pas encore parvenu à la date du sinistre.

L'assuré ne s'est pas laissé faire et a porté l'affaire devant les tribunaux. Bien lui en a pris, puisqu'il a gagné. Les magistrats ont rappelé à l'assureur que c'était à lui de prouver que le chèque ne lui avait été adressé qu'après la survenance du sinistre.

• **Notre conseil** : Si l'assureur persiste à refuser sa garantie, menacez-le de porter l'affaire en justice.

Vos nom, prénom Date
Adresse

Contrat n°...
Recommandé avec avis de réception

Nom de l'assureur
Adresse

Madame, Monsieur,

Le ... (*date*), j'ai porté à votre connaissance un sinistre concernant ... (*précisez par exemple*, mon véhicule, ma maison...). En retour, vous me faites savoir que vous refusez votre garantie au motif que le règlement de ma prime serait postérieur au sinistre. Il n'en est rien. En effet, mon chèque daté du ... a été encaissé le ..., comme l'atteste mon relevé de compte. Soit deux jours avant le sinistre survenu le ...

Je vous rappelle que selon l'article 1315 du code civil et une jurisprudence constante, c'est à l'assureur de prouver que le paiement de la prime est postérieur au sinistre.

En conséquence, je vous demande de réexaminer votre position et de me la faire connaître rapidement.

Si vous maintenez votre refus de me garantir, je me verrai dans l'obligation de saisir la juridiction compétente.

Je vous prie de croire, Madame, Monsieur, à l'expression de ma considération distinguée.

Signature

VOUS AUGMENTEZ LA COUVERTURE D'ASSURANCE DE VOTRE LOGEMENT SUITE À L'ACQUISITION D'UN BIEN DE VALEUR.

Lorsque vous avez souscrit votre multirisque habitation, vous aviez un mobilier modeste. Depuis, votre intérieur est devenu coquet avec des objets de valeur. Vous rehaussez le montant couvert.

• **Ce que dit la loi** : C'est l'assuré qui indique à quelle hauteur il veut assurer ses biens. En fonction de ces indications, l'assureur lui propose un contrat.

Mais en cas de modifications, il faut réajuster le montant couvert. Autrement dit, si vous souscrivez une multirisque alors que votre logement comprend des biens modestes, il faut penser à majorer le capital garanti si vous venez à acquérir un ou plusieurs biens de valeur. Vous devez informer l'assureur qui va alors modifier votre contrat et sans doute relever le montant de votre prime.

Sachez que la plupart des multirisques habitations assurent un capital modeste fixé forfaitairement. Par exemple, pour un deux pièces assuré, les biens qui s'y trouvent sont couverts pour une valeur d'environ 7500 €. Ce qui peut être très insuffisant si vous avez du mobilier ou d'autres biens de valeur.

Or, certains assureurs ou intermédiaires se gardent bien d'attirer votre attention sur la faiblesse des capitaux assurés.

• **Notre conseil** : interrogez régulièrement – et par écrit – votre assurance pour savoir si vos biens sont correctement assurés.

Vos nom et prénom
Adresse

À..., le...

Nom de l'assureur
Adresse

Recommandé avec avis de réception

Madame, Monsieur,

Suite à l'acquisition de biens de valeur significative, je souhaite revoir le montant du capital garanti dans le cadre de mon contrat multirisque habitation.

La valeur d'acquisition des biens qui se trouvent dans mon logement s'élève à ...€.

En conséquence, je vous prie de bien vouloir modifier mon contrat pour tenir compte de cette nouvelle situation, et m'en donner acte par retour.

Vous en remerciant, Je vous prie de croire, Monsieur, à l'expression de mes salutations distinguées.

Signature

Vous avez souscrit un contrat d'assurance-vie il y a quelques années. Vous souhaitez y puiser une partie de votre épargne. Vous vous informez pour connaître les conditions d'une telle avance.

• **Ce que dit la loi** : Tout assuré qui signe un contrat d'assurance-vie s'engage en principe pour une période d'au moins huit ans. Pendant ce délai, vos fonds sont bloqués, et totalement indisponibles. Mais vous pouvez demander à votre assureur de vous verser une avance sur votre épargne sans attendre l'échéance du contrat. Bien sûr, il vous fera payer cette faveur en vous réclamant des intérêts, mais le contrat ne sera pas remis en cause. Il se poursuivra dans les mêmes conditions. L'avance pourra être égale aux primes versées sous déductions des frais prévus dans le contrat (frais d'entrée, de gestion etc).. Toutefois, une avance n'est possible que si le contrat comporte une valeur de rachat. A défaut, l'assureur peut refuser de vous accorder l'avance que vous sollicitez (article L 132-21).

• **Notre conseil** : Avant de demander l'avance, interrogez l'assureur pour connaître le coût et les modalités d'une telle avance. Si le coût est élevé, il est préférable de vous tourner vers un crédit à la consommation et d'attendre sagement l'échéance du contrat.

Vos nom et prénom
Adresse

À..., le...

Nom de l'assureur
Adresse

Recommandé avec avis de réception

Madame, Monsieur,

Le... (*date*), j'ai souscrit un contrat d'assurance (*indiquez le nom commercial du contrat*) référencé sous le numéro... auprès de votre compagnie d'assurance.

je souhaiterais obtenir une avance de... € sur ce contrat, conformément à l'article L 132-21 du code des assurances.

En conséquence, je vous saurai gré de bien vouloir me faire parvenir toutes les informations relatives à ce type d'opérations, et notamment le coût global et le taux des intérêts. Voulez-vous m'indiquer le montant maximum qui pourrait m'être alloué et le coût global qui en résulterait.

Vous en remerciant, Je vous prie de croire, Monsieur, à l'expression de mes salutations distinguées.

Signature

VOUS VOULEZ RACHETER VOTRE CONTRAT D'ASSURANCE-VIE.

Vous souhaitez racheter votre contrat d'assurance-vie et vous informez la compagnie d'assurance comme la loi l'exige.

• **Ce que dit la loi** : L'article L 132-21 du code des assurances énonce qu'un assuré peut racheter son contrat d'assurance-vie à tout moment. Mais tous les contrats ne comportent pas forcément une possibilité de rachat. En effet, l'article L 132-23 interdit le rachat pour certains contrats, notamment ceux qui sont relatifs aux assurances temporaires en cas de décès, les assurances de capitaux de survie…

Quoi qu'il en soit, si votre contrat fait partie de ceux pour lesquels la loi prévoit un rachat, vous pouvez demander à l'assureur de faire ce rachat. Il dispose d'un délai de deux mois pour vous donner satisfaction. Passé ce délai, il devra vous verser des intérêts de retard.

Vos nom et prénom
Adresse

À…, le…

Nom de l'assureur
Adresse

Recommandé avec avis de réception

Madame, Monsieur,

Je détiens un contrat d'assurance-vie… (*nom commercial du contrat*) souscrit auprès de votre compagnie d'assurance. Je souhaite effectuer un rachat total de ce contrat. Je vous saurai gré de bien vouloir m'indiquer les modalités de ce rachat, notamment la valeur et le coût des frais inhérents à cette opération.

Vous en remerciant, Je vous prie de croire, Monsieur, à l'expression de mes salutations distinguées.

Signature

• **Notre conseil** : Vérifiez si votre contrat comporte une clause de rachat. Si vous n'arrivez à comprendre, interrogez l'assureur pour savoir si cette opération est possible.

Vous avez souscrit un contrat pour obtenir des remboursements de soins. Las ! vous découvrez qu'il s'agit d'un contrat d'assurance dont la résiliation obéit au code des assurances.

• **Ce que dit la loi** : Vous avez souscrit par l'intermédiaire de votre employeur, d'une fédération professionnelle ou d'un autre organisme, un contrat vous permettant d'obtenir la prise des dépenses de maladie non remboursées par la Sécurité sociale. Et comme beaucoup de gens, vous pensez avoir souscrit une « mutuelle ». En réalité, la complémentaire maladie est tout simplement un contrat d'assurance et à ce titre soumise aux règles applicables à n'importe quel contrat d'assurance. Ces contrats ne sont pas forcément tous mauvais, mais leur condition de résiliation est souvent stricte. Si vous avez souscrit un « vrai contrat de mutuelle » (vraiment souscrit auprès d'une mutuelle), la résiliation se fait en principe à tout moment de l'année. En revanche, si l'organisme qui vous assure n'est pas une vraie mutuelle, vous ne pouvez résilier votre complémentaire maladie qu'une fois par an, à la date d'échéance du contrat, et à condition de respecter le préavis légal de deux mois.

• **Notre conseil** : Surveillez bien la date d'échéance du contrat. Si vous n'envoyez pas votre lettre de résiliation dans les délais, votre contrat repart pour une année.

Vos nom et prénom
Adresse

À..., le...

Nom de l'assureur
Adresse

Recommandé avec avis de réception

Madame, Monsieur,

Je détiens un contrat de complémentaire maladie ... (*indiquez le nom*) souscrit auprès de votre compagnie d'assurance, par l'intermédiaire de... (*mon employeur par exemple*).

Par la présente, je vous informe que j'ai décidé de résilier ce contrat qui expirera donc le...,

Pour la bonne tenue de mes affaires, je vous saurai gré de bien vouloir me donner acte de cette résiliation.

Vous en remerciant, Je vous prie de croire, Monsieur, à l'expression de mes salutations distinguées.

Signature

CHAPITRE 19

LES PETITS TRACAS DE LA VIE QUOTIDIENNE

Vous avez reçu votre facture de téléphone. Le montant vous semble anormalement élevé. Pourtant, vous n'avez pas appelé New York ou Tokyo ! Vous demandez des explications.

• **Ce que dit la loi** : Il y a environ 200 000 réclamations annuelles ayant trait au montant des factures de téléphone. La plupart sont rejetées. Cela ne veut pas dire que France Telecom, ou tout autre opérateur, rejette les réclamations sans les examiner.

Vous jugez excessive la facture reçue, ou encore on vous a facturé des services que vous n'avez pas utilisés (par exemple, des télégrammes que vous n'avez pas envoyés) ; dans ce cas, faites une réclamation écrite. Une enquête sera effectuée, puis votre compteur et votre ligne téléphonique seront mis en observation. La bande de contrôle qui sera établie vous permettra de déceler les anomalies ; par exemple, des numéros de téléphone qui vous sont inconnus.

Mais faites aussi votre propre enquête pour savoir si des « personnes non autorisées » (femme de ménage, dépanneur... par exemple) n'ont pas usé du téléphone. Voyez également du côté de vos enfants. Notez que depuis le 1er janvier 1991, tous les litiges relatifs aux factures de téléphone sont de la compétence du tribunal d'instance. C'est à France Telecom d'apporter la preuve que vous avez bien passé tous les coups de téléphone figurant sur la facture et non pas à vous de prouver que vous ne les avez pas passés. La facture détaillée peut vous aider à voir d'où vient le surcroît de communications.

Si vous n'arrivez pas à trouver une solution avec l'agence France Telecom dont vous dépendez, vous pouvez écrire à : France Telecom, service national Consommateurs, BP 100, 59652 Villeneuve-d'Ascq.

• **Notre conseil** : En attendant le résultat de l'enquête, payez la partie que vous estimez devoir. En cas de procédure judiciaire ultérieure, c'est une preuve de votre bonne foi. Le modèle de lettre peut également être utilisé pour une réclamation concernant une facture d'électricité, d'eau...

Vos nom et prénom
Adresse

Date

Référence du dossier

FRANCE TELECOM
Adresse

Recommandé avec avis de réception

Madame, Monsieur,

Ma facture téléphonique pour la période du ... au ... (*dates*) me semble anormalement élevée par rapport aux précédentes. Aucun changement n'étant intervenu dans les habitudes familiales, je ne comprends pas les raisons de cette hausse brutale (*ou encore* la facture a subi une hausse brutale alors que j'ai été absent de mon domicile du ... au ...).

Je vous demande de mettre ma ligne téléphonique sous surveillance et de me donner le détail des opérations effectuées.

En attendant le résultat de votre enquête, je vous règle cette facture sur la base de ma consommation habituelle.

Veuillez agréer, Madame, Monsieur, l'expression de mes sentiments distingués.

Signature

DES DIFFICULTÉS PASSAGÈRES VOUS EMPÊCHENT DE PAYER LA FACTURE DE TÉLÉPHONE. VOUS DEMANDEZ DES DÉLAIS DE PAIEMENT.

Aïe, aïe ! Fin de mois difficile ! C'est justement le moment choisi par France Telecom pour vous présenter la facture. Vous sollicitez des délais de grâce.

• **Ce que dit la loi** : Le délai réglementaire pour régler les factures de téléphone est fixé en général à quinze jours à compter de la date d'envoi de la facture. Mais, en pratique, un échéancier plus souple est appliqué.

Si vous éprouvez des difficultés à régler votre facture, à cause d'un événement familial ou professionnel grave ou encore pour toute autre raison, n'attendez pas le dernier moment. Proposez un échelonnement sans attendre qu'on vous coupe la ligne ! Généralement, on vous accordera ces délais sans majoration. Mais n'abusez pas de cette faculté et respectez scrupuleusement l'échéancier convenu. Envoyez un petit acompte avec votre demande de délais.

• **Notre conseil** : En cas de difficultés, ne faites pas l'autruche. Expliquez vos problèmes et sollicitez des délais. Et puis, c'est peut-être le moment d'envisager une mise en service restreint de votre ligne.
Il existe deux types de services restreints : l'un permet uniquement de recevoir des appels téléphoniques et ne permet pas d'en donner ; l'autre consiste à ne pouvoir appeler qu'une zone restreinte, ce qui supprime les appels longue distance.

Vos nom et prénom
Adresse

Date

Référence du dossier

Monsieur (*ou* Madame)
le Chef d'agence
France Telecom
Adresse

Monsieur (*ou* Madame) le Chef d'agence,

Je viens de recevoir mon relevé téléphonique qui s'élève à ... €, payable au ... (*date*).

En raison de difficultés financières dues à ... (*expliquez brièvement l'origine de vos problèmes d'argent*), je ne puis honorer le règlement de cette facture.

Je sollicite des délais de paiement et vous propose un échelonnement comme suit : ... € par chèque ce jour, puis règlement du solde en ... mois (*ou encore* : Je serai en mesure de vous régler la totalité de la facture sous six semaines, soit le ...).

Vous remerciant de me lire avec bienveillance, je vous prie d'agréer, Monsieur (*ou* Madame) le Chef d'agence, l'expression de mes sentiments distingués.

Signature

VOUS AVEZ FAIT RÉPARER LA CHASSE D'EAU, CELLE-CI NE FONCTIONNE PAS BIEN... VOUS RÉCLAMEZ.

Vous venez de payer la facture (salée !) du plombier qui a réparé votre chasse d'eau ou celle du dépanneur qui a changé une pièce de votre machine à laver. La moutarde vous monte au nez car cette réparation se révèle inefficace, voire inexistante.

• **Ce que dit la loi** : C'est le litige le plus fréquent et le plus délicat à résoudre. Ce peut être parce que le réparateur n'a pas su déceler la cause de la panne ou encore parce qu'il a mal exécuté la réparation. Dans ce cas, l'article 1147 du code civil considère que le dépanneur n'a pas honoré ses obligations. De plus en plus, les tribunaux estiment que les professionnels ont une obligation de résultat. Vous pouvez exiger le remboursement de la facture pour la réparation payée sur la base de l'obligation non exécutée. Mais il arrive qu'il y ait carrément tromperie : le réparateur prétend avoir effectué une réparation qui n'a en réalité pas été pratiquée, il a fait des réparations inutiles ou encore a changé des pièces abusivement.

Vous pouvez également alerter la Direction départementale de la concurrence, de la consommation et de la répression des fraudes.

• **Notre conseil** : Exigez le remboursement de la réparation. De plus, si vous pouvez prouver ces faits, le réparateur encourt les sanctions pénales prévues par la loi du 1er août 1905 sur les tromperies dans les contrats. Si vous avez des doutes sur le sérieux de la réparation, exigez qu'il vous remette la pièce abîmée qu'il a soi-disant changé.

Vos nom et prénom
Adresse

Date

Nom du réparateur
Adresse

Recommandé avec avis de réception

Monsieur (*ou* Madame),

J'ai fait appel à vos services pour la réparation d'une chasse d'eau (ou autre dépannage, précisez). J'ai réglé une facture d'un montant de ... € le ... (*date*).

Or, je constate que la réparation a été mal exécutée, la chasse d'eau continue de très mal fonctionner (*ou* ne fonctionne toujours pas). Cela est attesté par un autre professionnel (*par exemple, si vous avez été obligé de faire venir un autre réparateur*).

J'estime qu'il y a eu tromperie sur la qualité du service au sens de la loi du 1er août 1905. Je vous mets donc en demeure de me restituer le montant de la réparation. Sans réponse de votre part, je porterai plainte auprès du procureur de la République.

Veuillez agréer, Monsieur (*ou* Madame), l'expression de mes sentiments distingués.

Signature

LA VISITE ANNUELLE POUR VOTRE CHAUDIÈRE INDIVIDUELLE N'A PAS ÉTÉ FAITE. VOUS DEMANDEZ LE RESPECT DU CONTRAT D'ENTRETIEN.

Brr... ! Cette fin d'automne s'annonce glaciale. L'hiver est en avance de quelques semaines. Vous seriez plus au chaud si la visite annuelle de votre chauffage individuel avait été effectuée dans les temps, comme le prévoit le contrat d'entretien. Vous exigez le respect de celui-ci.

• **Ce que dit la loi** : Selon l'article 1134 du code civil, le professionnel a l'obligation de respecter strictement le contrat d'entretien qui doit préciser tous les travaux qui seront effectués (réglage, graissage, nettoyage, remplacement des pièces usées, etc.). De plus, en tant que professionnel, il est tenu à votre égard d'un devoir de conseil et d'information. Cela veut dire qu'il doit vous aviser de toute défectuosité qu'il peut constater, voire des éventuels dangers de tel ou tel appareil (par exemple, chauffe-eau vétuste pouvant intoxiquer), et proposer les mesures à prendre (réparer le bien ou au contraire le changer). En cas de sinistre, il engage sa responsabilité. S'il a tendance à prendre des libertés avec la visite annuelle et à venir quand ça lui plaît, vous pouvez exiger qu'il effectue la visite prévue et qu'il respecte les périodicités.

• **Notre conseil** : Si après ce rappel il continue d'agir aussi légèrement, résiliez le contrat d'entretien en respectant la période de préavis qu'il prévoit.

Vos nom et prénom
Adresse

Date

Référence contrat

Nom du professionnel
Adresse

Recommandé avec avis de réception

Monsieur,

Par contrat signé le ..., vous vous êtes engagé à effectuer un contrôle annuel de ... (*nom de l'objet sur lequel porte le contrat ; par exemple*, ma chaudière individuelle...). Cette visite doit avoir lieu entre le ... et le ... (*entre le 10 et le 30 mai de chaque année, par exemple*).

Or, cette date est largement dépassée et le contrôle n'a toujours pas eu lieu. Je vous prie de bien vouloir réparer d'urgence cette négligence et de respecter à l'avenir la date convenue.

À défaut, je me verrai contraint(e) de résilier le contrat d'entretien qui nous lie.

Veuillez agréer, Monsieur, l'expression de mes sentiments distingués.

Signature

VOTRE PLOMBIER A CHANGÉ UN ROBINET MAIS IL A CASSE L'ÉVIER. VOUS LUI DEMANDEZ DE RÉPARER LES DÉGÂTS.

Vous enragez ! Votre bel évier marbré a pris un sérieux coup lors du passage du plombier. S'il ne peut pas réparer cette bévue, demandez-lui de vous indemniser.

• **Ce que dit la loi** : L'artisan qui a occasionné des dégâts en effectuant des travaux sur un bien, ou dans un appartement, doit réparer les dommages causés par lui-même ou par ses préposés.

Selon l'article 1382 du code civil, « tout fait quelconque de l'homme qui cause à autrui un dommage oblige celui par la faute duquel il est arrivé à le réparer ». En clair, celui qui cause un dommage en est responsable.

Et l'article 1384 du même code prévoit qu'un employeur est responsable des dommages causés par ses employés. Que le dommage soit causé par l'artisan ou par l'un de ses salariés, sa responsabilité est engagée.

Vous pouvez soit exiger une « réparation en nature », c'est-à-dire que l'artisan répare matériellement les dégâts, soit une indemnisation financière qui vous permette de faire effectuer les réparations par une autre entreprise. En général, les professionnels ont une assurance... mais ils essaient toujours d'éviter de la faire intervenir.

• **Notre conseil** : Si l'artisan n'a pas d'assurance responsabilité civile et qu'il refuse de réparer, vous pouvez saisir le tribunal d'instance pour des dégâts inférieurs à 1200 € et le tribunal de grande instance s'ils excèdent ce chiffre.

Vos nom et prénom
Adresse

Date

Nom de l'artisan
Adresse

Recommandé avec avis de réception

Monsieur,

Lors de votre intervention du ... (*date*), vous avez réparé le robinet de la salle de bains, mais occasionné les dégâts suivants : ... (*décrivez-les en détail*).

Je vous rappelle qu'aux termes de l'article 1382 du code civil, vous êtes responsable des dommages causés.

En conséquence, je vous mets en demeure d'effectuer à vos frais les réparations nécessaires.

Ou encore :
Je vous prie d'informer votre compagnie d'assurances de ce sinistre en lui demandant de me rembourser la somme de ... € que j'ai dû débourser pour faire réparer ces dégâts par une autre entreprise.

Je vous prie d'agréer, Monsieur, l'expression de mes salutations distinguées.

Signature

VOTRE BUFFET LOUIS XVI A PERDU UNE PORTE LORS DE VOTRE DÉMÉNAGEMENT. VOUS DEMANDEZ RÉPARATION.

Au cours de votre déménagement, certains de vos meubles ont été détériorés ou perdus. Il faut en faire le constat dans la « lettre de décharge » qui vous est remise à la réception du mobilier et confirmer votre réclamation dans les trois jours.

• **Ce que dit la loi** : Un transporteur a une obligation de résultat, c'est-à-dire qu'il doit acheminer vos biens et vous les livrer dans l'état où ils se trouvaient au départ. Il est présumé responsable de la détérioration ou de la perte des biens (article 103 du code de commerce). En principe, il faudrait vérifier l'état de vos meubles avant de signer la lettre de décharge que vous présente le déménageur et y apposer des réserves. Ensuite, vous devez impérativement confirmer vos réserves par lettre recommandée avec avis de réception dans les trois jours qui suivent (le dimanche et les jours fériés ne comptent pas). Même si vous n'avez pas eu le temps de constater les détériorations avant signature de la lettre de décharge, envoyez votre réclamation dans les trois jours. Si le déménageur refuse de vous indemniser, il faudra engager un procès dans le délai d'un an au maximum (article 108 du code de commerce).

• **Notre conseil** : Respectez impérativement le délai de trois jours pour faire la déclaration de détérioration ou perte, sinon vous ne pouvez plus prétendre à indemnisation. De plus, si vous avez des meubles et objets de grande valeur, souscrivez une assurance en valeur déclarée, car l'indemnisation du déménageur se fait uniquement sur la base d'une valeur forfaitaire assez faible. Pour plus de sécurité, choisissez de préférence une société de déménagement adhérente d'une chambre syndicale. En cas de difficulté, le syndicat sert de médiateur.

Vos nom et prénom
Adresse

Date

Nom du déménageur
Adresse

Recommandé avec avis de réception

Monsieur (*ou* Madame),

En vertu d'un contrat signé le … (*date*), votre entreprise a procédé au déménagement de mon mobilier le … (*date*).

Au cours de ce déménagement, certains biens ont été endommagés (*précisez les biens et décrivez les détériorations. Par exemple* : une caisse de vaisselle a été brisée, ou : le tissu d'un fauteuil a été déchiré).

J'ai fait les réserves nécessaires sur la lettre de décharge que vos employés m'ont fait signer le jour même.

Par la présente, je vous confirme ces réserves et vous joins en annexe la liste des biens endommagés (*ou* perdus) et la valeur de chacun de ces objets. Le préjudice total s'élève à … €.

En conséquence, je vous prie de bien vouloir me faire parvenir rapidement la somme de … € correspondant au préjudice subi.

Veuillez agréer, Monsieur (*ou* Madame), l'expression de mes sentiments distingués.

Signature

VOUS AVEZ SIGNÉ UN CONTRAT POUR SUIVRE UN STAGE. RENSEIGNEMENTS PRIS, L'ÉTABLISSEMENT A MAUVAISE RÉPUTATION. VOUS RÉSILIEZ VOTRE CONTRAT.

Vous êtes sûr qu'un stage d'informatique vous permettrait de retrouver un emploi plus facilement. Vous avez donc réuni vos dernières économies pour vous payer un superbe stage. Hélas, le centre n'est pas à la hauteur de vos espérances. Il dispose d'un ordinateur pour dix stagiaires ! Vous préférez résilier votre contrat.

• **Ce que dit la loi** : Toute personne qui signe un contrat pour suivre individuellement une formation peut se rétracter dans les dix jours suivant la signature. Selon l'article L. 920-13 du code du travail, aucune somme ne peut vous être réclamée avant l'expiration de ces dix jours.

De toute façon, l'organisme ne doit pas vous faire payer la totalité du prix du stage dès l'inscription. Il peut seulement exiger le versement d'une somme correspondant à 30 % du prix du stage, les 70 % restants doivent être échelonnés au fur et à mesure de l'avancement du stage.

Hélas, la loi n'est pas toujours aisée à appliquer. En effet, ce texte ne concerne que la formation professionnelle. Or, parfois, il est difficile de déterminer si le stage constitue ou non une action de formation professionnelle.

En cas de doute, on peut se reporter à l'article 900-2 du code du travail qui définit la notion de formation professionnelle.

• **Notre conseil** : Certains établissements vous demandent de mettre une date différente de la date réelle sur le contrat afin que vous ne disposiez pas des dix jours pour vous rétracter. N'acceptez pas une telle tricherie, qui peut se retourner contre vous. La loi est là pour vous protéger, refusez de la violer.

Si vous changez d'avis ou si l'établissement vous déçoit, vous serez soulagé d'avoir ce délai pour résilier votre contrat. Ne signez jamais un contrat sans avoir visité les locaux de cours. Leur propreté, leurs installations (machines nombreuses, supports techniques, ouvrages...) révèlent souvent le sérieux – ou le manque de sérieux – des stages.

Vos nom et prénom
Adresse

Date

Nom du gérant
(ou autre dirigeant)
du centre de stage
Nom et adresse du centre
de stage

Objet : résiliation de contrat

Monsieur le Gérant,

Le ... (*date*), je me suis inscrit(e) auprès de votre établissement pour suivre une formation de ... (*indiquez le nom du stage*).

Après réflexion, j'ai décidé de ne pas donner suite à ce projet.

En conséquence, je vous prie de bien vouloir résilier mon inscription, conformément à l'article L. 920-3 du code du travail, qui ouvre droit à la faculté de rétractation.

Veuillez agréer, Monsieur le Gérant, l'expression de mes sentiments distingués.

Signature

VOUS VOUS ÊTES INSCRIT À UN COURS PAR CORRESPONDANCE. DEVANT LE NIVEAU AFFLIGEANT DES COURS, VOUS RÉSILIEZ VOTRE INSCRIPTION.

Vous aviez absolument besoin de vous remettre à niveau pour passer ce concours. Des cours par correspondance vous ont paru être la solution.
En recevant les formulaires de cours, vous avez découvert que leur niveau était très bas. Vous préférez résilier votre contrat.

• **Ce que dit la loi** : Le milieu de la formation professionnelle et celui de l'enseignement à distance sont assez mal réglementés. Le pire y est fréquent. Il faut donc être très prudent dans le choix de l'établissement.

Or, parfois, les cours par correspondance constituent le seul moyen pour préparer un concours ou un examen alors que l'on a un emploi à temps plein ou encore lorsque des problèmes de santé empêchent de suivre des cours à l'extérieur de chez soi. Les prix des cours par correspondance sont souvent très élevés. La loi du 12 juillet 1971 a donc réglementé le contrat passé avec les établissements privés d'enseignement à distance (c'est le nom officiel des écoles qui dispensent des cours par correspondance).

Selon cette loi, l'établissement doit vous faire parvenir, sous la forme recommandée, un projet de contrat. Et vous ne pouvez signer le contrat définitif qu'au terme d'un délai franc de sept jours, à partir de la date où vous avez reçu le projet de contrat. Mais même après avoir signé ce contrat, vous pouvez encore le résilier pendant les trois mois qui suivent. Vous n'avez pas de raisons à donner. L'établissement doit vous rembourser les sommes que vous lui avez versées. Il peut, cependant, conserver une indemnité qui ne doit pas dépasser 30 % du prix total du contrat. Il peut aussi vous facturer les fournitures (livres, fiches, cassettes…) qui vous ont été livrées.

En outre, l'article 20 du décret du 22 décembre 1972 prévoit que les fournitures ne doivent être livrées et facturées qu'au fur et à mesure des nécessités de leur utilisation.

Notez enfin que pour les cours par correspondance, le Centre national de télé-enseignement, situé à Vanves (établissement public sous contrôle du ministère de l'Éducation nationale), propose des centaines de cours par correspondance en vous faisant payer un simple droit d'inscription d'environ 76 euros.

• **Notre conseil** : Si vous avez décidé de résilier votre contrat pour quelque raison que ce soit, ne vous laissez pas intimider par d'éventuelles menaces des dirigeants de l'établissement. Ne vous laissez pas non plus manipuler par la séduction sur le mode « je vous invite à déjeuner et vous me raconterez vos difficultés ».
Vos difficultés, le dirigeant de l'établissement s'en moque : il veut essayer de vous empêcher de résilier votre contrat pendant le délai autorisé par la loi.
Votre lettre est à envoyer sous la forme recommandée avec avis de réception.

Vos nom et prénom
Adresse

Date

Nom du gérant
(ou autre dirigeant)
du centre d'enseignement
Nom et adresse
de l'établissement

Objet : résiliation de contrat

Monsieur le Gérant,

Le … *(date)*, j'ai signé avec votre établissement un contrat n° … .

Je vous informe que j'ai décidé de résilier ce contrat, conformément à l'article 9 de la loi du 12 juillet 1971.

En conséquence, je vous prie de cesser de m'envoyer les formulaires de cours. En outre, je vous demande de me rembourser les sommes que j'ai versées à votre établissement.

Veuillez agréer, Monsieur le Gérant, l'expression de mes sentiments distingués.

Signature

VOUS AVEZ DEMANDÉ À UNE AGENCE MATRIMONIALE DE VOUS TROUVER L'ÂME SŒUR, MAIS ELLE NE VOUS A PRÉSENTÉ AUCUNE PERSONNE OU DES PERSONNES NE RÉPONDANT PAS À VOTRE DEMANDE.

Vous en aviez assez d'être seul. Sur les conseils d'un ami, vous vous êtes inscrit dans une agence matrimoniale pour qu'elle vous trouve la femme de votre vie. Deux mois après avoir signé le contrat, on ne vous a présenté personne. Ou encore on ne vous a présenté que des personnes ne répondant pas à vos goûts.

• **Ce que dit la loi** : Les activités des agences matrimoniales sont réglementées par la loi du 23 juin 1989 et le décret du 16 mai 1990.

Entre vous et l'agence se conclut un contrat qu'elle doit exécuter de bonne foi.

Elle doit consigner sur une annexe les éléments vous concernant (âge, sexe, profession, région de résidence...).

Afin d'éviter la multiplication de faux candidats(tes), la loi du 23 juin 1989 vous permet d'exiger que l'agence vous montre l'engagement écrit de la personne qu'elle vous présente. Sinon, il suffit au responsable de l'agence de demander à une copine de prétendre être « la candidate » et le tour est joué.

Si l'agence ne vous a présenté aucun(e) candidat(e) depuis votre inscription ou si elle ne vous présente que des personnes ne correspondant pas à vos goûts, vous pouvez résilier votre contrat.

• **Notre conseil** : En l'absence de résultats satisfaisants, demandez la résiliation de votre engagement pour non-respect du contrat.

Indiquez clairement dans votre courrier par lettre recommandée avec avis de réception les manquements de l'agence. Évitez les méchancetés et critiques personnelles sur les personnes qui vous ont été présentées.

En cas de procès, l'agence se ferait un plaisir de produire votre lettre au juge pour montrer que vous êtes un personnage antipathique. Bref, limitez vos critiques aux insuffisances de l'agence matrimoniale.

Vos nom et prénom
Adresse

Date

Nom du gérant
(ou autre dirigeant)
de l'agence matrimoniale
Nom et adresse de l'agence

Objet : résiliation de contrat matrimonial
Recommandé avec avis de réception

Monsieur le Gérant,

Le ... (*date*), j'ai conclu un contrat avec votre agence afin qu'elle me présente des candidats(tes) correspondant à mes souhaits.

Or, depuis la signature du contrat (*ou encore* : depuis ... mois), aucune personne ne m'a été présentée.

(*Ou encore* : l'annexe du contrat que j'ai signé précise les qualités des personnes que je souhaite rencontrer. Or, aucune des personnes rencontrées ne correspond à ce profil.)

Je constate que vous n'avez pas rempli vos engagements et décide donc de résilier le contrat initialement signé.

En conséquence, je vous mets en demeure de me restituer la somme de ... € que je vous ai versée.

À défaut, je me verrai contraint(e) de saisir le tribunal compétent, voire de déposer plainte pour publicité mensongère auprès du procureur de la République.

Veuillez agréer, Monsieur le Gérant, l'assurance de mes sentiments distingués.

Signature

VOTRE EX-PETITE AMIE N'A DE CESSE DE VOUS HARCELER AINSI QUE VOTRE FAMILLE... VOUS LA MENACEZ DE SAISIR LA JUSTICE SI ELLE NE MET PAS FIN À SES AGISSEMENTS.

Vous avez été imprudent. Après une aventure torride avec cette jeune fille, vous l'avez quittée sans ménagement. Depuis, elle vous harcèle. Vous lui demandez de cesser.

• **Ce que dit la loi** : L'article 7 du code civil prévoit que tout citoyen a droit au respect et à la protection de sa vie privée.

Si quelqu'un perturbe votre vie privée (coups de téléphone incessants, lettres, menaces...), le juge peut non seulement lui ordonner de cesser, mais il peut aussi le condamner à une peine de prison (avec sursis, tout de même !), voire l'obliger à vous verser des dommages-intérêts si ce harcèlement vous a gravement perturbé.

Ici encore, la difficulté consiste à prouver la culpabilité de cette personne.

Un chanteur célèbre vient de faire condamner à une peine de prison avec sursis une admiratrice qui, depuis deux ans, le harcelait ainsi que sa famille.

Mais il n'est pas nécessaire d'être célèbre pour obtenir l'aide de la justice.

• **Notre conseil** : Avant de réagir, patientez un peu. Souvent, les perturbateurs finissent par s'arrêter d'eux-mêmes. En revanche, si le harcèlement persiste, envoyez une lettre recommandée au ou à la coupable. Et au besoin, saisissez la justice.

Vos nom et prénom
Adresse

Date

Nom de la perturbatrice
(du perturbateur)
Adresse

Recommandé avec avis de réception

Mademoiselle (*Monsieur*),

Depuis de longs mois, vous perturbez gravement ma vie et celle de ma famille. Vos appels téléphoniques à toute heure du jour et de la nuit, vos courriers incessants et vos menaces sont inadmissibles.

Pour la dernière fois, je vous demande de cesser ce harcèlement. À défaut, je déposerai plainte et demanderai réparation du préjudice que vous nous faites subir.

Je vous prie de croire, Mademoiselle (*Monsieur*), à l'expression de mes salutations distinguées.

Signature

UN CONTRÔLEUR DE LA SNCF VOUS A INFLIGÉ UNE AMENDE. VOUS LA CONTESTEZ CAR ELLE NE VOUS SEMBLE PAS JUSTIFIÉE.

Vous n'avez pas été en mesure de présenter un billet valable dans le train, le bus ou le métro. Vous contestez l'amende qui vous a été infligée en arguant de votre bonne foi.

• **Ce que dit la loi** : Un voyageur doit être en mesure de présenter un billet composté. À défaut, le contrôleur dresse un procès-verbal (amende) constatant que vous voyagez sans titre de transport valable.

Vous avez deux mois pour contester ce PV en faisant valoir vos arguments auprès du transporteur. Le seul fait de ne pas être en règle est répréhensible, même si vous n'aviez pas l'intention de frauder. Néanmoins, vous pouvez obtenir l'annulation du PV en invoquant des circonstances indépendantes de votre volonté. Par exemple, une erreur du guichet qui a établi le billet ou un cas de force majeure, comme le non-fonctionnement de toutes les machines de compostage ou de vente de billets alors que tous les guichets étaient fermés...

Si votre recours amiable est rejeté par le transporteur, et que vous maintenez votre refus de payer l'amende, votre dossier est transmis au procureur de la République, qui peut décider de classer le dossier ou vous poursuivre. Dans ce cas, vous pourrez vous expliquer devant le juge.

Vous pouvez également saisir le médiateur de la SNCF (pour une amende SNCF), mais il faut passer par une association de consommateurs qui lui transmettra votre courrier.

Si les faits sont avérés, il est inutile de contester l'amende. En revanche, vous pouvez demander la bienveillance en expliquant vos difficultés. Avec un peu de chance, le transporteur acceptera d'effacer le PV.

• **Notre conseil** : Ne dénigrez jamais le personnel du transporteur même si vous trouvez que certains contrôleurs sont épouvantables. Limitez-vous aux faits, uniquement aux faits.

Vos nom et prénom
Adresse
Recommandé avec avis de réception

Date

Nom du transporteur
direction commerciale
Adresse

Référence dossier :

Monsieur, Madame,

Par la présente, je conteste le procès-verbal qui m'a été délivré par l'un de vos agents le ... (*date*) à ... heures, à la suite d'un contrôle de billets sur la ligne .... (*indiquez le lieu de départ et celui d'arrivée et le numéro de train pour la SNCF*).

S'il est vrai que je n'ai pas été en mesure de présenter un titre valable (*précisez* : un billet non composté, aucun billet...), ce défaut ne m'est pas imputable.

En effet, je me suis trouvé(e) dans une situation irrégulière du fait de .... (*donnez vos explications*), circonstances indépendantes de ma volonté.

Ma bonne foi ne pouvant être remise en cause, je demande à être dispensé(e) du paiement de cette amende.

Vous remerciant de la bienveillante attention que vous voudrez bien accorder à la présente, je vous prie de croire, Monsieur, Madame, à l'expression de ma considération distinguée.

Signature

VOUS DEMANDEZ UNE INDEMNISATION À LA SUITE DE BLESSURES QUE VOUS AVEZ SUBIES À L'OCCASION D'UN TRANSPORT.

Vous étiez tranquillement installé(e) dans le wagon d'un train, un métro ou dans un bus quand un bagage s'est détaché pour venir vous frapper ou qu'une manœuvre violente du machiniste vous a déséquilibré et fait tomber. Vous demandez au transporteur de vous indemniser.

• **Ce que dit la loi** : Tout transporteur (SNCF, RATP, société d'autocars…) est tenu d'assurer la sécurité des voyageurs et de les transporter sains et saufs à destination.

En vous vendant un billet, le transporteur prend l'engagement contractuel de vous permettre de voyager sans risque. Cette obligation s'applique à partir du moment où vous êtes monté dans le train (bus, ou car) jusqu'à votre descente, et si vous possédez un titre de transport valable, le transporteur ne peut s'exonérer de sa responsabilité contractuelle en cas d'accident. Sauf s'il prouve que l'accident que vous avez subi est dû à un cas de force majeure (par exemple, déraillement provoqué par des pluies torrentielles), un fait extérieur (déraillement dû au franchissement d'un passage à niveau par un véhicule) ou à une faute de la victime (vous avez voulu monter ou descendre alors que le train n'était pas à l'arrêt).

À l'appui de votre demande d'indemnisation, vous devez joindre les documents permettant de chiffrer votre préjudice.

Le transporteur va indemniser vos blessures mais également les préjudices économiques (vous avez perdu votre job, vous avez perdu un gros contrat…) et/ou psychologiques.

Lorsque l'accident survient en dehors du trajet (par exemple sur le quai ou dans la gare), vous ne pouvez pas faire valoir la responsabilité contractuelle du transporteur. Vous pouvez néanmoins obtenir réparation en invoquant sa responsabilité délictuelle.

• **Notre conseil** : N'oubliez pas de contacter votre assureur. Vous avez peut-être, sans le savoir, souscrit une garantie individuelle accident ou une garantie de protection juridique qui couvre les conséquences financières de ce type de dommages.

Vos nom et prénom Date
Adresse
Recommandé avec avis de réception

Nom du transporteur
Direction commerciale
Adresse

Référence dossier :

Madame, Monsieur,

Au départ de … (*ville*), et à la date du …, j'ai pris … (le train, l'autbus, le métro…) à destination de … (*ville*).
Pendant ce trajet, j'ai … (*expliquez les circonstances de l'accident*).

Comme le confirment les attestations ci-jointes rédigées par deux témoins présents au moment des faits.
Depuis ce jour, je souffre de … (*précisez les séquelles, par exemple* maux de tête violents, vertiges…), comme l'attestent les certificats médicaux joints en annexe.

Ce fait engage votre responsabilité contractuelle conformément à l'article 1147 du code civil. En conséquence, je vous prie de bien vouloir ouvrir un dossier aux fins d'indemniser le dommage corporel que j'ai subi.

Je vous prie de croire, Madame, Monsieur, à l'expression de ma considération distinguée.

Signature

P.J. : certificats médicaux, copie du titre de transport.

UNE PANNE DE COURANT A MIS HORS D'USAGE VOTRE CONGÉLATEUR. VOUS DEMANDEZ À EDF UNE INDEMNISATION.

Vous veniez de faire le plein de votre congélateur quand une panne ou une coupure sauvage d'électricité est survenue, gâchant tout ce qui s'y trouvait. Ou la coupure d'électricité vous a fait chuter entraînant des blessures.

• **Ce que dit la loi** : Une panne de courant ou une surtension peut être très dommageable. C'est le cas si la prolongation de la coupure dégivre vos appareils de conservation (réfrigérateur, congélateur) et entraîne la décongélation de vos produits alimentaires. Mais une panne de courant peut avoir des effets sur la sécurité des personnes plus faibles : chute dans les escaliers, arrêt des appareils médicaux (appareils de dialyse, respiratoire...), par exemple.

EDF qui, en France, a le monopole de la distribution du courant aux particuliers s'est empressée de mettre des clauses d'irresponsabilité dans ses contrats, mais les magistrats n'ont pas marché. Ils ont jugé que la responsabilité de l'opérateur EDF est engagée de manière pleine et entière quand une panne ou une coupure sauvage prive un usager de courant.

Pour obtenir réparation, vous devez prouver que vous avez subi un préjudice. Ne jetez pas les appareils défectueux et faites établir une attestation par un professionnel stipulant qu'ils sont devenus irréparables.

Pour les dégâts survenus à vos produits alimentaires, un agent peut se déplacer. Conservez le ticket de caisse ou de carte bleue prouvant que vous aviez récemment rempli votre congélateur. En cas de blessures (dues à une chute ou à l'arrêt d'un appareil médical par exemple), vous devez les faire constater par des certificats médicaux.

• **Notre conseil** : Parallèlement, faites une déclaration à votre assureur. L'assurance de votre logement comporte peut-être une clause permettant votre indemnisation par votre assureur, qui se tournera ensuite vers EDF.
En cas de refus d'indemnisation, vous pouvez assigner EDF devant le tribunal.

Vos nom et prénom
Adresse

Date

Recommandé avec avis de réception

Nom du transporteur
Direction commerciale
Adresse

Référence dossier :

Monsieur, Madame,

Une panne de courant est survenue le ... (*date*) causant des dommages à mes appareils électriques, devenus inutilisables depuis ce jour.

De plus, les aliments qui se trouvaient dans mon congélateur ont été avariés et perdus en totalité.

En conséquence, je vous prie de bien vouloir ouvrir un dossier aux fins d'indemnisation du préjudice que j'ai subi. Vous trouverez ci-joint les factures d'achat et certification d'irréparabilité de mes appareils.

Ce préjudice correspond à la somme de ... € que vous voudrez bien me verser dans les meilleurs délais.

Je vous prie de croire, Monsieur, Madame, à l'expression de ma considération distinguée.

Signature

LA POSTE A PERDU UNE LETTRE OU UN COLIS QUE VOUS AVIEZ ENVOYÉ. VOUS LUI DEMANDEZ UN DÉDOMMAGEMENT POUR CETTE PERTE.

Vous avez envoyé un colis en valeur déclarée ou un pli sous la forme recommandée. Malheureusement, votre envoi n'est jamais parvenu à destination, ou le colis est arrivé mais son contenu est dans un piètre état.
La responsabilité de La Poste est engagée, elle doit indemniser votre préjudice.

• **CE QUE DIT LA LOI** : Pour un envoi sous la forme ordinaire, la loi n'engage pas sa responsabilité, car la preuve de l'envoi est impossible.

Mais si vous faites un envoi en valeur déclarée, en Chronopost ou sous la forme recommandée, La Poste est responsable si le colis ou le pli est perdu ou détérioré.

Le montant de l'indemnisation dépend de la formule choisie (R1, R2, R3) pour un recommandé, dans la limite d'un plafond prévu par le règlement de La Poste.

Pour les envois en valeur déclarée, l'indemnisation est plus élevée que pour les envois en recommandé. Au moment de l'expédition, La Poste vous demande de « déclarer » la valeur de ce que contient le paquet. Vous devez pour cela souscrire une assurance complémentaire qui dépend du poids de l'envoi et de la valeur déclarée.

Pour être indemnisé, vous devez fournir les justificatifs (factures d'achat) attestant la valeur déclarée du ou des biens. De plus, il est nécessaire que le colis ait été sous emballage sécurisé avec ficelles et cachets de cire.

Pour les envois en Chronopost non distribués dans les délais, La Poste vous indemnise si vous êtes en mesure de présenter l'original de la facture que le guichet vous a délivrée lors de l'expédition, ainsi que le bordereau d'envoi.

Vos nom et prénom
Adresse

Date

Recommandé avec avis de réception

Nom du transporteur
Direction commerciale
Adresse

Référence dossier :

Monsieur, Madame,

J'ai envoyé un colis en valeur déclarée le ... (*précisez la date*). Son destinataire était Madame ... (*ou* la société X). Or, cet envoi n'est jamais parvenu à destination.

Le bureau de Poste de .... (*ville d'expédition*) a effectué des recherches, mais en vain.

L'agent m'a dit qu'il faut considérer ce colis comme définitivement perdu.

En conséquence, je vous en demande son remboursement pour un montant de ... €, correspondant à sa valeur déclarée lors de l'expédition.

Je vous prie de croire, Monsieur, Madame, à l'expression de ma considération distinguée.

Signature

LE PRESSING A DÉTÉRIORÉ VOTRE VÊTEMENT. VOUS EXIGEZ UNE INDEMNISATION.

Vous aviez confié votre superbe ensemble à un pressing. Le vêtement qu'il vous rend ressemble à un vieux chiffon.
Vous exigez que l'on vous indemnise.

• **Ce que dit la loi** : Un professionnel est responsable de ses prestations.

Ainsi, le teinturier (pressing) à qui vous remettez un vêtement doit l'examiner afin de s'assurer qu'il est en bon état. Dans le cas contraire, il fait des réserves sur le bon qu'il vous remet en y indiquant les taches, trous… qu'il a pu constater.

Il a une obligation de résultat. S'il ne fait pas de réserves, il est présumé avoir reçu un vêtement en bon état.

Il doit donc vous indemniser si le vêtement est endommagé, sauf s'il prouve que la détérioration est due à une cause étrangère (vice dans le tissu par exemple). Le dédommagement correspond à la valeur d'achat du vêtement, diminuée d'un coefficient de vétusté.

Le pressing est également responsable en cas de perte d'un vêtement.

En principe, il est assuré, ce n'est donc pas lui qui supporte personnellement l'indemnisation.

Pour obtenir réparation, vous devez adresser au pressing une réclamation qu'il transmettra à son assureur.

Vos nom et prénom
Adresse

Date

Contrat n° ...

Recommandé avec avis de réception

Nom du dirigeant
du pressing
Adresse

Madame, Monsieur,

En date du ..., je vous ai confié le nettoyage de ... (*description de l'article*), selon bon de remise numéro ....

Au moment de le reprendre, je vous ai fait remarquer qu'il était abîmé (*précisez la nature du dommage constaté*). Aussi vous l'ai-je laissé.

Comme vous le savez, faute de réserve expresse de votre part lors du dépôt, vous êtes tenu à une obligation de résultat. En conséquence, je vous prie de bien vouloir transmettre une déclaration de sinistre à votre assureur afin que je sois rapidement indemnisé.

À l'appui de ma réclamation, vous voudrez bien trouver ci-joint copies de la facture d'achat et du ticket de dépôt.

Je vous prie de croire, Madame, Monsieur, à l'expression de ma considération distinguée.

Signature

VOUS CONTESTEZ UN PV QU'ON VOUS A INFLIGÉ DANS LE BUS, LE MÉTRO, LE TRAIN, ETC.

Un agent des transports en commun vous a infligé un PV parce que vous n'avez pas présenté un billet valable, parce que vous avez fumé etc. Vous contestez ce PV qui vous semble injustifié.

• **Ce que dit la loi** : Que les transports soient publics ou privés, vous devez être en mesure de présenter un billet valable au contrôleur qui vous le réclame. Sinon, vous pouvez écoper d'une amende ou PV (procès-verbal) dont le montant varie selon la distance et le mode de transport concerné. En pratique, les amendes sont essentiellement distribuées par la SNCF (grandes lignes et petites lignes) et la RATP (métro et bus). Les agents peuvent également vous infliger un PV d'un montant très élevé si vous êtes surpris en train de fumer dans les espaces non fumeurs. SNCF et RATP sont à juste titre sévères avec ceux qui violent la loi Evin contre le tabagisme.

Si vous estimez que le PV n'est pas justifié, vous pouvez le contester dans un délai de deux mois auprès du service commercial du transporteur, en motivant votre contestation.

• **Notre conseil** : Si votre réclamation est rejetée, payez le PV au plus tard dans les deux mois.

Vos nom et prénom
Adresse

À..., le...

Nom du transporteur
Adresse

Références du PV :

Recommandé avec avis de réception

Monsieur, Madame,

Je conteste le procès-verbal qui m'a été délivré (e) par l'un de vos agents le ... à ... heures, à la suite d'un contrôle de billet sur la ligne... (*ou à la station...*),

car mon billet n'était pas composté. Or, Il m'a été impossible de réaliser cette opération car tous les appareils de compostage de la gare... étaient hors services, au moment j'ai embarqué dans le train en gare de ... à ... heures.

Ce fait étant indépendant de ma volonté, je refuse par conséquent de régler le présent PV que j'estime non mérité.

Je vous prie de croire, Monsieur, Madame, à l'expression de mes salutations distinguées.

Signature

VOUS DEMANDEZ L'INDULGENCE SUITE À UN PV MÉRITÉ.

C'est vrai, vous êtes dans votre tort. Mais ce PV va lourdement grever votre budget : vous pouvez tenter d'obtenir une dispense.

• **Ce que dit la loi** : si le PV est justifié, vous devez le payer. Dans ce cas, il vaut mieux reconnaître votre faute et demander l'indulgence pour être dispensé du paiement en faisant état de vos difficultés financières. Dans tous les cas, joignez une photocopie du PV.

Vos nom et prénom
Adresse

À..., le...

Nom du transporteur
Adresse

Références du PV :

Recommandé avec avis de réception

Monsieur, Madame,

J'ai l'honneur de solliciter votre indulgence pour me dispenser du paiement du procès-verbal qui m'a été délivré le ... à ... et dont vous trouverez copie joint.

Je ne conteste pas le bien-fondé de ce PV puisque je n'ai pas été en mesure de présenter un billet en cours de validité à votre contrôleur. Mais le montant de l'amende est si élevé qu'il dépasse largement mes capacités financières. Je suis dans une situation extrêmement difficile. chômage depuis plusieurs mois, je perçois une allocation mensuelle de..., qui sert à régler en priorité mon loyer et les dépenses nécessitées par l'éducation de mes deux enfants.

Je vous remercie de la bienveillante attention que vous voudrez bien accorder à ma demande, et je vous prie de croire, Madame, Monsieur, à l'expression de ma parfaite considération.

Signature

CHAPITRE 20

LA CONSOMMATION

VOUS AVEZ ACHETÉ UN ARTICLE PAR CORRESPONDANCE. MAIS À LA RÉCEPTION DU COLIS, IL NE VOUS CONVIENT PAS. VOUS POUVEZ LE RENVOYER DANS LES SEPT JOURS.

Vous aviez commandé un objet qui paraissait bien séduisant sur le catalogue. Mais, à la réception, vous constatez qu'il est moins plaisant, ou trop petit, ou trop grand... Sans avoir à vous justifier, vous pouvez renvoyer l'article au vendeur.

• **Ce que dit la loi** : La vente à distance est connue des consommateurs sous le nom de vente par correspondance (VPC). Cela correspond à vos achats sur catalogues, sur Minitel ou au cours d'émissions de télé-achat.

Il peut s'agir de n'importe quel bien : vêtements, vaisselle, meubles, bijoux, livres...

Selon l'article L. 121-16 du code de la consommation, vous disposez d'un délai de sept jours, à compter de la date de livraison de votre commande, pour retourner au vendeur l'article acheté en vue d'un échange ou d'un remboursement, selon votre choix.

Le vendeur ne doit vous facturer ni frais ni pénalités. Il ne peut pas davantage vous facturer des frais sous prétexte que l'article n'a pas été retourné dans son emballage d'origine.

Toutefois, c'est vous qui supportez les frais d'expédition pour ce retour. Vous n'avez pas à donner la raison pour laquelle vous souhaitez rendre le produit.

Quant au délai de sept jours, il se calcule à partir de la date de livraison. Si le délai finit un samedi, un dimanche ou un jour férié ou chômé, il est prorogé (prolongé) jusqu'au premier jour ouvrable suivant. À titre d'exemple, si vous avez été livré le samedi, vous avez jusqu'au lundi « en huit » minuit.

Si la date de livraison est indéterminée (souvent, on signe le bon de livraison sans penser à mettre la date), le vendeur ne peut refuser l'article même s'il estime que les sept jours sont passés puisqu'il ne peut apporter la preuve du point de départ de ce délai.

Attention : vous ne pouvez pas annuler les achats faits dans les foires et salons.

• **Notre conseil** : La loi ne vous oblige pas à retourner l'article en recommandé avec avis de réception. Mais il est prudent de le faire sous cette forme pour avoir une preuve de votre envoi.

Vos nom et prénom
Adresse

Date

Nom de la société de VPC
Adresse

Recommandé avec avis de réception

Madame, Monsieur,

Je vous retourne par colis envoyé sous la forme recommandée avec avis de réception le ... (*nom de l'objet, par exemple* le pantalon, le fer à repasser) que j'ai acheté par correspon-dance auprès de votre société et qui m'a été livré le ... .

Conformément aux dispositions de l'article L. 121-16 du code de la consommation, je vous prie de me rembourser la somme correspondant au prix de ce bien.

Vous en remerciant, je vous prie d'agréer, Madame, Monsieur, mes salutations distinguées.

Signature

Vous aviez commandé un objet qui paraissait bien séduisant sur le catalogue. Mais, à la réception, vous constatez qu'il est moins plaisant, ou trop petit, ou trop grand... Sans avoir à vous justifier, vous pouvez renvoyer l'article au vendeur.

Si le vendeur ne vous répond pas dans le délai d'un mois suivant le retour de votre achat, il est considéré comme ayant refusé la reprise du bien et il s'expose à des sanctions pénales.

Vos nom et prénom
Adresse

Date

Nom de la société de VPC
Adresse

Recommandé avec avis de réception

Madame, Monsieur,

Le ... (*date de renvoi du colis*), je vous ai retourné ... (*nom de l'article*) qui m'avait été livré le ... (*date*) et vous ai demandé de me rembourser le prix que j'avais réglé.

Je vous ai donc expédié cet article avant la fin du délai de sept jours prévu par l'article L. 121-16 du code de la consommation.

Or, à ce jour, je n'ai reçu ni remboursement ni courrier de vos services.

Ce silence de plus d'un mois après la réception du colis me laisse penser que vous refusez de me rembourser. Je vous rappelle que votre refus tombe sous le coup de l'article L. 121-19 du code de la consommation et peut être pénalement sanctionné.

Je vous mets donc en demeure de me faire ce remboursement dans les meilleurs délais.

À défaut, j'alerterai la Direction départementale de la concurrence, de la consommation et de la répression des fraudes et déposerai plainte auprès du procureur de la République.

Veuillez agréer, Madame, Monsieur, mes salutations distinguées.

Signature

• **NOTRE CONSEIL** : En cas de difficulté pour obtenir la reprise du produit, vous pouvez alerter la Direction départementale de la concurrence, de la consommation et de la répression des fraudes (DDCCRF) de votre département. Ou encore écrire au Syndicat des entreprises de vente par correspondance vente directe (SEVC) 60, rue La Boétie. 75008 Paris.

VOTRE FILLE MINEURE ACHÈTE POUR VOTRE FÊTE UN SERVICE À CAFÉ QUI RUINE SES ÉCONOMIES. VOUS DEMANDEZ L'ANNULATION DE LA VENTE.

Voulant vous faire plaisir, votre fille mineure a, pour votre fête, commandé un service à café coûteux. Vous exigez l'annulation de la vente.

• **Ce que dit la loi** : Aux yeux de la loi, lorsque vous achetez une baguette, vous êtes soumis à un contrat. Bien sûr, il s'agit d'un contrat verbal. Donc, l'achat d'un bien, modeste ou important, comptant ou à crédit, s'analyse comme un contrat conclu entre le commerçant et vous.

Un contrat est un acte grave. Il peut comporter des risques, voire des dangers. Or, un mineur est considéré comme n'ayant pas encore la maturité nécessaire pour mesurer l'importance et les risques d'un engagement.

C'est pourquoi l'article 1124 du code civil précise que les mineurs non émancipés sont incapables de contracter (traduisez de conclure un contrat). Autrement dit, votre enfant mineur ne peut sans votre autorisation passer une commande ou faire un achat important. En pratique, il y a une tolérance pour des achats de faible importance comme les achats alimentaires (pain, fruits, légumes…), de petite parfumerie…

Qu'il s'agisse d'un gros achat par correspondance ou d'un achat fait directement dans un magasin, vous pouvez en demander l'annulation.

Il peut aussi arriver que l'enfant utilise votre chéquier et imite votre signature pour aller s'acheter la motocyclette ou la chaîne hi-fi de ses rêves. Dans un tel cas, il y a de plus faute du commerçant qui a accepté le chèque.

• **Notre conseil** : Vous pouvez demander l'annulation de la vente en vous basant sur la minorité de l'enfant ou, si vous le faites dans les sept jours suivant la réception du colis, sur la loi concernant la vente à distance.

Vos nom et prénom
Adresse

Date

Nom de la société de VPC
Adresse

Recommandé avec avis de réception

Madame, Monsieur,

Le … (*date de la commande*), mon fils (*ou* ma fille) … (*nom et prénom de votre enfant mineur*), âgé(e) de … ans, vous a commandé un service à café au prix de … €, qui vient d'être livré.

Je vous rappelle qu'un enfant mineur non émancipé est, aux termes de l'article 1124 du code civil, considéré comme un incapable, qui ne peut conclure un contrat.

En conséquence, je vous prie d'annuler cet achat effectué par mon enfant mineur et de me rembourser le prix qu'il a payé.

Je vous retourne, ce jour, l'article par colis recommandé avec avis de réception.

(*En cas de problème, vous pouvez ajouter* : si vous refusez l'annulation de cet achat et le remboursement de la somme versée, je me verrai contraint de porter l'affaire en justice et d'alerter la Direction départementale de la consommation, de la concurrence et de la répression des fraudes.)

Veuillez agréer, Madame, Monsieur, mes salutations distinguées.

Signature

UN REPRÉSENTANT S'EST PRÉSENTÉ CHEZ VOUS. ÉPUISÉ, VOUS AVEZ CÉDÉ ET SIGNÉ UN BON DE COMMANDE POUR UNE ENCYCLOPÉDIE, UNE CUISINE ÉQUIPÉE, UN CANAPÉ OU TOUT AUTRE BIEN.

Un représentant est venu à votre domicile. Après deux heures de discussion, il a réussi à vous arracher une signature. Après son départ, vous réalisez que vous n'avez nul besoin de cette coûteuse encyclopédie, de cette cuisine équipée... Bref, quel que soit l'article, vous pouvez revenir sur votre engagement pendant les sept jours suivants.

• **Ce que dit la loi** : Le démarchage à domicile est une technique de vente très ancienne et très efficace. Jouant sur votre fatigue et votre lassitude, les représentants arrivent à vous arracher une commande pour des biens dont vous n'avez nul besoin. Pour l'anecdote, citons ce représentant, qui dans un village de 120 habitants a réussi à vendre des encyclopédies (à 1 525 €) datant de plusieurs années à 60 ménages. C'est dire que les techniques de vente sont au point.

Vous n'avez pas à vous déplacer, c'est le représentant ou le vendeur qui vient chez vous. Ou encore, une voisine ou une amie vous invite à boire un café et vous vous retrouvez devant un représentant qui va vous vanter ses meubles ou ses encyclopédies. Certains représentants arrivent même à pénétrer dans les lieux de travail pour vendre leurs marchandises. Le téléphone et le fax (télécopie) sont aussi de plus en plus utilisés pour démarcher les clients.

Toutes ces méthodes, y compris si le représentant est venu à votre domicile à votre demande, constituent du démarchage (article L. 121-27 du code de la consommation).

Or, les achats faits à la suite d'un démarchage sont protégés par la loi.

Le vendeur ou représentant doit vous remettre un contrat écrit, sinon votre commande est nulle et vous pourrez refuser la livraison. Ce contrat doit comprendre un bordereau détachable précisant que vous avez une faculté de renonciation (c'est-à-dire que vous pouvez annuler votre commande) pendant sept jours. Hélas, beaucoup de sociétés ne prévoient pas ce bon de rétraction. Dans ce cas, il vous suffit d'utiliser notre modèle pour annuler votre commande.

Quoi qu'il en soit, selon l'article L. 121-26 du code de la consommation, il est interdit à un démarcheur de réclamer une contrepartie (chèques ou espèces) avant le délai de réflexion de sept jours. Dans la pratique, cette interdiction est peu respectée : les démarcheurs vous réclament un chèque et vous demandent de l'antidater de sept jours.

Vos nom et prénom
Adresse

Date

Nom de la société de vente
Adresse

Recommandé avec avis de réception

Madame, Monsieur,

Le ... (*date de visite du vendeur*), j'ai reçu la visite de l'un de vos démarcheurs à mon domicile (ou sur mon lieu de travail). Il m'a fait signer un bon de commande pour ... (*indiquez la nature de la commande* : une encyclopédie, des bouteilles de vin, un canapé...).

Conformément à l'article L. 121-25 du code de la consommation prévoyant un délai de rétractation pendant les sept jours suivant la signature du bon de commande, je vous informe que j'annule ma commande.

Veuillez agréer, Madame, Monsieur, mes salutations distinguées.

Signature

Un représentant est venu à votre domicile. Après deux heures de discussion, il a réussi à vous arracher une signature. Après son départ, vous réalisez que vous n'avez nul besoin de cette coûteuse encyclopédie, de cette cuisine équipée... Bref, quel que soit l'article, vous pouvez revenir sur votre engagement pendant les sept jours suivants.

Si vous annulez votre commande, on doit vous rembourser la somme que vous avez versée. Notez que vous n'avez pas de motif à donner : vous annulez votre commande et c'est tout.

En plus de la loi sur le démarchage, vous bénéficiez également de la législation sur la vente par correspondance (voir page 622). Vous avez donc une double protection. Autre-ment dit, vous bénéficiez d'un délai de sept jours pour vous rétracter après avoir signé la commande, puis de sept jours supplémentaires après la livraison.

Vos nom et prénom
Adresse

Date

Nom de la société de vente
Adresse

Recommandé avec avis de réception

Madame, Monsieur,

Le ... (*date de visite du vendeur*), j'ai reçu la visite de l'un de vos démarcheurs à mon domicile (*ou* sur mon lieu de travail). Il m'a fait signer un bon de commande pour ... (*indiquez la nature de la commande* : une encyclopédie, des bouteilles de vin, un canapé...) et a exigé la remise d'un chèque de ... € (*ou* d'une somme en espèces de ... €).

Or, je vous rappelle que cette pratique est totalement prohibée par les dispositions de l'article L. 121-26 du code de la consommation. Conformément à l'article L. 121-25 du code de la consommation prévoyant un délai de rétractation pendant les sept jours suivant la signature du bon de commande, je vous informe que j'annule ma commande et vous mets en demeure de me rembourser la somme que j'ai versée lors de la commande.

À défaut, je me verrai contraint(e) d'alerter la Direction départementale de la consommation, de la concurrence et de la répression des fraudes et de déposer plainte auprès du procureur de la République.

Veuillez agréer, Madame, Monsieur, mes salutations distinguées.

Signature

• **NOTRE CONSEIL** : L'article L. 121-25 du code de la consommation exige clairement que votre renonciation soit faite par lettre recommandée avec avis de réception.
En cas de difficulté avec le démarcheur, alertez la Direction départementale de la consommation, de la concurrence et de la répression des fraudes de votre département, ou déposez une plainte auprès du procureur de la République. Surtout si – cela arrive parfois – le représentant vous téléphone pour vous menacer et tenter ainsi de vous convaincre de ne pas annuler votre commande.

VOUS AVIEZ COMMANDÉ UN ARTICLE QU'ON DEVAIT VOUS LIVRER RAPIDEMENT. MAIS LES JOURS PASSENT ET VOUS N'AVEZ TOUJOURS PAS ÉTÉ LIVRÉ. VOUS RÉAGISSEZ.

Vous aviez commandé un article qui devait vous être livré rapidement. Mais le magasin n'a pas respecté son engagement et repousse la livraison de semaine en semaine. Vous pouvez annuler votre commande.

• **Ce que dit la loi** : L'article L. 114-1 du code de la consommation prévoit que, pour toute vente d'un montant de plus de 500 €, le vendeur doit mentionner une date précise de livraison.

Pour les commandes inférieures à 500 €, il n'est pas obligatoire d'indiquer une date de livraison.

Quel que soit le montant de votre achat, vous avez intérêt à toujours exiger que le vendeur indique la date de livraison par écrit sur le bon de commande.

Vous pouvez alors annuler votre achat dès que la date de livraison est dépassée de plus de sept jours, mais avant soixante jours.

Vos nom et prénom
Adresse

Date

Nom de la société de vente
Adresse

Madame, Monsieur,

Le ... (*date de la commande*), j'ai commandé ... (*indiquez le nom de l'objet* : une table, un canapé...), qui devait m'être livré le ... (*date*) comme le précise le bon de commande dont je vous joins photocopie.

Or, à ce jour, la livraison n'a toujours pas été effectuée.

La date de livraison étant dépassée de plus de sept jours, je vous informe que j'ai décidé de résilier ma commande conformément aux dispositions de l'article L. 114-1 du code de la consommation.

En conséquence, je vous prie de me rembourser rapidement les arrhes de ... € que je vous ai versés à la commande.

Veuillez agréer, Madame, Monsieur, l'expression de mes salutations distinguées.

Signature

• **Notre conseil** : Ne vous contentez pas de promesses verbales. Exigez que le vendeur indique par écrit une date précise de livraison (par exemple, le 10 octobre 2003) et non pas une formule vague du genre « livraison sous quinzaine ». Évidemment, votre annulation est à envoyer sous la forme recommandée avec avis de réception.

UN VENDEUR MALHONNÊTE A ABUSÉ DE LA FAIBLESSE PHYSIQUE, MORALE OU ÉCONOMIQUE DE VOTRE MÈRE POUR LUI VENDRE UN BIEN SANS RAPPORT AVEC SES BESOINS.

Un vendeur peu scrupuleux a abusé de la faiblesse de l'un de vos proches, âgé, malade ou économiquement démuni. Vous pouvez obtenir l'annulation du contrat.

• **Ce que dit la loi** : Il n'y a aucune limite à l'imagination des vendeurs malhonnêtes. Or, la plupart du temps, ils choisissent des personnes âgées, malades, fatiguées, voire complètement démunies, pour leur vendre des objets vraiment inutiles. Cela va de la série d'extincteurs à 2 000 € à la shampouineuse à 10 000 €, ou au contrat d'assurance-vie à une personne âgée de 90 ans…

L'article L. 122-8 du code de la consommation protège les personnes qui ont passé un contrat en étant dans un état de faiblesse ou d'ignorance.

Pour apprécier cet état de faiblesse ou d'ignorance, les juges tiennent compte de l'âge de l'intéressé, de son degré d'instruction, de sa connaissance de la langue française (par exemple, un étranger peut s'engager parce qu'il ne comprend pas bien), voire de sa situation personnelle (chômage, par exemple).

Que l'achat soit fait à crédit ou au comptant, la protection s'applique.

Ces sociétés qui travaillent souvent aux limites de la loi ont donné consigne à leurs services d'annuler la commande dès que l'acheteur ou l'un de ses proches le demandent. C'est qu'ils ne veulent surtout pas voir la justice s'immiscer dans leurs affaires.

• **Notre conseil** : N'hésitez pas à menacer de saisir la justice si on refuse d'annuler la commande.
Signalez les agissements de cette société à la Direction départementale de la concurrence, de la consommation et de la répression des fraudes de votre département.

Vos nom et prénom
Adresse

Date

Nom de la société de vente
Adresse

Madame, Monsieur,

Le … (*date*), votre démarcheur a fait signer une commande pour … (*indiquez l'article commandé : par exemple*, une encyclopédie, une cuisine équipée…) à ma mère, Madame … (*nom, prénom et adresse de votre mère*).

Or, ma mère qui est âgée de … ans (ou malade ou handicapée) n'était pas en mesure de déceler les ruses et artifices de votre démarcheur.

(Décrivez sa situation et les conditions dans lesquelles le vendeur lui a soutiré sa signature.)

Il s'agit d'un abus de faiblesse sanctionné par les dispositions de l'article L. 122-8 du code de la consommation et 132-13 du code pénal d'une peine d'emprisonnement et d'une amende de 375 000 €.

En conséquence, je vous prie d'annuler la commande établie au nom de Madame … (*nom de la victime*) et de lui rembourser la somme de … € qu'elle vous a versée (*si un versement a eu lieu*).

À défaut d'obtenir satisfaction, je déposerai plainte auprès du procureur de la République.

Veuillez agréer, Madame, Monsieur, l'expression de mes salutations distinguées.

Signature

VOUS EN AVEZ ASSEZ DE VOIR VOTRE BOÎTE AUX LETTRES ENVAHIE DE PUBLICITÉS À VOTRE NOM. VOUS EXIGEZ QU'ON SUPPRIME VOS COORDONNÉES DES FICHIERS COMMERCIAUX.

Il suffit de commander un article par correspondance ou de s'abonner à un journal pour qu'ensuite vos coordonnées soient revendues une multitude de fois. Votre boîte aux lettres est alors envahie de publicités. Quand vous n'êtes pas harcelé au téléphone par toutes sortes de vendeurs. Demandez qu'on supprime votre nom des fichiers.

• **Ce que dit la loi** : Votre boîte aux lettres est le prolongement de votre domicile privé. Vous pouvez donc décider librement du courrier que vous voulez ou non recevoir. Or, il suffit que vous ayez acheté une seule fois un article par correspondance ou pris un abonnement auprès d'un journal pour qu'ensuite vos coordonnées soient vendues et revendues des dizaines de fois.

En théorie, vous pouvez, bien sûr, écrire à chaque organisme pour lui demander de ne plus vous adresser ses publicités. Mais une telle démarche serait inefficace, car vous ne connaissez pas tous les organismes qui ont acheté vos coordonnées. Et puis le temps que vous en contactiez un, plusieurs autres auront déjà acheté vos coordonnées. Conscients que ces méthodes peuvent agresser certains consommateurs, les professionnels ont établi un code de bonne conduite.

En écrivant à une union fédérale, vous pouvez demander à ne plus figurer sur ces listes. Les envois vont diminuer, mais cela ne veut pas dire que vous ne recevrez plus aucun prospectus. En effet, cet organisme n'intervient qu'auprès des sociétés adhérentes. En outre, l'organisme vous inscrit sur une liste qui contient les coordonnées des personnes qui ne veulent plus être démarchées dans le futur.

• **Notre conseil** : Plutôt que de soupirer chaque matin devant votre boîte aux lettres, envoyez rapidement ce courrier.

Vos nom et prénom
Adresse

Date

Union française du
marketing direct
60, rue La Boétie
75008 Paris

Madame, Monsieur,

Je vous prie de bien vouloir inscrire mon nom sur la liste Stop/Publicité que vous gérez et informer vos adhérents que je ne souhaite plus être sollicité par leurs différentes offres.

Vous en remerciant par avance, je vous prie d'agréer, Madame, Monsieur, l'expression de mes salutations distinguées.

Signature

VOTRE ENFANT A ÉTÉ VICTIME D'UN PRODUIT OU D'UN BIEN. LE JUGEANT DANGEREUX, VOUS DEMANDEZ SON INTERDICTION.

Vous avez acheté un jouet, un lit ou un autre objet que vous trouvez terriblement dangereux. Vous saisissez la Commission de sécurité des consommateurs.

• **Ce que dit la loi** : L'article L. 224-3 du code de la consommation énonce que toute personne peut saisir la Commission de sécurité des consommateurs (CSC).

Cette commision a pour mission de prévenir les risques en matière de sécurité des produits et services.

Quand elle est saisie, la commission doit enquêter pour vérifier la véracité des faits. Si elle estime que votre démarche n'est pas justifiée, elle vous répond au moyen d'une décision motivée. En revanche, si elle estime qu'il existe un risque réel, elle demande au ministre chargé de la Consommation de prendre les mesures pour retirer le produit.

Si vous avez été blessé, vous pouvez en outre déposer plainte contre le fabricant et lui demander une indemnisation.

Cette commision a un site Minitel d'information, qui comprend également les messages d'alerte qu'elle émet (Minitel 3614 SECURITAM et téléphone 01 44 97 05 63).

• **Notre conseil** : Faites établir un certificat médical si vous avez été blessé.

Vos nom et prénom
Adresse

Date

Commission de sécurité
des consommateurs
55, boulevard Vincent-Auriol
75013 Paris

Recommandé avec avis de réception

Monsieur le Président,

J'ai acquis ... (*décrivez l'article, sa marque..., par exemple* un siège-auto de bébé vendu par la marque ...).

Or, à l'usage, cet article se révèle extrêmement dangereux car ... (*indiquez la nature exacte du danger*).
Le certificat médical ci-joint atteste de la gravité des blessures de mon fils.

J'en appelle à votre autorité et vous demande de prendre toutes les mesures nécessaires afin d'éviter d'autres accidents.

Vous remerciant de votre diligence, je vous prie de croire, Monsieur le Président, à l'expression de ma haute considération.

Signature

UN COMMERÇANT, UN ARTISAN, UN PRESTATAIRE DE SERVICES... N'AFFICHE PAS SES PRIX, TRUQUE LES FACTURES... VOUS POUVEZ LE DÉNONCER À LA DIRECTION DES FRAUDES.

Commerçant, coiffeur, boucher, restaurateur, garagiste, entrepreneur de travaux..., ce professionnel en prend à son aise. Il facture à la tête du client, fait des gros travaux sans devis ou encore vous sert de la viande avariée. Vous saisissez la direction des fraudes.

• **Ce que dit la loi** : Dans chaque département, il existe une Direction départementale de la concurrence, de la consommation et de la répression des fraudes (DDCCRF).

Les inspecteurs des DDCCRF, que la pratique nomme inspecteurs des fraudes, interviennent dans tous les domaines de la consommation : sécurité des produits et services, hygiène, santé, tromperies, pratiques de ventes douteuses, affichage des prix, fraudes en tous genres.

Les inspecteurs des fraudes reçoivent les plaintes et doléances des consommateurs dans de larges domaines : violation des régles sur le démarchage à domicile, non-respect des délais de réflexion, obligation de fournir un devis, vente de produits impropres à la consommation, fraudes sur les quantités...

Votre plainte n'a pas de forme particulière à respecter. Il suffit d'expliquer clairement les faits, d'indiquer les coordonnées du commerçant, de la société ou du prestataire de services que vous mettez en cause, et de joindre des photocopies des documents (conservez les originaux). Vous devez indiquer vos nom et adresse.

• **Notre conseil** : À titre facultatif, vous pouvez indiquer votre numéro de téléphone, c'est pratique si l'inspecteur a besoin d'une précision supplémentaire. Évidemment, il faut saisir la DDCCRF du lieu où le commerçant exerce son activité. Les directions départementales de la concurrence, de la consommation et de la répression des fraudes sont chapeautées par la Direction générale de la concurrence, de la consommation et de la répression des fraudes qui se trouve à Paris (Minitel 3614 CONSOM).

Vos nom et prénom
Adresse

Date

DCCRF de ...
Adresse

Recommandé avec avis de réception

Monsieur, Madame l'Inspecteur,

J'attire votre attention sur les pratiques de ... (*nom et adresse du commerçant ou de la société que vous dénoncez*).

En effet, la société ... (*précisez vos reproches; par exemple* : cette société promet des offres d'emplois en échange d'une rétribution). Ces pratiques me semblent tomber sous le coup de la loi.

En conséquence, je vous demande de faire les constatations et de prendre les mesures pour mettre fin à ces pratiques.

Vous remerciant de votre diligence, je vous prie de croire, Monsieur, Madame l'Inspecteur, à l'expression de ma considération distinguée.

Signature

Votre lave-vaisselle ou votre réfrigérateur est resté immobilisé pendant un long moment. Vous demandez que la garantie soit prolongée d'autant.

• **Ce que dit la loi** : Laves-linge, voitures, réfrigérateurs, ordinateurs etc, tous les biens achetés dans le commerce bénéficient d'une garantie contractuelle.

Cette garantie est généralement fixée à un an, mais elle peut atteindre deux ans chez certains fabricants.

Ainsi lorsque l'appareil tombe en panne, la réparation est effectuée gratuitement par le fabricant à qui votre vendeur fait parvenir l'appareil.

Or, pendant la réparation, votre appareil est immobilisé. L'article L 211-2 du code de la consommation a donc prévu que toute période d'immobilisation supérieure à sept jours prolonge d'autant la date de la garantie.

A titre d'exemple, si votre appareil a été immobilisé pour réparation pendant trois semaines, la durée de la garantie doit être prolongée de trois semaines.

Les vendeurs ne font jamais spontanément cette prolongation, c'est à vous qu'il revient de la demander.

• **Notre conseil** : lorsque vous déposez un appareil pour réparation, demandez que l'on indique sur le reçu la durée de la réparation. Demandez ensuite sa prolongation. Si le vendeur refuse, envoyez ce courrier en recommandé à la direction du magasin.

Recommandé avec avis de réception

À... , le...

Vos nom, prénom et adresse

Nom et adresse du vendeur

Madame, Monsieur,

Le (*indiquez le nom de l'objet, par exemple le lave-linge*) que j'ai acheté dans votre magasin est tombé en panne alors qu'il était encore sous garantie.

Mon appareil a été remis en état, mais il est resté immobilisé dans vos ateliers dû... au ..., donc... jours en tout (*indiquez la durée d'immobilisation, par exemple donc 32 jours*).

Conformément à l'article L 211-2 du code de la consommation, la durée de la garantie de mon appareil doit donc être prolongée de... jours.

Sans réponse de votre part, je considèrerai que la prolongation de la garantie m'est acquise.

Je vous prie de croire, Madame, Monsieur, à l'expression de ma considération distinguée.

Signature

VOUS DÉCLAREZ VOTRE CRÉANCE À L'ADMINISTRATEUR JUDICIAIRE À LA SUITE DE LA FAILLITE D'UN COMMERÇANT.

L'entrepreneur à qui vous aviez commandé des travaux ou le commerçant qui devait vous livrer un bien a déposé le bilan. Or, vous aviez déjà versé une partie de la somme due. Vous déclarez votre créance.

• **Ce que dit la loi** : Quand un commerçant, une entreprise ne peut plus faire face à ses dettes, il doit déclarer au tribunal de commerce qu'il est en cessation de paiement. Le tribunal nomme alors un administrateur judiciaire qui va pendant un temps gérer et si possible tenter de la sauver. Si le sauvetage est impossible, l'affaire sera mise en liquidation judiciaire.

Le problème se pose pour les particuliers qui verse des arrhes à un commerçant ou une entreprise qui dépose le bilan. Ainsi, vous commandez des travaux à un entrepreneur, un meuble ou une machine à un commerçant, qui vous demande de régler par avance une partie de la somme convenue. Seulement, quelques semaines ou mois plus tard, il se déclare en cessation des paiements.

Vous devez comme tous les créanciers déclarer à l'administrateur judiciaire la somme que vous aviez versée. S'il y a un peu d'argent dans la caisse, l'administrateur judiciaire vous remboursera un petit quelque chose.

La déclaration de créance est à envoyer sous la forme recommandée avec avis de réception.

Modèle de déclaration de créance

Je soussigné (*vos nom et prénoms*), demeurant ... (*votre adresse*)

Déclare en conformité des articles L 621-43 du code de commerce à : Maître... (*nom, prénom et adresse de l'administrateur judiciaire*)

représentant les créanciers de... (*nom et adresse de l'entrepreneur ou du commerçant*) être créancier à l'égard de ce débiteur des sommes suivantes :

– ... € , somme versée le..., par chèque n°..., à valoir sur la commande de...
(*indiquez ce que vous aviez commandé*)

Fait à..., le....

• **Notre conseil** : Lorsque vous passez une commande de travaux ou de bien, ne payez pas comptant et versez une toute petite somme, en prévoyant un paiement à la livraison. Pour les travaux, prévoyez un paiement au fur et à mesure de l'achèvement des tranches de travaux.

VOUS CONTESTEZ UN REFUS DE GARANTIE APPOSÉ PAR UN COMMERÇANT.

Vous avez fait l'acquisition d'un appareil qui est tombé en panne. Le vendeur refuse de le réparer gratuitement alors que la garantie est encore valable. Vous contestez.

• **Ce que dit la loi** : Un appareil vendu est assorti d'une garantie contractuelle. Ainsi, si votre appareil tombe en panne, le commerçant doit vous le réparer gratuitement. Et ce tant que la garantie est en cours de validité.

En réalité, c'est le fabricant de l'appareil (et non le vendeur) qui prend en charge les réparations, même si c'est le vendeur qui réceptionne votre appareil et l'envoie au fabricant. Mais certains commerçants (et grandes surfaces parfois) mettent de la mauvaise volonté à appliquer la garantie. Il n'est pas rare qu'à la deuxième ou troisième panne, le vendeur refuse de prendre l'appareil en réparation. Sachez que le mauvais fonctionnement de l'appareil est couvert par la garantie et que le vendeur doit le réparer gratuitement jusqu'à ce qu'il fonctionne parfaitement.

Recommandé avec avis de réception

À... , le...

Vos nom, prénom et adresse

Nom et adresse du vendeur

Madame, Monsieur,

Le (*indiquez le nom de l'objet, par exemple le lave-vaisselle*) que j'ai acheté dans votre magasin est tombé en panne (*ou présente les anomalies suivantes*...) alors qu'il est encore sous garantie.

Malgré mes nombreuses demandes, vous avez refusé de réparer cet appareil au titre de la garantie commerciale.

En conséquence, je vous mets en demeure de procéder aux réparations nécessaires au bon fonctionnement de l'appareil.

Je vous prie de croire, Madame, Monsieur, à l'expression de ma considération distinguée.

Signature

CHAPITRE 21

VOTRE TÉLÉPHONE ET VOTRE ORDINATEUR

UN MANIAQUE VOUS HARCÈLE AU TÉLÉPHONE. VOUS DEMANDEZ À CHANGER DE NUMÉRO.

Injures, menaces, réveil en pleine nuit. Voilà plus d'un mois que vous êtes angoissé chaque fois que la sonnerie du téléphone retentit. Vous êtes au bord de la crise de nerfs. Ne paniquez plus ! France Telecom peut vous attribuer un autre numéro.

• **CE QUE DIT LA LOI** : Le numéro de téléphone vous est attribué en fonction des disponibilités du central dont dépend le logement. En principe, ce numéro de téléphone ne change pas. Vous en avez l'usage tant que vous êtes dans le logement.

Mais, à titre exceptionnel, on peut demander à être « dénuméroté ». Il ne doit pas s'agir d'un vague caprice mais d'une nécessité motivée par des raisons sérieuses. Par exemple, un maniaque (ça existe !) vous harcèle jour et nuit, votre ex-mari vous menace en vous téléphonant, l'étudiant que vous avez mal noté vous appelle la nuit... Les agents des télécommunications ont tendance à vouloir décourager les dénumérotations. Ne vous laissez pas intimider, la procédure est simple mais la demande doit être motivée.

• **NOTRE CONSEIL** : Il faut envoyer une demande écrite au chef de votre agence France Telecom en expliquant franchement vos raisons. Le changement de numéro s'effectue environ dix jours après.

En cas de refus par votre agence, saisissez la direction opérationnelle de votre région, c'est-à-dire le « supérieur hiérarchique » de votre agence.

Vos nom et prénom
Adresse

Date

Référence du dossier

Monsieur (*ou* Madame)
le Chef d'agence
France Telecom
Adresse

Monsieur (*ou* Madame) le Chef d'agence,

Je vous serais reconnaissant(e) de bien vouloir dénuméroter ma ligne téléphonique. En effet, depuis deux semaines, le téléphone sonne systématiquement pendant la nuit mais, lorsque je décroche, il n'y a pas d'interlocuteur au bout de la ligne.

Ou encore :
Un tiers inconnu me téléphone chaque nuit pour me menacer, proférer des injures...

Cette situation me perturbe si gravement que je commence à souffrir d'insomnies.

Vous remerciant par avance de votre compréhension, je vous prie d'agréer, Monsieur (*ou* Madame) le Chef d'agence, l'expression de mes sentiments distingués.

Signature

À LA SUITE D'UN LITIGE AVEC UN OPÉRATEUR DE TÉLÉPHONE, VOUS SAISISSEZ LE MÉDIATEUR DE LA TÉLÉPHONIE.

Un opérateur de téléphone a rejeté votre réclamation ou a gardé un silence ostensible. Qu'il s'agisse d'une ligne fixe ou d'un portable, vous pouvez saisir le médiateur du téléphone.

• **Ce que dit la loi** : Les litiges avec les opérateurs de téléphone sont de plus en plus nombreux. Pour ce qui concerne le téléphone fixe, c'est souvent les factures démesurées et les fraudes (des tiers piratent votre ligne) qui suscitent l'ire des particuliers. Comme il n'existe qu'un seul grand opérateur sur le marché du téléphone fixe, c'est donc France Télécom qui concentre le gros des litiges. Les petits opérateurs qui s'installent sur ce marché du fixe commencent aussi à voir leurs litiges augmenter. leurs vendeurs utilisent parfois des méthodes contestent pour vendre leurs services.

Le téléphone portable entraîne encore plus de litiges. Les trois gros opérateurs (Orange, Bouygues et SFR) qui se partagent n'ont pas les structures administratives suffisantes pour gérer les problèmes.

Si après avoir réclamé auprès de l'opérateur concerné, vous avez obtenu une réponse qui ne vous satisfait pas ou si votre réclamation est restée sans réponse, vous pouvez saisir le Médiateur de la téléphonie. Ses services sont gratuits, et il est compétent pour tous les litiges liés au téléphone.

• **Notre conseil** : le médiateur de la téléphonie ne peut être saisi que par écrit. Ne lui envoyez pas de documents originaux mais seulement des photocopies. Si vous décider ensuite d'assigner l'opérateur en justice, les originaux vous seront nécessaires.

Vos nom et prénom
Adresse
N° de téléphone

À..., le...

Le médiateur de la téléphonie
BP 999
75829 Paris cedex 17

Recommandé avec avis de réception

Monsieur le Médiateur,

Un litige me sépare de la société (*indiquez le nom de l'opérateur, par exemple France télécom, Bouygues télécom ...*). J'ai souscrit auprès de cette société un abonnement d'accès au téléphone fixe (*ou* téléphone portable) qui répond au numéro...

Sur la facture du... (*date*), j'ai constaté que... (*indiquez le problème*). A la suite de ma réclamation, la société m'a fait tenir la réponse dont vous trouverez copie jointe (*ou* encore a gardé le silence). Je conteste cette décision.

Je vous demande donc de bien vouloir intervenir auprès de cet organisme pour que ce dossier soit étudié avec davantage de sérieux.

Vous en remerciant, je vous prie de croire, Monsieur le Médiateur, à l'expression de mes respectueux sentiments.

Signature

VOUS REFUSEZ UNE MODIFICATION DES CONDITIONS DE VOTRE ABONNEMENT DE PORTABLE.

L'opérateur de votre téléphone portable veut modifier votre contrat en cours d'abonnement. Vous refusez cette modification non prévue par le contrat que vous avez signé.

• **Ce que dit la loi** : En prenant un abonnement pour l'utilisation d'un téléphone portable, vous signez un contrat que vous vous engagez à respecter, pendant sa durée fixée à 12 ou 24 mois selon votre choix. De son côté, l'opérateur s'engage à respecter les termes du contrat : forfait, option, facturation des communications.

Or, fréquemment les opérateurs essaient de modifier subrepticement les conditions du contrat : ils rendent payants des services auparavant gratuits, ils raccourcissent la durée des appels (ce qui augmente leur coût), modifie leur décompte…

Certains affirment que votre silence vaut acceptation des nouvelles conditions. Ce qui est inexact. vous pouvez refuser les modifications et exiger le respect des conditions antérieures. Une exception : vous ne pouvez pas refuser une modification prévue par une clause et explicite incluse dans le contrat au moment où vous l'avez signé.

• **Notre conseil** : Les opérateurs vous proposent souvent de résilier votre contrat si vous n'acceptez pas les modifications. Refusez la résiliation si vous souhaitez conserver votre ligne.

Vos nom et prénom
Adresse
N° de téléphone

À…, le…

Nom de l'opérateur
Adresse

Recommandé avec avis de réception

Madame, Monsieur,

Le… (*date*), j'ai signé un contrat de téléphone portable… (*indiquez le nom commercial de l'abonnement*) auprès de votre société pour une durée de…

A réception de ma facture, je constate que les conditions de cet abonnement ont été unilatéralement modifiées.

Je conteste et refuse cette modification et vous prie de bien vouloir respecter l'intégrité du contrat qui nous lie, et dont je souhaite la poursuite.

Veuillez agréer, Madame, Monsieur, l'expression de mes salutations distinguées.

Signature

LE TÉLÉPHONE PORTABLE QUE VOUS VENEZ D'ACQUÉRIR NE FONCTIONNE PAS. VOUS RÉSILIEZ LE CONTRAT DANS LES SEPT JOURS.

Vous étiez ravi d'avoir souscrit un contrat de téléphone portable. Hélas, il reste désespérément silencieux. Impossible d'envoyer ou de recevoir le moindre appel.
Le secteur où vous habitez n'étant pas couvert, vous résiliez votre abonnement dans les sept jours.

• **Ce que dit la loi** : Vous avez souscrit un contrat de téléphone portable, mais il reste silencieux. Ce n'est pas l'appareil qui est en cause, c'est tout simplement que vous êtes dans un secteur géographique qui n'est pas couvert par le réseau du téléphone portable. Car autant le savoir, il existe encore de nombreuses parties du territoire français qui ne possèdent pas les installations nécessaires au fonctionnement des portables. Le résultat est le téléphone portable ne peut pas y fonctionner.

La loi vous permet de résilier pour motif légitime votre abonnement sans frais, et sans attendre la date d'expiration de l'abonnement. Parmi ces motifs légitimes, on peut citer : la résiliation dans un délai de sept jours à compter de la mise en service de la ligne, pour inaccessibilité du service depuis le domicile ou le lieu de travail de l'abonné ; le déménagement dans une zone non couverte par le réseau ; une maladie ou un handicap incompatible avec l'utilisation du portable.

• **Notre conseil** : Si vous n'entrez pas l'un des motifs légitimes pour résilier par anticipation votre contrat, interrogez néanmoins votre opérateur. La plupart prévoient en effet, des cas de résiliation pour motifs sociaux : chômage ou décès de l'abonné, faillite personnelle, surendettement et le licenciement.

Adresse
N° de téléphone

Nom de l'opérateur
Adresse

Recommandé avec avis de réception

Madame, Monsieur,

Le... (*date*), j'ai signé un contrat de téléphone portable... (*indiquez le nom commercial de l'abonnement*) auprès de votre société pour une durée de...

Or, il m'a été absolument impossible de le faire fonctionnement. Il apparaît que le secteur géographique où je réside (*ou encore où je travaille*) n'est pas couvert par le résultat.

En conséquence, je me vois contraint de résiliation par anticipation mon contrat.

Je vous remercie de me donner par retour acte de cette résiliation.
Veuillez agréer, Madame, Monsieur, l'expression de mes salutations distinguées.

Signature

VOTRE FACTURE DE TÉLÉPHONE FIXE EXPLOSE. VOUS MODIFIEZ VOTRE CONTRAT D'ABONNEMENT POUR SUPPRIMER CERTAINS SERVICES.

Incorrigibles bavards, vos enfants passent leur vie au téléphone, et vous laissent payer la facture. Face à ces abus, vous demandez à l'opérateur de limiter les services attachés à votre ligne.

• **Ce que dit la loi** : Le contrat d'abonnement au téléphone de France télécom peut être résilié à tout moment sans avoir de motif à fournir. Il est toutefois difficile de résilier la ligne sous prétexte que les enfants abusent. Demander une facturation détaillée (gratuite) ne suffit pas.

Vous pouvez donc librement modifier et à tout moment les services attachés à votre ligne. Vous pouvez par exemple, demander un accès sélectif modulable.

Cela signifie, que l'on ne peut plus à partir de votre ligne appeler des numéros à l'étranger, et / les numéros des portables, ou les lignes géographiquement éloignées de votre ville, etc. Vous pouvez aussi demander le service téléséjour qui permet de recevoir mais pas d'appeler.

Il existe également un système de verrouillage par code. La ligne est fermée et ne peut être utilisée que si vous composez un code que vous êtes seul (e) à connaître.

Le système peut aussi offrir un verrouillage partiel : pour certains appels (portables par exemple), le code est indispensable.

Adresse
N° de téléphone

Nom de l'opérateur
Adresse

Recommandé avec avis de réception

Madame, Monsieur,

Je souhaite modifier certaines modalités de mon contrat d'abonnement au téléphone fixe. En conséquence, je vous demande de restreindre ma ligne au service téléséjour.

Vous en remerciant, je vous prie de croire, Madame, Monsieur, à l'expression de ma parfaite considération.

Signature

• **Notre conseil** : Contactez votre agence France télécom (au 1014 quel que soit l'endroit où vous résidez) qui vous précisera les différents services qui existent.

VOUS DEMANDEZ LE DÉVERROUILLAGE DE VOTRE CODE DE TÉLÉPHONE PORTABLE.

L'opérateur de téléphone a pour une raison ou une autre bloqué l'utilisation de votre téléphone portable. Vous lui demandez de vous fournir le code permettant de le déverrouiller.

• **CE QUE DIT LA LOI** : Tout téléphone portable fonctionne au moyen d'une carte à puce qui se trouve dans l'appareil, appelée carte SIM qui vient de l'expression simlockage.

Sans carte Sim, aucune utilisation du portable n'est possible, vous ne pouvez ni appeler des correspondants ni recevoir des appels extérieurs. L'opérateur peut verrouiller la carte SIM de votre portable parce que vous n'avez pas payé vos factures, parce qu'il a détecté un usage anormal (peut être qu'un proche l'utilise abondamment à votre insu) parce qu'il a été volé etc.

Quoi qu'il ne soit, l'opérateur doit accepter de vous fournir le code de déverrouillage si le verrouillage n'as pas de raison d'être.

Adresse
N° de téléphone

Nom de l'opérateur
Adresse

Recommandé avec avis de réception

Madame, Monsieur,

Mon téléphone mobile est inutilisable depuis plusieurs semaines. Il semble qu'il ait été verrouillé par vos services.

Je vous saurais gré de bien vouloir me communiquer le code de déverrouillage afin que je puisse retrouver l'usage de mon mobile.

Je vous prie de croire, Madame, Monsieur, à l'expression de ma parfaite considération.

Signature

• **NOTRE CONSEIL** : L'opérateur ne peut pas refuser le déverrouillage de votre portable s'il n'a pas un motif légitime pour le maintenir.

VOUS N'ÊTES PAS SATISFAIT DES SERVICES DE VOTRE OPÉRATEUR DE TÉLÉPHONE MOBILE. VOUS DEMANDEZ LA PORTABILITÉ DE VOTRE NUMÉRO.

Vous craignez qu'un changement de numéro comporte trop d'inconvénients. Rassurez-vous, vous pouvez le garder tout en changeant d'opérateur.

• **Ce que dit la loi** : C'est grâce à une directive européenne que les pouvoirs publics ont contraint d'adapter la législation française pour obliger les opérateurs à accepter la portabilité. Ce terme un peu rustre désigne tout simplement la possibilité de changer d'opérateur tout en conservant votre numéro de téléphone mobile. En France, il existe trois grands opérateurs de mobile : Orange, Bouygues et SFR. Jusqu'à présent, lorsque l'abonné voulait passer de l'un à l'autre, il devait résilier sa ligne, le nouvel opérateur qu'il choisissait lui en proposait alors une nouvelle. Or, un changement de numéro peut être préjudiciable à certains abonnés.

Désormais, il est possible de changer d'opérateur tout en conservant le même numéro. Vous devez résilier votre abonnement auprès de l'opérateur que vous voulez quitter et dans le même temps lui demander de vous fournir un bon de portabilité. L'opérateur vous envoie ensuite ce bon et y indique la date précise de transfert de votre ligne. Muni de ce bon, vous pouvez vous rendre chez le nouvel opérateur pour choisir votre abonnement.

• **Notre conseil** : Ce service est uniformément facturé 15 € prélevés par l'opérateur qui vous accueille. On ne doit pas vous réclamer d'autres frais.

Adresse
N° de téléphone

Nom de l'opérateur
Adresse

Recommandé avec avis de réception

Madame, Monsieur,

Je vous prie de bien vouloir noter que je résilie mon contrat de téléphone mobile à compter du... et vous demande de bien vouloir m'adresser un bon de portabilité.

Vous en remerciant, je vous prie de croire, Madame, Monsieur, à l'expression de ma parfaite considération.

Signature

VOUS RÉSILIEZ LE CONTRAT DE FOURNITURE D'ACCÈS À INTERNET.

Votre fournisseur d'accès à Internet n'est pas très performant. Vous renoncez à votre contrat d'accès.
Vous avez souscrit un contrat de fourniture d'accès à Internet, mais il ne vous satisfait pas. Vous décidez de le résilier pour vous tourner vers un fournisseur plus compétent.

• **Ce que dit la loi** : Pour utiliser l'Internet, vous devez souscrire un contrat de fourniture d'accès auprès d'un opérateur spécialisé (AOL, Wanadoo etc). Il s'agit d'un vrai contrat. Avant de souscrire, demandez à l'opérateur de vous indiquer ses conditions générales de service, les modalités de résiliation (par e-mail ou par lettre recommandée), les délais (préavis ou non et de combien).

Comme pour n'importe quel contrat, vous pouvez résilier votre contrat d'accès à Internet à sa date anniversaire, chaque année, s'il est à durée indéterminée.

Ainsi, pour un contrat sans limitation de durée signée le 15 novembre, la résiliation est possible le 15 novembre de chaque année.

La plupart des contrats à durée indéterminée prévoient un préavis qui figure dans le contrat. Vous pouvez également résilier le contrat par anticipation pour d'autres motifs : hospitalisation de longue durée, déménagement, etc. L'inexécution de ses obligations par le fournisseur d'accès est également un motif de résiliation anticipée. C'est le cas, si le système est toujours impraticable par la faute du fournisseur (système saturé car inadapté au nombre de clients, par exemple).

• **Notre conseil** : Vérifiez si votre contrat de fourniture d'accès à Internet prévoit ou non un préavis.

Adresse
N° de téléphone

Nom du fournisseur
Adresse

Recommandé avec avis de réception

Madame, Monsieur,

Je vous prie de bien vouloir noter que je résilie mon contrat d'accès à Internet... (*indiquez la nature du contrat*) à compter du... (*date*).

(Si vous résiliez par anticipation, indiquez le motif sinon ce n'est pas nécessaire)

Conformément aux dispositions de la loi du 6 janvier 1978, relative à l'informatique et aux libertés, je vous prie de bien vouloir supprimer de vos fichiers toutes les informations relatives à mes coordonnées bancaires.

En outre, je m'oppose à toute utilisation ou diffusion de mes coordonnées personnelles à des fins de prospection commerciale.

Je vous prie de croire, Madame, Monsieur, à l'expression de ma parfaite considération.

Signature

CHAPITRE 22

VOS LOISIRS ET VOS VACANCES

VOUS AVIEZ RÉSERVÉ AUPRÈS D'UNE AGENCE DE VOYAGES UN CIRCUIT TOURISTIQUE. TROIS JOURS AVANT LE DÉPART, LE VOYAGE EST ANNULÉ. VOUS RÉAGISSEZ.

Vous aviez bloqué vos dates de vacances et bouclé vos valises, prêt à profiter d'un beau circuit touristique.
Mais trois jours avant la date fixée pour le départ, l'agence de voyages vous informe que le circuit est annulé. Vous exigez le remboursement de vos versements, voire un dédommagement.

• **CE QUE DIT LA LOI** : L'article 21 de la loi n° 92-645 du 13 juillet 1992 sur l'organisation et la vente de voyages ou de séjours énonce que lorsqu'une agence de voyages annule un circuit ou un séjour avant le départ, elle doit vous prévenir et vous rembourser l'intégralité des sommes que vous aviez versées. L'article 102 du décret n° 94-490 du 15 juin 1994 stipule que le client doit, en plus du remboursement de ce qu'il a versé, recevoir une indemnité dont le montant est égale à celui de la pénalité que le client aurait eu à verser si l'annulation était intervenue de son fait. Le contrat que vous avez signé indique le montant de cette pénalité.

Si vous estimez avoir subi un préjudice, vous pouvez, en plus, exiger un dédommagement (article 21 de la loi). C'est le cas, si vous avez fait des achats exceptionnels (par exemple du matériel coûteux de randonnée).

• **NOTRE CONSEIL** : Les agences de voyages ont horreur de rembourser leurs clients et cherchent souvent à leur faire accepter un autre voyage ou circuit. Si cela ne vous convient pas, refusez et envoyez une lettre recommandée avec avis de réception pour exiger la restitution rapide de vos versements, en vous basant sur la loi du 13 juillet 1992.

Vos nom et prénom
Adresse

Date

Nom de l'agence de voyages
Adresse

Recommandé avec avis de réception

Madame, Monsieur,

Le ... (*date*), vous m'avez adressé un courrier m'informant de l'annulation du séjour de deux semaines prévu du ... au ... (*dates*) en ... (*nom du pays*).

En conséquence, je vous prie de me restituer, sous huitaine, les sommes que j'ai versées, soit ... €, conformément aux dispositions de l'article 21 de la loi du 13 juillet 1992.

Veuillez agréer, Madame, Monsieur, l'expression de mes salutations distinguées.

Signature

VOUS AVEZ ACHETÉ UN FORFAIT VOYAGE-SÉJOUR AUPRÈS D'UNE AGENCE DE VOYAGES. À L'ARRIVÉE, C'EST LE CAUCHEMAR… VOUS EXIGEZ UNE RÉDUCTION SUR LE PRIX DU SÉJOUR.

Pour votre voyage de noces, vous aviez économisé pour vous offrir un séjour de rêve. Hélas, la réalité a été bien décevante. L'hôtel était très loin de la plage. Et la chambre avait vue sur la voie ferrée. Demandez une diminution du prix du séjour, voire son remboursement puisque le voyagiste ne vous a pas donné ce qui était prévu.

• **Ce que dit la loi** : « Chose promise, chose due », selon ce principe simple, tout ce que l'on vous a promis avant le départ doit être tenu. L'article 1 de l'arrêté du 14 juin 1982 prévoit que l'agent de voyages répond de tout manquement aux promesses qu'il a faites dans un catalogue ou un document de réservation.

En outre, l'article 23 de la loi n° 92-645 du 13 juillet 1992 prévoit que l'organiseur du voyage ne peut pas se retrancher derrière la défaillance de ses correspondants étrangers si les prestations promises ne sont pas fournies.

Cela dit, vous ne pouvez soutenir que les prestations pro-mises n'étaient pas au rendez-vous, chaque fois que vous avez été déçu. En clair, si on vous a servi de la purée trois fois dans la semaine, il n'y a pas de quoi contester. En revanche, si on vous a promis un hôtel avec vue sur la mer et plage immédiate et qu'une voie ferrée vous sépare de la mer, vous pouvez réagir.

Souvent (même avec des voyagistes proposant des « voyages de luxe »), le superbe hôtel promis est complet et on vous héberge alors dans un autre, excentré ou moins confortable.

Vous pouvez également contester si les excursions promises n'ont pas eu lieu. Même si une seule prestation ne correspond pas à ce qui était promis, vous pouvez agir.

Votre contrat doit comporter précisément ce que le voyagiste vous promet. Conservez-le, il constitue une preuve. Le catalogue et les belles photos de l'hôtel avec coucher de soleil ou vue sur la mer ont aussi une valeur contractuelle.

Prenez des photos. S'il n'y a pas de responsables locaux, envoyez immédiatement ce courrier recommandé avec avis de réception à l'agence.

Enfin, si d'autres personnes sur place se sont retrouvées dans la même situation, échangez vos adresses afin de faire une action collective auprès de l'agence de voyages à votre retour.

• **Notre conseil** : Si les prestations sur place n'avaient vraiment rien à voir avec ce qui était prévu dans votre contrat, ne vous contentez pas de demander une diminution du prix, exigez le remboursement total du prix du séjour.

Vos nom et prénom
Adresse

Date

Nom de l'agence de voyages
Adresse

Recommandé avec avis de réception

Madame, Monsieur,

J'ai acheté, auprès de votre agence, un forfait voyage-séjour à destination de … (*nom du pays*).

Malheureusement, le séjour n'a pas du tout correspondu à ce qui était prévu.

Je devais être logé(e) à l'hôtel … (*nom de l'hôtel*). Or, j'ai été logé(e) à l'hôtel … (*nom de l'hôtel*) qui est d'une catégorie nettement inférieure.

En conséquence, je vous prie de m'adresser la différence de prix entre ces deux hôtels, conformément aux dispositions de l'article 22 de la loi du 13 juillet 1992.

(*Variante* : l'hôtel … étant complet, j'ai été logé à l'hôtel …, situé loin de la mer et à proximité d'une voie expresse. J'ai donc refusé cette modification et suis immédiatement rentré(e). À cause de votre imprévoyance, mes vacances ont été gâchées et j'ai subi des dépenses et de la fatigue inutilement. En conséquence, je vous prie de me rembourser l'intégralité du prix de ce séjour, que j'ai payé avant mon départ.)

Veuillez agréer, Madame, Monsieur, l'expression de mes salutations distinguées.

Signature

VOUS AVEZ ÉTÉ VICTIME D'UN RETARD D'AVION IMPORTANT. VOUS EXIGEZ UNE INDEMNISATION.

Vous vous apprêtiez à prendre l'avion pour partir en congés, revenir de vacances, ou pour une mission professionnelle. Mais l'avion n'est pas parti à l'heure et vous avez atterri avec cinq heures de retard ! Vous estimez avoir subi un préjudice, car vous avez engagé des frais imprévus, ou raté un rendez-vous important. Vous pouvez, dans certains cas précis, demander une indemnisation à la compagnie aérienne.

• **Ce que dit la loi** : Selon l'article 19 de la convention de Varsovie, « le transporteur est responsable du dommage résultant d'un retard dans le transport aérien de voyageurs, bagages ou marchandises ». Cette convention s'applique aussi bien aux vols internationaux qu'aux vols intérieurs (article L. 322-3 du code de l'aviation civile). Mais les compagnies aériennes prennent soin d'indiquer au dos des billets remis aux voyageurs que les heures indiquées ne sont pas garanties et ne font pas partie du contrat.

Les tribunaux estiment que cette clause est acceptable à condition que le retard n'ait pas été trop important par rapport à la durée normale du voyage. Mais un retard disproportionné est assimilable à une annulation de vol et le transporteur doit indemniser les voyageurs en leur versant des dommages-intérêts, sauf s'il démontre un véritable cas de force majeure (grève surprise, par exemple). (Cour d'appel de Paris, 15e ch. B, 30 mars 1990, Sté Air Entreprise c/ Sté Fiat Allis France.) Mais ne vous réjouissez pas trop vite, car les juridictions considèrent que la responsabilité du transporteur ne saurait être engagée si la compagnie arrive à démontrer que ledit retard a été dû aux conditions atmosphériques ou à des raisons de sécurité (réparations ou encombrement du trafic aérien).

• **Notre conseil** : Le jour même, pensez en premier lieu à échanger vos coordonnées avec les autres passagers dans le même cas que vous. Plus vous serez nombreux à réclamer, plus votre demande a une chance d'aboutir.

Vos nom et prénom
Adresse

Date

Objet : demande d'indemnisation

Compagnie aérienne ...
Adresse

Recommandé avec avis de réception

Messieurs,

Le ... (*date*), je devais embarquer sur le vol n° ... à destination de ... pour un décollage prévu à ... (*indiquez l'heure*).

Or, cet avion n'a décollé qu'à ... (*indiquez l'heure et éventuellement le jour*).

Ce retard m'a occasionné les désagréments suivants : ... (*expliquez lesquels* : correspondance ratée, préjudice professionnel, frais d'hôtel, de transport, de restauration, etc. *Si ces frais n'ont pas été pris en charge par la compagnie, indiquez également le prix des communications téléphoniques destinées à prévenir les personnes qui vous attendaient*).

J'estime le préjudice que j'ai subi à ... €. En conséquence, je vous mets en demeure par la présente de me rembourser ces frais dans les dix jours. En cas de réponse négative de votre part, je me verrai dans l'obligation de saisir la justice afin qu'elle tranche ce différend.

Je vous prie d'agréer, Messieurs, mes salutations distinguées.

Signature

VOUS AVIEZ UNE RÉSERVATION EN BONNE ET DUE FORME SUR UN AVION, MAIS VOUS N'AVEZ PAS PU EMBARQUER FAUTE DE PLACE DISPONIBLE. VOUS EXIGEZ UNE INDEMNISATION.

Vous n'avez pas pu embarquer dans l'avion alors que votre place était réservée. Exigez le remboursement de votre billet et le versement d'un dédommagement.

• **Ce que dit la loi** : Le surbooking consiste pour les compagnies d'aviation à vendre plus de places que ne peut en contenir l'avion afin de remplir au maximum l'appareil. Cette technique de la surréservation est surtout employée en période de pointe, comme les vacances d'été.

Ce problème est réglé à l'échelon européen par le règlement n° 295/91 du 14 février 1991 qui prévoit des systèmes de compensation en cas de surréservation : le remboursement du billet ou le réacheminement dans les plus brefs délais ainsi qu'une indemnité de 150 € si la distance est inférieure à 3 500 kilomètres et 320 € si elle est supérieure. Cette indemnité est versée pour chaque voyageur qui n'a pu embarquer. Par d'exemple, si vous voyagiez à deux, l'indemnité est doublée.

Quoi qu'il arrive, on doit vous donner la priorité pour le vol le plus proche du départ.

En outre, vous avez le droit de téléphoner ou d'envoyer un fax à votre famille aux frais de la compagnie. Si, en attendant un autre vol, vous devez vous restaurer ou vous loger, les frais sont également à la charge de la compagnie.

Le fait d'encaisser cette indemnité forfaitaire ne vous empêche pas de demander en justice des dommages-intérêts si vous avez subi un préjudice plus important. C'est le cas, si par exemple, n'ayant pu rentrer à temps pour reprendre votre travail, votre employeur vous a licencié.

• **Notre conseil** : Vous pouvez faire votre demande sur le champ auprès du guichet de la compagnie. Si le guichet est pris d'assaut ou si vous êtes trop fatigué, envoyez dès votre retour à votre domicile un courrier sous la forme recommandée avec avis de réception à la compagnie.

Vos nom et prénom
Adresse

Date

Objet : demande d'indemnisation

Compagnie aérienne...
Adresse

Recommandé avec avis de réception

Messieurs,

Mon épouse et moi ainsi que notre fille (*indiquez le nombre de voyageurs prévu*), nous devions nous rendre à ... (*votre destination*) le ... (*date*) par le vol n° ... de ... heures, mais nous n'avons pu embarquer faute de places disponibles.

Conformément au règlement communautaire n° 195/91 du 14 février 1991, je vous prie de me rembourser le prix des billets et de me verser une indemnité forfaitaire de ... €, c'est-à-dire l'équivalent de (nombre de voyageurs prévus) multiplié par 150 €.

Vous trouverez ci-joint des photocopies de nos billets.

Veuillez agréer, Messieurs, l'expression de mes salutations distinguées.

Signature

P.J. : photocopie des billets

VOUS EMBARQUEZ POUR LES ANTILLES. À L'ARRIVÉE, VOUS NE RETROUVEZ PAS VOS BAGAGES. VOUS RÉCLAMEZ.

Vous aviez enregistré vos valises à l'aéroport mais, à l'arrivée, ils ont disparu ou sont abîmés. Vous exigez du transporteur une indemnisation.

• **Ce que dit la loi** : La responsabilité du transporteur est régie par l'article 18 de la convention de Varsovie qui s'applique à l'ensemble des pays.

Quel que soit le contenu du bagage enregistré en cas de perte ou d'avarie, vous avez droit à une indemnisation de 20 dollars américains par kilo, soit environ 22 €.

Si vous transportez des objets de valeur dans vos bagages (appareil photo coûteux, matériel vidéo...), vous avez intérêt à souscrire une assurance complémentaire.

Gardez les bijoux avec vous.

Vos nom et prénom | Date
Adresse

Objet : demande d'indemnisation | Cie aérienne ...
Adresse

Recommandé avec avis de réception

Messieurs,

Le ... (*date*) avant de prendre le vol n° ... à destination de ... (*lieu*), j'ai fait enregistrer mes bagages, comme l'atteste le récépissé dont je vous joins la photocopie.

À l'arrivée, il manquait une valise qui contenait ... (*décrivez le contenu*).

Cette perte représente pour moi un préjudice de ... €, que je vous prie de me rembourser dans les plus brefs délais.

(*Variante pour un bagage abîmé* : ma valise de marque comportait de nombreuses bosses et était abondamment rayée.)

Veuillez agréer, Messieurs, l'expression de mes salutations distinguées.

Signature

P.J. : photocopie du récépissé d'enregistrement des bagages

• **Notre conseil** : Vous pouvez utiliser un formulaire qui est à votre disposition aux guichets des compagnies que vous devrez retourner dans les sept jours qui suivent. Si vous n'avez pas ce formulaire, envoyez cette lettre sous la forme recommandée avec avis de réception.

PENDANT VOTRE SÉJOUR DANS UN HÔTEL, DES OBJETS VOUS ONT ÉTÉ DÉROBÉS. VOUS EXIGEZ UNE INDEMNISATION DE L'HÔTELIER.

En revenant d'une promenade, vous avez constaté qu'on était entré dans votre chambre et que des objets avaient disparu. Vous mettez en cause la responsabilité de l'hôtelier.

• **Ce que dit la loi** : Les articles 1952 et suivants du code civil précisent la responsabilité de l'hôtelier. Lorsque vous déposez des biens dans le coffre de l'hôtel, la responsabilité de l'hôtelier est totalement engagée. Quand ces biens sont volés dans votre chambre, l'article 1953 du code civil limite l'indemnisation à 100 fois le prix de la nuit. S'il y a une faute manifeste de l'hôtelier (défaut de surveillance, par exemple), cette limite ne s'applique pas.

L'hôtelier est également responsable en cas de vol d'un véhicule (vide ou contenant des bagages) dans la mesure où ce vol s'est produit sur un parking privatif, c'est-à-dire réservé aux clients de l'hôtel. Les biens qui se trouvaient dans votre voiture vous seront remboursés à hauteur de 50 fois le prix de la nuit.

Attention : l'hôtelier n'est pas responsable si le vol se produit sur un parking ouvert à tout le monde, par exemple un parking public. De nombreux hôtels apposent des affiches indiquant qu'ils dégagent leur responsabilité pour le vol des objets qui n'ont pas été déposés dans leur coffre.

Cette restriction est contraire aux articles 1952 et suivants du code civil et n'a donc aucune valeur vis-à-vis des clients.

• **Notre conseil** : Signalez le vol au responsable de l'hôtel dès que vous le découvrez. Demandez le nom de la personne qui a enregistré votre déclaration. Confirmez (sans attendre votre retour chez vous) aussitôt par lettre recommandée.

Les hôtels doivent être assurés pour les dommages pouvant être subis par leurs clients.

Joignez une photocopie de la facture d'achat de l'objet qui vous a été dérobé.

Vos nom et prénom
Adresse

Date

Objet : demande d'indemnisation

Nom de l'hôtel
Adresse

Recommandé avec avis de rception

Messieurs,

Comme suite à ma déclaration verbale auprès de M. ... (*nom de la personne*), je vous confirme que pendant mon séjour du ... au ... dans votre établissement, on m'a dérobé ... (*par exemple une valise contenant un manteau de fourrure, une montre*...), d'une valeur de ... €, comme l'atteste la photocopie de la facture d'achat ci-jointe.

Ces objets étaient entreposés dans ma chambre, que j'ai fermée à clefs avant de m'absenter.

Ce vol a eu lieu dans la journée du ... (*date*), probablement entre ... heures et ... heures.

Aux termes des articles 1952 et suivants du code civil, votre responsabilité est engagée.

En conséquence, je vous prie de bien vouloir déclarer le sinistre à votre assureur afin que je sois indemnisé dans les meilleurs délais.

Veuillez agréer, Messieurs, l'expression de mes sentiments distingués.

Signature

VOUS AVEZ LOUÉ UNE VILLA DE VACANCES SUR LA FOI D'UN DESCRIPTIF TRÈS FLATTEUR. À L'ARRIVÉE, VOUS DÉCOUVREZ UN TAUDIS.

En arrivant sur votre lieu de vacances, vous découvrez que la location que vous aviez réservée ne répond en rien à la description qu'on vous en avait donnée. Exigez le remboursement de ce que vous aviez versé.

• **Ce que dit la loi** : Le contrat portant sur une location de vacances est libre, c'est-à-dire que le montant du loyer est librement fixé par le propriétaire. En revanche, le loueur ne doit pas vous raconter n'importe quoi pour vous tromper. La tromperie est un délit.

En effet, l'article premier du décret n° 67-128 du 14 février 1967 stipule : « Sera punie d'une amende de 770 € au plus toute personne qui, à l'occasion d'une location saisonnière ou d'une offre de location saisonnière d'un local meublé en vue de l'habitation, aura fourni des renseignements manifestement inexacts sur la situation de l'immeuble, la consistance et l'état des lieux, les éléments de confort ou l'ameublement ».

Les arrhes que vous devez réserver avant votre entrée dans les lieux ne doivent pas dépasser 25 % du prix de la location.

Si, en arrivant dans les lieux, vous découvrez qu'on vous a trompé, prenez immédiatement des photos. Ou mieux, faites constater par huissier de justice (la Chambre départementale de la région où vous séjournez vous donnera l'adresse de l'huissier le plus proche) l'état de la location.

Envoyez ensuite au loueur une lettre pour exiger le remboursement de vos arrhes, voire un dédommagement correspondant aux dépenses que vous avez supportées pour vous rendre sur place : frais de transport, hôtel en attendant de rentrer chez vous... S'il refuse – ou ne répond pas –, vous pouvez l'assigner devant le tribunal d'instance du lieu de situation du logement, pour exiger le remboursement de vos arrhes et des dommages-intérêts.

En parallèle, vous pouvez aussi déposer plainte auprès du procureur de la République pour tromperie sur la base du décret précisé ci-dessus.

Notez que même si vous restez quelques jours dans les lieux, cela ne veut pas dire que vous acceptez la situation.

Enfin, dans leurs contrats, certaines agences de location inscrivent une clause indiquant que le locataire doit réclamer au plus tard dans les trois jours. La Commission des clauses abusives a indiqué qu'une telle clause est abusive. Autrement dit, un tribunal ne lui accorderait pas de valeur.

• **Notre conseil** : Avant d'envoyer des arrhes, exigez un descriptif écrit et très précis. N'envoyez jamais plus que les 25 % prévus par la loi. Quand vous le pouvez, rendez-vous sur place avant de vous engager. Joignez une photocopie du constat de l'huissier de justice, si vous en avez fait un.

Vos nom et prénom
Adresse

Date

Nom du propriétaire
(ou de l'agence)
Adresse

Recommandé avec avis de réception

Monsieur (*ou* Madame),

Votre annonce dans la presse, tout comme votre descriptif, annonçait une « villa calme sur front de mer » en termes très séduisants.

Qu'elle ne fut pas ma surprise de découvrir, avec ma famille, un modeste pavillon, séparé de la mer par une route nationale, terriblement bruyante. Les chambres étaient dans un état de saleté repoussante et les toilettes hors d'usage (*précisez exactement vos reproches et détaillez-les*). (*Ou encore* : j'ai fait constater par Maître ..., huissier de justice, l'état des lieux.)

En raison de l'heure tardive de notre arrivée, nous y avons passé une nuit et sommes repartis dès le lendemain à l'aube.

En conséquence, je vous prie de me rembourser les arrhes que je vous avais versés, augmentés d'une somme de ... € à titre de dédommagement pour les frais de transport que j'ai inutilement supportés.

Je vous indique que l'article premier du décret n° 67-128 du 14 février 1967 prévoit des sanctions pénales à l'encontre de toute personne qui fournit des renseignements manifestement inexacts sur une location de vacances. À défaut de remboursement amiable de votre part, je me verrai contraint(e) de déposer plainte auprès du procureur de la République. En outre, je ne manquerai pas de vous assigner devant le tribunal d'instance pour vous contraindre à me rembourser mes arrhes et à me verser des dommages-intérêts.

Veuillez agréer, Monsieur (*ou* Madame), mes salutations distinguées.

Signature

VOUS VOUS ÊTES BLESSÉ EN SAUTANT DU TÉLÉSIÈGE. VOUS RÉCLAMEZ UNE INDEMNISATION À L'EXPLOITANT QUI FAIT LA SOURDE OREILLE.

Bing ! Les joies du ski en altitude se sont transformées en « chaise-longue party » en bas des pistes. Et tout cela à cause d'une mauvaise réception à l'arrivée du télésiège qui vous a éclaté le genou. Bien que vous soyez assuré(e), vous considérez que l'exploitant a commis une faute et doit vous indemniser pour vos vacances gâchées.

• **Ce que dit la loi** : L'exploitant d'un télésiège est un transporteur comme les autres. À ce titre, il doit conduire le passager sain et sauf à destination. En cas d'accident, la victime n'a pas à prouver la faute commise par le transporteur. Elle doit seulement établir le non-respect ou l'inexécution de l'obligation de sécurité qui est conçue comme une obligation de résultat.

Toutefois, les tribunaux estiment que l'obligation de sécurité ne pèse sur le transporteur que pendant l'exécution du contrat de transport, c'est-à-dire à partir du moment où le voyageur commence à monter dans le véhicule et jusqu'au moment où il achève d'en descendre (Cour de cassation, chambre sociale, 7 mars 1989, Bulletin des arrêts p. 77, n° 118).

Si le transfert par téléphérique ou télécabine suit le régime du contrat de transport évoqué ci-dessus, l'obligation pesant sur l'exploitant d'un télésiège est plus réduite. S'il est tributaire d'une obligation de résultat pendant le transport, la jurisprudence considère qu'il n'est tenu qu'à une obligation de moyen lors des opérations qui précèdent ou suivent le transport proprement dit (montée ou descente) car les passagers ont alors un rôle actif (Cour de cassation, 1ère chambre civile, 10 mars 1998, Sté Allianz Via assurances). Cela signifie que c'est à la victime de prouver la faute du transporteur, ce qui est évidemment beaucoup moins avantageux même s'il arrive que les professionnels puissent être condamnés (Cour de cassation, 1ère chambre civile, 11 mars 1986, Bulletin des arrêts, p. 61, n° 64). Le critère du rôle actif de la victime justifie par ailleurs que l'exploitant d'un téléski ne soit redevable que d'une obligation de moyen pendant toute la durée du trajet en raison de la participation active que doit apporter le skieur à l'opération.

• **Notre conseil** : Aucun ! À part celui d'être extrêmement prudent(e). Si vous n'êtes pas trop mal en point, essayez de prendre les coordonnées de personnes ayant assisté à l'accident car leurs témoignages pourront peut-être vous aider à démontrer la négligence de l'exploitant (absence de surveillant, matériel défectueux, etc.).

Vos nom et prénom — Date
Adresse

Sté d'exploitation ...
Adresse

Recommandé avec avis de réception

Monsieur (*ou* Madame),

J'ai été victime le ... (*date*) vers ... heures d'une mauvaise chute lors du débarquement (*ou* de l'embarquement) du télésiège dénommé ... (*nom*) dont votre société assure l'exploitation.

Comme l'atteste le certificat médical ci-joint, cette chute m'a occasionné ... (*indiquez la blessure*). Elle m'a surtout contraint à une immobilisation pendant la durée de mon séjour. Comme j'en ai informé ma compagnie d'assurances, je considère avoir subi, en plus de mon préjudice corporel, un préjudice d'agrément du fait de l'impossibilité d'exercer mon sport favori et je vous en demande réparation.

Bien que vous ne soyez tributaire que d'une obligation de moyen lors des opérations d'embarquement ou de débarquement, je considère, en l'espèce, que votre responsabilité est engagée.

En effet, je considère que vous avez commis une faute (*indiquez les faits litigieux ou les dysfonctionnements constatés*) comme le corroborent les témoignages joints au présent envoi.

J'estime le préjudice que j'ai subi à ... €.

Je pense que nous pouvons parvenir rapidement à un accord afin d'éviter un contentieux qui ne pourrait que nuire à la réputation de la station au sein de laquelle vous êtes chargé de la concession des remontées mécaniques.

Veuillez agréer, Monsieur (*ou* Madame), mes salutations distinguées.

Signature

P.J. : Lettres de témoignage, coordonnées de ma compagnie d'assurances.

CHAPITRE 23

VOS ANIMAUX

VOTRE CHAT S'EST OUBLIÉ SUR LE MANTEAU D'UNE AMIE VENUE VOUS RENDRE VISITE. VOUS PRÉVENEZ VOTRE ASSUREUR.

Caramel, votre chat, sans doute pris d'une envie incontrôlable, ou par jalousie, a fait ses besoins sur le manteau de votre amie posé sur le lit de votre chambre. Vous êtes confuse et vous promettez à votre amie que le nettoyage ne lui coûtera rien.

• **Ce que dit la loi** : Selon l'article 1385 du code civil, le propriétaire d'un animal est présumé responsable des dommages causés par ce dernier. Vous devez donc supporter les conséquences financières des dégâts causés par vos animaux familiers.

Vous devez déclarer sans tarder le dommage à l'assurance qui couvre votre responsabilité civile familiale à l'égard des tiers. En effet, celle-ci joue pour les événements qui surviennent au cours de votre vie familiale.

Vos nom et prénom
Adresse

Date

Compagnie d'assurances ...
Adresse

Messieurs,

Titulaire du contrat n° ... qui couvre ma responsabilité civile familiale, je vous déclare par la présente le sinistre survenu à mon domicile le ... (*date*).

Mon chat (*ou* mon chien) a détérioré le manteau appartenant à l'une de mes amies. Bien entendu, si vous le souhaitez, avant de le faire nettoyer (ou *de le racheter*), je le tiens à disposition de l'expert que vous voudrez bien désigner l'objet du dommage afin qu'il puisse constater l'étendue du dégât causé.

Je reste à votre disposition pour toute information complémentaire et vous prie d'agréer, Messieurs, mes salutations distinguées.

Signature

• **Notre conseil** : Un peu de savoir-vivre : vous proposerez à votre amie de faire nettoyer à votre charge son manteau et lui rembourserez rapidement la facture du pressing. Vous garderez un double de celle-ci et adresserez l'original à votre assureur pour être à votre tour remboursé.

DANS VOTRE QUARTIER, UN CHIEN GAMBADE EN TOUTE LIBERTÉ. VOUS ÉCRIVEZ À SON MAÎTRE POUR LUI DEMANDER DE LE TENIR EN LAISSE.

Brutus, le berger allemand d'un de vos voisins, se promène toujours tranquillement dans le quartier sans être tenu en laisse. Comme vous avez de jeunes enfants et que vous avez peu confiance dans la gente canine, vous demandez à son maître d'être plus prudent.

• **Ce que dit la loi** : Selon l'article 213 du code rural, les chiens et chats ne peuvent circuler sur la voie publique que s'ils sont tenus en laisse. Le maire de la commune peut même ordonner que les chiens soient muselés.

Par ailleurs, les chiens et les chats ne doivent pas être en état de divagation. Cette notion doit s'entendre au sens où ces animaux ne doivent pas rester sans surveillance (article 213-1 du code rural).

Si le propriétaire fait la sourde oreille à vos demandes de tenir son chien en laisse, rappelez-lui qu'il peut avoir à payer une amende forfaitaire éventuellement majorée et/ou que son animal peut être mis en fourrière.

• **Notre conseil** : Si vous ne connaissez pas l'heureux maître du toutou, consultez le collier qu'il porte en principe autour du cou (s'il vous laisse approcher). En effet, tout chien circulant sur la voie publique doit être muni d'un collier portant gravés, sur une plaque de métal, les nom et adresse de son propriétaire.

Vos nom et prénom
Adresse

Date

M. (*ou* Mme) …
Adresse

Monsieur (*ou* Madame),

Comme je vous l'ai indiqué verbalement lors de notre der-nière rencontre, votre chien se promène certains jours sans surveillance aucune dans notre quartier (*ou* dans notre résidence).

Je vous ai demandé de ne pas laisser divaguer ainsi votre animal car il représente un danger potentiel, notamment pour les enfants du voisinage. Je vous rappelle que, selon la loi, les chiens et les chats ne doivent pas rester sans surveillance (article 213-1 du code rural).

Si vous persistez dans votre attitude, je me verrai contraint d'en informer les autorités communales ainsi que la force publique. Vous pourriez, d'une part, avoir à payer une amende forfaitaire. D'autre part, votre animal pourrait être mis en fourrière.

Voulant croire en un simple malentendu, je vous prie d'agréer, Monsieur (*ou* Madame), mes salutations distinguées.

Signature

VOUS AVEZ ACHETÉ UN CHIEN ET LE LENDEMAIN VOUS AVEZ DÛ L'EMMENER CHEZ LE VÉTÉRINAIRE. VOUS DEMANDEZ AU VENDEUR LE REMBOURSEMENT DES SOINS.

Qu'il est mignon ce petit caniche que vous venez d'acquérir pour un prix raisonnable ! Votre joie est cependant de courte durée, car bientôt il n'arrête pas de se gratter ou de s'oublier un peu partout dans la maison. Comme la note du vétérinaire est un peu élevée, vous demandez des comptes au vendeur.

• **Ce que dit la loi** : L'article 285-1 du code rural dresse une liste de certaines maladies de l'espèce canine qui constituent des vices rédhibitoires. Si votre chien est atteint de l'une d'elles, vous pouvez alors invoquer l'article 240 du même code permettant l'annulation de la vente. Vous exigerez alors le remboursement intégral du prix d'achat et des frais vétérinaires exposés. Mais le même code vous fait obligation d'agir dans un délai aussi bref que possible (maximum 45 jours depuis le jour de la livraison, délai réduit à 10 jours si l'animal a été abattu).

Si la maladie de votre chien ne figure pas sur la liste de l'article 285-1 du code rural, rien ne vous empêche de tenter un arrangement à l'amiable avec le vendeur pour obtenir le remboursement du prix et des frais de vétérinaire en vous basant sur les articles 1645 et suivants du code civil (vices cachés de la chose achetée).

Dans l'un ou l'autre cas, si le vendeur n'est pas d'accord, saisissez le tribunal d'instance afin qu'il tranche le litige.

• **Notre conseil** : Demandez à votre vétérinaire d'établir un certificat médical et prévenez rapidement la Direction des services vétérinaires du département du lieu où vous avez effectué votre achat.

Vos nom et prénom
Adresse

Date

Monsieur le Directeur des magasins ...
Adresse

Monsieur,

J'ai acheté dans votre magasin le ... (*date*) un chien ... (*indiquez la race* : caniche, dalmatien, épagneul, etc.) pour un prix de ... €.
Il s'avère que cet animal est tombé malade le ... (*date*). J'ai dû l'emmener d'urgence chez le vétérinaire, lequel a diagnostiqué une ... (*indiquez le nom de la maladie*) comme l'atteste le certificat ci-joint.
Cette maladie figure sur la liste de l'article 285-1 du code rural. En conséquence, conformément à l'article 240 du même code, je considère cette vente comme nulle et je vous demande de me rembourser la somme de ... F, représentant le prix payé et les frais de vétérinaire que j'ai exposés. Bien entendu, je m'engage pour ma part à vous restituer l'animal, objet de notre litige.
Ou bien : Bien que la maladie de cet animal ne constitue pas un vice rédhibitoire, j'estime néanmoins qu'il s'agit d'un vice caché conformément aux articles 1645 et suivants du code civil. En conséquence, je considère la vente comme nulle et je vous demande le remboursement du prix d'achat. (*Ajoutez éventuellement* : Compte tenu des symptômes présentés par cet animal, je considère que vous ne pouviez pas ignorer, lors de la vente, la maladie dont il souffrait. Dès lors, je vous demande de me rembourser la somme de ... € représentative des frais de vétérinaire que j'ai exposés.)
En l'absence de réponse de votre part dans un délai raisonnable, je me verrai dans l'obligation de remettre cette affaire entre les mains des tribunaux.
Je veux croire que nous n'en arriverons pas à une telle extrémité et, dans l'attente de votre réponse favorable, je vous prie d'agréer, Monsieur, mes salutations distinguées.

P.J. : certificat vétérinaire

Signature

DANS VOTRE QUARTIER, UN CHIEN MAL ÉLEVÉ ABOIE DE FAÇON INTEMPESTIVE. VOUS ENTREPRENEZ DES DÉMARCHES POUR FAIRE CESSER CE TROUBLE.

Cela se reproduit tous les jours : le chien d'un de vos voisins vient troubler la tranquillité de votre journée par des aboiements répétés. Mais apparemment ils ne dérangent pas son propriétaire qui fait la sourde oreille à vos remarques verbales. Vous réagissez, car cela devient franchement insupportable.

• **CE QUE DIT LA LOI** : Selon l'article 1385 du code civil, le propriétaire d'un animal, ou celui qui s'en sert, est responsable du dommage que cause cet animal. Les tribunaux peuvent donc retenir la responsabilité civile du propriétaire d'un animal si ce dernier est à l'origine de bruits intempestifs. Ils peuvent accorder des dommages-intérêts aux personnes qui en sont victimes.

Par ailleurs, le code pénal réprime le tapage nocturne. Vous pouvez en conséquence porter plainte auprès du procureur de la République. S'il est poursuivi, vous pourrez réclamer les dommages-intérêts à votre voisin lors de l'audience.

Une autre méthode consiste à saisir le tribunal d'instance afin d'obtenir un jugement ordonnant à votre voisin de faire cesser le trouble. Là aussi, vous pouvez réclamer des dommages-intérêts.

Avant de porter plainte ou de vous adresser au juge d'instance, adressez à votre voisin une lettre de mise en demeure.

• **NOTRE CONSEIL** : Si le propriétaire ne répond pas à votre courrier, employez d'abord des moyens d'intimidation : demandez à un huissier d'effectuer une sommation interpellative.

Mise en demeure adressée au voisin

Vos nom et prénom
Adresse

Date

M. (*ou* Mme) ...
Adresse

Monsieur (*ou* Madame),

Comme je vous l'ai indiqué verbalement lors de notre der-nière rencontre et par écrit dans ma lettre du ... (*date*), votre chien aboie fréquemment et bruyamment, ce qui dépasselargement le seuil de tolérance acceptable par le voisinage.

À ce jour, je n'ai pas observé, malgré mes remarques, que vous ayez pris des mesures pour calmer votre animal.

En conséquence, je vous mets en demeure par la présente lettre de faire cesser ce que je considère comme un trouble sonore du voisinage. Faute de quoi, je me verrai dans l'obligation de saisir la Justice et l'Administration pour cette affaire.

Je veux croire que nous n'en arriverons pas à une telle extrémité et, dans l'attente d'une attitude bienveillante de votre part, je vous prie d'agréer, Monsieur (*ou* Madame), mes salutations distinguées.

Signature

VOUS ÊTES ABASOURDI PAR LES ABOIEMENTS INCESSANTS D'UN CHIEN DE VOTRE QUARTIER. VOUS DEMANDEZ AU MAIRE D'INTERVENIR.

Des propriétaires du chien ne réagissent pas à votre courrier. Vous devez recourir aux services municipaux.

• **Ce que dit la loi** : Si votre préoccupation consiste seulement à faire cesser les aboiements intempestifs, sachez que les personnes qui sont responsables d'un bruit particulier de nature à porter atteinte à la tranquillité du voisinage ou à la santé de l'homme par sa durée, sa répétition ou son intensité, sont passibles de 450 € d'amende (décrets n° 95-408 et 95-409 du 18 avril 1995, JO du 19 avec rectificatif publié au JO du 20 mai 1995).

La sanction leur est applicable même si le bruit a été provoqué par l'intermédiaire d'une personne, d'une chose dont elles ont la garde ou un animal placé sous leur responsabilité. Toutefois, il faut que l'infraction soit préalablement relevée par un agent communal ou ministériel dûment assermenté. Une intervention auprès du maire de votre commune est nécessaire.

Demande d'intervention au Maire de la commune

Vos nom et prénom
Adresse

Date

Monsieur le Maire de ...
(nom de la commune)
Hôtel de ville
Adresse

Monsieur le Maire,

J'ai l'honneur de porter à votre connaissance que Monsieur ... (*nom et prénom*) demeurant ... (*adresse*) dépasse largement le seuil de tolérance de bruit acceptable par notre voisinage. En effet, son chien aboie fréquemment et bruyamment, parfois jusqu'à une heure avancée de la nuit.

À ce jour, je n'ai pas observé, malgré mes remarques et celles d'autres voisins, que Monsieur ... (*nom*) ait pris des mesures pour calmer son animal.

En conséquence, je vous demande de dépêcher un agent assermenté afin qu'il dresse procès-verbal.

En vous remerciant par avance de votre intervention, je vous prie de croire, Monsieur le Maire, en l'assurance de ma considération distinguée.

Signature

UN CHIEN A MORDU VOTRE PETITE FILLE. VOUS DEMANDEZ À SON MAÎTRE DE VOUS REMBOURSER LES FRAIS DE SOINS.

Le berger allemand de votre voisin n'a fait qu'une bouchée de l'avant-bras de votre enfant qui en toute innocence lui caressait les oreilles. Vous informez son propriétaire que vous avez déclaré l'accident à votre assurance, laquelle va lui demander le remboursement des soins.

• **Ce que dit la loi** : Notre loi est peu loquace sur les chiens voraces. C'est encore une fois notre bon vieux code civil et son article 1385 qu'il faut appeler à la rescousse. Rappelons que, selon ce texte, le propriétaire d'un animal est présumé responsable des dommages causés par ce dernier. Votre voisin devra donc supporter les conséquences financières résultant de l'atteinte à l'intégrité physique de votre enfant. Que la blessure soit grave ou non, votre intérêt est de faire jouer vos assurances personnelles et notamment la garantie « individuelle accident ». Votre assurance se retournera contre le propriétaire pour récupérer les sommes qu'il vous a versées.

Indépendamment du problème de responsabilité, il est indispensable de consulter un médecin, même si la blessure est superficielle. En effet, si le chien est porteur de la rage, il peut la transmettre à l'humain même si la morsure est légère.

• **Notre conseil** : Attention : si votre voisin n'a pas retenu son chien au moment de l'attaque, vous pouvez porter plainte auprès du procureur de la République en application de l'article R. 623-3 du nouveau code pénal. Le propriétaire ou le gardien de l'animal peuvent être condamnés à une amende.

Vos nom et prénom
Adresse

Date

M. (*ou* Mme) ...
Adresse

Monsieur (*ou* Madame),

Comme vous le savez, votre chien a, le ... (*date*), mordu ma fille (*ou* mon fils).

Il résulte de cet accident des frais de soins médicaux importants et notamment les vaccinations d'usage en cas de mor-sure par un animal.

Je vous informe par la présente que j'ai remis ce dossier entre les mains de mon assureur dont vous trouverez ci-joint les coordonnées. Je ne saurais trop vous recommander, si ce n'est déjà fait, de prévenir votre propre assureur des circonstances de cet accident.

Par ailleurs, je vous serais gré à l'avenir de porter une attention un peu plus soutenue aux faits et gestes de votre animal.

Dans l'attente d'une attitude bienveillante de votre part, je vous prie d'agréer, Monsieur (*ou* Madame), mes salutations distinguées.

Signature

LE CHIEN DE VOTRE VOISIN PIÉTINE VOS PLATES-BANDES. VOUS DEMANDEZ UNE INDEMNISATION.

Si un chien ou un autre animal appartenant à votre voisin a piétiné vos massifs de fleurs ou toute autre partie de votre terrain, vous pouvez exiger des propriétaires mal élevés de ce chien une indemnisation en réparation du dommage que vous avez subi.

• **Ce que dit la loi** : Selon l'article 1385 du code civil, le propriétaire d'un animal est présumé responsable des dommages causés par ce dernier. Votre voisin doit donc en supporter les conséquences financières.

Sachez cependant qu'il pourrait se dégager de sa responsabilité en démontrant que vous avez commis une faute (par exemple, si vous avez vous-même incité le chien à pénétrer sur votre propriété) ou bien que l'incident est dû à un cas de force majeure (par exemple, l'animal est devenu fou parce qu'une personne lui a jeté une pierre).

• **Notre conseil** : Si une personne autre que le propriétaire habituel a la garde de l'animal au moment de l'incident, c'est à cette personne que vous devrez vous adresser pour obtenir réparation.

Vos nom et prénom
Adresse

Date

M. (*ou* Mme) ...
Adresse

Monsieur (*ou* Madame),

Vous n'ignorez pas que votre chien (*ou un autre animal, le cas échéant*) s'est introduit le ... (*date*) dans ma propriété et a détruit bon nombre de mes plantations (*ou bien indiquez les autres dommages*).

Comme je vous l'ai déjà expliqué le jour de l'incident, le montant des dommages s'élève à la somme de ... F. En conséquence, en application de l'article 1385 du code civil, je vous serais obligé de bien vouloir me faire parvenir cette somme le plus rapidement possible (*ou bien* : de me communiquer les coordonnées de votre assurance afin que celle-ci procède au remboursement de cette somme, etc.).

En l'absence de réponse de votre part dans un délai raisonnable, je me verrai dans l'obligation de remettre cette affaire entre les mains des tribunaux.

Je veux croire que nous n'en arriverons pas à une telle extrémité et, dans l'attente de votre réponse favorable, je vous prie d'agréer, Monsieur (*ou* Madame), mes salutations distinguées.

Signature

DES CHIENS DANGEREUX SONT PRÉSENTS DANS VOTRE ENTOURAGE. VOUS CHERCHEZ À VOUS EN PROTÉGER.

L'un de vos voisins est propriétaire d'un chien méchant. Vous le lui avez signalé à plusieurs reprises. Mais il a dédaigné vos avertissements. Vous alertez les autorités compétentes.

• **Ce que dit la loi** : La loi n° 99-5 du 6 janvier 1999 (qui peut être consultée dans les mairies) vise à protéger lapopulation contre les animaux dangereux.

Grâce à cette nouvelle loi, le maire, de sa propre initiative ou à la demande de toute personne concernée, peut enjoindre au propriétaire d'un animal dangereux de prendre les mesures destinées à éviter que la population qui se trouve à proximité coure des risques.

Au cas où le propriétaire n'exécute pas ces prescriptions, le maire peut ordonner, par arrêté, que cet animal soit placé dans une fourrière aux frais du propriétaire ou de la personne qui en a la garde.

Le chien pourra être abattu 8 jours plus tard si le propriétaire de l'animal ne se conforme pas aux injonctions du maire.

Enfin, cette loi prévoit que les chiens dangereux doivent désormais être déclarés par leur propriétaire à la mairie, et qu'il leur est interdit de stationner dans les locaux ouverts au public et les halls des immeubles.

• **Notre conseil** : N'hésitez pas à alerter le maire de votre ville de toute pré-sence d'un chien (ou autre animal) dangereux.

Vos nom et prénom
Adresse

Date

Monsieur le Maire
de ... (*ville*)
Mairie de ...
Adresse

Recommandé avec avis de réception

Monsieur le Maire,

Animé par le souci d'éviter des accidents graves, et conformément à la loi du 6 janvier 1999, je vous informe de la présence d'un chien extrêmement dangereux dans un pavillon voisin situé ... (*adresse*), appartenant à ... (*nom du propriétaire*).
(*Ou encore* : dans un immeuble situé ...)

Outre les aboiements incessants de ce chien, je redoute constamment des attaques et agressions contre moi-même, mes enfants en bas âge et les passants.

Me faisant le représentant de plusieurs habitants angoissés par la présence de cet animal, je vous demande de prendre toutes les mesures propres à mettre fin à cette menace.

Vous trouverez en annexe les noms et adresses des résidents qui s'associent à ma démarche.

Vous remerciant de votre diligence, je vous prie de croire, Monsieur le Maire, à l'expression de ma haute considération.

Signature

VOUS NE SUPPORTEZ PAS LES CHATS ET CHIENS ERRANTS. VOUS DEMANDEZ AU MAIRE DE METTRE FIN À LEUR DIVAGATION.

Des animaux vagabondent dans votre quartier, voire sur vos terres. Vous exigez que le maire prenne des mesures.

• **Ce que dit la loi** : L'article 213 du code rural interdit de laisser divaguer, c'est-à-dire circuler sans être tenus en laisse, les chiens et les chats.

Les maires sont habilités à prendre les mesures nécessaires pour empêcher les animaux de divaguer. Ils peuvent ordonner que ces animaux soient tenus en laisse et que les chiens soient muselés. Les maires peuvent également prescrire que les chiens et chats soient conduits à la fourrière où ils seront gardés pendant 8 jours ouvrés.

Si le nom et l'adresse du maître de l'animal figurent sur son collier, le gestionnaire de la fourrière le recherche. Mais parmi les animaux officiellement déclarés infectés par la rage, seuls les animaux vaccinés contre la rage sont rendus à leur propriétaire.

• **Notre conseil** : Attention : les animaux peuvent être porteurs de maladies graves, comme la rage. Ne les laissez pas vous approcher. Dès que voyez des animaux sans maître, alertez immédiatement le maire.

Vos nom et prénom
Adresse

Date

Monsieur le Maire
de ... (*ville*)
Mairie de ...
Adresse

Recommandé avec avis de réception

Monsieur le Maire,

Conformément à l'article 213 alinéa 2 du code rural, j'en appelle à votre autorité car mes voisins et moi-même sommes envahis par des chiens et des chats errants.

Je vous serai reconnaissant de prendre les mesures nécessaires pour mettre fin à la divagation de ces animaux.

Pourriez-vous également rappeler aux propriétaires qu'ils ne doivent pas laisser divaguer leurs animaux ?

Vous remerciant de votre diligence, je vous prie de croire, Monsieur le Maire, à l'expression de ma haute considération.

Signature

CHAPITRE 24

VOS RELATIONS AVEC VOS VOISINS

VOTRE PROPRIÉTÉ EST ENCLAVÉE. VOUS INFORMEZ VOTRE VOISIN QUE VOUS AVEZ LE DROIT DE PASSER SUR SON TERRAIN.

Votre propriété est entourée par une autre propriété et cela vous empêche d'avoir accès à la rue. Vous pouvez, sous certaines conditions, passer par le terrain de votre voisin. Celui-ci ne peut pas, en principe, s'y opposer, mais la politesse commande de le prévenir… tout de même !

• **Ce que dit la loi** : L'article 682 du code civil crée à votre profit une servitude de passage si votre terrain est enclavé et que vous ne pouvez pas avoir accès normalement à la voie publique. Il s'agit pour vous d'un droit absolu. Autrement dit, vous pouvez exiger tout de suite de vos voisins qu'ils vous laissent le passage nécessaire en fonction de l'utilisation que vous faites de votre terrain. Par exemple, si vous n'accédez à votre propriété que par une ruelle d'un mètre de large et si vous ne pouvez pas rentrer chez vous en voiture alors que vous possédez un garage, vous pourrez exiger de l'un de vos voisins un passage plus large. Votre voisin ne peut pas porter plainte contre vous, car les textes réprimant le passage sur le terrain d'autrui ne sont alors pas applicables.

L'endroit exact où va s'exercer la servitude, ainsi que ses conditions d'exercice, sont des problèmes qui peuvent être réglés plus tard. Il en va de même en ce qui concerne l'indemnisation de vos voisins. Mais rien ne vous empêche de proposer une certaine somme. L'indemnité est proportionnelle au dommage que votre passage peut occasionner. Elle peut prendre la forme d'un capital versé une fois pour toutes ou d'un versement périodique.

• **Notre conseil** : « Mieux vaut s'entendre entre voisins. » Mais ceux-ci peuvent faire des difficultés. Il faudra alors vous adresser au juge du tribunal de grande instance qui déterminera s'il y a ou non enclave. Dans l'affirmative, il fixera les conditions d'exercice de la servitude et les indemnités que vous devrez verser à vos voisins.

Vos nom et prénom
Adresse

Date

M. (*ou* Mme) …
Adresse

Monsieur (*ou* Madame),

Vous n'ignorez pas que l'accès en véhicule à ma propriété est rendu impossible compte tenu de la configuration des lieux. Cela caractérise l'état d'enclave envisagé par l'article 682 du code civil.

Malgré nos discussions amiables, nous n'avons pu trouver un accord car vous prétendez que je peux avoir accès à ma propriété à pied.

C'est pourquoi j'ai l'honneur de vous informer que j'entends exercer sur votre terrain la servitude de passage prévue par la loi dans un tel cas, et à laquelle vous ne pouvez pas vous opposer. En effet, vous savez bien que je ne peux pas utiliser mon terrain normalement.

Compte tenu des travaux qu'entraînent l'exercice de cette servitude et le désagrément qu'elle peut éventuellement vous causer, je vous propose de nous rencontrer afin d'en fixer les conditions d'exercice et le montant de l'indemnité que j'aurai à vous verser.

Je souhaite vivement que nous parvenions à un accord. À défaut, je me verrai contraint de remettre cette affaire entre les mains du juge du tribunal de grande instance de … (*ville*).

Je vous prie, Monsieur (*ou* Madame), d'agréer mes salutations distinguées.

Signature

LES EAUX DE PLUIE COULENT SUR LE TOIT DE VOTRE VOISIN ET SE DÉVERSENT SUR VOTRE TERRAIN. VOUS EXIGEZ LA POSE D'UNE GOUTTIÈRE.

L'eau de pluie tombant sur la maison de votre voisin atterrit directement sur votre terrain. Vous pouvez exiger de ce voisin peu prévenant la pose d'une gouttière pour que les eaux de pluie aillent chez lui.

• **Ce que dit la loi** : L'article 681 du code civil prévoit que tout propriétaire qui dispose sur son terrain d'une construction doit établir les toits de telle manière que les eaux de pluie s'écoulent sur son propre terrain ou sur la voie publique. Il doit donc s'arranger pour qu'elles ne tombent pas des toits directement sur votre terrain, sauf, bien sûr, si cela vous arrange.
Pour respecter la loi, il suffit d'avoir recours au système de la gouttière qui permet de récupérer les eaux et de les ramener au sol où l'écoulement normal reprend son cours.

• **Notre conseil** : Faites attention que la gouttière du toit de votre voisin n'avance pas sur votre terrain au-delà de la limite séparatrice des deux propriétés, car les eaux risqueraient à nouveau de tomber sur votre terrain si la gouttière venait à se boucher !

Vos nom et prénom
Adresse

Date

M. (*ou* Mme) ...
Adresse

Monsieur (*ou* Madame),

Comme vous avez pu le constater à l'occasion des pluies de ces derniers jours, les eaux tombant sur votre toit s'écoulent directement sur mon terrain, ce qui a pour effet d'endommager mes plantations.

Je vous avais indiqué, lors d'une récente rencontre, que l'article 681 du code civil prévoit que tout propriétaire qui dispose sur son terrain d'une construction doit établir les toits de telle manière que les eaux de pluie s'écoulent sur son propre terrain ou sur la voie publique.

Or, je constate qu'à ce jour vous n'avez toujours pas effectué les travaux de pose de gouttière que je vous avais recommandés.

En conséquence, je vous demande encore une fois d'effectuer ces travaux. Faute de quoi, je me verrai contraint de m'adresser à la justice pour régler ce différend.

Veuillez agréer, Monsieur (*ou* Madame), mes salutations distinguées.

Signature

LE MUR DE VOTRE VOISIN EST CONSTRUIT À LA LIMITE DE VOTRE TERRAIN. VOUS EN RÉCLAMEZ LA MITOYENNETÉ.

Votre voisin a construit un mur à la limite séparative de vos deux propriétés. Vous pouvez l'obliger à vous en céder la mitoyenneté. Attention, rien n'est automatique ! Pour revendiquer la mitoyenneté, vous devez au préalable en faire la demande.

• **Ce que dit la loi** : Selon l'article 661 du code civil, vous pouvez contraindre votre voisin à vous céder la mitoyenneté d'un mur construit à la limite séparative de deux terrains. C'est ce que l'on appelle une cession forcée de mitoyenneté.

Votre voisin ne peut pas refuser de vous céder la mitoyenneté. S'il entend éviter une procédure judiciaire, son intérêt est donc d'accéder rapidement à votre demande en passant avec vous une convention. Cette convention sera de préférence un acte authentique passé devant notaire.

Si vous réclamez la mitoyenneté d'un mur, vous devez rembourser à votre voisin la moitié du prix du mur ainsi que la moitié de la valeur du sol sur lequel il est bâti. Cette somme est estimée à la date de l'acquisition de la mitoyenneté, c'est-à-dire en fonction de la valeur actuelle du mur compte tenu de son état.

Dans tous les cas, la cession forcée de mitoyenneté prend effet à la date de la demande, sauf accord contraire entre les propriétaires.

• **Notre conseil** : Soyez attentif, avant de faire votre demande, à l'endroit où a été construit le mur ! Il doit bien évidemment jouxter votre terrain. Car si votre voisin a construit le mur en retrait de la ligne séparative de sa propriété, vous ne pouvez pas l'obliger à vous en céder la mitoyenneté. Par ailleurs, si le mur séparant vos propriétés a été construit à cheval sur la limite séparative des deux terrains aux frais exclusifs de votre voisin, il est inutile d'en demander la mitoyenneté puisque ce mur est déjà mitoyen. Mais vous pouvez, si cela vous arrange, en demander la démolition.

Vos nom et prénom
Adresse

Date

M. (*ou* Mme) ...
Adresse

Monsieur (*ou* Madame),

Il y a quelques mois, vous avez construit un mur sur votre terrain afin, selon vos propres termes, de « séparer plus clairement nos deux propriétés ». Je viens de m'apercevoir que ce mur a été construit à la limite séparative de nos deux terrains et non en retrait de celle-ci.

En conséquence, conformément à l'article 661 du code civil, j'ai l'honneur par la présente lettre de vous demander de me céder la mitoyenneté de ce mur (*ou* d'une partie de celui-ci).

Je vous propose à cet effet une rencontre au jour et à l'heure qu'il vous plaira, au cours de laquelle nous pourrions élaborer un projet de convention que nous soumettrons par la suite à un notaire.

Ne doutant pas que cette affaire puisse se régler d'un commun accord sans l'intervention d'un juge, je vous prie d'agréer, Monsieur (*ou* Madame), mes salutations distinguées.

Signature

VOUS DÉSIREZ VOUS LIBÉRER DE L'ENTRETIEN, DE LA RÉPARATION OU DE LA CONSTRUCTION D'UN MUR MITOYEN. VOUS RENONCEZ À LA MITOYENNETÉ.

Pour des raisons financières ou tout simplement parce que le mur séparatif vous paraît inutile, vous décidez de ne plus participer aux dépenses occasionnées par un mur mitoyen. Une porte de sortie s'offre à vous : la renonciation à la mitoyenneté.

• **Ce que dit la loi** : L'article 656 du code civil autorise l'abandon de la mitoyenneté d'un mur dont vous ne voulez plus supporter le coût des réparations et des travaux d'entretien. Mais à une condition : ce mur ne doit pas soutenir un bâtiment (maison, garage, hangar...) ou la toiture d'un bâtiment qui vous appartient.

À part cette exception, vous avez toute liberté pour renoncer à la mitoyenneté. Le mur devient privatif pour le voisin sans qu'il puisse s'opposer à ce changement. Vous n'avez plus aucun droit sur le mur actuel ou celui que le voisin va édifier à la place.

La renonciation à la mitoyenneté requiert une manifestation de volonté expresse de votre part, et par conséquent une déclaration à votre voisin.

Vos nom et prénom
Adresse

Date

Nom et prénom du voisin
Adresse

Monsieur, Madame,

Je vous confirme notre entretien verbal.
Le mur mitoyen qui sépare nos deux propriétés ne m'est d'aucune utilité. En conséquence, j'ai décidé d'en abandonner la mitoyenneté en vertu de l'article 656 du code civil.
Ce mur vous devient donc privatif.

Pour que cette renonciation soit opposable à tous, je désire qu'elle soit réalisée par acte notarié.

Je vais donc charger Maître ... (*nom*), notaire à ... (*ville*) de cette opération.

Veuillez croire, Monsieur, Madame, à l'assurance de mes sentiments cordiaux.

Signature

• **Notre conseil** : Même si ce n'est pas obligatoire, il est judicieux d'informer votre voisin par lettre recommandée avec avis de réception.
Si vous souhaitez que votre renonciation soit opposable aux tiers (par exemple à l'acquéreur du logement de votre voisin), vous devez alors la faire constater par un acte notarié qui sera publié au bureau des hypothèques. Cette solution comporte des frais.

VOUS VOULEZ CONSTRUIRE CONTRE UN MUR MITOYEN. VOUS DEMANDEZ L'ACCORD DU VOISIN AVANT LE DÉBUT DES TRAVAUX.

Avec votre voisin, vous êtes propriétaire d'un mur mitoyen. Vous voulez l'utiliser pour y adosser une construction. Vous devez obtenir l'accord de votre voisin, avant le début des travaux.

• **Ce que dit la loi** : L'article 662 du code civil énonce que l'un des voisins ne peut pratiquer dans le corps d'un mur mitoyen aucun enfoncement, ni y appliquer ou appuyer aucun ouvrage sans le consentement de l'autre. Autrement dit, si vous voulez construire un ouvrage (garage, maison, hangar) qui s'appuie sur un mur mitoyen, il vous faut l'accord du voisin.

Une fois l'accord obtenu, vous pourrez réaliser les travaux. Les poutres peuvent être enfoncées dans toute l'épaisseur du mur, mais il faut laisser au minimum 5,4 cm du côté du voisin.

Si votre voisin refuse ou ne répond pas, vous devrez saisir le tribunal de grande instance en référé (c'est-à-dire en urgence), avec le concours obligatoire d'un avocat. Le juge désignera un expert qui devra déterminer les conditions d'exécution des travaux, de manière que la solidité du mur mitoyen ne soit pas menacée.

• **Notre conseil** : Dans votre lettre, indiquez un délai limite de réponse afin de pouvoir agir en cas de silence. Joignez un exemplaire du plan de construction et demandez au voisin de le signer.

Vos nom et prénom
Adresse

Date

Nom et prénom du voisin
Adresse

Monsieur, Madame,

J'envisage d'adosser une construction au mur mitoyen qui sépare nos deux propriétés.

Afin que vous puissiez vous rendre compte des travaux à entreprendre, je vous joins deux exemplaires du plan de la construction. Auriez-vous l'obligeance de m'en retourner un exemplaire revêtu de votre signature ?

Je vous serais très reconnaissant de me confirmer votre accord au plus tard le ... (*date*), afin que les travaux puissent débuter rapidement.

Si vous avez des doutes sur la solidité du mur mitoyen, je suis tout à fait disposé à solliciter l'avis d'un expert.

Dans l'attente de votre réponse, je vous prie de croire, Monsieur, Madame, à l'expression de mes sentiments cordiaux.

Signature

DES TRAVAUX S'IMPOSENT SUR UN MUR MITOYEN ; VOUS DEMANDEZ À VOTRE VOISIN D'Y PARTICIPER.

Le mur mitoyen qui sépare vos deux propriétés est dans un état lamentable ou menace de s'écrouler. Vous informez votre voisin des travaux nécessaires à effectuer.

• **Ce que dit la loi** : Selon l'article 655 du code civil, la réparation et la reconstruction du mur mitoyen sont à la charge de tous ceux qui y ont droit, et proportionnellement au droit de chacun.

Chaque propriétaire doit donc contribuer à conserver le mur en bon état et participer aux éventuels frais de réparation.

Toutefois, la réparation doit être vraiment nécessaire. Ainsi, vous ne pouvez pas contraindre votre voisin à participer à la peinture d'un mur en bon état général simplement parce que vous désirez changez de couleur. Si les travaux ne sont pas indispensables, vous en supporterez seul les frais.

• **Notre conseil** : Essayez de trouver un terrain d'entente avec votre voisin et mettez-vous d'accord sur le devis et le choix des matériaux avant de le mettre en demeure de participer à ces travaux.

Vos nom et prénom
Adresse

Date

Nom et prénom du voisin
adresse

Monsieur, Madame,

Lors de notre entretien verbal du ….. (*date*), j'ai attiré votre attention sur le fait que le mur mitoyen qui sépare nos deux propriétés est dans un état avancé de dégradation, ce qui nécessite des travaux urgents.

C'est pourquoi je vous confirme ma proposition de faire établir un devis, de me renseigner sur les prix des matériaux afin que nous puissions nous mettre d'accord sur les frais à engager. Ceux-ci seront en application de l'article 655 du code civil partagés entre nous.

Souhaitant une réponse rapide de votre part à cette proposition, je vous prie d'agréer, Monsieur, Madame, à l'assurance de mes sentiments cordiaux.

Signature

DES TRAVAUX S'IMPOSENT SUR UN MUR MITOYEN ; VOUS METTEZ EN DEMEURE VOTRE VOISIN D'Y PARTICIPER.

Comme votre voisin fait la sourde oreille quand vous évoquez les travaux à effectuer sur votre mur mitoyen, vous le mettez en demeure.

• **Ce que dit la loi** : Selon l'article 655 du code civil, la réparation et la reconstruction du mur mitoyen sont à la charge de tous ceux qui y ont droit, et proportionnellement au droit de chacun.

Chaque propriétaire doit donc contribuer à conserver le mur en bon état et participer aux éventuels frais de réparation.

Toutefois, la réparation doit être vraiment nécessaire. Ainsi, vous ne pouvez pas contraindre votre voisin à participer à la peinture d'un mur en bon état général simplement parce que vous désirez changez de couleur. Si les travaux ne sont pas indispensables, vous en supporterez seul les frais.

• **Notre conseil** : Si votre voisin ne veut rien entendre, mettez-le en demeure par lettre recommandée avec avis de réception. Et au besoin, menacez-le de saisir le tribunal.

Vos nom et prénom
Adresse

Date

Nom et prénom du voisin
adresse

Monsieur, Madame,

Comme je vous l'ai indiqué dans ma lettre du ..... (*date*), le mur mitoyen qui sépare nos deux propriétés est dans un état de délabrement qui nécessite des travaux urgents. C'est pourquoi je vous ai proposé de faire établir un devis et de partager les frais de restauration ainsi que le prix des matériaux nécessaires.

Voilà maintenant ...... (*nombre de jours ou de mois*) que j'attends votre réponse.

En conséquence, je vous met en demeure par la présente d'accepter le principe (*et le cas échéant les modalités*) de ces travaux.

Si vous persistiez dans votre attitude, je me verrais dans l'obligation de saisir le tribunal de grande instance de cette affaire

Recevez, Monsieur, madame, mes salutations distinguées.

Signature

UNE CONSTRUCTION DE VOTRE VOISIN EMPIÈTE SUR VOTRE TERRAIN. VOUS EXIGEZ SA DÉMOLITION.

Vous avez la désagréable surprise de constater qu'une construction de votre voisin empiète sur votre propriété ou qu'il a posé sa clôture au-delà de la limite qui sépare son terrain du vôtre. Vous réagissez.

• **Ce que dit la loi** : L'article 545 du code civil énonce que nul ne peut être contraint de céder sa propriété, si ce n'est pour cause d'utilité publique moyennant une juste et préalable indemnité. Donc, si une construction de votre voisin s'étend au-delà des limites de sa propriété, vous êtes en droit d'exiger qu'il fasse démolir la partie de cette construction qui mord sur votre terrain, même si l'empiètement est relativement minime.

Si le voisin a fait installer ou aménager une clôture, prenez immédiatement contact avec lui, afin d'obtenir le déplacement ou l'enlèvement de la clôture. Il se peut qu'il soit de bonne foi et que l'empiètement ait été commis par l'entrepreneur à qui il a confié les travaux. Mais il y a aussi une mauvaise habitude, assez répandue, qui consiste à essayer « en douce » de s'approprier un peu du terrain du voisin.

Si votre voisin ne veut accepter aucune des solutions que vous proposez, vous devrez porter le litige devant le tribunal de grande instance. Cette procédure nécessite le concours d'un avocat.

Notez que les juges sont très stricts et n'hésitent pas à ordonner la démolition de la construction (y compris s'il s'agit d'une maison), même si l'empiètement n'est que de quelques centimètres.

• **Notre conseil** : Essayez de trouver une solution amiable avec votre voisin avant de recourir au procès, qui est toujours long et coûteux.

Vos nom et prénom
Adresse

Date

Nom et prénom du voisin
Adresse

Recommandé avec avis de réception

Monsieur, Madame,

Comme je vous l'ai indiqué verbalement, je vous confirme que votre construction (*ou* clôture) empiète chez moi de ... (*par exemple* : 60 centimètres, 1 mètre...).

En conséquence, je vous demande instamment de procéder rapidement à la démolition de cette construction (*ou encore* : de déplacer votre clôture).

À défaut, je saisirai le tribunal de grande instance pour qu'il vous oblige, sous astreinte, à démolir cette construction.

Je vous rappelle que la Cour de cassation fait une application très stricte des dispositions de l'article 545 du code civil et confirme systématiquement les arrêts qui ordonnent la démolition des ouvrages qui empiètent sur les propriétés voisines.

Dans l'attente de votre réponse, je vous prie d'agréer, Monsieur, Madame, l'expression de mes salutations distinguées.

Signature

UNE CONSTRUCTION DE VOTRE VOISIN EMPIÈTE SUR VOTRE TERRAIN. VOUS DEMANDEZ UNE INDEMNITÉ.

Cette construction ne vous gène pas vraiment. Vous pouvez demander un dédommagement financier.

• **Ce que dit la loi** : L'article 545 du code civil vous offre aussi une variante à la mise en demeure de démolir : accepter cet empiètement moyennant une indemnité importante.

Vos nom et prénom
Adresse

Date

Nom et prénom du voisin
Adresse

Recommandé avec avis de réception

Monsieur, Madame,

Comme je vous l'ai indiqué verbalement, je vous confirme que votre construction (*ou* clôture) empiète chez moi de ... (*par exemple* : 60 centimètres, 1 mètre...).

Cette situation porte gravement atteinte à mon droit de propriété, et je suis en droit d'exiger la démolition de la construction litigieuse.

Toutefois, dans un souci d'apaisement, je suis disposé à ne pas recourir à cette solution extrême, en échange d'une juste indemnité.

Dans l'attente de votre réponse, je vous prie d'agréer, Monsieur, Madame, l'expression de mes salutations distinguées.

Signature

IL N'Y A PAS DE CLÔTURE ENTRE LE TERRAIN DE VOTRE VOISIN ET LE VÔTRE. VOUS DEMANDEZ À VOTRE VOISIN DE CONTRIBUER FINANCIÈREMENT À LA CONSTRUCTION D'UN MUR.

Si les terrains qui séparent votre pavillon de celui de votre voisin ne comportent aucune séparation, vous pouvez bien sûr construire un mur. Mais, histoire d'économiser un peu, vous pouvez, sous certaines conditions, obliger votre voisin à mettre la main au porte-feuille.

• **Ce que dit la loi** : L'article 663 du code civil prévoit que dans les villes et les faubourgs, mais pas dans les campagnes, vous pouvez contraindre votre voisin à contribuer à la construction et à la réparation d'une clôture. Cette clôture forcée doit être un mur en dur et non une haie ou un simple grillage.

Vous pouvez vous entendre avec votre voisin sur la part du terrain que chacun devra fournir, sur le choix des matériaux (des briques ou du parpaing), sur la hauteur du mur (dans ce cas, faites attention aux usages locaux ou aux règlements particuliers). Le mur sera en principe édifié sur la limite commune aux deux propriétés et sera donc mitoyen. Une lettre détaillant vos propositions sera la bienvenue si aucun accord n'a pu intervenir verbalement.

Si malgré votre lettre, votre voisin n'est pas d'accord, adressez-vous au tribunal de grande instance pour obtenir la contribution financière de celui-ci.

Et si, finalement, vous avez décidé de ne pas faire appel au juge pour ne pas envenimer la situation, la seule possibilité qui vous reste est de construire un mur à vos frais sur votre terrain.

• **Notre conseil** : Si vous construisez sans l'accord de votre voisin ou sans avoir fait appel au juge, faites attention à ne pas construire à l'aveuglette. Si vous avez construit le mur à cheval sur les deux terrains ou si vous avez simplement empiété sur le terrain de votre voisin, ce dernier peut exiger la démolition du mur à vos frais. Si vous construisez à la limite séparative des deux terrains, votre voisin pourra vous contraindre à lui en céder la mitoyenneté.

Vos nom et prénom
Adresse

Date

M. ...
Adresse

Monsieur,

Vous n'ignorez pas que je vous ai demandé à plusieurs reprises de nous entendre afin de construire, à frais communs, un mur séparant nos deux propriétés. Vous remettez toujours de mois en mois votre décision.

C'est pourquoi j'ai l'honneur de vous informer par la présente que, conformément à l'article 663 du code civil, j'entends que nous procédions sans tarder à la construction de ce mur dans les conditions suivantes :

- la construction se fera à cheval sur la limite des deux propriétés (ce mur sera donc automatiquement mitoyen) ;
- nous partagerons à égalité les frais occasionnés par la construction et l'achat des matériaux ;
- la hauteur du mur sera de ... (indiquez la hauteur en fonction des usages locaux ou du code civil).

Je vous propose de construire ce mur avec des matériaux de suffisamment bonne qualité afin qu'il résiste à l'usage du temps. Je serais heureux que nous puissions choisir ensemble l'entreprise qui se chargera des travaux. C'est pourquoi j'attends votre réponse au plus vite.

En l'absence de réponse de votre part dans un délai raisonnable, je me verrai dans l'obligation de m'adresser au juge, afin qu'il fixe le montant de votre contribution financière.

Je veux croire que nous n'en arriverons pas à une telle extrémité et, dans l'attente de votre réponse favorable, je vous prie d'agréer, Monsieur, mes salutations distinguées.

Signature

VOTRE VOISIN NE CONTRIBUE PAS À L'ENTRETIEN D'UNE HAIE MITOYENNE. VOUS LUI RAPPELEZ SES OBLIGATIONS.

Une haie végétale constitue un écran de verdure entre votre propriété et celle du voisin. Elle a été aménagée sur la limite séparative de vos terrains. Votre voisin manifeste la volonté de se désintéresser de l'entretien de cette haie malgré diverses tentatives de dialogue de votre part, d'où votre initiative de lui rafraîchir la mémoire.

• **Ce que dit la loi** : Il résulte de l'article 666 du code civil que toute haie plantée à cheval sur la limite séparative de deux propriétés est présumée mitoyenne. Cela signifie qu'elle doit être entretenue à frais communs. Concrètement, chacun des voisins est tenu de contribuer à l'entretien de la haie mitoyenne en payant la moitié des dépenses qu'elle entraîne.

Si les frais doivent être partagés par moitié, il est indispen-sable aussi que les décisions à prendre soient arrêtées en commun, qu'il s'agisse de l'élagage, de l'arrosage, du renouvellement des arbres qui forment la haie. Pas question pour un voisin de se livrer à des coupes sombres dans une haie mitoyenne, sans en référer préalablement à l'autre, afin d'aboutir à une position identique ; sinon, l'autre voisin serait en droit d'exiger des dommages et intérêts.

• **Notre conseil** : En présence d'un voisin qui se soustrait aux dépenses liées à la mitoyenneté, pourquoi ne pas lui suggérer de renoncer à cette mitoyenneté ? L'article 667 du code civil le permet. Il lui suffit de vous prévenir par lettre recommandée avec avis de réception.

Vos nom et prénom
Adresse

Date

Nom et prénom du voisin
Adresse

Monsieur (*ou* Madame),

Je vous écris au sujet de la clôture végétale mitoyenne qui sépare nos terrains respectifs.

En effet, depuis de longs mois, j'assure seul l'entretien de cette haie, c'est-à-dire, notamment, l'arrosage, l'élagage, l'épandage des engrais, le renouvellement des arbustes...

Je vous rappelle que cette haie nous appartient à parts égales. Il s'ensuit que les frais d'entretien qu'elle occasionne nous incombent proportionnellement. Le partage de ces frais doit donc s'effectuer par moitié entre nous.

Si vraiment vous souhaitez être libéré de cette obligation d'entretien, vous avez la faculté de renoncer à la mitoyen-neté, en vertu de l'article 667 du code civil, en me notifiant votre volonté par lettre recommandée avec avis de réception.

Dans l'attente de vous lire, recevez, Monsieur (*ou* Madame), mes salutations distinguées.

Signature

VOTRE VOISIN FAIT INSTALLER UNE FENÊTRE QUI PLONGE DIRECTEMENT DANS VOTRE CHAMBRE À COUCHER. VOUS PROTESTEZ.

Votre voisin a fait ouvrir une fenêtre qui lui donne une vue directe chez vous. Difficile de maintenir une intimité ! Or, il n'a pas respecté les distances réglementaires. Vous exigez la suppression de l'ouverture, au besoin devant les tribunaux.

• **Ce que dit la loi** : L'article 678 du code civil permet à votre voisin d'ouvrir des fenêtres dans sa maison. Mais encore faut-il qu'il respecte des distances réglementaires qui diffèrent selon que la vue, ainsi créée, est droite ou oblique.

Lorsque la vue est droite, c'est-à-dire que votre voisin a une vue directe sur votre propriété sans besoin de se pencher à la fenêtre, le mur dans lequel est la fenêtre doit se situer à 1,90 m de la ligne séparative de votre propriété. Si l'ouverture est prolongée par un balcon ou une terrasse, la distance doit être calculée à partir de l'extérieur du balcon ou de la terrasse.

Lorsque la vue est oblique, c'est-à-dire que votre voisin doit se pencher à la fenêtre et tourner son regard à droite ou à gauche pour voir chez vous ou dans votre jardin, la distance à respecter entre la fenêtre ou le balcon et la limite séparative de votre propriété est de 0,60 m. Cette distance doit être respectée en tout point d'un arc de cercle calculé à partir de l'angle droit ou gauche de la fenêtre ou du balcon.

• **Notre conseil** : Bien entendu, si votre voisin ne veut pas refaire les travaux ou supprimer sa fenêtre afin de respecter les distances réglementaires, vous pouvez vous adresser au juge du tribunal de grande instance en demandant la démolition totale ou partielle de l'édifice. Si cette vue ne vous dérange pas, vous pouvez peut-être trouver un accord financier avec votre voisin en le menaçant de saisir les juges. Ceux-ci refusent souvent, en effet, de maintenir la situation existante sans indemnité.

Vos nom et prénom — Date
Adresse
Recommandé avec avis de réception

M. (*ou* Mme) …
Adresse

Monsieur (*ou* Madame),

Comme je vous l'ai indiqué verbalement lors de notre dernière rencontre, vous avez ouvert dans votre pavillon une fenêtre qui plonge directement sur ma propriété. Vous savez fort bien qu'il est impossible, compte tenu de la configuration des lieux, de respecter les distances réglementaires prescrites par le code civil.

Première hypothèse :

En conséquence, je vous demande de procéder à la démolition de cette fenêtre (*ou* de ce balcon) ou du moins de procéder aux transformations qu'impose le respect des distances réglementaires fixées par l'article 678 du code civil.

Deuxième hypothèse :

Vous savez fort bien que la justice accéderait à ma demande de démolition totale ou partielle de votre ouvrage. Aussi, compte tenu de nos rapports de bon voisinage, je vous propose de nous rencontrer rapidement afin d'envisager dans quelles conditions vous pourriez m'indemniser de mon préjudice.

Dans les deux hypothèses :

En l'absence de réponse de votre part dans un délai raisonnable, je me verrai dans l'obligation de remettre cette affaire entre les mains des tribunaux.

Je veux croire que nous n'en arriverons pas à une telle extrémité et, dans l'attente de votre réponse favorable, je vous prie d'agréer, Monsieur (ou Madame), mes salutations distinguées.

Signature

VOTRE VOISIN A PLANTÉ DES ARBRES D'UNE HAUTEUR DÉMESURÉE. VOUS LUI DEMANDEZ DE LES ÉTÊTER.

Vous n'aimez pas qu'on vous fasse de l'ombre. C'est pourtant ce qui risque de vous arriver si vous ne réagissez pas rapidement aux plantations effectuées par votre voisin ! Si celles-ci sont irrégulières, vous pouvez exiger que leur hauteur soit ramenée à de plus justes proportions.

• **Ce que dit la loi** : À défaut de règlements particuliers ou d'usages locaux (plus ou moins favorables), l'article 671 du code civil indique que les plantations dépassant deux mètres doivent être plantées à 2 mètres au moins de la ligne séparative de deux propriétés. Si les arbres de votre voisin sont plantés à moins de 2 mètres, vous pouvez exiger que leur hauteur ne dépasse pas 2 mètres. Et si une plantation a été effectuée, quelle que soit sa hauteur, à moins de 50 cm de la ligne séparative, vous pouvez exiger son arrachage.

La hauteur des arbres est calculée en partant du sol où ils sont situés jusqu'au point le plus haut.

• **Notre conseil** : Attention à la prescription ! Si vous n'avez rien dit pendant trente ans, vous ne pouvez plus exiger que les plantations trop hautes soient élaguées. Le délai commence à être décompté le jour où les végétaux ont dépassé la hauteur légale, et non à partir du jour de leur plantation.

Vos nom et prénom Date
Adresse
Recommandé avec avis de réception

M. (*ou* Mme) ...
Adresse

Monsieur (*ou* Madame),

Comme je vous l'ai indiqué verbalement lors de notre der-nière rencontre, les arbres que vous avez plantés à moins de 2 mètres de la limite séparative de nos deux terrains dépassent la hauteur réglementaire instituée par la loi.

En conséquence, je vous demande, conformément à l'article 671 du code civil, de ramener la hauteur de ces plantations à une hauteur de 2 mètres.

Ou bien :

Comme je vous l'ai indiqué verbalement lors de notre dernière rencontre, vous avez planté des arbres à moins de 0,50 m de la limite séparative de nos deux terrains.

En conséquence, je vous demande conformément à l'article 671 du code civil de procéder à l'arrachage de ces plantations. Vous pouvez, bien entendu, les replanter au-delà de 0,50 m. Dans ce cas, je vous rappelle que la hauteur de vos plantations ne pourra dépasser 2 mètres, à moins que vous ne décidiez de les planter plus loin.

Dans les deux cas :

En l'absence de réponse de votre part dans un délai raisonnable, je me verrai dans l'obligation de remettre cette affaire entre les mains des tribunaux.

Je veux croire que nous n'en arriverons pas à une telle extrémité et, dans l'attente de votre réponse favorable, je vous prie d'agréer, Monsieur (*ou* Madame), mes salutations distinguées.

Signature

VOUS POSSÉDEZ UN TERRAIN EN BORDURE D'UNE ROUTE FRAPPÉE D'ALIGNEMENT. VOUS NE POUVEZ RIEN Y CONSTRUIRE ET VOUS RÉCLAMEZ UNE INDEMNISATION.

Les travaux que vous envisagiez d'effectuer pour faire construire votre maison de campagne sont sérieusement compromis. Vous venez d'apprendre par votre voisin que l'administration avait pris un arrêté d'alignement de la voie publique qui est en bordure de votre terrain. Assurez-vous tout de même auprès de l'administration que votre voisin dit vrai. Et si alignement il y a, exigez de celle-ci une juste indemnisation.

• **Ce que dit la loi** : Selon le code de l'urbanisme, l'administration peut déterminer les limites de votre propriété lorsque celle-ci se trouve en bordure de la voie publique, qu'il s'agisse d'un chemin communal, d'une route ou d'une rue. Celles-ci peuvent être établies lors du classement de la voie ou à l'occasion de sa modification dans l'intérêt de la circulation ou de la sécurité publique et doivent être inscrites au plan d'occupation des sols (POS).

En conséquence, toute nouvelle construction et toute modification d'une construction existante doivent tenir compte de cet alignement (article L. 460-1, alinéa 2 du code de l'urbanisme). Le plan d'alignement a pour effet de transférer au domaine public les terrains non bâtis qui empiètent sur l'alignement. Mais les propriétaires ont droit à une indemnité.

Pour ce qui concerne les terrains bâtis ou clôturés par un mur, il n'y a pas de changement de propriété immédiat. Mais il est impossible au propriétaire d'effectuer des travaux de réparation, transformation, reconstruction ou surélévation. Pour prétendre à une indemnité calculée sur la valeur du terrain nu, il doit attendre que le bâti soit totalement dégradé afin que le terrain puisse faire l'objet d'une expropriation.

• **Notre conseil** : Pas de panique ! Chaque propriétaire dont le terrain jouxte une route est un aligné qui s'ignore.

Demande d'indemnisation

Vos nom et prénom Date
Adresse
Recommandé avec avis de réception

Mairie de ...
Service de l'urbanisme
Adresse

Messieurs,

Je suis propriétaire d'un terrain situé au ... (*numéro et rue*). Comme vous le savez, cette voie publique a fait l'objet d'un plan d'alignement adopté par ... (*indiquez l'autorité publique ayant adopté le plan : maire, conseil général, préfet*).

Conformément aux dispositions du code de l'urbanisme, j'ai l'honneur de solliciter de votre haute bienveillance une indemnité dans la mesure où je me vois dépossédé de mon bien.

Compte tenu de son prix d'acquisition et du préjudice que je subis, je souhaite que le montant de cette indemnité soit fixé à ... €.

Ou bien :

La maison bâtie sur ce terrain étant aujourd'hui totalement dégradée, j'ai l'honneur de vous demander d'engager une procédure d'expropriation et de me verser une indemnité calculée sur la valeur du terrain nu.

Je souhaite vivement que nous parvenions à un accord. À défaut, je me verrai contraint de remettre cette affaire entre les mains du juge du tribunal de grande instance de ... (*ville*).

Je vous prie, Messieurs, d'agréer mes salutations distinguées.

Signature

VOUS VOULEZ CONNAÎTRE LA LIMITE EXACTE DE VOTRE TERRAIN EN BORDURE D'UNE ROUTE : VOUS VOUS INFORMEZ AUPRÈS DE LA MAIRIE.

Votre terrain est en bord de route ; vous vous inquiétez et réclamez un arrêté d'alignement individuel.

• **Ce que dit la loi** : Selon le code de l'urbanisme, l'administration peut déterminer les limites de votre propriété lorsque celle-ci se trouve en bordure de la voie publique, qu'il s'agisse d'un chemin communal, d'une route ou d'une rue. Celles-ci peuvent être établies lors du classement de la voie ou à l'occasion de sa modification dans l'intérêt de la circulation ou de la sécurité publique et doivent être inscrites au plan d'occupation des sols (POS).

• **Notre conseil** : Si vous désirez connaître la limite exacte de votre terrain, vous pouvez demander à l'administration un arrêté d'alignement individuel. Elle ne peut vous le refuser même en l'absence de plan d'alignement.

Demande d'arrêté d'alignement individuel

Vos nom et prénom
Adresse

Date

Mairie de ...
Service de l'urbanisme
Adresse

Messieurs,

Je suis propriétaire d'un terrain (*ou* d'une maison *ou* d'un immeuble) situé au ... (*numéro et rue*).

Comptant y effectuer des travaux, j'ai l'honneur de solliciter de votre haute bienveillance, conformément aux articles L. 112-1 du code de la construction et 112-4 du code de la voirie routière, un arrêté d'alignement individuel afin que je puisse être informé officiellement de la limite de la voie publique le long de ma propriété.

Je vous prie, Messieurs, d'agréer mes salutations distinguées.

Signature

UNE ENSEIGNE LUMINEUSE INSTALLÉE SUR UN IMMEUBLE VOISIN DÉPASSE LES NORMES AUTORISÉES. VOUS ALERTEZ LES AUTORITÉS.

C'est Las Vegas ! On a encore installé une publicité lumi-neuse sur le toit d'un immeuble situé en face de votre appartement. Comme elle dépasse largement le toit de l'immeuble, vous estimez que trop c'est trop et demandez au maire de dresser un procès-verbal.

• **Ce que dit la loi** : La loi du 29 décembre 1979 prévoit que les enseignes lumineuses ne doivent pas dépasser, en largeur ou en hauteur, le mur ou le balcon sur lequel elles sont fixées.

Si vous vous apercevez qu'une enseigne ne respecte pas les normes autorisées, vous pouvez prévenir les autorités (maire, police, gendarmerie). Elles ont en effet compétence pour dresser un procès-verbal à l'égard du contrevenant. Celui-ci sera d'abord informé des dispositions en vigueur et mis en demeure de se mettre en conformité. À défaut, il sera poursuivi et devra acquitter une amende pouvant aller jusqu'à 2 250 €.

• **Notre conseil** : L'union fait la force ! Groupez-vous entre voisins mécontents et agissez dans votre commune pour inciter le maire à prendre des mesures plus contraignantes par l'instauration d'une réglementation locale.

Vos nom et prénom
Adresse

Date

M. (*ou* Mme) le Maire de ...
Adresse

Monsieur (*ou* Madame) le Maire,

Depuis quelques années, j'assiste impuissant dans mon quartier à la prolifération d'enseignes publicitaires lumineuses qui, outre leur caractère gênant la nuit, défigurent de façon certaine notre quartier.

Je viens de m'apercevoir que l'une d'elles, installée récemment, dépasse largement les limites autorisées par la loi du 29 décembre 1979. En effet, elle présente les caractéristiques suivantes : ... (*décrivez les aspects qui vous semblent illégaux* : dépassement en hauteur et/ou largeur, empiètement sur plusieurs immeubles).

En conséquence, je vous demande par la présente d'intervenir auprès de ce contrevenant et de dresser à son encontre un procès-verbal afin de le contraindre à mettre cette enseigne en conformité avec la loi.

Veuillez agréer, Monsieur (*ou* Madame) le Maire, l'expression de ma haute considération.

Signature

DES ANIMAUX DE LA RÉSERVE DE CHASSE VOISINE DE VOTRE MAISON DE CAMPAGNE ONT RAVAGÉ VOS PLANTATIONS. VOUS RÉCLAMEZ UNE INDEMNITÉ À L'OFFICE NATIONAL DE LA CHASSE.

Adieu salades, tomates et framboises ! Une horde de sangliers a encore une fois défoncé votre clôture et piétiné sans vergogne vos ressources naturelles. Vous n'avez rien contre les chasseurs mais vous en avez assez de subir les désagréments dus à la réserve de chasse toute proche. Vous écrivez à leur fédération départementale afin d'être indemnisé par l'Office national de la chasse.

• **Ce que dit la loi** : Selon les articles L. 226-1 et suivants du code rural, si du gibier ravage des récoltes et s'il provient de réserves ou d'un fonds sur lequel un plan de chasse a été mis en place par l'Office national de la chasse, une indemnisation peut être obtenue auprès de celui-ci par l'intermédiaire de la Fédération départementale des chasseurs.

À défaut, vous pouvez déposer une demande d'indemnisation auprès du tribunal d'instance dans les six mois suivants le jour de l'incident.

• **Notre conseil** : Les solutions radicales et expéditives sont également tolérées par la loi. En effet, le propriétaire d'un fonds peut abattre le gibier endommageant ses terrains (art. L. 227-8, 227-9, R. 227-5 et R. 222-80 du Nouveau code rural). Mais renseignez-vous avant de sortir votre fusil pour savoir si le gibier en cause ne fait pas l'objet d'un plan de chasse dans le département. Ceci afin d'éviter des désagréments financiers.

Vos nom et prénom — Date
Adresse
Recommandé avec avis de réception

Fédération départementale
des chasseurs
Adresse

Messieurs,

Je suis propriétaire d'un terrain situé au ... (*numéro et rue*). Celui-ci se trouve ainsi situé à la lisière de la forêt (ou du bois) de ... (*indiquez son nom*) qui constitue une réserve de chasse bien connue des adhérents de votre fédération.

Je vous informe par la présente que des sangliers provenant sans aucun doute possible de cette réserve ont pénétré sur ma propriété et ont dévasté mes récoltes et plantations.

J'exige en conséquence, conformément aux articles L. 226-1 et suivants du code rural, que vous transmettiez à l'Office national de la chasse ma demande d'indemnisation des dégâts provoqués par ces animaux dans la mesure où ils proviennent d'une réserve ou d'un fonds sur lequel un plan de chasse a été mis en place par ledit office.

Selon mes estimations, le montant des dégâts provoqués par ces animaux s'élève à ... €.

Je souhaite vivement que nous parvenions à un accord. À défaut, je me verrai contraint de remettre cette affaire entre les mains du juge du tribunal d'instance de ... (*ville*).

Je vous prie, Messieurs, d'agréer mes salutations distinguées.

Signature

LE TERRAIN VOISIN EST À L'ABANDON. VOUS DEMANDEZ AU MAIRE D'INTERVENIR.

Vous êtes propriétaire ou locataire d'une maison. Mais votre plaisir est gâché : le terrain voisin ainsi que la maison qui y est construite sont laissés à l'abandon. Des herbes folles traversent la clôture, le terrain vire à la décharge, le mur menace de s'effondrer, etc. Comme vous n'arrivez pas à joindre le propriétaire, vous demandez au maire de la commune d'intervenir.

• **Ce que dit la loi** : L'article L. 131-1 du code des communes prévoit que le maire de la commune est chargé notamment de la police municipale. Cette police doit assurer la sûreté, la sécurité, la salubrité et le bon ordre publics. L'article L. 131-2 6° du même code précise que le maire a le soin de faire cesser, par la distribution des secours nécessaires, les accidents et les fléaux calamiteux, « ainsi que les pollutions de toute nature ».

Par ailleurs, l'article L. 131-8 permet au maire d'ordonner la réparation ou la démolition des murs, bâtiments ou édifices menaçant ruine, dans les conditions fixées par les articles L. 511-1 à L. 511-4 du code de la construction et de l'habitation.

• **Notre conseil** : Essayez, dans un premier temps, de rechercher le ou les propriétaires pour un arrangement amiable. À défaut, il vous suffira de vous adresser au tribunal d'instance en assignant les propriétaires indélicats soit en réparation du dommage causé par un trouble du voisinage (dommages-intérêts), soit en invoquant l'atteinte à votre droit de propriété si votre terrain subit les inconvénients du non-entretien du terrain voisin (action possessoire pour protéger votre propriété, afin de demander la remise en l'état).

Vos nom et prénom
Adresse

Date

Monsieur le Maire
de la commune de ...
Adresse

Monsieur le Maire,

J'ai l'honneur de porter à votre connaissance les faits suivants :

Je demeure depuis ... ans au ... (*votre adresse*). Le terrain qui jouxte ma propriété est à l'abandon depuis ... ans (*indiquez tous les troubles que cela engendre*).

Le cas échéant :
... et les constructions édifiées sur ce terrain menacent ruine (*indiquez précisément lesquelles*).

Mes recherches pour retrouver les propriétaires sont, jusqu'à la date d'aujourd'hui, demeurées infructueuses.

En conséquence, conformément aux articles L. 131-1 et suivants du code des communes, je vous demande d'intervenir dans le cadre de vos pouvoirs de police afin de faire cesser le trouble dont je suis victime (ainsi que les autres propriétaires du voisinage), selon les moyens que vous jugerez adaptés à la situation.

Ne doutant pas d'une intervention rapide de votre part, je vous prie d'agréer, Monsieur le Maire, mes sentiments les meilleurs.

Signature

MALGRÉ VOS MISES EN GARDE, VOTRE VOISIN CONSTRUIT SANS PERMIS DE CONSTRUIRE… VOUS EN INFORMEZ L'ADMINISTRATION.

Votre voisin a commencé des travaux de construction pour créer un niveau supplémentaire dans son pavillon. Mais il n'a pas demandé le permis de construire. Vous signalez cette infraction à l'administration.

• **Ce que dit la loi** : Selon l'article L. 421-1 du code de l'urbanisme, toute construction à usage d'habitation ou non, même quand elle ne comporte pas de fondations, doit au préalable être autorisée par un permis de construire, à l'exception de certaines constructions expressément prévues par la loi (articles L. 422-1 à L. 422-5 du code de l'urbanisme).

Selon l'article L. 480-1 du code de l'urbanisme, lorsque l'autorité administrative (préfet ou maire) a connaissance d'une infraction aux règles de l'urbanisme, elle est tenue de faire dresser procès-verbal et d'en transmettre sans délai une copie au ministère public.

De lourdes sanctions sont prévues par le code de l'urba-nisme en cas de construction sans permis : interruption des travaux, éventuellement sous peine d'astreinte ou de mesures coercitives diverses, démolition de la construction illégale et remise en l'état des lieux, amende comprise entre 300 € et 75 000 €, emprisonnement de un à six mois en cas de réci-dive, dommages-intérêts aux tiers qui pourraient justifier d'un préjudice personnel.

• **Notre conseil** : Si votre voisin est poursuivi par le ministère public, vous pouvez vous constituer partie civile devant le tribunal correctionnel afin d'obtenir des dommages-intérêts pour le préjudice subi (Cour de cassation, chambre criminelle, 17 janvier 1984). Vous pouvez aussi demander la démolition ou la modification de la construction litigieuse ou des dommages-intérêts devant le tribunal de grande instance.

Vos nom et prénom
Adresse

Date

Monsieur le Maire …
Adresse

Monsieur le Maire,

Par la présente lettre, je vous signale que mon voisin M. … (*nom et prénom*), propriétaire du terrain situé … (*adresse*), a commencé des travaux de construction sans permis de construire. En effet, il a … (*indiquez ici la nature des travaux* : transformation du pavillon en usine, création d'un niveau supplémentaire, changement d'affectation, etc.).

Conformément aux dispositions du code de l'urbanisme, je vous demande de faire dresser procès-verbal et d'en transmettre la copie au ministère public.

En vous remerciant de bien vouloir prendre en considération ma requête, je vous prie de croire, Monsieur le Maire, à mes salutations distinguées.

Signature

Votre voisin a laissé déborder sa baignoire. Plafonds et papiers sont complètement trempés. Vous lui demandez de déclarer le sinistre à son assureur.

• **Ce que dit la loi** : Selon l'article 1382 du code civil, toute personne qui cause à autrui un dommage doit le réparer. Mais parfois cette réparation peut être très coûteuse. C'est pourquoi la loi nous oblige à nous assurer pour certains dommages que nous pouvons causer aux autres (voiture, logement, école, exercice d'une profession indépendante…). C'est donc l'assureur qui va prendre en charge les conséquences du dommage que nous avons causé à autrui.

En présence d'un dégât des eaux provenant du logement de l'un de vos voisins, vous devez demander à celui-ci de déclarer le sinistre à son assureur.

• **Notre conseil** : Dans un premier temps, intervenez verbalement auprès de votre voisin. S'il fait la sourde oreille, envoyez ce courrier. S'il n'est pas assuré, votre assureur prendra en charge le sinistre et se retournera éventuellement contre le responsable. Faites cette déclaration dans les 48 heures suivant le sinistre.

Vos nom et prénom
Adresse

Date

Nom du responsable
du sinistre
Adresse

Monsieur (*ou* Madame),

Le … (*date*), à la suite d'une importante fuite d'eau dans votre appartement, mon propre logement a subi de nombreux dégâts.

Le plafond et les murs de notre salon ont, en effet, été recouverts d'eau. Ils sont irrécupérables et je vais être contraint d'effectuer d'importants travaux pour remplacer peinture et papiers peints.

En raison de l'importance du dommage, je vous demande instamment de déclarer ce sinistre à votre assureur le plus rapidement possible.

Je vous en remercie et vous prie de croire, Monsieur (*ou* Madame), à l'expression de ma considération distinguée.

Signature

VOTRE VOISIN VOUS INONDE. VOUS DÉCLAREZ LE SINISTRE À VOTRE ASSUREUR.

Il pleut chez vous... Vous avez prévenu votre voisin négligeant mais il est nécessaire de prévenir aussi votre propre assurance.

• **Ce que dit la loi** : Que votre voisin responsable des dégâts soit assuré ou non, avertissez votre assureur.

Vos nom et prénom
Adresse
Police d'assurance n° ...

Date

Recommandé avec avis de réception

Nom de votre assureur
Adresse

Madame, Monsieur,

À la suite d'une importante fuite d'eau dans l'appartement de mon voisin, M. ... (*nom et prénom du voisin*) demeurant au ... (*étage du voisin*), mon propre logement a été endommagé.

En effet, le plafond et le papier peint de ... (*précisez les pièces touchées* : de notre chambre, etc.) sont gorgés d'eau. D'importants travaux de remplacement seront nécessaires.

M. ... (*nom du voisin*) est assuré auprès de la compagnie ... (*nom de l'assureur de votre voisin*).

Ou bien :
Mon voisin, M. ..., refuse de déclarer le sinistre à son assureur et refuse de m'en communiquer les coordonnées.

Ou encore :
Mon voisin, M. ..., ne possède aucune assurance pour son logement.

Je vous prie de croire, Madame, Monsieur, à l'expression de ma considération distinguée.

Signature

VOTRE VOISIN A FAIT DES TRAVAUX QUI ONT ENDOMMAGÉ VOTRE PAVILLON. VOUS EXIGEZ UNE REMISE EN ÉTAT OU UNE INDEMNISATION.

Votre pavillon fait triste mine. Depuis six mois, il subit, outre les outrages du temps, ceux des travaux effectués par votre voisin. Résultats : fissures, tuiles cassées, glissement de terrain, projection de ciment, murs abîmés, etc. Vous estimez à juste titre que votre voisin vous doit réparation.

• **Ce que dit la loi** : Selon l'article 1382 du code civil, toute personne qui cause à autrui un dommage doit le réparer. En conséquence, des travaux de construction s'effectuent sous la responsabilité du propriétaire de l'édifice. Et les dommages causés qu'ils soient présents ou à venir constituent des troubles qui excèdent les inconvénients normaux du voisinage. Ils peuvent donner lieu à des travaux de réparation et à des dommages et intérêts. Les juges apprécient cas par cas l'étendue du préjudice subi.

• **Notre conseil** : En cas de dégâts importants, il est utile de réunir un maximum de preuves : témoignages de voisins, constat d'huissier, etc. Ensuite, il est toujours préférable de régler le litige à l'amiable en expliquant à votre voisin que sa condamnation par la justice ne fait aucun doute et que cela risque de lui coûter beaucoup plus cher.

Vos nom et prénom
Adresse

Date

Mr. (*ou* Mme) ...
Adresse

Recommandé avec avis de réception

Monsieur (*ou* Madame),

Comme je vous l'ai indiqué verbalement lors de notre dernière rencontre, les travaux que vous avez effectués dans votre propriété du ... au ... (*dates*) ont provoqué sur ma propriété un certain nombre de dégâts dont la liste est énumérée par le constat d'huissier que je tiens à votre disposition.

Ces dégâts constituent des troubles anormaux du voisinage qui doivent être réparés en application de l'article 1382 du code civil.

Je vous propose en conséquence de faire procéder à vos frais aux réparations que nécessite l'état de ma propriété. Si vous êtes d'accord, je ne vous demanderai pas de dommages et intérêts supplémentaires pour le préjudice que j'ai subi.

Je souhaite vivement que nous parvenions à un accord. À défaut, je me verrai contraint de remettre cette affaire entre les mains du juge compétent. Vous n'ignorez pas qu'à terme cette solution s'avérerait beaucoup plus coûteuse en ce qui vous concerne.

Voulant croire à une issue rapide entre gens de bonne volonté, je vous prie d'agréer, Monsieur (*ou* Madame), mes salutations distinguées.

Signature

VOTRE MAISON NÉCESSITE DES TRAVAUX D'ENTRETIEN ET DE RÉPARATION. POUR LES RÉALISER, VOUS DEMANDEZ À VOTRE VOISIN UN PASSAGE TEMPORAIRE CHEZ LUI.

Il n'est plus possible de différer les travaux d'entretien (peinture, ravalement, recrépissage...) ou de réparations de votre maison. Pour les entreprendre, il faut passer chez le voisin. Il convient de le rencontrer en lui expliquant votre problème. Si vous ne parvenez pas à le voir, écrivez-lui.

• **Ce que dit la loi** : Pour ce type de situation, l'ancien droit prévoyait la servitude de « tour d'échelle », qui imposait au voisin l'accès sur une portion de son terrain en vue de l'exécution de travaux. Ce droit d'échelage, qui a disparu du code civil, n'est prévu, à présent, par aucun texte, mais la Cour de cassation le considère comme un inconvénient normal de voisinage.

Autrement dit, vous pouvez aller chez le voisin ou y envoyer les ouvriers chargés de réaliser les travaux. On tolère que vous utilisiez une portion de son terrain pour poser des échelles ou monter des échafaudages.

Concrètement, allez trouver votre voisin avant le commencement des travaux et demandez-lui très courtoisement le passage momentané sur sa propriété pour la réalisation de travaux. Le plus souvent, vous obtiendrez son accord.

Demandez à votre voisin confirmation écrite des conditions de passage chez lui, en spécifiant quelle est la portion de terrain que vous êtes autorisé à utiliser. Faites aussi préciser par écrit la durée de l'autorisation (dates et heures) du passage sur une bande de son terrain. Si des dégâts risquent d'être causés à sa propriété (plantations abîmées, plates-bandes détériorées...), il est équitable de prévoir une indemnité pour un éventuel préjudice.

• **Notre conseil** : En l'absence d'arrangement à l'amiable, vous pouvez, en cas d'urgence, saisir en référé, par l'intermédiaire d'un avocat, le tribunal de grande instance du lieu où est située votre propriété, afin d'être autorisé à pénétrer sur le terrain.

Vos nom et prénom
Adresse

Date

Nom et prénom du voisin
Adresse

Monsieur (*ou* Madame),

Je n'ai pas pu vous joindre à votre maison de ... (*lieu*).
C'est pourquoi je vous écris au sujet de travaux indispensables à réaliser en urgence sur ma maison dont l'un des pignons donne directement sur votre terrain. Il n'est pas possible de procéder à l'exécution de ces travaux sans pénétrer sur votre propriété.

Pour cette raison, je me permets de solliciter votre autorisation. La gêne qui vous sera occasionnée peut être regardée comme de courte durée et modérée. Si des dégâts vous étaient causés, je serais naturellement disposé à vous en indemniser.

Votre accord m'obligerait. Auriez-vous l'amabilité de m'indiquer la portion de votre terrain sur laquelle pourront passer les ouvriers ainsi que les jours et heures qui ont votre préférence ?

À l'avance je vous remercie de cette faveur, et vous prie de croire, Monsieur (*ou* Madame), à l'expression de mes salutations distinguées.

Signature

VOTRE VOISIN FAIT HURLER SA CHAÎNE HI-FI TOUS LES SOIRS. VOUS PROTESTEZ.

Votre voisin est un amateur de musique. C'est son droit. Le problème est que, tous les soirs, il vous invite à un concert gratuit. Dans un premier temps, écrivez au mélomane pour lui demander de baisser d'un ton !

• **Ce que dit la loi** : Les tribunaux peuvent retenir la responsabilité civile de l'auteur des bruits intempestifs et accorder des dommages-intérêts aux personnes qui en sont victimes sur la base de l'article 1382 du code civil. Toutefois, il faut démontrer que vous subissez un préjudice grave et anormal. Les juges apprécient cas par cas. Il n'y a pas de critère objectif du bruit, car certaines personnes supporteront certains bruits et d'autres non. Toutefois, la jurisprudence a depuis longtemps admis qu'une radio ou un tourne-disque utilisé avec une puissance exagérée constitue un trouble du voisinage (Cour de cassation, ch. civ., 18 juillet 1961).

Vos nom et prénom Date
Adresse

Recommandé avec avis de réception

M. (*ou* Mme) ...
Adresse

Monsieur (*ou* Madame),

Comme je vous l'ai indiqué verbalement lors de notre der-nière rencontre et par écrit dans ma lettre du ... (*date*), vous dépassez largement le seuil de tolérance acceptable par votre voisinage en mettant votre chaîne hi-fi (*ou* un autre appareil) à un niveau sonore insupportable, et cela plusieurs fois par semaine jusqu'à une heure avancée de la nuit.

À ce jour, je n'ai pas observé, malgré mes remarques, un changement d'attitude de votre part.

En conséquence, je vous mets en demeure par la présente lettre de cesser ce que je considère comme un trouble sonore du voisinage. Faute de quoi, je me verrai dans l'obligation de saisir la Justice et l'Administration de cette affaire.

Je veux croire que nous n'en arriverons pas à une telle extrémité et, dans l'attente d'une attitude bienveillante de votre part, je vous prie d'agréer, Monsieur (ou Madame), mes salutations distinguées.

Signature

MALGRÉ VOS AVERTISSEMENTS, VOTRE VOISIN CONTINUE SON TAPAGE NOCTURNE. VOUS DEMANDEZ AU MAIRE D'INTERVENIR.

Impossible de faire arrêter ce tapage : votre lettre n'a pas eu d'effet. Saisissez l'Administration.

• **Ce que dit la loi** : Les personnes qui sont responsables d'un bruit particulier de nature à porter atteinte à la tranquillité du voisinage ou à la santé de l'homme par sa durée, sa répétition ou son intensité, sont passibles de 70 € d'amende (décrets n° 95-408 et 95-409 du 18 avril 1995, JO du 19 avec rectificatif publié au JO du 20 mai 1995). La sanction leur est applicable même si le bruit a été provoqué par l'intermédiaire d'une personne, d'une chose dont elles ont la garde ou un animal placé sous leur responsabilité. Les personnes coupables de l'infraction relative au bruit intempestif encourent également la peine complémentaire de confiscation de la chose qui a servi ou était destinée à commettre l'infraction (en l'espèce la chaîne hi-fi). Toutefois, il faut que l'infraction soit préalablement relevée par un agent communal ou ministériel dûment assermenté. Une intervention auprès du maire de votre commune est cependant nécessaire.

Enfin, sachez que le code pénal réprime le tapage nocturne. Si vous portez plainte auprès du procureur de la République, vous pourrez, si votre voisin est poursuivi, vous constituer partie civile le jour de l'audience pour demander des dommages-intérêts.

• **Notre conseil** : Dans tous les cas, réunissez un maximum de preuves : témoignages de voisins, rapport d'un expert acousticien, constat d'huissier, etc. Procédez ensuite par paliers : prévenez verbalement votre voisin ou écrivez-lui en lui demandant d'être raisonnable. Si les troubles continuent, adressez-lui une lettre de mise en demeure.

Vos nom et prénom
Adresse

Date

M. le Maire de ...
(nom de la commune)
Hôtel de ville
Adresse

Monsieur le Maire,

J'ai l'honneur de porter à votre connaissance que M. ... (*nom et prénom*), demeurant ... (*adresse*), dépasse largement le seuil de tolérance acceptable par notre voisinage en mettant sa chaîne hi-fi (*ou* un autre appareil) à un niveau sonore insupportable, et cela plusieurs fois par semaine jusqu'à une heure avancée de la nuit.

À ce jour, je n'ai pas observé, malgré mes remarques et celles d'autres voisins, un changement d'attitude de sa part.

En conséquence, je vous demande de dépêcher un agent assermenté afin qu'il dresse procès-verbal.

En vous remerciant par avance de votre intervention, je vous prie de croire, Monsieur le Maire, en l'assurance de ma considération distinguée.

Signature

VOTRE VOISIN CUIT DES SARDINES AU BARBECUE SUR SON BALCON. VOUS PROTESTEZ.

Si un voisin indélicat fait un barbecue sur son balcon, il serait bien étonnant que vous ne puissiez pas faire appel au règlement de copropriété ou à un règlement administratif quelconque pour « chasser ces mauvaises odeurs ». Par ailleurs, si la fumée a causé des dégâts, vous pouvez obtenir réparation.

• **Ce que dit la loi** : La loi ne dit rien de particulier à propos des mauvaises odeurs et des fumées provenant de chez les voisins dans les immeubles collectifs. Ce sont les règlements administratifs communaux ou départementaux qui, éventuellement, comportent des dispositions sur ce point. Les règlements de copropriété interdisent généralement ce genre de pratique. Quant aux tribunaux, ils considèrent depuis longtemps que les fumées et odeurs peuvent constituer un trouble anormal de voisinage.

Il est possible de faire cesser ce dernier de deux manières :

1) par surprise : vous prévenez la police ou les pompiers si vous constatez des fumées et des odeurs suspectes;
2) par mise en garde : vous adressez une lettre de mise en demeure au voisin en l'invitant à faire cuire ses côtelettes sur sa cuisinière, conformément au règlement de copropriété (si vous êtes locataire, demandez à votre propriétaire d'intervenir).

Vous pouvez aussi vous adresser au maire ou au préfet, afin qu'ils fassent respecter la réglementation communale ou départementale.

• **Notre conseil** : Si la « grillade-party » de votre voisin vous a causé un dommage (peinture noircie, par exemple), vous pouvez demander, en application de l'article 1382 du code civil, la réparation de votre préjudice soit par remise en état, soit en obtenant des dommages-intérêts.

Vos nom et prénom — Date
Adresse
Recommandé avec avis de réception

M. (ou Mme) ...
Adresse

Monsieur (ou Madame),

Comme je vous l'ai indiqué verbalement lors de notre dernière rencontre et par écrit dans ma lettre du ... (*date*), vous ne pouvez pas, conformément à l'article ... du règlement de copropriété (*ou/et* du règlement sanitaire départemental ou communal), procéder à l'allumage sur votre balcon d'appareil ou de barbecue dans le but d'y faire cuire des denrées alimentaires.

À ce jour, je n'ai pas observé, malgré mes remarques, un changement d'attitude de votre part.

En conséquence, je vous mets en demeure par la présente lettre de cesser ce que je considère comme un trouble du voisinage. Faute de quoi, je me verrai dans l'obligation de saisir la Justice et l'Administration de cette affaire.

Le cas échéant :
Vos précédentes entorses à la réglementation sont à la source du dommage que j'ai subi sur mon propre balcon (indiquez lequel). La réfection s'élève à ... €. Je vous serai reconnaissant de me faire parvenir cette somme dans les délais les plus brefs (*facture ci-jointe*).

Je veux croire que nous n'en arriverons pas à une telle extrémité et, dans l'attente d'une attitude bienveillante de votre part, je vous prie d'agréer, Monsieur (*ou* Madame), mes salutations distinguées.

Signature

VOUS AVEZ GLISSÉ SUR UN TROTTOIR GELÉ DEVANT UN IMMEUBLE. VOUS DEMANDEZ UNE INDEMNITÉ AU PROPRIÉTAIRE.

Les trottoirs verglacés ne sont pas une exclusivité des stations de sports d'hiver. Si une plaque de verglas a eu raison de votre frêle cheville, le riverain qui a omis de balayer la neige au pas de sa porte doit vous indemniser. Comme il fait la sourde oreille, vous lui rappelez que sa responsabilité est engagée.

• **Ce que dit la loi** : L'article 1384 1er alinéa du code civil permet à la victime d'obtenir réparation du dommage causé par une chose auprès de la personne qui en avait la garde. Il suffit donc de démontrer que le propriétaire de l'immeuble était le gardien de la neige, c'est-à-dire qu'il en avait l'usage, le contrôle et la direction. Ainsi, des juges ont déjà admis qu'un syndicat de copropriété était gardien donc responsable du sol de la cour intérieure de l'immeuble recouvert de neige verglacée sur lequel un homme s'était blessé en glissant. En l'espèce, le syndicat qui disposait d'un employé avait eu le temps de prendre toutes les dispositions utiles, notamment en dégageant la neige ou en sablant pour éviter les conséquences prévisibles de chutes des occupants sur le sol (Cour de cassation, 2e chambre civile, 17 mai 1983, Bulletin des arrêts n° 113, p. 781).

La victime peut aussi agir en s'appuyant sur l'article 1382 du code civil. Mais, vous devrez démontrer la faute ou la négligence du propriétaire de l'immeuble. La preuve est donc plus difficile à rapporter sur le fondement de l'article 1382 du code civil que sur celui de l'article 1384 où il suffit d'établir le pouvoir qu'avait le propriétaire sur la neige. Par exemple, dans le cas d'un piéton blessé par un bloc de neige tombé d'un toit, les juges ont reconnu la responsabilité de la copropriété qui avait commis une faute en ne prenant aucune mesure de sécurité adéquate pour prévenir le risque dû à l'accumulation de la neige depuis dix jours sur un toit très pentu (Cour de cassation, 2e chambre civile, 5 février 1992).

• **Notre conseil** : En cas de recours aux tribunaux, il est prudent de réclamer réparation au propriétaire en invoquant à la fois les articles 1382 et 1384 1er alinéa du code civil. Ces deux articles peuvent en effet être invoqués simultanément. Vous doublerez ainsi vos chances d'obtenir une indemnisation. Consultez aussi les règlements de police de la commune qui imposent souvent aux riverains le balayage ou le sablage des trottoirs. Ils pourront vous aider utilement à prouver que le propriétaire est en tort.

Vos nom et prénom — Date
Adresse
Recommandé avec avis de réception

M. (*ou* Mme) ...
Adresse

Monsieur (*ou* Madame),

Le ... (*date*) vers ... heures, j'ai été victime d'un accident devant votre maison ... (*adresse*) en glissant sur une plaque de verglas dissimulée sous une couche de neige. Comme le montre le certificat médical dont ci-joint photocopie, cette chute m'a occasionné ... (*nature de la blessure*) qui me contraint à une immobilisation de ... (*indiquez la durée*).

Cette immobilisation prolongée me cause le préjudice suivant : ... (*indiquez lequel* : perte d'une promotion professionnelle, préjudice d'agrément consistant en la privation d'une activité sportive, etc.).

Je vous rappelle que selon l'article 1384, 1er alinéa du code civil, je suis en droit de demander réparation du dommage causé par une chose auprès de la personne qui en avait la garde. Or, précisément, en tant que propriétaire de votre maison (ou de l'immeuble), vous étiez le gardien de la neige, c'est-à-dire que vous en aviez l'usage, le contrôle et la direction. Vous auriez donc dû procéder ou faire procéder au balayage du trottoir afin d'éviter les accidents.

Ajoutez le cas échéant :

En outre, les règlements de police de la commune vous imposent le balayage ou le sablage des trottoirs. J'estime le montant du préjudice que j'ai subi à ... €. En conséquence, je vous prie de me verser dans les plus brefs délais une provision sur cette somme et de me communiquer éventuellement les coordonnées de votre compagnie d'assurances. J'espère une réponse rapide de votre part. Faute de quoi, je me verrai dans l'obligation de porter cette affaire devant le juge compétent.

Veuillez agréer, Monsieur (*ou* Madame), mes salutations distinguées.

Signature

VOUS AVEZ POSÉ UNE ANTENNE PARABOLIQUE SUR VOTRE BALCON ET UN AUTRE COPROPRIÉTAIRE VEUT VOUS LA FAIRE RETIRER. VOUS REFUSEZ.

Afin de recevoir des programmes étrangers et pour mieux capter d'autres chaînes françaises, vous avez installé une antenne parabolique sur votre balcon. Un autre copropriétaire trouvant que cela dénote dans le paysage vous demande de l'enlever. Par lettre recommandée, vous l'informez de votre refus. En effet, avant de procéder à l'installation, vous aviez obtenu l'autorisation du syndic de la copropriété.

• **Ce que dit la loi** : Selon l'article premier de la loi n° 66-457 du 2 juillet 1966 modifiée par la loi n° 92-653 du 13 juillet 1992, toute personne souhaitant installer une antenne parabolique doit en faire la demande par lettre recommandée avec avis de réception au syndic de copropriété (ou au bailleur). À l'appui de votre demande, vous devez fournir toutes les informations techniques de l'équipement ainsi que les caractéristiques de l'installation prévue.

Faute de réponse du syndic dans un délai de trois mois, vous pouvez installer l'antenne à vos frais. Le syndic de copropriété ne peut pas s'opposer sans motif sérieux et légitime à l'installation de votre antenne.

• **Notre conseil** : Attention : le syndic peut s'opposer à votre projet si l'assemblée générale des copropriétaires a décidé de passer un contrat collectif pour raccorder l'immeuble au réseau câblé de votre ville ou pour améliorer l'antenne collective existante.

Vos nom et prénom
Adresse

Date

Recommandé avec avis de réception

M. (*ou* Mme) ...
Adresse

Monsieur (*ou* Madame),

Je viens de recevoir votre lettre du ... (*date*) me demandant de retirer l'antenne parabolique que j'ai installée sur mon balcon.

Par la présente lettre, je vous fais savoir que je refuse de la retirer. En effet, conformément à la loi n° 66-457 du 2 juillet 1966 modifiée par la loi n° 92-653 du 13 juillet 1992, j'ai demandé au syndic de copropriété l'autorisation nécessaire pour procéder à cette installation. J'ai reçu cette autorisation le ... (*date*).

Je vous prie de croire, Monsieur (*ou* Madame), à l'expression de mes salutations distinguées.

Signature

VOTRE VOISIN PASSE SON TEMPS À VOUS DÉNIGRER AINSI QUE VOTRE FEMME. VOUS LE SOMMEZ DE CESSER.

Vous étiez très amis. Hélas, maintenant, vous êtes à couteaux tirés. Et votre voisin, passe son temps à vous dénigrer. Exaspéré, vous lui demandez de cesser.

• **Ce que dit la loi** : Selon l'article 7 du code civil, chacun a droit au respect de sa vie privée. Personne ne doit divulguer des renseignements sur votre vie sentimentale ou sur des événements qui vous concernent sans votre accord. Même si les événements divulgués sont exacts.

De plus, le code pénal punit ceux qui, par leurs propos, portent atteinte à l'honneur ou à l'intégrité. Le dénigrement est donc sanctionné pénalement. Mais vous pouvez aussi obtenir des dommages-intérêts de la part de celui qui vous dénigre.

En pareil cas, la difficulté consiste à prouver le dénigrement, car ceux qui ont entendu les propos malveillants refusent souvent de témoigner.

• **Notre conseil** : Si l'on vous dénigre, déposez plainte auprès du commissariat, même si vous n'avez pas de témoins. Souvent, le seul fait d'être convoqué au commissariat calme les ardeurs du dénigreur le plus féroce. Mais n'inventez jamais, juste pour vous venger d'une mésentente, que quelqu'un vous a dénigré, car l'accusé pourrait vous attaquer en diffamation.

Vos nom et prénom
Adresse

Date

Nom du dénigreur
Adresse

Monsieur,

Plusieurs personnes m'ont rapporté que vous tenez des propos particulièrement malveillants sur mon épouse.

Notre vie personnelle et la façon dont nous vivons ne vous regardent pas.
Vos propos portent gravement atteinte à notre vie privée et à notre honneur.
En conséquence, je vous somme de cesser ce dénigrement systématique à notre encontre.

À défaut, je déposerai plainte et ne manquerai pas de demander au tribunal de vous condamner à me verser des dommages-intérêts, en réparation du préjudice que mon épouse et moi subissons.

Je vous prie de croire, Monsieur, à l'expression de mes salutations distinguées.

Signature

UN VOISIN PROFÈRE DES INJURES RACISTES. VOUS L'AVERTISSEZ QUE SES PROPOS PEUVENT FAIRE L'OBJET DE POURSUITES PÉNALES.

Un de vos voisins vocifère depuis plusieurs mois sur ces étrangers qui défigurent la France et qui sont selon lui responsables de tous les maux dont souffre notre pays. Comme vous êtes excédé par ses propos, vous réagissez.

• **Ce que dit la loi** : Selon les articles R. 624-3 à R. 624-6 du nouveau code pénal, la diffamation ou l'injure non publique commise envers une personne ou un groupe de personnes en raison de leur origine ou de leur appartenance ou de leur non-appartenance, vraie ou supposée, à une ethnie, une nation, une race ou une religion déterminée sont punies de l'amende prévue pour les contraventions de la 4e classe. Ces textes permettent une répression accrue de certains faits tels que des propos racistes tenus dans un lieu non public.

• **Notre conseil** : Dans un premier temps, prévenez votre voisin que ses déclarations peuvent l'amener à payer une contravention d'un montant important. S'il continue, portez plainte auprès du procureur de la République. Essayez alors de disposer de témoignages ou d'écrits, etc., car vous devrez prouver vos accusations.

Vos nom et prénom
Adresse

Date

Monsieur (*ou* Madame) ...
Adresse

Monsieur (*ou* Madame),

À plusieurs reprises je vous ai entendu proférer des propos à caractère raciste et discriminatoire à l'encontre d'une communauté étrangère ou religieuse.

Je vous signale que, bien que vous teniez ces propos dans un lieu non public, les articles R. 624-3 à R. 624-6 du nouveau code pénal répriment la diffamation ou l'injure non publique commises envers une personne ou un groupe de personnes en raison de leur origine ou de leur appartenance ou de leur non-appartenance, vraie ou supposée, à une ethnie, une nation, une race ou une religion déterminée par une amende prévue pour les contraventions de la 4e classe.

Vous aurez compris, je pense, que votre intérêt est de cesser à l'avenir de tenir de tels propos qui vous déshonorent et nuisent à la bonne réputation du voisinage.

Veuillez agréer, Monsieur (*ou* Madame), mes salutations distinguées.

Signature

CHAPITRE 25

VOS RELATIONS AVEC VOTRE PERSONNEL DE MAISON

VOTRE EMPLOYÉ DE MAISON SE CONDUIT DE FAÇON DÉSINVOLTE. VOUS LUI ADRESSEZ UN AVERTISSEMENT.

À plusieurs reprises, vous avez adressé des observations verbales à votre employé de maison concernant ses retards et la mauvaise exécution de son travail : ménage mal effectué, repassage peu soigneux, etc. Mais cette fois-ci, votre manteau en a fait les frais. Vous décidez de lui adresser un avertissement écrit.

• **CE QUE DIT LA LOI** : Selon l'article L. 122-40 du code du travail constitue une sanction toute mesure, autre que les observations verbales, prise par l'employeur à la suite d'un comportement considéré par lui comme fautif, que cette mesure soit de nature à affecter immédiatement ou non la présence du salarié dans l'entreprise, sa fonction, sa carrière ou sa rémunération. C'est le cas d'un avertissement.

L'article L. 122-41 du même code prévoit que, quelle que soit la sanction, l'employeur doit informer par écrit son salarié des griefs retenus contre lui. La lettre de notification doit être remise en main propre contre décharge ou envoyée en recommandé. Elle doit être motivée, c'est-à-dire expliquer clairement pourquoi vous donnez un avertissement. Mais s'agissant d'une sanction mineure, vous n'êtes pas obligé, avant d'envoyer votre lettre, de convoquer votre employé à un entretien préalable.

Cette lettre peut être utilisée pour lui donner un avertissement s'il arrive fréquemment en retard, s'il est grossier avec vous ou d'autres personnes, s'il n'en fait « qu'à sa tête » et ne tient pas compte de vos souhaits…

• **NOTRE CONSEIL** : Votre lettre doit être suffisamment précise pour que votre employé ne puisse pas se tromper sur les motifs ayant entraîné l'avertissement. Sachez en outre qu'aucune sanction ne peut être infligée à un salarié lorsque deux mois se sont écoulés depuis que vous avez eu connaissance de l'acte fautif.

Vos nom et prénom
Adresse

Date

Recommandé avec avis de réception

Nom et prénom de
votre employé(e)
Adresse

Madame (*ou* Monsieur),

Malgré mes observations verbales concernant … (*indiquez ici les agissements récriminés* : retards, absences fréquentes non autorisées, mauvaise exécution du travail, etc.), je ne constate aucune amélioration de votre part comme le prouvent les faits suivants : … (*exposez ces faits et précisez la date*).

En conséquence, par la présente lettre, je vous adresse un avertissement qui, je l'espère, vous fera changer d'attitude.

Veuillez agréer, Madame (*ou* Monsieur), mes salutations distinguées.

Signature

VOTRE FEMME DE MÉNAGE A CASSÉ VOTRE VASE EN PORCELAINE DE CHINE. VOUS LA CONVOQUEZ À UN ENTRETIEN PRÉALABLE À UNE SANCTION.

Votre précieux vase n'a pas résisté au dernier passage de votre femme de ménage. Il a volé en éclats. Simple maladresse ou précipitation ? Dans un cas comme dans l'autre, vous estimez que cela mérite plus qu'un simple avertissement.

• **Ce que dit la loi** : Dès lors qu'il envisage une sanction autre qu'un simple avertissement ou une sanction de même nature qui n'a pas d'incidence, immédiate ou non, sur la présence du salarié dans l'entreprise, sur sa fonction, sa carrière ou sa rémunération, l'employeur est tenu par l'article L. 122-41 du code du travail de convoquer le salarié en lui indiquant l'objet de la convocation.

Vos nom et prénom
Adresse

Date

Recommandé avec avis de réception

Nom et prénom de
votre employé(e)
Adresse

Madame (*ou* Monsieur),

Compte tenu des faits qui se sont produits le ... (*indiquez ici la date et le comportement récriminé* : objet cassé ou autre, etc.), je suis au regret de vous convoquer à un entretien préalable à une sanction, pouvant aller jusqu'au licenciement.

Cet entretien, au cours duquel j'entendrai vos explications, se tiendra le ... (*date*) à ... (*heure*) à mon domicile.

Veuillez agréer, Madame (*ou* Monsieur), mes salutations distinguées.

Signature

• **Notre conseil** : Attention au délai : la sanction ne peut intervenir moins d'un jour franc après le jour fixé pour l'entretien. S'il a lieu un lundi, vous ne pouvez la notifier par écrit que le mercredi. Par ailleurs, aucune sanction ne peut intervenir plus d'un mois après le jour fixé pour l'entretien.

VOTRE FEMME DE MÉNAGE A CASSÉ VOTRE VASE EN PORCELAINE DE CHINE. VOUS LUI NOTIFIEZ LA SANCTION.

Au cours de l'entretien préalable, vous avez averti votre employée de la sanction que vous envisagez. Vous lui confirmez par lettre.

• **Ce que dit la loi** : Au cours de l'entretien, vous êtes tenu d'indiquer le motif de la sanction envisagée et de recueillir les explications de votre salarié. Quelle que soit la sanction (mise à pied par exemple), vous devez l'informer par écrit des griefs retenus contre lui. La lettre de notification doit être remise en main propre contre décharge ou envoyée en recommandé. Elle doit être motivée, c'est-à-dire expliquer clairement pourquoi vous décidez telle ou telle sanction.

Vos nom et prénom — Date
Adresse
Recommandé avec avis de réception

Nom et prénom de
votre employé(e)
Adresse

Madame (*ou* Monsieur),

Lors de notre entretien du ... (*date*), je vous ai exposé les faits que je vous reprochais et qui m'ont conduit à envisager à votre égard une sanction disciplinaire.

Je vous rappelle que ces faits se sont produits le ... (*date*). Ce jour-là, vous avez ... (*détaillez le comportement en cause*).

Les explications que vous m'avez fournies lors de l'entretien du ... (*date*) ne sont pas de nature à modifier mon appréciation sur votre comportement.

C'est pourquoi, par la présente lettre, je vous notifie une mise à pied de ... jours qui commencera le ... (*date*) et prendra fin le ... (*date*). Ces journées de mise à pied entraîneront une retenue de salaire sur votre paie du mois de ... .

J'attire par ailleurs votre attention sur le fait que si un tel incident venait à se reproduire, je serais amené à envisager une sanction plus grave pouvant aller jusqu'au licenciement.

Veuillez agréer, Madame (*ou* Monsieur), mes salutations distinguées.

Signature

VOTRE EMPLOYÉ(E) DE MAISON A INJURIÉ UN VOISIN. VOUS LE (LA) CONVOQUEZ À UN ENTRETIEN PRÉALABLE AU LICENCIEMENT.

Les noms d'oiseaux ont volé dans la cage d'escalier. Bien que vous n'appréciiez pas particulièrement votre voisin, vous estimez que les mots prononcés à son égard par votre employé(e) de maison ont dépassé les limites de la convenance. Vous décidez de vous en séparer afin de rétablir de bonnes relations avec votre voisinage.

• **Ce que dit la loi** : Aux termes de l'article L. 122-14 du code du travail, l'employeur, ou son représentant, qui envisage de licencier un salarié doit, avant toute décision, convoquer l'intéressé par lettre recommandée ou par lettre remise en main propre contre décharge en lui indiquant l'objet de la convocation.

Au cours de cet entretien, vous êtes tenu d'indiquer le ou les motifs de la décision envisagée et de recueillir les explications de votre salarié.

Vos nom et prénom
Adresse

Date

Recommandé avec avis de réception

Nom et prénom de
votre employé(e)
Adresse

Madame (*ou* Monsieur),

Compte tenu des faits qui se sont produits le ... (*indiquez ici la date et le comportement récriminé* : voisin injurié ou autre, etc.), je suis au regret de vous informer que j'envisage à votre égard une mesure de licenciement.

L'entretien sur cette éventuelle mesure, au cours duquel j'entendrai vos explications, se tiendra le ... (*date*) à ... (*heure*) à mon domicile.

Veuillez agréer, Madame (*ou* Monsieur), mes salutations distinguées.

Signature

• **Notre conseil** : Attention au délai : la lettre de licenciement ne peut être envoyée que le surlendemain du jour fixé pour l'entretien (voir lettre page suivante). Par ailleurs, il est d'usage de respecter un délai suffisant (au moins un jour) entre la lettre de convocation et l'entretien préalable.

VOTRE EMPLOYÉ(E) DE MAISON A INJURIÉ UN VOISIN. VOUS LUI NOTIFIEZ SON LICENCIEMENT.

Après avoir eu un entretien avec votre personnel pour prévenir de son licenciement. Vous lui confirmez par écrit.

• **Ce que dit la loi** : Selon l'article L. 122-14-1 du code du travail, l'employeur qui décide de licencier un salarié doit notifier le licenciement par lettre recommandée avec avis de réception. La date de présentation de cette lettre fixe le point de départ du préavis dont la durée est fixée par l'article 11, § a, de la Convention collective nationale de travail des employés de maison.

Vos nom et prénom — Date
Adresse
Recommandé avec avis de réception

Nom et prénom de votre employé(e)
Adresse

Madame (*ou* Monsieur),

Lors de notre entretien du ... (*date*), je vous ai exposé les faits que je vous reprochais et qui m'ont conduit à envisager à votre égard une mesure de licenciement.

Je vous rappelle que ces faits se sont produits le ... (*date*). Ce jour-là, vous avez (*détaillez le comportement en cause*).

Les explications que vous m'avez fournies lors de l'entretien du ... (*date*) ne sont pas de nature à modifier mon appréciation sur votre comportement. C'est pourquoi, par la présente lettre, je vous notifie votre licenciement.

Votre préavis d'une durée de ... (*indiquez la durée*) débutera à la date de présentation de la présente lettre.

Ou bien :

Compte tenu des circonstances, j'ai décidé de vous dispenser de l'exécution de votre préavis.

Votre contrat prendra fin le ... (*date*). À cette date, je tiendrai à votre disposition votre certificat de travail, les salaires vous restant dus, l'indemnité compensatrice de congés payés acquise à ce jour, ainsi que vos indemnités de préavis et de licenciement.

Veuillez agréer, Madame (*ou* Monsieur), mes salutations distinguées.

Signature

VOTRE NOURRICE A LAISSÉ VOTRE BÉBÉ SEUL DANS LA BAIGNOIRE ET IL A FAILLI SE NOYER. VOUS LA CONVOQUEZ À UN ENTRETIEN PRÉALABLE AU LICENCIEMENT AVEC MISE À PIED CONSERVATOIRE.

L'irresponsabilité de votre nourrice ou de votre employé(e) de maison a dépassé les bornes. Ne pouvant plus avoir confiance et compte tenu de la gravité de la faute commise, vous décidez de vous en séparer rapidement.

• **Ce que dit la loi** : Aux termes de l'article L. 122-14 du code du travail, l'employeur, ou son représentant, qui envisage de licencier un salarié doit, avant toute décision, convoquer l'intéressé par lettre recommandée ou par lettre remise en main propre contre décharge en lui indiquant l'objet de la convocation. L'article L. 122-41 du même code vous autorise à prendre immédiatement une mesure conservatoire de mise à pied si elle est rendue indispensable par le comportement de votre salarié.

• **Notre conseil** : Si vous prononcez une mise à pied conservatoire, celle-ci doit être justifiée par l'existence d'une faute grave du salarié. Elle ne doit pas être suivie d'une reprise du travail avant le licenciement. Si c'était le cas, vous risqueriez d'être poursuivi en justice par votre salarié qui pourrait demander l'annulation de la sanction (et donc le paiement des salaires). En effet, il s'agirait alors d'une simple mise à pied disciplinaire pour laquelle vous n'auriez pas respecté la procédure prévue à l'article L. 122-41, 1er alinéa, du code du travail. Par ailleurs, votre salarié pourrait contester plus facilement son licenciement pour faute grave et réclamer ses indemnités.

Vos nom et prénom
Adresse

Date

Recommandé avec avis de réception

Nom et prénom de
votre employé(e)
Adresse

Madame (*ou* Monsieur),

Compte tenu des faits qui se sont produits le ... (*indiquez ici la date et le comportement récriminé*), je suis au regret de vous informer que j'envisage à votre égard une mesure de licenciement.

En application de l'article L. 122-14 du code du travail, l'entretien sur cette éventuelle mesure, au cours duquel j'entendrai vos explications, se tiendra le ... (*date*) à ... (*heure*) à mon domicile.

Compte tenu de la gravité des faits qui vous sont reprochés, je vous confirme la mise à pied que je vous ai notifié verbalement, à titre conservatoire, pour la durée de la procédure.

Veuillez agréer, Madame (*ou* Monsieur), mes salutations distinguées.

Signature

VOTRE NOURRICE A LAISSÉ VOTRE BÉBÉ SEUL DANS LA BAIGNOIRE ET IL A FAILLI SE NOYER. VOUS LUI NOTIFIEZ SON LICENCIEMENT POUR FAUTE GRAVE.

Après l'entretien préalable, vous respectez la procédure en envoyant à votre employée une notification de licenciement pour faute grave.

• **CE QUE DIT LA LOI** : Au cours de l'entretien préalable au licenciement avec mise à pied conservatoire, vous êtes tenu d'indiquer le ou les motifs de la décision envisagée et de recueillir les explications de votre salarié. Selon l'article L. 122-14-1 du code du travail, l'employeur qui décide de licencier un salarié doit notifier le licenciement par lettre recommandée avec avis de réception. Le fait que le licenciement soit prononcé pour faute grave ne vous dispense pas de cette formalité.

Vos nom et prénom
Adresse
Recommandé avec avis de réception

Date

Nom et prénom de
votre employé(e)
Adresse

Madame (*ou* Monsieur),

Lors de notre entretien du ... (*date*), je vous ai exposé les faits que je vous reprochais et qui m'ont conduit à envisager à votre égard une mesure de licenciement.

Je vous rappelle que ces faits se sont produits le ... (*date*). Ce jour-là, vous avez ... (*détaillez le comportement en cause*).

Les explications que vous m'avez fournies lors de l'entretien du ... (*date*) ne sont pas de nature à modifier mon appréciation sur votre comportement. Les conséquences de ce dernier rendent par ailleurs impossible la poursuite de votre activité, même pendant le préavis. Je me vois donc dans l'obligation de mettre fin immédiatement à votre contrat de travail.

En conséquence, je vous notifie, par la présente lettre, votre licenciement pour faute grave, sans préavis ni indemnité de rupture.

Je tiens à votre disposition votre certificat de travail, les salaires vous restant dus et votre indemnité compensatrice de congés payés acquise à ce jour.

Veuillez agréer, Madame (*ou* Monsieur), mes salutations distinguées.

Signature

VOUS DÉMÉNAGEZ. VOUS INFORMEZ VOTRE EMPLOYÉ(E) DE MAISON DU CHANGEMENT DE SON LIEU DE TRAVAIL.

Vous avez trouvé la maison de vos rêves. Seul petit problème, cela vous oblige à déménager à l'autre bout du département. Comme vous êtes satisfait de votre employé(e) de maison, vous lui proposez de vous suivre. Mais cela augmenterait de façon importante son temps de trajet. Vous l'informez par écrit en lui demandant son accord.

• **Ce que dit la loi** : Les tribunaux considèrent que l'employeur ou le salarié ne peuvent pas modifier unilatéralement le contrat de travail. Si, en tant qu'employeur, la modification que vous envisagez touche à une clause qui remet en cause l'armature même du contrat de votre employé, vous devez obtenir au préalable son approbation. C'est le cas d'un changement de lieu de travail s'il a pour effet une modification du secteur géographique d'exercice de son activité pour votre employé(e). Si, il ou elle refuse le changement proposé, vous devez engager une procédure de licenciement avec paiement des indemnités de licenciement et éventuellement de préavis si celui-ci ne peut être effectué aux conditions de travail antérieures.

Si vous déménagez pour une raison économique (pour payer un loyer moins cher, par exemple), la modification que vous proposerez à votre employé est soumise à la procédure prévue par l'article L. 321-1-2 du code du travail : s'il ne répond pas dans le délai d'un mois à votre proposition écrite de modification, il est censé avoir accepté la modification proposée et vous n'avez pas à le licencier, même s'il ne se présente pas à son nouveau lieu de travail.

Si votre déménagement n'a pas d'importantes conséquences (par exemple, vous allez habiter dans le même quartier), votre employé ne pourrait pas soutenir qu'une clause de son contrat est modifiée de façon importante. Il s'agirait alors d'un simple changement de ses conditions de travail et vous n'avez pas à obtenir l'accord préalable de votre salarié. S'il refuse de travailler au nouveau lieu de travail, vous pouvez le licencier pour faute grave (Cour de cassation, chambre sociale, 10 juillet 1996).

• **Notre conseil** : Même si vous allez habiter sur le trottoir d'en face, informez toujours par écrit votre employé(e) de son nouveau lieu de travail. Par ailleurs, si le changement est important et que vous désirez conserver le salarié à votre service, proposez-lui un remboursement des frais occasionnés par l'éloignement du nouveau lieu de travail, afin de l'inciter à vous suivre.

Vos nom et prénom
Adresse
Recommandé avec avis de réception

Date

Nom et prénom de
votre employé(e)
Adresse

Madame (ou Monsieur),

Lors de notre conversation du ... (*date*), je vous ai informé de notre prochain déménagement pour ... (*nom de la ville*) à l'adresse suivante : ... .

Compte tenu de l'éloignement de ce nouveau lieu de travail, je n'ignore pas qu'un tel changement constitue une modification de votre contrat de travail.

Éventuellement :

Comme je vous l'ai proposé, je suis prêt(e) à vous indemniser des frais occasionnés par l'éloignement de votre nouveau lieu de travail. Cette indemnisation fera l'objet d'un avenant à votre contrat de travail.

Je vous serai reconnaissant(e) de me faire savoir, au plus tard dans le délai d'un mois suivant la première présentation de la présente lettre, si vous acceptez ou si vous refusez d'effectuer vos prestations à mon nouveau domicile.

Si vous refusez, c'est avec regret que j'engagerais à votre égard une procédure de licenciement. Cette rupture de votre contrat de travail vous donnerait droit au versement d'une indemnité de licenciement et à une indemnité compensatrice de préavis, dans la mesure où vous ne pourriez pas effectuer ce dernier aux conditions antérieures.

Veuillez agréer, Madame (*ou* Monsieur), mes salutations distinguées.

Signature

VOUS AVEZ DES ENNUIS FINANCIERS. VOUS CONVOQUEZ VOTRE EMPLOYÉ(E) À L'ENTRETIEN PRÉALABLE DE LICENCIEMENT.

Vos fins de mois deviennent difficiles. Vous devez vous résigner à sacrifier des postes de votre budget. C'est évidemment à regret que vous allez vous séparer de votre femme de ménage.

• **Ce que dit la loi** : Selon l'article L. 321-1 du code du travail constitue un licenciement pour motif économique le licenciement effectué par un employeur pour un ou plusieurs motifs non inhérents à la personne du salarié, résultant d'une suppression ou transformation d'emploi ou d'une modification substantielle du contrat de travail, consécutives notamment à des difficultés économiques.

Vous devez convoquer votre salarié(e) à un entretien préalable par lettre recommandée ou par lettre remise en main propre contre décharge en lui indiquant l'objet de la convocation.

Vos nom et prénom
Adresse

Date

Recommandé avec avis de réception

Nom et prénom de
votre employé(e)
Adresse

Madame (*ou* Monsieur),

Compte tenu de l'évolution de ma situation financière personnelle, je suis dans l'obligation d'envisager votre licenciement pour motif économique.

À cet effet, je vous prie de vous présenter pour un entretien préalable à cette mesure le ... (*date*) à ... (*heure*) à mon domicile : ... (*adresse*).

Veuillez agréer, Madame (*ou* Monsieur), mes salutations distinguées.

Signature

• **Notre conseil** : Attention au délai : vous ne devez envoyer la lettre de licenciement qu'après un délai de sept jours après le jour de l'entretien préalable. Ce délai est spécifique au licenciement pour motif économique.

VOUS AVEZ DES ENNUIS FINANCIERS. VOUS NOTIFIEZ SON LICENCIEMENT POUR MOTIFS ÉCONOMIQUE À VOTRE EMPLOYÉ(E).

N'oubliez pas d'envoyer la lettre de notification de licenciement après l'entretien.

• **CE QUE DIT LA LOI** : Selon l'article L. 321-1 du code du travail constitue un licenciement pour motif économique le licenciement effectué par un employeur pour un ou plusieurs motifs non inhérents à la personne du salarié, résultant d'une suppression ou transformation d'emploi ou d'une modification substantielle du contrat de travail, consécutives notamment à des difficultés économiques.

Après la convocation, vous devez lui notifier le licenciement par lettre recommandée avec avis de réception. La date de présentation de cette lettre fixe le point de départ du préavis dont la durée est fixée par l'article 11, § a, de la Convention collective nationale de travail des employés de maison.

Vos nom et prénom   Date
Adresse

Recommandé avec avis de réception

Nom et prénom de
votre employé(e)
Adresse

Madame (*ou* Monsieur),

Lors de notre entretien du ... (*date*), je vous ai exposé les difficultés qui sont actuellement les miennes ... (rappelez lesquelles) et qui me contraignent à envisager votre licenciement pour motif économique.

Je vous confirme par la présente lettre ma décision de supprimer l'emploi de ... (*indiquez lequel*) que vous occupez à l'heure actuelle et de vous licencier pour motif économique.

Votre préavis d'une durée de ... débutera à la date de présentation de la présente lettre.

Votre contrat prendra définitivement fin le ... (*date*). À cette date, je tiendrai à votre disposition votre certificat de travail, les salaires vous restant dus, l'indemnité compensatrice de congés payés acquise à ce jour, ainsi que votre indemnité de licenciement.

Veuillez agréer, Madame (*ou* Monsieur), mes salutations distinguées.

Signature

L'assistance d'un conseil n'est pas prévue pour le personnel de maison

L'employeur qui envisage de licencier un salarié doit le convoquer à un entretien préalable au licenciement. Il doit, en outre, selon l'article L. 122-14 du code du travail, l'informer qu'il peut, pendant cet entretien, se faire assister d'un représentant du personnel ou d'un conseiller extérieur inscrit sur une liste spéciale.
La question s'est posée de savoir si le particulier qui envisage de licencier un(e) employé(e) de maison doit prévoir cette assistance du salarié par une personne extérieure.
Une réponse du ministre du Travail à la question écrite d'un député répond négativement.
Cette réponse est logique : le lieu de travail de l'employé(e) constitue le domicile privé de son employeur. Les règles relatives à l'assistance d'un salarié, lors de l'entretien préalable, par un conseiller extérieur visent expressément les salariés d'une entreprise et elles ne s'appliquent pas aux salariés travaillant chez un particulier (Rép. min. n° 9367, JO-AN du 27 juillet 1998, p. 4144).
On ne peut donc pas – sans violer la protection du domicile privé – exiger d'un particulier employeur qu'il autorise un conseiller extérieur à pénétrer chez lui.

Chèque emploi-service : attention

Le chèque emploi-service a rencontré un vif succès, car il permet d'utiliser les services d'un(e) employé(e) à domicile (travaux ménagers, garde d'enfant, assistance aux personnes âgées, cuisine...) sans avoir à subir de lourdes formalités. Il fait office de bulletin de paie. Mais attention, le fait de signer un chèque emploi-service équivaut à signer un contrat de travail.
Cela veut dire que la personne que vous employez a les mêmes droits que n'importe quel salarié. Le jour où vous ne souhaitez plus utiliser ses services, il vous faudra procéder à son licenciement.

CHAPITRE 26

VOTRE CONTRAT DE TRAVAIL

Vous pensiez commencer lundi votre nouveau job mais une mauvaise surprise vous attendait. Votre ex-futur employeur ne veut plus de vous. L'ennui pour lui c'est que vous avez signé une promesse d'embauche que vous entendez faire respecter.

• **Ce que dit la loi** : Selon les tribunaux, un employeur doit respecter une promesse d'embauche si certains éléments du futur contrat de travail y figurent avec précision. Par exemple, il a été jugé qu'une simple lettre précisant uniquement les conditions de rémunération et fixant la date d'entrée en fonction dès l'obtention d'un marché de gardiennage au Parc des Expositions de la porte de Versailles, étaient deux éléments suffisamment précis pour constituer une promesse ferme d'emploi dans la mesure où la condition d'obtention d'un marché s'était accomplie (Cour de cassation, chambre sociale, 13 mai 2003).

• **Notre conseil** : Demandez à l'employeur qui s'est engagé à la légère de vous indemniser en vous versant des dommages et intérêts en fonction du préjudice que vous avez subi.

Vos nom et prénom Date
Adresse
Recommandée avecavis de réception

Monsieur le Directeur
des Établissements ......
Adresse

Monsieur le Directeur,

Par lettre du ...... (*date*) dont vous trouverez ci-joint photocopie, vous me confirmiez nos divers entretiens de ces derniers mois et, notamment, que vous seriez très heureux de m'intégrer au sein de votre entreprise dès que ..... (*indiquez l'éventuelle condition invoquée par l'employeur*). Par ailleurs, vous me précisiez mes conditions de ...... (*rémunération ou autre élément*).

Or, vous prétendez aujourd'hui que cette lettre ne constituait que de simples pourparlers ne nous engageant pas réciproquement.

Au contraire, je considère pour ma part qu'il s'agit d'une véritable promesse d'embauche compte tenu des éléments qu'elle contenait.

En conséquence, je vous demande, soit de donner suite à celle-ci en m'embauchant aux conditions convenues, soit de me verser un juste indemnisation dont j'estime le montant à ...... euros. En effet, j'ai dû dans la même période ...... (*indiquez de quoi il s'agit : renoncement à d'autres offres d'emploi ou démission en vue de l'embauche promise*).

En l'absence d'une proposition de votre part, je me verrais dans l'obligation de faire valoir mes droits devant le conseil de prud'hommes.

Veuillez agréer, Monsieur le Directeur, mes salutations distinguées.

Signature

VOUS ÊTES EMBAUCHÉ ET VOTRE EMPLOYEUR NE VOUS A PAS REMIS DE CONTRAT ÉCRIT. VOUS EN EXIGEZ UN.

Cela fait six mois que vous voilà installé dans votre nouveau job. Bien que vous n'ayez rien à reprocher à votre employeur, vous vous apercevez que vous ne possédez aucun document écrit vous informant de vos conditions d'emploi. Réclamez-le par écrit au service du personnel.

• **Ce que dit la loi** : Depuis le 1er juillet 1993, en application d'une directive communautaire du 14 octobre 1991, tout travail salarié doit faire l'objet d'un écrit. En effet, beaucoup de contrats de travail à temps complet conclus pour une durée indéterminée sont encore purement verbaux. Aujourd'hui ils doivent être formalisés par un écrit, remis au salarié au plus tard deux mois après l'embauche.

Cet écrit ne doit pas nécessairement prendre la forme d'un contrat. Ce qui importe c'est que le salarié dispose des informations suffisantes sur les conditions de travail. Sachez cependant que selon l'administration, la simple délivrance d'un bulletin de salaire et la déclaration préalable d'embauche (obligatoire depuis le 1er septembre 1993) suffisent à condition que les formalités soient accomplies dans le strict respect du code du travail. Mais la position de l'administration n'a qu'une simple valeur de renseignement devant les tribunaux.
Le contrat à durée déterminée, le contrat de travail à temps partiel, le contrat d'apprentissage et le contrat de travail temporaire doivent être obligatoirement écrits et comporter un certain nombre de mentions expressément prévues dans le code du travail.

• **Notre conseil** : Consultez votre convention collective. La plupart des conventions imposent la rédaction d'un écrit ou l'envoi au salarié d'une lettre d'embauche dans laquelle doivent être mentionnés, notamment, la qualification professionnelle, le lieu de travail, les horaires, le montant de la rémunération, les avantages accordés aux salariés de l'entreprise et la date prévue d'entrée en fonction.

Vos nom et prénom — Date
Adresse

Recommandé avec avis de réception

Entreprise ....
Service du personnel
Adresse

Messieurs,

J'ai été embauché dans votre entreprise le ... (*date*) en qualité de ... (*qualification et poste occupé*).

À ce jour, vous ne m'avez toujours pas remis de document écrit décrivant mes principales conditions d'emploi (*qualification, salaire, lieu de travail, etc.*).

Il s'agit sans doute d'un simple oubli de votre part car vous n'ignorez pas qu'en application d'une directive communautaire du 14 octobre 1991, tout travail salarié doit être forma-lisé par un écrit, remis au salarié au plus tard deux mois après l'embauche.

Je souhaiterai que cet écrit prenne la forme d'un contrat de travail en bonne et due forme de manière à ce que je dispose d'informations suffisantes sur mes conditions de travail.

Veuillez agréer, Messieurs, mes salutations distinguées.

Signature

UNE ENTREPRISE VOUS A CONFIÉ UN TRAVAIL EN INDÉPENDANT. VOUS DEMANDEZ LA REQUALIFICATION DE CETTE PRESTATION DE SERVICE EN CONTRAT DE TRAVAIL.

Vous avez accepté une commande d'une entreprise qui entend vous considérer comme un travailleur indépendant. Après avoir accepté ce statut, vous estimez qu'elle vous fait travailler, en réalité, dans les conditions du salariat mais sans en assumer les charges. Vous lui démontrez par écrit que vous êtes un faux indépendant et un vrai salarié.

• **Ce que dit la loi** : En tant que travailleur indépendant, les règles du droit de travail ne vous sont pas applicables.

Toutefois, l'existence d'un contrat de travail peut être établie si vous démontrez que, contrairement à un travailleur indépendant qui offre un service ou un produit fini et exécuté ou réalisé en totale autonomie, la tâche qui vous été confiée est effectuée dans des conditions ayant pour effet de vous placer dans un lien de subordination juridique permanent à l'égard du donneur d'ouvrage. C'est le cas notamment si vous devez exécuter le travail selon un savoir-faire et dans les conditions imposées et contrôlées par le donneur d'ouvrage. La preuve que vous effectuez un travail subordonné peut résulter de différents indices : travail au sein d'un service organisé par l'employeur, obligation de respecter des contraintes administratives, etc. (Cour de cassation, chambre sociale, 13 nov. 1996, Sté Générale c/ URSSAF de Haute-Garonne). Votre employeur sera alors contraint de respecter le statut salarié dont il vous a écarté en fraude.

Par ailleurs, sachez qu'il importe peu que vos relations avec le donneur d'ouvrage soit intermittentes (par exemple parce que vous travaillez pour plusieurs entreprises en même temps). Les tribunaux considèrent en effet que le lien avec l'entreprise peut ne pas être permanent (Cour de cassation, chambre criminelle, 31 mars 1998). La subordination peut être permanente pendant la durée de la relation de travail et le lien avec le donneur d'ouvrage limité, dans la durée.

Vos nom et prénom — Date
Adresse
Recommandé avec avis de réception

Monsieur le Directeur
de l'agence ...
Adresse

Monsieur le Directeur,

Vous avez fait appel à mes services le ... (*date*) pour effectuer ... (*décrire la nature du service ou du bien fourni*). Ce travail étant une prestation de service, vous m'avez indiqué que vous me considériez comme relevant du statut de travailleur indépendant. Ce que j'ai alors accepté. J'estime aujourd'hui que les sujétions que vous m'avez imposées dans l'accomplissement de cette tâche révèlent que contrairement au contrat que nous avons initialement conclu, nous sommes liés par un contrat de travail. En effet, les contraintes d'horaires, les directives de travail, la fourniture de matériel, etc., auxquelles s'ajoute le contrôle que vous avez sans cesse exercé sur mon travail, attestent que vous vous êtes comporté comme mon employeur. Vous n'êtes pas sans savoir que l'existence d'un contrat de travail impose certaines obligations aux employeurs. Je vous prie donc de bien vouloir à l'avenir respecter ces règles, notamment en ce qui concerne le versement des charges sociales.

À défaut, je me verrai dans l'obligation de saisir la justice pour faire requalifier mon contrat de ..... (*indiquez la dénomination*) en contrat de travail. Ce qui implique, outre un redressement de cotisations sociales et d'éventuelles sanctions pénales pour travail dissimulé, le versement notamment de tous les salaires, primes, indemnités de congés payés et autres avantages non perçus applicables aux salariés de votre entreprise.

En espérant ne pas être obligé d'en arriver à une telle extrémité, je vous prie d'agréer, monsieur le Directeur, mes salutations distinguées.

Signature

• **Notre conseil** : La requalification d'une prestation de service en contrat de travail est lourde de conséquences pour l'employeur qui devra acquitter les charges sociales y afférant et appliquer le code du travail. Vous pouvez tenter d'obtenir le statut de salarié en lui faisant entrevoir les risques encourus s'il vous laisse saisir les prud'hommes.

VOUS ÊTES STAGIAIRE ET L'EMPLOYEUR VOUS EXPLOITE SANS VERGOGNE ; VOUS LE DÉNONCEZ À L'INSPECTEUR DU TRAVAIL.

Votre employeur vous a engagé comme stagiaire et vous fait travailler de nuit de 23 heures à 7 h. du matin, 7 nuits sur 7 ou vous percevez une rémunération pour 190 heures alors que vous en faites au moins 242. La coupe est pleine. Vous prévenez l'inspection du travail.

• **Ce que dit la loi** : Selon les articles 225-13 et 225-14 du code pénal le fait d'obtenir d'une personne, dont la vulnérabilité ou l'état de dépendance sont apparents ou connus de l'auteur, la fourniture de services non rétribués ou en échange d'une rétribution manifestement sans rapport avec l'importance du travail accompli ou de soumettre la même personne à des conditions de travail ou d'hébergement incompatibles avec la dignité humaine, est puni de cinq ans d'emprisonnement et de 150 000 euros d'amende.

Les tribunaux ont appliqué récemment ce texte contre un employeur qui avait profité de la vulnérabilité et de la situation de dépendance d'étudiants en raison notamment du caractère obligatoire de leur stage pour l'obtention de leur diplôme. En outre, il leur avait imposé une rémunération manifestement sans rapport avec le travail accompli, et source pour l'entreprise de substantiels profits (Cour de cassation, chambre criminelle, 3 décembre 2002).

• **Notre conseil** : Si vous êtes stagiaire et si vous exercez une activité professionnelle productive pour l'entreprise, sans recevoir de formation distincte, cela signifie que vous occupez un poste permanent. Demandez la requalification de votre convention de stage en contrat de travail devant le conseil de prud'hommes.

Vos nom et prénom
Adresse — Date
Recommandée avec AR

Monsieur l'inspecteur
du travail
Adresse

Monsieur l'inspecteur du travail,

Je suis étudiant en ......(*indiquez le diplôme préparé*) et j'effectue un stage dans l'entreprise (*ou l'établissement*) ....(*dénomination et adresse*) depuis le ......(*date*).

Or, il s'avère que notre employeur (*indiquez selon le cas*) :
- me soumet à des conditions de travail (ou d'hébergement) incompatibles avec la dignité humaine (*expliquez de quoi il s'agit : par exemple* soumission à des cadences et des conditions matérielles de travail au-delà du supportable) ;
- me fait exercer une activité professionnelle productive pour l'entreprise, sans formation distincte ;
- m'impose une rémunération manifestement sans rapport avec le travail accompli ....(*expliquez de quoi il s'agit*).

En conséquence, je vous demande d'intervenir auprès de cet employeur afin de le rappeler à l'ordre.

Je vous demande en outre de ne pas lui révéler mon nom.

Veuillez agréer, Monsieur l'inspecteur du travail, nos salutations distinguées.

Signature

VOUS DEMANDEZ LE PASSAGE D'UN TEMPS PARTIEL À UN TEMPS COMPLET.

Vous travaillez à temps partiel et vous avez eu vent que des embauches allaient être réalisées dans votre entreprise. Vous revendiquez une priorité pour travailler à temps complet comme la loi vous y autorise sous certaines conditions.

• **Ce que dit la loi** : L'article L. 212-4-9 du code du travail institue une priorité d'emploi pour les salariés à temps partiel qui souhaitent occuper ou reprendre un emploi à temps complet. Il en est de même pour les salariés à temps complet qui souhaitent occuper ou reprendre un emploi à temps partiel dans le même établissement, ou à défaut, dans la même entreprise. Cette priorité joue pour l'attribution d'un emploi correspondant à leur catégorie professionnelle ou à un emploi équivalent. L'employeur porte à la connaissance de ces salariés la liste des emplois disponibles correspondants.

En l'absence de convention ou d'accord collectif, la demande du salarié doit être communiquée au chef d'entreprise par lettre recommandée avec accusé de réception six mois au moins avant le changement d'horaire.

• **Notre conseil** : Précisez bien dans votre lettre la durée du travail souhaitée ainsi que la date envisagée pour la mise en oeuvre du nouvel horaire.

Vos nom et prénom
Adresse
Emploi occupé
Recommandée avec
avis de réception

Date

Monsieur le Directeur
des Établissements ......
Adresse

Monsieur le Directeur,

Vous avez annoncé plusieurs embauches à temps plein dans notre entreprise pour les prochains mois.

Ou bien :

Comme vous le savez M. (*ou* Mme)...... va faire valoir ses droits à la retraite le .....(*date*), ce qui donnera lieu à une nouvelle embauche à temps plein.

Exerçant depuis le ......(*date*) l'emploi de ...... à temps partiel, j'ai l'honneur de vous demander conformément à l'article L. 212-4-9 du code du travail d'exercer cet emploi à temps complet lequel correspond à ma catégorie professionnelle.

Veuillez agréer, Monsieur le Directeur, mes salutations distinguées.

Signature

VOTRE EMPLOYEUR MET FIN À VOTRE PÉRIODE D'ESSAI. VOUS ESTIMEZ AU CONTRAIRE QUE VOUS ÊTES ENGAGÉ DÉFINITIVEMENT.

Dur, dur ! Vous pensiez avoir réussi votre période d'essai et votre employeur veut la renouveler ou pire se séparer de vous. Après un nouvel examen des termes de votre contrat, vous lui signifiez que vous êtes embauché à durée indéterminée.

• **Ce que dit la loi** : Il résulte de l'article L. 122-4 du code du travail que, durant la période d'essai, le contrat de travail peut être rompu par l'employeur sans que celui-ci soit tenu de respecter les règles du licenciement (procédure et indemnités).

C'est votre contrat de travail, la convention collective applicable à votre entreprise ou l'usage en vigueur dans la profession qui doivent prévoir l'existence d'une période d'essai et en fixer la durée.

Selon les tribunaux, si votre contrat ne dit rien ou s'il fait référence à la convention collective prévoyant seulement l'éventualité d'une période d'essai sans en fixer la durée, vous pouvez considérer que votre engagement est définitif (Cour de cassation, chambre sociale, 30 octobre 2000, Carissan).

En revanche, si votre contrat ne prévoit pas de période d'essai, mais si la convention collective impose que tout contrat de travail comporte une période d'essai et en fixe clairement la durée, elle s'applique de plein droit (sous réserve que votre employeur vous ait informé de l'existence de la convention : Cour de cassation, chambre sociale, 1er février 2000).

Vous pouvez toutefois estimer que vous n'êtes pas soumis à une période d'essai si la convention collective la prévoit expressément mais conditionne son existence à sa mention dans le contrat (ou une lettre d'embauche) et si cette mention est absente (Cour de cassation, chambre sociale, 27 octobre 1999).

• **Notre conseil** : N'attendez pas la dernière minute pour passer au peigne fin votre contrat de travail ou la convention collective applicable à votre entreprise. Si le résultat de vos investigations vous est favorable, gardez cet atout dans votre poche et ne dites rien à votre employeur. Tant pis pour lui s'il n'a pas été prévoyant.

Vos nom et prénom — Date
Adresse
Emploi occupé
Recommandé avec avis de réception

Monsieur le Directeur
des Établissements ...
Adresse

Monsieur le Directeur,

Vous m'avez informé le ... (*date*) que vous mettiez fin à mon contrat de travail au motif que ma période d'essai ne serait pas concluante.

Vous n'ignorez pas que mon contrat de travail ne prévoit pas de période d'essai.

Et/ou :
La convention collective ne fait qu'envisager la possibilité d'une période d'essai (*ou bien* : elle subordonne l'existence de cette dernière à l'existence d'un écrit, ce qui n'a pas été le cas).

En conséquence, je me considère comme embauché définitivement. Si vous entendez mettre fin à mon contrat de travail, ce que je ne souhaite pas, vous devrez donc observer les règles applicables en matière de licenciement et justifier d'une cause réelle et sérieuse sous peine de rendre abusive la rupture de mon contrat de travail.

Veuillez agréer, Monsieur le Directeur, mes salutations distinguées.

Signature

VOUS ESTIMEZ QUE LA PÉRIODE D'ESSAI EST TROP LONGUE POUR VOTRE POSTE. VOUS RÉAGISSEZ.

Six mois d'essai pour un poste d'employé de bureau, c'est trop ! Vous contestez la validité de cette durée.

• **Ce que dit la loi** : Sauf pour les contrats à durée déterminée où sa durée est limitée, la période d'essai peut avoir une durée variable qui dépend des fonctions que vous occupez (une semaine à plusieurs mois). Cette durée doit cependant être limitée dans le temps compte tenu de votre qualification et de l'emploi occupé. Par exemple, si une période d'essai de six mois n'est pas rare pour un cadre supérieur, elle est disproportionnée si vous êtes sténodactylographe (Cour de cassation, chambre sociale, 28 décembre 1977).

Vos nom et prénom Date
Adresse
Emploi occupé

Recommandé avec avis de réception

Monsieur le Directeur
des Établissements ...
Adresse

Monsieur le Directeur,

J'ai été embauché le ... (*date*) en qualité de ... (*indiquez votre fonction*). La convention collective applicable (*ou* mon contrat de travail) prévoit pour cet emploi une période d'essai de ... (*nombre de semaines ou de mois*). Vous m'avez informé le ... (*date*) que vous mettiez fin à mon contrat de travail au motif que ma période d'essai ne serait pas concluante.

Vous n'ignorez pas que, selon la jurisprudence, la durée de la période d'essai doit être fixée compte tenu de la qualification et de l'emploi occupé. Or, je considère qu'eu égard à l'emploi que j'occupe et à ma qualification (ajoutez éventuellement : et à mon ancienneté dans la profession), cette durée était excessive.

En conséquence, je me considère comme embauché définitivement. Si vous entendez mettre fin à mon contrat de travail, ce que je ne souhaite pas, vous devrez observer les règles applicables en matière de licenciement et justifier d'une cause réelle et sérieuse, sous peine de rendre abusive la rupture de mon contrat de travail.

Veuillez agréer, Monsieur le Directeur, mes salutations distinguées.

Signature

VOTRE EMPLOYEUR RENOUVELLE VOTRE PÉRIODE D'ESSAI. VOUS CONTESTEZ.

Alors que rien ne le laissait prévoir, votre employeur vous a notifié le renouvellement de votre période d'essai. Après réexamen de votre contrat de travail et de votre convention collective, vous décidez de réagir.

• **Ce que dit la loi** : La période d'essai peut être renouvelée à moins que la convention collective ou la loi (VRP, salariés sous contrat à durée déterminée) ne l'interdisent expressément.

En l'absence de dispositions prévues par le contrat de travail ou la convention collective, si votre employeur entend renouveler la période d'essai, il doit obtenir votre accord non équivoque. Il en va de même si la convention collective prévoit la possibilité d'un renouvellement (Cour de cassation, chambre sociale, 22 octobre 1997).

Si la convention collective ou le contrat de travail prévoient le renouvellement, votre employeur doit respecter la durée maximale prévue. Par exemple, si une convention collective autorise une prolongation d'un mois d'un commun accord, elle ne peut pas être portée à trois mois (Cour de cassation, chambre sociale, 23 novembre 1992).

Si la convention ou le contrat prévoient des formalités particulières, celles-ci doivent être respectées. Par exemple, si le renouvellement est soumis à un délai de prévenance de la part de votre employeur, ce dernier est tenu de le respecter. S'il ne le fait pas, votre essai est terminé et l'employeur ne peut se séparer de vous qu'en respectant les règles du licenciement (Cour de cassation, chambre sociale, 7 mars 1990).

• **Notre conseil** : D'une manière générale, le renouvellement de la période d'essai est conditionné aux mêmes exigences que la fixation de la période d'essai initiale. Reportez-vous au paragraphe « Ce que dit la loi » des deux lettres précédentes.

Vos nom et prénom Date
Adresse
Emploi occupé

Recommandé avec avis de réception

Monsieur le Directeur
des Établissements ...
Adresse

Monsieur le Directeur,

Vous m'avez informé le ... (*date*) que vous entendiez renouveler ma période d'essai pour une durée de ... (*indiquez laquelle*). Vous n'ignorez pas que mon contrat de travail ne prévoit pas un tel renouvellement.

Et/ou :
La convention collective ne fait qu'envisager la possibilité d'un renouvellement (*ou bien* : elle subordonne ce renouvellement à l'existence d'un délai de prévenance, ce qui n'a pas été le cas).

Et/ou :
Ce renouvellement aurait pour effet d'excéder la durée maximale prévue pour l'ensemble de la période d'essai (ou pour son renouvellement) par mon contrat de travail ou par la convention collective.
En conséquence, je me considère comme embauché définitivement. Si vous entendez mettre fin à mon contrat de travail, ce que je ne souhaite pas, vous devrez donc observer les règles applicables en matière de licenciement et justifier d'une cause réelle et sérieuse, sous peine de rendre abusive la rupture de mon contrat de travail.
Veuillez agréer, Monsieur le Directeur, mes salutations distinguées.

Signature

AU BOUT DE DEUX MOIS DE PRÉSENCE, VOTRE EMPLOYEUR VOUS DEMANDE DE PARTIR, PRÉTENDANT QUE VOUS ÊTES EN CONTRAT À DURÉE DÉTERMINÉE.

Embauché par un contrat verbal pour faire une télé-enquête pendant deux mois, votre employeur vous informe que votre contrat à durée déterminée prend fin à la date prévue. Vous lui signifiez par lettre recommandée que votre contrat de travail n'est pas à durée déterminée mais à durée indéterminée.

• **Ce que dit la loi** : Selon l'article L. 122-3-1, premier alinéa, du code du travail, « le contrat de travail à durée déterminée doit être établi par écrit et comporter la définition précise de son motif ; à défaut, il est réputé conclu pour une durée indéterminée ». Votre employeur ne peut donc pas, en l'absence d'écrit et quelles que soient les preuves qu'il puisse apporter par ailleurs, faire reconnaître par les juges que sa volonté et la vôtre étaient de conclure seulement un contrat à durée déterminée.

Dans une affaire semblable, la Cour de cassation a déjà précisé clairement qu'il résultait de l'article L. 122-3-13 du code du travail qu'en l'absence d'écrit l'employeur ne peut écarter la présomption légale ainsi instituée en apportant la preuve de l'existence d'un contrat verbal conclu pour une durée déterminée (Cour de cassation, chambre sociale, 21 mai 1996).

L'absence d'écrit comme l'absence de définition précise de l'objet du contrat entraînent une transformation automatique du contrat à durée déterminée en contrat à durée indéterminée.

• **Notre conseil** : Si votre employeur ne prend pas en compte votre lettre, vous pouvez saisir le conseil des prud'hommes en apportant directement votre différend devant le bureau du jugement. Demandez de constater la requalification du contrat et tous les droits qui en découlent (prise en compte de l'ancienneté, indemnité de préavis ou de licenciement en cas de rupture du contrat).

Vos nom et prénom
Adresse
Emploi occupé

Date

Recommandé avec avis de réception

Monsieur le Directeur
des Établissements ...
Adresse

Monsieur le Directeur,

J'ai conclu avec vous un contrat de travail verbal le ... (*jour et date*).

Vous venez de me faire savoir par votre lettre datée du ... que mon contrat de travail était conclu pour une durée de ... (*nombre de semaines ou de mois*) et qu'il prenait donc fin le ... (*date*).

Par la présente lettre, je vous signifie que je me considère comme embauché par un contrat de travail à durée indéterminée. En effet, selon l'article L. 122-3-1 du code du travail, « un contrat à durée déterminée doit être établi par écrit et comporter la définition précise de son motif ; à défaut, il est réputé conclu pour un durée indéterminée ».

La méconnaissance de cette disposition légale est sanctionnée par la transformation de ce contrat en durée indéterminée, conformément à l'article L. 122-3-13 du même code.

Veuillez agréer, Monsieur le Directeur, mes salutations distinguées.

Signature

VOTRE EMPLOYEUR RENOUVELLE UNE SECONDE FOIS VOTRE CDD. VOUS LUI SIGNIFIEZ QUE VOUS VOUS CONSIDÉREZ COMME DÉFINITIVEMENT EMBAUCHÉ.

Embauché sous un CDD de quatre mois, votre employeur vous a renouvelé votre contrat pour une durée de six mois. À la fin de ce renouvellement, il vous informe que votre contrat est renouvelé une seconde fois. Ce dernier renouvellement est illégal. Vous lui signifiez par lettre recommandée que votre contrat de travail n'est plus à durée déterminée, mais à durée indéterminée.

• **CE QUE DIT LA LOI** : Selon l'article L. 122-1-2-I du code du travail, le contrat de travail à durée déterminée doit comporter un terme fixé avec précision dès sa conclusion. Ce contrat peut être renouvelé une fois pour une durée qui, ajoutée à la durée du contrat initial, ne peut excéder la durée maximale de dix-huit mois. Cette durée peut être ramenée à neuf mois ou portée à vingt-quatre mois, selon les cas de recours aux CDD.

Par ailleurs, l'article L. 122-3-13 du même code dispose que tout contrat à durée déterminée conclu en méconnaissance des dispositions est réputé à durée indéterminée. Ainsi, en renouvelant pour une seconde fois votre CDD, votre employeur n'a pas respecté la loi. Et votre contrat s'est transformé en contrat à durée indéterminée. À noter : les contrats emploi-solidarité (CES) et les CDD conclus avec les entreprises d'insertion peuvent prévoir deux renouvellements.

• **NOTRE CONSEIL** : Si votre employeur ne prend pas en compte votre lettre, vous pouvez aller devant le conseil des prud'hommes afin de faire constater la requalification de votre contrat et demander tous les droits qui en découlent (prise en compte de l'ancienneté, indemnité de préavis et de licenciement en cas de rupture du contrat).

Vos nom et prénom
Adresse
Emploi occupé

Date

Recommandé avec avis de réception

Monsieur le Directeur
des Établissements ...
Adresse

Monsieur le Directeur,

À la date du ..., vous m'avez informé d'un second renouvellement de mon contrat à durée déterminée, ce qui est illégal.

Par la présente lettre, je vous signifie en conséquence que je me considère comme définitivement embauché dans votre entreprise.

En effet, selon l'article L. 122-1-2-I du code du travail, un contrat à durée déterminée ne peut être renouvelé qu'une fois. La méconnaissance de cette disposition légale est sanctionnée par la transformation de ce contrat en contrat de travail à durée indéterminée, conformément à l'article L. 122-3-13 du même code.

Veuillez croire, Monsieur le Directeur, en l'expression de mes sentiments distingués.

Signature

VOTRE EMPLOYEUR MET FIN À VOTRE CONTRAT À DURÉE DÉTERMINÉE AVANT SON TERME. VOUS RÉCLAMEZ LE PAIEMENT DES SALAIRES.

L'employeur ne peut mettre fin à un contrat de travail à durée déterminée avant son terme que dans certains cas précis prévus par la loi. Si votre employeur vous met à la porte en dehors de ces hypothèses, réclamez-lui les salaires qu'il aurait dû vous verser jusqu'à la fin du contrat.

• **Ce que dit la loi** : Selon l'article L. 122-3-8 du code du travail, sauf accord des parties, le contrat de travail à durée déterminée ne peut être rompu avant l'échéance du terme qu'en cas de faute grave ou de force majeure.

La rupture du contrat du salarié par l'employeur pour un autre motif, avant la fin normale du contrat, ouvre droit pour le salarié à des dommages-intérêts d'un montant au moins égal aux rémunérations qu'il aurait perçues jusqu'au terme du contrat. De plus, l'intéressé a droit à l'indemnité de fin de contrat prévue par l'article L. 122-3-4 du code du travail dans les cas où cette indemnité est due.

Rien n'empêche par ailleurs le salarié de contester devant le conseil des prud'hommes une faute grave ou un cas de force majeure, même s'il s'agit d'un motif légal de rupture.

• **Notre conseil** : Faites bien attention au motif invoqué par votre employeur pour justifier la rupture anticipée de votre contrat. Ainsi, l'insuffisance professionnelle ne saurait être assimilée ni à une faute grave, ni à un cas de force majeure (Cour de cassation, chambre sociale, 7 janvier 1998).

Vos nom et prénom — Date
Adresse
Emploi occupé
Recommandé avec avis de réception

Monsieur le Directeur
des Établissements ...
Adresse

Monsieur le Directeur,

J'ai conclu avec vous un contrat de travail à durée déterminée pour la période du ... (*jour et date*) au ... (*jour et date*) inclus.

Vous venez de me faire savoir par votre lettre du ... (*date*) que vous mettiez un terme à ce contrat au motif que ... (*indiquez le motif avancé par l'employeur*).

Vous n'êtes pas sans ignorer que l'article L.122-3-8 du code du travail prévoit qu'un contrat de travail à durée déterminée ne peut être rompu avant l'échéance du terme qu'en cas de faute grave ou de force majeure.

Ou bien :

Je considère que les faits qui me sont reprochés ne constituent pas une faute grave ou un cas de force majeure, seuls motifs susceptibles de justifier la rupture de mon contrat. En effet, ... (*expliquez pourquoi*).

En conséquence, conformément à la loi, je vous demande de me verser les salaires que j'aurais dû percevoir entre le ... (*date du jour de la rupture*) et le ... (*date du dernier jour de travail prévu au contrat*), soit la somme de ... €, ainsi que l'indemnité de précarité d'emploi prévue à l'article L. 122-3-4 du code du travail. À défaut, je me verrai dans l'obligation de porter cette affaire devant le conseil de prud'hommes.

Veuillez agréer, Monsieur le Directeur, mes salutations distinguées.

Signature

VOTRE AGENCE D'INTERIM MET FIN À UNE MISSION AVANT LE TERME PRÉVU. VOUS EXIGEZ QUE L'ON VOUS CONFIE UNE NOUVELLE MISSION.

Vous avez été embauché pour une mission d'une durée de trois mois. Au bout de deux mois, l'agence d'intérim vous informe que votre mission est finie et vous envoie votre solde de tout compte. Vous exigez par lettre recommandée avec accusé de réception qu'elle vous confie une nouvelle mission.

• **CE QUE DIT LA LOI** : Aux termes de l'article L. 124-5 du code du travail, si l'entreprise de travail temporaire met fin à votre mission avant le terme prévu, elle doit, sauf faute grave de votre part ou cas de force majeure, vous proposer dans les trois jours ouvrables, pour la durée de votre contrat restant à courir, une nouvelle mission similaire à la précédente quant à la qualification requise, la rémunération, l'horaire de travail et le temps de transport.

Si l'entreprise de travail temporaire n'est pas en mesure de vous proposer une nouvelle mission, vous aurez droit au paiement de votre rémunération jusqu'au terme prévu de votre contrat y compris l'indemnité destinée à compenser la précarité de votre situation.

Si la durée de la mission restant à courir au moment de la rupture anticipée est supérieure à quatre semaines, l'entreprise de travail temporaire peut vous proposer jusqu'à trois missions successives au lieu d'une seule couvrant la durée restante.

• **NOTRE CONSEIL** : La rupture du contrat de mise à disposition conclu entre l'entreprise utilisatrice et l'agence d'intérim n'est pas un cas de force majeure déliant cette dernière de ses obligations vis-à-vis du salarié. Ne constitue pas non plus un cas de force majeure le fait que l'objet de la mission soit réalisé avant le terme prévu.

Vos nom et prénom — Date
Adresse
Emploi occupé
Recommandé avec avis de réception

Monsieur le Directeur
des Établissements ...
Adresse

Monsieur le Directeur,

J'ai conclu avec vous un contrat de mission pour la période du ... (*jour et date*) du ... (*jour et date*) inclus. Vous venez de me faire savoir par votre lettre du ... (*date*) que vous mettez un terme à ma mission au motif que ... (*indiquez le motif avancé par l'employeur*).

Vous n'ignorez pas que l'article L. 124-5 du code du travail prévoit que l'entreprise de travail temporaire qui rompt le contrat du salarié avant le terme prévu au contrat doit proposer à celui-ci un nouveau contrat de travail prenant effet dans un délai maximal de trois jours ouvrables.

Ou bien :
Je considère que les faits qui me sont reprochés ne constituent pas une faute grave ou un cas de force majeure, seuls motifs susceptibles de justifier la rupture anticipée de mon contrat.

En conséquence, conformément à la loi, je vous demande de me proposer un nouveau contrat similaire au précédent quant à la qualification requise, la rémunération, l'horaire de travail et le temps de transport. À défaut, je me verrai dans l'obligation de porter cette affaire devant le conseil des prud'hommes.
Veuillez agréer, Monsieur le Directeur, mes salutations distinguées.

Signature

VOUS ÊTES EN APPRENTISSAGE ET VOTRE EMPLOYEUR VOUS FAIT EFFECTUER UN TRAVAIL DANGEREUX. VOUS LE DÉNONCEZ À L'INSPECTEUR DU TRAVAIL.

Votre employeur utilise ses apprentis comme des domestiques. Il vous fait porter des charges que vos frêles épaules ne peuvent tolérer et qui risquent de vous causer de sérieux désagréments. S'il persiste, prenez d'abord contact avec les délégués du personnel de l'entreprise ou le syndicat et ensuite adressez-vous à l'inspecteur du travail.

• **Ce que dit la loi** : Selon l'article L. 117 bis-6 du code du travail, les travaux dits dangereux ne peuvent être confiés à un apprenti que sous certaines conditions déterminées par décrets pris en Conseil d'État (règlements d'administration publique). Aux termes de l'article L. 234-5 du même code, le maître d'apprentissage ne doit jamais employer l'apprenti à des travaux insalubres ou à des tâches au-dessus de ses forces ou de ses capacités.

En règle générale, les apprentis de moins de 18 ans ne doivent pas être exposés aux différents travaux énumérés aux articles R. 234-11 à R. 234-23 du code du travail. Ainsi, si vous êtes exposé à un travail dangereux sans dispositif de protection approprié, nous vous conseillons, par lettre recommandée, de contacter l'Inspection du travail.

• **Notre conseil** : Vous pouvez être autorisé à utiliser au cours de votre formation des machines et des appareils dangereux. Ces autorisations sont accordées par l'inspecteur du travail après avis conforme du médecin du travail ou du médecin chargé de la surveillance des élèves. En outre, une autorisation du professeur ou du moniteur d'atelier est requise pour chaque emploi.

Vos nom et prénom
Adresse
Emploi occupé

Date

Monsieur l'Inspecteur
du travail
Inspection du travail
Adresse

Monsieur l'Inspecteur,

J'ai été embauché par un contrat d'apprentissage par l'entreprise ... (*nom*) dont les locaux se trouvent ... (*adresse*), depuis le ... (*date*).

Par la présente, je vous informe que mon employeur, en la personne de ... (*nom de l'employeur ou du maître d'apprentissage*) ne respecte pas la réglementation particulière en matière d'hygiène et de sécurité me concernant.

Voici les faits incriminés : ... (*énumérez les infractions dont il s'agit* : travail dangereux sans protection, travail interdit, utilisation de machines dangereuses sans appareil de protection, etc.).

Je vous prie d'intervenir auprès de mon employeur afin de constater ces infractions et en dresser procès-verbal.

Veuillez agréer, Monsieur l'Inspecteur, mes salutations distinguées

Signature

UN EMPLOYEUR VOUS A EMBAUCHÉ EN CONTRAT EMPLOI-SOLIDARITÉ POUR ENTRETENIR DU MATÉRIEL MAIS IL VOUS UTILISE COMME COURSIER.

Le contrat emploi-solidarité ne doit pas remplacer des emplois permanents. Si vous constatez que votre employeur a détourné l'objet de votre CES, vous lui signifiez par lettre recommandée que vous vous considérez embauché sous contrat à durée indéterminée.

• **Ce que dit la loi** : Selon l'article L. 322-4-7 du code du travail, les contrats emploi-solidarité (CES) sont destinés à favoriser l'insertion professionnelle des personnes sans emploi en les faisant participer à des activités répondant à des besoins collectifs non satisfaits (action sociale, entretien d'équipements collectifs, activité culturelle, service aux usagers, amélioration de l'environnement, etc.).

Le contrat emploi-solidarité est un contrat de travail à durée déterminée et à temps partiel. Sauf disposition particulière, il est soumis aux règles applicables à ce type de contrat.

Si le titulaire d'un CES est affecté à une activité permanente et normale de l'entreprise, il peut demander la requalification du contrat en contrat à durée indéterminée en vertu de l'article L. 122-3-13 du code du travail.

• **Notre conseil** : Vérifiez que votre contrat mentionne le même emploi que la convention préalable intervenue entre l'État et votre employeur. Car si votre employeur ne le respecte pas, il se rendra responsable de la rupture du contrat (Cour de cassation, chambre sociale, 25 mars 1997).

Vos nom et prénom — Date
Adresse
Emploi occupé
Recommandé avec avis de réception

Monsieur le Directeur
des Établissements...
Adresse

Monsieur le Directeur,

Vous m'avez embauché, depuis le ... (*date*), par un CES pour une durée de ... (*indiquez le nombre de mois*).

Selon le code du travail, vous pouvez embaucher en CES pour des « activités répondant à des besoins collectifs non satisfaits » et l'article L. 122-1 du même code, applicable aux CES, précise que « le contrat à durée déterminée, quelque soit motif, ne peut pas avoir ni pour objet, ni pour effet de pourvoir durablement un emploi lié à l'activité normale et permanente de l'entreprise ».

Or, j'occupe un poste permanent dans votre entreprise (*expliquez pourquoi*). Ainsi mon CES a été détourné de son objet ; il est irrégulier. En vertu de l'article L. 122-3-13 du code du travail, le contrat à durée déterminée irrégulier est sanctionné par la transformation du contrat en contrat à durée indéterminée.

En conséquence, par la présente lettre, je vous signifie que je me considère comme définitivement embauché dans votre entreprise.

Veuillez agréer, Monsieur le Directeur, mes salutations distinguées.

Signature

UN EMPLOYEUR NE VOUS DONNE PAS LA FORMATION PRÉVUE PAR VOTRE CONTRAT DE QUALIFICATION. VOUS DEMANDEZ SA REQUALIFICATION EN VRAI CONTRAT DE TRAVAIL.

Votre employeur vous presse comme un citron mais vous ne voyez rien venir en ce qui concerne la formation qu'il doit obligatoirement vous dispenser en tant que salarié sous contrat de qualification. Vous pouvez cesser votre travail en lui adressant une lettre recommandée motivée.

• **CE QUE DIT LA LOI** : Aux termes de l'article L. 981-1 du code du travail, l'employeur s'engage à fournir un emploi au jeune et à lui assurer une formation qui lui permettra d'acquérir une qualification professionnelle. Les enseignements généraux, professionnels et technologiques, dispensés pendant la durée du contrat de qualification, doivent être au minimum d'une durée égale à 25 % de la durée totale du contrat.

L'employeur est tenu, sous peine de dommages et intérêts, de vous donner ou de vous faire donner la formation prévue par le contrat. S'il ne respecte pas cette obligation, vous pouvez, selon une jurisprudence constante de la Cour de cassation, demander que votre contrat soit requalifié en contrat de travail de droit commun. Vous pouvez aussi demander des dommages et intérêts en réparation du préjudice subi.

• **NOTRE CONSEIL** : Vous devez saisir le conseil des prud'hommes afin de constater la rupture et obtenir la condamnation à dommages et intérêts.

Vos nom et prénoms
Adresse
Emploi occupé

Date

Recommandé avec avis de réception

Monsieur le Directeur
des Établissements ...
Adresse

Monsieur le Directeur,

J'ai conclu avec vous un contrat de qualification pour une durée de ... (*indiquez le nombre des mois*), du ... (*date*) au ... (*date*) inclus. Selon ce contrat, vous vous êtes engagé à m'assurer ma formation de ... (*indiquez l'action de formation*) auprès l'organisme de formation ... (*indiquez son nom et l'adresse*).

À ce jour et malgré plusieurs demandes de ma part, aucune formation ne m'a été donnée. Je vous rappelle que selon la Cour de cassation, le respect de l'obligation de formation constitue un élément essentiel du contrat de qualification et son non-respect rend l'employeur responsable de la rupture du contrat et ouvre droit pour le salarié à la réparation du préjudice ainsi subi.

Par la présente lettre, je prends acte de la rupture du contrat de votre fait. En conséquence, je vous demande le versement de mes dommages et intérêts égaux à ... € représentant le montant de mes salaires jusqu'au terme initialement prévu de mon contrat.

Veuillez agréer, Monsieur le Directeur, mes salutations distinguées.

Signature

VOUS AVEZ UN CONTRAT EMPLOI-JEUNE ET VOUS VOULEZ DÉMISSIONNER.

Vous avez été embauché en qualité d'agent polyvalent médiateur de rue dans le cadre d'un contrat emploi-jeune. Au bout de dix mois, vous venez de trouver un emploi mieux rémunéré et répondant plus à votre formation. Vous allez démissionner. Mais, attention, vous devez respecter certaines règles.

• **Ce que dit la loi** : Aux termes de l'article L. 322-4-20.II, alinéa 3 du code du travail, si le contrat emploi-jeune a été conclu à durée déterminée, le jeune peut rompre le contrat à l'expiration de chacune des périodes annuelles de son exécution. Dans ce cas, il doit respecter un préavis de deux semaines.

Aux termes de l'article L. 322-4-20.III du code du travail, le jeune peut demander à son employeur de suspendre son contrat afin de lui permettre d'effectuer la période d'essai afférente à l'offre d'emploi. En cas d'embauche à l'issue de cette période d'essai, le contrat emploi-jeune est rompu sans préavis.

Si le contrat d'emploi-jeune a été conclu pour une durée indéterminée, on applique les règles de droit commun, c'est-à-dire que le préavis de la démission sera celui qui a été prévu par le contrat de travail ou, à défaut, par l'accord d'entreprise ou la convention collective.

• **Notre conseil** : Si le contrat est rompu dehors de la date anniversaire, vous devez demander l'accord de votre employeur. Cet accord devra être fait par écrit.

Vos nom et prénom — Date
Adresse
Emploi occupé
Recommandé avec avis de réception

Monsieur le Directeur
des Établissements
Adresse

Monsieur le Directeur,

Variante n° 1 :

Je vous signifie ma démission de l'emploi-jeune que j'occupe dans votre entreprise depuis le ... (*jour et date*).

Si le contrat est à durée déterminée (*à la date anniversaire du contrat*) :

Selon l'article L. 322-4-20 du code du travail, j'exécuterai le préavis de deux semaines. Je quitterai donc définitivement mon travail le ... (*indiquez la date de la fin de préavis*).

Si le contrat est à durée indéterminée :

Selon mon contrat de travail (*ou* la convention collective ou l'usage dans la profession), j'exécuterai mon préavis de ... (*indiquez la durée*). Je quitterai donc définitivement mon travail le ..... (*indiquez la date de la fin de préavis*).

Variante n°2 :

En vertu de l'article L. 322-4-20.III du code du travail, j'ai l'honneur de vous demander de suspendre pour la durée de ... (*nombre de jours ou de mois*) mon contrat emploi-jeune. En effet, je viens de trouver un nouvel emploi et mon employeur exige que j'ai effectué une période d'essai de ... (*nombre de jours ou de mois*).

Certain que vous comprendrez la raison impérieuse qui justifie ma demande et ne doutant pas que vous y donnerez une réponse favorable, je vous prie d'agréer, Monsieur le Directeur, mes salutations distinguées.

Signature

VOTRE EMPLOYEUR VOUS A FAIT TRAVAILLER « AU NOIR ». VOUS LE DÉNONCEZ À L'URSSAF ET À L'INSPECTION DU TRAVAIL.

Votre employeur vous a versé votre salaire en liquide sans vous remettre de bulletin de paie. Malgré vos réclamations successives, vous ne voyez rien venir. Il est temps d'attirer l'attention de l'administration du travail et de la Sécurité sociale sur ce qui vous semble être du travail clandestin.

• **Ce que dit la loi** : Selon l'article L. 324-10 du code du travail, est réputé clandestin l'exercice à but lucratif d'une activité de production, de transformation, de réparation ou de prestation de services par toute personne physique ou morale qui s'est soustraite intentionnellement notamment à l'obligation de procéder aux déclarations exigées par les organismes de protection sociale et par l'administration fiscale.

Par ailleurs, l'article L. 143-3 du même code indique que lors du paiement de leur rémunération, l'employeur doit remettre aux salariés un bulletin de paie. Enfin, depuis le 1er septembre 1993, l'employeur doit effectuer une déclaration préalable à l'embauche auprès de l'organisme chargé du recouvrement des cotisations de Sécurité sociale (les indications y figurant doivent vous être remises par écrit).

• **Notre conseil** : N'oubliez pas de préciser dans vos lettres à l'inspecteur du travail et à l'URSSAF que vous souhaitez que votre nom ne soit pas révélé à votre employeur.

Vos nom et prénom
Adresse

Date

Monsieur l'Inspecteur
du travail
(ou URSSAF)
Adresse

Monsieur l'Inspecteur (*ou* Monsieur le Directeur),

Je travaille depuis le ... (*date*) dans l'entreprise ... (*nom et adresse*). Par la présente, je voudrais attirer votre attention sur les pratiques de mon employeur qui me semblent illégales. (*Expliquez lesquelles* : non-remise de la justification de la déclaration préalable à l'embauche, non-remise d'un bulletin de salaire, etc.).

Je suis certain que vous comprendrez le sens de ma démarche, car je ne voudrais pas être victime de l'indélicatesse d'un employeur qui aurait pour effet, notamment, de me priver de mes droits en matière de protection sociale.

Veuillez agréer, Monsieur l'Inspecteur (*ou* Monsieur le Directeur), l'expression de mes sentiments distingués.

Signature

VOTRE EMPLOYEUR VOUS CHANGE DE LIEU DE TRAVAIL. VOUS REFUSEZ CETTE MODIFICATION.

Votre employeur vous impose d'aller travailler à Saint-Quentin-en-Yvelines au lieu de Paris où vous étiez jusqu'à présent. Vous pouvez contester et refuser cette modification. L'employeur peut alors revenir sur sa décision ou rompre votre contrat de travail. Il s'agit alors d'un licenciement et non d'une démission.

• **Ce que dit la loi** : A moins que le contrat de travail ne stipule par une clause claire et précise que le salarié exécutera son travail exclusivement dans un lieu de travail (Cour de cassation, chambre sociale, 3 juin 2003). Le déménagement d'une entreprise ou la mutation du salarié dans un autre établissement ne peut constituer une modification du contrat de travail que si le lieu d'affectation du salarié est situé dans un secteur géographique différent de celui où il travaillait précédemment. Selon les tribunaux, ce changement du lieu de travail doit s'apprécier de manière objective, ce qui signifie que les juges ne doivent pas prendre en compte les contraintes personnelles subies par chaque salarié (Cour de cassation, chambre sociale, 4 mai 1999, Sté Paul Jacottet).

La définition de ce qu'est un « secteur géographique différent » est encore assez floue. Mais des juges ont considéré que le changement du lieu de travail consécutif à un déplacement du siège social de l'entreprise de Rosny-sous-Bois (Seine-Saint-Denis) à Mitry-Mory (Seine-et-Marne) constitue une modification du contrat de travail, car l'absence de liaisons directes et de connexion aisée entre ces deux sites démontrait qu'ils n'étaient pas intégrés dans un même secteur géographique, peu important qu'ils soient situés dans la même région administrative. Pour rejoindre la zone industrielle où se trouvait implantée l'entreprise, trois moyens de transport différents étaient nécessaires en cas de transport en commun (réseau SNCF, RER et autocars) et avec un véhicule, en l'absence de route nationale ou d'autoroute reliant ces deux villes, le conducteur avait l'obligation d'emprunter plusieurs nationales et départementales (Cour d'appel de Paris, 24 février 2000, SA Bölher Uddeholm France).

• **Notre conseil** : Assurez vos arrières et renseignez-vous à l'avance. Si le déménagement de votre entreprise n'est pas très important (par exemple, elle s'installe dans le même quartier), il n'y a pas changement de secteur géographique et absence de modification de votre contrat. C'est un simple changement de vos conditions de travail et l'employeur n'a pas à obtenir votre accord préalable. Si vous refusez de travailler au nouveau lieu de travail, vous risquez d'être licencié, y compris pour faute grave (Cour de cassation, chambre sociale, 10 juillet 1996).

Vos nom et prénom
Adresse
Emploi occupé

Date

Recommandé avec avis de réception

Monsieur le Directeur
des établissements ......
Adresse

Monsieur le Directeur,

Vous m'avez notifié le ...... (*date*) un changement de mon lieu de travail .... (*indiquez lequel*).

Je considère qu'un tel changement constitue une modification de mon contrat de travail, que je ne peux que refuser. En effet, mon lieu d'affectation est situé dans un secteur géographique différent de celui où je travaille actuellement et ceci pour les raisons suivantes : ....

Je vous serais reconnaissant de bien vouloir revenir sur votre décision. Dans le cas contraire, je pourrais considérer mon contrat de travail comme rompu. Cette rupture vous serait alors imputable et me donnerait droit au versement d'une indemnité de licenciement et à une indemnité compensatrice de préavis, dans la mesure où celui-ci ne pourrait être effectué aux conditions antérieures.

En vous remerciant de votre compréhension, je vous prie d'agréer, Monsieur le Directeur, l'assurance de ma considération distinguée.

Signature

VOUS AVEZ SIGNÉ UNE CLAUSE DE MOBILITÉ ET VOTRE EMPLOYEUR VOUS MUTE À L'AUTRE BOUT DE LA FRANCE. VOUS ESTIMEZ QU'IL AGIT ABUSIVEMENT.

Mauvaise nouvelle : vous travaillez à Paris et votre employeur vient de vous prévenir par télégramme que dans les 48 heures vous devrez travailler dans un autre établissement distant de 200 km. Compte tenu de cette annonce brutale, vous contestez la décision qui vous est imposée. En outre, vous en profitez pour faire annuler la clause qui vous contraint à déménager en cas de mutation.

• **Ce que dit la loi** : Selon la jurisprudence, si votre contrat de travail (ou la convention collective) contient une clause de mobilité géographique par laquelle vous avez accepté à l'avance un changement de votre lieu de travail, le refus, le moment venu, de la mutation décidée par l'employeur, constitue une faute pouvant justifier votre licenciement, le cas échéant pour faute grave. L'employeur ne fait qu'exercer son pouvoir de direction.

Toutefois, bien que prévue au contrat, votre mutation peut, si vous la refusez, s'analyser comme un licenciement abusif, notamment si votre employeur a agi avec une légèreté blâmable à votre égard. Par exemple, c'est le cas s'il sait pertinemment que vous ne pouvez vous rendre dans les temps sur le nouveau lieu de travail qui vous est imposé (Cour de cassation, chambre sociale, 10 janvier 2001, Sté La rayonnante groupe Ten) ou s'il vous mute alors que vous vous trouvez dans une situation familiale critique et que le poste justifiant votre déplacement immédiat dans un poste pouvait être pourvu par d'autres salariés. (Cour de cassation, chambre sociale, 18 mai 1999, Bulletin des arrêts n° 219).

• **Notre conseil** : N'hésitez pas à rappeler à votre employeur son comportement indélicat et réclamez des indemnités importantes en le menaçant de saisir le conseil des prud'hommes. Si vous contestez la validité de la clause elle-même, proposez une négociation à votre employeur sur d'éventuelles contreparties en échange de votre mutation.

Vos nom et prénom Date
Adresse
Emploi occupé
Recommandé avec avis de réception

Monsieur le Directeur
des Établissements ...
Adresse

Monsieur le Directeur,
Vous m'avez notifié le ... (*date*) le changement de mon lieu de travail à compter du ... (*date*). À cette date, je serai affecté à l'établissement de ... (*ville et adresse*). Je ne conteste pas votre droit à la mise en œuvre de la clause de mobilité figurant dans mon contrat de travail. Cependant, j'estime que les circonstances de cette mutation sont abusives (*expliquez pourquoi* : délai de prévenance insuffisant, non-respect des conditions prévues par le contrat ou la convention collective ; *par exemple*, le versement d'un dédommagement, etc.).
En conséquence, je considère que vous me mettez dans une situation telle que je ne puis que refuser la mutation que vous m'imposez. À moins que vous ne décidiez de revenir sur votre décision – ce que je souhaite –, je vous demande d'engager à mon égard une procédure de licenciement. Vous n'ignorez pas que cette rupture me donnerait droit au versement d'une indemnité de licenciement et à une indemnité compensatrice de préavis, dans la mesure où celui-ci ne pourrait être effectué aux conditions antérieures.
Par ailleurs, je pense que vous êtes conscient que votre attitude me cause un préjudice supplémentaire. Dès lors, j'estime que mon licenciement est abusif et je vous propose de nous rencontrer afin que nous fixions le montant d'une indemnité pour licenciement sans cause réelle et sérieuse. À défaut, je me verrai contraint de saisir le conseil des prud'hommes afin de faire valoir mes droits.
Ne souhaitant pas en arriver à une telle extrémité, je vous prie d'agréer, Monsieur le Directeur, l'assurance de ma considération distinguée.

Signature

VOUS CONTESTEZ LA VALIDITÉ D'UNE CLAUSE DE MOBILITÉ.

Mauvaise nouvelle : vous travaillez à Paris et votre employeur vient de vous prévenir par télégramme que dans les 48 heures vous devrez travailler dans un autre établissement distant de 200 km. Compte tenu de cette annonce brutale, vous contestez la décision qui vous est imposée. En outre, vous en profitez pour faire annuler la clause qui vous contraint à déménager en cas de mutation.

• **Ce que dit la loi** : Selon la jurisprudence, si votre contrat de travail (ou la convention collective) contient une clause de mobilité géographique par laquelle vous avez accepté à l'avance un changement de votre lieu de travail, le refus, le moment venu, de la mutation décidée par l'employeur, constitue une faute pouvant justifier votre licenciement, le cas échéant pour faute grave. L'employeur ne fait qu'exercer son pouvoir de direction.

Mais si la clause est excessive, c'est-à-dire disproportionnée par son étendue à l'intérêt de l'entreprise, vous pouvez faire comme si elle n'existait pas. En effet, une telle clause n'est pas valable. Si votre employeur par exemple vous impose un changement de domicile, cela est contraire à l'article 8 de la convention européenne de sauvegarde des droits de l'homme et des libertés fondamentales, selon laquelle toute personne a droit au respect de son domicile. Le libre choix du domicile personnel et familial étant un des attributs de ce droit, une restriction à votre liberté par l'employeur n'est valable qu'à la condition d'être indispensable à la protection des intérêts légitimes de l'entreprise et proportionnée, compte tenu de l'emploi occupé et du travail demandé, au but recherché (Cour de cassation, chambre sociale, 12 janvier 1999, SARL Omni Pac).

Vos nom et prénom
Adresse
Emploi occupé

Date

Recommandé avec avis de réception

Monsieur le Directeur
des Établissements ...
Adresse

Monsieur le Directeur,

Vous m'avez informé le ... (*date*) que dans le cadre du déménagement d'une partie de notre entreprise à ... (*ville*), vous entendiez me muter sur ce nouveau lieu de travail à compter du ... (*date*) en application de la clause de mobilité figurant dans mon contrat de travail.

Or, je m'aperçois que la validité de cette clause est douteuse. En effet ... (*indiquez selon vous le point litigieux* : par exemple, obligation de changer de domicile). Cette clause ne me paraît pas indispensable à la protection des intérêts légitimes de l'entreprise et n'est pas proportionnée, compte tenu de l'emploi que j'occupe et du travail demandé, au but recherché.

Je vous propose donc de nous rencontrer afin de trouver une issue acceptable pour les deux parties à cette divergence d'appréciation.

Je vous prie d'agréer, Monsieur le Directeur, l'assurance de ma considération distinguée.

Signature

VOTRE EMPLOYEUR VOUS RÉTROGRADE. VOUS REFUSEZ CETTE MODIFICATION DE VOTRE CONTRAT DE TRAVAIL.

Votre employeur vous impose d'effectuer un simple travail de gestion des stocks à la place de la responsabilité des achats. Vous pouvez contester et refuser cette modification. L'employeur peut alors revenir sur sa décision ou rompre votre contrat de travail. Il s'agit alors d'un licenciement et non d'une démission.

• **Ce que dit la loi** : Les tribunaux font aujourd'hui une distinction entre la modification du contrat de travail que le salarié est en droit de refuser (Cour de cassation, chambre sociale, 24 et 25 juin 1992) et le simple changement des conditions de travail relevant du seul pouvoir de direction de l'employeur et que le salarié ne peut pas refuser (Cour de cassation, chambre sociale, 10 juillet 1996).

Si la modification touche à une clause initiale de votre contrat, votre employeur ne peut pas y procéder sans votre accord. Or, le déclassement professionnel (ou une simple « mise au placard ») est souvent considéré comme une modification d'un élément contractuel, même s'il n'entraîne pas de baisse de rémunération (Cour de cassation, chambre sociale, 23 janvier 2001, Mondoulet). Vous pouvez manifester par écrit votre désaccord. Il appartiendra à votre employeur de rétablir vos conditions de travail antérieures ou de prendre l'initiative de votre licenciement avec paiement des indemnités correspondantes et, le cas échéant, versement de l'indemnité de préavis si celui-ci ne peut pas être effectué aux conditions de travail antérieures.

• **Notre conseil** : Après avoir manifesté votre refus, vous pouvez, si cela est possible, travailler aux nouvelles conditions imposées par votre employeur tout en réclamant devant le conseil de prud'hommes la réintégration dans vos fonctions antérieures. En effet, on ne peut pas vous accuser d'avoir accepté tacitement la décision de l'employeur (cela n'est possible que si la modification repose sur un motif économique, voir page 502). Il faut une acceptation expresse de votre part.

Vos nom et prénom — Date
Adresse
Emploi occupé
Recommandé avec avis de réception

Monsieur le Directeur
des Établissements ...
Adresse

Monsieur le Directeur,

Vous m'avez notifié le ... (*date*) un changement de mes conditions de travail (*indiquez les changements litigieux*).

Je considère qu'un tel changement constitue une modification de mon contrat de travail, que je ne peux que refuser. En effet, ... (*précisez les conséquences de la décision de l'employeur*).

Je vous serais reconnaissant de bien vouloir revenir sur votre décision. Dans le cas contraire, je pourrais considérer mon contrat de travail comme rompu. Cette rupture me donnerait droit au versement d'une indemnité de licenciement et à une indemnité compensatrice de préavis, dans la mesure où celui-ci ne pourrait être effectué aux conditions antérieures.

En vous remerciant de votre compréhension, je vous prie d'agréer, Monsieur le Directeur, l'assurance de ma considération distinguée.

Signature

VOTRE EMPLOYEUR PRÉTEND VOUS RÉTROGRADER POUR MOTIF DISCIPLINAIRE. VOUS REFUSEZ.

Votre rétrogradation est due à un motif disciplinaire que vous contestez. Vous en informez votre patron.

• **Ce que dit la loi** : Si votre rétrogradation intervient pour un motif disciplinaire (c'est-à-dire si vous avez commis une faute) et même si la sanction est justifiée, elle constitue aussi une modification du contrat de travail ne pouvant vous être imposée. Votre employeur doit recueillir au préalable votre acceptation de la modification. Si vous la refusez, il peut prononcer une autre sanction (Cour de cassation, chambre sociale, 16 juin 1998, Sté Hôtel Le Berry). Celle-ci peut être moins importante. Mais elle peut aussi consister en un licenciement. L'employeur n'a pas à invoquer de nouveaux faits pour cette sanction car la sanction entraînant la modification de votre contrat n'a pas pu être prononcée du fait de votre refus d'accepter ladite modification. Il vous faudra alors contester la cause de votre licenciement devant le conseil des prud'hommes et réclamer vos indemnités de licenciement ainsi qu'une indemnité pour licenciement sans cause réelle et sérieuse en démontrant que les fautes à l'origine de la sanction ne sont pas d'une gravité suffisante.

Vos nom et prénom Date
Adresse
Emploi occupé
Recommandé avec avis de réception

Monsieur le Directeur
des Établissements ...
Adresse

Monsieur le Directeur,

Suite à l'entretien préalable du ... (*date*), vous venez de me notifier par lettre du ... (*date*) une sanction disciplinaire consistant en une rétrogradation (*ou* une mutation).

Je considère qu'un tel changement constitue une modification de mon contrat de travail, que je ne peux que refuser. En effet, ... (*précisez les conséquences de la décision de l'employeur*).

Contrairement à la jurisprudence antérieure, vous ne pouvez plus considérer que je dois accepter cette rétrogradation (ou une mutation) et que mon refus constitue une faute grave (Cour de cassation, chambre sociale, 16 juin 1998, Sté Hôtel Le Berry).

En conséquence, je vous demande de prononcer une autre sanction à mon égard. Dans le cas contraire, je pourrais considérer mon contrat de travail comme rompu. Cette rupture me donnerait droit au versement d'une indemnité de licenciement et à une indemnité compensatrice de préavis, dans la mesure où celui-ci ne pourrait être effectué aux conditions antérieures.

En vous remerciant de votre compréhension, je vous prie d'agréer, Monsieur le Directeur, l'assurance de ma considération distinguée.

Signature

VOTRE EMPLOYEUR VOUS A INFLIGÉ UNE SANCTION. VOUS EN DEMANDEZ L'ANNULATION.

Votre employeur vient de vous notifier par écrit une sanction disciplinaire : avertissement, blâme, mise à pied, mutation disciplinaire, car il estime que vous avez commis une faute. Si vous êtes en désaccord avec cette mesure, contestez-la par écrit, même dans l'hypothèse où un entretien préalable a eu lieu.

• **Ce que dit la loi** : Selon l'article L. 122-40 du code du travail, constitue une sanction toute mesure, autre que les observations verbales, prise par l'employeur à la suite d'un comportement du salarié considéré par lui comme fautif. Il importe peu que cette mesure soit de nature à affecter, immédiatement ou non, la présence du salarié dans l'entreprise, sa fonction ou sa rémunération.

Sauf s'il s'agit d'un simple avertissement, l'employeur qui envisage de prendre une telle sanction doit convoquer le salarié à un entretien préalable au cours duquel ce dernier peut se faire assister par une personne de son choix appartenant au personnel de l'entreprise.

La sanction doit être motivée et notifiée au salarié par lettre recommandée avec avis de réception, ou remise en main propre contre décharge.

• **Notre conseil** : Vérifiez la date à laquelle la lettre a été envoyée. L'employeur ne peut pas vous adresser la sanction moins d'un jour franc ou plus d'un mois après l'entretien préalable. Le non-respect de ces délais entraîne la nullité de la mesure prise à votre égard.

Vos nom et prénom — Date
Adresse
Emploi occupé
Recommandé avec avis de réception

Monsieur le Directeur
des Établissements ...
Adresse

Monsieur le Directeur,

Vous m'avez notifié le ... (*date*) une sanction disciplinaire sous la forme de ... (*indiquez de quoi il s'agit* : avertissement, mise à pied, etc.).

Je considère que cette sanction est injustifiée. En effet, je n'ai pas commis la faute que vous me reprochez (*expliquez vos raisons en résumant les faits*).

Ou bien :
Je considère que cette sanction est disproportionnée par rapport à la faute commise (*expliquez pourquoi*).

Ou bien encore :
Je considère que cette sanction est irrégulière en la forme (sanction notifiée hors délais, défaut d'entretien préalable le cas échéant).

En conséquence, je vous demande de revenir sur votre décision et d'annuler cette sanction.

Je vous prie d'agréer, Monsieur le Directeur, mes salutations distinguées.

Signature

CHAPITRE 27

VOTRE SALAIRE

VOUS ÊTES PAYÉ AU SMIC ET VOUS VOUS APERCEVEZ QUE VOTRE EMPLOYEUR NE L'A PAS RESPECTÉ À PLUSIEURS REPRISES. VOUS RÉCLAMEZ LE PAIEMENT DE LA DIFFÉRENCE.

Vous avez beau recommencer vos calculs, le compte n'est pas bon. Vous estimez être mal payé(e) en percevant le SMIC, si, en plus, votre employeur ne vous donne pas votre dû, son attitude est illégale.

• **Ce que dit la loi** : Selon l'article R. 154-1 du code du travail, l'employeur qui ne respecte pas le SMIC est passible d'une amende de 450 à 900 €, portée de 900 à 1 800 € aggravée d'une peine d'emprisonnement d'un à deux mois en cas de récidive dans le délai d'un an.

Pour vérifier si votre salaire est égal au SMIC, vous devez notamment inclure dans le calcul de celui-ci les avantages en nature dont vous bénéficiez et les pourboires. En revanche, vous devez exclure de votre calcul les remboursements de frais, les majorations pour heures supplémentaires, travail de nuit, du dimanche ou des jours fériés, les primes d'intéressement et de participation, les primes d'ancienneté et d'assiduité, les primes de vacances et de 13e mois versées sous forme d'acomptes (celles-ci ne peuvent être prises en compte que pour le seul mois où elles sont versées).

• **Notre conseil** : Le temps est votre pire ennemi. L'article L. 143-14 du code du travail prévoit que les salaires, et par conséquent le SMIC, se prescrivent par cinq ans. Cela signifie que pour réclamer le paiement des sommes manquantes, vous disposez de cinq ans à partir de la date à laquelle elles auraient dû vous être versées. Passé ce délai, votre employeur n'est pas obligé de payer le rappel des salaires dus.

Vos nom et prénom — Date
Adresse
Emploi occupé
Recommandé avec avis de réception

Monsieur le Directeur
des Établissements ...
Adresse

Monsieur le Directeur,

Je viens de constater en comparant les salaires qui m'ont été versés pour les mois de ... à ... que vous n'avez pas, à diverses reprises, respecté le montant du SMIC.

En effet, vous ne m'avez pas payé ... heures à ... €, soit .... € pour la période du ... 20... au ... 20..., et ... heures à ... €, soit ... € pour la période du ... 20... au ... 20..., etc. Sauf erreur de ma part, vous me devez la somme totale de ... €.

En conséquence, je vous demande de mettre en règlement cette somme en l'accompagnant du bulletin de paie correspondant. Si vous tardiez à le faire, je vous rappelle que le non-respect du SMIC est passible de sanctions pénales en application de l'article R. 154-1 du code du travail. Je me verrai donc dans l'obligation de saisir le tribunal de police.

Je souhaite bien évidemment ne pas en arriver à cette extrémité, et je vous prie d'agréer, Monsieur le Directeur, l'assurance de ma considération distinguée.

Signature

VOTRE EMPLOYEUR N'A PAS REVALORISÉ VOTRE SMIC. VOUS LE METTEZ EN DEMEURE DE LE FAIRE.

Votre salaire ne bouge pas alors qu'il est régulièrement revalorisé. Vous êtes en droit de réclamer.

• **CE QUE DIT LA LOI** : Sachez par ailleurs que le SMIC doit être revalorisé chaque fois que l'évolution de l'indice national des prix à la consommation des ménages atteint un niveau correspondant à une hausse d'au moins 2 % par rapport à l'indice constaté lors de l'établissement du SMIC immédiatement antérieur. Le SMIC est relevé dans la même proportion à compter du premier jour du mois qui suit la publication de l'indice entraînant ce relèvement (art. L. 141-3 du code du travail). En outre, la loi prévoit un relèvement possible du SMIC en cours d'année pour porter le taux du salaire minimum à un niveau différent de celui atteint par la procédure précédente, si le gouvernement le juge utile. Le SMIC doit enfin être revalorisé chaque année le 1er juillet au titre de « la participation au développement économique de la Nation ».

Si votre salaire, qui était légèrement au-dessus du SMIC, se retrouve depuis la dernière revalorisation en dessous, votre employeur doit immédiatement modifier le montant de votre rémunération. Sinon, réclamez votre dû.

• **NOTRE CONSEIL** : Vérifiez à chaque revalorisation du SMIC que votre employeur l'applique.

Vos nom et prénom — Date
Adresse
Emploi occupé
Recommandé avec avis de réception

Monsieur le Directeur
des Établissements ...
Adresse

Monsieur le Directeur,

Je me permets de vous rappeler que le taux du SMIC horaire a été revalorisé par le décret n° ... du ... (*date*) publié au Journal officiel du ... (*date*). Il s'élève depuis le ... (*date*) à ... (montant horaire en €). Or, mon salaire n'a pas été augmenté en conséquence, et se trouve à ce jour inférieur au SMIC.

Si vous ne mettez pas mon salaire à niveau, vous n'ignorez pas que vous vous exposez, conformément à l'article R. 154-1 du code du travail, au paiement d'une contravention de 5e classe. Comme d'autres salariés sont dans le même cas que moi, cette amende sera appliquée autant de fois qu'il y a de salariés rémunérés dans des conditions illégales.
Je ne doute pas que vous allez remédier rapidement à cette situation en augmentant immédiatement ma rémunération et celle de mes collègues, et en me versant les rappels de salaire qui s'imposent.

Je vous prie d'agréer, Monsieur le Directeur, l'assurance de ma considération distinguée.

Signature

VOTRE EMPLOYEUR DÉCIDE DE NE PLUS PAYER LE TREIZIÈME MOIS. VOUS ESTIMEZ QU'IL S'AGIT D'UN USAGE DEVANT ÊTRE RESPECTÉ.

Mauvaise nouvelle pour Noël ! Vous comptiez comme chaque année sur votre 13e mois pour les cadeaux de la famille, mais votre employeur vous coupe subitement les vivres. Vous décidez de ne pas le laisser gâcher la fête.

• **CE QUE DIT LA LOI** : Les usages sont une pratique habituelle dans une profession, une localité, ou une entreprise. Ils naissent de la répétition des mêmes actes ou des mêmes faits. Dans la plupart des cas, il y est fait référence, en l'absence de dispositions conventionnelles sur tel ou tel point ou si l'usage est plus favorable que ces dernières. Les tribunaux considèrent que l'employeur est tenu de respecter un usage s'il est général (il profite à un ensemble de salariés), et constant (il a été attribué plusieurs fois sans interruption). Si l'usage concerne la rémunération, il doit en outre être fixe, c'est-à-dire que le montant versé ou son mode de calcul doivent être invariables.

Un employeur peut remettre en cause un usage à condition d'informer au préalable les salariés et les représentants du personnel. Il doit respecter un délai de prévenance suffisant.

Vos nom et prénom
Adresse
Emploi occupé

Date

Recommandé avec avis de réception

Monsieur le Directeur
des Établissements ...
Adresse

Monsieur le Directeur,

Vous refusez de nous payer cette année le 13e mois que vous aviez l'habitude de verser depuis ... ans.

Selon vous, vous pouvez remettre en cause à tout moment une prime que vous avez octroyée en vertu d'une décision unilatérale.

Or, vous ne devriez pas ignorer que conformément à la jurisprudence, le versement de cet élément de rémunération est devenu un usage obligatoire par ses caractères de généralité, de constance et de fixité.

Je vous demande donc par la présente lettre de me verser comme les années précédentes mon 13e mois, dans la mesure où vous l'avez remis en cause sans respecter un délai de prévenance suffisant.

Veuillez agréer, Monsieur le Directeur, mes salutations distinguées.

Signature

• **NOTRE CONSEIL** : Vérifiez dans la convention collective applicable à votre entreprise si celle-ci prévoit le versement du 13e mois. Il n'est pas rare que certains employeurs peu scrupuleux prétendent dénoncer un usage alors qu'ils sont en réalité tenus de verser un avantage en application d'un accord collectif.

VOTRE BULLETIN DE PAIE COMPORTE UNE ERREUR. VOUS RÉCLAMEZ UN BULLETIN CONFORME À LA LOI.

Si votre bulletin de paie est incomplet ou comporte une erreur, n'hésitez pas à réclamer à votre employeur un bulletin conforme à la loi. Cela peut vous être utile dans l'avenir si vous devez prouver l'existence d'un droit.

• **Ce que dit la loi** : Selon l'article R. 143-2 du code du travail, le bulletin de paie remis par l'employeur au salarié doit contenir certaines mentions obligatoires. Parmi les plus importantes figurent :

– la référence de l'organisme auquel l'employeur verse les cotisations de Sécurité sociale, le numéro d'immatriculation de cet employeur, et le code correspondant à l'activité principale exercée ;
– l'intitulé de la convention collective éventuellement applicable à l'entreprise ;
– le nom et l'emploi du salarié, ainsi que sa position dans la classification des emplois ;
– la nature et le montant des cotisations sociales retenues sur la rémunération brute ;
– la période et le nombre d'heures de travail auxquels se rapporte le salaire.

Par ailleurs, votre bulletin de paie ne doit pas contenir de mention relative à l'exercice du droit de grève ou, le cas échéant, à votre activité de représentation des salariés.

Vos nom et prénom
Adresse
Emploi occupé

Date

Monsieur le Directeur
des Établissements ...
Adresse

Monsieur le Directeur,

Le bulletin de paie que vous m'avez remis le ... (*date*) et correspondant au salaire du mois de ... (*mois et année*) comporte un certain nombre d'erreurs (*ou* d'oublis).

En effet, ... (*détaillez ici les anomalies constatées, comme* : la qualification indiquée n'est pas exacte ; ou bien : il s'est glissé une erreur dans le calcul de mes cotisations de retraite ; *ou encore* : vous avez oublié d'indiquer que ..., etc.).

Conformément à l'article R. 143-2 du code du travail et, sauf erreur de ma part, je vous serais très obligé de rectifier les erreurs ci-dessus mentionnées et de me remettre un nouveau bulletin de salaire conforme à la loi.

Veuillez agréer, Monsieur le Directeur, mes salutations distinguées.

Signature

• **Notre conseil** : Conservez, sans limitation de durée, vos bulletins de paie. Ils constituent à l'encontre de l'employeur une preuve de l'existence d'un contrat de travail ou de la qualité de salarié. En outre, ils permettent de prouver aux organismes sociaux que des cotisations ont bien été précomptées sur votre salaire.

VOTRE EMPLOYEUR BAISSE VOTRE SALAIRE. VOUS REFUSEZ CETTE MODIFICATION POUR MOTIF ÉCONOMIQUE.

Votre entreprise traverse une mauvaise passe, mais votre employeur pense avoir trouvé une solution. Il vous écrit pour vous proposer une baisse de votre rémunération. Comme vous n'êtes pas d'accord, vous en profitez pour refuser sa proposition et quitter l'entreprise avec vos indemnités de licenciement.

• **Ce que dit la loi** : Aux termes de l'article L. 321-1-2 du code du travail, si votre employeur envisage de modifier votre contrat de travail pour un motif économique (restructuration de l'entreprise, conjoncture défavorable, déménagement de l'entreprise, etc.), il doit vous informer par lettre recommandée avec avis de réception que vous disposez d'un délai d'un mois pour lui faire connaître si vous acceptez ou refusez sa proposition.

Si vous ne répondez pas dans ce délai, vous serez censé avoir accepté tacitement la modification.

Si vous refusez la modification, votre employeur doit vous licencier avec vos indemnités.

Attention : si, au bout d'un mois, vous n'avez pas répondu et que vous ne travaillez pas aux nouvelles conditions imposées par votre employeur, vous risquez d'être licencié sans indemnité (par exemple, pour faute grave).

• **Notre conseil** : Si vous êtes licencié (avec ou sans indemnité) et si vous estimez que le motif économique invoqué par votre employeur est fantaisiste, vous pouvez saisir le conseil des prud'hommes afin de contester la cause économique de la modification de votre contrat, qui doit être prouvée par votre employeur. À cette occasion, réclamez des dommages-intérêts pour licenciement abusif.

Vos nom et prénom   Date
Adresse
Emploi occupé

Recommandé avec avis de réception

Monsieur le Directeur
des Établissements ...
Adresse

Monsieur le Directeur,

Vous m'avez notifié le ... (*date*) un changement dans les conditions d'exécution de mon travail (*indiquez lequel* : baisse de salaire, mise en chômage partiel, réorganisation des horaires, etc.).

Je considère ce changement comme une modification substantielle de mon contrat de travail pour motif économique, que je suis en droit de refuser en application de l'article L. 321-1-2 du code du travail.

Je vous demande en conséquence de rétablir mes conditions de travail antérieures. Faute de quoi, vous devriez engager à mon égard une procédure de licenciement avec paiement des indemnités correspondantes et me verser une indemnité compensatrice de préavis dans la mesure où celui-ci ne pourrait être effectué avec mes conditions de travail actuelles.

Je vous prie d'agréer, Monsieur le Directeur, l'assurance de ma considération distinguée.

Signature

VOTRE EMPLOYEUR BAISSE VOTRE SALAIRE EN CONTREPARTIE DES 35 HEURES. VOUS REFUSEZ.

Certains employeurs peuvent être tentés de réduire les salaires, proportionnellement ou non, à la faveur de la réduction du temps de travail. Si c'est le cas, écrivez-lui pour lui indiquer que la réduction de votre salaire constitue une modification de votre contrat de travail et qu'il doit en tirer les conséquences.

• **Ce que dit la loi** : La loi du 19 janvier 2000 relative à la réduction négociée du temps de travail (2e loi 35 heures) est restée totalement muette sur la question du maintien ou non de la rémunération. Si un accord de réduction du temps de travail instaure une telle possibilité et si votre salaire, dans sa structure et/ou dans son montant, est fixé par votre contrat de travail, l'entrée en vigueur de ce nouvel accord ne peut modifier le salaire contractuel (Cour de cassation, chambre sociale, 27 janvier 1999, SA Vega Décoration ; 28 janvier 1998, Systia informatique). Si c'est le cas, vous êtes en droit de refuser ce qui constitue une modification de votre contrat.

Par ailleurs, si votre rémunération résulte uniquement d'un accord ou d'une convention collective, il semble que vous puissiez invoquer un arrêt de la Cour de cassation du 25 février 1998 qui a affirmé d'une manière générale « qu'en toute hypothèse, un accord collectif ne peut modifier le contrat de travail » (Cour de cassation, chambre sociale, 25 février 1998, Qaissi c/ S.A. C.G.B.I.). Ceci dans la mesure où le montant du salaire fait incontestablement partie de la sphère contractuelle.

Mais une chose est certaine : en application de l'article L. 212-3 du code du travail, la seule diminution du nombre d'heures de travail (sans réduction de salaire) en application d'un accord de réduction du temps de travail ne constitue pas une modification du contrat de travail.

• **Notre conseil** : Exigez d'abord que votre rémunération soit maintenue. Puis, le cas échéant, rappelez à votre employeur, si cela vous arrange, que le refus de la modification de votre contrat doit conduire celui-ci à vous licencier avec paiement de votre indemnité de licenciement légale ou conventionnelle. Si vous ne souhaitez pas être licencié, vous pouvez aussi refuser la modification tout en continuant à travailler aux nouvelles conditions afin de l'invoquer plus tard au moment que vous jugerez le plus opportun pour vous. En effet, ne s'agissant pas d'une modification du contrat pour un motif économique (voir page 502), votre employeur ne peut pas prétendre que vous avez accepté tacitement la modification en poursuivant votre travail.

Vos nom et prénom — Date
Adresse
Emploi occupé
Recommandé avec avis de réception

Monsieur le Directeur
des établissements ...
Adresse

Monsieur le Directeur,

L'accord signé le ... (*date*) prévoit, outre une réduction de la durée du travail à 35 heures à compter du ... (*date*), une réduction de ... % des salaires, ce qui correspond en ce qui me concerne à une perte de ... € par mois. Je considère qu'une telle mesure constitue une modification de mon contrat de travail, que je ne peux que refuser. En effet, la jurisprudence la plus récente considère que si la structure et/ou le montant de la rémunération est fixé par le contrat de travail, l'entrée en vigueur d'un nouvel accord collectif ne peut modifier le salaire contractuel, ce qui est précisément mon cas.

Ou bien :

Bien que le montant de ma rémunération résulte en totalité de la convention collective de ... (*indiquez laquelle*) modifiée par l'accord du ... (*date*), un arrêt de la Cour de cassation du 25 février 1998 a affirmé d'une manière générale « qu'en toute hypothèse, un accord collectif ne peut modifier le contrat de travail ».

En conséquence, je vous serais reconnaissant de bien vouloir revenir sur votre décision. Dans le cas contraire, je pourrais considérer mon contrat de travail comme rompu. Cette rupture me donnerait droit au versement d'une indemnité de licenciement et à une indemnité compensatrice de préavis, dans la mesure où celui-ci ne pourrait être effectué aux conditions antérieures.

En vous remerciant de votre compréhension, je vous prie d'agréer, Monsieur le Directeur, l'assurance de ma considération distinguée.

Signature

VOTRE EMPLOYEUR VOUS FAIT TRAVAILLER PLUS DE 35 HEURES PAR SEMAINE. VOUS RÉCLAMEZ LE PAIEMENT D'HEURES SUPPLÉMENTAIRES.

Les 35 heures c'est pas pour vous ou c'est pour plus tard. Votre employeur entend bien continuer à vous faire travailler 39 heures par semaine. C'est son droit. Mais dans ce cas, il doit vous payer des heures supplémentaires. Comme il est un peu dur d'oreille, vous lui rappelez ses obligations.

• **Ce que dit la loi** : L'article L. 212-1 du code du travail fixe à 35 heures par semaine la durée légale du travail effectif des salariés. Les heures effectuées au-delà de 35 heures sont des heures supplémentaires au sens de l'article L. 212-5 du code du travail modifié en dernier lieu par la loi du 17 janvier 2003. Outre leur paiement à leur taux normal, ses heures sont soumis au régime suivant :

- elles donnent lieu à une majoration de salaire dont le taux est fixé par une convention ou un accord de branche étendu ; Ce taux ne peut être inférieur à 10 % ;
- en l'absence de convention ou d'accord de branche étendu, chacune des huit premières heures supplémentaires (de la 36ème heure à la 43ème) donne lieu à une majoration de salaire 25 % et les heures suivantes à une majoration de 50 % (à partir de la 44ème).

Une convention ou un accord collectif étendu, ou un accord d'entreprise peut prévoir le remplacement de tout ou partie du paiement des heures supplémentaires ainsi que de leur majoration, par un repos compensateur équivalent. Sous réserve néanmoins, qu'un tel accord n'ait pas fait l'objet d'une opposition du comité d'entreprise ou à défaut, des délégués du personnel.

• **Notre conseil** : Attention, si vous travaillez dans une entreprise de 20 salariés ou moins, ne réclamez pas n'importe quoi. Jusqu'au 31 décembre 2005, ces entreprises bénéficient d'un régime légal transitoire. Ainsi, chacune des quatre premières heures supplémentaires effectuée au-delà de 35 heures, ou de la durée considérée comme équivalente, donne lieu à une bonification de seulement 10 % (et non 25 %) pour le salarié. Les quatre heures suivantes donnent lieu à une majoration de salaire 25 % et les heures suivantes à une majoration de 50 %.

Vos nom et prénom Date
Adresse
Emploi occupé
Recommandée avec avis de réception

Monsieur le Directeur
des Établissements ......
Adresse

Monsieur le Directeur,

Vous n'ignorez pas que l'article l'article L. 212-1 du code du travail fixe désormais à 35 heures par semaine la durée légale du travail effectif des salariés.

Vous nous avez informés que les contraintes économiques ne vous permettait pas pour l'instant de réduire la durée hebdomadaire du travail et que l'horaire collectif de travail actuellement en vigueur dans l'entreprise (indiquez lequel : 39 heures, 38, 37, etc.) continuerait à s'appliquer.

Certes la loi ne vous oblige pas à réduire effectivement la durée du travail à 35 heures par semaine. En revanche, les heures effectuée au-delà de cette durée légale sont des heures supplémentaires. En conséquence la loi vous fait obligation de nous payer normalement les heures effectuées au-delà de 35 heures et d'y ajouter une majoration de salaire et/ou une bonification sous forme de repos selon les modalités fixées par...... (*indiquez ici* : soit par l'accord du ...... ; soit par l'article L. 212-5 du code du travail).

Nous ne doutons pas que vous appliquerez comme il se doit la réglementation.

Veuillez agréer, monsieur le Directeur, nos respectueuses salutations.

Signature

VOTRE EMPLOYEUR VOUS A VERSÉ VOTRE SALAIRE EN RETARD. VOUS LUI DEMANDEZ LE PAIEMENT DES INTÉRÊTS.

Voilà plusieurs jours que votre salaire aurait dû vous être versé et vous ne l'avez toujours pas perçu. Afin de préserver votre pouvoir d'achat, adressez une lettre de sommation à votre employeur en exigeant le paiement d'intérêts de retard.

• **Ce que dit la loi** : Selon l'article 1146 du code civil, les dommages-intérêts sont dus lorsque la chose que le débiteur s'était obligé de donner ou de faire ne pouvait être donnée ou faite que dans un certain temps qu'il a laissé passer. L'article 1153 du même code prévoit que dans les obligations qui se bornent au paiement d'une certaine somme (ce qui est le cas du salaire), les dommages-intérêts résultant du retard dans l'exécution ne consistent jamais que dans la condamnation aux intérêts au taux légal. Mais les intérêts ne sont dus que du jour de la sommation de payer adressée à l'employeur ou d'un autre acte équivalent, telle qu'une lettre missive.

• **Notre conseil** : Si, malgré votre lettre, votre employeur persiste dans son attitude, saisissez le conseil des prud'hommes selon la procédure de référé en demandant des dommages-intérêts supplémentaires et, le cas échéant, le paiement des salaires restant impayés.

Vos nom et prénom
Adresse
Emploi occupé

Date

Recommandé avec avis de réception

Monsieur le Directeur des
Établissements ...
Adresse

Monsieur le Directeur,

Vous ne m'avez pas payé les salaires (*ou* mes indemnités de congés payés) qui me sont dus depuis le ... (*date*) pour un montant de ... €.

Je vous demande de me régler le plus rapidement possible cette somme, assortie de l'intérêt légal au taux de 3,29 % pour l'année 2003.

Je vous rappelle que, conformément à l'article 1153 du code civil, la présente lettre vaut sommation de payer faisant courir ledit intérêt légal.

Je vous prie d'agréer, Monsieur le Directeur, l'assurance de ma considération distinguée.

Signature

VOTRE EMPLOYEUR SAISIT VOTRE SALAIRE POUR UN MONTANT SUPÉRIEUR AUX LIMITES LÉGALES. VOUS RÉAGISSEZ.

Vous êtes endetté et vos créanciers ont la dent dure. Ils ont obtenu du juge une saisie sur votre salaire. Mais votre employeur exagère. Il vous prélève des sommes supérieures au maximum prévu par la loi. Vous lui demandez de rectifier son erreur

• **Ce que dit la loi** : L'article L. 145-2 du code du travail prévoit que les sommes dues à titre de rémunération ne sont saisissables ou cessibles que dans des proportions et selon des seuils de rémunération affectés d'un correctif pour toute personne à charge. Nous indiquons ces proportions dans le tableau de la page 579.

Attention : le prélèvement direct du terme mensuel et des six derniers mois impayés d'une pension alimentaire peut être effectué sur l'ensemble de votre rémunération, d'abord sur la fraction saisissable et, s'il y a lieu, sur la fraction insaisissable. Toutefois, une somme au moins égale au montant mensuel du revenu minimum d'insertion doit être laissée à votre disposition.

• **Notre conseil** : Une simple lettre devrait suffire pour amener votre employeur à respecter le barème légal. Mais, s'il n'obtempère pas, saisissez le juge du tribunal d'instance qui est compétent pour les contestations auxquelles donne lieu la saisie.

Vos nom et prénom — Date
Adresse
Emploi occupé

Recommandé avec avis de réception

Monsieur le Directeur des
Établissements ...
Adresse

Monsieur le Directeur,

Je viens de consulter mon bulletin de paie du mois de ... et j'ai pu constater la saisie pratiquée sur mon salaire.

Toutefois, le montant que vous avez prélevé ce mois-ci est supérieur à la proportion fixée par l'article R. 145-2 du code du travail.

En effet, je vous rappelle que j'ai ... (*nombre*) enfant(s) à charge et qu'en conséquence le montant de la saisie devrait être limité à ... €.

Croyant en une simple erreur de votre part, je vous demande de réintégrer dans le montant de mon salaire le trop-prélevé et de procéder aux rectifications nécessaires pour la prochaine saisie.

En vous remerciant de votre compréhension, je vous prie d'agréer, Monsieur le Directeur, l'assurance de ma considération distinguée.

Signature

VOUS ÊTES CADRE ET PERCEVEZ UN SALAIRE AU FORFAIT. VOUS ESTIMEZ QUE VOTRE EMPLOYEUR EST LARGEMENT GAGNANT ET VOUS LUI DEMANDEZ DE REVOIR VOTRE SALAIRE À LA HAUSSE.

Votre rémunération est forfaitaire et englobe un certain nombre d'heures supplémentaires. Mais en réalité, vous effectuez un nombre d'heures bien supérieur à ce qui est prévu par la convention de forfait. Vous réclamez à votre employeur le paiement de la différence.

• **Ce que dit la loi** : L'article L. 212-15-3 du code du travail permet que la durée du travail des salariés ayant la qualité de cadre au sens des conventions collectives de branche ou de l'article 4 de la convention nationale de retraite et de prévoyance des cadres du 14 mars 1947, soit fixée par des conventions individuelles de forfait qui peuvent être établies sur une base hebdoma-daire ou mensuelle. Ces conventions peuvent aussi être établies sur une base annuelle si un accord collectif étendu ou un accord d'entreprise ou d'établissement le prévoit.

La convention de forfait doit prévoir un nombre d'heures supplémentaires déterminé.

En application de l'article L. 212-15-4, elle doit garantir au salarié une rémunération au moins égale à celle qu'il aurait perçue s'il n'était pas soumis à une convention de forfait.

La jurisprudence considère que l'existence d'une convention de forfait n'exclut pas le paiement des heures supplémentaires effectuées en sus de celles qui sont prévues dans la convention.

• **Notre conseil** : C'est un peu ringard, mais la bonne vieille méthode du petit carnet sur lequel vous noterez le nombre d'heures de travail effectuées chaque jour ou chaque semaine peut s'avérer payante. Et pendant que vous y êtes, réclamez aussi à votre employeur le bénéfice des repos compensateurs de l'article L. 212-5-1 du code du travail.

Vos nom et prénom — Date
Adresse
Emploi occupé
Recommandé avec avis de réception

Monsieur le Directeur
des établissements ...
Adresse

Monsieur le Directeur,

En application de mon contrat de travail (*ou* de l'accord collectif applicable à notre entreprise), je suis soumis à une convention de forfait, laquelle prévoit, sur la base d'une durée hebdomadaire de 35 heures, le versement d'une rémunération incluant un nombre de ... heures supplémentaires.

Dans le mois qui vient de s'écouler, j'ai effectué en réalité un nombre d'heures supplémentaires de ... qui s'avère être supérieur au nombre d'heures inclues dans mon forfait.

En conséquence, je vous demande conformément au premier alinéa de l'article L. 212-15-4 du code du travail et à la jurisprudence de la chambre sociale de la Cour de cassation de bien vouloir me payer un rappel de salaires s'élevant, sauf erreur de ma part, à ... €.

Je ne doute pas que vous appliquerez comme il se doit la réglementation.

Veuillez agréer, Monsieur le Directeur, mes respectueuses salutations.

Signature

VOUS ÊTES CADRE ET ÊTES SOUMIS À UN FORFAIT ANNUEL EN JOURS. VOUS ESTIMEZ VOTRE RÉMUNÉRATION TROP FAIBLE PAR RAPPORT À VOTRE CHARGE DE TRAVAIL ET RÉCLAMEZ UNE INDEMNITÉ.

En application d'un accord sur les 35 heures, vous avez accepté une convention de forfait annuel en jours. Mais la réalité est tout autre. Car vous ne bénéficiez pas d'une réduction effective de votre durée de travail. Estimant avoir subi un préjudice, vous réclamez à votre employeur une indemnité compensatrice... pour l'instant !

• **Ce que dit la loi** : L'article L. 212-15-3 du code du travail indique qu'une convention ou un accord collectif prévoyant la conclusion de conventions de forfait en jours doit fixer le nombre de jours travaillés. Ce nombre ne peut dépasser le plafond de deux cent dix-sept jours.

La convention ou l'accord précise en outre les modalités de décompte des journées et des demi-journées travaillées et de prise des journées ou demi-journées de repos. Il détermine les conditions de contrôle de son application et prévoit des modalités de suivi de l'organisation du travail des salariés concernés, de l'amplitude de leurs journées d'activité et de la charge de travail qui en résulte.

Le second alinéa de l'article L. 212-15-4 prévoit que lorsque le salarié ayant conclu une convention de forfait en jours ne bénéficie pas d'une réduction effective de sa durée de travail ou perçoit une rémunération manifestement sans rapport avec les sujétions qui lui sont imposées, ce dernier peut saisir le tribunal afin que lui soit allouée une indemnité calculée en fonction du préjudice subi eu égard notamment au niveau du salaire minimal conventionnel applicable ou, à défaut, de celui pratiqué dans l'entreprise, et correspondant à sa qualification.

• **Notre conseil** : Rappelez à l'employeur qu'à défaut d'accord amiable, vous serez dans l'obligation de saisir le conseil des prud'hommes pour faire valoir vos droits. Prévenez aussi l'inspecteur du travail. L'employeur doit tenir à la disposition de ce dernier, pendant une durée de trois ans, le ou les documents existant dans l'entreprise ou l'établissement permettant de comptabiliser le nombre de jours de travail effectués par les salariés concernés par les conventions de forfait.

Vos nom et prénom — Date
Adresse
Emploi occupé
Recommandé avec avis de réception

Monsieur le Directeur
des établissements ...
Adresse

Monsieur le Directeur,

Depuis le ... (*date*), en application de l'accord du ... instaurant la réduction de la durée du travail à 35 heures, je bénéficie d'une convention de forfait en jours prévoyant ... (*indiquez le nombre de jours ; maximum 217*) travaillés sur l'année.
Je vous informe que je ne bénéficie pas d'une réduction effective de ma durée de travail compte tenu du nombre d'heures que j'effectue (*détaillez*).

Ou bien :
Je perçois une rémunération manifestement sans rapport avec les responsabilités qui sont les miennes (*ou* avec ma charge de travail). Mon salaire s'élève en effet à ... € (*montant brut mensuel*) alors que ... (*expliquez vos charges*).
En conséquence, en application du second alinéa de l'article L. 212-15-4 du code du travail, je vous demande par la présente de m'accorder une indemnité qui corresponde au préjudice que j'ai subi jusqu'à présent et dont j'estime le montant à ... €.

À défaut de réponse de votre part, je me verrai dans l'obligation de saisir le conseil des prud'hommes.

Veuillez agréer, Monsieur le Directeur, mes respectueuses salutations.
Signature

Quel peut être le montant d'une saisie ?

Le barème de l'article L. 145 du code du travail fixe la proportion saisissable sur la rémunération annuelle nette. Depuis le 1er janvier 2003, la fraction saisissable ou cessible est :

- du vingtième sur la tranche de la rémunération annuelle inférieure ou égale à 3 060 € ;
- du dixième sur la tranche supérieure à 3 060 € et inférieure ou égale à 6 030 € ;
- du cinquième sur la tranche supérieure à 6 030 € et inférieure ou égale à 9 040 € ;
- du quart sur la tranche supérieure à 9 040 € et inférieure ou égale à 12 010 € ;
- du tiers sur la tranche supérieure à 12 010 € et inférieure ou égale à 14 990 € ;
- des deux tiers sur la tranche supérieure à 14 990 € et inférieure ou égale à 18 010 € ;
- de la totalité sur la tranche supérieure à 18 010 €.

Les seuils déterminés ci-dessus sont augmentés d'un montant de 1 140 € par personne à la charge du débiteur saisi sur justification présentée par l'intéressé.

Pour l'application de ces correctifs sont considérées comme personnes à charge :

- le conjoint ou le concubin du débiteur, dont les ressources personnelles sont inférieures au montant du revenu minimum d'insertion, soit 411,70 € par mois en 2003 ;
- tout enfant ouvrant droit aux prestations familiales et se trouvant à la charge effective et permanente du débiteur, ainsi que tout enfant à qui, ou pour le compte de qui, le débiteur verse une pension alimentaire ;
- l'ascendant ayant des ressources personnelles inférieures au RMI et qui, soit habite avec le débiteur, soit reçoit de lui une pension alimentaire.

À noter : dans le cas où la dette est alimentaire (pension qui aurait dû être versée pour un enfant, par exemple), le salaire peut être saisi en totalité. Mais il doit rester, en tout état de cause, à la personne saisie un minimal vital correspondant au revenu minimum d'insertion (RMI), soit 411,70 € par mois en 2003.

Exemple de calcul :
Votre salaire annuel net est de 18 300 € et vous n'avez pas d'enfant à charge.
La fraction saisissable est :

– de 0 à 3 060 €	3 060/20	153 €
– de 3 060 à 6 030 €	2 970/10	297 €
– de 6 030 à 9 040 €	3 010/5	602 €
– de 9 040 à 12 010 €	2 970/4	745 €
– de 12 010 à 14 990 €	2 980/3	993,33 €
– de 14 990 à 18 010 €	3 020 x 2/3	2 013,33 €
– de 18 010 à 18 300 €	290	290 €

Total saisissable pour l'année :
4 803,66 € (total du cumul des tranches) + 290 € = 5 093,66 €

Total saisissable par mois : 5 099,66/12 = 424,47 €.

CHAPITRE 28

VOS CONGÉS

UNE MAUVAISE GRIPPE VOUS EMPÊCHE DE PARTIR EN VACANCES. VOUS DEMANDEZ LE REPORT DE VOS CONGÉS.

Manque de chance ! Vous tombez malade ou vous êtes accidenté juste avant votre départ en vacances. Vous aimeriez bien reporter le début de vos congés à la fin de votre arrêt de travail. Encore faut-il en faire la demande à votre employeur qui n'est pas obligé d'accepter.

• **Ce que dit la loi** : La loi ne prévoit pas que le salarié malade avant ses congés annuels puisse repousser le début de ceux-ci à la fin de son arrêt de travail. Mais l'employeur peut l'accorder à condition que le salarié concerné en fasse la demande. Vous pouvez lui adresser la lettre ci-contre, de préférence en même temps que votre avis d'arrêt de travail.

Si votre employeur refuse le report de la date de votre départ, vous devrez reprendre le travail à la date convenue initialement pour votre retour de congés, ou à la date de votre guérison si celle-ci est postérieure.

Votre employeur peut, le cas échéant, vous accorder de prendre la fraction (ou la totalité) du congé dont vous n'avez pas pu bénéficier du fait de votre maladie à une date ultérieure.

• **Notre conseil** : Plus que jamais, reportez-vous à la convention collective applicable ou à l'usage en vigueur dans votre entreprise pour vérifier si elle vous donne la possibilité de reporter le début de vos congés à l'issue de votre arrêt maladie, sans que votre employeur puisse s'y opposer.

Vos nom et prénom
Adresse
Emploi occupé

Date

Monsieur le Directeur
des Établissements ...
Adresse

Monsieur le Directeur,

Conformément à l'ordre des départs en congés, je devais bénéficier de mes congés annuels (*ou* de ma cinquième semaine) à compter du ... (*date*).

Or, comme l'indique l'avis d'arrêt de travail ci-joint (*ou bien* : conformément à l'avis d'arrêt de travail que je vous ai adressé le ...), je serai encore à cette date en arrêt maladie, et ce, jusqu'au ... (*date*) correspondant à mon ... jour de congés payés.

C'est pourquoi je vous demande de bien vouloir me permettre de reporter à la date du ... (*jour et date*) le début de ma période de congés pour la durée fixée initialement, cette date correspondant au lendemain de mon dernier jour d'arrêt maladie.

J'espère que vous donnerez une suite favorable à ma demande et je vous prie d'agréer, Monsieur le Directeur, mes salutations distinguées.

Signature

P.J. : Avis d'arrêt de travail.

VOUS VOUS CASSEZ LA JAMBE PENDANT VOS VACANCES. VOUS DEMANDEZ LE REPORT DES JOURS DE CONGÉS RESTANTS.

Vous êtes vraiment malchanceux ! Vos vacances sont gâchées à cause d'un stupide accident ou d'une maladie vous clouant au lit. Pour ne pas perdre vos jours de congés restants, demandez à votre employeur de reporter ceux-ci à une date ultérieure, lorsque vous serez rétabli.

• **Ce que dit la loi** : La loi ne prévoit pas l'éventualité d'un accident ou d'une maladie pendant les congés annuels. Mais les tribunaux considèrent que le salarié malade pendant ses congés payés ne peut pas exiger de bénéficier des jours de congés non pris du fait de sa maladie (Cour de cassation, 31 janvier 1980). C'est pourquoi vous n'êtes pas autorisé à prolonger de votre propre chef votre période de congés d'une durée équivalente à votre arrêt de travail. L'accord préalable de votre employeur est nécessaire et il est donc indispensable de faire votre demande de report auprès de lui. Bien entendu, vous devez joindre à cette demande un avis d'arrêt de travail délivré par un médecin.

• **Notre conseil** : La consultation, avant votre départ en vacances, de la convention collective applicable à votre entreprise est toujours une mesure de prévention qui peut être utile. Il est possible que ce texte prévoit que votre employeur ne peut pas s'opposer à votre demande de report.

Vos nom et prénom
Adresse
Emploi occupé

Date

Monsieur le Directeur
des Établissements ...
Adresse

Monsieur le Directeur,

Conformément à l'ordre des départs en congés, je suis parti en vacances le ... (*date*).

Je vous informe par la présente que je suis tombé malade (*ou bien* : que j'ai eu un accident) le ... (*jour et date*). À cette date, il me reste ... jours ouvrables de congés à prendre.

Le médecin m'ayant prescrit un arrêt de travail de ... jours, je vous demande de reporter d'autant ma date de retour de congés. Si mes calculs sont exacts et si vous en êtes d'accord, je reprendrai mon travail le ... (*jour et date*).

J'espère que vous donnerez une suite favorable à ma demande et je vous prie d'agréer, Monsieur le Directeur, mes salutations distinguées.

Signature

P.J. : Avis d'arrêt de travail.

VOUS DEMANDEZ LE BÉNÉFICE DE CONGÉS SUPPLÉMENTAIRES POUR AVOIR FRACTIONNÉ VOS CONGÉS.

Les départs en troupeau au mois de juillet ou au mois d'août, c'est vraiment pas votre genre. Et comme vous n'avez pas d'enfant en âge scolaire, autant prendre vos congés en plusieurs fois pendant l'année. Pourquoi vous priver puisque votre employeur est demandeur et que vous avez droit à un bonus.

• **Ce que dit la loi** : Aux termes de l'article L. 223-8 du code du travail, la durée du congé payé principal d'une durée supérieure à 12 jours ouvrables, et au plus égal à 24 jours, peut être fractionné et ouvre droit à des congés supplémentaires. Mais ni le salarié, ni l'employeur ne peut imposer le fractionnement. En tout état de cause, si le congé ne dépasse pas 12 jours ouvrables, il doit être continu.

Pour qu'il y ait fractionnement, il faut qu'une fraction du congé soit au moins de 12 jours ouvrables continus, compris entre 2 jours de repos hebdomadaire et attribués entre le 1er mai et le 31 octobre de chaque année. Les jours restant dus peuvent être accordés en une ou plusieurs fois en dehors de cette période. Le salarié a droit à 2 jours de congé supplémentaire lorsqu'il prend au moins 6 jours entre le 1er novembre et le 30 avril. Et seulement un jour lorsqu'il prend 3, 4 ou 5 jours entre le 1er novembre et le 30 avril. Si le salarié prend moins de 3 jours, aucun jour de congé supplémentaire n'est dû.

Les jours de fractionnement ne vous sont pas dus si un accord collectif en prévoit la suppression. Par ailleurs, votre employeur peut subordonner son accord sur vos dates de congés à votre renonciation à ces jours supplémentaires. Par contre, si c'est lui qui vous a imposé le fractionnement, demandez vos jours supplémentaires.

• **Notre conseil** : Le bon plan : prendre 20 jours de congé en août ou en juillet. Puis prendre les 4 jours restants en novembre en les accolant à la cinquième semaine. Un jour supplémentaire de congé vous est dû !

Vos nom et prénom
Adresse
Emploi occupé

Date

Monsieur le Directeur des
Établissements ......
Adresse

Monsieur le Directeur,

Cette année, j'ai accepté à votre demande de fractionner mes congés d'été. L'été dernier, je n'ai donc pris que ...... (*nombre de jours ouvrables*).

Ou bien :

Cette année, je vous ai proposé de fractionner mes congés d'été afin de faciliter l'organisation du travail dans mon service. L'été dernier, je n'ai donc pris que ...... (*nombre de jours ouvrables*).

Le reste de mes congés a été pris en dehors de la période légale, soit après le 1er novembre du ..... (*date*) au ...... (*date*).

Je souhaiterai prochainement faire valoir mes droits aux deux jours supplémentaires dont je bénéficie en vertu de l'article L. 223-8 du Code du travail. Je vous propose les dates du ......et du ....

Restant à votre disposition pour discuter de cette propositions, je vous prie d'agréer, Monsieur le Directeur, mes salutations distinguées.

Signature

VOTRE EMPLOYEUR PRÉTEND QUE VOUS AVEZ PRIS TOUS VOS JOURS DE CONGÉS PAYÉS. VOUS PROTESTEZ CAR, SELON VOS CALCULS, CE N'EST PAS EXACT.

Vous avez planifié un week-end prolongé, car il vous reste deux jours de congés payés. Le service du personnel vous dit qu'il faudra en prendre un à votre compte. Vous refaites vos calculs et constatez qu'il vous en reste bien deux, car on vous a compté un samedi en trop lors de votre dernier départ en congés.

• **Ce que dit la loi** : Le décompte du nombre de jours de congés payés auxquels vous avez droit s'effectue selon la loi en jours ouvrables. Les jours ouvrables sont tous les jours de la semaine sauf le dimanche (ou le jour remplaçant le dimanche) et les jours fériés chômés. Les jours ouvrés sont les jours de la semaine qui sont consacrés effectivement au travail (du lundi au vendredi en règle générale). Une semaine de congé comprend donc cinq jours ouvrés et six jours ouvrables. Le samedi est un jour ouvrable, même s'il n'est pas travaillé habituellement. Il en est de même de n'importe quel jour de repos hebdomadaire, autre que le dimanche ou qu'un jour férié chômé, dès lors qu'il n'est pas travaillé habituellement.

Le premier jour ouvrable doit correspondre au premier jour où vous auriez travaillé. Par exemple, si vous êtes parti en vacances le vendredi soir, votre premier jour de congé est le lundi suivant. Les autres samedis compris dans votre congé seront comptés comme jours ouvrables.

• **Notre conseil** : Soyez vigilant : votre employeur peut aussi effectuer le décompte de vos jours de congés en jours ouvrés. Mais ce mode de calcul doit vous garantir des droits au moins égaux à ceux résultant du décompte en jours ouvrables (Cour de cassation, chambre sociale, 9 juillet 1992).

Vos nom et prénom
Adresse
Emploi occupé

Date

Monsieur le Directeur
des Établissements ...
Adresse

Monsieur le Directeur,

Je vous ai communiqué le ... (*date*) la date où je prendrai le solde de mes congés payés.

Vous m'avez indiqué que selon vos calculs il me restait seulement ... jours de congés payés et que je devrai prendre sans solde les autres jours.

Sauf erreur de ma part, il me semble que cela est inexact. Selon mes calculs, il me reste bien ... jours de congés payés. En effet, lors de mon dernier départ en congés, vous m'avez comptabilisé à tort comme jour ouvrable le samedi ... (*date*) alors que mes congés n'ont en réalité débuté que le lundi.

En conséquence, je vous informe que je partirai bien en congés payés à compter du ... (*date*) jusqu'au ... (*date*) inclus.

Veuillez agréer, Monsieur le Directeur, mes salutations distinguées.

Signature

VOTRE INDEMNITÉ DE CONGÉS PAYÉS A ÉTÉ MAL CALCULÉE. VOUS RÉCLAMEZ UN RAPPEL.

Pour calculer votre indemnité de congés payés, votre employeur a utilisé une des deux méthodes prévues par la loi. Votre calculette vous dit que ce n'est pas la bonne, car votre indemnité devrait être plus élevée. N'hésitez pas à demander un rappel d'indemnité de congés payés.

• **Ce que dit la loi** : L'indemnité de congés payés peut être calculée selon la méthode du dixième, ou selon la méthode du salaire fictif.

Selon la méthode du dixième, l'indemnité de congés payés est égale au dixième de la rémunération totale perçue par le salarié au cours de la période de référence (art. L. 223-11 du code du travail). La rémunération annuelle comprend le salaire brut, avant déduction des cotisations sociales et tous les accessoires ayant le caractère de salaire. Certaines primes doivent être exclues du montant de base : les primes d'intéressement et de participation, la prime de treizième mois, qu'elle soit versée en une seule fois ou à deux périodes au cours de l'année. En revanche, la prime d'ancienneté doit être incluse dans l'assiette de l'indemnité de congés, sauf si elle est également versée pendant la période de congé.

La méthode du salaire fictif consiste à calculer votre indemnité de congés payés en fonction du salaire que vous auriez perçu si vous aviez continué à travailler pendant la période de congé (art. L. 223-11 du code du travail). Pour cela, votre employeur doit se référer à votre précédente paie (par exemple votre salaire de mars 2003 si vous avez pris des vacances en mai 2003), en y ajoutant, le cas échéant, l'augmentation de salaire intervenue avant ou pendant vos congés. L'employeur doit également prendre en compte la durée de travail effectif de l'établissement pendant les vacances. Dans le cas où l'entreprise ferme pendant les congés, l'horaire à prendre en compte est celui qui a été effectué lors de la période précédant la fermeture. Il s'agit de l'horaire effectif et non de l'horaire moyen.

• **Notre conseil** : Si votre employeur fait la sourde oreille ou ne veut pas reconnaître son erreur, menacez-le de saisir en référé le conseil des prud'hommes. Cela le fera réfléchir sur l'opportunité d'ajouter à une erreur de calcul la mauvaise publicité d'une condamnation inévitable avec paiement des intérêts de retard.

Vos nom et prénom
Adresse
Emploi occupé

Date

Monsieur le Directeur
des Établissements ...
Adresse

Monsieur le Directeur,

Vous avez utilisé la méthode du salaire fictif afin de procéder au calcul de mon indemnité de congés payés. Or, il s'avère qu'en l'espèce l'application de la méthode du dixième aurait été plus avantageuse.

En effet, j'ai effectué un nombre important d'heures supplémentaires au cours de la période de référence, lesquelles doivent être incluses dans l'assiette de l'indemnité.

Vous n'ignorez pas que la loi vous impose d'appliquer la méthode de calcul la plus favorable au salarié. En conséquence, je vous demande par la présente de recalculer mon indemnité de congés payés selon la méthode du dixième, et d'ajouter à ma prochaine paie un rappel d'indemnités de congés payés.

Veuillez agréer, Monsieur le Directeur, mes salutations distinguées.

Signature

VOUS DEMANDEZ UN JOUR DE CONGÉ POUR LE MARIAGE DE VOTRE FILLE LA VEILLE DE CELUI-CI. VOTRE EMPLOYEUR VOUS LE REFUSE CAR LE CONGÉ DOIT, SELON LUI, ÊTRE PRIS LE JOUR MÊME.

Votre fille se marie et la loi vous accorde un jour de congé. Mais votre employeur estime que ce mariage ayant lieu un samedi, vous êtes tenu de prendre ce jour de congé le samedi ! Autant dire jamais si, comme la plupart des salariés, vous ne travaillez pas habituellement le samedi. Votre employeur a tort et vous lui faites savoir qu'il ne peut pas vous retenir une journée de salaire.

• **Ce que dit la loi** : L'article L. 226-1 du code du travail vous accorde, sur justification, l'autorisation exceptionnelle de vous absenter à l'occasion de différents événements d'ordre familial :

– 4 jours pour votre mariage ;
– 2 jours pour le décès de votre conjoint ou d'un enfant ;
– 1 jour pour le mariage d'un de vos enfants ;
– 1 jour pour le décès de votre père ou de votre mère.

Ces jours vous sont octroyés quelle que soit votre ancienneté dans l'entreprise. En outre, si vous n'êtes ni travailleur à domicile, ni saisonnier, ni intermittent, ni temporaire, et si vous justifiez de trois mois d'ancienneté au minimum, vous bénéficiez d'un jour pour le décès de l'un de vos beaux-parents, d'un frère ou d'une sœur (loi de mensualisation n° 78-49 du 19 janvier 1978, JO du 20).

Ces congés ne sont pas considérés comme des jours de congés payés supplémentaires : ce sont des absences qui ne doivent pas entraîner de réduction de rémunération. Par conséquent, si la naissance de votre enfant intervient pendant une période de congé annuel, vous ne pourrez ni bénéficier d'une indemnisation supplémentaire, ni prolonger votre congé annuel (Cour de cassation, chambre sociale, 20 juin 1984, bulletin des arrêts p. 194, n° 256). Il y a peu, les tribunaux exigeaient en outre que ces jours de congés soient pris au moment même de l'événement, que celui-ci tombe un jour travaillé ou non dans l'entreprise. Ainsi, le mariage d'un enfant ne donnait droit à un jour de congé que s'il avait lieu en semaine. Mais depuis un arrêt du 16 décembre 1998, la Cour de cassation estime qu'il n'est pas indispensable que l'absence du salarié coïncide avec le jour de l'événement en cause. Selon elle, le congé doit être accordé au cours d'une « période raisonnable ». Ce qui suppose que les absences autorisées soient prises lors des journées entourant l'événement (Cour de cassation, chambre sociale, 16 déc. 1998, Manufacture française des pneumatiques Michelin).

• **Notre conseil** : Si votre employeur vous a retenu une journée de salaire et s'il ne veut pas vous rembourser, vous pouvez saisir le conseil des prud'hommes selon la procédure de référé, c'est-à-dire en urgence. Par ailleurs, il est toujours utile de consulter votre convention collective : celle-ci (tout comme les usages) peut être plus généreuse que la loi et octroyer des jours supplémentaires.

Vos nom et prénom
Adresse
Emploi occupé

Date

Monsieur le Directeur
des Établissements ...
Adresse

Monsieur le Directeur,

J'ai déposé au service du personnel une demande de congé de ... (*nombre de jours*) pour le mariage de ma fille (*ou* mon fils) pour le vendredi ... (*date*) (*ou* le lundi) ... (*date*). Cet événement tombant un samedi, le service du personnel m'a informé que le samedi étant un jour ouvrable, c'est ce jour-là qui doit être considéré comme jour de congé pour événement familial. En outre, ils m'ont fait savoir que le vendredi ... (*date*) (*ou* le lundi) ... (*date*) serait décompté de mes jours de congés payés.

J'estime cette interprétation abusive pour deux raisons.

Tout d'abord, le samedi étant un jour habituellement non travaillé dans l'entreprise, elle aboutit à priver les salariés du bénéfice effectif d'un jour de congé que la loi a entendu accorder aux salariés en plus de leurs congés payés si l'événement en cause a lieu en dehors de la période desdits congés. Ensuite et surtout, votre service du personnel ignore sans doute que selon un arrêt de la Cour de cassation du 16 décembre 1998, il n'est pas indispensable que l'absence du salarié coïncide avec le jour de l'événement en cause. Selon la Cour, le congé doit être accordé au cours d'une « période raisonnable » et le mot « événements » n'impose pas dans le temps une date précise mais fixe une période qui doit être raisonnable durant laquelle le jour chômé et rémunéré est accordé (Cour de cassation, chambre sociale, 16 déc. 1998).

En conséquence, j'estime être dans mon bon droit en déposant un jour de congé pour événement familial la veille (ou le surlendemain) du mariage de ma fille. Je vous demande par la présente d'intervenir auprès de vos services afin qu'ils ne procèdent pas à un décompte illégal sur mes jours de congés payés restant à prendre.

Veuillez agréer, Monsieur le Directeur, mes salutations distinguées.

Signature

VOUS CUMULEZ DES DROITS À CONGÉS SUR UN COMPTE ÉPARGNE-TEMPS.

Une convention ou un accord collectif a institué dans votre entreprise un compte épargne temps. Comme vous n'aimez pas trop prendre de congés, vous décidez d'affecter une partie de vos droits sur ce compte. Vous en profiterez plus tard, soit en congé, soit en espèces sonnantes et trébuchantes.

• **Ce que dit la loi** : Selon l'article L.227-1 du Code du travail, le compte épargne-temps (CET) a pour objet de permettre au salarié qui le désire d'accumuler des droits à congé rémunéré ou de se constituer une épargne. Il peut ainsi reporter dans le temps ses droits à congé rémunéré, mais il peut aussi prévoir la possibilité de convertir le temps épargné en argent.

C'est la convention ou l'accord collectif, de branche ou d'entreprise, ayant institué le (CET qui doit prévoir les modalités de valorisation en temps ou en argent des éléments affectés au compte. L'accord doit définir, pour chaque catégorie de primes susceptibles d'alimenter le CET, selon quel mode de calcul elles seront transformées en droits à congé imputés sur le compte. Pour la valorisation en argent, l'accord doit préciser les modalités de conversion des repos.

La mise en place du CET par une convention ou un accord collectif n'entraîne pas automatiquement l'adhésion de tous les salariés de l'entreprise. Les intéressés doivent en réclamer le bénéfice.

• **Notre conseil** : C'est l'accord instituant le CET qui fixe les conditions et les conditions d'utilisation du compte et les éléments qui sont susceptibles de l'alimenter. Passer cet accord à la loupe. Demandez en un exemplaire aux représentants du personnel.

Vos noms et prénoms
Emploi occupé

Date

Monsieur le Directeur
Entreprise (*établissement*)
Adresse

Monsieur le Directeur,

En application de l'accord du ..... (*date*) applicable dans notre entreprise et ayant institué un compte épargne-temps, j'ai l'honneur de vous demander par la présente le bénéfice de ces dispositions.

En conséquence, je vous demande d'affecter au compte que vous ouvrirez à mon nom :

- mes congés payés annuels dans la limite de ...... (*indiquez la limite prévue par l'accord – dix jours par an au maximum –*) ;
- la prime de ....(indiquez laquelle) que nous percevons pour moitié en juin et pour moitié en décembre ;
- ma prime d'intéressement.

J'entend que mes droits à congés payés soient valorisés en argent que dans la limite de .... (*indiquez la limite prévue par l'accord – cinq jours par an au maximum –*).

Par ailleurs, conformément à l'accord, je vous demande de convertir en jours de repos supplémentaires les heures de repos de remplacement des heures supplémentaires que je serais amené à effectuer.

Veuillez agréer, Monsieur le Directeur, mes salutations distinguées.

Signature

VOTRE FEMME VA ACCOUCHER. VOUS DEMANDEZ UN CONGE DE PATERNITÉ.

Les nouveaux pères vont pouvoir pouponner. La loi les autorise désormais à prendre un congé à l'occasion de la naissance ou de l'arrivée au foyer d'un enfant... ou de plusieurs ! À condition bien sûr de prévenir suffisamment tôt l'employeur.

• **CE QUE DIT LA LOI** : Selon l'article L. 122–25-4 du code du travail, un congé de paternité indemnisé, d'une durée de onze jours, doit être attribué sur demande aux pères d'enfants nés ou adoptés depuis le 1er janvier 2002.

Le congé de paternité doit débuter dans les 4 mois qui suivent la naissance ou l'adoption de l'enfant. Toutefois, ce congé peut être reporté au-delà des 4 mois dans l'un des cas suivants :

– si l'enfant est hospitalisé ; le congé doit alors être pris dans les 4 mois qui suivent la fin de l'hospitalisation ;

– si la mère décède ; le congé doit être pris dans les 4 mois qui suivent la fin du congé de 10 semaines dont a bénéficié le père.

Le droit au congé de paternité est également ouvert en cas d'adoption (article L. 122-26, 5e alinéa, du code du travail).

Le père doit informer son employeur de la date et de la durée du congé de paternité qu'il a choisi de prendre. Il doit le faire par lettre recommandée avec avis de réception un mois avant la date choisie.

L'employeur doit remplir l'attestation de salaire (formulaire S 3201 n) et l'adresser à la caisse primaire d'assurance maladie dont dépend le salarié dès le 1er jour du congé de paternité.

• **NOTRE CONSEIL** : N'hésitez pas à cumuler vos droits. Le congé de paternité est en effet cumulable avec les trois jours accordés par le code du travail pour événement familial (article L. 226-1). Vous pouvez donc, dans ce cas de figure, disposer de 14 jours ouvrables à l'occasion de la naissance de votre enfant ou de 21 jours ouvrables à l'occasion de naissances multiples.

Vos nom et prénom
Adresse
Emploi occupé

Date

Recommandé avec avis de réception

Monsieur le Directeur
des établissements ...
Adresse

Monsieur le Directeur,

En application de l'article L. 122-25-4 du code du travail, je vous informe que mon enfant est né (*ou* devrait naître) le ... (*date*). Je souhaite bénéficier du congé de paternité à compter du ..... (*date*) jusqu' au ..... inclus.

Vous trouverez ci-joint la photocopie du livret de famille (*ou* de l'extrait d'acte de naissance, *ou bien encore* du certificat médical attestant de la date prévue de la naissance).

Je vous prie d'agréer, Monsieur le Directeur, l'expression de ma considération distinguée.

Signature

VOUS INFORMEZ VOTRE EMPLOYEUR QUE VOUS PARTEZ EN CONGÉ PARENTAL.

Vous allez avoir un bébé et vous désirez arrêter de travailler pour pouponner. Le congé parental est fait pour vous. Mais vous devez informer votre employeur un mois avant la fin de votre congé de maternité.

• **Ce que dit la loi** : Selon l'article L. 122-28-1 du code du travail, pendant la période qui suit l'expiration du congé de maternité ou d'adoption et jusqu'au troisième anniversaire de l'enfant, tout salarié (père ou mère) qui justifie d'une ancienneté minimale d'un an à la date de naissance de son enfant, ou de l'arrivée au foyer d'un enfant de moins de trois ans confié en vue de son adoption, a le droit de bénéficier d'un congé parental d'éducation durant lequel le contrat de travail est suspendu.

Le salarié doit informer son employeur par lettre recommandée avec avis de réception du point de départ et de la durée du congé ou de l'activité réduite. Cette information doit être faite :

– un mois avant le terme du congé de maternité ou d'adoption, si le salarié entend bénéficier de son droit à l'issue du congé ;

– deux mois au moins avant le début du congé parental ou du travail à temps partiel dans les autres cas.

• **Notre conseil** : Si votre employeur vous refuse votre congé pour un motif fallacieux, n'hésitez pas à contester car le congé parental est de droit (voir lettre page 521).

Vos nom et prénom
Adresse
Emploi occupé

Date

Recommandée avec
avis de réception

Monsieur le Directeur
des Établissements ......
Adresse

Monsieur le Directeur,

Conformément à l'article L. 122-28-1 du code du travail, j'ai l'honneur de vous informer de mon intention de bénéficier d'un congé parental à l'occasion de la naissance de mon enfant (*ou* : de l'arrivée au foyer de l'enfant que je viens d'adopter, etc.).

En conséquence, je vous informe que je serai absente à compter du ...... (*date*) jusqu'au ...... (*date*) inclus, sous réserve d'un éventuel renouvellement.

Veuillez agréer, Monsieur le Directeur, mes salutations distinguées.

Signature

VOTRE EMPLOYEUR VOUS REFUSE UN CONGÉ PARENTAL. VOUS CONTESTEZ.

Vous avez informé votre employeur que vous entendiez faire valoir votre droit à un congé parental. Mais celui-ci refuse de vous l'accorder. Vous contestez ce refus, car le motif avancé est contraire à la loi.

• **Ce que dit la loi** : Selon l'article L. 122-28-1 du code du travail, pendant la période qui suit l'expiration du congé de maternité ou d'adoption et jusqu'au troisième anniversaire de l'enfant, tout salarié (père ou mère) qui justifie d'une ancienneté minimale d'un an à la date de naissance de son enfant, ou de l'arrivée au foyer d'un enfant de moins de trois ans confié en vue de son adoption, a le droit :

– soit de bénéficier d'un congé parental d'éducation durant lequel le contrat de travail est suspendu ;
– soit de réduire son temps de travail d'au moins 1/5 de la durée de travail applicable dans l'établissement, sans que cette activité à temps partiel puisse être inférieure à seize heures par semaine.

Le congé ou la réduction d'activité est de droit depuis le 1er janvier 1995. Le salarié doit cependant informer son employeur par lettre recommandée avec avis de réception du point de départ et de la durée du congé ou de l'activité réduite.

Cette information doit être faite :

– un mois avant le terme du congé de maternité ou d'adoption, si le salarié entend bénéficier de son droit à l'issue du congé ;
– deux mois au moins avant le début du congé parental ou du travail à temps partiel dans les autres cas.

Si ces délais ne sont pas respectés, le salarié peut se voir refuser le congé parental. Mais si l'employeur a renoncé à se prévaloir d'une irrégularité de l'information, il est tenu d'y faire droit.

• **Notre conseil** : Si vous n'avez pas fait votre demande dans les délais et que votre employeur vous a refusé votre congé, ne vous abstenez pas de vous rendre à votre travail. Vous pourriez être licencié pour faute grave. Refaites plutôt immédiatement une nouvelle demande.

Vos nom et prénom — Date
Adresse
Emploi occupé
Recommandé avec avis de réception

Monsieur le Directeur
des Établissements ...
Adresse

Monsieur le Directeur,

Conformément à l'article L. 122-28-1 du code du travail, je vous ai adressé le ... (*date*) une lettre vous informant de mon intention de bénéficier d'un congé parental d'éducation à l'occasion de la naissance de mon enfant (*ou* de l'arrivée au foyer de l'enfant que je viens d'adopter, etc.).

Je suis extrêmement surpris(e) du refus que vous venez de me faire connaître par votre lettre du ... (*date*) et je considère que les raisons que vous invoquez ne sont pas valables.

En effet, ... (*indiquez l'un des motifs suivants*) :

– ma demande a été faite dans les délais, le cachet de La Poste faisant foi ;
– votre refus, sous prétexte que mon absence aurait des conséquences préjudiciables à la production et à la bonne marche de l'entreprise, n'est plus justifié depuis le 1er janvier 1995. En effet, la possibilité pour les employeurs des entreprises de moins de 100 salariés de refuser d'accorder un congé parental ou une activité à temps partiel a été supprimée par la loi du 25 juillet 1994 relative à la famille, qui a abrogé l'article L. 122-28-4 du code du travail.

En conséquence, je vous informe que je partirai bien en congé parental (ou que mon activité à temps plein sera transformée en activité à temps partiel) à compter du ... (*date*) jusqu'au ... (*date*) inclus.

Veuillez agréer, Monsieur le Directeur, mes salutations distinguées.

Signature

VOUS DEMANDEZ UN CONGÉ PARENTAL À MI-TEMPS ET VOUS PROPOSEZ À VOTRE EMPLOYEUR UNE RÉPARTITION DE VOTRE HORAIRE DE TRAVAIL.

Vous êtes en congé de maternité et vous souhaitez demander la réduction de votre durée de travail pour élever votre enfant. Vous pouvez par la même occasion proposer à votre employeur une répartition de votre nouvel horaire de travail.

• **Ce que dit la loi** : Selon l'article L. 122-28-1 du Code du travail, à l'occasion d'une naissance ou d'une adoption, tout salarié ayant un an d'ancienneté dans l'entreprise peut réduire sa durée du travail d'au moins un cinquième de celle qui est applicable dans l'établissement, sans que cette activité à temps partiel puisse être inférieure à seize heures.

Si vous choisissez de travailler à temps partiel, vous devez fixer votre durée du travail entre 16 heures et 28 heures si l'horaire hebdomadaire pratiqué dans votre entreprise est de 35 heures. Vous avez tout intérêt à proposer telle ou telle répartition de votre horaire de travail afin d'ouvrir la négociation avec votre employeur.

• **Notre conseil** : Il est toujours utile d'informer et de consulter les représentants du personnel, s'il en existe.

Vos nom et prénom
Adresse
Emploi occupé

Date

Recommandée avec
avis de réception

Monsieur le Directeur
des Établissements ......
Adresse

Monsieur le Directeur,

Conformément à l'article L. 122-28-1 du code du travail, j'ai l'honneur de vous informer de mon intention de bénéficier d'une réduction de ma durée du travail d'au moins un cinquième à celle qui est en vigueur dans l'établissement à l'occasion de la naissance de mon enfant (*ou* : de l'arrivée au foyer de l'enfant que je viens d'adopter, etc.).

Je vous propose la répartition suivante de mon nouvel horaire de travail :

Lundi :..........heures à ....heures
Mardi : ....heures à ....heures
Mercredi : .....heures à ....heures
Etc.

Je suis à votre entière disposition pour discuter de cette proposition.

Veuillez agréer, Monsieur le Directeur, mes salutations distinguées.

Signature

VOTRE EMPLOYEUR REFUSE VOS NOUVEAUX HORAIRES DE TRAVAIL DANS LE CADRE D'UN CONGÉ PARENTAL À MI-TEMPS ; VOUS CONTESTEZ.

Vous avez informé votre employeur que vous réduisez votre durée de travail pour élever votre enfant et vous lui avez proposé par la même occasion une répartition de votre nouvel horaire de travail. Il refuse votre proposition. Vous lui répondez.

• **Ce que dit la loi** : Selon les tribunaux, la fixation de l'horaire de travail relève du pouvoir de direction de l'employeur (Cour de cassation, chambre sociale, 1er avril 2003, Sté Cabanie d'Aussonne). Cependant, l'employeur ne peut pas abuser de son pouvoir de direction. Il ne peut pas fixer des horaires de travail qui soient incompatibles avec les obligations familiales impérieuses du salarié. Et les horaires de travail doivent être fixés en conformité avec la finalité des textes, c'est-à-dire permettre au salarié de se consacrer à l'éducation de l'enfant.

Par exemple, il n'est pas possible pour un employeur d'imposer à une salariée de travailler une semaine sur deux (Cour de cassation, chambre sociale, 21 novembre 1990, bulletin des arrêts n° 571).

• **Notre conseil** : Faites une réponse argumentée et ne braquez pas votre employeur. C'est le meilleur moyen pour arriver à un compromis acceptable.

Vos nom et prénom Date
Adresse
Emploi occupé
Recommandée avec avis de réception

Monsieur le Directeur
des Établissements ......
Adresse

Monsieur le Directeur,

Conformément à l'article L. 122-28-1 du code du travail, je vous ai informé par lettre du ...... (*date*) de mon intention de bénéficier d'une réduction de ma durée du travail d'au moins un cinquième à celle qui est en vigueur dans l'établissement à l'occasion de la naissance de mon enfant (*ou* : de l'arrivée au foyer de l'enfant que je viens d'adopter, etc.).
Je vous ai proposé la répartition suivante de mon nouvel horaire de travail :

Lundi :...........heures à ....heures
Mardi : ....heures à ....heures
Mercredi : .....heures à ....heures
Etc.

Vous m'avez fait savoir par courrier du ......(*date*) que ma proposition ne vous convenait pas et vous m'avez proposé de travailler selon les horaires suivants : (*indiquez lesquels*). Je ne puis accepter votre proposition pour les raisons suivantes ...... (*indiquez lesquelles*). Par ailleurs, je vous rappelle que selon la jurisprudence, il n'est pas possible pour un employeur d'accorder un emploi à mi-temps selon des modalités incompatibles avec l'esprit du texte, lequel est de se consacrer à l'éducation des enfants.
En revanche, je serais prête à réexaminer ma propositions initiale dans l'optique d'un compromis acceptable pour vous comme pour moi. Je suis à votre entière disposition pour une rencontre afin que nous trouvions sur ce point un terrain d'entente, ce dont je ne doute pas.
Veuillez agréer, Monsieur le Directeur, mes salutations distinguées.

Vous en avez marre de la routine au boulot et vous avez envie de vous consacrez à d'autres activités moins prise de tête. Comme vos finances vous le permettent, vous demandez à votre employeur actuel un congé sabbatique.

• **Ce que dit la loi** : Selon les articles L. 122-32-17 et suivants du Code du travail, le salarié a droit à un congé sabbatique, d'une durée minimale de six mois et d'une durée maximale de onze mois, pendant lequel son contrat de travail est suspendu.

Le droit au congé sabbatique est ouvert au salarié qui, à la date de départ en congé, justifie d'une ancienneté dans l'entreprise d'au moins trente-six mois, consécutifs ou non, ainsi que de six années d'activité professionnelle, et qui n'a pas bénéficié, au cours des six années précédentes dans l'entreprise, d'un congé sabbatique, d'un congé pour la création d'entreprise ou d'un congé de formation d'une durée d'au moins six mois.

Le salarié informe son employeur, par lettre recommandée avec demande d'avis de réception, au moins trois mois à l'avance, de la date de départ en congé qu'il a choisie, ainsi que la durée envisagée de ce congé.

Vos nom et prénom
Adresse
Emploi occupé

Date

Monsieur le Directeur des
Établissements ......
Adresse

Monsieur le Directeur,

En application de l'article L. 122-32-17 et suivant du Code du travail, j'ai l'honneur de vous demander un congé sabbatique d'un durée de .... (maximum 11 mois).

Je souhaite que ce congé puisse débuter le ...... (*date*). Il s'achèvera donc le ...... (*date*).

A l'issue de ce congé, je retrouverai mon précédent emploi ou un emploi similaire assorti d'une rémunération au moins équivalente, conformément à l'article L. 122-36-21 du Code précité.

Je vous prie d'agréer, Monsieur le Directeur, l'assurance de ma considération distinguée.

Signature

• **Notre conseil** : Si votre employeur est vraiment de très mauvaise volonté et diffère ou refuse votre congé, il ne peut le faire qu'à certaines conditions. Si elles vous semblent non remplies, répondez lui en vous aidant du modèle page 525.

VOTRE EMPLOYEUR VOUS REFUSE UN CONGÉ SABBATIQUE (OU UN CONGÉ POUR CRÉATION D'ENTREPRISE). VOUS CONTESTEZ CE REFUS.

Vous pensiez réaliser un projet personnel qui vous tient à cœur pendant votre congé sabbatique, ou prendre un nouveau départ pendant votre congé pour création d'entreprise. Manque de chance, votre employeur estime que le moment est mal choisi. Soyez vigilant, car il ne peut différer votre départ que dans certains cas bien précis.

• **Ce que dit la loi** : Selon les articles L. 122-32-15 et L. 122-30-20 du code du travail, quel que soit l'effectif de votre entreprise, le report d'un congé sabbatique ou d'un congé pour création d'entreprise est possible dans la limite de six mois. Ce délai court à compter de la présentation à l'employeur de votre lettre de demande. Celle-ci devant être faite trois mois avant la date de départ, le délai de report est en réalité de trois mois.

Si vous avez demandé un congé sabbatique et que vous travaillez dans une entreprise de moins de 200 salariés, le report maximal de votre départ peut être de neuf mois à compter de la présentation à l'employeur de la lettre de demande.

Si vous travaillez dans une entreprise de 200 salariés et plus, votre employeur peut différer votre congé tant que le pourcen-tage de salariés simultanément absents de l'entreprise au titre de l'un ou l'autre de ces congés dépasse 2 % de l'effectif total. Ce taux est ramené à 1,5 % lorsque les départs cumulés ne concernent que le congé sabbatique.

Pour les entreprises de moins de 200 salariés, le départ peut être différé de telle sorte que le nombre de jours d'absence prévu ne dépasse pas 2 % du nombre total des jours de travail effectués dans les douze mois précédant votre départ en congé.

En tout état de cause, dans les entreprises de moins de 200 salariés, l'employeur peut refuser l'un ou l'autre des congés s'il estime qu'il aura des conséquences préjudiciables sur la production et sur la marche de l'entreprise. Ce refus doit être motivé.

• **Notre conseil** : Vous l'avez compris, à vos calculettes ! Votre employeur s'est peut-être trompé soit dans les délais, soit dans le calcul des quotas.

Vos nom et prénom
Adresse
Emploi occupé

Date

Monsieur le Directeur des
Établissements ...
Adresse

Monsieur le Directeur,

Je vous ai adressé le ... (*date*) une demande de congé sabbatique (*ou* pour création d'entreprise) pour la période du ... au ... (*dates*).

Par votre lettre du ... (*date*), vous m'informez que vous différez la date de mon départ au motif ... (*indiquez lequel*).

J'ai l'honneur de vous faire savoir que je conteste votre appréciation. En effet, ... (*indiquez ici le point sur lequel vous estimez que votre employeur se trompe* : délai de report supérieur à trois mois, pourcentage de salariés simultanément absents de l'entreprise inexact, refus pour conséquences préjudiciables à la production et à la marche de l'entreprise non motivé, etc.).

Croyant en une simple erreur de votre part, je réitère en conséquence ma demande pour les dates que je vous avais initialement communiquées.

Je vous prie d'agréer, Monsieur le Directeur, l'assurance de ma considération distinguée.

Signature

VOUS DEMANDEZ À BÉNÉFICIER D'UN CONGÉ DE REPRÉSENTATION.

Votre penchant immodéré pour la vie sociale vous ont amené à accepter de prendre des responsabilités dans une une association ou une mutuelle. Et celle-ci vous mandate parfois pour participer à des réunions en pleine journée de travail. Demandez à votre employeur une autorisation d'absence. La loi vous en donne la possibilité.

• **CE QUE DIT LA LOI** : Selon l'article L. 225-8 du code du travail, les salariés ou apprentis membres d'une association déclarée en application de la loi du 1er juillet 1901 ou d'une mutuelle au sens du code de la mutualité et qui ont été désigné comme représentant de cette association ou de cette mutuelle pour siéger dans une instance, consultative ou non, instituée par une disposition législative ou réglementaire auprès d'une autorité de l'Etat à l'échelon national, régional ou départemental, ou d'une collectivité territoriale, l'employeur est tenu de lui accorder le temps nécessaire pour participer aux réunions de cette instance.

La durée de ce congé de représentation ne peut dépasser neuf jours ouvrables par an. Elle peut être fractionnée en demi-journées. Elle est assimilée à une période de travail effectif pour la détermination de la durée des congés payés ainsi que pour l'ensemble des autres droits résultant pour l'intéressé de son contrat et ne peut être imputée sur la durée du congé payé annuel.

Si à l'occasion de cette représentation, vous subissez une diminution de rémunération, vous devez recevoir de l'Etat ou de la collectivité territoriale une indemnité compensant, en totalité ou partiellement et, le cas échéant, sous forme forfaitaire, la diminution de rémunération.

• **NOTRE CONSEIL** : Votre employeur peut décider de maintenir votre rémunération, en totalité ou partie, au-delà de l'indemnité compensatrice. Dites-lui que c'est son intérêt car les sommes versées peuvent faire l'objet d'une déduction fiscale, dans les conditions fixées à l'article 238 bis du code général des impôts.

Vos nom et prénom
Adresse
Emploi occupé

Date

Monsieur le Directeur des
Établissements ......
Adresse

Monsieur le Directeur,

En application de l'article L. 225-8 du code du travail régissant les dispositions relatives au congé de représentation en faveur des membres des associations et des mutuelles, je vous demande de bien vouloir m'accorder une autorisation d'absence de.... (nombre de jours ou € journée), du.... (1er jour) au .... (dernier jour).

Je dois en effet participer à une réunion de.... (*indiquez de quelle instance : conseil d'administration, etc.*), pour y représenter .... (*indiquez le nom de l'association ou de la mutuelle*) qui m'a mandaté à cet effet.

Ajouter le cas échéant si aucun accord ou usage ne règle la question :

Je vous rappelle que si décidez de maintenir ma rémunération, en totalité ou en partie, au-delà de l'indemnité compensatrice qui m'est versée par l'Etat, l'entreprise peut bénéficier d'une déduction fiscale, dans les conditions fixées à l'article 238 bis du code général des impôts.

Dans l'attente de votre réponse, veuillez agréer, Monsieur le Directeur, l'expression de mes salutations distinguées.

Signature

VOUS DEMANDEZ UN CONGÉ DE SOLIDARITÉ.

Irak, Algérie ou Tchétchénie, les points chauds où des populations démunies subissent des événements dramatiques ne manquent pas. Comme votre conscience vous interpelle quelque part, vous demandez à votre employeur un congé de solidarité pour partir secourir tous ces déshérités.

• **Ce que dit la loi** : Selon l'article L. 225-9 du code du travail, le salarié a droit, sous réserve qu'il justifie d'une ancienneté dans l'entreprise d'au moins douze mois, consécutifs ou non, à un congé de solidarité internationale. Ce congé lui permet de participer à une mission hors de France pour le compte d'une association à objet humanitaire déclarée en application de la loi du 1er juillet 1901, ou pour le compte d'une organisation internationale dont la France est membre. La durée de ce congé, pendant lequel le contrat de travail est suspendu, et la durée cumulée de plusieurs congés de solidarité internationale pris de façon continue ne peuvent excéder six mois. La liste des associations est fixée par arrêté interministériel. Vous devez informer votre employeur par lettre recommandée avec demande d'avis de réception, au moins un mois à l'avance, de la date de départ en congé et de la durée de l'absence envisagée, en précisant le nom de l'association pour le compte de laquelle la mission sera effectuée. S'il ne vous a pas répondu dans les 15 jours, c'est qu'il est d'accord. En cas d'urgence, vous pouvez solliciter un congé d'une durée maximale de six semaines, sous préavis de quarante-huit heures. L'employeur doit vous faire lui fait connaître sa réponse dans un délai de vingt-quatre heures.

Vos nom et prénom
Adresse
Emploi occupé

Date

Monsieur le Directeur des
Établissements ......
Adresse

Monsieur le Directeur,

En application des articles L. 225-9 et suivants du Code du travail, j'ai l'honneur de vous demander le bénéfice d'un congé de solidarité.

Je souhaite effectuer une mission hors de France pour l'association .... (*nom de l'association*) laquelle figure sur la liste établie par l'arrêté du 16 juillet 1996 paru au JO du 30 juillet 1995.

Je souhaiterais m'absenter du .... (*date*) au .... (*date*).

Bien entendu, comme l'exige la loi, je vous remettrai, à l'issue de ce congé, une attestation constatant l'accomplissement de ma mission et délivrée par l'association concernée.

J'espère que vous donnerez une suite favorable à ma demande et je vous prie d'agréer, Monsieur le Directeur, mes salutations distingués.

Signature

• **Notre conseil** : Votre employeur apprécie modérément que vous partiez jouer les « Kouchner » du pauvre. Il peut vous refuser votre congé s'il estime qu'il aura des conséquences préjudiciables à la production et à la marche de l'entreprise. Mais ce refus doit être motivé et doit vous être notifié par lettre recommandée avec avis de réception, dans un délai de quinze jours après réception de la demande. Vous pouvez contester ce refus devant le bureau de jugement du conseil de prud'hommes qui est saisi et statue en référé.

VOUS DEMANDEZ UN CONGÉ DE CADRES ET D'ANIMATEURS POUR LA JEUNESSE.

Vos souhaitez former ou encadrer des jeunes dans le cadre d'une organisation de jeunesse ou d'une association sportive et de plein air. Toutefois, une petite préparation s'impose. C'est pourquoi vous demandez un congé de formation de cadres et d'animateurs pour la jeunesse le permet.

• **Ce que dit la loi** : Selon l'article L. 225-1 du code du travail, les travailleurs salariés et apprentis des deux sexes des secteurs public et privé, âgés de moins de vingt-cinq ans, désireux de participer aux activités des organisations de jeunesse et d'éducation populaire, des fédérations et des associations sportives et de plein air légalement constituées, destinées à favoriser la préparation et la formation ou le perfectionnement de cadres et animateurs, ont droit, sur leur demande, à un congé non rémunéré de six jours ouvrables par an. Ce congé peut être pris en une ou deux fois.

L'intéressé doit présenter, par écrit, sa demande à son employeur trente jours au moins à l'avance en précisant la date et la durée de l'absence ainsi que la désignation de l'organisme responsable du stage ou de la session.

Vos nom et prénom
Adresse
Emploi occupé

Date

Recommandée avec
avis de réception

Monsieur le Directeur
des Établissements ......
Adresse

Monsieur le Directeur,

En application des articles L. 225-1 et suivants du Code du travail, j'ai l'honneur de vous demander le bénéfice d'un congé non rémunéré de formation de cadres et animateurs pour la jeunesse.

Je souhaite en effet acquérir une préparation (ou un perfectionnement) à l'animation d'une équipe dans la mesure où je participe régulièrement aux activités d'une association sportive.

J'effectuerai cette formation du .... (*date*) pendant une durée de ..... à compter du ...... (*date*).

Cette session est organisée par ... (*nom et adresse de l'organisme*).

Veuillez agréer, Monsieur le Directeur, mes salutations distinguées.

Signature

• **Notre conseil** : Ce congé est non rémunéré. Mais il n'est pas rare que le comité d'entreprise (quand il existe) prévoit au titre des activités sociales et culturelles un régime d'indemnités. Renseignez-vous auprès des élus de votre connaissance.

APRÈS UN CONGÉ, VOTRE EMPLOYEUR NE DONNE PAS SUITE À VOTRE DEMANDE DE RÉINTÉGRATION... VOUS PROTESTEZ.

Après certains congés (congé de maternité, congé pour création d'entreprise, congé parental d'éducation), votre employeur est tenu de vous réintégrer dans votre emploi. S'il s'y refuse, protestez par écrit.

• **Ce que dit la loi** : Plusieurs textes du code du travail imposent à l'employeur la réintégration du salarié dans son emploi, ou dans un emploi similaire assorti d'une rémunération équivalente, à l'issue de différents congés. Il s'agit :

- de l'article L. 122-28-3, en ce qui concerne le congé parental d'éducation ;
- de l'article L. 122-32-16, en ce qui concerne le congé pour création d'entreprise ;
- de l'article L. 122-32-21, en ce qui concerne le congé sabbatique ;
- de l'article L. 931-1, en ce qui concerne le congé individuel de formation.
- La loi ne prévoit pas expressément la réintégration de la salariée à l'issue de son congé de maternité. Mais cela découle du fait qu'il existe une interdiction absolue de licencier une femme enceinte (voir page 563).

Pendant la période où le salarié est absent de l'entreprise, le contrat de travail n'est pas rompu mais simplement suspendu.

• **Notre conseil** : Informez par écrit votre employeur, avant la fin de votre congé, que vous reprendrez votre travail à la date convenue. S'il reste sourd à votre demande de réintégration, adressez-vous au conseil des prud'hommes selon la procédure de référé, et demandez en même temps des dommages-intérêts si vous subissez une perte de salaire du fait de votre non-réintégration.

Vos nom et prénom — Date
Adresse
Emploi occupé
Recommandé avec avis de réception

Monsieur le Directeur
des Établissements ...
Adresse

Monsieur le Directeur,

Comme vous le savez, je bénéficie depuis le ... (*jour et date*) d'un congé ... (*indiquez de quel congé il s'agit*) et je devais reprendre mon travail le ... (*jour et date*) comme je vous en avais informé dans ma lettre du ... (*date*).

Or, ma surprise est grande de recevoir votre lettre du ... (*date*) m'indiquant qu'il vous est impossible de me réintégrer dans mon emploi à la date prévue, compte tenu ... (*indiquez le motif invoqué par votre employeur*).

Ou bien :

Je me suis présenté le ... (*date*) à l'entreprise et vous m'avez informé que vous ne pouviez pas me réintégrer à l'heure actuelle dans mon emploi, compte tenu ... (*indiquez le motif invoqué par votre employeur*).

Vous n'ignorez pas que l'article L. ... (*indiquez le texte applicable à votre cas*) du code du travail prévoit expressément à l'issue d'un congé ... (*indiquez le congé dont vous avez bénéficié*) la réintégration du salarié dans son emploi, ou dans un emploi similaire assorti d'une rémunération équivalente.

En conséquence, je vous demande de procéder immédiatement à ma réintégration conformément à la loi. Faute de quoi, je me verrai dans l'obligation de porter cette affaire devant le conseil des prud'hommes.

Veuillez agréer, Monsieur le Directeur, mes salutations distinguées.

Signature

VOUS ÊTES PRIVÉE D'UNE PROMOTION EN RAISON DE VOTRE ABSENCE POUR MATERNITÉ. VOUS DEMANDEZ RÉPARATION POUR CETTE DISCRIMINATION.

Vous revenez de votre congé de maternité, ravie à l'idée d'occuper votre nouveau poste qui vous a été promis avant votre départ. Déception : c'est un collègue que l'on nomme à votre place au motif que votre supérieur n'a pas pu apprécier la valeur de votre travail pendant votre absence. Vous protestez et demandez une compensation à votre employeur.

• **Ce que dit la loi** : Selon l'article L. 123-1 du code du travail, toute discrimination en fonction du sexe ou de la situation de famille est interdite notamment en matière de promotion, d'affectation ou de mutation. En outre, l'article L. 122-45 du même code indique désormais qu'aucun salarié ne peut faire l'objet d'une mesure discriminatoire, directe ou indirecte, notamment en matière de rémunération, de formation, de reclassement, d'affectation, de qualification, de classification, de promotion professionnelle, de mutation ou de renouvellement de contrat en raison notamment de son sexe, de ses mœurs, de son orientation sexuelle, de son âge, de sa situation de famille, etc.

Dans le cas où des absences, quel qu'en soit le motif, ont pour effet de priver un salarié d'un droit, les tribunaux sont attentifs aux conditions de mise en œuvre de cette privation. Si toute absence d'un homme comme d'une femme entraîne les mêmes effets, il n'y a pas discrimination fondée sur le sexe (Cour de cassation, chambre sociale, 30 mars 1994). En revanche, si l'absence pénalise l'un ou l'autre en considération du sexe, il y a discrimination illicite. Par exemple, dans une affaire où une convention collective prévoyait que « tout agent ayant au moins six mois de présence dans l'année doit faire l'objet d'une notation », un employeur avait refusé de noter une salariée ayant bénéficié d'un congé de maternité au cours de l'année, ce qui avait eu pour effet de la priver de la possibilité d'obtenir un avancement d'échelon au choix.

Vos nom et prénom — Date
Adresse
Emploi occupé

Recommandé avec avis de réception

Monsieur le Directeur
des établissements ...
Adresse

Monsieur le Directeur,

J'ai repris mon travail le ... (*date*) suite à une absence pour congé de maternité du ... au ... inclus.

Avant mon départ, vous m'aviez laissé entendre qu'à mon retour j'occuperai un emploi de ... (*qualification et éventuellement échelon*).

Je viens d'apprendre que c'est M. ... (*nom et prénom*) qui a bénéficié de cette promotion.

Je ne conteste pas les qualités professionnelles de mon collègue, mais j'estime être victime d'une discrimination en raison de mon sexe. En effet, pour me refuser ladite promotion, mon supérieur hiérarchique m'a indiqué qu'il avait été impossible de procéder à ma notation ou à l'évaluation de mon travail en raison de mon absence pour congé de maternité. Or, une telle justification ne peut viser qu'une personne du sexe féminin.

Je vous informe par ailleurs que la jurisprudence estime que les dispositions de la directive du conseil des Communautés européennes

VOUS ÊTES PRIVÉE D'UNE PROMOTION EN RAISON DE VOTRE ABSENCE POUR MATERNITÉ. VOUS DEMANDEZ RÉPARATION POUR CETTE DISCRIMINATION (SUITE).

Vous revenez de votre congé de maternité, ravie à l'idée d'occuper votre nouveau poste qui vous a été promis avant votre départ. Déception : c'est un collègue que l'on nomme à votre place au motif que votre supérieur n'a pas pu apprécier la valeur de votre travail pendant votre absence. Vous protestez et demandez une compensation à votre employeur.

La Cour de justice des Communautés européennes, statuant sur demande de la chambre sociale de la Cour de cassation, a considéré que les dispositions de la directive du conseil du 9 février 1976 relative à la mise en œuvre du principe de l'égalité de traitement entre hommes et femmes s'opposaient à une réglementation nationale qui prive une femme du droit d'être notée et, par voie de conséquence, de pouvoir profiter d'une promotion professionnelle parce qu'elle a été absente de l'entreprise en raison d'un congé de maternité (Cour de cassation, chambre sociale, 16 juillet 1998).

du 9 février 1976 relative à la mise en œuvre du principe de l'égalité de traitement entre hommes et femmes, s'opposent à une réglementation nationale qui prive une femme du droit d'être notée et, par voie de conséquence, de pouvoir profiter d'une promotion professionnelle parce qu'elle a été absente de l'entreprise en raison d'un congé de maternité (Cour de cassation, chambre sociale, 16 juillet 1998, Thibault).

En conséquence, je considère avoir été privée par votre attitude d'une chance de promotion. C'est pourquoi je vous propose de me verser en compensation une indemnité que je souhaite fixée à un minimum de .... €.

Je souhaite vivement que nous parvenions à un accord sur ce point. Faute de quoi, vous n'ignorez pas que le conseil des prud'hommes peut réparer le préjudice que j'ai subi en vous condamnant à m'indemniser.

Je ne pense pas devoir en arriver à une telle extrémité et je vous prie d'agréer, Monsieur le Directeur, mes respectueuses salutations.

Signature

• **Notre conseil** : Si vous avez été privée, par suite d'une discrimination en considération de votre sexe, d'une chance de promotion, le conseil des prud'hommes peut réparer le préjudice que vous avez subi en condamnant l'employeur à vous indemniser. La preuve de la discrimination est facilitée depuis la loi n° 2001-1066 du 16 novembre 2001, puisqu'il vous suffit de présenter des éléments de fait laissant supposer l'existence d'une discrimination directe ou indirecte. Au vu de ces éléments, il incombe à votre employeur de prouver que sa décision est justifiée par des éléments objectifs étrangers à toute discrimination.

VOTRE EMPLOYEUR VEUT VOUS LICENCIER EN RAISON DE VOS ABSENCES TROP FRÉQUENTES POUR MALADIE. VOUS LE DISSUADEZ DE PASSER À L'ACTE.

Si vous tombez malade, votre contrat de travail ne peut pas être rompu de ce fait. En revanche, si vos absences se prolongent ou se répètent, elles peuvent légitimer un licenciement. Mais encore faut-il que votre employeur soit obligé de vous remplacer définitivement. S'il vous menace de licenciement, répondez-lui qu'il y réfléchisse à deux fois.

• **Ce que dit la loi** : Selon l'article L. 122-45 du code du travail, aucun salarié ne peut être sanctionné ou licencié en raison de son état de santé. Pendant une période de maladie, votre contrat de travail n'est pas rompu, mais seulement suspendu. Une absence prolongée pour maladie ne peut donc, en principe, ni être cause réelle et sérieuse de licenciement, ni être une occasion pour l'employeur de modifier unilatéralement votre contrat.

Pour vous licencier, votre employeur doit prouver que votre absence perturbe gravement la marche de l'entreprise ou le fonctionnement de votre service de telle sorte que votre remplacement définitif s'avère nécessaire (Cour de cassation, chambre sociale, 16 juillet 1998, SA La Parisienne Assurances). Si votre employeur fait appel par exemple à du personnel intérimaire pour occuper votre poste, cela peut constituer une preuve que votre absence ne perturbe pas autant qu'il veut bien le dire le fonctionnement de son entreprise. De même, si votre remplacement est effectué tardivement cela montre bien que votre employeur n'avait pas réellement besoin de vous remplacer. C'est le cas par exemple si plusieurs mois se sont écoulés entre votre licenciement et votre remplacement.

• **Notre conseil** : Consultez votre convention collective. Si elle comporte une clause garantissant l'emploi des salariés malades, votre employeur ne peut pas vous licencier pendant la période protégée. Si vous êtes licencié(e) alors que vous n'avez pas encore épuisé vos droits à la garantie d'emploi, vous pouvez prétendre à des indemnités pour licenciement abusif, même si votre employeur invoque la nécessité de vous remplacer définitivement (Cour de cassation, chambre sociale, 26 oct. 1990).

Vos nom et prénom — Date
Adresse
Emploi occupé
Recommandé avec avis de réception

Monsieur le Directeur
des Établissements ...
Adresse

Monsieur le Directeur,

Vous m'avez fait savoir que mon absence prolongée (*ou* mes absences répétées) pour maladie était devenue difficilement gérable et que vous envisagiez de procéder à mon licenciement.

Vous n'ignorez pas que selon l'article L. 122-45 du code du travail, aucun salarié ne peut être sanctionné ou licencié en raison de son état de santé ou de son handicap, sauf inaptitude constatée par le médecin du travail. Le non-respect de cette interdiction entraînerait la nullité de mon licenciement.

Par ailleurs, dans la mesure où vous pouvez pallier mon absence par une mesure temporaire (CDD, intérim, *autre organisation interne du travail*), mon remplacement n'aurait pas de caractère définitif.

Le licenciement que vous envisagez de prononcer interviendrait par conséquent avec une justification erronée, voire illégale. Il serait en réalité motivé par mon état de santé avec les conséquences ci-dessus rappelées et je n'hésiterai pas alors à faire valoir mes droits auprès du conseil des prud'hommes.

En espérant ne pas être obligé(e) d'en arriver à une telle extrémité, je vous prie d'agréer, Monsieur le Directeur, mes salutations distinguées.

Signature

CHAPITRE 29

VOTRE FORMATION PROFESSIONNELLE

Vous souhaitez accéder à un niveau supérieur de qualification, de changer d'activité ou de profession et de vous ouvrir plus largement à la culture, à la vie sociale et à l'exercice des responsabilités associatives bénévoles. Le congé individuel de formation est fait pour vous. Mais il faut obtenir autorisation d'absence de votre employeur.

• **Ce que dit la loi** : L'article L. 931-1 du code du travail indique que le congé de formation a pour objet de permettre à tout travailleur, au cours de sa vie professionnelle, de suivre à son initiative, et à titre individuel, des actions de formation, indépendamment de sa participation aux stages compris dans le plan de formation de l'entreprise dans laquelle il exerce son activité.

Le congé est ouvert aux salariés justifiant d'une ancienneté d'au moins vingt-quatre mois consécutifs ou non dont douze mois dans l'entreprise (trente-six mois pour les travailleurs d'entreprises artisanales de moins de dix salariés dont douze mois dans l'entreprise).

La demande d'autorisation d'absence, au titre du congé individuel, doit être formulée par écrit à l'employeur au plus tard :

- cent vingt jours avant le stage lorsque l'interruption de travail est de six mois ou plus et si le stage s'effectue en une seule fois à temps plein ;
- soixante jours à l'avance lorsque le stage est d'une durée de moins de six mois ou s'il s'agit d'un stage qui s'effectue en plusieurs périodes ou à temps partiel ou si l'absence concerne la préparation ou le passage d'un examen.

Vos nom et prénom — Date
Adresse
Emploi occupé

Recommandée avec avis de réception

Monsieur le Directeur
des Établissements ......
Adresse

Monsieur le Directeur,

J'ai l'honneur de vous demander par la présente en application des articles L. 931-1 et L. 931-2 du Code du travail, une autorisation d'absence au titre d'un congé individuel de formation.

Je souhaite en effet suivre une formation de .... (*indiquer la nature du stage : conversion, perfectionnement, etc.*).

J'effectuerai cette formation à temps............ (*plein ou partiel*) pendant une durée de .....(*jours ou mois*) à compter du ......(*date*).

Veuillez agréer, Monsieur le Directeur, mes salutations distinguées.

Signature

• **Notre conseil** : Une fois obtenue l'autorisation d'absence pour bénéficier du congé individuel de formation, vous devez ensuite demander la prise en charge financière de votre congé à l'organisme paritaire agréé au titre du congé individuel de formation (OPACIF) auquel cotise votre employeur (voir lettre page 536).

VOUS CONTESTEZ UN REFUS DE CONGÉ INDIVIDUEL DE FORMATION.

Votre employeur vous a fait savoir qu'il ne vous autorisait pas à vous absenter pour un congé individuel de formation malgré le fait que vous remplissez toutes les conditions pour y prétendre. Vous saisissez l'inspecteur du travail.

• **Ce que dit la loi** : Selon l'article L. 931-6 du code du travail, le bénéfice du congé individuel de formation est de droit, sauf dans le cas où l'employeur estime, après avis du comité d'entreprise ou, s'il n'en existe pas, des délégués du personnel, que cette absence pourrait avoir des conséquences préjudiciables à la production et à la marche de l'entreprise. En cas de différend, l'inspecteur du travail contrôlant l'entreprise peut être saisi par l'une des parties et peut être pris pour arbitre.

• **Notre conseil** : Attention : même si l'inspecteur du travail estime que le congé doit vous être accordé par votre employeur, ne vous croyez pas autorisé à partir pour effectuer votre stage. Vous risquez le licenciement et celui-ci peut être justifié si votre employeur démontre les conséquences préjudiciables à la production et à la marche de l'entreprise que peut avoir votre absence.

Vos nom et prénom — Date
Adresse
Emploi occupé
Recommandée avec avis de réception

Monsieur l'inspecteur du travail
Adresse

Monsieur l'inspecteur,

J'ai demandé par lettre du .... (*date*) à mon employeur, les établissements....... (*nom et adresse*) conformément aux articles L. 931-1 et L. 931-2 du Code du travail, une autorisation d'absence au titre d'un congé individuel de formation.

Celui-ci vient de me faire savoir qu'il me refusait cette autorisation d'absence au motif que celle-ci pourrait avoir des conséquences préjudiciables à la production et à la marche de l'entreprise.

Or, je conteste cette interprétation. En effet, ... (*indiquez vos motifs : possibilité d'embaucher un salarié sous contrat à durée déterminée par exemple*).

En conséquence, conformément à l'article L. 931-6 du code du travail, je vous demande votre arbitrage dans cette affaire.

J'adresse le double de la présente lettre à mon employeur pour information.

Veuillez agréer, Monsieur l'inspecteur, mes salutations distinguées.

Signature

VOUS DEMANDEZ LA PRISE EN CHARGE FINANCIÈRE DE VOTRE CONGÉ INDIVIDUEL DE FORMATION.

Vous avez obtenu l'autorisation de votre employeur de vous absenter pour bénéficier d'un congé individuel de formation. Il est temps de vous occuper de la prise en charge financière de votre congé par l'organisme paritaire agréé au titre du congé individuel de formation (OPACIF) auquel cotise votre employeur.

• **Ce que dit la loi** : Selon l'article L. 931-8-2 du code du travail, les salariés bénéficiaires d'un congé de formation ont droit, dès lors qu'ils ont obtenu l'accord de l'organisme paritaire agréé au titre du congé individuel de formation (OPACIF) auquel cotise leur employeur, à une rémunération. Celle-ci est égale à un pourcentage du salaire qu'ils auraient reçu s'ils étaient restés à leur poste de travail sauf dispositions conventionnelles plus favorables concernant les salariés à temps partiel et prévues dans le cadre d'un accord national interprofessionnel étendu, ou le cas échéant, d'une convention ou d'un accord collectif de branche étendu.

Les organismes paritaires peuvent refuser de prendre en charge le bénéficiaire du congé lorsque les demandes de prise en charge présentées à un organisme paritaire ne peuvent être toutes simultanément satisfaites.

Sachez toutefois qu'un salarié ne commet pas de faute en poursuivant un stage de formation que son employeur l'a autorisé à suivre, même si l'organisme a refusé d'en supporter la charge financière (Cour de cassation, chambre sociale, 19 juillet 1994).

• **Notre conseil** : La demande à l'OPACIF doit être faite le plus tôt possible. Il faut en effet un minimum de deux à trois mois pour obtenir une réponse.

Vos nom et prénom Date
Adresse
Emploi occupé
Recommandée avec avis de réception

Monsieur le Directeur de....
(*nom de l'organisme paritaire agréé dont dépend l'employeur*)
Adresse

Monsieur le Directeur,

Je désire suivre une formation de .... (*indiquer la nature du stage : conversion, perfectionnement, etc.*) au titre du congé individuel de formation. En effet, j'ai choisi ce stage afin de ..... (*indiquez les motifs*).

J'effectuerai cette formation à temps............. (*plein ou partiel*) pendant une durée de ..... (*jours ou mois*) à compter du ...... (*date*).

J'ai obtenu l'autorisation d'absence de mon employeur dont vous trouverez ci-joint photocopie.

Je vous demande donc de m'adresser le formulaire de demande de prise en charge financière du congé individuel de formation prévue par l'article L. 931-8-2 du Code du travail.

Veuillez agréer, Monsieur le Directeur, mes salutations distinguées.

Signature

VOUS DEMANDEZ UN CONGÉ DE BILAN DE COMPÉTENCES.

Le doute vous envahit et vous vous interrogez sur vos compétences professionnelles et personnelles. Un bilan des dites compétences s'impose. Il vous permettra d'analyser vos aptitudes et vos motivations afin de définir un projet professionnel.

• **CE QUE DIT LA LOI** : Selon l'article L. 931-21 du code du travail, les travailleurs salariés ont droit, sur demande adressée à leur employeur, à un congé pour réaliser le bilan de compétences. Pour bénéficier de ce congé, les travailleurs doivent justifier d'une ancienneté en qualité de salarié d'au moins cinq ans, consécutifs ou non, quelle qu'ait été la nature des contrats de travail successifs, dont douze mois dans l'entreprise.

La durée du congé de bilan de compétences ne peut excéder par bilan vingt-quatre heures de temps de travail, consécutives ou non.

Le salarié doit adresser à son employeur une demande d'autorisation d'absence au moins soixante jours avant la date à laquelle doit débuter le bilan. S'il ne respecte pas ce délai, l'employeur est en droit de ne pas autoriser l'absence.

En revanche, l'employeur doit répondre à la demande du salarié dans les trente jours et par écrit. S'il ne répond pas, cela vaut autorisation d'absence.

• **NOTRE CONSEIL** : Comme pour le congé individuel de formation, vous devez demander la prise en charge financière de votre congé à l'organisme paritaire agréé (OPACIF) auquel cotise votre employeur (voir lettre page 538).

Vos nom et prénom
Adresse
Emploi occupé

Date

Recommandée avec
avis de réception

Monsieur le Directeur
des Établissements ......
Adresse

Monsieur le Directeur,

J'ai l'honneur de vous demander par la présente en application des articles L. 931-21 et suivants du code du travail, une autorisation d'absence au titre d'un congé de bilan de compétence.

Je souhaite en effet faire le point de mes compétences professionnelles et personnelles et analyser mes aptitudes et mes motivations afin de définir un projet professionnel.

J'effectuerai cette formation à temps............ (*plein ou partiel*) pendant une durée de ..... (*en général 3 jours*) à compter du ...... (*date*).

Veuillez agréer, Monsieur le Directeur, mes salutations distinguées.

Signature

VOUS DEMANDEZ LA PRISE EN CHARGE FINANCIÈRE DE VOTRE CONGÉ DE BILAN DE COMPÉTENCES.

Vous avez obtenu l'autorisation de votre employeur de vous absenter pour bénéficier d'un congé de bilan de compétences. Vous devez vous occuper de la prise en charge financière de votre congé par l'organisme paritaire agréé (OPACIF) auquel cotise votre employeur.

• **Ce que dit la loi** : Selon l'article L. 931-24 du code du travail, les salariés bénéficiaires d'un congé de bilan de compétences ont droit, dès lors qu'ils ont obtenu l'accord de l'organisme paritaire agréé au titre du congé individuel de formation (OPACIF) auquel cotise leur employeur, à une rémunération. Celle-ci est égale à la rémunération qu'ils auraient reçue s'ils étaient restés à leur poste de travail, dans la limite par bilan de compétences d'une durée de 24 heures.

La rémunération due aux bénéficiaires d'un congé de bilan de compétences est versée par l'employeur. Celui-ci est remboursé par l'OPACIF. Les frais afférents au bilan de compétences sont également pris en charge par celui-ci.

L'organisme paritaire peut refuser de prendre en charge le salarié lorsque les demandes de prise en charge ne peuvent être toutes simultanément satisfaites ou lorsque l'organisme chargé de la réalisation de ce bilan de compétences ne figure pas sur la liste arrêtée par l'organisme paritaire.

• **Notre conseil** : L'Etat et les régions concourent aussi au financement des dépenses occasionnées par les bilans de compétences. Le mieux est de vous renseigner auprès des institutions compétentes (Conseil général et régional, ANPE, etc.).

Vos nom et prénom
Adresse
Emploi occupé

Date

Recommandée avec
avis de réception

Monsieur le Directeur de....
(*nom de l'organisme paritaire agréé dont dépend l'employeur*)
Adresse

Monsieur le Directeur,

Je désire suivre un congé de bilan de compétences pour faire le point de mes compétences professionnelles et personnelles et analyser mes aptitudes et mes motivations afin de définir un projet professionnel.

J'effectuerai cette formation pendant une durée de ..... (*maximum trois jours*) à compter du ......(*date*).

J'ai obtenu l'autorisation d'absence de mon employeur dont vous trouverez ci-joint photocopie.

Je vous demande donc de m'adresser le formulaire de demande de prise en charge financière du congé de bilan de compétence prévue par l'article L. 931-24 du Code du travail.

Veuillez agréer, Monsieur le Directeur, mes salutations distinguées.

Signature

VOUS QUITTEZ L'ENTREPRISE ET VOTRE EMPLOYEUR VOUS DEMANDE LE REMBOURSEMENT DES FRAIS DE FORMATION QU'IL A ENGAGÉS. VOUS ESTIMEZ CETTE DEMANDE ABUSIVE.

Dans le cadre du plan de formation de l'entreprise, vous avez effectué une formation qualifiante d'une durée de neuf mois. Trois mois après votre retour dans l'entreprise, vous démissionnez pour partir travailler ailleurs. Votre ex-employeur n'est pas content et vous demande de rembourser le coût de votre formation. Par lettre, vous lui rappelez qu'il n'existe aucun engagement écrit de votre part de rembourser cette formation. Sa demande est sans fondement.

• **Ce que dit la loi** : La « clause de dédit-formation », appelée aussi « clause de remboursement des frais de formation », est un accord écrit (inclus dans le contrat de travail ou dans des accords collectifs) par lequel le salarié s'engage, en contrepartie de la formation assurée par l'entreprise :

- à rester au service de son employeur, après la formation, pendant une durée minimale ;
- et à verser, au cas où il quitterait l'entreprise avant l'échéance, une somme fixée à l'avance, à titre de remboursement des frais de formation.

Les clauses de dédit-formation entrent dans la catégorie des clauses pénales régies par l'article 1152 du code civil.

Ainsi, votre employeur peut conditionner votre départ en formation à un engagement écrit de votre part de rembourser le coût de votre stage si vous partez de l'entreprise avant un certain délai (en règle générale, de six mois à trois ans).

Selon les tribunaux, ces clauses sont valables dès lors qu'elles constituent la contrepartie d'un engagement pris par l'employeur d'assurer une formation entraînant des frais réels au-delà des dépenses imposées par la loi ou la convention collective et dans la mesure où elles n'ont pas pour effet de priver le salarié de la faculté de démissionner (Cour de cassation, chambre sociale, 9 février 1994).

Vos nom et prénom
Adresse
Emploi occupé

Date

Recommandé avec avis de réception

Monsieur le Directeur
des Établissements ...
Adresse

Monsieur le Directeur,

Par votre lettre du ... (*date*), vous me demandez le remboursementdes frais de la formation que j'ai effectuée du ... au ... (*dates*) dans le cadre du plan de formation de votre entreprise.

Je considère votre demande abusive, car ne reposant sur aucun fondement juridique. En effet, je vous rappelle qu'il n'existe aucun engagement écrit de ma part de vous rembourser les frais de formation en cas de rupture de mon contrat de travail.

Ou bien (si vous avez signé une clause de dédit-formation) :
Cette formation n'a exigé de votre part aucune dépense supplémentaire car elle a été imputée sur le budget de formation de l'entreprise. Je vous rappelle que, selon la Cour de cassation, les clauses de dédit-formation ne sont licites que dans la mesure où elles constituent la contrepartie d'un engagement pris par l'employeur d'assurer une formation entraînant des frais réels au-delà des dépenses imposées par la loi ou la convention collective.

Veuillez agréer, Monsieur le Directeur, mes salutations distinguées.

Signature

• **Notre conseil** : Ayez l'œil : sachez que votre employeur ne peut pas vous imposer une clause de dédit-formation si vous acceptez d'effectuer une partie de votre formation hors du temps de travail, sauf si votre rémunération est supérieure à trois fois le SMIC.

CHAPITRE 30

VOS CONDITIONS DE TRAVAIL

VOTRE EMPLOYEUR NE RESPECTE PAS LA RÉGLEMENTATION. VOUS DEMANDEZ L'INTERVENTION DE L'INSPECTEUR DU TRAVAIL.

Si dans votre entreprise la réglementation du travail n'est pas respectée sur un point particulier (par exemple, les heures supplémentaires sont payées sans majoration), vous pouvez dans un premier temps vous adresser à l'inspecteur du travail afin qu'il intervienne auprès de votre employeur.

• **Ce que dit la loi** : L'article L. 611-1 du code du travail prévoit que les inspecteurs du travail sont chargés de veiller à l'application du droit du travail (lois, règlements, conventions et accords collectifs) et de constater les infractions commises à ces dispositions.

À cet effet, il est autorisé à pénétrer dans l'entreprise et à y circuler librement. S'il constate une infraction, il peut faire une observation à l'employeur ou mettre en demeure ce dernier de respecter la réglementation, ou bien encore dresser directement un procès-verbal.

Si vous êtes lésé dans vos droits, vous pouvez gratuitement vous adresser à l'inspecteur du travail. Ses coordonnées doivent être affichées dans les locaux de l'entreprise. Vous ne devez pas craindre les représailles de votre employeur, car un inspecteur du travail est tenu au secret professionnel et il n'a pas à révéler à la demande de qui il intervient.

• **Notre conseil** : Si l'inspecteur dresse un procès-verbal et que l'infraction est assortie de sanctions pénales, vous avez intérêt (avec d'autres salariés) à vous constituer partie civile. Cela afin d'inciter le ministère public à engager les poursuites.

Vos nom et prénom
Adresse
Emploi occupé

Date

Monsieur l'Inspecteur
du travail
Adresse

Monsieur l'Inspecteur,

Je travaille dans l'entreprise ... (*nom*) dont les locaux se trouvent ... (*adresse de l'entreprise*).

Je vous informe par la présente que notre employeur, en la personne de ... (*nom de l'employeur ou de son substitué dans la direction*), ne respecte pas certaines dispositions de la réglementation du travail.

Voici les faits incriminés : ... (*indiquez l'infraction dont il s'agit* : travail dangereux sans protection, non-respect du SMIC, heures supplémentaires non majorées, saleté des locaux, etc.).

En conséquence, je vous demande d'intervenir auprès de cet employeur, au besoin en vous rendant sur les lieux, afin de constater ces infractions et en dresser procès-verbal.

Bien entendu, je vous demande de ne pas révéler mon nom à mon employeur.

Veuillez agréer, Monsieur l'Inspecteur, mes salutations distinguées.

Signature

LE RÈGLEMENT INTÉRIEUR DE VOTRE ENTREPRISE CONTIENT UNE CLAUSE ILLICITE. VOUS DEMANDEZ À L'INSPECTEUR DU TRAVAIL D'EN EXIGER LE RETRAIT.

Votre venez de constater qu'une clause du règlement intérieur de votre entreprise prévoit que des conjoints ne peuvent y être employés simultanément. Vous êtes indigné de l'atteinte que cette clause apporte au droit au mariage et saisissez l'inspecteur du travail.

• **Ce que dit la loi** : Selon l'article L. 122-34 du code du travail, le règlement intérieur est un document écrit émanant de l'employeur. Son contenu est limité aux mesures d'application de la réglementation d'hygiène et de sécurité (y compris les conditions dans lesquelles les salariés sont appelés à participer à leur rétablissement si elles apparaissent compromises), la discipline dans l'entreprise, les droits de la défense des salariés en cas de sanctions disciplinaires.

L'article L. 122-37 du code du travail prévoit que l'inspecteur du travail peut, à tout moment, exiger le retrait ou la modification des clauses illicites d'un règlement intérieur ou celles qui seraient contraires à la loi ou à la convention collective applicable.

• **Notre conseil** : Accompagnez votre lettre à l'inspecteur du travail d'une photocopie de la clause litigieuse. Cela lui fera gagner du temps et vous obtiendrez plus rapidement satisfaction.

Vos nom et prénom
Adresse
Emploi occupé

Date

Monsieur l'Inspecteur
du travail
Adresse

Monsieur l'Inspecteur,

Je travaille dans l'entreprise ... (*nom*) dont les locaux se trouvent ... (*adresse de l'entreprise*).

Je vous informe par la présente que le règlement intérieur de cette entreprise contient une clause dont vous trouverez ci-joint photocopie qui me semble illicite (*ou* contraire aux lois et règlements en vigueur, ou contraire à la convention ou à l'accord collectif applicable dans l'entreprise).

En application de l'article L. 122-37 du code du travail, je vous demande de bien vouloir faire modifier (*ou* faire retirer) les dispositions en cause.

Bien entendu, je vous demande de ne pas révéler mon nom à mon employeur.

Veuillez agréer, Monsieur l'Inspecteur, mes salutations distinguées.

Signature

VOTRE EMPLOYEUR NE RESPECTE PAS LES AFFICHAGES OBLIGATOIRES DANS L'ENTREPRISE. VOUS SAISISSEZ L'INSPECTEUR DU TRAVAIL.

Vous aimeriez consulter la convention collective applicable à votre entreprise ou connaître l'adresse et le numéro de téléphone du médecin du travail. À cette occasion, vous constatez que votre employeur est peu respectueux de l'information de ses salariés. Comme il fait la sourde oreille, vous écrivez à l'inspecteur du travail.

• **Ce que dit la loi** : Tout employeur soumis au code du travail doit procéder à un certain nombre d'affichages obligatoires dans les locaux de l'entreprise qui ont notamment pour but d'informer les salariés sur leurs droits et sur les règles d'hygiène et de sécurité qu'ils doivent respecter. Il s'agit notamment :

- de l'adresse, du nom et du numéro de téléphone de l'inspecteur du travail ;
- de l'adresse, du nom et du numéro de téléphone du médecin du travail ;
- de l'avis de l'existence d'une convention collective et de l'endroit où elle peut être consultée ;
- des horaires de travail ;
- du règlement intérieur de l'entreprise ou de l'établisse-ment ;
- des consignes d'incendie ;
- des affichages électoraux.

• **Notre conseil** : Pour convaincre l'inspecteur du travail d'intervenir, attirez son intention sur le fait que les affichages obligatoires non respectés par votre employeur ont aussi pour but de faciliter le contrôle de l'application des lois sociales par l'inspecteur du travail, ce dont il se trouve privé.

Vos nom et prénom
Adresse
Emploi occupé

Date

Monsieur l'Inspecteur
du travail
Adresse

Monsieur l'Inspecteur,

Je travaille dans l'entreprise ... (*nom*) dont les locaux se trouvent ... (*adresse de l'entreprise*).

Je vous informe par la présente que notre employeur, en la personne de ... (*nom de l'employeur ou de son substitué dans la direction*), ne respecte pas certains affichages obligatoires dans l'entreprise et notamment (*indiquez lesquels : par exemple*, absence d'affichage de l'avis de l'existence de la convention collective applicable, de l'horaire de travail et de repos).

En conséquence, je vous demande d'intervenir auprès de mon employeur, au besoin en vous rendant sur les lieux, afin de constater ces infractions et en dresser procès-verbal. Je vous rappelle, en effet, que le respect par le chef d'entreprise des affichages obligatoires a notamment pour but de faciliter le contrôle de l'application des lois sociales par les inspecteurs et contrôleurs du travail.

Bien entendu, je vous demande de ne pas révéler mon nom à mon employeur.

Veuillez agréer, Monsieur l'Inspecteur, mes salutations distinguées.

Signature

VOTRE EMPLOYEUR VOUS FAIT PARFOIS TRAVAILLER LE DIMANCHE SANS AUTORISATION PRÉFECTORALE. VOUS PRÉVENEZ L'INSPECTION DU TRAVAIL.

Vous travaillez dans une petite boutique de confection et vous trouvez que votre patron en prend un peu trop à son aise avec le repos dominical. Comme vous vous apercevez qu'il vous fait travailler illégalement, vous le dénoncez à l'inspecteur du travail.

• **Ce que dit la loi** : Selon les articles L.221-4 et L. 221-5 du code du travail, le repos hebdomadaire, qui doit avoir une durée minimale de 24 heures consécutives, doit être donné le dimanche. La loi fixe une liste d'établissements dans lesquels le repos hebdomadaire peut être donné par roulement sans autorisation préfectorale. Ces établissements, hôtels, restaurants et autres salles d'exposition, bénéficient d'une dérogation permanente.

Les autres établissements qui désirent ouvrir le dimanche doivent impérativement obtenir une dérogation temporaire. Celle-ci est obtenue selon deux procédures différentes.

D'une part, un arrêté municipal peut accorder à votre employeur cinq dimanches travaillés au maximum et par an. Il doit alors en contrepartie vous donner un repos compensateur et vous verser une majoration de salaire (art. L. 221-19 du code du travail.)

D'autre part, un arrêté préfectoral peut lui accorder une dérogation :

- lorsqu'il est établi que le repos simultané, le dimanche, de tout le personnel de son établissement serait préjudiciable au public ou compromettrait le fonctionnement normal de cet établissement (art. L. 221-6) ;
- si l'établissement est situé dans une commune touristique ou thermale ou dans une zone touristique d'affluence exceptionnelle (par exemple, les Champs-Élysées) ou d'animation culturelle permanente (art. L. 221-8), ces communes et zones touristiques et culturelles devant elles-mêmes figurer sur une liste établie par le préfet.

• **Notre conseil** : Attention, l'arrêté préfectoral accordant une dérogation a un caractère strictement individuel et elle ne peut être délivrée qu'au cas par cas. Demandez à votre employeur de vous la montrer ou de vous indiquer où vous pouvez la consulter.

Vos nom et prénom
Adresse

Date

Monsieur l'Inspecteur
du travail
Adresse

Monsieur l'Inspecteur du travail,

Je travaille dans l'entreprise ... (*dénomination sociale*), dont les locaux se trouvent ... (*adresse*). Mon employeur, en la personne de Monsieur ... (*nom et prénom*), exige que les salariés viennent travailler un dimanche sur deux, alors qu'il n'a droit à aucune dérogation en matière de repos dominical.

En conséquence, je vous demande d'intervenir en saisissant le tribunal de grande instance en référé pour faire cesser rapidement cet emploi illicite de salariés, comme l'article R. 262-1-1 du code du travail vous en donne la possibilité.

Je souhaite garder l'anonymat et vous demande par conséquent de ne pas révéler mon nom à mon employeur.

Veuillez agréer, Monsieur l'Inspecteur du travail, mes salutations distinguées.

Signature

Votre employeur n'en démord pas. Selon lui, les 35 heures sont une aberration ! Pourtant, il sera tôt ou tard obligé de les appliquer s'il veut éviter de payer des heures supplémentaires. Vous lui demandez d'engager la négociation.

• **Ce que dit la loi** : L'article L. 212-1 du code du travail fixe à 35 heures par semaine la durée légale du travail effectif des salariés. Bien que la loi du 17 janvier 2003 ait rendu moins coûteuses les heures supplémentaires, notamment pour les entreprises de 20 salariés et moins (voir lettre page 504), il est toujours possible en application de la loi du 19 janvier 2000 de conclure un accord de réduction du temps de travail soit en négociant avec les syndicats représentés dans l'entreprise. S'il n'existe pas de syndicat dans l'entreprise, il est possible de demander à un syndicat représentatif au plan national de mandater spécialement un salarié de l'entreprise pour conduire la négociation et conclure un accord.

• **Notre conseil** : Attention à ne pas vous faire avoir dans la négociation. Votre employeur peut vouloir réduire la durée du travail en remettant en cause des jours fériés légaux ou conventionnels, ainsi que des pauses ou des ponts précédemment accordés, soit par un accord ou un usage, soit par une décision unilatérale.

Les noms et prénoms
du ou des signataires
Adresse(s)

Date

Monsieur le Directeur
des Établissements ......
Adresse

Monsieur le Directeur,

Comme vous le savez, depuis la loi du 19 janvier 2000, la durée légale du travail est fixée dans notre pays à 35 heures par semaine. La loi a entendu par ailleurs privilégier la négociation d'entreprise pour la mise en place de cette réforme.

Bien qu'il n'existe pas de syndicat dans notre entreprise, nous pouvons demander à un syndicat représentatif au plan national de mandater spécialement un salarié de notre entreprise pour conduire la négociation et conclure un accord.

Nous pensons qu'il s'agit là d'une opportunité à saisir afin d'engager notre entreprise dans la voie d'un nouvel élan qui ne pourra être que bénéfique pour tous.

Veuillez agréer, Monsieur le Directeur, nos respectueuses salutations.

Signature(s).

VOUS TRAVAILLEZ À TEMPS PARTIEL ET VOTRE EMPLOYEUR VOUS PRÉVIENT LA VEILLE POUR LE LENDEMAIN D'UN CHANGEMENT DE VOS HORAIRES DE TRAVAIL.

L'employeur peut modifier la répartition de l'horaire d'un salarié travaillant à temps partiel mais à condition de l'avoir stipulé dans le contrat de travail et de respecter un préavis minimal de 7 jours. S'il s'entête à changer vos horaires au dernier moment, écrivez-lui en le menaçant de réclamer des dommages et intérêts.

• **CE QUE DIT LA LOI** : Selon l'article L. 212-4-3 du code du travail, le contrat de travail des salariés à temps partiel doit mentionner notamment la durée du travail hebdomadaire ou, le cas échéant, mensuelle prévue et la répartition de la durée du travail entre les jours de la semaine ou les semaines du mois. Il précise, le cas échéant, la durée annuelle du travail du salarié et la définition, sur l'année, des périodes travaillées et non travaillées ainsi que la répartition des heures de travail à l'intérieur de ces périodes. Il doit définir, en outre, les conditions de la modification éventuelle de cette répartition. Celle-ci doit être notifiée au salarié sept jours au moins avant la date à laquelle cette modification doit intervenir.

Le 7e alinéa de l'article L. 212-4-3 prévoit également la possibilité pour les salariés à temps partiel d'effectuer des « heures complémentaires ». Ce sont les heures de travail effectuées au-delà de l'horaire normal dans la semaine ou dans le mois mais dans la limite d'un dixième de la durée hebdomadaire ou mensuelle de travail prévue dans le contrat. N'étant pas des heures supplémentaires, elles vous seront payées sans majoration au taux normal. L'employeur ne peut vous les imposer qu'à condition d'avoir prévu cette éventualité dans votre contrat de travail et de respecter le délai de prévenance de 7 jours.

Attention : un accord collectif de branche ou d'entreprise peut repousser les limites des heures complémentaires jusqu'au tiers de la durée de travail prévue dans le contrat et, aussi, raccourcir le délai de prévenance en-deçà de 7 jours avec un minimum de 3 jours ouvrés.

• **NOTRE CONSEIL** : La loi prévoit un délai de prévenance de 7 jours pour la modification de l'horaire normal. Mais il est conseillé de vous reporter à votre convention collective qui prévoit peut-être un délai plus important, lequel doit alors prévaloir.

Vos nom et prénom Date
Adresse
Emploi occupé
Recommandé avec avis de réception

Monsieur le Directeur
des Établissements ...
Adresse

Monsieur le Directeur,

Le contrat de travail à temps partiel que nous avons conclu le ... (*date*) fixe la durée de mon travail à 22 heures par semaine réparties en 6 heures de travail par jour à l'exception du mercredi.

Or, à deux reprises ce mois-ci, vous m'avez averti le mardi, soit la veille, que je devais travailler le mercredi matin.

L'article L. 212-4-3 du code du travail prévoit un délai de préavis minimal de 7 jours en cas de modification de la répartition du travail.

Je vous prie donc, dès aujourd'hui, de respecter ce préavis.

À défaut je me verrai dans l'obligation de saisir la juridiction prud'homale pour violation de ces dispositions légales, laquelle ne manquerait pas de vous condamner à me verser des dommages et intérêts.

Par ailleurs, je vous rappelle que vous encourez en application de l'article R. 261-3-1 du code du travail une condamnation au paiement d'une contravention de 5e classe.

Veuillez agréer, Monsieur le Directeur, mes salutations distinguées.

Signature

IL FAIT UNE CHALEUR TORRIDE. VOUS DEMANDEZ À VOTRE EMPLOYEUR QU'IL METTE DES BOISSONS À DISPOSITION DES SALARIÉS.

C'est la canicule ! Vous avez besoin de vous désaltérer. Vous consultez votre code du travail et décidez de mettre votre employeur à contribution.

• **Ce que dit la loi** : Selon l'article R. 232-3 du code du travail, les employeurs doivent mettre à la disposition des travailleurs de l'eau potable et fraîche pour la boisson. L'article R. 232-3-1 du même code précise que dans le cas où des conditions particulières de travail entraînent les travailleurs à se désaltérer fréquemment, l'employeur est tenu de mettre gratuitement à leur disposition au moins une boisson non alcoolisée.

• **Notre conseil** : Demandez d'abord verbalement à votre employeur de respecter la réglementation afin d'éviter d'être trop formaliste. Soyez attentif par ailleurs à ce que votre employeur veille à l'entretien et au bon fonctionnement des appareils de distribution, à la bonne conservation des boissons et surtout à éviter toute contamination comme l'y oblige le dernier alinéa de l'article R. 232-3-1.

Vos nom et prénom
Adresse
Emploi occupé

Date

Monsieur le Directeur
des Établissements ...
Adresse

Monsieur le Directeur,

Lors de notre conversation du ... (*date*), je vous ai fait observer que vous ne respectiez pas la réglementation concernant la distribution de boissons.

En effet, vous ne mettez pas d'eau potable et fraîche à la disposition du personnel.

Et/ou :

Vous ne distribuez pas gratuitement, conformément à l'article R. 232-3-1 du code du travail, au moins une boisson non alcoolisée à chaque salarié alors que la chaleur intense qui règne actuellement nous amène à nous désaltérer fréquemment.

En conséquence, je vous demande par la présente lettre de respecter la réglementation en vigueur. Si vous persistiez dans votre attitude, je me verrais contraint avec mes collègues d'en informer l'Inspection du travail.

Ne doutant pas que vous donnerez une suite favorable à notre requête, veuillez agréer, Monsieur le Directeur, l'expression de ma considération distinguée.

Signature

VOUS TRAVAILLEZ SUR ÉCRAN ET VOTRE EMPLOYEUR NE RESPECTE PAS LA RÉGLEMENTATION. VOUS LE DÉNONCEZ À L'INSPECTEUR DU TRAVAIL.

Les cadences sont infernales ! Le « syndrome des flux tendus » a atteint votre employeur... Voilà deux semaines que vous êtes rivé à votre écran sans bénéficier d'aucune pause malgré vos demandes insistantes. Il est temps de réagir.

• **Ce que dit la loi** : Selon un décret du 14 mai 1991, pour prévenir les symptômes d'astreinte visuelle et de fatigue posturale, l'employeur doit concevoir l'activité du salarié de façon à lui ménager des pauses ou des changements d'activité réduisant la charge de travail sur écran.

Une circulaire ministérielle du 4 novembre 1991 estime que ce type de pause est un temps de repos spécifique qui s'ajoute, en tant que de besoin, aux pauses traditionnelles.

• **Notre conseil** : Les textes ne précisent ni le temps de travail continu, ni le temps de pause. Il est donc utile de consulter la convention collective applicable à votre entreprise pour vérifier si elle prévoit une mesure en la matière.

Vos nom et prénom
Adresse
Emploi occupé

Date

Monsieur le Directeur
des Établissements ...
Adresse

Monsieur le Directeur,

Mes collègues et moi-même aimerions attirer votre attention sur le fait que vous enfreignez la réglementation relative à la prévention des risques liés au travail sur des équipements comportant des écrans de visualisation.

En effet, vous nous interdisez d'interrompre périodiquement notre travail par des pauses contrairement aux dispositions d'un décret du 14 mai 1991 (*Journal officiel du 16 mai*).

Ajoutez éventuellement :
Vous ne respectez pas non plus les dispositions de la convention collective qui prévoit dans son article ... (*indiquez lequel*) que la durée du travail ininterrompue sur écran ne doit pas dépasser ... heures et doit être suivie d'une période de repos de ... minutes.

Nous vous prions de bien vouloir vous mettre en conformité avec la réglementation. Si vous persistiez dans votre attitude, nous nous verrions contraints de nous adresser à l'inspecteur du travail afin qu'il vienne constater ces infractions.

Ne doutant pas que vous donnerez une suite favorable à notre requête, veuillez agréer, Monsieur le Directeur, l'expression de notre considération distinguée.

Signature

LA PRÉVENTION DE LUTTE CONTRE L'INCENDIE LAISSE À DÉSIRER ; VOUS PRÉVENEZ L'INSPECTION DU TRAVAIL.

Au feu les pompiers ! Pour que l'expression bien connue ne devienne pas réalité dans votre entreprise, votre employeur doit prendre les mesures nécessaires pour que tout commencement d'incendie puisse être rapidement et efficacement combattu. Il fait la sourde oreille sur ce sujet, mais pas l'inspecteur du travail.

• **Ce que dit la loi** : L'article R. 232-12-17 du code du travail indique notamment que les chefs d'établissement doivent prendre les mesures nécessaires pour que tout commencement d'incendie puisse être rapidement et efficacement combattu dans l'intérêt du sauvetage du personnel. Le premier secours doit être assuré par des extincteurs en nombre suffisant et maintenus en bon état de fonctionnement. Il doit y avoir au moins un extincteur portatif à eau pulvérisée de 6 litres au minimum pour 200 mètres carrés de plancher, avec un minimum d'un appareil par niveau.

Lorsque les locaux présentent des risques d'incendie particuliers, notamment des risques électriques, ils doivent être dotés d'extincteurs dont le nombre et le type sont appropriés aux risques.

• **Notre conseil** : La prévention de l'hygiène et de la sécurité sont les deux mamelles du comité d'hygiène, de sécurité et des conditions de travail (CHSCT). S'il n'en existe pas, demandez sa mise en place (voir lettre page 598).

Vos nom et prénom — Date
Adresse
Emploi occupé

Lettre recommandée avec avis de réception

Monsieur l'Inspecteur
du Travail
Adresse

Monsieur l'Inspecteur du Travail,

Notre employeur, la société .... (*dénomination et adresse*) ne semble pas appliquer la réglementation concernant les moyens de prévention et de lutte contre l'incendie prévue par l'article R.232-12-17 du Code du travail.

En effet, le nombre d'extincteurs est insuffisant. De plus, les locaux présentant des risques d'incendie particuliers (*indiquez quels risques*) ne sont pas dotés d'extincteurs dont le nombre et le type sont appropriés aux risques en question.

Je vous demande, en conséquence, de bien vouloir venir constater ces infractions et rappeler à l'ordre notre employeur, voire de dresser procès-verbal.

Je vous prie d'agréer, Monsieur l'Inspecteur du Travail, l'expression de ma considération distinguée.

Signature

VOUS TRAVAILLEZ LA NUIT ; VOUS DEMANDEZ L'AFFECTATION À UN TRAVAIL DE JOUR.

Votre conjoint vous a quitté et vous laisse seul(e) avec vos enfants sur les bras. Ca tombe mal car vous travaillez de nuit ou votre employeur vient de vous demander de travailler la nuit. Comme vous ne voulez pas les laissez seuls, vous réagissez.

• **Ce que dit la loi** : L'article L. 213-4-2 du code du travail prévoit que lorsque le travail de nuit est incompatible avec des obligations familiales impérieuses, notamment avec la garde d'un enfant ou la prise en charge d'une personne dépendante, le salarié peut demander son affectation sur un poste de jour.

• **Notre conseil** : Les obligations familiales impérieuses ne sont pas définies par la loi. Parfois, la convention collective applicable à l'entreprise contient des précisions sur ce point. Consultez-la.

Vos nom et prénom
Adresse
Emploi occupé
Recommandée avec
avis de réception

Date

Monsieur le Directeur
des Établissements ......
Adresse

Monsieur le Directeur,

Comme je vous l'ai laissé entendre, mes obligations familiales actuelles ne me permettent plus d'assurer mon service de nuit.

En effet, je dois désormais garder mes enfants ...... (*ou autre explication*).

Cela constitue à mon sens des obligations familiales impérieuses au sens de l'article L. 213-4-2 du code du travail.

C'est pourquoi je sollicite de votre part mon affectation sur un poste de jour.

Comptant sur votre compréhension, je vous prie d'agréer Monsieur le directeur, mes salutations distinguées.

Signature

Vous êtes seul(e) pour élever vos enfants et on vient de vous affecter à un travail de nuit incompatible avec vos charges familiales. Vous pouvez refuser.

• **CE QUE DIT LA LOI** : L'article L. 213-4-3 du code du travail précise que pour la même raison indiquée page 551, le salarié peut refuser d'accepter l'affectation à un travail de nuit sans que ce refus constitue une faute ou un motif de licenciement.

Vos nom et prénom
Adresse
Emploi occupé
Recommandée avec
avis de réception

Date

Monsieur le Directeur
des Établissements ......
Adresse

Monsieur le Directeur,

Lors de notre entretien du ..... (*date*), vous m'avez proposé de m'affecter à compter du .... (*date*) à des horaires de nuit.

Comme je vous l'ai laissé entendre, je ne peux répondre favorablement à cette proposition.

En effet, je dois garder mes enfants ...... (*ou autre explication*).

Cela constitue à mon sens des obligations familiales impérieuses au sens de l'article L. 213-4-2 du code du travail. C'est pourquoi je ne peux que refuser mon affectation sur un poste de nuit.

Comptant sur votre compréhension, je vous prie d'agréer Monsieur le directeur, mes salutations distinguées.

Signature

VOTRE PATRON VOUS FAIT DES AVANCES. VOUS PORTEZ PLAINTE POUR HARCÈLEMENT SEXUEL.

Voilà des mois que votre employeur ou votre supérieur hiérarchique vous fait miroiter une promotion si vous acceptez une soirée en tête-à-tête avec lui. Comme vous n'êtes pas une adepte de la « promotion canapé », vous décidez de réagir afin de faire cesser un tel comportement.

• **Ce que dit la loi** : L'article L. 122-46 du code du travail prévoit que tout salarié ayant été victime de harcèlement sexuel ne peut être passible d'une sanction disciplinaire, ou d'un licenciement prononcé par l'employeur. En outre, toute personne se livrant à des actes de harcèlement sexuel peut être poursuivie devant la juridiction pénale (article 222-33 du nouveau code pénal). La plainte devra être déposée auprès du procureur de la République, du commissariat de police, de la gendarmerie, ou du doyen des juges d'instruction près le tribunal de grande instance.

• **Notre conseil** : N'hésitez pas à demander à l'un de vos collègues de témoigner (éventuellement par écrit) en votre faveur. Il ne risque rien. Toute sanction ou tout licenciement prononcé à votre encontre ou contre le témoin de l'abus d'autorité est en effet nul de plein droit.

Vos nom et prénom
Adresse
Profession
Date et lieu de naissance

Date

Monsieur le Procureur
de la République
Adresse

Objet : plainte simple

Monsieur le Procureur de la République,

J'ai l'honneur par la présente lettre de porter plainte contre M. ... (*nom et adresse de l'auteur du harcèlement sexuel*) pour infraction à l'article 222-33 du nouveau code pénal, commise le ... (*date*).

En effet, M. (*ou* Mme) ... n'a pas respecté les dispositions de la loi relative à l'abus d'autorité en matière sexuelle sur ma personne en tant que salarié(e) (*énumérez ici les infractions commises, par exemple* : menaces, pressions, avances sexuelles physiques ou verbales, etc.).

Je vous prie de trouver ci-joint mon témoignage et celui d'un collègue de travail.

Dans l'attente de votre réponse, je vous prie d'agréer, Monsieur le Procureur de la République, mes salutations distinguées.

Signature

VOTRE CHEF DE SERVICE OU UN SIMPLE COLLÈGUE VOUS HARCÈLE MORALEMENT. VOUS PRÉVENEZ VOTRE EMPLOYEUR.

Vous sombrez dans la déprime à cause d'un petit chef qui se prend pour le patron et ne cesse de vous dévaloriser. Comme vous estimez être victime de harcèlement moral, vous demandez à votre employeur de faire cesser ces pratiques.

• **Ce que dit la loi** : Selon le nouvel article L. 122-49 du code du travail, aucun salarié ne doit subir les agissements répétés de harcèlement moral qui ont pour objet ou pour effet une dégradation des conditions de travail susceptibles de porter atteinte à ses droits et à sa dignité, d'altérer sa santé physique ou mentale ou de compromettre son avenir professionnel. L'article L. 122-51 précise qu'il appartient au chef d'entreprise de prendre toutes les dispositions nécessaires en vue de prévenir les agissements de harcèlement moral.

En outre, l'article L. 230-2-II du même code indique clairement que le chef d'établissement met en œuvre les mesures nécessaires pour assurer la sécurité et protéger la santé des travailleurs. Il doit à ce titre planifier la prévention en y intégrant notamment les risques liés au harcèlement moral.

• **Notre conseil** : Dans votre courrier, indiquez éventuellement à votre employeur qu'aucun salarié ne peut être sanctionné, licencié ou faire l'objet d'une mesure discriminatoire, directe ou indirecte, notamment en matière de rémunération, de formation, de reclassement, d'affectation, de qualification, de classification, de promotion professionnelle, de mutation ou de renouvellement de contrat pour avoir subi, ou refusé de subir, des agissements de harcèlement ou pour avoir témoigné de tels agissements ou les avoir relatés.

Vos nom et prénom — Date
Adresse
Emploi occupé
Recommandé avec avis de réception

Monsieur le Directeur
des établissements ...
Adresse

Monsieur le Directeur,

Je tiens à vous informer par la présente que depuis quelque temps, le comportement de M. ... (*nom*) à mon égard atteint le seuil de l'acceptable. En effet, celui-ci ne cesse de me faire des réflexions et des sous-entendus, ce qui a pour effet de dévaloriser mon travail à l'égard de mes collègues. Qui plus est, mon état de santé s'en ressent ... (*expliquez votre cas* : déprime ayant nécessité des arrêts de travail, *par exemple*).

Comme vous le savez, les actes de harcèlement moral sont désormais réprimés par la loi. De tels actes sont punissables d'un an d'emprisonnement et de 15 000 € d'amende.

Vous n'ignorez pas que l'article L. 122-51 du code du travail vous fait obligation de prendre toutes les dispositions nécessaires en vue de prévenir les agissements de harcèlement moral. En conséquence, je vous demande d'intervenir pour faire cesser cette situation qui n'a que trop duré.

Ajoutez le cas échéant : Vous trouverez ci-joint des témoignages de mes collègues de travail qui ont été témoins des agissements répétés de M. ...

Ne doutant pas de votre célérité à régler cette affaire, je vous prie d'agréer, Monsieur le Directeur, mes salutations distinguées.

Signature

IL N'Y A PAS DE DÉLÉGUÉS DU PERSONNEL DANS VOTRE ENTREPRISE. VOUS DEMANDEZ L'ORGANISATION D'ÉLECTIONS À VOTRE EMPLOYEUR.

Comme vos collègues connaissent votre aplomb, ils vous ont sollicité pour être leur délégué auprès de l'employeur. Votre entreprise comptant au moins onze salariés et votre employeur n'ayant jamais pris l'initiative d'organiser d'élections, vous lui demandez de pallier cette carence.

• **Ce que dit la loi** : Selon l'article L. 421-1 du code du travail, dans tous les établissements comptant au moins onze salariés, le personnel doit élire des délégués dont la mission est notamment, aux termes de l'article L. 422-1 du même code, de présenter à l'employeur toutes les réclamations individuelles ou collectives concernant le statut des salariés. Les délégués sont élus pour deux ans.

L'article L. 423-18 dispose que dans le cas où, en l'absence de délégués du personnel, l'employeur est invité à organiser des élections à la suite d'une demande émanant d'un salarié ou d'une organisation syndicale, il est tenu d'engager la procédure des élections dans le mois suivant la réception de ladite demande.

• **Notre conseil** : Avant de faire votre demande, faites vos comptes. En effet, l'effectif de l'entreprise ou de l'établissement nécessaire pour l'organisation d'élections doit avoir été atteint pendant douze mois, consécutifs ou non, au cours des trois années précédentes.

Vos nom et prénom Date
Adresse
Emploi occupé

Recommandé avec avis de réception

Monsieur le Directeur
des Établissements ...
Adresse

Monsieur le Directeur,

Ayant constaté avec mes collègues que notre établissement (*ou notre entreprise*) remplit les conditions légales pour que le personnel puisse élire des représentants, j'ai l'honneur de vous demander d'engager la procédure d'organisation des élections de délégués du personnel prévue par l'article L. 423-18 du code du travail.

J'adresse copie de cette lettre, pour information, à Monsieur l'Inspecteur du travail.

Veuillez agréer, Monsieur le Directeur, mes salutations distinguées.

Signature

VOUS NE VOUS OPPOSEZ PAS À L'ACTION D'UN SYNDICAT DANS UNE PROCÉDURE DE HARCÈLEMENT MORAL.

Vous êtes victime de harcèlement moral ou sexuel et vous subissez des discriminations car vous résistez aux brimades et aux pressions. Un syndicat veut agir à votre place devant le conseil de prud'hommes pour rétablir vos droits. Vous ne vous y opposez pas.

• **Ce que dit la loi** : Selon l'article L. 122-53 du code du travail, les organisations syndicales représentatives dans l'entreprise peuvent exercer en justice toutes les actions en faveur d'un salarié de l'entreprise que ce dernier peut exercer s'il est victime d'agissements répétés de harcèlement moral qui ont pour objet ou pour effet une dégradation des conditions de travail susceptible de porter atteinte à ses droits et à sa dignité, d'altérer sa santé physique ou mentale ou de compromettre son avenir professionnel. Par exemple, si un salarié est sanctionné ou licencié s'il a subi, ou refusé de subir, de tels agissements (ou pour en avoir témoigné), cette sanction ou ce licenciement est nul et le conseil de prud'hommes peut ordonner la remise en l'état.

Cependant, les organisations syndicales doivent justifier d'un accord écrit de l'intéressé.

La même possibilité reconnue aux syndicats d'agir à la place du salarié est reconnue en cas de harcèlement sexuel.

Vos nom et prénom Date
Adresse
Emploi occupé

Syndicat ....
Entreprise
(ou Etablissement)......
Adresse

Messieurs,

Je soussignée (*nom, prénom, profession, domicile*), déclare ne pas m'opposer à l'action que désire intenter le syndicat ...... devant le Conseil de prud'hommes de .... contre M. ...... (*nom, prénom, domicile*) en vue du respect des dispositions de l'article L. 122-49 du code du travail (*ou* L. 122-46 pour le harcèlement sexuel) dans l'entreprise....... (*nom ou raison sociale, adresse*).

Signature

• **Notre conseil** : La loi précise aussi que le salarié peut toujours intervenir au cours du procès engagé par le syndicat et y mettre fin à tout moment. Si vous n'êtes plus d'accord avec l'action engagée à un moment ou à un autre, faites-le savoir.

VOTRE EMPLOYEUR PREND CONNAISSANCE ILLÉGALEMENT DE VOTRE MESSAGERIE. VOUS RÉAGISSEZ.

Votre employeur a fouillé dans votre ordinateur afin d'y lire vos e-mail. Vous êtes furieux car il y avait parmi ceux-ci des messages personnels. Vous lui rappelez qu'il s'agit d'une atteinte à l'intimité de la vie privée.

• **Ce que dit la loi** : L'article 9 du Code civil, l'article 8 de la Convention européenne de sauvegarde de droits de l'homme et des libertés fondamentales, et l'article 226-1 du Code pénal posent le droit au secret des correspondances privées.

Selon la Cour de cassation, « le salarié a droit, même au temps et au lieu de travail, au respect de l'intimité de sa vie privée. » En conséquence, l'employeur ne peut, sous peine de violer le droit au respect de l'intimité de la vie privée, prendre connaissance des messages personnels émis par le salarié et reçus par lui grâce à un outils informatique mis à sa disposition pour son travail (Cour de cassation, chambre sociale, 2 octobre 2001, SA Nikon France). Ce principe est applicable même si l'employeur interdit une utilisation de l'ordinateur à des fins privées.

• **Notre conseil** : le salarié a intérêt, soit à détruire après lecture ses messages, soit, s'il désire les archiver, à le faire dans un dossier intitulé « personnel ». Il faut en effet dissuader l'employeur de commettre l'infraction. Bien entendu rien ne l'empêche de consulter les messages à caractère professionnel.

Vos noms et prénoms — Date
Emploi occupé

Monsieur le Directeur
Entreprise (*établissement*)
Adresse

Monsieur le Directeur,

Lors de notre entretien du .... (*date*), vous m'avez informé qu'un certain nombre de messages que je reçois sur la messagerie de l'entreprise révèlent que je me livre sur le temps de travail à des occupations sans rapport avec mes fonctions dans l'entreprise.

Je tiens par la présente à vous confirmer les réponses que je vous ai faites lors de cet entretien informel.

Je vous rappelle que, selon un arrêt de la Cour de cassation du 2 octobre 2001, l'employeur ne peut, sous peine de violer le droit au respect de l'intimité de la vie privée, prendre connaissance des messages personnels émis par le salarié et reçus par lui grâce à un outils informatique mis à sa disposition pour son travail.

En outre, l'article 9 du Code civil, l'article 8 de la Convention européenne de sauvegarde de droits de l'homme et des libertés fondamentales, et l'article 226-1 du Code pénal posent le droit au secret des correspondances privées, principes applicables aux courriers électroniques.

Enfin, je vous rappelle que vous n'avez pas interdit l'utilisation à des fins personnelles le matériel mis à notre disposition.

Je considère cette conversation comme n'ayant jamais eu lieu. Si vous persistiez dans votre attitude, je me verrais contraint de porter plainte pour violation du secret des correspondances privées. *Ajoutez le cas échéant* : Je transmets le double de la présente aux organisations syndicales de l'entreprise (*ou* aux délégués du personnel). Veuillez agréer, Monsieur le Directeur, mes salutations distinguées.

Signature

VOUS ANNONCEZ VOTRE GROSSESSE ET VOUS DEMANDEZ UN AMÉNAGEMENT DE VOTRE POSTE DE TRAVAIL.

Si vous êtes enceinte, vous devez déclarer votre état de grossesse à votre employeur. En même temps, vous pouvez, si vous exercez un travail difficilement compatible avec votre état de grossesse, demander à son employeur une affectation temporaire dans un autre emploi.

• **Ce que dit la loi** : L'article L. 122-25-1 offre la possibilité à une salariée enceinte de demander à son employeur une affectation temporaire dans un autre emploi si son état de santé médicalement constaté l'exige. Ce changement d'affectation ne doit entraîner aucune diminution de rémunération.

En cas de désaccord entre l'employeur et la salariée ou lorsque la changement intervient à l'initiative de l'employeur, la nécessité médicale du changement d'emploi et l'aptitude de la salariée à occuper le nouvel emploi envisagé ne peut être établies que par le médecin du travail.

L'affectation dans un autre établissement est subordonnée à l'accord de l'intéressée.

Cette affectation temporaire ne peut avoir d'effet excédant la durée de la grossesse et prend fin dès que l'état de santé de la femme lui permet de retrouver son emploi initial.

Vos nom et prénom
Adresse
Emploi occupé

Date

Monsieur le Directeur
des Établissements ......
Adresse

Monsieur le Directeur,

J'ai l'honneur de vous informer par la présente lettre que je suis enceinte, comme l'atteste le certificat médical ci-joint.

La date présumée de mon accouchement est fixée au ...... (*date*), mon contrat de travail sera suspendu du ...... au ...... (*dates*) inclus, en raison de mon congé de maternité.

En outre, conformément à l'article L. 122-25-1 du code du travail, je vous demande, comme l'exige mon état de santé médicalement constaté, une affectation temporaire dans un autre emploi.

Veuillez agréer, Monsieur le Directeur, mes salutations distinguées.

Signature

• **Notre conseil** : La déclaration de votre état de grossesse à votre employeur vous permet de bénéficier d'une protection contre le licenciement. Si vous n'avez pas fait cette déclaration et si votre employeur vous licencie, déclarez vite votre grossesse à ce dernier pour obtenir l'annulation de cette mesure. Aidez-vous de la lettre n° 31-000.

VOUS ÊTES VICTIME DE HARCÈLEMENT MORAL. VOUS FAITES APPEL À UN MÉDIATEUR.

Votre employeur vous harcèle depuis plusieurs mois en espérant vous faire craquer pour obtenir votre démission. Vous demandez l'assistance d'un médiateur extérieur à l'entreprise afin qu'il tente de ramener votre employeur à davantage de retenue à votre égard.

• **Ce que dit la loi** : Selon l'article L. 122-54 du code du travail, une procédure de médiation peut être engagée par toute personne de l'entreprise s'estimant victime de harcèlement moral ou sexuel. Ce médiateur est choisi en dehors de l'entreprise sur une liste de personnalités désignées en fonction de leur autorité morale et de leurs compétences dans la prévention du harcèlement moral ou sexuel.

Le médiateur convoque les parties qui doivent comparaître en personne dans un délai d'un mois. Si l'une ou l'autre ne comparaît pas, il en fait le constat écrit.

Le médiateur doit tenter de concilier les parties et leur soumet des propositions qu'il consigne par écrit en vue de mettre fin au harcèlement.

En cas d'échec de la conciliation, le médiateur informe les parties des éventuelles sanctions encourues et des garanties prévues en faveur de la victime.

• **Notre conseil** : Avant de contacter un médiateur, préférez dans un premier temps le recours aux délégués du personnel de votre entre-prise (s'il y en a !). Ceux-ci disposent d'un droit d'alerte du chef d'entreprise dès qu'ils sont informés d'une atteinte à la santé physique ou mentale des salariés. L'exercice de celui-ci contraint l'employeur à procéder sans délai à une enquête et de faire remédier à cette situation.

Vos nom et prénom Date
Adresse

Recommandé avec avis de réception

Monsieur ...
Médiateur
Adresse

Monsieur le Médiateur,

Je travaille dans l'entreprise ... (*nom et adresse*) en tant que ... (*profession*). Je suis victime depuis plusieurs mois de pratiques de harcèlement moral de la part de mon employeur (*ou* d'un supérieur hiérarchique *ou* d'un collègue de travail).

Cette situation atteint aujourd'hui le seuil du tolérable et mon état de santé s'en ressent.

Conformément à l'article L. 122-54 du code du travail, je vous demande d'engager une procédure de médiation afin de mettre fin au harcèlement dont je m'estime victime.

Veuillez agréer, Monsieur le Médiateur, l'expression de ma considération distinguée.

Signature

VOTRE EMPLOYEUR VEUT VOUS IMPOSER DES CONTRAINTES VESTIMENTAIRES. VOUS PROTESTEZ CONTRE CET ABUS DE POUVOIR.

Votre employeur vous a déjà dit trois fois que le port d'une cravate ou d'une blouse était nécessaire pour travailler. Mais vous estimez que votre profession ou les conditions dans lesquelles elle s'exerce vous permet de vous habiller comme vous l'entendez. Vous lui indiquez que vous considérez qu'il s'agit d'une atteinte à votre liberté individuelle.

• **Ce que dit la loi** : Selon l'article L. 120-2 du code du travail, nul ne peut apporter aux droits des personnes et aux libertés individuelles et collectives de restrictions qui ne seraient pas justifiées par la nature de la tâche à accomplir ni proportionnées au but recherché.

La liberté pour un salarié de se vêtir est soumise à ce principe même si la cour de cassation qu'il ne s'agit pas d'une liberté fondamentale (Cour de cassation, chambre sociale, 28 mai 2003). Ce qui signifie que s'il peut s'habiller comme il l'entend, son employeur peut lui imposer certaines contraintes vestimentaires s'il justifie d'un intérêt légitime. C'est le cas notamment si les salariés exercent des fonctions en contact avec la clientèle : agent d'accueil, vendeur ou vendeuse, cadre représentant l'entreprise, etc. Par exemple, un employeur peut très bien interdire à une secrétaire d'une agence immobilière de venir travailler en survêtement (Cour de cassation, chambre sociale, 6 novembre 2001, LR immobilier). Mais il n'est pas justifié de licencier un salarié portant la barbe, des cheveux longs et une boucle d'oreille alors qu'il n'est qu'un employé libre-service dans un supermarché (cour d'appel de Versailles, 8 juillet 1994, SA Samadoc Auchan).

Le port d'un uniforme ou d'une tenue particulière (une blouse, par exemple) peut également être imposé aux salariés à condition que cette mesure soit justifiée par la nature de la tâche à accomplir ou/et en raison de règles d'hygiène et de sécurité. Ainsi, le fait pour le personnel d'une entreprise de pose et d'entretien d'ascenseurs d'être contraint par le règlement intérieur de l'entreprise de porter une tenue de travail est justifié par des considérations de sécurité liées à l'accomplissement de cette activité (Conseil d'État, 16 décembre 1994). En revanche constitue une atteinte non justifiée à la liberté individuelle de se vêtir, l'obligation pour un conducteur dans un atelier de porter une blouse (Cour de cassation, chambre sociale, 18 février 1998).

• **Notre conseil** : Consultez la convention collective et le règlement intérieur de l'entreprise. Ceux-ci ne peuvent contenir une consigne générale sans justifier cette mesure par la nature de la tâche à accomplir. En outre, si une convention collective ne prévoit pas de contrainte vestimentaire, votre contrat de travail ne peut l'imposer (Cour de cassation, chambre sociale, 16 janvier 2001).

Vos nom et prénom Date
Adresse
Emploi occupé
Recommandé avec avis de réception

Monsieur le Directeur
des établissements ...
Adresse

Monsieur le Directeur,

Vous m'avez fait remarquer le ... (*date*) (*ou* M. ..., chef de service, m'a fait remarquer) que ma manière de m'habiller n'était pas conforme aux usages en vigueur dans votre société et que dorénavant je devrai m'astreindre à ... (*indiquez ce qui vous est demandé* : porter une cravate, une blouse, etc.).
J'ai l'honneur de vous informer par la présente que je considère votre attitude comme attentatoire à la liberté individuelle et aux droits de ma personne conformément à l'article L. 120-2 du code du travail.
En effet, ni le règlement intérieur de l'entreprise, ni la convention collective, ni mon contrat de travail n'imposent une telle restriction.

Ou bien :
Bien que le règlement intérieur impose à certains salariés le port ... (*indiquez de quoi il s'agit*), cette clause ne me concerne pas. En effet, de par les fonctions que j'exerce, je ne suis pas ... (*par exemple* : en contact avec la clientèle).

En conséquence, je considère votre remarque comme nulle et non avenue, car la mesure que vous voulez m'imposer n'est pas justifiée par la nature de la tâche que j'accomplis chaque jour.

Veuillez agréer, monsieur le Directeur, mes salutations distinguées.
Signature

CHAPITRE 31

LICENCIEMENT ET DÉMISSION

VOUS ÊTES LICENCIÉ POUR DES RAISONS OBSCURES. VOUS DEMANDEZ LE MOTIF DE VOTRE LICENCIEMENT.

Vous avez été licencié et vous venez de recevoir votre lettre de licenciement. Mais celle-ci ne contient pas la raison pour laquelle votre employeur vous met à la porte. Contestez par écrit cette absence de motif avant d'engager une procédure devant le conseil des prud'hommes.

• **Ce que dit la loi** : L'article L. 122-14-2 du code du travail fait obligation à votre employeur d'énoncer le ou les motifs de votre licenciement dans la lettre qu'il doit, à l'occasion d'une telle mesure, vous adresser.

Si votre licenciement est prononcé pour un motif économique, la lettre de licenciement doit énoncer les motifs économiques ou de changement technologique invoqués par votre employeur. En outre, ce dernier est tenu, si vous en faites la demande, de vous indiquer les critères retenus pour fixer l'ordre des licenciements en application de l'article L. 321-1-1 du code du travail. Enfin, la lettre doit indiquer que vous pouvez bénéficier, sous certaines conditions, d'une priorité de réembauche.

• **Notre conseil** : L'absence de motifs dans la lettre de licenciement constitue une irrégularité de procédure. Demandez à votre employeur de vous adresser à nouveau une lettre de licenciement avec le véritable motif de celui-ci. Vous pouvez aussi demander au conseil des prud'hommes de l'imposer à votre employeur. Vous avez par ailleurs droit à une indemnité égale à un mois de salaire maximal.
Si les choses restent en l'état, vous pourrez en tirer argument pour exiger par la suite devant le conseil des prud'hommes une indemnité plus importante pour licenciement sans cause réelle et sérieuse.

Vos nom et prénom
Adresse

Emploi occupé

Date

Monsieur le Directeur
des Établissements ...
Adresse

Monsieur le Directeur,

Vous n'ignorez pas que l'article L. 122-14-2 du code du travail fait obligation à l'employeur d'énoncer le ou les motifs du licenciement dans la lettre de licenciement mentionnée à l'article L. 122-14-1 du même code.

Or, votre lettre du ... (*date*) me notifiant mon licenciement ne donne pas la raison pour laquelle vous avez décidé de vous passer de mes services.

Je vous demande donc de m'adresser une nouvelle lettre dans les plus brefs délais, indiquant la cause réelle de mon licenciement. Faute de quoi, je me verrai dans l'obligation de saisir le conseil des prud'hommes afin de faire valoir mes droits.

Veuillez agréer, Monsieur le Directeur, mes salutations distinguées.

Signature

VOUS ÊTES ENCEINTE, ON VOUS LICENCIE. VOUS RÉAGISSEZ.

Si vous êtes enceinte, vous devez normalement déclarer votre état de grossesse à votre employeur afin de bénéficier d'une protection contre le licenciement. Si vous ne l'avez pas fait et que votre employeur vous licencie, déclarez vite votre grossesse à ce dernier pour obtenir l'annulation de cette mesure.

• **CE QUE DIT LA LOI** : L'article L. 122-25-2 du code du travail indique « qu'aucun employeur ne peut résilier le contrat de travail d'une salariée lorsqu'elle est en état de grossesse médicalement constaté (...) ». L'article R. 122-9 du même code précise que pour bénéficier de cette mesure protectrice, la salariée doit prévenir son employeur de son état de grossesse.

Si vous avez oublié d'effectuer cette démarche et que votre employeur vous notifie votre licenciement, la loi vous offre une possibilité de vous en sortir. En effet, l'article L. 122-25-2, alinéa 2 du code du travail prévoit que le licenciement d'une salariée enceinte soit annulé si, dans un délai de quinze jours à compter de sa notification, l'intéressée envoie à son employeur par lettre recommandée avec avis de réception un certificat médical justifiant qu'elle est en état de grossesse.

• **NOTRE CONSEIL** : Si votre employeur n'annule pas votre licenciement, adressez-vous au conseil des prud'hommes pour demander la réintégration dans l'entreprise ou, à défaut, des dommages-intérêts pour rupture abusive de votre contrat. Dans les deux cas, réclamez le paiement des salaires perdus du fait de votre licenciement.

Vos nom et prénom
Adresse
Emploi occupé

Date

Monsieur le Directeur
des Établissements ...
Adresse

Monsieur le Directeur,

Vous m'avez adressé une lettre de licenciement le ... (*date*) pour le motif suivant : ... (*indiquez celui-ci*).

Or, j'ai l'honneur de vous informer par la présente lettre que je suis enceinte, comme l'atteste le certificat médical ci-joint.

La date présumée de mon accouchement étant fixée au ... (*date*), mon contrat de travail sera suspendu du ... au ... (*dates*) inclus, en raison de mon congé de maternité.

En conséquence, conformément à l'article L. 122-25-2 du code du travail, je considère que la mesure de licenciement prise à mon égard est annulée.

Veuillez agréer, Monsieur le Directeur, mes salutations distinguées.

Signature

P.J. : Certificat médical.

LE MONTANT DE VOTRE REÇU POUR SOLDE DE TOUT COMPTE EST ERRONÉ. VOUS LE DÉNONCEZ.

Votre contrat de travail vient de prendre fin pour une raison quelconque (licenciement, démission, fin de contrat à durée déterminée, etc.). L'employeur vous remet alors un document appelé « reçu pour solde de tout compte » dans lequel vous reconnaissez avoir perçu toutes les sommes qui vous sont dues. Si vous êtes en désaccord avec le contenu de ce document, contestez-le par écrit.

• **Ce que dit la loi** : Selon l'article L. 122-17 du code du travail, le reçu pour solde de tout compte signé par le salarié et remis à l'employeur lors de la résiliation ou de l'expiration du contrat de travail n'a que la valeur d'un simple reçu des sommes qui y figurent.

Vous pouvez donc le dénoncer quand vous le voulez si vous estimez que des sommes qui vous sont dues ont été omises par votre employeur.

• **Notre conseil** : Vous avez intérêt à indiquer le plus précisément possible les droits revendiqués, en chiffrant et en motivant chacun d'eux. Vous ne devez pas vous contenter d'affirmer qu'une somme supérieure vous est due.

Vos nom et prénom
Adresse
Emploi occupé

Date

Monsieur le Directeur
des établissements ...
Adresse

Monsieur le Directeur,

Conformément à l'article L. 122-17 du code du travail, je dénonce le reçu pour solde de tout compte que j'ai signé le ... (*date*).

Je suis, en effet, en désaccord avec la somme de ... € que vous m'avez versée pour les raisons invoquées ci-après.

Indiquez alors précisément les points litigieux pour chaque erreur constatée.
Exemple :
- Vous m'avez versé une indemnité de congés payés de ... €. Or, j'aurais dû percevoir la somme de ... € compte tenu de ... (*expliquez*).
- L'indemnité de licenciement d'un montant de ... € s'élève selon mes calculs à ... €, car ... (*expliquez*).

Et ainsi de suite pour chaque droit que vous réclamez.

En conséquence, je vous demande de me verser dans les délais les plus brefs la somme de ... € correspondant au total des sommes invoquées ci-dessus que je n'ai pas perçues.

Sous réserve de tous mes droits passés et à venir, je vous prie d'agréer, Monsieur le Directeur, mes salutations distinguées.

Signature

VOUS ÊTES LICENCIÉ POUR MOTIF ÉCONOMIQUE. VOUS DEMANDEZ LE BÉNÉFICE DE LA PRIORITÉ DE RÉEMBAUCHE.

Le moins que puisse faire un employeur qui licencie des salariés pour motif économique est de leur promettre que si la situation de l'entreprise s'améliore, il les réembauchera en priorité dans l'entreprise. La loi le permet, à condition d'en faire la demande.

• **Ce que dit la loi** : L'article L. 321-14 du code du travail prévoit que si vous êtes licencié pour motif économique (y compris si vous avez adhéré à une convention de conversion), vous pouvez bénéficier d'une priorité de réembauche durant un délai d'un an à compter de la date de la rupture de votre contrat de travail. Toutefois, vous devez faire connaître à l'employeur votre désir d'user de cette priorité dans l'année suivant la fin de votre contrat, préavis effectué ou non.

Votre employeur est alors tenu de vous informer de tout emploi devenu disponible et compatible avec votre qualification. S'il ne respecte pas son obligation, votre employeur peut être condamné à vous verser une indemnité qui ne peut en aucun cas être inférieure à deux mois de salaire si vous travailliez dans une entreprise d'au moins onze salariés et si vous aviez au moins deux ans d'ancienneté. Si vous ne remplissez pas ces deux conditions, il n'y a pas de minimum. Mais votre indemnité sera fixée par le juge prud'homal en fonction du préjudice que vous avez subi.

• **Notre conseil** : Cette obligation d'information n'est pas limitée aux emplois pourvus par des contrats à durée indéterminée. Faites valoir votre droit si vous apprenez que votre employeur recrute des salariés sous contrat à durée déterminée (Cour de cassation, chambre sociale, 26 janvier 1994).

Vos nom et prénom
Adresse
Emploi occupé

Date

Monsieur le Directeur
des Établissements ...
Adresse

Monsieur le Directeur,

J'occupais dans votre entreprise un emploi de ... (*indiquez lequel*). À la suite de mon licenciement pour motif économique, mon contrat de travail a pris fin le ... (*date*).

Conformément à l'article L. 321-14 du code du travail, je vous informe que j'entends bénéficier d'une priorité de réembauche dans votre entreprise. Je vous demande donc de m'informer dès qu'un poste de travail correspondant à ma qualification sera disponible.

Je vous prie d'agréer, Monsieur le Directeur, l'assurance de ma considération distinguée.

Signature

VOUS ÊTES LICENCIÉ POUR MOTIF ÉCONOMIQUE. VOUS ESTIMEZ QUE L'ORDRE DES LICENCIEMENTS N'A PAS ÉTÉ RESPECTÉ ET QU'UN AUTRE SALARIÉ AURAIT DÛ ÊTRE LICENCIÉ À VOTRE PLACE.

Vous êtes furieux : votre entreprise réduit ses effectifs et, à votre grande surprise, vous figurez parmi le personnel licencié. Cela n'aurait pas dû être le cas si tous les critères légaux ou conventionnels relatifs à l'ordre des licenciements avaient été pris en considération par votre employeur. Dans un premier temps, vous lui demandez par écrit les critères retenus.

• **CE QUE DIT LA LOI** : Selon l'article L. 321-1-1 du code du travail, en cas de licenciement collectif pour motif économique, en l'absence de convention ou d'accord collectif applicable, l'employeur définit, après consultation du comité d'entreprise ou, à défaut, des délégués du personnel, les critères retenus pour fixer l'ordre des licenciements.

Ces critères, appréciés par catégories professionnelles, prennent notamment en compte les charges de famille et en particulier celles de parents isolés, l'ancienneté de service dans l'établissement ou l'entreprise, la situation des salariés qui présentent des caractéristiques sociales rendant leur réinsertion professionnelle particulièrement difficile (notamment les personnes handicapées et les salariés âgés), les qualités professionnelles. Votre employeur doit d'abord prendre en considération tous ces critères avant d'en privilégier certains.

L'article L. 122-14-2 du même code prévoit que l'employeur est tenu, à la demande écrite du salarié, de lui indiquer par écrit les critères retenus.

• **NOTRE CONSEIL** : Si vous êtes licencié et si vous estimez que votre employeur n'a pas respecté les critères retenus, vous pouvez demander au conseil des prud'hommes de le condamner à vous verser des dommages-intérêts qui seront fixés en fonction du préjudice que vous avez subi du fait de la perte injustifiée de votre emploi (Cour de cassation, chambre sociale, 14 janvier 1997).

Vos nom et prénom
Adresse
Emploi occupé

Date

Monsieur le Directeur
des Établissements ...
Adresse

Monsieur le Directeur,

Vous venez de me faire savoir de manière informelle que j'étais concerné(e) par la procédure de licenciement collectif pour motif économique à laquelle vous allez recourir.

Je suis extrêmement surpris(e) par cette mesure à mon égard. En effet, j'avais cru comprendre que je ne serais pas inclus(e) dans cette procédure si je m'en réfère aux critères que vous aviez décidé de retenir (*ajoutez éventuellement* : et que vous avez communiqués au comité d'entreprise ou aux délégués du personnel, etc.) pour fixer l'ordre des licenciements (*rappelez lesquels*).

C'est pourquoi, en application de l'article L. 122-14-2 du code du travail, je vous demande de me communiquer par écrit, dans un délai de dix jours à compter de la présentation de cette lettre, les critères que vous avez finalement retenus.

Je vous prie d'agréer, Monsieur le Directeur, l'assurance de ma considération distinguée.

Signature

VOUS ÊTES LICENCIÉ POUR MOTIF ÉCONOMIQUE ET VOUS ESTIMEZ LA PROPOSITION DE RECLASSEMENT FAITE PAR VOTRE EMPLOYEUR INSUFFISANTE. VOUS LA REFUSEZ.

La loi met à la charge de l'employeur une obligation de reclassement s'il vous licencie pour motif économique. Comme il se contente de vous orienter vers une « antenne emploi », vous lui signifiez qu'il doit vous faire une offre plus sérieuse.

• **Ce que dit la loi** : L'article L. 321-1 du code du travail dispose depuis la loi de modernisation sociale du 17 janvier 2002 que le licenciement pour motif économique d'un salarié ne peut intervenir que lorsque tous les efforts de formation et d'adaptation ont été réalisés et que le reclassement de l'intéressé ne peut être réalisé dans le cadre de l'entreprise ou, le cas échéant, dans les entreprises du groupe auquel l'entreprise appartient, sur :

– un emploi relevant de la même catégorie que celui qu'il occupe ;
– ou sur un emploi équivalent ;
– ou, à défaut, et sous réserve de l'accord exprès du salarié, sur un emploi d'une catégorie inférieure.

Les offres de reclassement proposées au salarié doivent êtres écrites et précises.

• **Notre conseil** : Si votre employeur ne vous a pas fait de proposition de reclassement ou si vous estimez que ses propositions ont été insuffisantes, vous pouvez saisir le conseil des prud'hommes et réclamer une indemnité pour licenciement sans cause réelle et sérieuse. La recherche des juges devra porter sur le caractère sérieux de la proposition de reclassement, c'est-à-dire sur son effectivité.

Vos nom et prénom
Adresse
Emploi occupé

Date

Recommandé avec avis de réception

Monsieur le Directeur
des établissements ...
Adresse

Monsieur le Directeur,

Dans le cadre de la procédure de licenciement pour motif économique dont je fais l'objet, vous m'avez proposé la mesure de reclassement suivante : ... (*indiquez laquelle*).

Je ne peux, en l'état actuel des choses, que refuser cette proposition. En effet, ... (*expliquez pourquoi : par exemple* « l'emploi que vous me proposez ne correspond pas à ma qualification, » ou bien « il ne s'agit pas d'une véritable mesure de reclassement car elle ne correspond pas à un emploi effectif », etc.).

Je vous demande donc de me faire d'autres propositions plus sérieuses. Faute de quoi, je n'aurai d'autre solution que de saisir le conseil des prud'hommes afin de contester le caractère réel et sérieux du motif économique de mon licenciement.

Je vous prie d'agréer, monsieur le Directeur, mes salutations distinguées.

Signature

VOTRE EMPLOYEUR VOUS A LICENCIÉ POUR MOTIF ÉCONOMIQUE EN APPLIQUANT UN PLAN SOCIAL SQUELETTIQUE QUI EST ANNULÉ PAR LE JUGE. VOUS DEMANDEZ VOTRE RÉINTÉGRATION.

Vous travaillez dans une entreprise de plus de 50 salariés et votre employeur procède à des licenciements économiques en mettant en œuvre un plan social dont les mesures de reclassement vous semblent insuffisantes. Après avoir obtenu l'annulation de ce plan, vous pouvez estimer que votre licenciement est nul. Exigez immédiatement votre réintégration dans l'entreprise.

• **Ce que dit la loi** : Selon l'article L. 321-4-1 du code du travail, l'employeur doit obligatoirement établir et mettre en œuvre un plan social, afin de limiter le nombre de licenciements et faciliter le reclassement du personnel, dans les entreprises d'au moins 50 salariés pour tout licenciement collectif d'au moins 10 salariés dans une même période de trente jours.

Ce plan doit prévoir certaines mesures. Ce sont par exemple des actions de reclassement interne ou externe à l'entreprise, des créations d'activités nouvelles, des actions de formation ou de conversion, des mesures de réduction ou d'aménagement du temps de travail.

La procédure de licenciement est nulle et de nul effet, tant qu'un plan visant au reclassement des salariés s'intégrant au plan social n'est pas présenté par l'employeur aux représentants du personnel, qui doivent être réunis, informés et consultés.

Le cas échéant, l'inspecteur du travail doit constater la carence dans le plan social des mesures prévues par la loi. Le comité d'entreprise ou le syndicat peuvent aussi demander au tribunal de grande instance la suspension ou l'annulation de la procé-dure qui ne serait pas conforme à la loi.

Les salariés licenciés alors que la procédure est nulle n'auraient pas dû l'être puisque la nullité de celle-ci n'a pas pu produire l'effet qui lui est attaché, à savoir le licenciement. Ils peuvent donc saisir à titre individuel le référé prud'homal en invoquant la nullité du licenciement et demander au juge leur réintégration dans l'entreprise (article L. 122-14-4 du code du travail). Si vous ne demandez pas la poursuite de votre contrat de travail, vous avez droit à une indemnité qui ne peut être inférieure à votre salaire des douze derniers mois.

• **Notre conseil** : Si le comité d'entreprise ou le syndicat n'ont pas demandé au tribunal de grande instance l'annulation du plan social, rien ne vous empêche à titre individuel de saisir le conseil des prud-d'hommes. Celui-ci est compétent pour examiner les mesures de reclassement qu'il contient et, le cas échéant, estimer qu'elles sont insuffisantes (Cour d'appel de Lyon, 14 nov. 1997, SA Jeumont Schneider Transformateurs). Il prononcera du même coup la nullité de votre licenciement.

Vos nom et prénom
Adresse
Emploi occupé
Recommandé avec avis de réception

Date

Monsieur le Directeur
des Établissements ...
Adresse

Monsieur le Directeur,

Par décision du ... (*date*), le tribunal de grande instance de ... (*ou* le conseil des prud'hommes de ... *ou* la cour d'appel de ...) a déclaré nulle et de nul effet la procédure collective que vous avez mise en œuvre.

L'article L. 122-14-4 du code du travail prévoit désormais la nullité des licenciements prononcés dans le cadre d'une telle procédure.

En conséquence, je vous demande de bien vouloir me réintégrer dans mon emploi aux mêmes conditions que celles qui précédaient mon licenciement. Vous devez en outre me verser l'intégralité des sommes que j'aurais dû normalement percevoir si mon contrat de travail n'avait pas été rompu, augmentées des intérêts de retard.

À défaut d'une régularisation dans un délai que je souhaite limité à ... (*indiquez lequel mais pas plus d'un mois*), je me verrai contraint de saisir le conseil des prud'hommes selon la procédure de référé pour qu'il ordonne ma réintégration sous astreinte.

En espérant ne pas être obligé d'en arriver à une telle extrémité, je vous prie d'agréer, monsieur le Directeur, mes salutations distinguées.

Signature

VOUS QUITTEZ L'ENTREPRISE ET DEMANDEZ UNE RÉDUCTION DE VOTRE PRÉAVIS.

Vous quittez votre entreprise parce que vous avez démissionné ou avez été licencié. Mais vous n'êtes pas dispensé par votre employeur d'exécuter votre préavis. Or, vous avez trouvé un emploi et votre nouvel employeur désire que vous commenciez à travailler immédiatement. La solution : demander une réduction ou une dispense d'exécution de votre préavis à votre ancien employeur.

• **CE QUE DIT LA LOI** : En cas de licenciement, le code du travail prévoit (article L. 122-6) que l'employeur est tenu de respecter des durées minimales de préavis (généralement, entre quinze jours et deux mois). De même (article L. 122-5), le salarié qui démissionne ne peut pas quitter l'entreprise du jour au lendemain. Autrement dit, sauf si votre employeur vous dispense d'effectuer votre préavis, vous êtes tenu de continuer à travailler dans votre entreprise dans des conditions identiques à celles précédant votre préavis.

Si vous désirez être dispensé d'exécuter votre préavis ou si vous voulez obtenir une réduction de celui-ci, une demande écrite à votre employeur s'impose, sauf dans certains cas bien précis (état de grossesse, inaptitude physique, etc.). Par ailleurs, de nombreuses conventions collectives prévoient la dispense ou l'interruption du préavis si le salarié est embauché par un autre employeur au cours de celui-ci.

• **NOTRE CONSEIL** : Il serait imprudent de ne pas respecter votre préavis sans obtenir le consentement de votre employeur. Celui-ci pourrait (sauf faute grave, cas de force majeure, ou mauvais état de santé) vous réclamer le montant de l'indemnité de préavis, en totalité ou en partie, s'il justifie que votre départ inopiné lui a causé un préjudice.

Vos nom et prénom — Date
Adresse
Emploi occupé
Recommandé avec avis de réception

Monsieur le Directeur
des Établissements ...
Adresse

Monsieur le Directeur,

J'ai été licencié le ... (*date*) et je dois quitter l'entreprise au terme de mon préavis le ... (*jour et date*).

Ou bien :
Je vous ai remis ma démission le ... (*date*) et mon dernier jour de préavis est fixé au ... (*jour et date*).

J'ai l'honneur de vous demander de bien vouloir me dispenser d'exécuter ce préavis.

Ou encore :
J'ai l'honneur de vous demander de bien vouloir réduire l'exécution de ce préavis de ... (*nombre de jours ou de mois*).

En effet, ... (*indiquez la raison qui motive votre demande, par exemple* : je viens de trouver un nouvel emploi et mon employeur exige que je commence à travailler le plus tôt possible).

Certain que vous comprendrez la raison impérieuse qui justifie ma demande et ne doutant pas que vous y donnerez une réponse favorable, je vous prie d'agréer, Monsieur le Directeur, mes salutations distinguées.

Signature

UN SINISTRE A RAVAGÉ VOTRE ENTREPRISE. VOUS DEMANDEZ LE VERSEMENT D'UNE INDEMNISATION POUR CAS DE FORCE MAJEURE.

Votre entreprise a été détruite entièrement ou partiellement par une explosion. Comme vous estimez qu'il s'agit d'un cas de force majeure et que la reprise d'activité n'est pas pour demain, vous exigez de votre employeur qu'il vous verse une indemnité compensatrice comme le prévoit désormais le code du travail.

• **Ce que dit la loi** : L'article L. 122-9-1 du code du travail prévoit que le salarié dont le contrat de travail à durée indéterminée est rompu pour cas de force majeure en raison d'un sinistre a droit à une indemnité compensatrice dont le montant est égal à celui de l'indemnité de préavis et de l'indemnité de licenciement (articles L. 122-8 et L. 122-9 du même code). En outre, l'article L. 122-3-4-1 dispose que le salarié dont le contrat de travail à durée déterminée est rompu avant l'échéance en raison d'un sinistre relevant d'un cas de force majeure a droit à une indemnité compensatrice dont le montant est égal aux rémunérations que le salarié aurait perçues jusqu'au terme du contrat. Ces indemnités compensatrices sont couvertes par l'assurance garantie des salaires (AGS) dans le cas où le sinistre conduit à l'ouverture d'une procédure de redressement et de liquidation judiciaire.

• **Notre conseil** : Ne vous emballez pas ! Si le sinistre n'est pas constitutif d'un cas de force majeure, il n'ouvre pas droit à l'indemnité. Si la jurisprudence reconnaît comme cas de force majeure la destruction totale de l'entreprise entraînant une impossibilité absolue de poursuivre son activité ou une destruction partielle de celle-ci lorsque le sinistre a détruit totalement certains secteurs entraînant la rupture des contrats des salariés qui y sont employés, l'impossibilité temporaire d'exercer l'activité ou l'indisponibilité momentanée des locaux ne sont pas retenus comme des cas de force majeure. Renseignez-vous d'abord auprès de l'inspection du travail ou d'un syndicat avant de formaliser votre demande.

Vos nom et prénom — Date
Adresse
Emploi occupé
Recommandé avec avis de réception

Monsieur le Directeur
des établissements ...
Adresse

Monsieur le Directeur,

Suite au sinistre survenu le ... (*date*) qui a détruit totalement ou partiellement notre entreprise (*ou* certains locaux de notre entreprise), mon contrat de travail s'est trouvé rompu pour un cas de force majeure.

En conséquence, je vous demande, conformément à l'article L. 122-9-1 du code du travail, de me verser une indemnité compensatrice égale à l'indemnité de préavis et à l'indem-nité de licenciement prévues respectivement par les articles L. 122-8 et L. 122-9 du même code.

Ou bien :

Étant titulaire d'un contrat à durée déterminée, je vous demande, conformément à l'article L. 122-9-1 du code du travail, de me verser une indemnité compensatrice égale aux rémunérations que j'aurais dû percevoir jusqu'au terme de mon contrat.

Veuillez agréer, Monsieur le Directeur, mes salutations distinguées.

Signature

VOTRE ANCIEN EMPLOYEUR PRÉTEND QUE VOUS AVEZ VIOLÉ UNE CLAUSE DE NON-CONCURRENCE, IL REFUSE DE CONTINUER À VOUS VERSER UNE CONTREPARTIE FINANCIÈRE. VOUS PROTESTEZ.

Vous avez quitté votre entreprise et votre contrat de travail ou la convention collective prévoyait que vous deviez respecter une clause de non-concurrence. En contrepartie, une indemnité vous est versée. Vous avez trouvé un autre emploi non-concurrent et votre ex-employeur stoppe ses paiements. Vous lui rappelez son obligation.

• **Ce que dit la loi** : Une clause de non-concurrence insérée dans le contrat de travail ou dans la convention collective a pour but d'interdire au salarié, après la rupture de son contrat, l'exercice d'une activité qui porterait préjudice à son ancien employeur. Une telle clause doit être assortie d'une contrepartie pécuniaire au profit du salarié qui doit être également prévue par le contrat ou la convention collective.

Les tribunaux considèrent que le chef d'entreprise ne peut pas refuser de payer l'indemnité au motif que son ex-salarié a retrouvé un autre emploi non-concurrent même mieux rémunéré (Cour de cassation, chambre sociale, 13 novembre 1990).

• **Notre conseil** : Si votre employeur s'entête, saisissez le conseil des prud'hommes selon la procédure de référé et réclamez le versement de votre indemnité.

Vos nom et prénom Date
Adresse
Emploi occupé
Recommandé avec avis de réception

Monsieur le Directeur
des Établissements ...
Adresse

Monsieur le Directeur,

Par votre lettre du ... (*date*), vous m'informez que vous ne verserez plus l'indemnité compensatrice de non-concurrence prévue par mon contrat de travail (*ou* par la convention collective).

Je considère cette décision comme une violation de vos obligations. En effet, s'il est exact que j'ai été embauché depuis le ... (*date*) dans l'entreprise ... (*nom et adresse*), mes nouvelles fonctions ne constituent en rien une activité concurrente à la vôtre puisque mon travail consiste en ... (*détaillez votre profil de poste*).

En conséquence, je vous demande par la présente lettre de reprendre le versement de mon indemnité de non-concurrence, car j'entends pour ma part continuer à respecter mon obligation pour la durée et la zone géographique fixées par mon ancien contrat de travail (*ou* la convention collective).

Voulant croire à un simple malentendu, je vous prie d'agréer, Monsieur le Directeur, mes salutations distinguées.

Signature

VOUS QUITTEZ L'ENTREPRISE ET L'EMPLOYEUR REFUSE LE DÉBLOCAGE DE VOS DROITS À LA PARTICIPATION. VOUS CONTESTEZ.

Vos droits à la participation sont en principe indisponibles pendant cinq ans. Mais si vous quittez votre entreprise pour une raison quelconque ou si un autre événement limitativement énuméré par la loi vient à se produire, vous pouvez demander par anticipation le déblocage de vos droits à la participation. Si votre employeur refuse, contestez-le par écrit.

• **Ce que dit la loi** : L'article R. 442-17 du code du travail énumère limitativement les cas où le salarié peut obtenir un déblocage anticipé de ses droits à la participation :

- cessation du contrat de travail ;
- acquisition ou agrandissement, sous réserve de l'existence d'un permis de construire, de la résidence principale ;
- décès du bénéficiaire ou de son conjoint ;
- mariage du salarié ;
- naissance, ou arrivée au foyer en vue de son adoption d'un troisième enfant, puis de chaque enfant suivant ;
- divorce, lorsque le salarié conserve la garde d'au moins un enfant ;
- invalidité du bénéficiaire ou de son conjoint au sens des 2° et 3° alinéas de l'article L. 341-4 du code de la Sécurité sociale ;
- création ou reprise par le bénéficiaire ou par son conjoint d'une entreprise industrielle, commerciale, artisanale ou agricole, soit à titre individuel, soit sous la forme d'une société commerciale ou coopérative ;
- surendettement du salarié, sous certaines conditions.

• **Notre conseil** : Si votre employeur prétend qu'en cas de déblocage anticipé vous perdrez vos avantages fiscaux, ne l'écoutez pas car c'est faux ! Par ailleurs, s'il persiste dans sa mauvaise volonté, réclamez votre dû devant le conseil des prud'hommes en ayant recours à la procédure de référé et, au besoin, en dénonçant votre reçu pour solde de tout compte.

Vos nom et prénom — Date
Adresse
Emploi occupé
Recommandé avec avis de réception

Monsieur le Directeur
des Établissements ...
Adresse

Monsieur le Directeur,

Comme vous le savez, j'ai quitté votre entreprise le ... (*date*).

Ou bien :
Comme j'en ai informé le chef du personnel, j'entends demander le déblocage anticipé de mes droits à la participation pour le motif suivant :... (indiquez de quoi il s'agit).

Or, un litige m'oppose toujours à M. ... (*nom*), chef du personnel. Celui-ci refuse ce déblocage anticipé d'un montant de ... €.

Vous n'ignorez pas que le motif de ma demande fait partie des cas prévus par l'article R. 442-17 du code du travail m'autorisant à demander ce déblocage par anticipation.

En conséquence, je vous demande d'intervenir auprès de votre chef du personnel afin qu'il procède au paiement de cette somme sans retard. À défaut, je me verrai dans l'obligation de dénoncer mon reçu pour solde de tout compte et de saisir le conseil des prud'hommes de cette affaire.

Veuillez agréer, Monsieur le Directeur, mes salutations distinguées.

Signature

C'EST LA FAILLITE ! L'ASSURANCE GARANTIE DES SALAIRES VEUT LIMITER LE MONTANT DES SOMMES DUES À UN MONTANT RIDICULE. VOUS ESTIMEZ QU'ELLE DOIT VOUS VERSER DAVANTAGE.

En cas de liquidation judiciaire d'une entreprise, vous devez percevoir les sommes qui vous sont dues par votre employeur. C'est l'Assurance garantie des salaires (AGS) qui s'en charge mais dans la limite de deux plafonds. Si elle vous applique à tort le moins avantageux, réagissez.

• **CE QUE DIT LA LOI** : Tout employeur est tenu d'assurer ses salariés en vue de garantir le paiement de leurs créances en cas de redressement ou de liquidation judiciaire et verse à cet effet une cotisation. Ce régime d'assurance est géré conjointement par l'AGS (Association pour la gestion du régime d'assurance des créances des salariés), l'UNEDIC et les ASSEDIC.

Les créances couvertes par l'AGS, par l'intermédiaire des ASSEDIC, en cas d'insolvabilité de l'employeur, sont celles qui sont nées de l'exécution du contrat de travail. Ce qui comprend les sommes dues à la date du jugement d'ouverture de la procédure de redressement judiciaire, les créances résultant de la rupture du contrat de travail intervenue à différentes périodes, les sommes dues pendant la période d'observation en cas de liquidation judiciaire etc. (art. L. 143-11-1 à L. 143-11-3 du code du travail).

Toutes ces sommes sont versées aux salariés dans la limite de l'un des deux plafonds institués par la loi. Il existe ainsi, conformément à l'article D. 143-2 du code du travail le plafond 13 (13 x 4 fois le plafond mensuel de la Sécurité sociale, soit 126 464 € pour 2003) qui doit être appliqué aux créances qui résultent des dispositions légales, réglementaires ou conventionnelles, à condition que le contrat de travail ait été signé au moins six mois avant la décision prononçant le redressement judi-ciaire. Et le plafond 4 (4 x 4 fois le plafond mensuel de la Sécurité sociale, soit 38 912 €), beaucoup moins avantageux et qui garantit les autres créances.

Selon la loi, le plafond 13 est applicable aux créances résultant de dispositions législatives ou réglementaires, ou des stipulations des conventions collectives. Mais jusqu'à présent l'AGS appliquait le plafond 4 dans la majorité des cas et écartait le plafond 13 dès que le montant du salaire se démarquait, même légèrement, des minima légaux ou conventionnels au motif que le montant de la rémunération avait été « librement débattu entre les parties » et ne correspondait.

Vos nom et prénom
Adresse
Salarié de l'entreprise ...

Date

Recommandé avec avis de réception

Monsieur le Directeur
des ASSEDIC de ...
Adresse

Monsieur le Directeur,

Comme vous le savez mon entreprise ... (*dénomination sociale et adresse*) a fait l'objet d'une procédure de liquidation judiciaire (*ou* de redressement) par jugement en date du ... rendu par le tribunal de commerce de ... (*nom et adresse*).

Conformément à la lettre de créance que j'ai remis au représentant des salariés et dont vous trouverez ci-joint photocopie, j'aurais dû percevoir la somme de ... € représentative notamment de mes salaires et indemnités de licenciement.

Vous vous opposez au paiement de cette somme en estimant que son montant est limité en tout état de cause à 4 x 4 fois le plafond mensuel de la Sécurité sociale, soit 38 912 € pour 2003, et ce, au motif qu'une grande partie de la somme litigieuse résulterait d'un accord entre moi-même et mon employeur.

Je conteste votre interprétation et je considère que vous devez me verser cette somme, laquelle ne peut être limitée que par le plafond de 126 464 €, soit 13 x 4 fois le plafond mensuel de la Sécurité sociale.

En cas de liquidation judiciaire d'une entreprise, vous devez percevoir les sommes qui vous sont dues par votre employeur. C'est l'Assurance garantie des salaires (AGS) qui s'en charge mais dans la limite de deux plafonds. Si elle vous applique à tort le moins avantageux, réagissez.

plus au « salaire minimal impérativement fixé par la loi, un règlement ou une convention collective » (Cour de cassation, chambre sociale, 13 mai 1980, Bulletin des arrêts, p. 320, n° 421).

Dans un arrêt du 15 décembre 1998, la chambre sociale a adopté une solution plus conforme à l'intérêt des salariés. Elle affirme en effet que les créances relevant du plafond 13 « sont celles qui trouvent leur fondement dans une loi, un règlement ou une convention collective, peu important que leur montant ne soit pas lui-même fixé par l'une de ces sources de droit » et que « la rémunération du salarié, contrepartie de son travail, entre dans les prévisions de l'article D. 143-2 1er alinéa du code du travail, même lorsque son montant est fixé par l'accord des parties » (Cour de cassation, chambre sociale, 15 déc. 1998, AGS de Paris et UNEDIC c/ Boue et Sudre).

• **Notre conseil** : Si vous contestez la détermination du plafond appliqué et si, malgré votre réclamation, vous vous heurtez à un refus de paiement par l'AGS, vous devez saisir directement le bureau de jugement du conseil des prud'hommes. Aucun délai n'est prévu pour l'introduction d'une telle action.

Vous ne pouvez ignorer en effet que la Cour de cassation considère désormais que les créances relevant du plafond 13 « sont celles qui trouvent leur fondement dans une loi, un règlement ou une convention collective, peu important que leur montant ne soit pas lui-même fixé par l'une de ces sources de droit » et que « la rémunération du salarié, contrepartie de son travail, entre dans les prévisions de l'article D. 143-2 1er alinéa du code du travail, même lorsque son montant est fixé par l'accord des parties » (*Cour de cassation, chambre sociale, 15 déc. 1998*).

En conséquence, je vous demande de m'adresser la somme de ... € et ce dans les plus bref délais. À défaut, je me verrais contraint de saisir le bureau de jugement du conseil des prud'hommes afin qu'il tranche cette affaire.

Veuillez agréer, Monsieur le Directeur, mes salutations distinguées.

Signature

VOUS AVEZ DONNÉ VOTRE DÉMISSION SUR UN COUP DE TÊTE. VOUS REVENEZ SUR VOTRE DÉCISION.

À force de subir les pressions de votre supérieur hiérarchique, vous avez craqué et avez envoyé à la hâte votre lettre de démission. Une fois calmé(e), vous vous apercevez que vous avez agi de façon trop impulsive. Vous écrivez à votre employeur pour vous rétracter... sans rien lâcher sur le fond.

• **Ce que dit la loi** : La loi ne fixe pas les conditions de la démission. Mais les tribunaux considèrent que la démission ne se présume pas. Elle doit résulter de la volonté clairement exprimée et non équivoque du salarié de quitter l'entreprise. Si ce n'est pas le cas, il s'agit d'une fausse démission. Par exemple, si un salarié a donné sa démission à la suite d'agissements de l'employeur visant à le tourmenter ou à lui infliger des sanctions sans justification et qui rendent intolérables à l'intéressé les conditions d'exécution de son travail, la rupture de son contrat de travail ne peut lui être imputée (Cour d'appel de Paris, 16 janvier 1997, SA Infinitif). Il s'agit alors d'un licenciement. D'où l'intérêt parfois pour l'employeur face à un salarié qui a donné sa démission sur un coup de colère d'accepter sa demande de réintégration.

• **Notre conseil** : Il peut être utile dans votre lettre de rétractation de mettre en garde votre employeur sur les risques qu'il encourt s'il n'accède pas à votre demande. Ainsi, signalez-lui au besoin que le conseil des prud'hommes peut estimer que votre démission est en réalité un licenciement dont il devra assumer la charge financière.

Vos nom et prénom — Date
Adresse
Emploi occupé

Recommandé avec avis de réception

Monsieur le Directeur
des établissements ......
Adresse

Monsieur le Directeur,

Le ..... (*date*), j'ai indiqué verbalement à M. ..... (*nom*), mon supérieur hiérarchique, que je démissionnais de mon emploi, annonce que je vous ai notifiée par écrit.

Cette décision ne résultait pas de ma volonté claire et non équivoque de quitter mon emploi mais des événements suivants : .... (*indiquez le contexte de votre décision précipitée* : pressions, réflexions désobligeantes et répétées, manque de respect, etc.).

En conséquence, je déclare par la présente rétracter ma démission.

Vous n'ignorez pas que compte tenu des circonstances, le conseil des prud'hommes n'hésiterait pas à requalifier la rupture de mon contrat de travail en un licenciement abusif.

Veuillez agréer, Monsieur le Directeur, mes salutations distinguées.

Signature

Vous avez résilié votre contrat de travail à l'issue de votre congé maternité ou d'adoption. Comme le manque d'activité professionnelle commence à vous peser, vous demandez votre réembauchage en priorité.

• **Ce que dit la loi** : L'article L. 122-28 du code du travail autorise le ou la salarié(e) pour élever son enfant, à résilier son contrat de travail à l'issue du congé de maternité ou d'adoption ou, le cas échéant, deux mois après la naissance ou l'arrivée au foyer de l'enfant, sans être tenu de respecter le délai de préavis, ni de payer de ce fait une indemnité de rupture.

Il peut aussi, dans l'année suivant la rupture de son contrat, solliciter son réembauchage par lettre recommandée avec accusé de réception. L'employeur est alors tenu, pendant un an, de l'embaucher par priorité dans les emplois auxquels sa qualification lui permet de prétendre et de lui accorder, en cas de réemploi, le bénéfice de tous les avantages qu'il avait acquis au moment de son départ.

• **Notre conseil** : Le réembauchage n'est pas automatique. Il faut qu'il y ait un poste libre correspondant à votre qualification professionnelle. Il est donc toujours conseillé de se renseigner auprès du service du personnel ou des collègues sur l'évolution de la situation.

Vos nom et prénom
Adresse
Emploi occupé

Date

Lettre recommandée
avec avis de réception

Monsieur le Directeur
des Établissements....
(*adresse*)

Monsieur le Directeur,

En application de l'article L. 122-28 du code du travail, j'ai résilié mon contrat de travail le ... (*date*), soit quinze jours (*ou plus*) avant la fin de mon congé de maternité (*ou d'adoption*).

Je désire aujourd'hui reprendre mon activité professionnelle. En conséquence, je vous demande en application de l'article susvisé de me réembaucher prioritairement dans les emplois auxquels ma qualification me permet de prétendre et ce pendant un délai d'un an suivant la présente demande.

Je suis à votre entière disposition pour un entretien plus approfondi sur la mise en œuvre concrète de ma demande.

Veuillez agréer, Monsieur le Directeur, mes salutations distinguées.

Signature

VOTRE EMPLOYEUR VOUS A BERNÉ EN VOUS FAISANT SIGNER UNE TRANSACTION. VOUS LE MENACEZ D'EN DEMANDER L'ANNULATION.

Vous avez signé une transaction avec votre employeur pour régler un différend. Mais après coup, vous considérez que c'est un marché de dupes car l'indemnité transactionnelle qui vous est versée correspond au minimum de vos droits. Vous exigez une réévaluation sous peine d'annulation.

• **Ce que dit la loi** : Il résulte des articles 1134 et 2044 du code civil et de la jurisprudence que la transaction consécutive à une rupture du contrat de travail par l'employeur ou le salarié a pour objet de mettre fin, par des concessions réciproques, à toute contestation née ou à naître résultant de cette rupture. Il s'ensuit que la transaction ne peut valablement être conclue qu'une fois la rupture intervenue et définitive, c'est-à-dire, en cas de licenciement, après réception, par le salarié, de la lettre de licenciement. Elle doit seulement régler les conséquences financières de celui-ci (Cour de cassation, chambre sociale, 16 juillet 1997, Ritzenthaler).

En outre est nulle une transaction en l'absence de « concessions appréciables ». Les concessions ne doivent pas être dérisoires, notamment de la part de l'employeur. Par exemple, si ce dernier a licencié un salarié pour incompétence professionnelle, fait qui ne peut être constitutif d'une faute grave privative de l'indemnité de préavis et de licenciement, il ne fait aucune concession s'il octroie finalement au salarié dans le cadre de la transaction lesdites indemnités, car c'est ce à quoi pouvait prétendre au minimum l'intéressé (Cour de cassation, chambre sociale, 6 avril 1999, Deshayes).

• **Notre conseil** : Renseignez-vous sur vos droits (notamment dans la convention collective) pour vérifier que l'indemnité transactionnelle proposée par l'employeur n'est pas inférieure ou égale à ce qui vous est dû. Rappelez-lui que, dans ce cas, la transaction n'est pas valable et que le conseil des prud'hommes peut l'annuler.

Vos nom et prénom — Date
Adresse
Emploi occupé
Recommandé avec avis de réception

Monsieur le Directeur
des établissements ...
Adresse

Monsieur le Directeur,

Vous m'avez notifié le ...... (*date*) mon licenciement au motif suivant : ... (*indiquez lequel*).

Nous avons alors conclu le ..... (*date*) une transaction aux termes de laquelle j'ai accepté une somme d'un montant de ... €. Je me suis engagé(e) en échange à renoncer à toute contestation ultérieure.

Après m'être renseigné(e) sur mes droits (*par exemple* examen de la convention collective), je constate que le motif de mon licenciement aurait dû vous conduire à me verser une somme supérieure correspondant à ... (*précisez de quoi il s'agit* : par exemple montant de l'indemnité légale ou conventionnelle de licenciement).

En conséquence, j'estime que cette transaction n'est pas valable, car elle ne contient pas de véritables concessions de votre part et je vous demande de réévaluer l'indemnité transactionnelle pour un montant de ... €.

Dans le cas contraire, je m'adresserai au conseil des prud'hommes pour faire annuler cette transaction.

Veuillez agréer, Monsieur le Directeur, mes salutations distinguées.

Signature

Quel peut être le montant d'une saisie ?

Le barème de l'article L. 145 du code du travail fixe la proportion saisissable sur la rémunération annuelle nette. Depuis le 1er janvier 2003, la fraction saisissable ou cessible est :

- du vingtième sur la tranche de la rémunération annuelle inférieure ou égale à 3 060 € ;
- du dixième sur la tranche supérieure à 3 060 € et inférieure ou égale à 6 030 € ;
- du cinquième sur la tranche supérieure à 6 030 € et inférieure ou égale à 9 040 € ;
- du quart sur la tranche supérieure à 9 040 € et inférieure ou égale à 12 010 € ;
- du tiers sur la tranche supérieure à 12 010 € et inférieure ou égale à 14 990 € ;
- des deux tiers sur la tranche supérieure à 14 990 € et inférieure ou égale à 18 010 € ;
- de la totalité sur la tranche supérieure à 18 010 €.

Les seuils déterminés ci-dessus sont augmentés d'un montant de 1 140 € par personne à la charge du débiteur saisi sur justification présentée par l'intéressé.

Pour l'application de ces correctifs sont considérées comme personnes à charge :

- le conjoint ou le concubin du débiteur, dont les ressources personnelles sont inférieures au montant du revenu minimum d'insertion, soit 411,70 € par mois en 2003 ;
- tout enfant ouvrant droit aux prestations familiales et se trouvant à la charge effective et permanente du débiteur, ainsi que tout enfant à qui, ou pour le compte de qui, le débiteur verse une pension alimentaire ;
- l'ascendant ayant des ressources personnelles inférieures au RMI et qui, soit habite avec le débiteur, soit reçoit de lui une pension alimentaire.

À noter : dans le cas où la dette est alimentaire (pension qui aurait dû être versée pour un enfant, par exemple), le salaire peut être saisi en totalité. Mais il doit rester, en tout état de cause, à la personne saisie un minimal vital correspondant au revenu minimum d'insertion (RMI), soit 411,70 € par mois en 2003.

Exemple de calcul :
Votre salaire annuel net est de 18 300 € et vous n'avez pas d'enfant à charge.
La fraction saisissable est :

– de 0 à 3 060 €	3 060/20	153 €
– de 3 060 à 6 030 €	2 970/10	297 €
– de 6 030 à 9 040 €	3 010/5	602 €
– de 9 040 à 12 010 €	2 970/4	745 €
– de 12 010 à 14 990 €	2 980/3	993,33 €
– de 14 990 à 18 010 €	3 020 x 2/3	2 013,33 €
– de 18 010 à 18 300 €	290	290 €

Total saisissable pour l'année :
4 803,66 € (total du cumul des tranches) + 290 € = 5 093,66 €

Total saisissable par mois : 5 093,66/12 = 424,47 €.

CHAPITRE 32

LES ÉLUS DU PERSONNEL ET LE COMITÉ D'ENTREPRISE

VOUS ÊTES DÉLÉGUÉ DU PERSONNEL ET VOTRE EMPLOYEUR VOUS A LICENCIÉ SANS AUTORISATION DE L'INSPECTEUR DU TRAVAIL. VOUS EXIGEZ VOTRE RÉINTÉGRATION.

Si vous êtes délégué du personnel, syndiqué ou non, et si votre employeur veut vous licencier pour un motif même sans rapport avec votre mandat, il doit obtenir une autorisation administrative de licenciement. À défaut, votre licenciement est nul et vous pouvez exiger la réintégration dans votre emploi.

• **Ce que dit la loi** : Tous les représentants du personnel (délégués du personnel, membres des comités d'entreprise, des CHSCT, délégués syndicaux, conseillers aux prud'hommes, etc.) ne peuvent pas être licenciés sans une autorisation préalable de l'Inspection du travail. Cette procédure revêt un caractère d'ordre public, ce qui signifie qu'elle conditionne la validité du licenciement, y compris en présence d'un motif économique.

Si votre employeur n'a pas sollicité d'autorisation ou veut passer outre à un refus d'autorisation, le licenciement est nul. Vous pouvez demander la réintégration dans votre emploi ou dans un emploi équivalent. La réintégration est de droit car le licenciement est intervenu sans le respect des formalités légales (Cour de cassation, chambre sociale, 20 mai 1992). Et vous êtes libre de la demander quand vous voulez (Cour de cassation, chambre sociale, 26 fév. 1992).

Vous avez en outre droit à une indemnisation correspondant à la perte de salaire pour la période comprise entre le licenciement et votre réintégration effective (Cour de cassation, chambre sociale, 17 oct. 1989).

• **Notre conseil** : Si vous avez demandé à votre employeur la réintégration dans votre emploi ou dans un emploi équivalent et si vous vous heurtez à un refus, saisissez le conseil des prud'hommes selon la procédure de référé et exigez votre réintégration sous astreinte (environ 760 € par jour de retard pour que votre employeur ait intérêt à vous réintégrer plutôt que de payer l'astreinte).

Vos nom et prénom	Date
Adresse
Emploi occupé

Recommandé avec avis de réception

Monsieur le Directeur
des Établissements ...
Adresse

Monsieur le Directeur,

Vous m'avez notifié le ... (*date*) mon licenciement pour le motif suivant : ... (*indiquez lequel*). Vous n'ignorez pas que ma qualité de ... (*indiquez votre mandat* : délégué du personnel, syndical, membre du CE, etc.) aurait nécessité l'obtention d'une autorisation préalable de licenciement auprès de M. l'Inspecteur du travail, ce qui n'est pas le cas.

Le licenciement prononcé à mon égard est donc nul et est censé n'avoir jamais existé. En conséquence, je sollicite ma réintégration dans l'emploi que j'occupais dans votre société avant mon licenciement.

En outre, je vous demande de me verser à titre d'acompte sur mon indemnisation, la somme de ... € correspondant aux salaires perdus depuis mon licenciement.

Veuillez agréer, Monsieur le Directeur, mes salutations distinguées.

Signature

VOUS ÊTES DÉLÉGUÉ DU PERSONNEL ET VOTRE EMPLOYEUR VOUS A LICENCIÉ SANS AUTORISATION DE L'INSPECTEUR DU TRAVAIL. VOUS EXIGEZ UNE INDEMNISATION.

Si vous ne souhaitez pas être réintégré dans votre entreprise, vous pouvez demander une indemnisation.

• **CE QUE DIT LA LOI** : Si vous ne souhaitez pas être réintégré, vous avez droit à une indemnité forfaitaire égale, au minimum, à la rémunération que vous auriez perçue depuis votre éviction jusqu'à l'expiration de la période de protection (c'est-à-dire six mois après la fin du mandat si vous êtes délégué du personnel ou membre d'un CE) (Cour de cassation, chambre sociale, 10 juil. 1990).

Le licenciement ayant été prononcé sans autorisation, sachez que le conseil des prud'hommes doit aussi vous allouer une indemnité pour licenciement sans cause réelle et sérieuse qui doit être égale au minimum à votre salaire des six derniers mois (Cour de cassation, chambre sociale, 12 juin 2001, Peccoud). Cette indemnité est cumulable avec l'indemnisation forfaitaire et les indemnités de préavis et de licenciement (légales ou conventionnelles).

Vos nom et prénom
Adresse
Emploi occupé
Recommandé avec avis de réception

Date

Monsieur le Directeur
des Établissements ...
Adresse

Monsieur le Directeur,

Vous m'avez notifié le ... (*date*) mon licenciement pour le motif suivant : ... (*indiquez lequel*). Vous n'ignorez pas que ma qualité de .... (*indiquez votre mandat* : délégué du personnel, syndical, membre du CE, etc.) aurait nécessité l'obtention d'une autorisation préalable de licenciement auprès de M. l'Inspecteur du travail, ce qui n'est pas le cas.

Le licenciement prononcé à mon égard est donc nul et est censé n'avoir jamais existé. Je vous informe que nos rapports étant arrivés à un point de dégradation insupportable, je n'envisage pas d'exiger de votre part la réintégration dans mon emploi. En revanche, je vous demande de me verser à titre d'indemnisation, conformément à la jurisprudence, la somme de ... € correspondant à la rémunération que j'aurais perçue depuis mon éviction jusqu'à l'expiration de la période de protection du mandat de ... (*indiquez lequel* : délégué du personnel, par exemple) dont je suis titulaire, soit pour la période du ... (*date*) au ... (*date*) inclus.

En outre, mon licenciement étant nul, il est dépourvu automatiquement de cause réelle et sérieuse (Cour de cassation, chambre sociale, 12 juin 2001). En conséquence, je vous demande de me verser en plus la somme de ... F correspondant au salaire brut des six derniers mois.

Veuillez agréer, Monsieur le Directeur, mes salutations distinguées.

Signature

VOUS DEMANDEZ L'INSCRIPTION D'UNE QUESTION À L'ORDRE DU JOUR D'UNE RÉUNION DU COMITÉ D'ENTREPRISE.

Employeur et secrétaire du comité d'entreprise doivent élaborer en commun l'ordre du jour des réunions du comité d'entreprise. Parfois des désaccords surgissent et l'employeur peut être tenté de passer outre l'accord du secrétaire. Vous lui rappelez qu'il ne peut pas fixer l'ordre du jour unilatéralement.

• **Ce que dit la loi** : Selon l'article L. 434-3 du Code du travail, l'ordre du jour des réunions officielles du comité d'entreprise est arrêté par le chef d'entreprise et le secrétaire. La Cour de cassation en a déduite le Code du travail fait obligation au chef d'entreprise « d'arrêter conjointement avec le secrétaire du comité » le texte de l'ordre du jour (Cour de cassation, ch. soc., 8 juillet 1997, Comité d'entreprise de la Société Plasco). L'un et l'autre doivent se mettre d'accord pour rédiger en commun l'ordre du jour quel que soit l'objet de la réunion. Aucun des deux ne peut imposer à l'autre une rédaction déterminée.

Si un employeur fixe unilatéralement l'ordre du jour, il commet le délit d'entrave (Cour de cassation, ch. crim. 6 mai 1986).

• **Notre conseil** : Si l'employeur refuse d'inscrire une question à l'ordre du jour, réitérez d'abord votre demande par écrit. S'il persiste, le secrétaire peut inscrire la question litigieuse dans une demande de réunion exceptionnelle signée de la majorité des membres du comité (voir lettre page 585). Le secrétaire peut aussi s'adresser au juge des référés (Tribunal de grande instance) pour résoudre la difficulté.

Vos nom et prénom
Secrétaire du comité d'entreprise
Adresse
Recommandé avec avis de réception

Date

M. ......, Président du comité
d'entreprise (*d'établissement*)
Adresse

Monsieur le Président,

Lors de notre rencontre du ..... (*date*) pour fixer l'ordre du jour de la prochaine réunion du comité d'entreprise, vous avez refusé d'inscrire la question de .... (*indiquez de quoi il s'agit*) au motif que .... (*rappelez la position de l'employeur*).

Les événements qui se sont déroulés depuis cette date démontrent au contraire l'urgence pour le comité d'entreprise de débattre de cette question.

Je vous réitère donc ma demande du .... (*date*). Je vous rappelle que la loi et la jurisprudence vous font interdiction d'élaborer unilatéralement l'ordre du jour des réunions du comité.

Si votre désaccord persistait, je me verrais dans l'obligation de ...... (*indiquez la solution ayant votre préférence : demande de réunion exceptionnelle ou saisine du juge des référés*)

Veuillez agréer, Monsieur le Président, nos salutations distinguées.

Signature

VOUS DEMANDEZ UNE RÉUNION EXCEPTIONNELLE DU COMITÉ D'ENTREPRISE.

Les couloirs de votre entreprise bruissent de rumeurs de réorganisation. Comme la réunion mensuelle du comité d'entreprise vient d'avoir lieu et que votre employeur n'en a pas parlé, vous demandez une réunion exceptionnelle afin qu'il s'explique sans attendre.

• **Ce que dit la loi** : Selon l'article L. 434-3 du code du travail, dans les entreprises dont l'effectif est au moins égal à cent cinquante salariés, le comité se réunit au moins une fois par mois sur convocation du chef d'entreprise ou de son représentant. Dans les entreprises dont l'effectif est inférieur à cent cinquante salariés, le comité d'entreprise se réunit au moins une fois tous les deux mois (une fois par mois s'il existe une délégation unique du personnel DP-CE). La majorité des membres du comité d'entreprise ou d'établissement peut en outre demander une seconde réunion entre deux réunions mensuelles ou bimestrielles en vue d'y débattre de questions choisies par elle. La demande peut être présentée par le secrétaire du comité ou par tout autre membre. Les questions dont la majorité désire la discussion doivent être jointes à la demande.

• **Notre conseil** : Si votre employeur refuse d'inscrire une question à l'ordre du jour de la réunion mensuelle ou bimestrielle, une bonne solution consiste pour débloquer la situation à demander une réunion exceptionnelle en vue d'y débattre de la question dont l'employeur refuse de discuter. Celui-ci ne peut pas alors se défiler : il doit réunir le comité.

Comité d'entreprise — Date
Adresse

Recommandé avec avis de réception

M. ......, Président du comité
d'entreprise (*d'établissement*)
Adresse

Monsieur le Président,

En application de l'article L. 434-3, alinéa 1er, du Code du travail, nous nous demandons de convoquer dans les meilleurs délais une réunion exceptionnelle du comité (d'entreprise ou d'établissement) avec l'ordre du jour suivant :

1° ________
2° ________
3° ________

Veuillez agréer, Monsieur le Président, nos salutations distinguées.

Nom	qualité	signature
......	membre titulaire	
......	membre titulaire	
Etc.		

Votre employeur a décidé de participer volontairement aux cotisations d'un régime de prévoyance ou d'organiser un repas de retraités. S'agissant d'activités sociales, le comité d'entreprise peut en revendiquer la gestion.

• **Ce que dit la loi** : Selon l'article L. 432-8 du code du travail, le comité d'entreprise assure ou contrôle la gestion de toutes les activités sociales et culturelles établies dans l'entreprise prioritairement au bénéfice des salariés ou de leurs familles ou participe à cette gestion, quel qu'en soit le mode de financement.

L'employeur ne peut pas, sans consulter le comité, créer une activité sociale. Il ne peut pas refuser au comité la prise en charge de cette activité, si celui-ci en fait la demande.

Par exemple, selon la jurisprudence les cotisations patronales volontaires à un régime de prévoyance (mutuelle, assurance de groupe), en sus des cotisations de sécurité sociale, constituent une œuvre sociale que le comité d'entreprise peut revendiquer pour l'ajouter à sa dotation pour les activités sociales et culturelles (Cour de cassation, ch. soc., 22 juin 1993, Sté europ de soufres).

• **Notre conseil** : Si l'employeur n'a pas le droit de se livrer à une activité sociale et culturelle concurrente à celle du comité, il n'est pas forcément avantageux pour le comité de revendiquer la gestion de l'activité créée par l'employeur (c'est souvent le cas pour les restaurant d'entreprise). Il peut alors en laisser la gestion à celui-ci tout en gardant un droit de contrôle.

Comité d'entreprise (d'établissement) de ....
Adresse

Date

Recommandé avec avis de réception

M. ......, Président du comité d'entreprise (*d'établissement*)
Adresse

Monsieur le Président,

Vous avez informé le ......(*date*) les élus du comité d'entreprise ainsi que l'ensemble des représentants du personnel de votre décision de participer à la cotisation de ....(*indiquez de quoi il s'agit : mutuelle, organisme de prévoyance, club omnisport, etc.*).

Le comité d'entreprise réuni le ......(*date*) considère que cette participation patronale volontaire constitue une activité sociale au sens de l'article L. 432-8 du code du travail.

Il revendique en conséquence la gestion de cette activité et vous demande de lui verser directement les fonds que la direction de l'entreprise consacre à cette activité.

Veuillez agréer, Monsieur le Président, nos salutations distinguées.

Signature

LE COMITÉ D'ENTREPRISE DEMANDE LE PAIEMENT DE LA SUBVENTION DE FONCTIONNEMENT DE 0,2 %.

La loi oblige l'employeur à verser chaque année au comité d'entreprise une subvention particulière dite de fonctionnement. Cette subvention s'ajoute, sous certaines conditions à celle due pour les activités sociales et culturelles.

• **Ce que dit la loi** : Selon l'article L. 434-8 du Code du travail, le chef d'entreprise doit verser au comité une subvention de fonctionnement d'un montant annuel équivalent à 0,2 % de la masse salariale brute. Cette subvention permet au comité de rémunérer des experts libres (conseiller juridique, études économiques) ou d'acquérir du matériel ou de la documentation ou bien encore d'embaucher du personnel. Son montant s'ajoute à la subvention destinée aux activités sociales et culturelles (voir lettre n° 32-00). Mais l'employeur n'a pas à verser la subvention s'il fait déjà bénéficier le comité d'entreprise d'une somme ou de moyens en personnel équivalents à 0,2 % de la masse salariale brute.

• **Notre conseil** : Si l'employeur ne semble pas pressé de verser la somme qu'il doit au comité, n'oubliez pas de spécifier que la lettre de réclamation vaut en application de l'article 1139 du code civil mise en demeure faisant courir les intérêts légaux.

Comité d'entreprise (d'établissement) de ....
Adresse

Date

Recommandé avec avis de réception

M. ......, Président du comité
d'entreprise (*d'établissement*)
Adresse

Monsieur le Président,

Selon l'article L. 434-8 du Code du travail, vous êtes tenu de verser au comité d'entreprise (*ou d'établissement*) une subvention de fonctionnement d'un montant annuel équivalent à 0,2 % de la masse salariale brute.

Après examen de notre comptabilité, il nous apparaît que pour la période du.... (*date*) au ......(*date*) vous ne nous avez pas versé la somme au titre de ladite subvention.

Ou bien :
Après examen de notre comptabilité, il nous apparaît que pour la période du.... (*date*) au ......(*date*) vous ne nous avez versé que .... Euros au lieu de ...... euros au titre de la ladite subvention.
Nous vous demandons en conséquence de nous verser la somme de .....euros correspondant à la somme dues pour la période susvisée.

En application de l'article 1139 du code civil, la présente vaut mise en demeure faisant courir les intérêts légaux.

Veuillez agréer, Monsieur le Président, nos salutations distinguées.

Signature

LE COMITÉ D'ENTREPRISE DEMANDE LE PAIEMENT DE LA SUBVENTION DES ACTIVITÉS SOCIALES ET CULTURELLES.

La loi oblige l'employeur à verser chaque année au comité d'entreprise une subvention pour les activités sociales et culturelles. Celle-ci permet notamment aux comités de favoriser l'accès des salariés à des activités culturelles extérieures à l'entreprise. Comme le comité vient d'être créé, vous lui demandez de vous payer cette subvention.

• **CE QUE DIT LA LOI** : La contribution versée chaque année par l'employeur pour financer des activités sociales et culturelles peut être calculée de deux manières :

– soit selon l'article L. 432-9 du Code du travail : la somme versée ne peut en aucun cas, être inférieure au total le plus élevé des sommes affectées aux dépenses sociales de l'entreprise atteint au cours des trois dernières années précédant la prise en charge des activités sociales et culturelles par le comité d'entreprise ; en pratique il s'agit souvent des trois années qui précèdent la création du comité ;

– soit selon l'article R. 432-11-1° du Code du travail, 2e alinéa : la contribution de l'employeur ne peut, en aucun cas, être inférieure au total le plus élevé des sommes affectées aux dépenses sociales précitées de l'entreprise atteint au cours de l'une des trois dernières années.

Comité d'entreprise (d'établissement) de ....
Adresse

Date

Recommandé avec avis de réception

M. ......, Président du comité d'entreprise (*d'établissement*)
Adresse

Monsieur le Président,

Selon l'article L. L. 432-9 du Code du travail, vous êtes tenu de verser au comité d'entreprise (ou d'établissement) une subvention au titre des activités sociales et culturelles.

Bien que la loi ne fixe pas de chiffre précis, nous estimons que ce montant est de .... €. Ce montant correspond en effet au total le plus élevé des sommes affectées aux dépenses sociales de l'entreprise atteint au cours des trois dernières années précédant la prise en charge des activités sociales et culturelles par le comité d'entreprise.

Nous vous demandons donc de nous verser cette somme au titre de l'année 20...

Ou bien :

Après examen de notre comptabilité, il nous apparaît que pour la période du.... (*date*) au ......(*date*) vous ne nous avez versé que .... euros au lieu de ...... euros au titre de la ladite subvention. Nous vous demandons en conséquence de nous verser la somme de ..... euros correspondant à la somme dues pour la période susvisée.

En application de l'article 1139 du code civil, la présente vaut mise en demeure faisant courir les intérêts légaux.

Veuillez agréer, Monsieur le Président, nos salutations distinguées.

Signature

• **NOTRE CONSEIL** : Veillez pour les années suivantes à ce que l'employeur ne réduise pas unilatéralement le montant de la subvention. Il doit maintenir un minimum pendant un certain temps.

L'ENTREPRISE FERME ; LE COMITÉ D'ENTREPRISE DÉCIDE LA DÉVOLUTION DE SES BIENS.

Le comité d'entreprise dispose d'un patrimoine et de biens. Si l'entreprise cesse définitivement son activité, il doit décider de s'en séparer. Il peut par exemple donner ses biens à un autre comité ou à une association caritative.

• **CE QUE DIT LA LOI** : L'article R. 432-16 du Code du travail prévoit qu'en cas de cessation définitive de l'activité de l'entreprise, le comité d'entreprise décide de l'affectation des biens dont il dispose.

La liquidation est opérée par ses soins sous la surveillance du directeur départemental du Travail et de la main-d'œuvre.

La dévolution du solde des biens doit être effectuée au profit :

– soit d'un autre comité d'entreprise ou interentreprises, notamment dans le cas où la majorité du personnel est destinée à être intégrée dans le cadre desdites entreprises ;
– soit d'institutions sociales d'intérêt général dont la désignation doit être, autant que possible, conforme aux vœux exprimés par le personnel intéressé.

En aucun cas les biens ne peuvent être répartis entre les membres du personnel ni entre les membres du comité.

• **NOTRE CONSEIL** : La dévolution des biens n'est légalement prévue qu'en cas de disparition de l'entreprise. Si un comité disparaît sans cessation d'activité de l'entreprise, rien ne l'empêche de décider la dévolution de ses biens avant sa disparition.

Décision du comité sur la dévolution de ses biens

Comité d'entreprise (d'établissement) de ....
Adresse

Le comité d'entreprise de l'entreprise ....(*dénomination*) ... réuni le ... (*date*) décide de procéder à la dévolution de ses biens en application de l'article R. 432-16 du Code du travail, en raison de la cessation définitive de l'activité de l'entreprise.

Les actifs du comité comprennent les biens mobiliers et immobiliers suivants ..... (*frais de liquidation fiscaux, notariaux et administratifs déduits*). Le comité a réglé son passif (*ou bien : figure au passif les dettes suivantes.....*).

Il décide de faire don de ses biens de la manière suivante :
– don de ..... à .....(*par exemple* comité d'entreprise de.........) ;
– don de ... ..à .....(*par exemple* association.....) ;
– la somme de ..... solde de sa trésorerie, est donnée à .....

Les donataires susdésignés devront faire connaître leur acceptation de la donation et de ses conditions.
Le comité donne mandat à M. ...... pour l'exécution de la présente délibération dont les frais seront inscrits au passif.

La présente résolution a été adoptée à la majorité (*ou à l'unanimité*) des voix des présents.

Une copie du procès-verbal de la présente réunion sera transmise à M. le Directeur départemental du travail.

Signatures

L'entreprise prend l'eau ou des appétits féroces menacent son indépendance. Comme les bruits de couloir ont toujours une raison d'être, le comité d'entreprise décide d'en avoir le cœur net et déclenche le droit d'alerte interne.

• **Ce que dit la loi** : L'article L. 432-5-I du code du travail permet au comité d'entreprise de déclencher une alerte interne lorsqu'il a connaissance de faits de nature à affecter de manière préoccupante la situation économique de l'entreprise. Cette procédure lui permet de demander à l'employeur de lui fournir des explications. Cette demande est une résolution votée à la majorité des membres titulaires présents (voir notre modèle). Elle est inscrite de droit à l'ordre du jour de la prochaine séance du comité d'entreprise. Mais si la situation l'exige, il est aussi possible pour le comité de demander une réunion exceptionnelle avec comme seul point à l'ordre du jour, le déclenchement de l'alerte interne (voir page 585).

Dès lors que le comité estime que le fait est "préoccupant", l'employeur ne peut pas refuser de lui répondre. S'il n'est pas satisfait des explications de l'employeur, le comité d'entreprise peut établir un rapport. Et s'il n'est pas non plus satisfait par ce dernier, il peut saisir les organes dirigeants de l'entreprise. Ceux-ci doivent alors se réunir et lui donner une réponse motivée.

• **Notre conseil** : Utilisez toutes les possibilités. La procédure d'alerte interne permet au comité d'avoir recours à un expert-comptable aux frais de l'employeur. En outre, le comité peut s'adjoindre avec voix consultative deux salariés de l'entreprise choisis en raison de leur compétence. Ceux-ci disposent de cinq heures payées.

Modèle de résolution pour déclencher l'alerte interne

Comité d'entreprise (*d'établissement*) de ....
Adresse

Les élus du comité d'entreprise (*ou d'établissement*) ont eu connaissance le ......(*date*) des faits suivants : ....(*expliquez lesquels*).

Le comité d'entreprise (*ou d'établissement*) considère que ces faits sont de nature à affecter de manière préoccupante la situation économique de l'entreprise.

Il décide en conséquence de déclencher la procédure d'alerte interne prévue par l'article L. 432-5 du Code du travail et demande à la Direction de lui fournir des explications
sur ces faits.

Le comité décide de se faire assister dans cette procédure par le cabinet d'expertise comptable ......(*dénomination et adresse*).

Fait à ..... le .....(*date*)

VOUS DEMANDEZ LA CONSTITUTION D'UN COMITÉ D'ENTREPRISE EUROPÉEN.

Vous travaillez dans une entreprise de dimension communautaire ayant plusieurs entreprises ou établissements dans différents états membres de la communauté. Un comité d'entreprise européen vous semble s'imposer pour que l'ensemble des salariés travaillant dans tous les pays concernés bénéficient d'une structure d'échange et de dialogue avec les dirigeants.

• **CE QUE DIT LA LOI** : Selon l'article L. 439-6, 1er alinéa, du code du travail, en vue de garantir le droit des salariés à l'information et à la consultation à l'échelon européen, un comité d'entreprise européen ou une procédure d'information, d'échange de vues et de dialogue est institué dans les entreprises ou groupes d'entreprises de dimension communautaire.

Et l'article L. 439-7 du code du travail, 3e alinéa, indique qu'à défaut d'initiative du chef d'entreprise, la procédure est engagée à la demande écrite de cent salariés ou de leurs représentants, relevant d'au moins deux entreprises ou établissements situés dans au moins deux Etats membres.

Si aucun accord n'a pas été conclu trois ans après une demande de négociation, ou six mois après un refus, il est fait application des dispositions du code du travail sur le comité d'entreprise européen.

Demande de constitution de comité d'entreprise européen

Date

Une directive européenne du 22 septembre 1994 a rendu obligatoire l'institution d'un comité d'entreprise européen ou d'une procédure dans les entreprises de dimension communautaire en vue d'informer et de consulter les travailleurs.

La loi du 12 novembre 1996 a transposé dans le code du travail les exigences de cette directive.

Ayant constaté jusqu'alors l'absence d'initiative de notre direction afin de mettre en place un comité d'entreprise européen ou une procédure d'information, d'échange de vues et de dialogue, les salariés soussignés de l'entreprise .... (*dénomination*) située à .... (*ville, pays*) demandent, en application de l'article L. 439-7 du code du travail, l'institution d'un comité d'entreprise européen.

Noms Signatures

• **NOTRE CONSEIL** : La forme de la demande importe peu. Il s'agit en pratique d'une simple pétition. Par ailleurs, consultez les articles L. 439-13 et suivant du code du travail. Ils précisent la composition, le fonctionnement, la compétence, les moyens matériels (ressources, experts, frais de déplacements, traductions, etc.) du comité d'entreprise européen.

LE COMITÉ D'ENTREPRISE DEMANDE L'INCLUSION DANS UN GROUPE POUR PARTICIPER AU COMITÉ DE GROUPE.

En ces temps incessants de restructurations, une entreprise est rapidement contrôlée par une autre et se trouve incluse dans un groupe. Cela donne le droit au comité d'entreprise d'être pris en compte pour participer au comité de groupe, que celui-ci existe déjà ou qu'il soit en voie de constitution. A condition d'en faire la demande.

• **Ce que dit la loi** : Il résulte des 1er et 3e alinéas de l'article L. 439-1, § III, du code du travail, que lorsqu'un comité de groupe est déjà constitué, toute entreprise qui vient à établir avec l'entreprise dominante, de façon directe ou indirecte, des relations dans laquelle la société dominante a une participation de 10 à 50% doit être prise en compte pour la constitution du comité de groupe lors du renouvellement de celui-ci. La demande d'inclusion dans le groupe, est transmise par le chef de l'entreprise concernée au chef de l'entreprise dominante par lettre recommandée avec demande d'avis de réception. La notification de la décision du chef de l'entreprise dominante est opérée dans la même forme dans un délai de trois mois.

• **Notre conseil** : En cas de litige, le comité d'entreprise, ou les organisations syndicales représentatives, dans l'entreprise qui ont demandé l'inclusion dans le groupe peuvent saisir le tribunal de grande instance du siège de la société dominante dans les trois mois suivant la notification.

Comité d'entreprise
Adresse

Date

Recommandé avec avis de réception

M. ......, Président directeur général des établissement.....
Adresse

Monsieur le Président,

Notre comité d'entreprise vient de faire le constat que notre entreprise fait partie depuis le ..... (*date*) d'un groupe de société au sens de l'article L. 439-1 du code du travail dont la société dominante est ....(*dénomination et adresse*). En effet, cette dernière a acquis une participation de ....(10 à 50%) dans notre entreprise.

Ce groupe de société a mis en place depuis le .....(*date*) un comité de groupe et doit être prochainement renouvelé ;

Ou bien :
Un comité de groupe est actuellement en cours de constitution au niveau de la société dominante.

En conséquence, nous demandons que notre entreprise soit incluse dans le groupe afin de pouvoir désigner des représentants au comité de groupe (ci-joint procès-verbal de la réunion du comité d'entreprise du ....(*date*) ayant adopté à la majorité cette décision).

Nous vous demandons conformément à la loi de transmettre cette demande au Président de la société ....(*nom de la société dominante*).

Signature du secrétaire

LE COMITÉ INFORME L'EMPLOYEUR QU'IL DÉSIGNE UN EXPERT-COMPTABLE.

L'information remise périodiquement par l'employeur au comité d'entreprise n'est pas toujours facile à analyser. Comme la plupart des élus ne sont pas des spécialistes, la loi autorise le comité à recourir dans certaines hypothèses aux services d'un expert-comptable payé par l'employeur. Pourquoi s'en priver.

• **Ce que dit la loi** : L'article L. 434-6 du Code du travail prévoit que le comité d'entreprise peut se faire assister d'un expert-comptable de son choix :

- en vue de l'examen annuel des comptes de l'entreprise ou de la société ;
- en cas d'opération de concentration ;
- en cas de licenciement pour motif économique ;
- en cas d'alerte interne (voir page 590) ;
- pour l'examen des comptes prévisionnels dans la limite de deux fois par exercice
- pour l'examen du rapport sur la participation dans les entreprises de plus de cent salariés ;
- pour assister la commission économique dans les entreprise des 1000 salariés et plus ;

Résolution désignant un expert-comptable

Comité d'entreprise (*d'établissement*) de ....
Adresse

Le comité d'entreprise de l'entreprise ....(*dénomination*) ... réuni le ... (*date*) décide de procéder à la désignation d'un expert-comptable en vue de ....(*indiquez le motif* : examen annuel des comptes, licenciement économique, etc.).

Cet expertise sera confiée au cabinet ....(*dénomination*). Le comité charge M. ....(*secrétaire ou autre membre du comité*) d'établir les contacts à cet effet.

La présente résolution a été adoptée à la majorité (*ou* à l'unanimité) des voix des présents.

Signature du secrétaire

• **Notre conseil** : Pas besoin de faire une demande à l'employeur. Il suffit que le comité prenne une résolution en séance (notre modèle). S'il y a désaccord entre les membres du comité, il faut procéder à un vote.

Le comité veut pouvoir être représenté en justice en cas de procès contre l'employeur ou un tiers. Pour cela, il doit donner mandat à l'un de ses membres. Celui-ci peut être général pour toutes les affaires ou spécial pour une affaire déterminée.

• **Ce que dit la loi** : Le comité d'entreprise étant doté de la personnalité civile qui lui est reconnue par l'article L. 431-6 du code du travail, il peut engager un procès ou se défendre en justice. Pour cela, il doit, selon l'article R. 432-1 du code du travail être valablement représenté par un de ses membres délégué à cet effet. Toute personne agissant au nom du comité, soit pour contracter, soit pour agir ou défendre en justice, doit en conséquence avoir été désignée par un vote du comité. Le choix d'un avocat n'est pas suffisant. L'avocat assiste et/ou représente le mandataire, mais il ne peut pas être le mandataire du comité.

Lorsque le mandat est général et permanent, il est valable en principe pour toutes les affaires en demande ou en défense.

Le mandat peut être spécial, c'est-à-dire limité à une affaire déterminée.

Mandat général

Comité d'entreprise (d'établissement) de ....
Adresse

Le comité d'entreprise de............ , réuni le...... (*date*), décide, en application de l'article R. 432-1 du Code du travail, de désigner de désigner M. .... (*nom, prénom*), secrétaire du comité, comme représentant légal du comité et notamment pour le représenter en justice dans toutes les actions en demande ou en défense.
M......... (*nom, prénom*) pourra, en cas de besoin, se faire remplacer par M...... (*nom, prénom*), membre du comité.
Il pourra aussi se faire assister par un avocat.

Mandat spécial

Comité d'entreprise (*d'établissement*) de ....
Adresse

Le comité d'entreprise de............ , réuni le... (*date*), décide, en application de l'article R. 432-1 du Code du travail, de désigner de désigner M. .... (*nom, prénom*), secrétaire du comité, afin d'engager au nom du comité une action judiciaire devant le tribunal de...... (*ville, adresse*), contre M............ (*nom, qualité*) en raison des actes de ce dernier en date du.... (*date*) à l'effet d'obtenir..................... (*indiquez l'objet du litige*).
M. ..... (*nom, adresse*) pourra se faire assister par Me...... (*nom, prénom*), avocat à la Cour.
M. .... (*nom, prénom*) rendra compte au comité des résultats de cette action et le comité décidera des suites à donner.

• **Notre conseil** : Le mandat général ne confère pas à son titulaire le pouvoir de décider seul d'engager un procès. C'est toujours le comité qui décide et précise la nature du procès à engager. C'est pourquoi avant d'engager un procès, un mandat spécial doit être voté.
En revanche, si c'est le comité à qui l'on fait un procès, un vote spécial n'est pas nécessaire s'il a déjà donné un mandat général à l'un de ses membres.

LE COMITÉ D'ENTREPRISE DEMANDE L'OUVERTURE D'UN COMPTE COURANT À SON NOM.

Le comité vient d'être élu. Comme l'argent est une question clé pour le fonctionnement du comité, il faut pouvoir en disposer facilement tout en confiant cette tâche à une personne de confiance.

• **CE QUE DIT LA LOI** : Le comité d'entreprise peut ouvrir un ou plusieurs comptes courants postaux ou bancaires.

Les banques ou la poste exigent un extrait sur papier libre de la délibération par laquelle le comité a désigné la ou les personnes chargées de faire fonctionner le compte au nom du comité et surtout de signer les chèques (généralement conjointement) au nom du comité. Dans la pratique, il s'agit souvent du secrétaire et du trésorier.

Selon une réponse ministérielle (JO Débats. A.N., 27 nov. 1970 no 14649), cet extrait doit être certifié conforme par le président du comité, ou à défaut par l'inspecteur du travail.

Sauf accord de la majorité du comité, le président du comité (c'est-à-dire le chef d'entreprise ou son représentant) ne peut pas exiger de participer à la signature des chèques.

Délibération du comité afin d'ouvrir un compte courant (*)

Comité d'entreprise (*d'établissement*) de ....
Adresse

Le comité d'entreprise de l'entreprise ....(*dénomination*) ... réuni le ... (*date*) décide d'ouvrir un compte courant dans l'établissement financier .... (*dénomination*).

Le comité charge son secrétaire M. .... (*nom et prénom*) d'établir la demande d'ouverture du compte et désigne M. .... (*nom et prénom*), secrétaire du comité, et M.......... (*nom et prénom*), trésorier, pour signer conjointement les chèques du comité.

En cas d'absence, ces personnes pourront être remplacées par M. .... (*nom et prénom*) et M.......... (*nom et prénom*).

La présente délibération a été adoptée à l'unanimité des membres présents

Signatures

(*) Cette délibération peut être remplacée par une copie certifiée conforme signée par le secrétaire d'un extrait du procès-verbal de la séance du comité où la décision a été prise.

• **NOTRE CONSEIL** : Si le comité change de trésorier, le secrétaire a intérêt à en aviser immédiatement l'établissement bancaire ou postal. Il faudra rapidement lui envoyer une nouvelle délibération désignant un nouveau titulaire de la signature.

LE COMITÉ D'ENTREPRISE DÉSIGNE UN MANDATAIRE PERMANENT POUR AGIR EN CAS DE DÉLIT D'ENTRAVE.

Certains employeurs cherchent à freiner la mise en œuvre des prérogatives du comité d'entreprise par des procédés insidieux constitutifs du délit d'entrave réprimé par le code pénal. Dès son installation, le comité a intérêt à désigner un mandataire pour agir en cas de délit d'entrave afin de bien faire comprendre au chef d'entreprise que le comité entend faire respecter ses droits et qu'il existe des limites à ne pas franchir.

• **Ce que dit la loi** : Selon l'article L. 483-1 du Code du travail, toute entrave apportée, soit à la constitution d'un comité d'entreprise, d'un comité d'établissement ou d'un comité central d'entreprise, soit à la libre désignation de leurs membres, soit à leur fonctionnement régulier est punie d'un emprisonnement d'un an et d'une amende de 3 750 euros ou de l'une de ces deux peines seulement. En cas de récidive, l'emprisonnement peut être porté à deux ans et l'amende à 7 500 euros.

Constitue une entrave tout fait d'action ou d'omission ayant pour objet ou même seulement pour effet de porter une atteinte quelconque, si légère soit-elle, au fonctionnement normal du comité d'entreprise, au plein exercice de ses attributions ou aux prérogatives de ses membres.

Comité d'entreprise (d'établissement) de ....
Adresse

Mandat général pour agir en cas de délit d'entrave

Le comité d'entreprise de.......... , réuni le............ , désigne M. .... (*nom, prénom*) (secrétaire *ou* membre titulaire du comité) pour engager toutes les procédures nécessaires en cas de délit d'entrave au fonctionnement du comité et pour exercer toutes les voies de recours utiles. M. ..... (*nom, prénom*) tiendra le comité au courant du déroulement des procédures. Il pourra se faire assister par un avocat.

• **Notre conseil** : Le mandat pour agir en délit d'entrave est valable pendant trois ans à partir de la commission du délit, durée de la prescription des délits. Le mandataire n'est donc pas obligé de l'utiliser immédiatement et peut s'en servir pour faire respecter la loi à l'amiable.

VOUS ÊTES ÉLU AU COMITÉ D'ENTREPRISE, VOUS DEMANDEZ UN CONGÉ DE FORMATION ÉCONOMIQUE.

Les nouveaux élus au comité d'entreprise sont parfois novices sur la gestion des entreprises. C'est pourquoi une formation économique s'impose afin de débattre à armes égales avec l'employeur. Cinq jours c'est peu, mais c'est déjà beaucoup. À condition d'en informer le chef d'entreprise.

• **CE QUE DIT LA LOI** : Selon l'article L. 434-10 du code du travail, les membres titulaires du comité d'entreprise peuvent bénéficier d'un stage de formation économique d'une durée maximale de cinq jours. Cette formation est renouvelée lorsqu'ils ont exercé leur mandat pendant quatre ans, consécutifs ou non.

Selon l'article L. 451-3 du même code, le congé est de droit sauf dans le cas où l'employeur estime, après avis conforme du comité d'entreprise que cette absence pourrait avoir des conséquences préjudiciables à la production et à la bonne marche de l'entreprise. Le refus du congé, par l'employeur, doit être motivé.

La demande de congé doit être présentée à l'employeur au moins trente jours à l'avance par l'intéressé et doit préciser la date et la durée de l'absence sollicitée ainsi que le nom de l'organisme responsable du stage ou de la session.

• **NOTRE CONSEIL** : En cas de différend, le refus de l'employeur peut être directement contesté devant le bureau de jugement du conseil de prud'hommes selon les formes applicables au référé, c'est-à-dire en urgence.

Vos nom et prénom
Adresse
Emploi occupé — Date

Recommandé avec avis de réception

Monsieur le Directeur
des Établissements
Adresse

Monsieur le Directeur,

Ayant été élu au comité d'entreprise le ...... (*date*), j'ai l'honneur de vous demander un congé de formation économique en application de l'article L. 434-10 du Code du travail.

Ou bien :
En tant qu'élu du comité d'entreprise et ayant exercé mon mandat depuis quatre ans, j'ai l'honneur .....

Je serai donc absent du ..... (*date*) au ..... (*date*). L'organisme responsable du stage est ... (*dénomination*).

Conformément à l'article R. 451-4 du code du travail, je vous fournirai à mon retour l'attestation de présence à ce stage.

Veuillez agréer, Monsieur le Directeur, mes salutations distinguées.

Signature

VOUS DEMANDEZ À L'INSPECTEUR DU TRAVAIL D'IMPOSER LA MISE EN PLACE D'UN COMITÉ D'HYGIÈNE, DE SÉCURITÉ ET DES CONDITIONS DE TRAVAIL.

Bruit excessif, substances dangereuses.... Les conditions de travail dans une PME de moins de 50 salariés, ne sont pas toujours une sinécure. Un comité d'hygiène et de sécurité peut être imposé à votre employeur par l'inspecteur du travail. Contactez-le.

• **Ce que dit la loi** : Des comités d'hygiène, de sécurité et des conditions de travail sont obligatoires dans les établissements occupant au moins cinquante salariés. Toutefois, à défaut de comité d'hygiène, de sécurité et des conditions de travail dans les établissements de cinquante salariés et plus, les délégués du personnel de ces établissements ont les mêmes missions et moyens que les membres desdits comités.

L'inspecteur du travail peut imposer la création d'un comité dans les établissements occupant un effectif inférieur lorsque cette mesure est nécessaire, notamment en raison de la nature des travaux, de l'agencement ou de l'équipement des locaux.

Vos nom et prénom
Salarié (ou délégué du personnel) des
Établissements....
Adresse

Date

Monsieur l'inspecteur du travail
Adresse

Monsieur l'inspecteur du travail,

En application du troisième alinéa de l'article L. 236-1 du Code du travail, nous vous sollicitons pour imposer à notre chef d'établissement, M. ..... (*nom et adresse*), la mise en place d'un comité d'hygiène, de sécurité et des conditions de travail.

En effet, en raison de la nature des travaux effectués dans notre établissement, les salariés sont soumis à des risques particuliers (*détaillez lesquels*).

Veuillez agréer, Monsieur l'inspecteur du travail, nos salutations distinguées.

Signature

• **Notre conseil** : Les entreprises de moins de cinquante salariés peuvent aussi se regrouper sur un plan professionnel ou interprofessionnel en vue de la constitution d'un comité d'hygiène, de sécurité et des conditions de travail. Contactez les autres salariés des sites concernés pour en discuter avec eux.

VOUS DEMANDEZ UNE RÉUNION EXCEPTIONNELLE DU COMITÉ D'HYGIÈNE ET DE SÉCURITÉ.

Vous êtes membre du comité d'hygiène, de sécurité et des conditions de travail et vous apprenez qu'il existe dans l'entreprise des risques graves pour la santé des salariés jusqu'alors inconnus. L'urgence impose une réunion exceptionnelle.

• **Ce que dit la loi** : Selon l'article L. 236-2-1 du code du travail, le comité d'hygiène, de sécurité et des conditions de travail se réunit au moins tous les trimestres à l'initiative du chef d'établissement. Il se réunit plus fréquemment en cas de besoin, notamment dans les branches d'activité à haut risque .

Le chef d'entreprise ou d'établissement doit également réunir le CHSCT à la suite de tout accident ayant entraîné ou ayant pu entraîner des conséquences graves.

Il doit aussi réunir le CHSCT à la demande motivée de deux de ces membres représentants du personnel.

Le temps passé à ces réunions est payé comme temps de travail. Il ne peut être déduit du crédit d'heures de délégation nécessaire à l'exercice des fonctions.

• **Notre conseil** : Si le chef d'entreprise ou d'établissement refuse de réunir le comité, il commet le délit d'entrave. Rappelez-lui le risque d'une condamnation infamante.

Comité d'hygiène de sécurité et
des conditions de travail
Entreprise (*ou établissement*)
Adresse

Date

M. ......, Président du comité
d'hygiène, de sécurité et
des conditions de travail
Adresse

Monsieur le président,

Les membres du comité d'hygiène, de sécurité et des conditions de travail soussignés, vous demandent une réunion exceptionnelle du comité en application de l'article L. 236-2-1, alinéa 2 du Code du travail.

Cette réunion est motivée par les questions suivantes :

1..
2..
3..

Veuillez agréer, Monsieur le Président, nos salutations distinguées.

Signatures d'au moins deux élus du personnel au CHSCT

VOUS ÊTES MEMBRE D'UN CHSCT ET VOUS DEMANDEZ UN STAGE DE FORMATION.

Vous êtes membre du comité d'hygiène, de sécurité et des conditions de travail et vous voulez apprendre à déceler et à mesurer les risques professionnels et acquérir la capacité d'analyser les conditions de travail. Une formation existe et elle vous est due si vous en faites la demande.

• **Ce que dit la loi** : L'article L. 236-10 du code du travail prévoit que les représentants du personnel au comité d'hygiène, de sécurité et des conditions de travail bénéficient de la formation nécessaire à l'exercice de leurs missions.

Dans les établissements où il n'existe pas de comité d'hygiène, de sécurité et des conditions de travail, et dans lesquels les délégués du personnel sont investis des missions dévolues aux membres de ce comité, les délégués du personnel bénéficient de la formation.

La charge financière de la formation des représentants du personnel au comité d'hygiène, de sécurité et des conditions de travail incombe à l'employeur.

Votre demande de congé doit être présentée à l'employeur trente jours à l'avance. Elle doit préciser la date et la durée de l'absence, ainsi que le nom de l'organisme responsable du stage.

Vos nom et prénom
Membre du CHSCT
Adresse

Date

Monsieur le Directeur
Entreprise (*établissement*)
Adresse

Monsieur le Directeur,

En tant que représentant du personnel au comité d'hygiène, de sécurité et des conditions de travail, j'ai l'honneur de vous demander en application de l'article L. 236-10 du Code du travail, un stage de formation nécessaire à l'exercice de ma mission.

Ce stage aura lieu du ..... (*préciser les dates d'ouverture et de fin de stage et le nombre de jours de formation*). Il est organisé par ...... (*indiquer le nom de l'organisme formateur*). Le prix total de ce stage s'élève à .... euros. Ce prix comprend les frais pédagogiques pour une valeur de ..... euros, les frais de séjour pour une valeur de...... euros, et les frais de déplacement pour une valeur de ..... euros.

Veuillez agréer, Monsieur le Directeur, mes salutations distinguées.

Signature

• **Notre conseil** : La formation est renouvelée lorsque les représentants du personnel ont exercé leur mandat pendant quatre ans consécutifs ou non. Le renouvellement a pour objet de permettre au représentant du personnel d'actualiser ses connaissances et de se perfectionner. N'hésitez pas à renouveler votre demande.

VOUS EXIGEZ UNE RÉUNION EXCEPTIONNELLE DES DÉLÉGUÉS DU PERSONNEL.

Problème de harcèlement, de sécurité au travail, menaces de licenciements économiques, etc. Autant de sujets qui peuvent justifier une réunion exceptionnelle des délégués du personnel. Faites vite la demande car il y a urgence.

• **CE QUE DIT LA LOI** : L'article L. 424-4 du code du travail prévoit en temps normal une réunion des délégués du personnel au moins une fois par mois. Mais les délégués du personnel peuvent également être reçus, sur leur demande, soit individuellement, soit par catégorie, soit par atelier, service ou spécialité professionnelle, selon les questions qu'ils ont à traiter. L'article L. 424-5 du même code précise que sauf circonstances exceptionnelles, les délégués doivent remettre à l'employeur deux jours avant la réunion une note écrite exposant l'objet des demandes présentées. Or, s'il y a urgence, c'est que des circonstances exceptionnelles justifient que les délégués soient reçus immédiatement.

• **NOTRE CONSEIL** : Ne vous faites pas rouler dans la farine ! Préparez vos questions par écrit. Cela obligera votre employeur à vous répondre dans les six jours ouvrables suivant la réunion.

Vos noms et prénoms
Délégués du personnel

Date

Monsieur le Directeur
Entreprise (*établissement*)
Adresse

Monsieur le Directeur,

En application de l'article L. 424-4 du Code du travail, nous vous demandons une réunion exceptionnelle des délégués du personnel. Cette réunion est motivée par les questions suivantes :

1...
2...
3...

Veuillez agréer, Monsieur le Directeur, nos salutations distinguées.

Signatures

Les libertés individuelles, les droits des personnes ou la santé au travail sont des sujets sur lesquels on ne peut transiger. Si vous avez vent d'une atteinte à l'un de ces droits fondamentaux, saisissez immédiatement l'employeur.

• **Ce que dit la loi** : L'article L. 422-1-1 du code du travail prévoit que si un délégué du personnel constate, notamment par l'intermédiaire d'un salarié, qu'il existe une atteinte aux droits des personnes, à leur santé physique et mentale ou aux libertés individuelles dans l'entreprise qui ne serait pas justifiée par la nature de la tâche à accomplir ni proportionnée au but recherché, il en saisit immédiatement l'employeur.

Cette atteinte aux droits des personnes, à leur santé physique et mentale ou aux libertés individuelles peut notamment résulter de toute mesure discriminatoire en matière d'embauche, de rémunération, de formation, de reclassement, d'affectation, de classification, de qualification, de promotion professionnelle, de mutation, de renouvellement de contrat, de sanction ou de licenciement.

L'employeur ou son représentant est tenu de procéder sans délai à une enquête avec le délégué et de prendre les dispositions nécessaires pour remédier à cette situation.

• **Notre conseil** : Si l'employeur fait le mort ou s'il est en désaccord, le délégué peut, si le salarié concerné averti par écrit ne s'y oppose pas, saisir le bureau de jugement du conseil de prud'hommes qui statue en urgence. Demandez son autorisation au salarié.

Vos noms et prénoms
Délégués du personnel

Date

Monsieur le Directeur
Entreprise (*établissement*)
Adresse

Monsieur le Directeur,

Les délégués du personnel soussignés vous informent qu'ils ont été saisis du fait qu'il existerait une atteinte aux droits des personnes (*ou* à la santé physique et mentale, *ou* aux libertés individuelles) dans l'entreprise (*ou l'établissement*).

Nous vous demandons en application de l'article L. 122-1-1 du code du travail de faire cesser cette atteinte qui n'apparaît pas justifiée par la nature de la tâche à accomplir ni proportionnée au but recherché . En effet, ... (*expliquer de quoi il s'agit*).

Nous sommes à votre entière disposition lors de l'enquête que vous ne manquerez pas de diligenter afin de remédier à cette situation.

Nous adressons copie de ce courrier à Monsieur l'inspecteur du travail.

Veuillez agréer, Monsieur le Directeur, nos salutations distinguées.

Signatures

VOUS DEMANDEZ LE PAIEMENT DES HEURES DE DÉLÉGATION À L'ÉCHÉANCE NORMALE.

Tous les représentants du personnel bénéficient d'heures de délégation pour exercer leur mandat. Même si votre employeur entend contester l'usage que vous avez fait de ces heures, elles doivent être payées avec le salaire du mois considéré. Si ce n'est pas le cas, réclamez.

• **Ce que dit la loi** : Le code du travail prévoit que le temps passé par un représentant du personnel à exercer son mandat est de plein droit considéré comme temps de travail et payé à l'échéance normale. Cela signifie les heures de fonctions sont assimilées à des heures normalement travaillées. Il en résulte que l'employeur qui entend contester l'usage fait du temps ainsi alloué, doit d'abord payer les heures qu'il entend contester. Libre à lui ensuite de saisir le conseil de prud'hommes pour en demander le remboursement.

• **Notre conseil** : Attention aux confusions : seules les heures de délégation normales (c'est-à-dire celles qui correspondent au crédit d'heure légal mensuel – par exemple 20 heures par mois pour les membres du comité d'entreprise) doivent être payées à l'échéance normale. Si vous avez dépassez votre quota, votre employeur n'est pas tenu de payer à l'échéance normal les heures de dépassement. Si vous voulez qu'elles soient payées, vous devrez prouver qu'une circonstance exceptionnelle le justifie.

Vos nom et prénom
Adresse
Emploi occupé Date

Recommandé avec avis de réception

Monsieur le Directeur
des Établissements
Adresse

Monsieur le Directeur,

Vous n'ignorez pas que le Code du travail prévoit le paiement des heures de délégation des représentants du personnel à l'échéance normale. Or, Vous ne m'avez pas payé avec la paie du mois de (...) (X) heures de délégation correspondant à mon mandat de ..... (*indiquez le mandat détenu*).

Le même code du travail vous permet seulement, en cas de contestation de l'usage de mes heures de délégation, de saisir le conseil des prud'hommes, sans que cela vous dispense du paiement immédiat.

Je vous demande donc de rectifier cette lacune le plus rapidement possible.

En cas de refus ou de non-réponse, je me verrai dans l'obligation de porter cette affaire devant le conseil de prud'hommes *et/ou*, le cas échéant, devant le juge pénal.

Veuillez agréer, Monsieur le Directeur, mes salutations distinguées.

Signature

VOUS DEMANDEZ LE PAIEMENT D'HEURES DE DÉLÉGATION COMME HEURES SUPPLÉMENTAIRES.

Si vous avez été contraint d'exercer une partie de votre mandat d'élu et mandaté en dehors de vos heures habituelles de travail, l'employeur doit vous les payer comme des heures supplémentaires. S'il ne tient pas les mêmes comptes que vous, rappelez-lui ses obligations.

• **Ce que dit la loi** : Si un représentant du personnel a exercé ses fonctions, en dehors de son horaire normal de travail, en raison des nécessités du mandat, la Cour de cassation estime que les heures de délégation doivent être payées comme heures supplémentaires (Cour de cassation, ch. soc., 21 nov. 2000, SNC). Le régime des heures supplémentaires est alors entièrement applicable : majorations légales et conventionnelles ; repos compensateur ; etc. Il en est ainsi, notamment, si le représentant du personnel travaille habituellement la nuit, le dimanche ou en équipe.

Si votre employeur estime que les nécessités du mandat n'imposaient pas une activité en dehors de l'horaire, il doit néanmoins vous payer le temps de fonction au tarif des heures supplémentaires à l'échéance normale de la paye et porter ensuite, s'il le souhaite, sa contestation devant le conseil des prud'hommes.

• **Notre conseil** : Pas de cadeau : si vous êtes convoqué par votre employeur à une réunion officielle (du comité d'entreprise ou de délégué du personnel ou de délégué syndicaux) alors que vous êtes en congé payé, votre rappel est considéré comme effectué « pour les besoins du service ». Vous avez droit à la récupération des jours de congés correspondants prévue par leur convention collective (Cour de cassation, ch. soc.,18 décembre 1991).

Vos nom et prénom   Date
Adresse
Emploi occupé
Recommandé avec avis de réception

Monsieur le Directeur
des Établissements
Adresse

Monsieur le Directeur,

J'ai été contraint en raison des nécessités de mon mandat de .... (*indiquez lequel* : membre du comité d'entreprise, délégué du personnel, délégué syndical), de prendre le .... (*date*) des heures de délégation en dehors de mon horaire normal de travail.

Or, je constate que sur mon dernier bulletin de paie, vous avez omis de me payer ces heures, ce qui correspond à un montant de ..... euros. Vous n'ignorez pas que la jurisprudence considère que lorsqu'un représentant du personnel a exercé ses fonctions, en dehors de son horaire normal de travail, en raison des nécessités du mandat, la Cour de cassation estime que les heures de délégation doivent être payées comme heures supplémentaires. En outre, comme pour les autres heures, celle-ci doivent être payées à l'échéance normale.

Le même code du travail vous permet seulement, en cas de contestation de l'usage de mes heures de délégation, de saisir le conseil des prud'hommes, sans que cela vous dispense du paiement immédiat.

Croyant en une simple omission de votre part, je vous demande de la rectifier le plus rapidement possible et de me faire un chèque du montant indiqué ci-dessus.

Veuillez agréer, Monsieur le Directeur, mes salutations distinguées.

Signature

VOUS FAITES JOUER LE RECOURS HIÉRARCHIQUE CONTRE UNE DÉCISION DE L'INSPECTEUR DU TRAVAIL AUTORISANT LE LICENCIEMENT D'UN ÉLU.

Votre employeur a obtenu une autorisation administrative de licencier l'un des représentant du personnel de votre entreprise. Vous l'aidez à exercer un recours hiérarchique auprès du Ministre du travail pour faire annuler cette autorisation.

• **Ce que dit la loi** : Lorsque l'employeur entend licencier un représentant du personnel, il doit obtenir au préalable une autorisation de l'inspecteur du travail. Selon l'article R. 436-6 du code du travail le ministre compétent peut annuler ou réformer la décision de l'inspecteur du travail sur le recours de l'employeur, du salarié ou du syndicat que ce salarié représente ou auquel il a donné mandat à cet effet. Ce recours doit être introduit dans un délai de deux mois à compter de la notification de la décision de l'inspecteur.

Le recours hiérarchique au ministre n'a pas d'effet suspensif ce qui signifie que la décision de l'inspecteur du travail reste applicable en attendant la réponse du ministre.

• **Notre conseil** : Attention au délai. Ne faites pas la requête au dernier moment car la recevabilité du recours s'apprécie à la date de sa réception par le ministre.

Vos nom et prénom
membre du comité d'entreprise
ou délégué du personnel des Ets ...... (*adresse*)
adresse personnelle :

Date

Recommandé avec avis de réception

M. le Ministre du Travail
15, rue de Grenelle
75015 PARIS

Monsieur le Ministre,

Par décision en date du .... (*date*) dont vous trouverez ci-joint photocopie, M. .... (*nom*), inspecteur du travail de ... a accordé à mon employeur, les Ets ... (*dénomination sociale*), l'autorisation de me licencier.

J'ai l'honneur d'exercer un recours hiérarchique contre cette décision. Je travaille depuis le.... (*date d'embauche*) aux Ets ...... J'ai occupé successivement les emplois de .... (*indiquez lesquels*).

J'ai été élu le..... (*date*) membre du comité d'entreprise (ou délégué du personnel). Le cas échéant ajoutez : j'ai été réélu le .... (*date*)

Ma situation de famille est la suivante : ......

Le motif invoqué par mon employeur pour me licencier est le suivant : ..... (*indiquez lequel*). Le comité d'entreprise (*ou d'établissement*), réuni le.... (*date*), a donné un avis défavorable à mon licenciement. Vous trouverez ci-joint copie du procès-verbal de la séance.

VOUS FAITES JOUER LE RECOURS HIÉRARCHIQUE CONTRE UNE DÉCISION DE L'INSPECTEUR DU TRAVAIL AUTORISANT LE LICENCIEMENT D'UN ÉLU (SUITE).

Votre employeur a obtenu une autorisation administrative de licencier l'un des représentant du personnel de votre entreprise. Vous l'aidez à exercer un recours hiérarchique auprès du Ministre du travail pour faire annuler cette autorisation.

M. l'inspecteur du travail a entériné les motifs de l'employeur sans tenir compte des éléments suivants : ..... (*indiquez les quels selon vous ; par exemple* si l'employeur a invoqué une suppression de poste, montrez qu'il a en réalité transféré ce poste sous une autre dénomination dans une autre partie de l'entreprise où il aurait pu vous muter).

En réalité, la raison de mon licenciement est mon activité représentative et/ou syndicale (*indiquez selon vous les faits qui vous le laisse penser*).
Indiquez, le cas échéant, si le licenciement est pour motif économique :

Par ailleurs, mon employeur n'a fourni aucune preuve qu'il s'est efforcé de me reclasser dans l'établissement, voire dans l'un des autres établissements de l'entreprise, ou dans une des entreprises du groupe. Je vous demande en conséquence, Monsieur le Ministre, de bien vouloir annuler la décision d'autorisation de l'inspecteur du travail.

Au cas où vous estimeriez ne pas pouvoir réfuter les motifs de mon employeur, je vous prie de prononcer l'annulation pour des motifs d'intérêt général, en vertu de votre pouvoir discrétionnaire. Je reste à votre disposition pour tous renseignements complémentaires.

Veuillez agréer, Monsieur le Ministre, l'expression de ma haute considération.

Signature

VOUS EXERCEZ UN RECOURS CONTENTIEUX CONTRE UNE DÉCISION ADMINISTRATIVE AUTORISANT LE LICENCIEMENT D'UN ÉLU.

Votre employeur a obtenu une autorisation administrative de licencier l'un des représentant du personnel de votre entreprise. Celui-ci a exercé un recours hiérarchique auprès du Ministre du travail, mais il vient de confirmer la décision de l'inspecteur. Vous l'aidez à contester cette décision devant le tribunal administratif.

• **Ce que dit la loi** : La décision prise par le ministre sur recours hiérarchique (voir lettre p. 605) autorisant le licenciement d'un représentant du personnel peut faire l'objet d'un recours en annulation pour excès de pouvoir devant le tribunal administratif dans les deux mois.

La décision de l'inspecteur du travail autorisant le licenciement peut aussi faire directement l'objet d'un recours en annulation pour excès de pouvoir devant le tribunal administratif dans les deux mois. Ce recours est possible même si parallèlement le ministre a été saisi d'un recours hiérarchique.

Le recours devant le tribunal administratif n'est pas suspensif. La décision d'autorisation de licenciement reste applicable en attendant le jugement.

• **Notre conseil** : Si le tribunal administratif confirme la décision du Ministre ou de l'inspecteur du travail, il est conseillé de former un recours devant la cour administrative d'appel dans un délai de deux mois qui suit la notification du jugement du tribunal administratif. L'appel n'est toujours pas suspensif.

Vos nom et prénom
membre du comité d'entreprise
ou délégué du personnel des Ets ...... (adresse)
adresse personnelle :

Date

Recommandé avec avis de réception

Tribunal administratif,
adresse

Messieurs,

Par décision en date du .... (*date*) dont vous trouverez ci-joint photocopie, M. .... (*nom*), inspecteur du travail de ..... a accordé à mon employeur, les Ets ...... (*dénomination sociale*), l'autorisation de me licencier.

Le cas échéant : J'ai effectué un recours hiérarchique en date du .... contre cette décision.
Le Ministre du travail a confirmé la décision de l'inspecteur du travail par une décision du .... (*date*) dont vous trouverez également ci-joint photocopie. J'ai l'honneur d'effectuer un recours contre cette décision devant votre juridiction. Je travaille depuis le.... (*date d'embauche*) aux Ets ...... J'ai occupé successivement les emplois de ... (*indiquez lesquels*). J'ai été élu le..... (*date*) membre du comité d'entreprise (*ou délégué du personnel*). Le cas échéant ajoutez : j'ai été réélu le .... (*date*)

Ma situation de famille est la suivante : ......
Le motif invoqué par mon employeur pour me licencier est le suivant : .... (*indiquez lequel*). Le comité d'entreprise (ou d'établissement), réuni le... (*date*), a donné un avis défavorable à mon licenciement. Vous trouverez ci-joint copie du procès-verbal de la séance.

Votre employeur a obtenu une autorisation administrative de licencier l'un des représentant du personnel de votre entreprise. Celui-ci a exercé un recours hiérarchique auprès du Ministre du travail, mais il vient de confirmer la décision de l'inspecteur. Vous l'aidez à contester cette décision devant le tribunal administratif.

M. l'inspecteur du travail a entériné les motifs de l'employeur sans tenir compte des éléments suivants : ..... (indiquez les quels selon vous ; par exemple si l'employeur a invoqué une suppression de poste, montrez qu'il a en réalité transféré ce poste sous une autre dénomination dans une autre partie de l'entreprise où il aurait pu vous muter).

En réalité, la raison de mon licenciement est mon activité représentative et/ou syndicale (indiquez selon vous les faits qui vous le laisse penser).

Indiquez, le cas échéant, si le licenciement est pour motif économique : Par ailleurs, mon employeur n'a fourni aucune preuve qu'il s'est efforcé de me reclasser dans l'établissement, voire dans l'un des autres établissements de l'entreprise, ou dans une des entreprises du groupe.

Qu'il plaise en conséquence au tribunal d'annuler la décision du .... (*date*) par laquelle la ministre du travail a confirmé la décision du .... (*date*) de l'inspecteur du travail ayant autorisé mon licenciement.

Veuillez agréer, Messieurs, l'expression de ma haute considération.

Signature

CHAPITRE 33

VOUS ÊTES FONCTIONNAIRE OU ASSIMILÉ

VOUS AVEZ ÉTÉ AUXILIAIRE OU CONTRACTUEL ; VOUS DEMANDEZ LA VALIDATION DE CES PÉRIODES POUR VOTRE PENSION DE FONCTIONNAIRE.

Vous avez été titularisé comme fonctionnaire ; mais pendant bon nombre d'années, vous avez occupé des emplois dans la Fonction publique en tant qu'auxiliaire ou contractuel. Vous devez penser à faites valider vos services antérieurs pour ne pas être pénalisé.

• **Ce que dit la loi** : L'article L. 5, dernier alinéa, du code des pensions civiles et militaires de retraite, prévoit que peuvent être pris en compte pour la constitution du droit à pension les services d'auxiliaire, de temporaire, d'aide ou de contractuel accomplis dans les administrations centrales de l'Etat, les services extérieurs en dépendant et les établissements publics de l'Etat ne présentant pas un caractère industriel et commercial. Sont incluses dans ces services, les périodes de congé régulier pour longue maladie. La validation des services doit avoir été autorisée pour cette administration par un arrêté conjoint du ministre intéressé et du ministre des finances.

• **Notre conseil** : N'attendez pas la dernière minute car la validation des services en tant qu'auxiliaire ou contractuel doit être demandée avant la radiation des cadres.

Nom, prénoms
Adresse
Grade
Affectation

Date

M. le Directeur
du personnel de
(*administration*)
Adresse

Monsieur le Directeur,

En application de l'article L.5 du Code des pensions civiles et militaires, je demande la validation de mes services accomplis en tant qu'auxiliaire dans l'administration .... (*indiquez laquelle*) durant les périodes de ... à ... inclus.

Vous trouverez ci-joint la liste des services auxiliaires dont je demande la validation ainsi que les photocopies de mes certificats d'exercice de ces fonctions.

Je vous prie d'agréer, Monsieur le Directeur, l'expression de ma haute considération.

Signature

VOUS DEMANDEZ UNE CESSATION PROGRESSIVE D'ACTIVITÉ.

Contrairement à une idée reçue, les agents de la Fonction publique ne travaillent pas tous dans des services « cool ». Certains réclament même la possibilité de diminuer leur activité avant l'âge de la retraite. C'est possible avec la cessation progressive d'activité. À condition d'en faire la demande.

• **CE QUE DIT LA LOI** : Selon l'ordonnance du 26 mars 1982 modifiée, la cessation progressive d'activité (CPA) dans la Fonction publique vous permet de percevoir, en plus du traitement correspondant à votre emploi transformé en mi-temps, une indemnité de 30 % du traitement indiciaire à temps plein correspondant.

Peuvent notamment y prétendre :les agents titulaires occupant un emploi à temps complet, âgés de 55 ans au moins, qui ne réunissent pas les conditions requises pour obtenir une pension à jouissance immédiate et qui peuvent justifier, en outre, de 25 années de services civils et militaires effectifs (cette durée est réduite de 6 ans dans certains cas : accidentés du travail, handicapés, invalides, congé parental, etc.) ; les femmes fonctionnaires âgées de 55 ans au moins, ayant accompli 25 ans de services et qui sont mères de trois enfants vivants ou décédés pour faits de guerre, ou élevés dans les conditions ouvrant droit à majoration pour enfants, ou mères d'un enfant âgé de plus d'un an et atteint d'une invalidité égale ou supérieure à 80 % ; les agents non titulaires âgés d'au moins 55 ans justifiant de 25 années de services effectifs en tant qu'agent public.

• **NOTRE CONSEIL** : La CPA est accordée sous réserve de l'intérêt du service. En cas de refus, il doit être motivé au regard du seul intérêt du service. Si les motifs avancés vous semblent fantaisistes, n'hésitez pas à faire un recours contre la décision de votre hiérarchie.

Nom, prénoms
Adresse
Grade
Affectation

Date

M. le Directeur du personnel de
(*administration*)
Adresse

Monsieur le Directeur,

J'ai l'honneur de vous demander le bénéfice de la cessation progressive d'activité en apllication du titre II de l'ordonnance n° 82.297 du 31 mars 1982 modifiée et prorogée.

Je remplis toutes les conditions pour bénéficier de cette mesure (*indiquez lesquelles* : âge, nombre d'années de service) et je ne peux bénéficier d'une pension à jouissance immédiate.

Je suis à votre disposition pour un entretien visant à l'organisation de mon travail à mi-temps qu'il s'agisse de mes obligations de service, de ma rémunération, ou de mes congés.

Veuillez agréer, Monsieur le Directeur, mes salutations distinguées.

Signature

VOUS ÊTES INVALIDE À LA SUITE D'UN ACCIDENT DE SERVICE ; VOUS DEMANDEZ L'ALLOCATION TEMPORAIRE D'INVALIDITÉ.

Vous avez été victime d'un accident du travail (que l'on appelle accident de service dans la Fonction publique) ou d'une maladie professionnelle qui vous a laissé des séquelles. Demandez rapidement une allocation temporaire d'invalidité.

• **Ce que dit la loi** : Selon l'article 65 de la loi n° 84-16 du 11 janvier 1984 modifiée et le décret n° 60-1089 du 6 octobre 1960, le fonctionnaire qui a été atteint d'une invalidité résultant d'un accident de service ayant entraîné une incapacité permanente d'au moins 10%, ou d'une maladie professionnelle reconnues dans les conditions fixées par le code de la Sécurité sociale, peut prétendre à une allocation temporaire d'invalidité. Cette allocation est cumulable avec le traitement. Elle est accordée pour une période de cinq ans. A l'expiration de cette période, un nouvel examen des droits du fonctionnaire peut déboucher, sous certaines conditions, sur une allocation versée sans limitation de durée.

• **Notre conseil** : Attention au délai. La demande d'allocation doit être adressée, sous peine de déchéance, dans le délai d'un an à partir du jour où vous avez repris vos fonctions après consolidation de votre blessure ou de votre état de santé.

Vos nom et prénom
Emploi occupé
Grade

Date

M. le chef de service
Administration
Adresse

Monsieur le chef de service,

Suite à l'accident dont j'ai été victime le ...... (*date*) lequel a été reconnu comme étant un accident de service par la commission de réforme, je suis atteint d'une incapacité permanente partielle de ... %.

Ou bien :

La maladie dont je souffre depuis le ...... (*date*) a été reconnue comme une maladie professionnelle au sens du code de sécurité sociale par la commission de réforme.

En conséquence, j'ai l'honneur de vous demander le bénéfice de l'allocation temporaire d'invalidité.

J'espère une réponse rapide de votre part et je vous prie d'agréer, Monsieur le chef de service, mes salutations distinguées.

Signature

VOUS DEMANDEZ UNE MISE EN DISPONIBILITÉ POUR RÉALISER UN PROJET PERSONNEL.

Si vous êtes fonctionnaire et si vous voulez cesser temporairement de travailler pour vous livrer à des activités de votre choix ou pour faire des études, la mise en disponibilité vous le permet. Comme son nom l'indique, elle vous rendra disponible.

• **Ce que dit la loi** : Selon les articles 42 et suivants du décret du 16 septembre 1985 pour les fonctionnaires de l'Etat, la mise en disponibilité sur demande de l'intéressé peut être accordée, sous réserve des nécessités du service, dans les cas suivants :

– études ou recherches présentant un intérêt général ; la durée en disponibilité ne peut en ce cas, excéder trois ans ; un renouvellement pour une durée égale à la durée initiale est possible ;

– pour convenances personnelles ; la durée de la disponibilité ne peut dans ce cas excéder trois années ; elle est renouvelable mais la durée totale de la disponibilité ne peut excéder au total dix ans pour l'ensemble de la carrière.

En outre, une demande de mise en disponibilité d'une durée maximale de de deux ans est possible pour créer ou reprendre une entreprise à condition d'avoir accomplis trois ans de service effectif.

Des dispositions comparables avec parfois des variantes sont prévues pour les fonctionnaires territoriaux et hospitaliers.

• **Notre conseil** : Faites vos comptes car en position de disponibilité, vous cessez de bénéficier de vos droits à l'avancement et à la retraite. Il faut avoir les reins solides.

Vos nom et prénom
Emploi occupé
Grade

Date

M. le chef de service
Administration
Adresse

Monsieur le chef de service,

J'ai l'honneur de vous demander par la présente une mise en disponibilité en application de l'article 51 et suivants de la loi n° 84-16 du 11 janvier 1984 et régie par les articles 42 et suivants du décret du 16 septembre 1985 modifié.

Cette demande est motivée par ...... (*indiquez votre motif*).

Je souhaite que cette mise en disponibilité soit d'une durée de .... (*indiquez laquelle*). Le moment venu, je vous ferai savoir si j'entends la prolonger.

Veuillez agréer, Monsieur le chef de service, mes salutations distinguées.

Signature

VOUS DEMANDEZ UN CONGÉ DE FORMATION-MOBILITÉ.

Vous souhaitez exercer de nouvelles fonctions impliquant l'accès à un autre corps de même niveau et classé dans la même catégorie ? Le congé de formation-mobilité est fait pour vous. Vous bénéficier alors d'une formation professionnelle avant votre entrée dans le corps de fonctionnaires correspondant.

• **Ce que dit la loi** : Selon le décret n° 97-1043 du 13 novembre 1997, le congé de formation-mobilité est accordé pour une durée maximale de six mois, sur demande du fonctionnaire. Il ne peut être fractionné. Le chef de service doit faire connaître au fonctionnaire, dans le délai de deux mois, son agrément à la demande ou les motifs du rejet de celle-ci.

Le fonctionnaire en congé de formation-mobilité reste en position d'activité dans son corps d'origine. Il continue de percevoir son traitement.

Les corps et services des administrations de l'Etat ou de ses établissements publics administratifs qui peuvent bénéficier du congé de formation-mobilité sont déterminés par arrêté ministériel.

• **Notre conseil** : Si votre demande est rejetée, vous pouvez demander la saisine pour avis de la commission administrative paritaire ou, à défaut, de l'organisme paritaire compétent.

Vos nom et prénom
Emploi occupé
Grade

Date

M. le chef de service
Administration
Adresse

Monsieur le chef de service,

J'ai l'honneur de vous demander par la présente un congé de formation-mobilité en application du décret n° 97-1043 du 13 novembre 1997.

Je souhaite en effet exercer aux fonctions de .... (*indiquez le corps de même niveau et classé dans la même catégorie que vous convoitez*). Celles-ci impliquent une formation professionnelle continue préalable à mon entrée dans ce corps.

Je souhaite que ce congé soit d'une durée de six mois (*ou moins si la formation est d'une durée inférieure*).

A l'issue de ce congé j'intégrerai, conformément à la réglementation, mon nouveau corps d'accueil.

Veuillez agréer, Monsieur le chef de service, mes salutations distinguées.

Signature

VOUS INFORMEZ VOTRE CHEF DE SERVICE QUE VOUS PRENEZ UN CONGÉ PARENTAL.

Le congé parental vous permet de cesser vos fonctions pour vous occuper de votre progéniture. On ne peut vous le refuser si vous en faites la demande.

• **CE QUE DIT LA LOI** : Selon l'article 54 de la loi n° 84-16 du 11 janvier 1984, le congé parental est la position du fonctionnaire qui est placé hors de son administration ou son service d'origine pour élever son enfant.

Cette position est accordée à la mère après un congé de maternité (ou d'adoption) ou au père après la naissance (ou l'adoption) et, au maximum, jusqu'au troisième anniversaire de l'enfant.

Pendant le congé parental, le fonctionnaire n'acquiert pas de droit à la retraite. Il conserve ses droits à l'avancement d'échelon, réduits de moitié. A l'expiration du congé, il est réintégré de plein droit.

La demande de congé doit être présentée un mois avant le début du congé. Les demandes de renouvellement doivent être présentées deux mois au moins avant l'expiration de la période de congé parental en cours.

• **NOTRE CONSEIL** : Une disposition mal connue : lors de la réintégration dans votre emploi, si vous en faites la demande, vous pouvez être affecté dans un emploi le plus proche de votre domicile.

Vos nom et prénom
Emploi occupé
Grade

Date

M. le chef de service
Administration
Adresse

Monsieur le chef de service,

Conformément à l'article 54 de la loi n° 84-16 du 11 janvier 1984, j'ai l'honneur de vous informer de mon intention de bénéficier d'un congé parental à l'occasion de la naissance de mon enfant (*ou* : de l'arrivée au foyer de l'enfant que je viens d'adopter, etc.).

En conséquence, je vous informe que je serai absente à compter du ...... (*date*) jusqu'au ...... (*date*) inclus, sous réserve d'un éventuel renouvellement.

Ajouter le cas échéant :

Lors de mon retour, je demande à être affecté(e) dans un emploi le plus proche de mon domicile.

Veuillez agréer, Monsieur le Chef de service, mes salutations distinguées.

Signature

VOUS DEMANDEZ UN CONGÉ DE FORMATION SYNDICALE.

Vous avez adhéré à un syndicat et votre expérience en la matière est quasiment nulle. Une formation sur des notions fondamentales s'impose. Mais il faut en faire la demande auprès de votre chef de service.

• **Ce que dit la loi** : L'article 34, 7°, de la loi n° 84-16 du 11 janvier 1984, les fonctionnaires ont droit à un congé pour formation syndicale avec maintien du traitement pour une durée maximum de 12 jours ouvrables par an (article 2 de la loi n° 82-997 du 23 novembre 1982 pour les agents non titulaires).

Le décret n° 84-474 du 15 juin 1984 précise que ce congé ne peut être accordé que pour effectuer un stage ou suivre une session dans l'un des centres ou instituts qui figurent chaque année sur un arrêté ministériel. Cette formation devant être placée sous la responsabilité d'un syndicat.

La demande de congé doit être faite un mois à l'avance et par écrit au chef de service.

Le congé ne peut être refusé que si les nécessités de fonctionnement du service s'y opposent. Mais, dans ce cas, le refus doit être motivé et communiqué à la commission administrative paritaire.

A la fin de votre formation, vous devez remettre une attestation d'assiduité à votre Administration.

• **Notre conseil** : A défaut de réponse expresse de l'Administration au plus tard le 15e jour précédant le début du stage ou de la session, le congé est réputé accordé. Effectuez donc un compte à rebours pour être certain d'être dans votre droit.

Vos nom et prénom
Emploi occupé
Grade

Date

M. le chef de service
Administration
Adresse

Monsieur le chef de service,

J'ai l'honneur de vous demander par la présente un congé de formation syndicale en application du décret n° 84-474 du 15 juin 1984.

Je souhaiterai effectuer cette formation du ... (*date*) au ... (*date*) conformément aux dispositions légales. Cette formation sera dispensée par ....(*indiquez quel organisme la dispense*).

Veuillez recevoir, Monsieur, mes salutations distinguées.

Signature

VOUS FAITES UNE DEMANDE DE DÉTACHEMENT.

Vous souhaitez travailler pour une association assumant des missions d'intérêt général ou exercer un mandat syndical et sortir ainsi du ronron de votre quotidien de fonctionnaire. Demandez un détachement.

• **Ce que dit la loi** : Selon l'article 45 de la loi n° 84-16 du 11 janvier 1984, le détachement est la position du fonctionnaire placé hors de son corps d'origine mais continuant à bénéficier, dans ce corps, de ses droits à l'avancement et à la retraite. Il peut être prononcé à la demande du fonctionnaire.

Le détachement de courte durée ne peut excéder six mois sans renouvellement possible. Le détachement de longue durée ne peut excéder cinq ans. Mais il peut être renouvelé par période de cinq ans.

Pour les fonctionnaires de l'Etat, c'est le décret n° 85-986 du 16 septembre 1985 qui fixe la liste des cas de détachement ainsi que les conditions de son exercice. Pour la Fonction publique hospitalière, c'est le décret n° 88-976 du 13 octobre 1988 et pour la Fonction publique territoriale, c'est le décret n° 86-68 du 13 janvier 1986.

Vos nom et prénom
Emploi occupé — Date
Grade

M. le chef de service
Administration
Adresse

Monsieur le chef de service,

J'ai l'honneur de vous demander par la présente un détachement d'une durée de .... en application de l'article 45 de la loi n° 84-16 du 11 janvier 1984 et du décret n° 85-986 du 16 septembre 1985.

Ce détachement serait effectué auprès de .... (*indiquez de quel organisme il s'agit*).

Je souhaite que ce détachement prenne effet le ...... (*date*).

Veuillez agréer, Monsieur le chef de service, mes salutations distinguées.

Signature

• **Notre conseil** : C'est bien gentil d'avoir la fibre sociale mais votre administration d'origine ne vous paiera pas. Soyez donc certain que votre « nouvel employeur » puisse assurer à sa place. Ou alors tentez d'obtenir une mise à disposition.

VOUS DEMANDEZ À EXERCER VOTRE SERVICE À TEMPS PARTIEL.

Vous êtes fonctionnaire et vous estimez que le temps personnel vous manque. Comme votre situation le permet, vous envisagez de réduire votre activité en exerçant votre service à temps partiel.

• **Ce que dit la loi** : L'article 37 de la loi n° 84-16 du 11 janvier 1984 modifiée par une loi du 25 juillet 1994, les fonctionnaires titulaires, en activité ou en service détaché, peuvent, sur demande, être autorisés à accomplir un service à temps partiel qui ne peut être inférieur au mi-temps.

Selon le décret n° 2002-1389 du 21 novembre 2002 modifiant le décret n° 82-624 du 20 juillet 1982, la durée du service à temps partiel que les fonctionnaires peuvent être autorisés à accomplir est fixée à 50 %, 60 %, 70 %, 80 % ou 90 % de la durée du service que les agents à temps plein exerçant les mêmes fonctions doivent effectuer.

L'autorisation d'assurer un service à temps partiel est accordée pour des périodes comprises entre six mois et un an, renouvelable, pour la même durée, par tacite reconduction dans la limite de trois ans. À l'issue de cette période de trois ans, le renouvellement de l'autorisation de travail à temps partiel doit faire l'objet d'une demande et d'une décision expresses.

Les refus opposés à une demande de travail à temps partiel doivent être précédés d'un entretien et motivés.

• **Notre conseil** : Consultez les disposition similaires prévues pour la fonction publique hospitalière (décret n° 82-1003 du 23 novembre 1982), la fonction publique territoriale (décret n° 82-722 du 16 août 1982). Dans les trois fonctions publiques, il existe des dispositions spécifiques pour les non-titulaires.

Vos nom et prénom
Emploi occupé — Date
Grade

M. le chef de service
Administration
Adresse

Monsieur le chef de service,

J'ai l'honneur de vous demander de pouvoir exécuter mon service à temps partiel en application de l'article 37 de la loi n° 84-16 du 11 janvier 1984 modifiée.

Je souhaite que cette possibilité me soit accordée du ..... (*date*) au ...... (*date*) et que mon activité à temps partiel soit fixée à ..... (50 %, 60 %, 70 %, 80 % ou 90 %) de la durée du service j'effectue à temps plein.

Je suis à votre disposition pour un entretien visant à l'organisation de mon travail à mi-temps qu'il s'agisse de mes obligations de service, de ma rémunération, ou de mes congés.

Veuillez agréer, Monsieur le Directeur, mes salutations distinguées.

Signature

VOUS DEMANDEZ LA COMMUNICATION DE VOTRE DOSSIER CAR VOTRE HIÉRARCHIE VEUT VOUS SANCTIONNER.

Vous avez soi-disant commis une faute dans l'exercice de votre fonction. L'administration veut prononcer à votre encontre une sanction disciplinaire. Comme vous entendez que les droits de la défense soient respectés, vous demandez la communication de votre dossier afin de connaître précisément ce qu'on vous reproche.

• **Ce que dit la loi** : L'article 19 de la loi n° 83-634 du 13 juillet 1983, le fonctionnaire à l'encontre duquel une procédure disciplinaire est engagée a droit à la communication de l'intégralité de son dossier individuel et de tous les documents annexes.

Un délai suffisant doit être accordé à l'intéressé pour venir consulter son dossier. Il en est de même entre la communication du dossier et la réunion du conseil de discipline.

Le défenseur que le fonctionnaire s'est choisi peut accéder au dossier (Conseil d'Etat, 30 octobre 1959, Marcoulet).

• **Notre conseil** : Vous devez être informé par l'administration de votre droit à communication de votre dossier. Si elle ne l'a pas fait, faites le mort. En effet, il s'agit d'une formalité substantielle dont le non respect invalide toute sanction. Vous l'invoquerez au moment opportun.

Vos nom et prénom
Emploi occupé Date
Grade

Recommandé avec avis de réception

Monsieur le directeur
du personnel,
Sous le couvert de
M. le chef de service
Administration
Adresse

Monsieur le chef de service,

Vous m'avez informer qu'il était envisagé de prononcer à mon égard une sanction disciplinaire consistant en ... (*indiquez de quoi il s'agit*).

En application de l'article 19 de la loi n° 83-634 du 13 juillet 1983, je vous demande de me permettre l'accès à mon dossier et à toutes pièces en rapport avec la sanction envisagée.

Par ailleurs, ayant désigné M. .... (*nom, prénom*) pour assurer ma défense, je vous rappelle que la jurisprudence autorise le défenseur d'un fonctionnaire menacé de sanction disciplinaire d'accéder au dossier de l'intéressé.

Veuillez agréer, Monsieur le chef de service, mes salutations distinguées.

Signature

CHAPITRE 34

VOUS VOUS METTEZ À VOTRE COMPTE

La grande décision est prise : vous décidez de vous mettre à votre compte et de créer votre entreprise Comme vous êtes salarié et que vous êtes prudent, vous demandez à votre employeur un congé pour création d'entreprise.

• **Ce que dit la loi** : Selon les articles L. 122-32-12 et suivants du code du travail, Le salarié a droit à un congé pour la création d'entreprise s'il se propose de créer ou de reprendre une entreprise. La durée de ce congé, pendant lequel le contrat de travail est suspendu, est fixée à un an. Elle peut être portée à deux ans.

le droit au congé pour la création d'entreprise est ouvert au salarié qui, à la date du départ en congé, justifie d'une ancienneté dans l'entreprise d'au moins trente-six mois, consécutifs ou non .

Le salarié informe son employeur, par lettre recommandée avec demande d'avis de réception, au moins trois mois à l'avance, de la date de départ en congé qu'il a choisie, ainsi que la durée envisagée de ce congé . Il précise l'activité de l'entreprise qu'il prévoit de créer ou de reprendre. Dans le cas où la durée du congé est portée à deux ans, le salarié en informe son employeur, par lettre recommandée avec demande d'avis de réception, au moins trois mois avant le terme de la première année de congé.

Dans les entreprises de 200 salariés et plus, l'employeur a la faculté de différer le départ en congé, dans la limite de six mois qui courent à compter de la présentation de votre lettre recommandée.

Dans les entreprises de moins de 200 salariés, l'employeur peut aussi refuser votre congé s'il estime qu'il aura des conséquences préjudiciables sur la production et sur la marche de l'entreprise.

• **Notre conseil** : Si votre employeur est vraiment de très mauvaise volonté et diffère ou refuse votre congé, il ne peut le faire qu'à certaines conditions. Si elles vous semblent non remplies, répondez lui en vous aidant du modèle page 525.

Vos nom et prénom
Adresse
Emploi occupé

Date

Monsieur le Directeur des
Établissements ......
Adresse

Monsieur le Directeur,

En application de l'article L. 122-32-12 et suivant du Code du travail, j'ai l'honneur de vous demander un congé pour création d'entreprise d'un durée de .... (*maximum un an*) en vue de la création d'une entreprise de ... (*détailler l'activité de l'entreprise*).

Ou bien :
En application de l'article L. 122-32-12 et suivant du Code du travail, j'ai l'honneur de vous demander une prolongation de mon congé pour création d'entreprise de ...... (*maximum un an*).

S'il s'avérait que cette entreprise n'est pas viable, je retrouverai mon précédent emploi ou un emploi similaire assorti d'une rémunération au moins équivalente, conformément à l'article L. 122-36-16 du Code précité.

Je vous prie d'agréer, Monsieur le Directeur, l'assurance de ma considération distinguée.

Signature

VOUS FAITES UNE RECHERCHE D'ANTÉRIORITÉ D'UNE DÉNOMINATION OU D'UNE MARQUE.

Si vous créez votre société, vous devez lui choisir un nom commercial. Mais attention, vous devez vérifier au préalable si le nom que vous choisissez n'est pas déjà pris, et donc protégé.

• **Ce que dit la loi** : Alors que les personnes physiques ont un nom de famille pour les désigner, les sociétés ont une dénomination sociale, un nom commercial.

Le choix du nom commercial est libre. Il est toutefois préférable de faire une recherche d'antériorité auprès de l'Institut national de la propriété industrielle (I.N.P.I.) pour vérifier si le nom que vous choisissez n'est pas déjà pris, et donc protégé. Il n'existe qu'un seul INPI pour toute la France.

Les noms et les marques sont déposés dans des « classes », c'est-à-dire des spécialités (exemples : immobilier, formation). Il existe 42 classes. Par exemple, une école peut déposer sa marque uniquement dans la « classe formation », qui porte le numéro 41. Mais elle peut aussi la déposer dans toutes les classes, c'est-à-dire tous les secteurs. On peut limiter le dépôt du nom ou de la marque à la France ou faire un dépôt communautaire, valable pour tous les pays de l'Union européenne.

Vous pouvez limiter la recherche uniquement à votre « classe » (secteur) ou à toutes les classes. La recherche coûte entre 50 euros et 80 euros par classe. Le dépôt d'un nom ou d'une marque coûte environ 200 euros pour une protection de dix ans.

• **Notre conseil** : Une fois que vous avez choisi un nom, vous pouvez le déposer à l'I.N.P.I. afin que d'autres ne puissent pas l'utiliser.

Vos nom et prénom
Adresse

Date

I.N.P.I.
Division des marques,
Bureau des recherches
d'antériorité
32, rue des Trois-Fontanot
92016 NANTERRE Cedex

Madame, Monsieur,

Je vous prie de bien vouloir effectuer une recherche d'antériorité concernant le nom suivant ... (*dénomination choisie, par exemple* : « Au cercle des poètes » pour un salon de thé).

Cette recherche doit porter sur les classes numéros ... et ... (*par exemple* : numéro 41 qui correspond à la classe formation ; ou encore : sur l'ensemble des classes).

Je joins à la présente demande un chèque de ... € en règlement des frais.

Veuillez agréer, Madame, Monsieur, l'expression de mes salutations distinguées.

Signature du gérant

VOUS RÉDIGEZ UN AVIS DE CONSTITUTION DE VOTRE SOCIÉTÉ.

Il est obligatoire de publier une annonce de constitution d'une société dans un journal d'annonces légales situé dans le département où se trouve le siège social. Vous ne pouvez demander l'immatriculation de la société tant que cette annonce n'a pas été publiée. Plus le texte est long, plus le prix est élevé. Faites le plus court possible.

• **Ce que dit la loi** : Un avis de constitution de la société doit être publié dans un journal d'annonces légales, situé dans le département où se trouve le siège social de la société. Vous pouvez également publier cette annonce dans des journaux non spécialisés habilités à publier ce type d'annonces.

L'avis de constitution d'une société doit être signé par le gérant, s'il est déjà désigné, ou par l'associé-fondateur qui a reçu les fonds composant le capital social. Si le gérant n'est pas désigné, l'associé qui va signer cette annonce doit avoir reçu un pouvoir (mandat d'agir) des autres associés l'autorisant à effectuer cette formalité.

Il existe une multitude de journaux d'annonces légales. Si vous n'en connaissez pas dans votre département, demandez au C.F.E. ou à la chambre de commerce de vous en indiquer un. Il faut compter de 61 euros à 260 euros pour une annonce de création.

L'annonce légale doit contenir des mentions précises : dénomination sociale (et sigle s'il existe), forme de la société, montant du capital social, adresse du siège social, l'objet social décrit sommairement, la durée pour laquelle la société est constituée, les nom, prénom et adresse du gérant.

Avis de constitution

Aux termes d'un acte sous seing privé en date du ... (*date de signature des statuts*), il a été constitué une société à responsabilité limitée, dénommée ... (*nom de la société*) au capital de ....euros et dont le siège social est situé ... (*adresse*).

Objet : ... (*par exemple* : import-export de métaux précieux, livraison à domicile de petits colis...).

Durée : 99 ans à compter de l'immatriculation au R.C.S.

Gérant : M. .... (*nom, prénom*), demeurant .... (*adresse personnelle du gérant*), pour une durée illimitée.

Immatriculation : au Registre du commerce et des sociétés de ... (*ville*).

Pour avis : le gérant

• **Notre conseil** : Comme le prix des annonces légales est réglementé par un prix par ligne, certains journaux d'annonces légales jouent sur le nombre de lignes pour augmenter le prix. Ils vous obligent à rédiger l'annonce d'une certaine façon afin de pouvoir vous facturer un nombre de lignes plus important. Après avoir rédigé votre texte, demandez le prix à deux ou trois journaux différents, l'écart vous surprendra.

VOUS DEMANDEZ À UN JOURNAL D'INSÉRER L'ANNONCE LÉGALE.

Il est obligatoire de publier une annonce de constitution d'une société dans un journal d'annonces légales situé dans le département où se trouve le siège social. Vous ne pouvez demander l'immatriculation de la société tant que cette annonce n'a pas été publiée. Plus le texte est long, plus le prix est élevé. Faites le plus court possible.

• **Ce que dit la loi** : Vous accompagnerez l'avis de constitution de la société d'une lettre pour demander au journal d'insérer l'annonce légale. Celui-ci vous remettra une attestation de future publication qui vous permet de demander l'immatriculation sans attendre que l'annonce soit effectivement publiée.

Nom et prénom
Adresse du gérant

Date
Nom du journal
Adresse

Objet : insertion annonce légale

Madame, Monsieur,

Je vous prie de bien vouloir trouver ci-joint le texte d'une annonce légale concernant la constitution de la société ... (*dénomination*), à faire paraître dans votre édition du ... (*date*) (*ou encore* : dans les meilleurs délais).
Vous trouverez ci-joint un chèque de ... euros (*téléphonez avant pour connaître le prix*) en couverture des frais.
Je vous saurais gré de bien vouloir m'adresser cinq exemplaires originaux de cette publication.

Vous en remerciant, je vous prie d'agréer, Madame, Monsieur, mes salutations distinguées.

Signature

VOUS DOMICILIEZ PROVISOIREMENT VOTRE ENTREPRISE À VOTRE DOMICILE : VOUS EN INFORMEZ VOTRE BAILLEUR.

Tout s'accélère ! À peine constituée, votre entreprise a déjà des clients intéressés. Le problème, c'est que vous n'avez pas encore trouvé le local adéquat pour démarrer votre activité. La loi vous autorise provisoirement à domicilier votre entreprise chez vous. Mais à certaines conditions : celle, entre autres, de prévenir votre bailleur.

• **Ce que dit la loi** : Nonobstant toute clause contraire du bail, du règlement de copropriété ou d'un cahier des charges, le siège social peut être provisoirement fixé dans le local d'habitation du représentant légal (gérant pour une S.A.R.L.) de la société.

Vous devez notifier votre intention au propriétaire de votre logement si vous êtes locataire, mais il ne s'agit pas de lui demander une autorisation, seulement de le prévenir comme la loi le prévoit. Vous n'avez donc pas de réponse à attendre, et le bailleur ne peut s'y opposer.

La ou les lettres sont à envoyer en recommandé avec avis de réception.

La durée de cette domiciliation ne peut excéder 24 mois à dater de l'immatriculation.

• **Notre conseil** : Toute modification dans la situation matrimoniale (mariage, divorce...) ou dans l'utilisation des locaux doit être portée à la connaissance de l'assureur. Avertissez-le que vous avez domicilié la société chez vous, même si aucune activité n'y est exercée. En cas de sinistre important, les assureurs cherchent souvent un moyen pour ne pas le prendre en charge. Inutile de leur fournir un prétexte qu'ils pourraient exploiter.

Vos nom et prénom
Adresse

Date

Recommandé avec avis de réception

Monsieur ...
(*prénom et nom du bailleur*)
Adresse

Monsieur (*ou* Madame),

Je vous prie de bien vouloir prendre acte de mon intention d'user de la faculté prévue à l'article 2 de la loi n° 84-1149 du 21 décembre 1984 et d'établir le siège social de la société ... (*nom*), S.A.R.L. au capital de ... euros dont je suis le créateur (ou le gérant, si vous êtes déjà désigné), à mon domicile personnel pour lequel vous m'avez consenti un bail le ... (*date*).

Veuillez agréer, Monsieur (*ou* Madame), l'expression de ma considération distinguée.

Signature

VOUS DOMICILIEZ PROVISOIREMENT VOTRE ENTREPRISE À VOTRE DOMICILE : VOUS EN INFORMEZ LE SYNDIC DE COPROPRIÉTÉ.

Tout comme vous avez prévenu votre bailleur si vous êtes locataire, vous devez avertir votre syndic que votre entreprise est domiciliée chez vous si vous êtes copropriétaire.

• **CE QUE DIT LA LOI** : vous devez informer le syndic si vous êtes copropriétaire d'un logement situé dans un immeuble. Vous n'avez pas à demander d'autorisation, et le syndic ne peut s'y opposer. Par conséquent, vous n'avez pas de réponse à attendre.

Vos nom et prénom   Date
Adresse

Recommandé avec avis de réception

Monsieur ...
(prénom et nom du Syndic)
Adresse

Monsieur (*ou* Madame),

Copropriétaire d'un logement dans l'immeuble situé ... (*adresse*), je vous prie de bien vouloir prendre acte de mon intention d'user de la faculté prévue à l'article 2 de la loi n° 84-1149 du 21 décembre 1984 et d'établir le siège social de la société ... (*nom*), S.A.R.L. au capital de ... euros dont je suis le créateur (*ou* le gérant, si vous êtes déjà désigné), à mon domicile personnel.

Veuillez agréer, Monsieur (*ou* Madame), l'expression de ma considération distinguée.

Signature

VOUS DOMICILIEZ PROVISOIREMENT VOTRE ENTREPRISE À VOTRE DOMICILE : VOUS AVERTISSEZ VOTRE ASSUREUR QUE LE DOMICILE DU GÉRANT SERT DE SIÈGE SOCIAL.

Pour en terminer avec les procédures de domiciliation de votre entreprise, vous prévenez votre assureur.

• **Ce que dit la loi** : Nonobstant toute clause contraire du bail, du règlement de copropriété ou d'un cahier des charges, le siège social peut être provisoirement fixé dans le local d'habitation du représentant légal (gérant pour une S.A.R.L.) de la société.

Pour la bonne forme et pour éviter tout litige en cas de sinistre, prévenez votre assureur.

Vos nom et prénom
Adresse

Date

Recommandé avec avis de réception

Nom de la compagnie
Adresse

Police n° ...

Madame, Monsieur,

Je vous prie de bien vouloir prendre bonne note de la domiciliation de la société ... (*nom*) dont je suis le gérant, à mon domicile privé, ci-dessus indiqué.

Il s'agit uniquement d'une domiciliation administrative (*téléphone, courrier et fax*) et aucune activité n'est exercée dans ces locaux.

Veuillez agréer, Madame, Monsieur, l'expression de ma considération distinguée.

Signature

VOUS DEMANDEZ UN DÉCOUVERT PERMANENT À LA BANQUE.

La gestion d'une entreprise est pleine d'aléas...surtout quand on débute. Votre banquier après avoir examiné votre projet vous consentira certainement des facilités. Parmi celle-ci, un découvert permanent semble constituer un minimum.

• **Ce que dit la loi** : Le découvert bancaire qui consiste à vous autoriser à tirer sur votre compte de dépôt des sommes dans la limite du découvert maximum autorisé, n'est pas un droit mais une faculté. Si cette autorisation est supérieure à trois mois, elle s'apparente à une ouverture de crédit et une offre préalable doit vous être remise.

• **Notre conseil** : Si le découvert que l'on vous accorde est inférieur à trois mois, demandez qu'on vous indique par écrit : le montant, les conditions, les agios, le délai de préavis en cas de révocation... Cela vous met à l'abri en cas de changement de directeur d'agence.

Entreprise.....
Adresse
Compte(s) no(s) :

Date

Monsieur (*ou* Madame) ...

Directeur d'agence
Nom de la banque
Adresse

Monsieur le Directeur,

Comme suite à notre entretien du ... (*date*), nous vous confirmons notre demande d'un découvert permanent de ... euros.

A l'appui de notre demande, vous voudrez bien trouver ci-joint :
– les bilans des années ... et ... ;
– un procès-verbal de nomination du gérant ;
– un exemplaire des statuts.

Vous en souhaitant bonne réception, nous vous prions d'agréer, Monsieur le Directeur, l'expression de nos salutations distinguées.

Signature

VOUS DEMANDEZ VOTRE IMMATRICULATION AUPRÈS DE L'U.R.S.S.A.F. EN QUALITÉ D'EMPLOYEUR.

Vous montez votre entreprise et vous allez recruter pour la première fois. Comme vous n'êtes pas un adepte du « travail au black », vous devez vous faire immatriculer en tant qu'employeur auprès de la sécurité sociale.

• **Ce que dit la loi** : Tout chef d'entreprise est tenu de déclarer aux organismes sociaux les salariés qu'il entend recruter (art. L. 311-2 du code de sécurité sociale). S'il n'a jamais embauché de salarié, il doit faire se faire immatriculer comme employeur auprès de l'Union pour le recouvrement des cotisations de sécurité sociale et d'allocation familiale (URSSAF) du lieu du siège social de l'entreprise. Cette démarche est désormais facilitée par la possibilité de l'effectuer en même temps que la déclaration unique d'embauche du salarié recruté. Demandez le formulaire prévu à cet effet.

• **Notre conseil** : Demandez par la même occasion à recevoir le dossier permettant de bénéficier de l'exonération de cotisations sociales patronales au titre de l'embauche du premier salarié.

Entreprise.....
Adresse — Date
Numéro d'immatriculation RCS :

Recommandé avec avis de réception

U.R.S.S.A.F. de ...
Service affiliation
des employeurs
Adresse

Madame, Monsieur,

Jusqu'à ce jour, notre société n'a jamais employé de salarié.

Or, nous sommes désireux de recruter un salarié à compter du ... (*date*).

En conséquence, nous vous saurions gré de bien vouloir nous adresser, par retour, les imprimés nécessaires à notre affiliation auprès de votre U.R.S.S.A.F. en qualité d'employeur.

(*Vous pouvez ajouter* : nous souhaitons également recevoir le dossier permettant de bénéficier de l'exonération de cotisations sociales patronales au titre de l'embauche du premier salarié).

Avec nos remerciements anticipés, nous vous prions d'agréer, Madame, Monsieur, nos salutations distinguées.

Signature du Gérant

Votre entreprise démarre sur les chapeaux de roue. Vous et votre associé êtes submergés de travail. Vous décidez de recruter des salariés sous contrat à durée indéterminée à temps plein car les perspectives sont florissantes.

• **Ce que dit la loi** : La loi n'exige pas un contrat de travail écrit si vous embauchez un salarié sous contrat de travail à durée indéterminée à temps plein. Mais une directive du 14 octobre 1991 oblige l'employeur à communiquer par écrit au salarié certains éléments de la relation de travail, au plus tard dans les deux mois qui suivent l'entrée en fonction (identité, qualification, poste de travail, rémunération, lieu de travail, durée du travail, convention collective applicable, délai de préavis). Mais l'usage dans la plupart des entreprises est de rédiger un contrat de travail écrit qui contiendra au minimum les éléments indiqués ci-dessus.

• **Notre conseil** : Le modèle proposé ci-contre n'est qu'un exemple. Ainsi, certains contrat de travail n'ont pas à contenir de clause de mobilité ou de non-concurrence compte tenu de l'emploi occupé par le salarié. Pour certaines clauses (période d'essai, préavis, etc), vous pouvez vous contenter de renvoyer à la convention collective applicable.

Modèle de contrat de travail à durée indéterminée à temps plein

ENTRE
– La société ... (*dénomination*) au capital social de ... euros, dont le siège social est situé ... (*adresse*)
immatriculée au Registre du commerce et des sociétés de ... (*lieu*) sous le numéro ...
Représentée par M. ... (*nom, prénom et qualité de l'employeur, du gérant, du DRH*)
ET
– Monsieur .... (*nom et prénom du futur salarié*)
demeurant ... (*adresse*) de nationalité française
n° de Sécurité sociale : ...
demeurant à ...

D'AUTRE PART

Il a été arrêté et convenu ce qui suit :

Article 1 – Engagement

La société ... (nom) engage M. ..., pour une durée illimitée, en qualité de ... (fonction) au coefficient ... (si cela existe), à compter du ... (date) sous réserve des résultats de la visite médicale d'embauche.
M. ... déclare être à ce jour libre de tout engagement.

Article 2 – Fonction

M. ... est engagé en qualité de ... (*qualification*), au coefficient ... (*le cas échéant*)
Il sera chargé de ... (*décrire les fonctions*).

Article 3 – Période d'essai

Le présent contrat est conclu pour une durée indéterminée à compter du ...

Il ne deviendra définitif qu'à l'issue d'une période d'essai de ... mois, conformément à la convention collective.
Durant la période d'essai, chacune des parties pourra, à tout moment, rompre le présent contrat de travail sans préavis ni indemnité.

Article 4 – Horaires de travail
Les horaires de travail sont ceux habituellement pratiqués dans l'entreprise, selon un système individualisé d'heures de travail situées entre 8 heures et 20 heures.

Article 5 – Lieu de travail
M. ... exercera ses fonctions au siège social de la société situé ... à ...
Toutefois, en fonction des nécessités de service, l'employeur pourra demander à M. ... d'effectuer des déplacements temporaires. Ces déplacements seront indemnisés conformément au barème interne.
Le cas échéant :
En outre, M. ... s'engage à accepter toute mutation géographique à l'intérieur de la région ....

Article 6 – Rémunération
M. ... percevra un salaire mensuel brut de ... auquel s'ajouteront ... (*mentionner les éventuelles primes-13e mois par exemple*).

Article 7 – Congés payés
M. ... bénéficiera des congés payés légaux, soit actuellement trente jours ouvrables par période du 1er juin au 31 mai.
La période de prise des congés est déterminée d'un commun accord entre la direction et M. ..., compte tenu des nécessités du service.

Article 8 – Exclusivité et non-concurrence
M. ... s'engage à consacrer son activité et son temps exclusivement à la société ...
M. ... s'engage à respecter une stricte obligation de discrétion sur tout ce qui concerne l'activité de l'entreprise.
Tout manquement à cette obligation au cours du présent contrat serait constitutif d'une faute grave pouvant justifier un licenciement.

Article 9 – Rupture du contrat
Le présent contrat de travail pourra être rompu par chacune des parties, conformément aux dispositions légales et conventionnelles en vigueur.
Le présent contrat est établi en deux exemplaires.

Fait à ..., le ...

La société ... Le salarié (*nom et prénom*)
Représentée par....(*nom et qualité*)

Compte tenu de la nature de son activité, votre entreprise doit pouvoir fonctionner sur une plage horaire étendue dans la journée ou la semaine. Des des salariés à temps partiel s'imposent. Vous les recruter.

• **Ce que dit la loi** : Si vous embauchez un salarié sous contrat à durée indéterminée mais à temps partiel, l'article L. 212-4-3 du code du travail vous contraint à rédiger un contrat de travail écrit. Celui-ci doit comporter certaines mentions obligatoires indiquées au même article. Est considéré comme salarié à temps partiel celui dont l'horaire de travail est inférieur à la durée légale du travail (35 heures par semaine ou 1600 heures su l'année) ou conventionnelle si elle est inférieure. Par exemple, un salarié est à temps partiel si la durée conventionnelle étant de 33 heures, il effectue 32 heures.

Le contrat de travail doit préciser par ailleurs les limites dans lesquelles peuvent être effectuées des heures complémentaires au-delà de la durée de travail fixée par le contrat. Le nombre d'heures complémentaires effectuées par un salarié à temps partiel au cours d'une même semaine ou d'un même mois ne peut être supérieur au dixième de la durée hebdomadaire ou mensuelle de travail prévue dans son contrat. Les heures complémentaires ne peuvent avoir pour effet de porter la durée du travail effectuée par un salarié au niveau de la durée légale du travail ou à la durée fixée conventionnellement.

• **Notre conseil** : Attention, si vous omettez l'une des mentions obligatoires prévues par l'article L. 212-4-3 pour une embauche à temps partiel, le salarié sera considéré comme ayant été engagé à temps complet et vous devrez prouver le contraire.

Modèle de contrat de travail à durée indéterminée à temps partiel

ENTRE
– La société ... (*dénomination*) au capital social de ... euros, dont le siège social est situé ... (*adresse*)
immatriculée au Registre du commerce et des sociétés de ... (*lieu*) sous le numéro ...
Représentée par M. ... (*nom, prénom et qualité de l'employeur, du gérant, du DRH*)
ET
- Monsieur .... (*nom et prénom du futur salarié*)
demeurant ... (*adresse*) de nationalité française
n° de Sécurité sociale : ...
demeurant à ...
D'AUTRE PART

Il a été arrêté et convenu ce qui suit :

Article 1 – Engagement

La société ... (*nom*) engage M. ... (*nom et prénom*), à temps partiel, en qualité de ... (*fonction*) au coefficient ... (*si cela existe*), à compter du ... (date) sous réserve des résultats de la visite médicale d'embauche.

Article 2 – Fonction

M. ... est engagé en qualité de ... (*qualification*), au coefficient ...(*le cas échéant*)
Il sera chargé de ... (*décrire les fonctions*).

Article 3 – Période d'essai

Le présent contrat est conclu pour une durée indéterminée à compter du ...

Il ne deviendra définitif qu'à l'issue d'une période d'essai de ... mois, conformément à la convention collective.
Durant la période d'essai, chacune des parties pourra, à tout moment, rompre le présent contrat de travail sans préavis ni indemnité.

Article 4 – Durée du travail et répartition des horaires
La durée du travail fixée par le présent contrat est de ....heures par semaine (*ou par mois*) avec la répartition suivante :
(Indiquez ici la répartition de la durée du travail sur la semaine, jour par jour, avec l'horaire correspondant)

Exemple : Lundi : .....heures de ..... à ....
Mardi : .....heures de ..... à ....
Jeudi : .....heures de ..... à ....
Vendredi : .....heures de ..... à ....

Cette répartition de l'horaire de travail pourra faire éventuellement l'objet de modifications si l'entreprise est confrontée à .... (*indiquez les circonstances : surcroît temporaire d'activité, absence de salariés, etc...*) dans les conditions suivantes :
(*Indiquez ici la nature des modifications envisagées*)
Exemple : Répartition de l'horaire sur tous les jours ouvrables sans que les horaires journaliers puissent excéder ......heures.
Conformément à la loi, toute modification sera notifiée à M. (nom et prénom) sept jours au moins avant la date à laquelle elle doit avoir lieu.

Article 5 – Heures complémentaires
M. ...... pourra être amené à effectuer des heures complémentaires au-delà de la durée du travail indiqué à l'article 4 du présent contrat dans la limite de ......heures.
Toute exécution d'heures complémentaires sera notifiée à M. (*nom et prénom*) trois jours au moins avant la date à laquelle elles sont requises.
Les heures ainsi effectuées dans une même semaine ou dans un même mois au-delà de 1/10e de la durée hebdomadaire ou mensuelle du travail donneront lieu à majoration pour heures supplémentaires.

Vous venez de créer votre entreprise et déjà une commande exceptionnelle se profile à l'horizon ou un salarié indispensable dans votre dispositif s'est bêtement blessé en pratiquant son sport favori. Vous décidez de recruter un autre salarié sous contrat à durée déterminée pour faire face.

• **Ce que dit la loi** : Selon l'article L.122-1-1 du code du travail, un employeur ne peut embaucher un salarié sous contrat à durée déterminée (CDD) que dans les cas suivants :

- pour remplacer un salarié, absent temporairement dont le contrat est suspendu (par exemple pour congés payés, maternité,maladie ou accident) (modèle proposé ci-dessous);
- pour remplacer un salarié absent si la vacance du poste est due soit à un départ définitif pour licenciement économique avant la suppression du poste de travail (préavis non effectué par le salarié par exemple), soit à l'attente de l'entrée en fonction d'un salarié embauché sous contrat à durée indéterminée ;
- pour faire face à un accroissement temporaire d'activité, de l'entreprise (lancement d'un nouveau produit, commande exceptionnelle à l'exportation, travaux urgents rendus nécessaires pour prévenir un danger) ;
- pour pourvoir des emplois à caractère saisonnier (notamment moisson, vendanges, tourisme) ou pour lesquels il est d'usage constant de ne pas recourir aux contrats à durée indéterminée (spectacles, hôtellerie, restaurants, etc.) dont la liste est fixée par l'article D. 121-2 du Code du travail ;
- pour embaucher des personnes sous forme de contrat de formation en alternance : contrats de qualification, d'adaptation, emploi-solidarité, contrat initiative-emploi.

La durée maximale, renouvellement compris, d'un CDD est en principe de 18 mois. Elle peut être de 24 mois en cas de remplacement d'un salarié partant définitivement avant la suppression de son poste de travail, ou en cas de commande exceptionnelle à l'exportation, et de neuf mois si le salarié est recruté dans l'attente de l'entrée en service effectif d'un salarié embauché sous contrat à durée indéterminée, ou pour des travaux urgents nécessités par des mesures de sécurité. Si le contrat est conclu pour remplacer un salarié absent, il peut ne pas comporter de terme précis. Par exemple, il indiquera que le contrat prendra fin au retour du salarié remplacé dans l'entreprise. Mais il doit comporter une durée minimale.

• **Notre conseil** : Votre intérêt est de respecter les cas de recours prévus par la loi. Sinon, vous vous exposez de la part du salarié à une demande de requalification du contrat en contrat à durée indéterminée.

Contrat de travail a durée déterminée conclu pour le remplacement d'un salarié absent, avec un terme précis

ENTRE

- La société ... (*dénomination*) au capital social de ... euros, dont le siège social est situé ... (*adresse*)
immatriculée au Registre du commerce et des sociétés de ... (*lieu*) sous le numéro ...
Représentée par M. ... (*nom, prénom et qualité*),

ET

- Monsieur ...... (*nom et prénom du futur salarié*)
demeurant ... (*adresse*)
de nationalité française
n° de Sécurité sociale :
D'AUTRE PART

Il a été arrêté et convenu ce qui suit :

Article 1 – Engagement : Le présent contrat est soumis aux dispositions de l'article L 122-1-1 du code du travail.
La Société ... (*nom*) engage M. ..., en qualité de ... (*fonction*) sous réserve des résultats de la visite médicale d'embauche.
M. ... déclare être à ce jour libre de tout engagement.

Article 2 – Objet du contrat : Le présent contrat de travail est conclu en vue d'assurer le remplacement de M. ... (*obligatoire* : nom et prénom du salarié à remplacer), employé dans la société en qualité de ... (*nature exacte des fonctions*), absent pour cause de ... (*obligatoire* : indiquez le motif d'absence du salarié, par exemple, maladie, congés payés, maternité...).

Article 3 – Emploi : M. ... est engagé en qualité de ..., coefficient de ..., pour exercer les fonctions suivantes : ... (*attention* : ces fonctions doivent être les mêmes que celles du salarié remplacé).
Le présent contrat est soumis aux dispositions de la convention collective ...

Article 4 – Durée du contrat : Le présent contrat est conclu pour une durée déterminée de ... semaines (*ou* mois).
Il prend effet à compter du ..., à ... heures.
Il prendra automatiquement fin à l'échéance prévue le ... (*date*).
Ce contrat pourra être renouvelé une fois dans les conditions qui seront précisées par un avenant signé des deux parties.

Ou bien :Le présent contrat prend effet à compter du ..., à ... heures. Il prendra fin par le retour de M (*ou* Mme) à son poste de travail.Il est toutefois conclu pour une durée minimum de ... semaines (*ou* mois).

Article 5 – Durée du travail : M..... est soumis à l'horaire collectif de travail en vigueur dans l'entreprise, soit 35 heures par semaine (169 heures par mois).

Article 6 - Lieu de travail : Le présent contrat sera exécuté au siège social de la société situé ....

Article 7 – Période d'essai : Il est prévu une période d'essai de ... au cours de laquelle chacune des parties pourra mettre fin au contrat sans préavis ni indemnité.
Après expiration de la période d'essai, ce contrat ne pourra être rompu avant l'arrivée du terme, hormis cas de faute grave du salarié ou de force majeure, ou d'un commun accord écrit des deux parties.

Article 8 – Rémunération : M. ... percevra un salaire mensuel brut de ... euros, auquel s'ajouteront les primes de ...... pour

Article 9 – Congés payés : M. ... a droit aux congés payés. A l'issue du présent contrat, il lui sera versé une indemnité compensatrice de congés payés correspondant aux droits acquis et non utilisés.
Cette indemnité ne sera pas versée dans les deux cas suivants :
– poursuite, à l'issue du présent contrat, de la relation de travail par un contrat de travail à durée indéterminée ;
– rupture du présent contrat pour faute lourde du salarié.

Article 10 – Avantages sociaux : M. ... sera affilié à la caisse de retraite complémentaire ... (*nom et adresse*).

Article 11 – Fin du contrat : A la fin de son contrat, M. ... percevra une indemnité de fin de contrat, conformément aux dispositions légales en vigueur.

Son montant sera égal à 10 % de la rémunération totale brute perçue par M. ... pendant l'exécution du présent contrat.

Article 12 – Exclusivité et non-concurrence : M. ... s'engage à consacrer son activité et son temps exclusivement à la société ...
M. ... s'engage à respecter une stricte obligation de discrétion sur tout ce qui concerne l'activité de l'entreprise.
Tout manquement à cette obligation au cours du présent contrat serait constitutif d'une faute grave pouvant justifier un licenciement.
Le présent contrat est établi en deux exemplaires, soit un pour chacune des parties.

Fait à ..., le ...

La société ...	Le salarié,
par son gérant, M. ...	M. ...

VOUS EMBAUCHEZ UN SALARIÉ SOUS CONTRAT À DURÉE DÉTERMINÉE À TEMPS PARTIEL.

Un salarié est absent dans une période cruciale pour votre entreprise qui a très bien démarrée. Vous décidez d'affecter un autre salarié au poste laissé vacant et vous recrutez un autre salarié à temps partiel sous contrat à durée déterminée pour palier en partie le manque à gagner.

• **Ce que dit la loi** : Les motifs de recours au contrat à durée déterminée ainsi que la durée du contrat indiqués au n° 34-000 ne changent pas si vous recrutez un salarié à temps partiel. Mais en plus, vous devez respecter des articles L. 212-4-3 et suivants du code du travail régissant les contrats de travail à temps partiel.

• **Notre conseil** : Reprenez le modèle de la page 635 et rédigez les articles 2, 3, 4 et 5 comme indiqué ci-contre.

Contrat de travail a durée déterminée à temps partiel conclu pour le remplacement d'un salarié absent, avec un terme précis(...)

Article 2 – Objet du contrat

Le présent contrat de travail est conclu à temps partiel en vue d'assurer le remplacement de M. ... (*obligatoire* : nom et prénom du salarié à remplacer) employé dans la société en qualité de ... (*nature exacte des fonctions*), lequel est lui-même affecté temporairement au poste de M....... (*nom et prénom du salarié absent*), absent pour cause de ... (*obligatoire* : indiquez le motif d'absence du salarié, par exemple, maladie, congés payés, maternité...).

Article 3 – Emploi

M. ... est engagé en qualité de ..., coefficient de ..., pour exercer les fonctions suivantes : ... (*attention* : ces fonctions doivent être les mêmes que celles du salarié remplacé).

Le présent contrat est soumis aux dispositions de la convention collective ...

Article 4 – Durée du contrat

Le présent contrat est conclu pour une durée déterminée de ... semaines (*ou* mois).

Il prend effet à compter du ..., à ... heures.

Il prendra automatiquement fin à l'échéance prévue le ... (*date*).

Ce contrat pourra être renouvelé une fois dans les conditions qui seront précisées par un avenant signé des deux parties.

Ou bien :Le présent contrat prend effet à compter du ..., à ... heures. Il prendra fin par le retour de M (ou Mme) à son poste de travail.Il est toutefois conclu pour une durée minimum de ... semaines (*ou* mois).

Article 5 – Durée du travail et répartition des horaires
La durée du travail fixée par le présent contrat est de ....heures par semaine (*ou* par mois) avec la répartition suivante :
(*Indiquez ici la répartition de la durée du travail sur la semaine, jour par jour, avec l'horaire correspondant*)

Exemple : Lundi : .....heures de ..... à ....
Mardi : .....heures de ..... à ....
Jeudi : .....heures de ..... à ....
Vendredi : .....heures de ..... à ....

Cette répartition de l'horaire de travail pourra faire éventuellement l'objet de modifications si l'entreprise est confrontée à .... (*indiquez les circonstances : surcroît temporaire d'activité, absence de salariés, etc...*) dans les conditions suivantes : (*Indiquez ici la nature des modifications envisagées*)
Exemple : Répartition de l'horaire sur tous les jours ouvrables sans que les horaires journaliers puissent excéder ......heures.
Conformément à la loi, toute modification sera notifiée à M. (*nom et prénom*) sept jours au moins avant la date à laquelle elle doit avoir lieu.

(...)

Fait à ..., le ...

La société ...
par son gérant, M. ...

Le salarié,
M. ...

VOUS RÉDIGEZ UN RÈGLEMENT INTÉRIEUR POUR VOTRE ENTREPRISE.

Élaborer un règlement intérieur d'entreprise est obligatoire dans les entreprises ayant un effectif d'au moins 20 salariés. Vous vous attelez à la tâche en vous aidant du modèle ci-joint. Puis, vous adressez ce règlement intérieur à l'inspecteur du travail.

• **Ce que dit la loi** : Obligatoire dans les entreprises ayant un effectif d'au moins 20 salariés, le règlement intérieur est un document écrit par lequel l'employeur fixe exclusivement :

– les mesures d'application de la réglementation en matière d'hygiène et de sécurité dans l'entreprise ou l'établissement ;

– les conditions dans lesquelles les salariés peuvent être appelés à participer, à la demande de l'employeur, au rétablissement de conditions de travail protectrices de la sécurité et de la santé des salariés dès lors qu'elles apparaîtraient compromises ;

– les règles générales et permanentes relatives à la discipline, et notamment la nature et l'échelle des sanctions que peut prendre l'employeur.

Il énonce également les dispositions relatives aux droits de la défense des salariés faisant l'objet d'une sanction disciplinaire.

Il rappelle les dispositions relatives à l'abus d'autorité en matière sexuelle, telles qu'elles résultent de la loi ainsi que les dispositions relatives à l'interdiction de toute pratique de harcèlement moral.

• **Notre conseil** : Le règlement intérieur ne peut être introduit qu'après avoir été soumis à l'avis du comité d'entreprise ou, à défaut, à l'avis des délégués du personnel ainsi que, pour les matières relevant de sa compétence, à l'avis du comité d'hygiène et de sécurité. Il doit être communiqué en deux exemplaires à l'inspecteur du travail, accompagné de l'avis du comité d'entreprise ou, s'il n'existe pas, de celui des délégués du personnel et, le cas échéant, du comité d'hygiène et de sécurité (voir notre lettre d'accompagnement). Cet envoi est fait une fois pour toutes. Sauf modifications de certaines clauses du règlement intérieur.

Établisements.....
Adresse — Date

Recommandé avec avis de réception

Monsieur (*ou* Madame) ...
Inspecteur du travail
Adresse

Objet : dépôt du règlement intérieur

Monsieur l'Inspecteur du travail,

Conformément à l'article L. 122-36 du code du travail, nous vous prions de bien vouloir trouver ci-joint deux exemplaires du règlement intérieur de la société ..., ainsi que l'avis des délégués du personnel.

Veuillez agréer, Monsieur l'Inspecteur du travail, nos salutations distinguées.

Signature du directeur ou du gérant

Modèle de règlement intérieur

RÈGLEMENT INTÉRIEUR DE LA SOCIÉTÉ ...

I. DISPOSITIONS GÉNÉRALES

II. RÈGLES GÉNÉRALES ET PERMANENTES
Règles relatives à l'hygiène et à la sécurité
Règles relatives à la discipline

III. SANCTIONS
Nature et échelle des sanctions
Garanties de procédure

IV. FORMALITÉS
Date d'entrée en vigueur : le ...

I. DISPOSITIONS GÉNÉRALES

Objet
Le présent règlement intérieur est établi conformément à l'article L 122-33 du code du travail. Il s'applique à l'ensemble des salariés, apprentis et stagiaires, sans restriction ni réserve.
Il fixe les dispositions relatives :
– à l'application de la réglementation en matière d'hygiène et de sécurité ;
– aux règles générales et permanentes relatives à la discipline ;
– à l'abus d'autorité en matière sexuelle ;
– aux droits et garanties des salariés dans le cadre de la procédure disciplinaire.
– à l'interdiction de toute pratique de harcèlement moral
Il s'applique à l'ensemble des locaux de l'entreprise et à ses annexes, soit lieux de travail, restaurant d'entreprise, parking...

Notes de service
Le règlement intérieur est complété par des notes de service établies selon la procédure de la loi du 4 août 1982, dès lors qu'elles fixent des règles de caractère permanent et valables pour tous les salariés dans les matières qui sont celles du règlement intérieur.

Personnes concernées
Ainsi conçu, le règlement intérieur s'applique aux membres du personnel salarié qui l'acceptent implicitement du seul fait de leur embauche et qui sont en conséquence dans l'obligation de s'y conformer sans restriction ni réserve.
Les règles générales et permanentes d'hygiène, de sécurité et de discipline correspondant au chapitre premier du présent règlement s'appliquent également à toute personne présente dans l'entreprise pour y exécuter un travail à quelque titre que ce soit.

Rémunération
Les acomptes sont à demander avant le 15 de chaque mois pour une distribution le 15.
Un relevé des heures supplémentaires sera fourni par le salarié et remis au plus tard le 25 du mois précédant la paie pour contrôle.
Le solde de la paie est payable le 5 du mois suivant.

II. RÈGLES GÉNÉRALES ET PERMANENTES

Règles relatives à l'hygiène et à la sécurité

Le personnel est tenu de se conformer aux prescriptions légales et réglementaires, ainsi qu'aux consignes et notes générales et particulières relatives à l'hygiène, la sécurité du travail et la prévention des maladies professionnelles et des accidents de travail.
Le personnel est tenu de respecter scrupuleusement les consignes de sécurité en vigueur dans la société, en ce qui concerne la protection des biens et des personnes, en cas de péril et en particulier d'incendie.
Le matériel de lutte contre le feu ne peut être utilisé à d'autres fins, ni déplacé sans nécessité. Le personnel doit respecter strictement ces consignes et obéir aux instructions d'évacuation qui leur sont données.
Tout nouveau salarié se soumettra à la visite médicale obligatoire de la médecine du travail lors de son embauche et à toute visite légalement obligatoire de la médecine du travail en cours du contrat. Le salarié doit se soumettre à une visite médicale de reprise dans tous les cas prévus par la réglementation en vigueur et notamment en cas d'absence pour maladie professionnelle, d'absence pour congés de maternité, d'absence d'au moins 8 jours pour accident du travail, d'absence d'au moins 21 jours pour maladie ou accident non professionnel et en cas d'absences répétées pour raisons de santé.
Les conditions de circulation et de stationnement dans les locaux des personnes étrangères à la société sont soumises à l'autorisation de la direction.
Il est formellement interdit au personnel d'exécution non habilité d'intervenir, de sa propre initiative, sur toutes les machines dont l'entretien est confié à un personnel qualifié.
Afin de prévenir les accidents du travail, le personnel est tenu de respecter parfaitement l'ensemble des consignes et instructions liées à l'hygiène et à la sécurité dans le travail, tant par des consignes individuelles que par des notes de service ou par tout autre moyen.
Tout accident du travail, même bénin, ou tout autre dommage corporel ou non causé à un tiers doit immédiatement, sauf cas de force majeure, d'impossibilité absolue, ou sauf motif légitime, faire l'objet d'une déclaration de l'intéressé ou des témoins auprès du supérieur hiérarchique.
En cas d'arrêt de travail, les certificats médicaux relatifs à l'accident ou à la maladie professionnelle doivent être communiqués au plus tard dans les 48 heures à l'employeur.
Le personnel est tenu de pointer à la prise de service, au départ pour l'heure de repas, au retour de celui-ci, ainsi qu'à la fin du service, les pointages étant effectués personnellement par chaque salarié.
Il pourra être procédé à des fouilles dans des conditions qui préservent la dignité et l'intimité de la personne. Le salarié sera averti du droit de s'opposer à un tel contrôle. Il pourra exiger la présence d'un témoin (salarié ou représentant du personnel) lors de cette vérification. En cas de refus de l'intéressé, la direction devra avoir recours à un officier de police judiciaire.
Les salariés son tenus de respecter les dates de congés payés sous peine de sanctions disciplinaires.
En application de la loi du 9 juillet 1976 et pour des raisons d'hygiène et de santé, il est interdit de fumer dans les locaux de l'entreprise.
Il est interdit de pénétrer dans l'entreprise en état d'ivresse ou sous l'emprise de la drogue et d'introduire dans l'entreprise de la drogue ou de l'alcool. Le cas échéant, il pourra être demandé au salarié occupé à l'exécution de certains travaux dangereux de se soumettre à un Alcootest si son état présente un danger pour sa propre sécurité et pour celle de ses collègues, afin de faire cesser immédiatement cette situation. Le salarié pourra toutefois demander à être assisté d'un tiers et à bénéficier d'une contre-expertise.
Le personnel doit tenir les armoires et vestiaires en parfait état de propreté et il est interdit d'y conserver des denrées alimentaires ou des matières dangereuses. La société sera en droit de faire ouvrir l'armoire en cas de nécessité liée à l'hygiène et à la sécurité en présence de l'intéressé, sauf urgence ou empêchement exceptionnel.

Règles relatives à la discipline

Tout salarié, quel que soit son emploi, doit apporter à son travail le soin nécessaire à l'accomplissement consciencieux de sa fonction pour la bonne marche de l'entreprise.
Le respect des personnes, des intérêts collectifs, des locaux, du matériel et du temps de travail s'impose à tous les membres du personnel et les règles ci-dessous doivent être particulièrement observées :

Tout manquement au respect de l'intégrité de la personne tant sur le plan physique que sur le plan psychologique et moral sera sanctionné.

Dans l'exécution de son travail, le personnel est tenu de respecter les instructions de ses supérieurs hiérarchiques, ainsi que l'ensemble des instructions diffusées par voie de notes de service et d'affichage. Tout acte contraire à la discipline est passible de sanctions.

Il doit de plus faire preuve de correction dans son comportement vis-à-vis de ses collègues et de la hiérarchie, sous peine de sanctions.

L'ensemble des documents et matériels détenus par le personnel dans l'exercice de ses fonctions est confidentiel et ne peut être divulgué. Ces documents et matériels doivent être restitués sur simple demande de la société en cas de modification ou de cessation du contrat de travail pour quelque cause que ce soit.

Le personnel est tenu, enfin, de faire preuve de la plus grande discrétion vis-à-vis de l'extérieur sur l'ensemble des éléments techniques, financiers ou autres dont il aurait pu avoir connaissance à l'occasion de son travail et plus particulièrement tout ce qui a trait aux procédés de fabrication de l'entreprise et de ses clients sous peine de sanctions disciplinaires, sans préjudice d'éventuelles poursuites pénales.

Toutes activités autres que celles déployées pour la bonne marche de l'entreprise sont interdites.

Les actes de vandalisme contre les locaux, du mobilier, du matériel et des panneaux d'affichage seront sanctionnés et feront l'objet de poursuites pénales.

Il est interdit d'emprunter sans autorisation les objets appartenant à la société. Par ailleurs, l'utilisation sans autorisation, dans un but extra-professionnel, du matériel ou des services de la société est interdite.

L'horaire de travail de la société, tel qu'il est réglementairement affiché, doit être respecté et tout retard, justifié.

Le contrôle des horaires de travail s'effectue par pointage individuel journalier.

Les changements d'horaires entre collègues sont interdits, sauf autorisation exceptionnelle des supérieurs hiérarchiques.

Par dérogation à la règle 1.2.8. ci-dessus, des horaires spéciaux s'appliquent à certaines catégories de salariés. Ils en sont informés individuellement, soit lors de leur embauche, soit lorsque ces horaires spéciaux entrent en application. Ils sont tenus de les respecter et tout retard doit être justifié.

Toute absence doit être portée à la connaissance du service du personnel et justifiée très rapidement et, si possible, au cours de la première demi-journée. Dans le cas où elle serait due à une maladie d'une durée de plus de deux jours ouvrés, le salarié devra produire un certificat médical dans les quarante-huit heures, au plus tard, après le début de l'absence. Le défaut de production de ce certificat dans les délais pourra entraîner des sanctions.

Il est interdit de dormir dans les locaux de travail et de s'y maintenir en cas d'ordre d'évacuation donné par la direction.

Il est interdit de provoquer des réunions pendant les heures et sur les lieux de travail sous réserve de l'exercice des droits de grève et d'expression et des droits des représentants du personnel.

Le personnel est tenu de respecter scrupuleusement les consignes de sécurité en vigueur dans la société, en ce qui concerne la protection des biens et des personnes, en cas de péril et en particulier d'incendie. Le matériel de lutte contre le feu ne peut être utilisé à d'autres fins, ni déplacé sans nécessité.

Le personnel est tenu de se présenter aux visites médicales et examens complémentaires prévus par la réglementation en vigueur.

Les conditions de circulation et de stationnement dans les locaux de personnes étrangères à la société sont soumises à l'autorisation de la direction.

Il est formellement interdit au personnel d'exécution non habilité d'intervenir, de sa propre initiative, sur toutes les machines dont l'entretien est confié à un personnel qualifié.

Tout accident survenu au cours du travail doit être déclaré le jour même de l'accident par le salarié, s'il en a la possibilité, par un témoin ou tout autre membre du personnel, dans le cas contraire.

Le personnel est tenu de pointer à la prise de service, au départ pour l'heure de repas, au retour de celui-ci, ainsi qu'à la fin de service.

Le salarié qui prévoit de s'absenter ou d'être retardé doit au préalable en demander l'autorisation. Toute sortie sans autorisation ou sans motif légitime justifié constitue une absence irrégulière qui est susceptible de faire l'objet d'une sanction.

Les sorties pendant les heures de travail doivent être exceptionnelles et doivent, sauf cas de force majeure, faire l'objet d'une autorisation de la direction ou du supérieur hiérarchique. Les absences non autorisées constituent une faute et entraînent le cas échéant l'application de sanctions disciplinaires.
Afin de permettre son identification par la clientèle, les membres du personnel seront tenus de porter la tenue de travail qui leur a été fournie par la société, pendant les heures de service.
Dans le cas de non-respect de cette clause, le salarié se verra le droit de refuser l'accès au poste de travail.
Le personnel doit s'abstenir de fumer pendant les heures de service, de s'asseoir en public et d'avoir une attitude désœuvrée.
Il est strictement interdit de réclamer des pourboires ou de percevoir une rémunération quelconque.

SANCTIONS

Nature et échelle des sanctions

Sanctions en d'agissements fautifs
Tout manquement à la discipline ou à l'une des dispositions du règlement intérieur, et plus généralement tous agissements d'un salarié considéré comme fautif, pourra, en fonction de la gravité des fautes et/ou de leur répétition, faire l'objet de l'une des sanctions précisées ci-après par ordre d'importance :
o sanctions du premier degré :
– observation écrite ;
o sanctions du deuxième degré :
– avertissement écrit avec inscription au dossier ;
– mise à pied, dont la durée ne peut excéder une journée ;
– mise à pied, d'une durée de trois à huit jours ;
– rétrogadation, changement de poste avec perte de responsabilité et de rémunération ;
o sanctions du troisième degré :
– licenciement avec préavis et indemnité de licenciement ;
– licenciement pour faute grave, sans préavis et sans indemnités de licenciement ;
– licenciement pour faute lourde, sans préavis, avec perte des indemnités de licenciement et des indemnités de congés payés.

Cet ordre d'énumération ne lie pas l'employeur, qui pourra adapter la sanction à la gravité de la faute commise.
Comportements entraînant un licenciement immédiat :
– état d'ébriété durant les heures de travail, au besoin constaté par un médecin ;
– départ avant l'heure de fin de service ;
– attitude grossière ou injurieuse à l'égard d'un client, d'un fournisseur, d'un collègue ou de toute personne en relation avec l'entreprise ;
– propos racistes, antisémites ou xénophobes.

Harcèlement sexuel
Selon l'article L 122-46 du code du travail, « aucun salarié ne peut être sanctionné ni licencié pour avoir subi ou refusé de subir les agissements de harcèlement d'un employeur, de son représentant ou de toute personne qui, abusant de l'autorité que lui confère ses fonctions, a donné des ordres, proféré des menaces, imposé des contraintes ou exercé des pressions de toute nature sur ce salarié dans le but d'obtenir des faveurs de nature sexuelle à son profit ou au profit d'un tiers.
Aucun salarié ne peut être sanctionné ni licencié pour avoir témoigné des agissements définis à l'alinéa précédent ou pour les avoir relatés.
Toute disposition ou tout acte contraire est nul de plein droit ».

Droits et garanties des salariés dans le cadre de la procédure disciplinaire
Conformément aux dispositions de l'article L 122-41 du code du travail, le respect des droits de la défense s'applique comme suit.

– Aucun fait fautif ne peut être invoqué ou sanctionné au-delà d'un délai de deux mois à dater du jour où il a été porté à la connaissance de l'employeur, sauf si des poursuites pénales ont été exercées dans ce même délai.
– Aucune sanction ne peut être infligée au salarié sans que celui-ci soit informé dans le même temps et par écrit des griefs retenus contre lui.
– Toute sanction disciplinaire est précédée de la convocation du salarié. La convocation écrite doit indiquer l'objet de l'entretien et préciser la date, l'heure et le lieu de cet entretien. Elle doit préciser que, pour cet entretien, le salarié peut se faire assister par une personne de son choix appartenant au personnel de l'entreprise.
La convocation est soit adressée sous la forme recommandée avec avis de réception, soit remise en mains propres au salarié contre décharge.
– Au cours de l'entretien, l'employeur recueille les explications du salarié.
La sanction ne peut intervenir moins d'un jour franc ni plus d'un mois après le jour fixé pour l'entretien. Elle doit être motivée et notifiée à l'intéressé, soit sous la forme recommandée avec avis de réception soit remise en mains propres au salarié contre décharge.
– Lorsque les agissements du salarié ont rendu indispensable une mesure conservatoire de mise à pied à effet immédiat, aucune sanction définitive relative à ces agissements ne peut être prise sans que la procédure prévue à l'article précédent ait été observée.

ENTREE EN VIGUEUR ET AFFICHAGE
Conformément aux dispositions des articles L 122-36 et R 122-13 du code du travail, a été :
– soumis pour avis au comité d'entreprise (ou s'il n'existe pas aux délégués du personnel) et aux membres du comité d'hygiène, de sécurité et des conditions de travail pour les dispositions relevant de sa compétence ;
– communiqué à l'inspecteur du travail, en deux exemplaires, accompagnés de l'avis des représentants du personnel ;
– déposé au secrétariat-greffe du conseil de prud'hommes de ... (lieu), le ... (date) ;
– est affiché dans les locaux de l'entreprise sur le panneau prévu à cet effet, à compter du ... (date).
Il entrera en vigueur un mois plus tard, soit le ...
Un exemplaire du présent règlement intérieur est remis à chaque salarié au moment de son recrutement.

Philippe BENNE
Gérant

CHAPITRE 35

VOTRE ENTREPRISE AU QUOTIDIEN

VOUS ACCUSEZ RÉCEPTION D'UNE COMMANDE ET ANNONCEZ LA DATE DE LIVRAISON.

Un client vous a passé commande d'un article ou d'un travail à réaliser. Vous confirmez la réception de sa commande et vous lui précisez la date de livraison.

• **Ce que dit la loi** : La loi ne vous oblige pas à confirmer les commandes d'articles ou de service que vous recevez de vos clients. Mais pour vous protéger, il est préférable de confirmer surtout si la commande vous a été passée par téléphone, si son montant est élevé, si elle provient d'un pays étranger, ou si elle a été prise par un intermédiaire.

Autre raison : empêcher le client de prétendre ultérieurement n'avoir pas passé la commande ou que celle-ci a été passée par un salarié qui n'avait pas le pouvoir de le faire.

Pour éviter les malentendus, rappelez le détail des marchandises (ou services) commandés et les conditions financières (prix, remises ou rabais), les modalités de paiement (versement d'un acompte, paiement comptant à réception ou à 30 jours, etc…).

Enfin, notez que la date de livraison que vous indiquez vous engage. Si le client est particulier, le code de la consommation lui accorde une protection très importante.

• **Notre conseil** : Si la commande provient d'une entreprise que vous ne connaissez pas, vous avez intérêt à vérifier ses références (siège social, forme, dirigeants etc) sur le registre du commerce et des sociétés.

Nom et adresse de votre entreprise

Nom du client
Adresse

Références :
votre commande n° ... du ...

Date

Madame, Monsieur,

Nous accusons réception de votre commande n° ...en date du ... (*date*) et nous vous remercions de votre confiance. Ces machines (*ou ces articles*) vous seront livrées le ... (*date*) par notre partenaire, la société de transport ... (*nom, ou encore : par le SERNAM ...*).

Nous vous prions de croire, Madame, Monsieur, à l'expression de nos salutations distinguées.

Signature

VOUS ENVOYEZ UN TARIF À UNE ENTREPRISE OU À UN PARTICULIER.

Un particulier ou une entreprise vous a demandé vos tarifs et/ou conditions générales de vente. Vous les lui communiquez.

• **CE QUE DIT LA LOI** : La France vit sous le régime de la liberté des prix. L'article L410-2 du code du commerce (issu de l'ordonnance du 1er décembre 1986) stipule que chaque entreprise fixe librement ses prix. C'est donc vous-même qui fixez les tarifs auxquels vous voulez vendre vos biens et/ou vos services. Avec l'obligation de les afficher et de les communiquer à toute personne ou entreprise qui vous les demande.

Mais cette liberté a des limites : les tarifs que vous communiquez à vos clients vous engagent. Si vous leur communiquez un prix, vous ne pouvez pas ensuite l'augmenter sans son accord. A moins que vous n'ayez indiqué qu'il s'agit d'un tarif indicatif, et que vous ayez annoncé sa hausse.

Bien entendu vous pouvez augmenter vos tarifs lors de la commande suivante mais à condition d'en avertir clairement votre client.

Nom et adresse de votre entreprise

Nom du client
Adresse

Date

Monsieur, Madame,

Comme suite à votre demande, nous avons le plaisir de vous communiquer nos tarifs en vigueur jusqu'au ... (*date*).

Nous restons à votre disposition pour envisager une solution personnalisée en fonction du volume de votre commande (*ou encore : nos tarifs sont dégressifs à partir de telle quantité*).

Nous vous prions d'agréer, Monsieur, Madame, l'expression de nos salutations distinguées.

Signature

• **NOTRE CONSEIL** : Si vos tarifs ne sont qu'indicatifs, indiquez-le clairement. Le client est en droit de vous obliger à exécuter sa commande au prix que vous lui avez communiqué.

VOUS DEMANDEZ À UN CLIENT DE VOUS RETOURNER LA TRAITE ACCEPTÉE.

Vous avez vendu des biens ou des services à un client qui a souhaité payer par traite. Seulement, il tarde à vous retourner la traite acceptée. Vous le relancez.

• **Ce que dit la loi** : Une transaction entre deux entreprises peut être payée au moyen d'une lettre de change, également appelée traite. Il est interdit de faire signer une traite à un particulier, ce mode de paiement n'est valable qu'entre professionnels.

Le principe est simple : vous pouvez utiliser une formule de lettre de change prête à l'emploi qu'il suffit de compléter.

Vous devez y indiquer les coordonnées du tireur (c'est-à-dire votre entreprise) et celles du tiré (le client) qui doit la payer, ainsi que le montant et la date d'échéance, c'est-à-dire la date à laquelle la lettre de change sera payée.

Pour que la traite soit valable, il faut qu'elle soit acceptée par votre client. En apposant sa signature sur la lettre de change, le client accepte de payer le montant qui y est indiqué à la date prévue.

Mais le client sait que sa signature l'engage. C'est pourquoi, il va parfois essayer de retarder le moment de vous retourner la traite acceptée. Et ce afin de gagner du temps.

Nom et adresse de votre entreprise

Nom du client
Adresse

Date

Cher Client,

Le ... (*date*), nous vous avons adressé une lettre de change que vous deviez nous retourner après l'avoir acceptée. Or, à ce jour, elle ne nous est toujours pas parvenue. En conséquence, nous vous saurions gré de l'accepter et de nous la retourner immédiatement.

Vous remerciant de votre diligence, nous vous prions de croire, Cher Client, à l'expression de notre considération distinguée.

Signature

• **Notre conseil** : Soyez ferme. Si le client tarde à vous retourner la traite acceptée, envoyez-lui une mise en demeure.

VOUS RÉPONDEZ À UN(E) CLIENT(E) QUI A RETOURNÉ UN ARTICLE EN DEMANDANT LE REMBOURSEMENT.

Un client a retourné un article acheté à distance en demandant le remboursement de son paiement. Vous faites droit à sa demande.

• **Ce que dit la loi** : L'article L121-16 du code de la consommation stipule que tout particulier qui achète à distance dispose d'un délai de sept jours à compter de la date de livraison pour retourner au vendeur l'article. Le client peut à son choix, demander l'échange ou le remboursement de l'article qu'il a renvoyé. Le client n'a pas à motiver sa décision de renvoyer l'article.

Faites passer le message auprès de vos collaborateurs pour leur expliquer que l'obtention du remboursement est un droit pour le client-particulier. Il est inutile de prendre le risque qu'un particulier mécontent vous traîne en justice. Une mauvaise publicité n'est jamais bonne pour les affaires.

Nom et adresse de votre entreprise

Nom et prénom de la cliente
Adresse

Date

Cher(e) Monsieur (*Madame*),

Comme suite à votre lettre en date du ..., nous avons le plaisir de vous adresser ci-joint un chèque de ... €, correspondant à l'article que vous nous avez retourné avant la fin du délai légal.

Nous vous prions de bien vouloir accepter nos excuses pour le refus de remboursement qui vous a été initialement opposé. Il s'agit d'une erreur de nos services. A titre de dédommagement, vous trouverez ci-joint un bon d'achat d'un montant de ... €, à valoir sur votre prochaine commande.

Veuillez agréer, Cher(e) Monsieur (*Madame*), nos salutations distinguées.

Signature

• **Notre conseil** : Le non-respect des droits du consommateur qui achète à distance, peut valoir à l'entreprise des sanctions pénales extrêmement lourdes.

VOUS AVERTISSEZ UNE ENTREPRISE CLIENTE QUE SON CHÈQUE EST SANS PROVISION.

Un client vous a réglé une livraison ou un service au moyen d'un chèque. mauvaise surprise, votre banque vient de vous avertir qu'il est sans provision.

• **Ce que dit la loi** : Qu'il soit émis par un particulier ou par une entreprise, un chèque sans provision entraîne l'application de sanctions lourdes. Outre le paiement d'amendes fiscales, l'emetteur de chèques sans provision est sanctionnée par l'interdiction bancaire. Ainsi quand une entreprise émet un chèque qui se révèle être sans provision, et qu'elle ne régularise pas dans les délais, l'interdiction bancaire est appliquée à son dirigeant, et ce, y compris s'il s'agit d'une société. Ce dernier se retrouve donc interdit bancaire aussi sur ses comptes personnels. L'interdiction bancaire est de cinq ans. Le dirigeant ne retrouvera le droit d'émettre des chèques que si l'entreprise régularise les chèques sans provision qu'elle a émis.

Trop souvent, les gérants de société pensent que l'interdiction bancaire se limite aux comptes bancaires de la société et ainsi n'hésitent pas à signer des chèques qu'ils savent être sans provision.

• **Notre conseil** : Si vous avez reçu un chèque sans provision d'une entreprise, n'hésitez pas à lui rappeler que l'interdiction bancaire s'applique aussi à son dirigeant.

Nom et adresse de votre entreprise

Monsieur ... (*nom*)
Gérant
Société ... (*nom*)
Adresse

Date

Monsieur le Gérant,

En règlement de la facture n° ..., du ... (*date*), vous nous aviez adressé un chèque n° ... en date du ..., tiré sur ... (*nom de la banque, par exemple* : sur la Société Générale, sur le Crédit Agricole ...) d'un montant de ... €. Or, notre banque vient de nous informer que le paiement de votre chèque a été refusé faute de provision.

Nous vous prions de nous indiquer quelles solutions vous envisagez pour régulariser cette situation : soit une nouvelle présentation du chèque par nos soins, soit l'envoi d'un mandat rapidement, soit l'envoi d'un nouveau chèque tiré sur un autre compte suffisamment approvisionné.

Nous vous rappelons qu'à défaut de régularisation, vous subirez une interdiction d'émettre des chèques qui s'applique aux comptes de la société mais aussi à vos comptes personnels.

Dans l'attente de votre prompte réponse, veuillez agréer, Monsieur le Gérant, l'expression de nos salutations distinguées.

Le Service Comptabilité

Voici plusieurs semaines qu'un litige empoisonne vos relations avec un client, un fournisseur ou autre partenaire de votre entreprise. Vous signez une transaction mettant fin au litige.

• **Ce que dit la loi** : Tout désaccord ne se règle pas devant les tribunaux. Deux personnes ou entreprises en litige peuvent décider de régler leur problème à l'amiable. Un salarié et un employeur peuvent aussi mettre fin à leur litige au moyen d'une transaction.

Le rôle de la transaction est de mettre fin à un litige. C'est un accord plus précisément un contrat, que les intéressés signent pour formaliser la fin du litige. Selon les articles 2044 à 2058 du code civil, pour qu'une transaction soit valable, il est nécessaire qu'elle prévoie des concessions réciproques ce qui signifie que chacune des personnes ou entreprises concernées par le différend doit faire un effort.

Si toutes les concessions sont faites par une seule des parties, la transaction sera annulée par les tribunaux.

Vous n'avez pas d'avocat ou de notaire pour conclure une transaction. Vous pouvez la rédiger vous-même en inspirant de notre modèle.

• **Notre conseil** : Une transaction vaut mieux qu'un procès long et coûteux et dont le résultat est incertain. A condition que votre entreprise ne soit pas seule à faire les concessions.

ENTRE

– La société ... (*nom*) immatriculée au RCS sous le numéro ..., dont le siège social est situé ... (*adresse*), représentée par ...

ET

– la société ... (*nom*) immatriculée au RCS sous le numéro ..., dont le siège social est situé ... (*adresse*), représentée par ...

Il a été rappelé ce qui suit :
(*Expliquez ici l'objet du litige et les prétentions de chacune des parties.*)
Les parties se sont rapprochées pour mettre fin au litige qui les oppose dans les conditions des articles 2044 et suivants du Code Civil.

Il a été convenu ce qui suit :
(*Indiquez ici clairement la solution retenue et acceptée par les deux parties.*)
A la suite du présent accord, les parties mettent fin au litige qui les oppose et décident que cet accord a, entre elles, autorité de la chose jugée. Chacune des parties s'engage à l'exécuter avec diligence et bonne foi.

Fait à ..., le ... En ... originaux

Signature Signature

VOUS RAPPELEZ À UN CLIENT SA FACTURE IMPAYÉE.

Dans le monde des affaires, les paiements comptants sont rares. Ce n'est pas une raison pour laisser les factures impayées s'accumuler.

• **Ce que dit la loi** : Les factures entre entreprises doivent être payées dans un délai maximum de trente jours. Sauf, si par un accord écrit, les intéressés décident que les délais de paiement seront plus longs. En pratique, la loi sur le paiement à trente jours n'est pas du tout respectée. La majorité des entreprises paient leurs fournisseurs à 90 jours. Quoi qu'il en soit, indiquez sur vos factures le délai de paiement (comptant, sous huitaine, à trente jours).

Ensuite, procédez à un suivi scrupuleux de vos factures. L'expérience montre que plus le retard de paiement est important, plus le recouvrement de la facture devient difficile.

La première lettre de rappel doit être envoyée sous la forme simple et avoir un ton cordial.

Nom et adresse de votre entreprise

Nom du client
Adresse

Date

Facture n° ... du ...

Monsieur le Gérant,

Nous vous avons adressé le ... (*date*), une facture n° ... d'un montant de ... € (ou encore : un relevé des factures n° ... de ... €, n° ... de ... €). Cette facture correspond à notre livraison de ... (*biens livrés*), en date du ... (*date de la livraison*).

Or, à ce jour, cette facture demeure impayée. En conséquence, nous vous prions de nous adresser ce règlement par retour du courrier.

Veuillez agréer, Monsieur le Gérant, nos salutations distinguées.

Signature

• **Notre conseil** : Si malgré les relances, le client ne paie pas ses factures, bloquez toutes nouvelles livraisons et utilisez les voies juridiques pour obtenir le paiement de vos factures.

VOUS FAITES UNE MISE EN DEMEURE À UN CLIENT SUITE À UNE FACTURE IMPAYÉE.

Malgré vos rappels, un client n'a toujours pas réglé sa facture. Vous lui faites une mise en demeure.

• **CE QUE DIT LA LOI** : Les contrats doivent être exécutés de bonne foi. Un client doit donc régler ses factures à la date prévue. Sinon, envoyez-lui une mise en demeure de payer. La mise en demeure a un triple intérêt : psychologique parce que vous manifestez votre détermination : juridique parce qu'elle fait courir les intérêts et elle permet de constater le refus de payer du client. Enfin, la mise en demeure est l'acte ultime avant toute procédure judiciaire. C'est une mise en garde solennelle adressée au mauvais payeur. Elle est aussi la preuve que vous avez tout fait pour essayer d'obtenir le paiement de votre créance. Pour être valable, la mise en demeure doit obligatoirement être envoyée sous la forme recommandée.

Nom et adresse de votre entreprise

Nom du client
Adresse

Date

Mise en demeure
Recommandé avec avis de réception

Monsieur le Gérant,

Nous vous rappelons que votre société nous doit la somme de ... €, représentée par les factures n° ..., ... et ...

Nous constatons que nos rappels des ... (*dates, par exemple* : 10 octobre et 2 novembre) n'ont pas eu d'effet.

En conséquence, nous nous voyons dans l'obligation par la présente lettre recommandée avec avis de réception de vous mettre en demeure d'avoir à nous régler la somme de ... €, dans un délai de huit jours à compter de ce jour.

À défaut, nous agirons par la voie judiciaire.

Veuillez agréer, Monsieur le Gérant, l'expression de nos salutations distinguées.

Signature

• **NOTRE CONSEIL** : Après les traditionnelles relances courtoises, envoyez la mise en demeure sans attendre que les impayés s'accumulent.

VOUS AUTORISEZ UN CLIENT À PAYER SA FACTURE EN PLUSIEURS FOIS.

Un client souhaite payer sa facture en plusieurs fois. Vous acceptez car un paiement même échelonné est toujours bon à prendre.

• **Ce que dit la loi** : Dans les relations entre deux entreprises, les modalités de paiement de factures sont libres. En revanche, le particulier qui a des difficultés financières a droit à des délais de paiement pouvant atteindre deux ans. Quoi qu'il en soit, si l'un de vos clients professionnels vous demande l'autorisation de régler une facture en plusieurs fois, bien que ce ne soit pas un droit, il est judicieux d'accepter. Car un paiement même échelonné vaut mieux que de ne pas être payé du tout. Mais certains clients ont tendance à abuser de la compréhension de leurs fournisseurs et se font toujours tirer l'oreille pour régler leurs factures. Ainsi, si vous avez déjà accordé des délais de paiement que le client n'a pas respectés, vous pouvez refuser de lui en accorder de nouveaux.

• **Notre conseil** : Lorsque vous accordez des délais de paiement, formalisez toujours l'accord par écrit afin que le client se sente engagé.

Nom et adresse de votre entreprise

Nom du client
Adresse

Date

Vos références :

Monsieur (*Madame*),

Par un courrier en date du ..., vous nous indiquez que des difficultés financières vous empêchent de régler l'intégralité de notre facture de ... €.

A titre exceptionnel, et pour vous être agréable, nous avons le plaisir de vous consentir un échelonnement de votre dette pour un règlement en trois fractions égales, à savoir :

- règlement immédiat de ... € ;
- le ... (*date*), règlement de ... € ;
- le ... (*date*), règlement du solde.

Souhaitant vivement vous voir respecter cet accord, nous vous prions d'agréer, Monsieur (*Madame*), l'expression de nos salutations distinguées.

Signature

VOUS REFUSEZ LE REPORT DE L'ÉCHÉANCE D'UNE LETTRE DE CHANGE.

Alors que la date d'échéance d'une lettre de change approche, un client vous demande de la reporter. Vous refusez.

• **Ce que dit la loi** : En acceptant et en signant une lettre de change, votre client accepte son paiement à la date d'échéance prévue. Il ne peut ensuite refuser de la payer. La loi est très stricte sur le respect des engagements en matière de lettre de change.

Ainsi, si la lettre de change n'est pas honorée à sa date d'échéance, vous pouvez faire dresser un protêt pour défaut de paiement. Cela vous permettra de poursuivre le client et obtenir le paiement rapide de la traite.

En tout ca rien ne vous oblige à accepter le report d'échéance d'une lettre de change.

• **Notre conseil** : Accepter ou non le report de l'échéance d'une lettre de change dépend aussi de la nature des relations que vous avez avec votre client.

Nom de votre entreprise

Nom du client
Adresse

Date

Vos références :

Monsieur (*Madame*),

Nous accusons réception de votre lettre du ... (*date*) nous demandant de bien vouloir reporter l'échéance de la lettre de change que vous avez acceptée, du ... (*échéance prévue*) au ... (*date demandée*).

Malheureusement, nous sommes contraints de répondre négativement à votre demande. En effet, cette lettre de change a été escomptée et n'est donc plus en notre possession. Il vous appartient donc de prendre toutes mesures pour honorer l'échéance fixée au ...

Veuillez agréer, Monsieur (*Madame*), nos salutations distinguées.

Signature

Malgré les nombreuses relances, le client n'a toujours pas réglé ses factures. Vous demandez au tribunal de prononcer une injonction de payer contre lui.

• **Ce que dit la loi** : Une entreprise dont la(les) facture(s) n'est (ne sont) pas payée(s) dispose de divers recours juridiques.

L'injonction de payer est la procédure la plus simple et la moins coûteuse (autour de 22 €) qui existe pour recouvrer une créance. Il vous suffit de fournir au greffe du tribunal de commerce les justificatifs de votre créance, le tribunal prononcera ensuite l'injonction de payer. Il s'agit d'un ordre de payer que le juge donne au client qui vous doit de l'argent.

Notez que vous ne pouvez pas utiliser la procédure d'injonction de payer contre un particulier mais uniquement contre des entreprises. Vous ne pouvez pas non plus assigner un particulier devant le tribunal de commerce.

• **Notre conseil** : L'injonction de payer est un moyen rapide et efficace pour venir à bout des réticences d'un mauvais payeur, n'hésitez pas à l'utiliser.

Nom et adresse de votre entreprise

Monsieur le Président
Tribunal de Commerce de ...
Adresse

Date

Monsieur le Président,

La société ... (*indiquez le nom et la forme juridique de votre société, par exemple Société DULET, société à responsabilité limitée*) dont le siège social est situé ... (*adresse*), que je représente en qualité de ... (*indiquez votre titre, par exemple : gérant*) est créancière de ... (*indiquez le nom et l'adresse du débiteur qui vous doit l'argent, par exemple* : SARL FOURNIER, 3 Rue du Bois 75004 PARIS) pour la somme de ... €.

Cette somme correspond ... (*indiquez le détail, par exemple* : une livraison de marchandises). Ce montant est exigible depuis le ... (*date à laquelle la facture devait être payée*).

En conséquence, nous vous demandons de prendre, à l'encontre du débiteur, une ordonnance portant injonction de payer à hauteur du montant en principal, augmenté des intérêts au taux légal.

Vous trouverez ci-joint les pièces justificatives de notre créance

Nous vous prions d'agréer, Monsieur le Président, l'expression de notre considération respectueuse.

Signature

PJ : 3 pièces justificatives

VOUS ÉCRIVEZ À L'ADMINISTRATEUR JUDICIAIRE POUR REVENDIQUER UN BIEN VENDU AVEC CLAUSE DE RÉSERVE DE PROPRIÉTÉ À UN CLIENT AYANT DÉPOSÉ LE BILAN.

Vous avez vendu des matériels ou des marchandises à un client. Hélas, il a déposé le bilan et vos factures sont restées impayées. Vous décidez de récupérez vos biens.

• **CE QUE DIT LA LOI** : Dès qu'un bien est livré, il devient immédiatement la propriété du client à qui il a été vendu. Et ce même si le paiement est prévu à une date ultérieure.

En cas de non-paiement, le fournisseur peut utiliser différentes procédures pour tenter d'obtenir le règlement. Mais il ne peut pas reprendre le bien livré. Sauf si la vente a eu lieu moyennant une clause de réservant de propriété. Cette clause permet au vendeur de prévoir que le transfert de propriété ne sera effectif qu'après le complet paiement du prix. Ainsi, si le prix n'est pas réglé, le vendeur peut reprendre l'article livré sans avoir à faire de procédure particulière. La clause de réserve de propriété peut être incluse dans un contrat de vente ou figurer sur vos conditions générales de vente.

L'avantage de cette clause apparaît surtout lorsque le client dépose le bilan ou connaît de grosses difficultés. Elle vous permet de récupérer le bien même si un administrateur judiciaire gère les affaires de votre client.

• **NOTRE CONSEIL** : Indiquez une clause de réserve de propriété dans tous vos contrats et documents commerciaux, elle protégera vos intérêts.

Maître ...
Administrateur Judiciaire
Adresse

Nom et adresse de votre entreprise

Date

Recommandé avec avis de réception

Objet : règlement (*ou liquidation*) judiciaire de la société ...

Maître,

Selon le bon de livraison n° ... en date du ..., nous avons livré à la société ... (*dénomination*) les biens suivants : ... (*indiquez la nature, par exemple* : un micro-ordinateur, une armoire, un broyeur de papiers ...). Cette vente était assortie d'une clause de réserve de propriété. Or, à ce jour, nous n'avons pas reçu le règlement de ces biens. Ainsi, conformément à l'article 621-122 du code de commerce, nous revendiquons la propriété de ces biens et vous demandons, en conséquence, de nous les restituer. A l'appui de notre demande, vous trouverez ci-joint copies des différentes pièces.

Veuillez agréer, Maître, nos salutations distinguées.

Signature

P.J. : ...

VOUS DEMANDEZ AU GREFFE UN EXTRAIT K BIS D'UN CLIENT AVEC LEQUEL VOUS ENVISAGEZ DE TRAVAILLER.

Un nouveau client vous a passé une commande. Vous vérifiez la santé financière de son entreprise.

• **Ce que dit la loi** : Le registre du commerce et des sociétés (RCS) est un gros fichier national qui comprend les données sur les entreprises : nom, siège social, nom des dirigeants, forme sociale... Mais aussi et surtout des données financières avec les bilans des entreprises qui y sont déposées. Ce qui permet de connaître l'état de l'entreprise (bénéfices, pertes, chiffre d'affaires etc). Les informations enregistrées au RCS sont accessibles à tous ceux qui le souhaitent. Autrement dit, n'importe qui peut consulter les données sur telle ou telle entreprise.

L'extrait K Bis est un résumé des principales informations que le RCS possède sur chaque entreprise. Vous pouvez demander l'extrait K Bis d'une entreprise cliente, voire concurrente, si vous avez envie de connaître quelques-uns de ses secrets financiers.

• **Notre conseil** : Avant d'entamer des relations avec une nouvelle entreprise, il est judicieux de s'informer sur sa santé financière.

Nom et adresse de votre entreprise

Monsieur le greffier

Tribunal de Commerce de ...
Adresse

Date

Monsieur le Greffier,

Je vous prie de bien vouloir m'adresser un extrait K Bis de la société ... (*dénomination*) dont le siège social est situé ... (*adresse*) et qui est immatriculée sous le numéro ... (*indiquez le numéro du RCS si vous le connaissez*).

Vous voudrez bien trouver un chèque d'un montant de ... € (*renseignez-vous par téléphone sur le prix des frais*) à l'ordre du greffe.

Vous remerciant par avance de votre envoi, je vous prie d'agréer, Monsieur le Greffier, mes salutations distinguées.

Signature

PJ : un chèque

VOUS COMMANDEZ UN MATÉRIEL OU UN AUTRE BIEN.

Avant de commander un bien, il est judicieux de connaître les conditions générales de vente du fournisseur.

• **Ce que dit la loi** : Passer commande d'un bien ou d'un service équivaut à la signature d'un contrat.

Mais dans les rapports entre entreprises, les modalités de commande sont librement fixées. Ainsi, une commande peut être téléphonique, être passée par fax ou par Internet. En pratique, l'usage est de remplir un bon de commande. Parfois, le fournisseur vous fournit le bon de commande à utiliser. Mais ce faisant, vous acceptez par avance ses conditions générales de vente. Il est donc judicieux de vous informer sur ces conditions de vente avant de passer votre commande.

Vous pouvez aussi passer votre commande par lettre simple, rédigée sur votre papier à en tête.

Nom et adresse de votre entreprise

Nom du fournisseur
Adresse

Date

Objet : commande

Monsieur (*Madame*),

Nous vous prions de bien vouloir prendre note de la commande suivante : ... (*indiquez les produits commandés et le nombre*) au prix unitaire TTC de ... €, soit un montant total TTC de ... €.

Le règlement interviendra à réception de la livraison et de votre facture. Nous vous remercions de votre diligence pour nous assurer une livraison sous ... (10 jours, 3 semaines ... *ou encore* : dans les délais les plus brefs).

Dans cette attente, nous vous prions d'agréer, Monsieur (*Madame*), l'expression de nos salutations distinguées.

Signature

• **Notre conseil** : Dans votre commande rappelez systématiquement les conditions importantes pour vous (délai de livraison, mode de paiement, etc…).

Vous souhaitez nouer des relations avec un nouveau fournisseur. Demandez-lui ses tarifs et ses conditions générales de vente.

• **Ce que dit la loi** : Un fournisseur doit communiquer ses tarifs à toute personne ou entreprise qui le demande. Il en est de même de ses conditions générales de vente, qu'il ne peut pas refuser de communiquer. A défaut, il commet un délit. Les conditions générales de vente et/ou de service sont des informations écrite détaillant à l'avance les règles et les conditions (prix, livraisons, mode paiement, frais de transport etc) qu'un fournisseur entend appliquer à sa clientèle.

Les conditions générales de vente et/ou de service sont en général imprimées sur les documents commerciaux : bons de commande, factures, prospectus, etc...

• **Notre conseil** : Si un fournisseur refuse de vous communiquer ses tarifs ou ses conditions générales de vente, vous pouvez saisir la direction départementale de la concurrence, de la consommation et de la répression des fraudes (DDCRF).

Nom et adresse de votre entreprise

Nom du fournisseur
Adresse

Date

Monsieur (*Madame*),

Nous vous saurions gré de bien vouloir faire parvenir vos tarifs en vigueur (*ou vos conditions générales de vente*) au ... (*date*) pour votre gamme de produits « ... » (*nom de la gamme*).

Vous voudrez bien nous préciser également si un règlement à 45 jours est susceptible de vous convenir.

Dans l'attente de vous lire, nous vous prions de croire, Monsieur (*Madame*), en l'expression de nos salutations les meilleures.

Signature

VOUS CONFIRMEZ DES RÉSERVES À UN FOURNISSEUR SUITE À UNE LIVRAISON.

Une commande est arrivée en piteux état. Vous en informez rapidement votre fournisseur

• **CE QUE DIT LA LOI** : Un fournisseur doit livrer des objets conformes à la commande du client et en bon état. D'où la nécessité de vérifier immédiatement toutes vos livraisons.

Si les biens ne correspondent pas à votre commande (couleurs, taille, modèle, etc...) ou s'ils sont abîmés, faites immédiatement des réserves auprès de votre fournisseur. Confirmez ensuite ces réserves par écrit.

Le fournisseur va reprendre les biens non conformes ou abîmés et les remplacer par d'autres. En principe, les frais de réexpédition sont à sa charge. Toutefois, dans les relations entre entreprises, le fournisseur et le client déterminent librement les modalités de l'échange des biens.

• **NOTRE CONSEIL** : Vérifiez rapidement ce qui vous est livré, il est d'usage d'exprimer les réserves dans un court délai, de deux à trois jours.

Nom et adresse de votre entreprise

Nom du fournisseur
Adresse

Date

Objet : confirmation de réserves

Monsieur (*Madame*),

Comme suite à notre entretien téléphonique de ce matin, nous vous confirmons nos réserves concernant la livraison du ... (*date*).

En effet, ... (*expliquez le problème, par exemple* : il manquait deux câbles de machine ; ou encore : douze lampes sont brisées ; ou encore : la livraison porte sur des couvertures de couleur bleu alors que notre commande portait sur des couvertures de couleur marron).

En conséquence, nous vous prions de bien vouloir prendre en compte cette situation lors de l'établissement de la facture afférente à cette livraison.

Veuillez agréer, Monsieur (*Madame*), nos salutations distinguées.

Signature

VOUS RÉPONDEZ À UN FOURNISSEUR QUI VOUS RÉCLAME UNE FACTURE IMPAYÉE.

Malgré le règlement, un fournisseur vous réclame le règlement d'une facture. Vous lui répondez.

• **Ce que dit la loi** : Celui qui affirme avoir réglé une dette doit en apporter la preuve. D'où la nécessité d'avoir une comptabilité impeccable pour savoir si vos factures ont été réglées. Or, trop de PME paient deux fois la même facture parce que le comptable est un peu inorganisé.

Quoi qu'il en soit, dès que vous recevez une relance pour une facture déjà honorée, répondez rapidement à l'expéditeur du courrier pour lui indiquer à quelle date et par quel moyen la facture a été payée. ne gardez pas le silence, sinon vous allez recevoir des relances désagréables et inutiles.

• **Notre conseil** : Pour éviter des recherches fastidieuses, notez systématiquement sur chaque facture la date et le mode de règlement.

Nom et adresse de votre entreprise

Nom du fournisseur
Adresse

Date

Monsieur (*Madame*),

Nous sommes très surpris de votre rappel concernant le paiement de la facture n° ... du ... d'un montant de ... €.

En effet, cette facture a été réglée au moyen d'un chèque n° ... tiré sur ... (*nom de la banque, par exemple* : la Société Générale) en date du ... d'un montant de ... €. Selon les écritures de notre relevé de compte bancaire, ce chèque a fait l'objet d'un encaissement le ...

Nous restons à votre disposition pour toutes précisions utiles, et vous prions d'agréer, Monsieur (*Madame*), nos salutations distinguées.

Le Service Comptabilité

VOUS INDIQUEZ À UN FOURNISSEUR QUE VOUS COMPENSEZ LA SOMME QUE VOUS LUI DEVEZ AVEC CELLE QU'IL VOUS DOIT.

Votre fournisseur vous réclame le paiement d'une facture alors que de son côté, il vous doit de l'argent. Vous demandez la compensation.

• **Ce que dit la loi** : Lorsque deux entreprises en relations professionnelles se doivent réciproquement de l'argent, elles peuvent compenser leurs dettes. Ainsi si votre fournisseur vous réclame le paiement d'une facture alors que, dans le même temps, il vous doit de l'argent (par exemple à la suite d'une remise, d'un trop payé, etc...), vous avez tout intérêt à compenser les deux créances. Si la compensation est en sa faveur, vous devez lui envoyer le reliquat. Si elle est en votre faveur, vous pouvez déduire le reliquat sur la facture suivante.

• **Notre conseil** : Un suivi sérieux de vos factures vous permet de ne pas laisser passer des avoirs ou des remises sans les imputer.

Nom et adresse de votre entreprise

Nom du fournisseur
Adresse

Date

Monsieur (*Madame*),

Nous avons bien reçu votre demande de règlement concernant la facture n° ... de ... €. Toutefois, nos écritures montrent que vous nous devez une facture n° ... d'un montant de ... €, correspondant à notre livraison du ... Conformément à l'article 1291 du Code Civil, nous compensons votre créance et la nôtre.

Après cette compensation, il apparaît un solde en notre faveur de ... €, somme que nous vous prions de bien vouloir nous régler rapidement.

Veuillez agréer, Monsieur (*Madame*), nos salutations distinguées.

Signature

VOUS DEMANDEZ LA RECTIFICATION D'UNE FACTURE NON CONFORME À LA LOI.

Vous avez reçu une facture qui ne respecte pas la réglementation. Vous demandez au fournisseur de la rééditer.

• **CE QUE DIT LA LOI** : Selon l'article L441-3 du code de commerce, tout achat de produits ou de prestations de service doit faire l'objet d'une facturation. De son côté, la loi fiscale exige l'édition d'une facture, note ou reçu sous peine de lourdes amendes. Les articles 289 et suivants du code général des impôts précisent en détail toutes les mentions qui doivent figurer sur une facture. Vos fournisseurs doivent donc vous délivrer des factures conformes à la loi. Ainsi une facture doit comporter les noms et adresses du fournisseur et ceux de son client, la date où elle est émise, le détail de ce qui est facturé, etc…

Et surtout, la facture doit clairement distinguer le montant hors taxe, la TVA et le montant TVA incluse. La facture doit également comporter le numéro d'identification à la TVA (sorte de numéro d'immatriculation utilisé en matière de TVA) du fournisseur qui émet la facture.

• **NOTRE CONSEIL** : Vérifiez si les factures que vous recevez isolent clairement la TVA. A défaut, vous ne pouvez pas la récupérer.

Nom du fournisseur
Adresse

Nom et adresse de votre entreprise

Date

Monsieur (*Madame*),

Nous vous retournons la facture n° ... datée du ... en vous priant de bien vouloir en éditer une autre, plus conforme à la législation.

En effet, ... (*expliquez le problème, par exemple* : cette facture est établie toutes taxes et ne mentionne pas le montant de la TVA ; *ou encore* : cette facture est éditée sur du papier blanc ne comportant ni votre dénomination sociale ni votre numéro d'immatriculation au RCS ...).

Nous procéderons au règlement de notre dette dès réception d'une facture conforme à la législation.

Vous remerciant de votre diligence, nous vous prions d'agréer, Monsieur (*Madame*), nos salutations distinguées.

Signature

VOUS CONFIRMEZ DES RÉSERVES À UN TRANSPORTEUR À LA SUITE D'UNE LIVRAISON DÉFECTUEUSE.

Un transporteur vous a livré des biens en piteux état. Vous exprimez des réserves.

• **CE QUE DIT LA LOI** : Si en ouvrant un colis, vous constatez que les biens sont cassés ou abîmés, vous devez exprimer vos réserves au transporteur. Exprimez des réserves signifie que vous informez le transporteur des dégradations que vous constatez. Ce qui ne vous empêche pas d'en informer également le fournisseur qui vous avait expédié les marchandises.

Mais selon l'article L133-3 du code de commerce, les réserves doivent être exprimées auprès du transporteur dans les trois jours suivant la réception, non compris les jours fériés.

Cette règle concerne seulement les entreprises dans leurs relations entre elles.

• **NOTRE CONSEIL** : Exprimez vos réserves au transporteur rapidement et sous la forme recommandée avec avis de réception.

Nom et adresse de votre entreprise

Nom du transporteur
Adresse

Date

Recommandé avec avis de réception

Objet : dégâts sur livraison du ...

Monsieur (*Madame*),

Le ... (*date*), vous nous avez livré ... (*indiquez la nature des biens, par exemple* : un photocopieur, un stock d'ampoules électriques ...), commandé à notre fournisseur, la société ... (*nom*). Conformément à l'article 105 du Code de Commerce, nous vous confirmons les réserves que nous avons émises sur le bon de livraison, à savoir : ... (*précisez les avaries*).

Votre responsabilité étant à l'évidence engagée, nous vous prions de bien vouloir prendre toutes les mesures pour :

- reprendre ces articles défectueux ;
- les faire remplacer par notre fournisseur.

Nous adressons copie de la présente lettre à notre fournisseur, la société ...

Veuillez agréer, Monsieur (*Madame*), l'expression de nos salutations distinguées.

Signature

VOUS CONVOQUEZ DES ASSOCIÉS À L'ASSEMBLÉE GÉNÉRALE ORDINAIRE ANNUELLE D'APPROBATION DES COMPTES.

En tant que gérant, vous devez réunir l'assemblée générale des associés au moins une fois par an. Vous faites la convocation dans les formes légales.

• **CE QUE DIT LA LOI** : Dans une société à responsabilité limitée (SARL) ou une société anonyme (SA), les décisions sont prises en assemblée générale. C'est pourquoi l'article L223-7 alinéa 1 du code de commerce prévoit que le gérant doit obligatoirement réunir l'assemblée générale dans deux cas : pour l'approbation annuelle des comptes ; quand un ou plusieurs associés détenant 25% du capital le demandent. La tenue de l'assemblée pour approuver les comptes se tient au moins une fois par an.

La convocation envoyée aux associés doit indiquer l'ordre du jour, ainsi que la date et le lieu de la réunion. Elle est rédigée et signée par le gérant de la SARL.

• **NOTRE CONSEIL** : La convocation des associés se fait sous la forme recommandée avec avis de réception. Mais pour économiser les frais postaux, vous pouvez la remettre en mains propres à chaque associé contre décharge.

Nom et adresse
de votre entreprise

Nom et prénom de l'associé
Adresse

Date

Cher(ère) Associé(e),

Nous vous prions de bien vouloir assister à la réunion de l'assemblée générale ordinaire des associés qui se tiendra le ... (*date*), à ... h, à l'effet de délibérer sur l'ordre du jour suivant : rapport de gestion de la gérance sur l'exercice clos le ... (*date*)

- et rapport spécial de la gérance sur les conventions visées à l'article L 223-19 alinéa 1 du code de commerce ;
- approbation des comptes de l'exercice clos le ... (*date*) et des conventions ;
- affectation des résultats ;
- quitus à la gérance ;
- approbation et révision de la rémunération du gérant ;
- questions diverses.

Vous trouverez ci-joint :

- le texte des résolutions proposées à l'assemblée ;
- le rapport de la gérance.

Si vous êtes empêché(e), vous pouvez vous faire représenter à l'assemblée par l'un de vos co-associés ou par votre conjoint, au moyen du pouvoir ci-joint.

Nous vous prions d'agréer, Cher(ère) Associé(e), l'expression de nos salutations cordiales.

Le Gérant

Vous ne pouvez pas assister à l'assemblée générale des associés, vous donnez un pouvoir de représentation à un autre associé.

• **CE QUE DIT LA LOI** : Un associé doit personnellement se rendre à l'assemblée générale pour y exercer les droits attachés à ses parts sociales, notamment voter (ou refuser) les résolutions proposées par le gérant. Mais un associé qui ne peut pas y assister peut se faire représenter par un autre associé ou par son conjoint. Il ne peut se faire assister par une autre personne que si les statuts l'autorisent expressément.

Quoi qu'il en soit, si vous demandez à une personne de vous remplacer à l'assemblée, vous devez rédiger et signer un pouvoir que vous lui remettez.

Pouvoir

Je soussigné(e) ... (*nom et prénom de l'associé empêché*) demeurant ... (*adresse*), propriétaire de ... parts sociales de la société ... (*dénomination*), SARL au capital de ... €, dont le siège social est situé ... (*adresse*), immatriculée au Registre du Commerce et des Sociétés de ... (*ville*) sous le numéro ...

donne par la présente pouvoir à :
Madame ... (*nom et prénom de la personne qui vous représentera*) demeurant ... (*son adresse*), associée de ladite société, de me représenter à l'assemblée générale ordinaire qui se tiendra le ... (*date*) à ... h aux fins de délibérer sur l'ordre du jour et de voter les résolutions proposées.

Fait à ..., le ...

Signature de l'associé
qui donne le pouvoir

• **NOTRE CONSEIL** : Quand vous le pouvez, il est préférable d'assister vous-même à l'assemblée. Vous aurez ainsi une meilleure connaissance de la vie de la société et de ses comptes.

CHAPITRE 36

VOTRE ENTREPRISE ET LA GESTION DU PERSONNEL

Si vous avez versé des cotisations non dues, vous pouvez en obtenir le remboursement dans un certain délai d'un an à compter du paiement. Vous n'avez pas à prouver qu'il s'agit d'une erreur, il suffit qu'il y ait eu un trop-versé.

• **Ce que dit la loi** : Selon l'article L. 243-6 du code de la sécurité sociale, les actions en remboursement de cotisations de sécurité sociale indûment versées se prescrivent par 2 ans à compter de la date à laquelle elles ont été acquittées. En conséquence, les cotisations versées à tort par l'employeur aux organismes de sécurité sociale peuvent être remboursées à condition d'en faire la demande dans un délai de deux ans à compter de la date à laquelle les cotisations ont été versées, sans qu'il soit nécessaire de prouver l'erreur commise. Si vous avez demander et obtenu en justice l'annulation d'un acte en vertu duquel les cotisations ont été perçues, le délai de deux ans court à compter du jour où la décision a été rendue (Cour de cassation, chambre sociale, 11 avril 1996).

• **Notre conseil** : Si c'est à l'Assedic que vous avez versées des cotisations à tort, vous avez jusqu'à trois ans à compter de la date de versement pour réclamer. Ne confondez pas les délais !

Établissement.....
Adresse
Numéro de cotisant
Recommandé avec avis de réception

Date
Monsieur le Directeur
de l'U.R.S.S.A.F. de ...
Adresse

Monsieur le Directeur,

Par bordereau en date du ..., nous avons réglé une somme de ... Euros, correspondant à des cotisations salariales et patronales pour la période du ...

Or, une erreur a été commise par notre comptable (*expliquez laquelle.*) En effet, il a appliqué des cotisations patronales sur les paies de deux salariés recrutés sous un dispositif d'exonération de charges.

M. ... (*nom du salarié*) a été recruté dans le cadre du dispositif " embauche du premier salarié " avec exonération de cotisations patronales, et M. ... (nom du salarié), recruté au titre d'un contrat emploi-solidarité prévoyant des cotisations patronales allégées.

Ou encore :

Il a calculé la cotisation d'assurance-maladie au taux de ... % alors que le taux en vigueur à l'époque s'élevait à ...%)

Ainsi, le montant du bordereau récapitulatif des cotisations aurait dû s'élever à la somme de ... Euros, au lieu de ... Euros, soit une différence en notre faveur de ... Euros, que nous vous saurions gré de bien vouloir nous rembourser ou nous autoriser à imputer lors de l'un de nos prochains versements.

Pour la bonne règle, vous trouverez ci-joint copie des différentes pièces.

Nous vous prions de croire, Monsieur le Directeur, à l'expression de nos respectueux sentiments.

Signature

VOUS DEMANDEZ UNE REMISE AUTOMATIQUE DE MAJORATIONS DE RETARD À L'U.R.S.S.A.F. EN CAS DE PREMIÈRE INFRACTION.

Un problème momentanée de trésorerie vous a contraint à verser vos cotisations sociales avec retard. L'U.R.S.S.A.F. vous a appliqué des majorations de retard. Comme c'est la première fois que cela vous arrive, vous rappelez à cet organisme qu'il doit vous faire une fleur.

• **Ce que dit la loi** : L'article R 243-19-1 du code de la Sécurité sociale prévoit que les majorations et pénalités de retard font l'objet d'une remise automatique par le directeur de l'U.R.S.S.A.F., s'il s'agit de la première infraction constatée sur la période des quatre trimestres précédents.

Cette remise automatique est subordonnée à deux autres conditions : vous devez, dans le mois suivant la date d'exigibilité des cotisations, régler les cotisations dues et fournir certains documents (notamment bordereau daté et signé) et celles-ci ne doivent pas dépasser 40 % du plafond de la Sécurité sociale. En fait, cette mesure s'applique plutôt aux « petits cotisants » qui, par oubli ou ignorance, n'auraient pas respecté leurs obligations.

• **Notre conseil** : Munissez-vous d'un code de sécurité sociale car en matière de cotisations les textes ne cessent de se renvoyer les uns aux autres. Difficile parfois de s'y retrouver.

Établissement.....
Adresse
Recommandé avec avis de réception

Date

Monsieur le Directeur
de l'U.R.S.S.A.F. de ...
Adresse

Monsieur le Directeur,

J'ai acquitté mes cotisations sociales du ... (*mois de novembre ... 3e trimestre ...*) tardivement.

Par suite, des majorations de retard m'ont été appliquées.

Conformément à l'article R 243-19-1 du code de la Sécurité sociale, j'ai l'honneur de solliciter la remise automatique de ces majorations.

En effet, il s'agit de ma première infraction, le montant en principal a été réglé et il est inférieur à 40 % du plafond annuel de la Sécurité sociale.

A l'appui de ma demande, je vous joins la copie des différentes pièces.

Vous remerciant de l'attention que vous voudrez bien accorder à la présente, je vous prie de croire, Monsieur le Directeur, à l'expression de mes respectueux sentiments.

Signature

VOUS DEMANDEZ UNE REMISE GRACIEUSE DE MAJORATION DE RETARD À L'U.R.S.S.A.F.

De grosses difficultés de trésorerie et une situation précaire dus aux difficultés que traverse votre secteur d'activité vous ont amené à acquitter vos cotisations sociales tardivement. Vous pouvez demander au directeur de vous faire grâce des majorations de retard, après avoir réglé les cotisations dues en principal.

• **Ce que dit la loi** : L'article R. 243-20 du code de la Sécurité sociale prévoit que les employeurs peuvent formuler une demande gracieuse en réduction des majorations et pénalités de retard appliquées en cas de versement tardif des cotisations de sécurité sociale. Cette requête n'est recevable qu'après règlement de la totalité des cotisations ayant donné lieu à application des majorations.

Il ne peut être accordé une remise des majorations et des pénalités que si la bonne foi des employeurs est dûment prouvée.

Lorsque les cotisations sont acquittées avec un retard d'un mois ou plus à compter de la date limite d'exigibilité, un minimum de majoration de retard, fixé à 0,6 % des cotisations arriérées par mois ou fraction de mois de retard, doit obligatoirement être laissé à la charge du débiteur.

• **Notre conseil** : Être de bonne foi, cela veut dire que vous n'avez pas cherché à frauder. A titre d'exemple a été jugé comme n'étant pas de bonne foi un employeur qui avait produit un talon de chèque faisant ressortir qu'il n'avait émis le chèque de paiement que le lendemain de la date d'exigibilité du règlement.

Autrement dit, ne prenez pas les agents de l'U.R.S.S.A.F. pour des sots. Si vous en êtes en difficulté, jouez plutôt la carte de la franchise.

Établissement.....
Adresse
Recommandé avec avis de réception Date

Monsieur le Directeur
de l'U.R.S.S.A.F. de ...
Adresse

Monsieur le Directeur,

Nous avons acquitté nos cotisations sociales du ... (*mois de novembre ... 3e trimestre ...*) tardivement, soit le ... (*date de paiement*) au lieu du ... (*date d'exigibilité*).

Des majorations de retard s'élevant à ... euros ont été mises à notre charge.

Ces sommes représentent une charge importante pour une structure moyenne comme la nôtre et dépassent largement ses facultés contributives.

En outre, nous sommes confrontés à de grosses difficultés de trésorerie et à une situation précaire dus aux difficultés que traverse notre secteur (ou notre région...).

C'est pourquoi nous sollicitons de votre bienveillante compréhension la remise la plus large possible de ces majorations de retard.

À l'appui de notre demande, nous joignons la copie des différentes pièces.

Vous remerciant de l'attention que vous voudrez bien accorder à notre requête, nous vous prions de croire, Monsieur le Directeur, à l'expression de nos respectueux sentiments.

Signature

Un inspecteur de l'U.R.S.S.A.F. vient de contrôler votre entreprise. Il a trouvé quelques motifs de redressement et vient de vous envoyer sa lettre d'observation. Que vous acceptiez les remarques de l'inspecteur ou que vous les contestiez, répondez-lui dans un délai de trente jours.

• **Ce que dit la loi** : Selon l'article R. 243-59 du code de sécurité sociale, à l'issue du contrôle, les inspecteurs de l'U.R.S.S.A.F communiquent à l'employeur ou au travailleur indépendant un document daté et signé par eux mentionnant l'objet du contrôle, les documents consultés, la période vérifiée et la date de la fin du contrôle. Ce document mentionne, s'il y a lieu, les observations faites au cours du contrôle, assorties de l'indication de la nature, du mode de calcul et du montant des redressements envisagés.

L'employeur ou le travailleur indépendant dispose d'un délai de trente jours pour faire part à l'organisme de recouvrement de sa réponse à ces observations par lettre recommandée avec accusé de réception.

A l'expiration de ce délai, les inspecteurs du recouvrement transmettent à l'organisme de recouvrement dont ils relèvent le procès-verbal de contrôle faisant état de leurs observations, accompagné, s'il y a lieu, de la réponse de l'intéressé.

Établissement.....
Adresse
N° de cotisant
Recommandé avec avis de réception	Date

Monsieur le Directeur
de l'U.R.S.S.A.F. de ...
Adresse

Monsieur le Directeur,

A la suite d'un contrôle en date du ..., Madame (*ou* Monsieur) ... (*nom*), agent de contrôle de l'U.R.S.S.A.F., nous a adressé le .....(*date*) ses observations en nous proposant un redressement de cotisations de sécurité sociale pour un montant de .....euros.

1er cas :
Nous acceptons les observations et le montant du redressement proposé.

2e cas :
Nous n'acceptons pas (*ou* nous n'acceptons que partiellement) les observations et le montant du redressement proposé. En effet, ... (*développer vos arguments et joignez les pièces justificatives ; par exemple* le redressement a porté sur des éléments qui, ayant fait l'objet d'un précédent contrôle dans notre entreprise, n'ont pas donné lieu à observations de la part de vos services, ce qui est interdit par l'article R. 243-59 du code de sécurité sociale).

Vous remerciant de l'attention que vous voudrez bien accorder à la présente, nous vous prions de croire, Monsieur le Directeur, à l'expression de nos respectueux sentiments.

Signature

• **Notre conseil** : Répondez dans tous les cas. L'absence d'observations vaut accord tacite concernant les pratiques ayant donné lieu à vérification, dès lors que l'organisme de recouvrement a eu les moyens de se prononcer en toute connaissance de cause. Sinon, vous ne pourrez pas contester ces pratiques (sommes déjà contrôlées et non redressées lors d'un précédent contrôle par exemple).

Votre entreprise fait l'objet d'une procédure de redressement de la part de l'U.R.S.S.A.F. Votre entreprise peut solliciter un sursis à poursuites, c'est-à-dire un délai de paiement auprès du directeur de l'U.R.S.S.A.F., sous certaines conditions.

• **Ce que dit la loi** : L'article R. 243-21 du code de sécurité sociale prévoit que le directeur de l'organisme chargé du recouvrement des cotisations a la possibilité d'accorder des sursis à poursuites pour le règlement des cotisations patronales, des pénalités et des majorations de retard. Ces délais de paiement ne peuvent être accordés qu'à la double condition de justifier de garanties et de payer la part « salariée » des cotisations. Si l'entreprise se refuse à payer à l'expiration d'un délai d'un mois, l'U.R.S.S.A.F. peut alors faire délivrer une contrainte par acte d'huissier (CSS, art. R. 133-1).

Les garanties que vous devez présenter sont appréciées par le directeur de l'organisme chargé du recouvrement des cotisations. Elles doivent donc être sérieuse et ne pas constituer une vague promesse.

• **Notre conseil** : La demande de délais de paiement doit être faite le plus tôt possible dans la procédure, y compris au stade du contrôle sans attendre la mise en demeure. Mais attention, si vous obtenez satisfaction et si vous ne tenez pas vos engagements, les poursuites reprendront.

Établissement.....
Adresse
Recommandé avec avis de réception Date

Monsieur le Directeur
de l'U.R.S.S.A.F. de ...
Adresse

Monsieur le Directeur,

A la suite d'un contrôle en date du ..., Madame (*ou* Monsieur) ... (*nom*), agent de contrôle de l'U.R.S.S.A.F., nous a notifié le .....(*date*) un redressement de cotisations de sécurité sociale pour un montant de .....€.

Nous vous demandons par la présente en application de l'article R. 243-21 du code de sécurité sociale un sursis à poursuites pour le règlement des cotisations patronales, des pénalités et des majorations de retard.

Bien entendu, nous nous engageons à payer immédiatement la part « salariée » des cotisations.

Nous vous proposons l'échéancier suivant : .... (*indiquez votre calendrier*)

Nous présentons à l'appui de notre demande les garanties suivantes : .... (*indiquez lesquelles*).

En outre, vous trouverez ci-joint un premier versement de .... €.

Vous remerciant de l'attention que vous voudrez bien accorder à la présente, je vous prie de croire, Monsieur le Directeur, à l'expression de nos respectueux sentiments.

Signature

VOUS FORMEZ UNE OPPOSITION À CONTRAINTE APRÈS UN CONTRÔLE U.R.S.S.A.F.

Vous n'êtes vraiment pas d'accord avec le redressement que veut vous infliger l'U.R.S.S.A.F et celle-ci vous a mis en demeure de payer. Un mois plus tard, elle vous décerne une contrainte devant le tribunal des affaires de Sécurité sociale pour vous faire condamner. Vous former une opposition.

• **Ce que dit la loi** : L'article R.133-3 du code de sécurité sociale prévoit que si l'employeur ou le travailleur indépendant ne répond pas à la mise en demeure ou à l'avertissement de payer des cotisations de sécurité sociale dans le délai d'un mois, l'U.R.S.S.A.F. peut lui décerner une contrainte, c'est-à-dire lui réclamer les sommes dues devant le tribunal des affaires de Sécurité sociale.

Pour pouvoir se défendre, l'intéressé doit former une opposition à contrainte dans les 15 jours suivant celui où l'huissier de justice lui a délivré la contrainte.

• **Notre conseil** : Selon la loi, l'opposition à contrainte doit être motivée, c'est-à-dire que vous devez dire pourquoi vous êtes en désaccord avec la demande de l'U.R.S.S.A.F. Vous devez, en outre, joindre une copie de la contrainte à votre lettre d'opposition.

Établissement.....
Adresse

Recommandé avec avis de réception

Date

Secrétariat-greffe du
tribunal des affaires de
Sécurité sociale
Adresse

Objet : opposition à contrainte

Madame, Monsieur,

Conformément aux dispositions de l'article R 133-3 du code de la Sécurité sociale, nous formons opposition devant votre juridiction à la contrainte qui nous a été délivrée, le ... (*date*) par Maître ... (*nom*), huissier de justice à ..., sur demande de l'U.R.S.S.A.F. de ... (*lieu*). Vous trouverez copie jointe de cette contrainte.

Cette opposition à contrainte est motivée par ... (*expliquez les motifs de votre opposition*).

Veuillez agréer, Madame, Monsieur, nos salutations distinguées.

Signature

L'U.R.S.S.A.F a contrôlé votre entreprise et vous a notifié un redressement. Elle vous met maintenant en demeure de payer les sommes qu'elle vous réclame. Comme vous n'êtes pas d'accord avec sa décision, vous soumettez le différend à la commission de recours amiable.

• **Ce que dit la loi** : En cas de litige avec l'U.R.S.S.A.F., vous ne pouvez pas saisir directement les tribunaux. Vous devez auparavant former un recours « gracieux » devant la commission de recours amiable (CRA) de l'U.R.S.S.A.F. (article R 142-1 du code de Sécurité sociale).

S'agissant d'un litige relatif au recouvrement des cotisations, la commission doit être saisie dans le délai d'un mois suivant la notification de la mise en demeure.

La Commission statue au vu de votre dossier, d'où l'importance de communiquer le maximum de pièces justificatives.

Si votre recours est rejeté, ou si la Commission n'a pas répondu dans le délai d'un mois, vous pourrez saisir le tribunal des affaires de Sécurité sociale.

• **Notre conseil** : Votre entreprise peut solliciter un sursis à poursuites, c'est-à-dire un délai de paiement auprès du directeur de l'U.R.S.S.A.F., sous certaines conditions.

Établissement.....
Adresse
Recommandé avec avis de réception

Date
Monsieur le Président
de la Commission de
recours amiable
U.R.S.S.A.F. de ...
Adresse

Monsieur le Président,

Nous avons l'honneur de présenter un recours devant la Commission que vous présidez à l'encontre d'une décision qui nous a été notifiée par l'U.R.S.S.A.F. le ...

Relatez ensuite les faits ; par exemple :

A la suite d'un contrôle en date du ..., Madame ... (*nom*), agent de contrôle de l'U.R.S.S.A.F., a requalifié en salaires certains versements et procédé à leur réintégration dans l'assiette des cotisations de Sécurité sociale. Il s'agit de sommes qui ont été versées à une personne extérieure à l'entreprise pour ... (précisez le travail réalisé, par exemple : pour la rédaction du livret d'accueil des clients. Ces versements ont été soumis au régime des droits d'auteur. Le rédacteur a travaillé à son domicile et à sa convenance et n'a donc jamais eu de lien de subordination avec l'entreprise).

En conséquence, nous contestons la requalification réalisée par l'agent de l'U.R.S.S.A.F. Nous demandons à la Commission de bien vouloir réexaminer la décision de l'agent de l'U.R.S.S.A.F. et d'annuler les cotisations sociales complémentaires mises à notre charge.

Nous joignons, en annexe, le dossier complet contenant les différentes pièces.

Veuillez agréer, Monsieur le Président, l'expression de nos respectueux sentiments.

Signature

Votre litige avec l'U.R.S.S.A.F. persiste. La Commission de recours amiable a rejeté votre requête ou elle n'a pas répondu dans le délai d'un mois. Vous pouvez alors saisir le tribunal des affaires de Sécurité sociale pour qu'il juge le litige.

• **Ce que dit la loi** : Le tribunal des affaires de Sécurité sociale est chargé d'examiner les affaires qui ont été rejetées par les Commissions de recours amiable des organismes de Sécurité sociale ou auxquels cette dernière n'a pas répondu. L'article R. 142-18 du code de sécurité sociale indique que le tribunal des affaires de sécurité sociale est saisi par simple requête déposée au secrétariat ou adressée au secrétaire par lettre recommandée. Cette saisine doit avoir lieu dans un délai de deux mois à compter de la présentation de la lettre recommandée portant notification de la décision de rejet de la Commission de recours amiable. Si la caisse a gardé le silence, le délai de deux mois court à compter de l'expiration du délai d'un mois au terme duquel celle-ci devait répondre.

• **Notre conseil** : Le jugement du tribunal des affaires de Sécurité sociale est susceptible d'appel dans le délai d'un mois à compter de la notification de la décision. Attention donc au délai.

Établissement.....
Adresse
Recommandé avec avis de réception

Date

Monsieur le Président
Tribunal des affaires
de Sécurité sociale
Adresse

Monsieur le Président,

Par décision en date du ..., la Commission de recours amiable de l'U.R.S.S.A.F. de ... (*ville*) a rejeté la réclamation que nous avions effectuée au sujet de ... (*indiquez l'objet du litige*).

Nous avons l'honneur de demander que le tribunal que vous présidez soit saisi de cette affaire.

Vous voudrez bien trouver en annexe les arguments et les éléments que nous entendons faire valoir à l'appui de notre demande, une copie de notre requête initiale devant la commission de recours amiable et une copie de la décision de cette commission.

Nous vous prions de croire, Monsieur le Président, à l'expression de nos sentiments respectueux.

Signature

VOUS PROLONGEZ LA PÉRIODE D'ESSAI D'UN SALARIÉ.

Vous avez embauché un salarié et vous n'êtes pas totalement convaincu de ses qualités à la fin de sa période d'essai. Vous décidez de prolonger celle-ci pendant quelques temps.

• **Ce que dit la loi** : La période d'essai peut être renouvelée à moins que la convention collective ou la loi (VRP, salariés sous contrat à durée déterminée) ne l'interdisent expressément.

En l'absence de dispositions prévues par le contrat de travail ou la convention collective, si vous entendez renouveler la période d'essai d'un salarié, vous devez obtenir son accord.

Si la convention collective ou le contrat de travail prévoient le renouvellement, vous devez respecter la durée maximale prévue. Par exemple, si une convention collective autorise une prolongation d'un mois d'un commun accord, vous ne pouvez pas la porter à trois mois.

• **Notre conseil** : Si la convention ou le contrat prévoient des formalités particulières, celles-ci doivent être respectées. Par exemple, si le renouvellement est soumis à un délai de prévenance, vous devez le respecter. Si vous passer outre, l'essai de votre salarié sera terminé et vous ne pourrez vous en séparer qu'en respectant les règles du licenciement.

Établissement.....
Adresse
Recommandé avec avis de réception

Date

Nom et prénom du salarié
Adresse

Objet : renouvellement de la période d'essai

Monsieur (*ou* Madame),

Le ... (*date*), vous avez été engagé(e) en qualité de ... (*fonction*) avec une période d'essai de ... mois, qui expire le ... (*date prévue de la période d'essai*).

A la suite de notre entretien du ..... au cours duquel nous vous avons fait part d'un certain nombre de remarques et conformément à l'article ... de la convention collective ... (nom de la convention applicable à votre entreprise ; *ou encore* : à la clause n° ....de votre contrat de travail), nous vous confirmons que votre période d'essai est prolongée pour une durée de ... (délai, par exemple un mois ; attention certaines conventions prévoient une période d'essai globale à ne pas dépasser), c'est-à-dire jusqu'au ... (*date de la fin de cette seconde période d'essai*).

Nous vous prions de croire, Monsieur (*ou* Madame), à nos salutations distinguées.

Signature

VOUS INFORMEZ LA MÉDECINE DU TRAVAIL D'UNE VISITE DE REPRISE D'UN SALARIÉ.

L'un de vos salariés a été malade ou accidenté et cela a entraîné une absence plus ou moins longue. En tant qu'employeur vous êtes tenu de demander au médecin du travail de lui faire passer une visite médicale de reprise.

• **Ce que dit la loi** : Selon l'article R. 241-51du code du travail, les salariés doivent bénéficier d'un examen par le médecin du travail après une absence pour cause de maladie professionnelle, après un congé de maternité, après une absence d'au moins huit jours pour cause d'accident du travail, après une absence d'au moins vingt et un jours pour cause de maladie ou d'accident non professionnel et en cas d'absences répétées pour raisons de santé.

Cet examen a pour seul objet d'apprécier l'aptitude de l'intéressé à reprendre son ancien emploi, la nécessité d'une adaptation des conditions de travail ou d'une réadaptation du salarié ou éventuellement de l'une et de l'autre de ces mesures.

Cet examen doit avoir lieu lors de la reprise du travail et au plus tard dans un délai de huit jours.

• **Notre conseil** : Surveillez l'attitude de votre salarié. S'il ne se présente pas à la visite de reprise, malgré plusieurs injonctions de votre part, vous pourrez le sanctionner.

Établissement.....
Adresse
Recommandé avec avis de réception

Date

Centre de médecine
du travail de ...
Adresse

Objet : visite médicale de reprise

Madame, Monsieur,

Notre salarié(e) M. (*ou* Mme) ...... (*nom et prénom*), demeurant ... (*adresse*), vient de reprendre son travail à la suite d'un congé de maternité de ... semaines.

Conformément à l'article R 241-51, nous vous prions de bien vouloir, dans les meilleurs délais, la convoquer à la visite médicale de reprise obligatoire.

Vous en remerciant, nous vous prions d'agréer, Madame, Monsieur, l'expression de nos salutations distinguées.

Signature

VOUS N'ÊTES PAS SATISFAIT D'UN SALARIÉ ; VOUS METTEZ FIN À SA PÉRIODE D'ESSAI.

Pendant ou à la fin de la période d'essai, employeur et salarié sont libres de mettre fin à tout moment au contrat de travail. Comme vous trouvez que votre nouvelle recrue ne fait pas l'affaire, vous lui signifiez par écrit que vos relations s'arrêteront là.

• **Ce que dit la loi** : Selon l'article L 122-4 du code du travail, durant la période d'essai, le contrat de travail peut être rompu par l'employeur sans que celui-ci soit tenu de respecter les règles du licenciement (procédure et indemnités)et sans avoir à se justifier. La période d'essai ne se présume pas. Si elle n'est pas prévue par la convention collective ou si l'entreprise ne relève d'aucune convention collective, elle doit être prévue par un écrit (contrat de travail, lettre…). Il n'est pas obligatoire de notifier la fin de la période d'essai par écrit, mais cela est préférable pour éviter ensuite les problèmes de preuve.

• **Notre conseil** : Au moment de l'embauche, prévoyez des garde-fous dans le contrat de travail. Ne vous contentez pas de renvoyer à la convention collective pour la période d'essai car si celle-ci ne prévoit rien, vous vous retrouverez le bec dans l'eau.

Établissement.....
Adresse
Recommandé avec avis de réception

Date

Nom et prénom du salarié
Adresse

Monsieur (*Madame*),

Le ... (*date*), vous avez été embauchée en qualité de ... (*fonction*) avec une période d'essai de ... (*délai prévu par la convention collective, par exemple : un mois, trois mois*).

Or, cet essai n'est pas concluant.

En conséquence, nous sommes contraints de mettre fin à votre contrat de travail.

Vous cesserez votre activité le ... (*indiquez la date du dernier jour de travail*).

Cette rupture intervenant pendant la période d'essai, il ne vous est due aucune indemnité.

Notre service comptable vous fera parvenir à la fin du mois votre bulletin de salaire ainsi que votre reçu pour solde de tout compte et votre certificat de travail.

Nous vous prions d'agréer, Madame, nos salutations distinguées.

Signature

VOUS SANCTIONNEZ UN CADRE POUR HARCÈLEMENT SEXUEL D'UNE COLLÈGUE.

L'un de vos salariés a un peu trop tendance à considérer que ses collègues du sexe opposé ont la cuisse accueillante. Comme l'une d'entre-elle s'est plaint, vous décidez de sanctionner le chaud lapin de façon exemplaire.

• **Ce que dit la loi** : Les articles L. 122-46 et suivants du code du travail indiquent notamment qu'il appartient au chef d'entreprise de prendre toutes dispositions nécessaires en vue de prévenir les agissements de harcèlement de toute personne dont le but est d'obtenir des faveurs de nature sexuelle à son profit ou au profit d'un tiers. En outre, est passible d'une sanction disciplinaire tout salarié ayant procédé à de tels agissements.

• **Notre conseil** : Avant de prendre la sanction, vous devez convoquer le salarié à un entretien préalable.

Établissement.....
Adresse

Date

Nom et prénom du salarié
Adresse

Recommandé avec avis de réception

Monsieur,

Comme nous vous l'avons indiqué au cours de l'entretien que nous avons eu le ..., en présence de ... (*nom*), Madame (*ou* Mlle *ou* M.) .... (*nom, prénom*) se plaint de vos avances verbales et physiques permanentes.

Les propos de Madame (*ou* Mlle *ou* M.) ont été corroborés par d'autres témoignages.

Votre comportement constitue un acte de harcèlement sexuel tombant sous le coup des dispositions des articles L 122-46 du code du travail et 222-33 du nouveau code pénal.

Le cas échéant ajoutez :

En outre, votre attitude perturbe gravement le bon fonctionnement du service que vous dirigez.

En conséquence, nous nous voyons contraints de vous appliquer une sanction disciplinaire temporaire, sous forme d'une mise à pied de huit jours. Elle commencera le ... (*date*) et prendra fin le ... (*date*). Ces journées de mise à pied entraîneront une retenue sur votre salaire du mois de ...

Veuillez agréer, Monsieur, nos salutations distinguées.

Signature du gérant.

Vous avez décidé de déléguer vos pouvoirs de chef d'entreprise à plusieurs de vos cadres qui ont toute votre confiance. Une telle délégation peut s'avérer très utile En cas de litiges (par exemple : un accident dû à une violation des règles de sécurité), vous pourrez vous exonérer de votre responsabilité si vous démontrer que vous avez délégué votre pouvoir à un « spécialiste ».

• **Ce que dit la loi** : Selon les tribunaux, le chef d'entreprise ne peut s'exonérer de sa responsabilité pénale que s'il apporte la preuve qu'il a délégué ses pouvoirs à un préposé investi par lui et pourvu de la compétence, de l'autorité et des moyens nécessaires pour veiller efficacement au respect des dispositions en vigueur. Ces trois critères sont cumulatifs.

La délégation est faite par le représentant légal de la société. Elle peut porter sur un domaine précis (hygiène et sécurité, matière bancaire, gestion du personnel) ou être générale. Elle doit être écrite.

La preuve de la réalité d'une délégation de pouvoirs est à la charge de celui qui l'invoque à son profit, c'est-à-dire généralement à l'employeur.

• **Notre conseil** : Attention : Il ne suffit pas que le salarié choisi possède l'autorité nécessaire et la compétence suffisante. Il doit en outre être pourvu des moyens efficaces pour assurer le respect de la réglementation. Veillez-y.

Établissement.....
Adresse

Je soussigné .... (*nom et prénom du représentant légal de la société*) demeurant ... (*adresse personnelle*), agissant en qualité de ... (par exemple : gérant de la société ... (*nom*), société à responsabilité limitée, au capital de ... euros, dont le siège social est situé ... (*adresse*), immatriculée au Registre du commerce et des sociétés de ... (*lieu*) sous le numéro ...

Déclare, par la présente, constituer pour mon délégataire spécial M. .... (*nom et prénom du salarié*) demeurant ... (*adresse*) auquel je donne pouvoirs pleins et permanents de ... (*nature de la mission, par exemple* : veiller au respect des règles d'hygiène et de sécurité applicables sur les chantiers ; *ou encore* : assurer le fonctionnement des comptes bancaires, signer et endosser les chèques et effets de commerce...).

En foi de quoi, il a été établi la présente délégation pour une durée illimitée (*ou* pour une durée d'un an, de deux ans...) à compter du ... (*date*) et soumise aux lois en vigueur et notamment les dispositions des articles 1984 à 1010 du code civil.

Fait, à ... , le ...
en deux originaux

Le délégataire Signature	le délégant Signature
(faites précéder la cette formule écrite de la main du délégataire : « bon pour acceptation d'une délégation à durée illimitée »)	(faites précéder la signature de signature de cette formule écrite de la main du délégant : « bon pour délégation »)

VOUS DIFFÉREZ LE DÉPART D'UN SALARIÉ EN CONGÉ INDIVIDUEL DE FORMATION.

La folie du départ en congé individuel de formation a gagné votre entreprise. Comme vous estimez que trop de salariés sont absents en même temps, vous informez l'un d'eux en réponse à sa demande de congé individuel que son départ est différé.

• **Ce que dit la loi** : Dans les établissements de deux cents salariés et plus, lorsque plusieurs travailleurs demandent un congé de formation, la satisfaction accordée à certaines demandes peut être différée afin que le pourcentage de travailleurs simultanément absents au titre de ce congé ne dépasse pas 2 % du nombre total des travailleurs dudit établissement (article L. 931-3 du code du travail).

Dans les établissements de moins de 200 salariés, cette satisfaction peut être différée si le nombre d'heures de congé demandées dépasse 2 % du nombre total des heures effectuées dans l'année. Toutefois, le nombre d'heures de congé auxquelles les salariés de ces établissements ont droit peut être reporté sur demande d'une année sur l'autre sans que ce cumul puisse dépasser quatre ans (article L. 931-4 du code du travail).

En outre, dans les entreprises de moins de dix salariés, la satisfaction accordée à la demande de congé peut être différée lorsqu'elle aboutirait à l'absence simultanée, au titre du congé de formation, d'au moins deux salariés de l'entreprise.

• **Notre conseil** : Vous pouvez aussi différer un congé individuel de formation si vous estimez, après avis du comité d'entreprise (ou, s'il n'en existe pas, des délégués du personnel), que cette absence pourrait avoir des conséquences préjudiciables à la production et à la marche de l'entreprise (pendant neuf mois maxi). En cas de différend, vous devez saisir l'inspecteur du travail comme arbitre.

Établissement.....
Adresse
Recommandé avec avis de réception

Date

Nom et prénom du salarié
Adresse

Monsieur (*Madame*),

Vous avez formulé une demande de congé individuel de formation afin de suivre un stage de ... (*nom du stage demandé, par exemple* : un stage de rédacteur juridique).

Malheureusement, nous ne pouvons répondre positivement pour l'instant à votre demande.

En effet, notre entreprise ayant un effectif de .... salariés, le congé individuel de formation peut être différé en raison de .... (*indiquez le motif*) ce qui est précisément le cas en ce moment.

Vous pourrez néanmoins bénéficier de ce congé à une date ultérieure en fonction de l'ordre de priorité fixé par l'article R. 931-2 du code du travail.

Nous vous prions d'agréer, Monsieur (*ou* Madame), nos salutations distinguées.

Signature

L'un de vos salariés sous contrat à durée déterminée a décidé de voler de ses propres ailes et vous demande de rompre son contrat à durée déterminée avant son terme. Comme vous êtes vraiment embêté et que vous ne voulez pas consacrer du temps à recruter un remplaçant, vous refusez sa proposition.

• **Ce que dit la loi** : Selon l'article L 122-3-8 du code du travail, sauf accord des parties, le contrat de travail à durée déterminée ne peut être rompu avant l'échéance du terme qu'en cas de faute grave ou de force majeure.

Si votre salarié veut vous quitter pour occuper un emploi à durée indéterminée, il doit respecter une période de préavis dont la durée est calculée à raison d'un jour par semaine compte tenu de la durée totale du contrat, renouvellement inclus, si celui-ci comporte un terme précis, ou de la durée effectuée lorsque le contrat ne comporte pas un terme précis et, dans les deux cas, dans une limite maximale de deux semaines.

Établissement.....
Adresse
Recommandé avec avis de réception

Date
Nom et prénom du salarié
Adresse

Monsieur (*Madame*),

Nous avons reçu votre lettre recommandée avec avis de réception en date du ..., nous indiquant votre souhait de rompre avant terme votre contrat à durée déterminée, qui doit expirer le ... (*date*).

Nous comprenons vos motifs, mais nous vous rappelons qu'un contrat à durée déterminée ne peut faire l'objet d'une rupture anticipée que s'il y a commun accord des deux parties ou faute grave de l'une d'elles ou cas de force majeure.

En conséquence, nous refusons la rupture anticipée que vous sollicitez, car ce départ avant terme entraînerait un trouble sérieux dans le fonctionnement du service qui vous emploie.

Ou bien :

Bien que la loi vous autorise à rompre avant son terme votre contrat à durée déterminée en vue d'occuper un emploi à durée déterminée, vous devez effectuer un préavis qui, d'après nos calculs, est de .... jours (*ou* semaines).

Votre départ inopiné entraînerait un trouble sérieux dans le fonctionnement du service qui vous emploie. En conséquence, nous ne pouvons vous dispensez de votre préavis.

Dans les deux cas :

Si, malgré notre refus, vous décidiez néanmoins de rompre votre contrat de travail, vous devez savoir que nous nous réservons le droit de vous demander réparation du trouble subi par notre établissement.

Veuillez agréer, Madame, nos salutations distinguées.

Signature

• **Notre conseil** : Faite bien observer à votre employé qu'en dehors des cas de faute grave et de force majeure ou si le salarié ne respecte pas le préavis en cas d'embauche à durée déterminée, la rupture avant la fin normale du contrat, ouvre droit pour l'employeur à des dommages-intérêts correspondant au préjudice subi.

VOUS METTEZ FIN À UN CONTRAT DE TRAVAIL À DURÉE DÉTERMINÉE POUR FAUTE GRAVE.

En principe, un contrat de travail ne peut pas être rompu avant la date prévue pour sa fin. Sauf accord des parties ou faute grave du salarié. Or, c'est précisément ce qui se passe avec un salarié pris la main dans le sac d'indélicatesses à l'égard de la société.

• **Ce que dit la loi** : Selon l'article L 122-3-8 du code du travail, sauf accord des parties, le contrat de travail à durée déterminée ne peut être rompu avant l'échéance du terme qu'en cas de faute grave ou de force majeure.

La faute grave est celle qui est d'une gravité telle qu'elle rend impossible le maintien du contrat de travail jusqu'au terme prévu. Elle est privative de l'indemnité de fin de contrat.

Mais attention, il doit bien s'agir d'une faute grave. Par exemple, l'insuffisance professionnelle et le manque de résultats d'un salarié ne sauraient constitués une faute grave (Cour de cassation, chambre sociale, 25 janvier 1995). Par contre, un salarié qui exige la remise de commissions de la part de fournisseurs auxquels il passe des commandes pour l'entreprise commet bien une faute grave (Cour de cassation, chambre sociale, 11 janvier 1995).

• **Notre conseil** : Soyez certain qu'il s'agit bien d'une faute grave. Sinon, vous risquez que le salarié vous réclame devant le conseil de prud'hommes des dommages-intérêts d'un montant au moins égal aux rémunérations qu'il aurait perçues jusqu'au terme du contrat, ainsi que l'indemnité de fin de contrat.

Établissement.....
Adresse
Recommandé avec avis de réception

Date

Nom et prénom du salarié
Adresse

Monsieur (*Madame*),

Comme suite à l'entretien préalable que nous avons eu le ... (*date*) en présence de M. ..., nous avons le regret de vous informer que nous mettons fin à votre contrat à durée déterminée.

Cette décision est motivée par : ... (*expliquez vos griefs sans tomber dans la polémique*).

Il s'agit de faits constitutifs d'une faute grave rendant impossible la poursuite de la relation contractuelle.

Veuillez agréer, Monsieur (*ou* Madame), mes salutations distinguées.

Signature

Un simple changement des conditions de travail (travailler dans un autre bureau ou accomplir des heures supplémentaires par exemple) peut être imposé au salarié sans que celui-ci puisse invoquer une modification de son contrat. Bien que rien ne vous y oblige, vous prévenez l'intéressé par écrit.

• **Ce que dit la loi** : La loi ne dit rien mais les tribunaux considèrent qu'un salarié ne peut pas refuser un changement de ses conditions de travail, décision qui relève du pouvoir de direction de l'employeur. C'est le cas notamment du changement de lieu de travail non prévu expressément au contrat ou d'un changement de tâches sans modification de la qualification et des fonctions).

Le refus du salarié constitue un manquement à ses obligations contractuelles ou un acte d'insubordination. Il peut constituer une faute grave que l'employeur a la faculté de sanctionner par un licenciement sans préavis ni indemnités (Cour de cassation, chambre sociale, 10 juillet 1996, SA Socorem) à condition que ce refus rende impossible son maintien dans l'entreprise pendant le préavis (Cour de cassation, chambre sociale, 22 mai 2001).

• **Notre conseil** : Vérifiez si le changement imposé au salarié ne fait pas partie des éléments de son contrat de travail. Si tel est le cas, vous devriez obtenir au préalable son accord.

Entreprise
(ou Etablissement) Date
Adresse

Lettre recommandée avec
avis de réception

Monsieur (*ou* Madame)
Adresse

Monsieur (*ou* Madame),

Comme nous vous l'avions laissé entendre lors de notre entretien du ..... (*date*), la réorganisation en cours de nos services nous conduit à procéder à un changement de vos conditions de travail.

Ce changement consiste en .... (*expliquez de quoi il s'agit : par exemple*, modification des tâches sans changement de qualification ou de fonction).

Cette décision prise dans le cadre de notre pouvoir de direction ne modifie pas votre contrat de travail, lequel continuera d'être exécuté aux conditions antérieures.

Cette décision prendra effet le ..... (*date*).

Veuillez agréer, Monsieur (*ou* Madame), nos salutations distinguées.

Signature

VOUS NOTIFIEZ UNE MODIFICATION DE SON CONTRAT DE TRAVAIL À L'UN DE VOS SALARIÉS POUR UN MOTIF NON ÉCONOMIQUE.

Vous voulez sanctionner un salarié par un déclassement ou modifier sa rémunération dans le cadre d'une réorganisation du travail de l'entreprise. Bien que rien ne vous y oblige, il est prudent de notifier à l'intéressé cette modification de son contrat de travail afin de recueillir son acceptation expresse.

• **CE QUE DIT LA LOI** : Le code du travail ne parle de la modification du contrat de travail que si la modification proposée au salarié repose sur un motif économique.

Les tribunaux estiment qu'un salarié peut toujours refuser à tout moment une modification de son contrat de travail qu'il n'a pas préalablement acceptée.

On entend par modification du contrat de travail une modification qui touche à un élément essentiel du socle contractuel sans lequel le salarié ne se serait pas engagé. C'est le cas de la rémunération contractuelle, de la qualification, de la durée du travail prévue au contrat, du lieu de travail si celui-ci est expressément visé, etc). Le motif de la modification importe peu. Il peut y avoir modification du contrat même si elle intervient pour un motif disciplinaire (c'est-à-dire que le salarié est sanctionné pour avoir commis une faute) et même si la sanction est justifiée.

• **NOTRE CONSEIL** : Si votre salarié refuse une modification de son contrat, vous pouvez, soit ne pas appliquer la modification, soit le licencier. S'il ne répond pas et s'il continue à travailler dans l'entreprise aux nouvelles conditions, vous ne pouvez pas en déduire pour autant qu'il a accepté tacitement la modification. Il est donc déconseillé de licencier dans ce cas. Sinon, cela vous coûtera cher.

Entreprise
(ou Etablissement) — Date
Adresse

Lettre recommandée avec
avis de réception

Monsieur (*ou* Madame)
Adresse

Monsieur (*ou* Madame),

Comme nous vous l'avions laissé entendre lors de notre entretien du .... (*date*), nous envisageons une modification de votre contrat de travail.

Cette modification consiste en .... (*expliquez de quoi il s'agit : par exemple*, baisse du salaire, déclassement, etc.).

Elle est motivée par .... (*indiquez de quoi il s'agit* : sanctions disciplinaire, réorganisation du travail pour un motif non économique, etc.).

Nous vous demandons de nous faire savoir par écrit dans un délai de ...... (*indiquez un délai raisonnable* : minimum 15 jours) si vous acceptez ou si vous refusez cette modification.

En cas de refus de votre part, nous attirons votre attention sur le fait que nous engagerons immédiatement à votre égard une procédure de licenciement.

Veuillez agréer, Monsieur (*ou* Madame), nos salutations distinguées.

VOUS NOTIFIEZ UNE MODIFICATION DE SON CONTRAT DE TRAVAIL À L'UN DE VOS SALARIÉS POUR MOTIF ÉCONOMIQUE.

Des difficultés économiques ou la nécessité de sauvegarder la compétitivité de votre entreprise vous contraint à modifier les contrats de travail de certains salariés (baisse de rémunération, augmentation de la durée du travail prévue au contrat, etc.). Vous devez notifier obligatoirement par écrit à l'intéressé cette modification.

• **Ce que dit la loi** : L'article L. 321-1-2 du code du travail fait obligation à l'employeur d'informer le salarié par lettre recommandée avec avis de réception qu'il dispose d'un délai d'un mois pour faire connaître son acceptation ou son refus de la proposition de modification de son contrat de travail. Si le salarié concerné ne répond pas dans ce délai, il est censé avoir accepté tacitement la modification. S'il la refuse, l'employeur doit le licencier avec versements des indemnités de licenciement (et de préavis si ce dernier ne peut être effectué aux nouvelles conditions).

Si au bout d'un mois, votre salarié ne vous a pas répondu et s'il ne travaille pas aux nouvelles conditions, vous pouvez le licencier sans indemnités de licenciement (par exemple, faute grave pour abandon de poste).

• **Notre conseil** : Si votre salarié a refusé la modification et si vous l'avez licencié, ne vous croyez pas pour autant à l'abri. Rien ne lui interdit de contester devant les prud'hommes les raisons économiques vous ayant conduit à lui proposer la modification de son contrat. Soyez sûr de votre coup.

Entreprise
(ou Établissement) Date
Adresse

Lettre recommandée avec avis de réception

Monsieur (*ou* Madame)
Adresse

Monsieur (*ou* Madame),

Comme nous vous l'avions laissé entendre lors de notre entretien du ..... (*date*), les difficultés actuelles de notre entreprise nous conduisent à vous proposer une modification de votre contrat de travail.

Cette modification consiste en .... (*expliquez de quoi il s'agit : par exemple*, baisse du salaire provisoire ou augmentation de la durée du travail prévue au contrat).

Conformément à l'article L. 321-1-2 du code du travail, vous disposez d'un délai d'un mois pour nous faire connaître votre acceptation ou votre refus de cette proposition de modification de votre contrat de travail.

En conséquence, vous voudrez bien nous faire connaître votre décision avant le .... (*date*) à ..... (*heures*), le cachet de la poste faisant foi.

Nous attirons votre attention sur le fait qu'en l'absence de réponse de votre part dans ce délai, vous serez censé avoir accepté tacitement la modification proposée.

En cas de refus de votre part d'accepter cette modification, nous engagerons immédiatement une procédure de licenciement pour motif économique.

Veuillez agréer, Monsieur (*ou* Madame), nos salutations distinguées.

Signature

VOUS CONVOQUEZ UN SALARIÉ À UN ENTRETIEN PRÉALABLE À UN LICENCIEMENT EN PRÉSENCE DE REPRÉSENTANTS DU PERSONNEL.

Avant éventuellement de prononcer un licenciement, vous devez convoquer le salarié à un entretien préalable afin d'entendre ses explications. Attention, la forme et les délais diffèrent selon que l'entreprise dispose ou non de représentants du personnel.

• **Ce que dit la loi** : Selon l'article L 122-14 du code du travail, l'employeur qui envisage de licencier un salarié doit convoquer celui-ci par lettre recommandée ou par lettre remise en mains propres contre décharge en lui indiquant l'objet de la convocation. Cet entretien n'est pas obligatoire en cas de licenciement pour motif économique de dix salariés et plus dans une même période de trente jours lorsqu'il existe un comité d'entreprise ou des délégués du personnel dans l'entreprise.

S'il y a des représentants du personnel dans l'entreprise (délégués du personnel, délégués syndicaux, etc.), le salarié peut se faire assister par une personne de son choix appartenant au personnel de l'entreprise (représentant du personnel ou non)

Établissement.....
Adresse

Date

Nom et prénom du salarié
Adresse

Recommandé avec avis de réception
ou remise en mains propres contre décharge

Madame (*ou* Monsieur),

Nous sommes au regret de vous informer que nous envisageons à votre égard une mesure de licenciement.

En conséquence, et conformément aux dispositions de l'article L 122-14 du code du travail, nous vous convoquons à un entretien au cours duquel nous entendrons vos explications.

Vous voudrez donc bien vous présenter le ....20.. à ... heures afin d'y avoir un entretien avec M. ... (*nom et prénom de la personne qui recevra le salarié*).

Nous vous précisons que vous pouvez vous faire assister lors de cet entretien par toute personne de votre choix appartenant à notre entreprise, ou par un représentant du personnel.

Veuillez agréer, Madame (*ou* Monsieur), mes salutations distinguées.

Signature du directeur ou du gérant

• **Notre conseil** : En présence de représentants du personnel, il n'y a pas de délai imposé par la loi entre la convocation et l'entretien, mais il faut toutefois observer un délai raisonnable.

VOUS CONVOQUEZ UN SALARIÉ À UN ENTRETIEN PRÉALABLE À UN LICENCIEMENT EN L'ABSENCE DE REPRÉSENTANTS DU PERSONNEL.

Avant éventuellement de prononcer un licenciement, vous devez convoquer le salarié à un entretien préalable afin d'entendre ses explications. Attention, la forme et les délais diffèrent selon que l'entreprise dispose ou non de représentants du personnel.

• **Ce que dit la loi** : En l'absence d'institutions représentatives du personnel dans l'entreprise, le salarié a aussi la faculté de se faire assister par un conseiller de son choix appartenant au personnel de l'entreprise. Mais il peut choisir de se faire assister par un conseiller de son choix, extérieur à l'entreprise, inscrit sur une liste dressée par le préfet. La mention de cette possibilité reconnue au salarié doit être faite dans la lettre de convocation. Celle-ci doit en outre préciser l'adresse des services où la liste des conseillers est tenue à la disposition des salariés.

• **Notre conseil** : Attention aux délais ; si en présence de représentants du personnel, il n'y a pas de délai imposé par la loi entre la convocation et l'entretien (mais il faut un délai raisonnable), en l'absence de représentant du personnel, l'entretien préalable ne peut avoir lieu moins de cinq jours ouvrables (le dimanche et les jours fériés ne comptent pas) après la présentation au salarié de la lettre recommandée de convocation ou sa remise en main propre.

Établissement.....
Adresse

Date

Nom et prénom du salarié
Adresse

Recommandé avec avis de réception
ou remise en mains propres contre décharge

Monsieur (*ou* Madame),

Nous sommes au regret de vous informer que nous envisageons à votre égard une mesure de licenciement.

En conséquence, et conformément aux dispositions de l'article L 122-14 du code du travail, nous vous convoquons à un entretien au cours duquel nous entendrons vos explications.

Vous voudrez donc bien vous présenter le ....20.. à ....heures afin d'y avoir un entretien avec M. ... (*nom et prénom de la personne qui recevra le salarié*).

Nous vous précisons que vous pouvez vous faire assister lors de cet entretien par toute personne de votre choix appartenant à notre entreprise ou par un conseiller extérieur à celle-ci et inscrit sur une liste spéciale.

Vous pouvez vous procurer cette liste auprès de la mairie de ... (*adresse de la mairie la plus proche du siège social*) ou auprès des services de l'inspection du travail situés ... (*adresse de l'inspection du travail dont dépend le siège social*).

Veuillez agréer, Monsieur (*ou* Madame), mes salutations distinguées.

Signature du directeur ou du gérant

VOUS NOTIFIEZ UN LICENCIEMENT POUR MOTIF PERSONNEL.

Notifier un licenciement signifie d'abord rédiger une lettre de licenciement en motivant précisément celui-ci. Et la situation est bien différente selon que vous licenciez un salarié pour un motif personnel ou pour motif économique.
Dans ce dernier cas, il faut en effet ajouter certaines mentions.

• **CE QUE DIT LA LOI** : Selon l'article L 122-14-1 du code du travail, l'employeur qui décide de licencier un salarié doit notifier le licenciement par lettre recommandée avec demande d'avis de réception. La date de présentation par le facteur de cette lettre fixe le point de départ du délai de préavis.

La lettre de licenciement doit être motivée. Par exemple, si vous licenciez un salarié pour faute, vous devez indiquer exactement les raisons qui vous ont amenées à prendre votre décision..

Dans les deux cas, vous devez indiquer si le salarié est dispensé de son préavis ou s'il doit l'exécuter.

• **NOTRE CONSEIL** : Gare aux délais ! La lettre de licenciement ne peut être envoyée que le surlendemain du jour où l'entretien préalable a eu lieu. En effet, un délai minimal de réflexion d'un jour franc doit s'écouler entre la date de l'entretien et la date d'expédition de la lettre. Si l'entretien a eu lieu le lundi, l'envoi de la lettre peut se faire à partir de mercredi. Attention : des délais particuliers sont prévus en cas de licenciement économiques. Consultez l'article L. 122-14-1 du code du travail.

Établissements...... Date
Adresse

Nom et prénom du salarié
Adresse

Recommandé avec avis de réception

Madame (*ou* Monsieur),

Comme suite à notre entretien du ... (*date*), nous avons le regret de vous notifier par la présente votre licenciement pour le (*ou les*) motif(s) suivant(s) : ... (*précisez exactement les raisons qui motivent ce licenciement*).

Votre préavis, d'une durée de ... (*indiquez la durée*), commence à courir le ... (*date*) et prendra fin le ... (*date*).

Veuillez agréer, Madame (*ou* Monsieur), mes salutations distinguées.

Signature du directeur
ou du gérant

VOUS NOTIFIEZ UN LICENCIEMENT POUR MOTIF ÉCONOMIQUE.

Comme pour un licenciement pour motif personnel, il faut d'abord rédiger une lettre de licenciement en motivant précisément celui-ci. Pour un licenciement pour motif économique, il faut ajouter certaines mentions.

• **Ce que dit la loi** : Si vous licenciez pour motif économique, outre le motif du licenciement, vous devez mentionner certains droits pour le salarié : droit au congé de reclassement dans les entreprises de mille salariés et plus, droit aux prestations du plan d'aide au retour à l'emploi pendant le préavis (Pré-PARE) dans les autres entreprises (ou en cas de refus de congé de reclassement), mention de la priorité de réembauchage

Établissements...... Date
Adresse

Nom et prénom du salarié
Adresse

Recommandé avec avis de réception

Madame (*ou* Monsieur),

Comme suite à notre entretien du ... (*date*), nous avons le regret de vous notifier par la présente votre licenciement pour motif économique suite à .... (*indiquez précisément la cause : par exemple* suppression de poste nécessitée par des difficultés économiques ou une réorganisation du secteur d'activité auquel appartient l'entreprise).

Indiquez ensuite selon le cas :

En application de l'article L. 321-4-3 du code du travail, vous êtes en droit de bénéficier d'un congé de reclassement d'une durée de ...... (*maximum neuf mois*). Celui-ci sera exécuté pendant votre préavis. La fin de celui-ci sera reporté jusqu'au terme de votre congé. Si vous refusez ce congé, vous pouvez bénéficier pendant votre préavis des prestations d'aide au retour à l'emploi délivrées par l'agence nationale pour l'emploi.

Ou bien :

En application de l'article L. 321-4-2 du code du travail, nous vous rappelons que vous êtes en droit de bénéficier des prestations d'aide au retour à l'emploi pendant votre préavis délivrées par l'agence nationale pour l'emploi.

Indiquer ensuite dans tous les cas :

En application de l'article L. 321-14 du code du travail, nous vous informons que vous bénéficiez, sur votre demande expresse, d'une priorité de réembauchage durant un délai d'un an à compter de la date de rupture de votre contrat. Nous vous informerons alors de tout emploi devenu disponible et compatible avec votre qualification.

Indiquer enfin :

Votre préavis, d'une durée de ... (*indiquez la durée*), commence à courir le ... (*date*) et prendra fin le ... (*date*). Au cours de ce préavis, vous disposerez, conformément à la convention collective ... (*indiquez laquelle*) de ... heures par jour pour rechercher un nouvel emploi.

Ou bien :

Vous êtes dispensé d'exécuter votre préavis, lequel commence à courir le ... (*date*) et prend fin le ... (*date*), date à laquelle prendra fin votre contrat de travail.

Veuillez agréer, Madame (ou Monsieur), mes salutations distinguées.

Signature du directeur ou du gérant

VOUS AVEZ LICENCIÉ POUR MOTIF ÉCONOMIQUE MOINS DE DIX SALARIÉS ; VOUS INFORMEZ LE DIRECTEUR DÉPARTEMENTAL DU TRAVAIL DANS LES 8 JOURS.

Ce n'est pas de gaieté de cœur mais vous devez vous séparer de quelques salariés pour palier à des difficultés économiques ou améliorer la compétitivité de votre entreprise. Si moins de dix salariés sont concernés, n'omettez pas d'informer l'administration.

• **Ce que dit la loi** : Selon l'article R. 321-1 du code du travail, lorsque le nombre des licenciements pour motif économique est inférieur à dix dans une même période de trente jours, l'employeur doit informer par écrit le directeur départemental du travail et de l'emploi des licenciements prononcés dans les huit jours de l'envoi des lettres de licenciement aux salariés concernés.

L'employeur est tenu de préciser à cette occasion :

– son nom et son adresse ;
– la nature de l'activité et l'effectif de l'entreprise ou de l'établissement ;
– les nom, prénoms, nationalité, date de naissance, sexe, adresse, emploi et qualification du ou des salariés licenciés ;
– la date de la notification des licenciements aux salariés concernés .

Établissement.....
Adresse
Recommandé avec avis de réception

Date

Monsieur le Directeur
départemental du
travail de ....
Adresse

Monsieur le Directeur départemental du travail,

Conformément à l'article R 321-1 du code du travail, je vous informe que le ... (*date*), j'ai notifié un licenciement pour motif économique à M. ... (*nom et prénom du ou des salariés licenciés*) demeurant ..., de nationalité ..., né le ..., de sexe ... qui occupait un emploi de ...

La société que je dirige a une activité de ... et un effectif salarié de ...

Veuillez agréer, Monsieur le Directeur départemental du travail, l'expression de ma considération distinguée.

Signature du gérant

• **Notre conseil** : Attention au nombre de salariés concernés car si vous envisagez de licencier dix salariés et plus, vous êtes tenu de notifier à l'autorité administrative compétente votre projet préalablement au prononcé des licenciements et non après.

VOUS PROJETEZ DE LICENCIER POUR MOTIF ÉCONOMIQUE DIX SALARIÉS OU PLUS ; VOUS NOTIFIEZ CE PROJET AU DIRECTEUR DÉPARTEMENTAL DU TRAVAIL QUI A L'ŒIL SUR VOUS.

Dix salariés ou plus sont concernés par des suppressions de postes dans votre entreprise qui bat de l'aile. La loi est plus contraignante que pour les petits licenciements de moins de dix salariés. Vous devez informer l'administration de votre projet bien avant de prononcer les licenciements.

• **Ce que dit la loi** : Selon l'article L. 321-7 du code du travail, l'employeur est tenu de notifier au Directeur départemental du travail (DDTE) tout projet de licenciement pour motif économique d'au moins dix salariés dans une même période de trente jours. Lorsque le projet de licenciement donne lieu à la consultation des représentants du personnel (comité d'entreprise ou délégués du personnel), cette notification est faite au plus tôt le lendemain de la date prévue pour la première réunion de ceux-ci.

Vous devez adresser à l'autorité administrative la liste des salariés dont vous envisagez de rompre le contrat de travail. Le Directeur départemental du travail procède alors à un certain nombre de vérifications (consultation régulière des représentants du personnel, mesures sociales de reclassement proposées, etc.). Il dispose d'un délai de vingt et un jours à compter de la date de notification lorsque le nombre des licenciements est inférieur à cent, de vingt-huit jours lorsque le nombre des licenciements est au moins égal à cent et inférieur à deux cent cinquante, et de trente-cinq jours lorsque ce nombre est au moins égal à deux cent cinquante.

Établissement.....
Adresse
Recommandé avec avis de réception

Date

Monsieur le Directeur
départemental du
travail de ....
Adresse

Monsieur le Directeur départemental du travail,

Conformément à l'article L. 321-7 du code du travail, je vous informe que je projette de procéder à .... (*nombre*) de suppressions de postes dans mon entreprise.

La société que je dirige a une activité de ... et un effectif salarié de ...

Eventuellement :

Vous trouverez en annexe tout renseignement concernant la convocation, l'ordre du jour et la tenue de la réunion du comité d'entreprise (ou des délégués du personnel) du ......(*date*), ainsi que copie de la décision du comité ayant décidé de recourir à un expert-comptable. La date de la deuxième réunion du comité d'entreprise prévue pour auditionner le rapport de cet expert est prévue le .....(*date*).

Veuillez agréer, Monsieur le Directeur départemental du travail, l'expression de ma considération distinguée.

Signature du gérant

(*) Si la DDTE a relevé une irrégularité au cours de ses vérifications faites une nouvelle lettre en indiquant : « Je vous propose conformément à vos observations du ...... les modifications suivantes ..... »

• **Notre conseil** : Si la DDTE relève une irrégularité au cours de ses vérifications, vous êtes tenu de répondre à ses observations (avec copie aux représentants du personnel). Plus vite vous aurez répondu, plus vite vous pourrez adresser les lettres de licenciement aux salariés (au minimum vous devez respecter les délais prévus à l'article L. 321-6 du code du travail).

VOUS CONCLUEZ UNE TRANSACTION AVEC UN SALARIÉ QUITTANT L'ENTREPRISE.

L'un de vos proches collaborateurs affichent de nombreuses divergences de vues avec vous. Cela n'est plus supportable et vous avez trouvé un motif bidon pour le licencier. Comme votre salarié vous fait remarquer que votre motif ne tient pas, vous lui proposez une transaction afin de régler les conséquences pécuniaires de votre séparation et de ne pas nuire à son avenir professionnel.

• **CE QUE DIT LA LOI** : La transaction permet de se séparer sans recours à la justice. Elle a une valeur juridique et ne peut pas être remise en cause par les signataires (article 2052 du code civil), hormis le cas où les concessions ont été faites exclusivement par l'une des parties.

Une transaction solide doit en effet comporter des concessions réciproques de chacun des signataires.

Exemple de transaction

ENTRE LES SOUSSIGNES
– La société ... (*nom*) dont le siège social est situé ... (*adresse*) ci-après dénommée « la Société », représentée par M. (*ou* Mme) ...., agissant en qualité de gérant
D'une part,
ET
– Monsieur .... (*nom et prénom du salarié*)
demeurant .... (*adresse*)
D'autre part.
Il a été préalablement exposé ce qui suit :
(*Expliquez les faits, sans polémique et évitez certains détails.*)
Monsieur .... est employé par la Société en qualité de ... (*par exemple* : directeur comptable) depuis ... années.
La Société, ayant envisagé de licencier Monsieur ...., l'a convoqué à un entretien qui s'est déroulé le ... (*date*). Au cours de cet entretien, Monsieur ..... a contesté le caractère réel et sérieux du licenciement envisagé et annoncé son intention de saisir les juridictions compétentes.
Après négociation, il a été décidé ce qui suit :
Afin d'éviter une procédure dont l'aspect public peut nuire aux deux parties, une discussion s'est engagée.
Après de longues discussions et négociations et au prix de concessions réciproques, les parties ont rapproché leurs points de vue et sont convenues de régler à l'amiable le différend qui les oppose, conformément aux articles 2044 à 2052 du code civil.
Monsieur ..... accepte de quitter la Société en remettant sa démission (*ou encore* : accepte que son départ soit présenté aux tiers comme un licenciement). En contrepartie, la société s'engage à lui verser une indemnité transactionnelle globale de ... euros (montant en chiffres et en lettres), correspondant à tous salaires, accessoires de salaires, indemnités, remboursements... auxquels Monsieur..... pourrait prétendre. Les parties signataires renoncent irrévocablement à toute action, indemnité ou instance de quelque nature que ce soit, qui pourrait résulter de l'exécution et de la rupture du présent contrat de travail.
Chaque partie se considère comme remplie de ses droits de manière définitive et irrévocable et admet, conformément à l'article 2052 du code civil, que la présente transaction aura entre les soussignés l'autorité de la chose jugée en dernier ressort.
Établi en deux exemplaires, un pour chaque partie, le ... (*date*).
Le représentant de la société, tout comme le salarié, doit écrire à la main, avant de signer la formule suivante « Lu et approuvé. Bon pour transaction irrévocable et désistement de tous droits, actions, et instances. Bon pour renoncement à tous recours ».
Pour la Société — Le salarié
son gérant, — ....

• **NOTRE CONSEIL** : Si la transaction a lieu dans le cadre d'un licenciement, il faut que celui-ci ait été réalisé avant la signature de l'accord transactionnel. Elle ne peut être signée qu'après la notification du licenciement au salarié. Sinon, ce dernier pourrait en demander l'annulation. Mais rien n'empêche de négocier avant !

VOUS DISPENSEZ UN SALARIÉ D'EFFECTUER SON PRÉAVIS.

L'un de vos salariés quitte votre entreprise parce qu'il a démissionné ou a été licencié. Il vous a écrit pour vous demander une réduction ou une dispense d'exécution de son préavis. Vous lui répondez en l'autorisant à ne pas exécuter son préavis ou à n'en exécuter qu'une partie.

• **Ce que dit la loi** : En cas de licenciement, le code du travail prévoit (article L. 122-6) que l'employeur est tenu de respecter des durées minimales de préavis (généralement, entre quinze jours et deux mois). De même (article L. 122-5), le salarié qui démissionne ne peut pas quitter l'entreprise du jour au lendemain. Autrement dit, si vous ne dispensez pas votre salarié d'effectuer son préavis, celui-ci est tenu de continuer à travailler dans votre entreprise dans des conditions identiques à celles précédant son préavis.

Si vous désirez le dispenser d'exécuter ce préavis ou si vous êtes d'accord pour réduire la durée de celui-ci, vous pouvez l'en informer par écrit.

Établissement.....
Adresse
Recommandé avec avis de réception

Date

Nom et prénom du salarié
Adresse

Monsieur (*Madame*),

Vous nous avez fait part de votre souhait de ne pas effectuer votre préavis consécutif à votre démission (*ou* licenciement).

Nous vous informons par la présente que nous faisons droit, à titre exceptionnel, à votre demande.

Ou bien :

Nous ne pouvons accéder qu'en partie à votre demande. En conséquence, nous vous accordons une réduction de votre préavis de ...... jours (*ou* mois).

En conséquence, votre dernier jour de travail est fixé au ... (*date*).

Vous voudrez bien noter qu'il ne vous sera versé aucune rémunération ou indemnité pour cette période de préavis non effectuée.

Veuillez agréer, Madame (*ou* Monsieur), nos salutations distinguées.

Signature

• **Notre conseil** : Si le salarié concerné ne respecte pas le préavis sans obtenir votre consentement, vous pourrez (sauf faute grave, cas de force majeure, ou mauvais état de santé) lui réclamer le montant de l'indemnité de préavis, en totalité ou en partie, à condition de justifier que son départ inopiné vous a causé un préjudice.

VOUS METTEZ À LA RETRAITE UN SALARIÉ.

L'un de vos salariés vient d'avoir 65 ans et vous entendez le mettre à la retraite. La loi vous le permet à moindre frais si l'intéressé remplit certaines conditions. Vous lui annoncez dans une lettre.

• **Ce que dit la loi** : L'article L. 122-14-13 du code du travail donne à l'employeur la possibilité de se séparer de ses salariés à compter de l'âge de 65 ans, et donc de mettre fin à leur contrat de travail, à condition :

– que le salarié concerné puisse bénéficier d'une pension vieillesse de la Sécurité sociale calculée au taux plein de 50 % ;

– qu'il remplisse les conditions d'ouverture des droits à pension vieillesse ou, si elles existent, les conditions prévues par la convention collective applicable à l'entreprise.

Attention : si l'une de ces deux conditions n'est pas remplie, la rupture du contrat de travail constituera un licenciement avec toutes ses conséquences (indemnité de licenciement notamment).

• **Notre conseil** : Si vous n'êtes pas certain que votre salarié peut bénéficier d'une retraite à taux plein, demandez-lui de vous communiquer son relevé de carrière de la sécurité sociale (voir page 698) La jurisprudence vous y autorise.

Établissement.....
Adresse
Recommandé avec avis de réception

Date

Nom et prénom du salarié
Adresse

Monsieur (*ou* Madame),

Comme nous vous l'avions laissé entendre de manière informelle lors de notre entretien du ..... (*date*), nous entendons vous mettre à la retraite à compter du jour anniversaire de vos 65 ans, en application de l'article L. 122-14-13 du code du travail.

En effet, vous remplissez la condition d'âge posée par la loi (*ou* la convention collective) et vous pouvez bénéficier d'une pension vieillesse de la Sécurité sociale au taux plein de 50 %, ce qui nous autorise à vous demander de quitter l'entreprise

Ajouter le cas échéant :

Cette décision nous permettra de procéder au rajeunissement nécessaire de la pyramide des âges et ne remet aucunement en cause vos compétences professionnelles que nous avons pu apprécier depuis les ......années passées au service de l'entreprise.

Recevez, Monsieur (*ou* Madame), mes salutations distinguées.

Signature

VOUS DEMANDEZ À UN SALARIÉ SON RELEVÉ DE CARRIÈRE.

Vous n'êtes pas certain que votre slarié puisse bénéficier de la retraite à taux plein : demandez-lui de vous fournir son relevé de carrière de la sécurité sociale

• **Ce que dit la loi** : La jurisprudence vous autorise à faire cette demande à votre salarié (Cour d'appel de Versailles, 20 février 2003, Besse).

Établissement.....
Adresse
Recommandé avec avis de réception

Date

Nom et prénom du salarié
Adresse

Monsieur (*ou* Madame),

Comme nous vous l'avons laissé entendre de manière informelle lors de notre entretien du ..... (*date*), nous procédons actuellement à un recensement des salariés susceptibles de bénéficier au regard de la loi de mesures d'âge afin de procéder au rajeunissement nécessaire des cadres de l'entreprises.

Pour ce qui vous concerne, l'étude de votre dossier nous apprend que vous pourriez, le cas échéant, partir à la retraite à compter du jour anniversaire de vos 65 ans, en application de l'article L. 122-14-13 du code du travail.

Cependant, afin d'apprécier si vous remplissez les conditions prévues par la loi et notamment si vous pouvez bénéficier d'une pension vieillesse au taux plein de 50 %, nous vous demandons de nous communiquer votre relevé de carrière de la sécurité sociale le plus rapidement possible.

Recevez, Monsieur (*ou* Madame), mes salutations distinguées.

VOUS DÉLIVREZ UN CERTIFICAT DE TRAVAIL À UN SALARIÉ QUITTANT L'ENTREPRISE.

L'un de vos salariés a décidé de voler de ses propres ailes ou vous avez été contraint de prononcer un licenciement à son égard. Lors de la rupture de son contrat de travail, vous devez lui délivrer un certificat de travail.

• **Ce que dit la loi** : Selon l'article L. 122-16 du code du travail, l'employeur doit , à l'expiration du contrat de travail, délivrer au travailleur un certificat. Doivent uniquement figurer sur ce dernier :

- le nom de l'employeur ;
- la date et le lieu de délivrance du certificat ;
- les nom et prénoms du salarié ;
- la date d'entrée et de sortie de l'entreprise.
- la nature de l'emploi ou des emplois successivement occupés, ainsi que les périodes pendant lesquelles ils ont été tenus.

Le certificat de travail délivré au salarié même s'il contient d'autres mentions que celles indiquées ci-dessus est exempt de timbre et d'enregistrement.

• **Notre conseil** : Attention à ne pas faire figurer sur le certificat de travail des mentions qui seraient susceptibles de nuire au salarié comme par exemple l'existence d'une clause de non concurrence. Cela pourrait vous coûter cher. En outre, sachez que la non remise du certificat ou sa remise tardive, ainsi que la délivrance d'un certificat non conforme, permet au salarié de réclamer sa délivrance sous astreinte devant le conseil de prud'hommes.

Certificat de travail

Je soussigné .... (*nom, prénom*), agissant en qualité de ... (*indiquez le titre, par exemple* : gérant, chef du personnel...) de la société ... (*nom*), certifie que M. ... (*nom et prénom du salarié*) demeurant ... (*adresse*) a été employé dans notre établissement en qualité de ... (*fonction exercée par le salarié, par exemple* : vendeuse, chimiste, aide-comptable, secrétaire, livreur...) (*) du ... (*date de début de l'activité*) au ... (*que le préavis ait été ou non effectué, indiquez la date de fin du contrat de travail*).

M. ... (*nom et prénom du salarié*) nous quitte ce jour, libre de tout engagement.

Fait à ..., le ...

Signature de celui qui a établi le certificat

(*) En cas d'emplois successifs, précisez les dates exactes des périodes d'emploi.

VOUS FAITES SIGNER UN REÇU POUR SOLDE DE TOUT COMPTE À UN SALARIÉ QUITTANT L'ENTREPRISE.

Vous avez licencié l'un de vos salariés et ça vous coûte cher. Bien que la signature d'un reçu pour solde de tout compte par le salarié ne vous protège pas contre les éventuelles réclamations ultérieures de celui-ci, il n'est pas inutile de demander à celui qui vous quitte d'apposer sa signature au bas de ce petit document.

• **CE QUE DIT LA LOI** : L'article L. 122-17 du code du travail indique désormais simplement que « Lorsqu'un reçu pour solde de tout compte est délivré et signé par le salarié à l'employeur à l'occasion de la résiliation ou de l'expiration de son contrat, il n'a que la valeur d'un simple reçu des sommes qui y figurent ».

Il en résulte que si vous faites signer à l'un de vos salariés un tel reçu, il constitue seulement une preuve que vous avez versé les sommes qui y sont inscrites. Cela n'a d'effet libératoire à votre égard. Cela n'empêche pas votre salarié de revendiquer par la suite, au besoin devant le conseil de prud'hommes, un complément des sommes qui y figurent, voir de réclamer des sommes qui n'y figurent pas (comme par exemple, une indemnité pour licenciement abusif).

Reçu pour solde de tout compte

Je soussignée .... (*nom et prénom du salarié*) demeurant ... (*adresse du salarié*) reconnais avoir reçu de la société ... (*nom de l'employeur*) pour solde de tout compte la somme de ... euros (*montant total en chiffres et en lettres, par exemple* : dix mille euros, 10 000 euros) en paiement de :

- salaire du mois de ....
- prime de ....
- indemnité de congés payés non pris .....
- indemnité de licenciement
- indemnité de préavis.......
- Etc.

Le présent reçu pour solde de tout compte a été établi en deux exemplaires dont un m'a été remis.

Fait à ..., le...

Signature et cachet de l'employeur

Date et signature du salarié

• **NOTRE CONSEIL** : Depuis la loi du 17 janvier 2002, il n'est plus exigé que le reçu pour solde de tout compte comporte certaines mentions obligatoires. Il doit toutefois toujours être établi en deux exemplaires et cette mention doit figurer sur le reçu (art. R. 122-5 du code du travail). Bien entendu, le reçu pour solde de tout compte ne peut pas être signé avant la notification de la rupture du contrat.

VOUS DEMANDEZ L'AUTORISATION À L'INSPECTEUR DU TRAVAIL DE LICENCIER UN ÉLU DU PERSONNEL.

Un élu du personnel a commis une faute d'une telle gravité que vous estimez devoir vous en séparer. S'agissant d'un salarié protégé, vous devez obtenir au préalable de l'inspecteur du travail une autorisation de licenciement.

• **Ce que dit la loi** : Lorsque l'employeur entend licencier un représentant du personnel, il doit obtenir au préalable une autorisation de l'inspecteur du travail. Avant de faire cette demande, il doit :

- convoquer l'intéressé à un entretien préalable ;
- consulter pour avis le comité d'entreprise. Cette procédure n'est pas obligatoire pour les L'inspecteur du travail saisi vérifie s'il existe un rapport entre le licenciement et les fonctions représentatives. Lorsque la demande de licenciement est motivée par un comportement fautif, l'inspecteur recherche si les faits reprochés au représentant du personnel sont d'une gravité suffisante pour justifier son licenciement, compte tenu de l'ensemble des règles applicables au contrat de travail de l'intéressé et des exigences propres à l'exécution normale du mandat dont il est investi.

• **Notre conseil** : En cas de faute grave, vous pouvez prononcer la mise à pied immédiate du salarié en attendant la décision définitive de l'inspecteur. Mais dans ce cas, engagez rapidement la procédure de licenciement.

Établissement.....
Adresse

Date
M. L'inspecteur du travail
Adresse

Recommandé avec avis de réception

Monsieur l'Inspecteur,

Monsieur ... (*nom et prénom*), né le ..., demeurant ... (*adresse*), occupe les fonctions de ... dans notre entreprise depuis le ... (*date*). Il est titulaire d'un mandat de ... (*indiquez lequel* : délégué du personnel, élu du comité d'entreprise, délégué syndical, etc.) depuis le ... (*date*).

Malgré des mises en garde répétées (ou sanctions), M. ... continue d'avoir un comportement préjudiciable à la bonne marche de l'entreprise. Cette situation nous oblige à envisager son licenciement motivé par les faits suivants : ... (*énumérez les faits mais sans tomber dans l'injure, la polémique ou les critiques personnelles et subjectives*).

M. ... a été convoqué par lettre recommandée avec avis de réception du ... (*date*) à un entretien préalable, qui s'est déroulé le ... (*date*) en présence de ... Les explications recueillies au cours de cet entretien n'ont pas permis de modifier notre appréciation des faits.

Ajouter s'il existe :

Le comité d'entreprise s'est réuni le ...... (*date*) et a émis un avis ... (*favorable ou défavorable*) au licenciement (ci-joint extrait du procès-verbal de séance).

En conséquence, nous vous présentons la présente demande d'autorisation de licenciement de M. ... , les faits relatés constituant à notre sens une faute suffisamment grave pour justifier le licenciement.

Nous restons à votre disposition afin de vous fournir tout complément d'information nécessaire à l'instruction de notre demande.

Nous vous prions d'agréer, Monsieur l'Inspecteur, nos salutations distinguées.

Signature de l'employeur ou du gérant

VOUS EFFECTUEZ UN RECOURS HIÉRARCHIQUE CONTRE LE REFUS DE L'INSPECTEUR DU TRAVAIL D'AUTORISER LE LICENCIEMENT D'UN REPRÉSENTANT DU PERSONNEL.

Vous êtes furieux contre l'inspecteur du travail. Celui-ci vous a refusé l'autorisation de licencier un représentant du personnel alors que vous pensiez que votre dossier était en béton. Comme vous n'êtes pas du genre à « lâcher le morceau », vous formez un recours hiérarchique auprès du Ministre du travail pour faire annuler ce refus.

• **Ce que dit la loi** : Selon le code du travail, le ministre compétent peut annuler ou réformer la décision de l'inspecteur du travail ayant refusé d'autoriser le licenciement d'un représentant du personnel sur le recours de l'employeur. Ce recours doit être introduit dans un délai de deux mois à compter de la notification de la décision de l'inspecteur. Il doit être daté et signé et indiquer les motifs pour lesquels l'annulation de la décision de l'inspecteur est demandée. Joindre des pièces justificatives (témoignages des salariés, constats...) s'il en existe.

Le recours hiérarchique au ministre ne suspend pas la décision de l'inspecteur et donc il ne vous est pas permis de prononcer le licenciement du salarié. Et comme un malheur n'arrive jamais seul, l'autorisation ne vous ayant pas été accordée, la mise à pied conservatoire que vous aviez éventuellement prononcée se trouve annulée ainsi que tous ses effets ! Vous devez donc réintégrer (même provisoirement) le salarié et lui verser son salaire perdu.

• **Notre conseil** : Attention au délai. Ne faites pas la requête au dernier moment car la recevabilité du recours s'apprécie à la date de sa réception par le ministre.

Établissement.....
Adresse Date
Objet : recours hiérarchique
Recommandé avec avis de réception

M. le Ministre du Travail
15, rue de Grenelle
75015 PARIS

Monsieur le Ministre,

Le ..., j'ai introduit auprès de Monsieur l'inspecteur du travail de ..., section ..., une demande d'autorisation de licencier un salarié détenteur d'un mandat représentatif.

Une notification de refus, signée de Monsieur l'inspecteur du travail, m'a été notifiée le ... (*date de réception de la lettre recommandée*).

En conséquence, et conformément à l'article R 436-6 du code du travail, j'ai l'honneur de porter devant vous un recours hiérarchique en annulation de cette décision, dont vous trouverez copie ci-jointe.

Ma demande d'autorisation concernait M. ... (*nom et prénom du salarié*), demeurant ..., né le ..., exerçant les fonctions de ... (*indiquez le mandat détenu* : délégué du personnel, élu du comité d'entreprise, délégué syndical, etc.) depuis le ... (*date*).

Les motifs qui m'ont amené à envisager le licenciement de M. ... (*nom et prénom*) sont particulièrement graves.

En effet, ... (*expliquez vos raisons, par exemple* : ce représentant du personnel, de par son caractère violent, fait peser une menace sur le reste du personnel...).

En conséquence, je conclus à l'annulation de la décision de refus de Monsieur l'inspecteur du travail.

A l'appui de la présente demande, je vous joins un dossier complet.
Je vous prie de croire, Madame le Ministre du Travail, à l'expression de ma très haute considération. Signature de l'employeur

CHAPITRE 37

VOTRE RETRAITE

Vous venez d'avoir 65 ans et votre employeur vous informe qu'il entend vous mettre à la retraite. Vous êtes en désaccord avec cette mesure, car vous ne pouvez pas bénéficier du plein de vos droits à la pension vieillesse de la Sécurité sociale. Une simple lettre peut alors dissuader votre employeur.

• **Ce que dit la loi** : L'article L. 122-14-13 du code du travail donne à votre employeur la possibilité de se séparer de vous, dès 65 ans, et donc de mettre fin à votre contrat de travail, à condition que :

– vous puissiez bénéficier d'une pension vieillesse de la Sécurité sociale calculée au taux plein de 50 % ;
– vous remplissiez les conditions d'ouverture des droits à votre pension vieillesse ou, si elle existe, la condition d'âge prévue par la convention collective applicable à votre entreprise (si elle est supérieure à 65 ans).

Si l'une de ces deux conditions n'est pas remplie, la rupture de votre contrat de travail constitue un licenciement avec toutes ses conséquences (indemnité de licenciement notamment).

• **Notre conseil** : Consultez la convention collective applicable à votre entreprise, car celle-ci peut comporter des dispositions plus favorables que la loi et notamment prévoir un âge de départ plus tardif. Si tel est le cas, ce sont les dispositions de la convention collective qui doivent s'appliquer.

Vos nom et prénom
Adresse
Emploi occupé

Date

Monsieur le Directeur
des Établissements ...
Adresse

Monsieur le Directeur,

Par votre lettre du ... (*date*) vous m'invitez à faire valoir mes droits à la retraite à compter du jour anniversaire de mes 65 ans, en application de l'article L. 122-14-13 du code du travail.

Or, je ne remplis pas les conditions (*ou* l'une des deux conditions) posée(s) par ce texte, ce qui ne vous permet pas de me contraindre à quitter l'entreprise.

En effet, je ne peux pas bénéficier d'une pension vieillesse de la Sécurité sociale au taux plein de 50 %, car je ne totalise pas ... trimestres de cotisation (*indiquez le nombre de trimestres requis* : 160 en 2003 et au-delà.)

Ou bien :

Je n'ai pas encore l'âge requis par la convention collective (*indiquez cet âge*).

En conséquence, je vous demande de revenir sur votre décision. Si vous persistiez dans votre volonté de me voir quitter l'entreprise, vous n'ignorez pas que cette rupture de mon contrat de travail s'analyserait en un licenciement et non comme une mise à la retraite.

Recevez, Monsieur le Directeur, mes salutations distinguées.

Signature

VOUS PRÉPAREZ VOTRE RETRAITE ET DEMANDEZ UN RELEVÉ DE CARRIÈRE.

Préparer sa retraite ne se fait pas au dernier moment. C'est pourquoi vous devez demander régulièrement à votre caisse vieillesse un relevé de carrière surtout si vous avez exercé plusieurs activités. Cela permet de combler les éventuels trous et d'éviter les mauvaises surprises lors de la liquidation.

• **Ce que dit la loi** : Le relevé de carrière (ou compte individuel cotisations-salaires) est un document sur lequel sont reportés au fur et à mesure de l'activité professionnelle les salaires soumis à cotisations, les trimestres d'assurance validés selon le montant des salaires soumis à cotisations et, le cas échéant, les trimestres assimilés (maladie, invalidité accident du travail, chômage, service militaire) pris en compte sous certaines conditions. Tous ces Ces éléments serviront à calculer votre retraite. Chaque salarié peut le demander à tout moment et gratuitement.

Si vous êtes en désaccord avec des informations portées sur le relevé de compte, vous devez le faire savoir à la caisse vieillesse et fournir les renseignements dont vous disposez, il peut s'agir des coordonnées précises des employeurs, des bulletins de salaires, des pièces militaires, des informations relatives à l'appartenance à un autre régime de protection sociale.

Vos nom et prénom
Adresse
N°de sécurité sociale

Caisse nationale
d'assurance vieillesse
Adresse

Messieurs,

J'ai l'honneur de vous demander de bien vouloir me communiquer le relevé de mon compte individuel cotisations-salaires et de m'indiquer le nombre de trimestres validés et totalisés à ce jour.

Veuillez agréer, Messieurs, mes salutations distinguées.

Signature

• **Notre conseil** : Si vous avez cotisé à un autre régime de retraite que le régime général (agriculture, commerce, SNCF, etc.), vous devez vous adresser à la caisse compétente pour connaître vos périodes de cotisations.

VOUS RÉCLAMEZ DES ATTESTATIONS DE SALAIRES À VOS ANCIENS EMPLOYEURS POUR VOTRE RETRAITE.

Vous avez reçu votre compte individuel cotisations-salaires de la caisse vieillesse. Il faut compléter quelques trous au début de votre carrière professionnelle qui correspondent aux années de galère. Vous contactez vos anciens employeurs.

• **Ce que dit la loi** : Si des cotisations ou des salaires n'ont pas été portés à votre compte individuel cotisations-salaires, vous devez prouver que des cotisations ont été prélevées. En fait, vous devez adresser à la caisse vieillesse des pièces justificatives et notamment des bulletins de salaire ou des attestations d'employeur certifiées conformes aux extraits des livres de paye des entreprises qui vous ont employées. Si ces documents vous manquent, il faut contacter les employeurs en cause.

• **Notre conseil** : Pour rechercher des renseignements sur vos anciens employeurs, vous pouvez effectuer des recherches d'adresses d'entreprise en consultant, à titre onéreux pour les entreprises en activité ou ayant disparu depuis 1954, le registre national du commerce, 32, rue des Trois Fontanot, 92016 Nanterre.

Vos nom et prénom
Adresse
N° de sécurité sociale

Date

M. le Directeur
des établissements
Adresse

Monsieur le Directeur,

J'ai occupé un emploi de .... (*indiquez de quoi il s'agit*) dans votre entreprise du ...... (*date*) au .....(*date*).

Or, cette période d'emploi n'apparaît pas comme ayant donné lieu à cotisations sur mon compte individuel cotisations-salaires de la sécurité sociale.

Afin de m'aider à combler ces lacunes, je vous serai obligé de m'adresser une attestation certifiée conforme aux extraits des livres de paye de votre entreprise pour la période susindiquée.

En vous remerciant de votre diligence, veuillez agréer, Monsieur le Directeur, mes salutations distinguées.

Signature

VOUS ALLEZ BIENTÔT PRENDRE VOTRE RETRAITE. VOUS DEMANDEZ À LA CNAV DE VOUS ENVOYER UN DOSSIER DE PENSION DE RETRAITE.

Après une vie de labeur, vous pouvez enfin cesser votre activité. Pour ne pas risquer de vous retrouver sans ressources, demandez le calcul de votre pension quelques mois avant de cesser définitivement votre travail.

• **CE QUE DIT LA LOI** : Les articles R. 351-1 et suivants du code de Sécurité sociale fixent les conditions pour avoir droit à une pension de retraite.

Il faut avoir au minimum 60 ans et avoir cotisé pendant une longue période, calculée en trimestres.

Depuis une réforme intervenue en 1993, le nombre de trimestres exigé est plus important. Ainsi en 2002, il est de 159 trimestres.

En 2003 il sera nécessaire d'avoir cotisé 160 trimestres pour pouvoir toucher une pension de retraite. C'est-à-dire qu'il faudra avoir cotisé 40 ans.

Quoi qu'il en soit, vous avez obligatoirement droit à deux types de pensions de retraite : une pension servie par le régime général des salariés, c'est-à-dire la Caisse nationale d'assurance vieillesse (CNAV) et une pension versée par la ou les caisses de retraite complémentaire auprès desquelles vous avez cotisé.

Ainsi, si par exemple, pendant votre activité, vous avez cotisé auprès de trois caisses de retraite complémentaire, chacune de ces trois caisses vous versera une retraite.

Les formalités de liquidation de pension et de calcul des droits sont assez longues, surtout auprès de la CNAV, demandez le dossier à remplir trois ou quatre mois avant la date prévue pour votre départ, à la CNAV mais aussi à chacune des caisses de retraite complémentaire auprès de qui vous avez cotisé.

• **NOTRE CONSEIL** : Dès l'âge de 58 ans, demandez à la CNAV et aux caisses de retraite complémentaire un relevé de carrière mentionnant les périodes durant lesquelles vous avez cotisé.
Au minimum trois mois avant la date de votre départ en retraite, demandez qu'on vous envoie les dossiers à remplir. Pour la CNAV, écrivez, quelle que soit la ville où vous vivez, au 110, rue de Flandre 75951 Paris Cedex 19.
Cette lettre est à envoyer sous la forme simple et peut être utilisée pour la demande de dossier à la CNAV comme pour la ou les caisses de retraite complémentaire. Indiquez systématiquement votre numéro de Sécurité sociale.

Vos nom et prénom
Adresse
N° de Sécurité sociale

Date

Objet : Demande de dossier de pension de retraite

Caisse nationale
d'assurance vieillesse
110, rue de Flandre
75951 Paris Cedex 19

Madame, Monsieur,

Actuellement âgé(e) de ... ans, je cesserai définitivement d'exercer mon activité le ... (*date prévue pour votre départ en retraite*).

En conséquence, je vous serais obligé(e) de bien vouloir m'adresser un dossier de demande de pension de retraite et de noter que je demande la liquidation de mes droits à partir de cette date.

Vous en remerciant, je vous prie de croire, Madame, Monsieur, à l'expression de ma considération distinguée.

Signature

VOUS RETOURNEZ LE FORMULAIRE DE LIQUIDATION DE RETRAITE AUX CAISSES CONCERNÉES.

Vous vous empressez de répondre aux différentes caisses de retraite pour pouvoir percevoir bientôt votre pension.

• **QUE DIT LA LOI** : ce formulaire est indispensable pour toute liquidation de retraite. Prenez le temps de le remplir soigneusement et de rechercher toutes les pièces justificatives demandées. S'il en manquait une seule, vous recevriez une lettre de rappel, et les opérations de liquidation seraient de ce fait retardées.

Vos prénom et nom
Votre adresse

Votre caisse

Date

Votre n° Sécurité Sociale
Objet : liquidation de retraite

Messieurs,

Désirant faire valoir mes droits à la retraite, je vous prie de trouver ci-joint mon formulaire de demande de retraite accompagné de :

– *(liste des pièces que vous joignez à votre envoi)*

Restant à votre disposition pour toute information complémentaire, je vous prie de croire, Messieurs, à l'assurance de mes salutations distinguées.

Votre signature

VOUS ENVOYEZ UNE COPIE DE NOTIFICATION DE RETRAITE SÉCURITÉ SOCIALE À VOS CAISSES COMPLÉMENTAIRES.

Vous vous empressez de répondre aux différentes caisses de retraite pour pouvoir percevoir bientôt votre pension.

• **CE QUE DIT LA LOI** : pour que vos caisses de retraite complémentaire puissent vous verser votre pension de retraite, elles doivent être averties que vous avez bien liquidé votre retraite auprès de votre caisse de sécurité sociale. Envoyez-leur une copie de la notification de retraite de la sécurité sociale accompagnée de cette lettre.

Vos prénom et nom
Votre adresse

Votre caisse

Date,

A l'attention de (*nom-prénom du gestionnaire de votre dossier*)

Votre n° Sécurité Sociale
Objet : liquidation de retraite
N° Dossier :

Monsieur (*ou* Madame)

Afin de clore mon dossier de liquidation de retraite, je vous prie de trouver ci-joint une copie de la notification de retraite Sécurité Sociale.

Restant à votre disposition pour toute information compémentaire, je vous prie de croire, Monsieur (*ou* Madame) à l'assurance de mes salutations distinguées.

Votre signature

VOUS DEMANDEZ UNE PENSION PROVISOIRE À LA CAISSE VIEILLESSE.

Vous avez demandé la liquidation de votre pension vieillesse mais vous vous y êtes pris fort tard et le premier versement n'interviendra que bien après votre cessation d'activité. Vous pouvez demander un acompte.

• **Ce que dit la loi** : Selon l'article R. 355-3 du code de sécurité sociale, les assurés en instance de liquidation de pension peuvent demander à la caisse primaire ou régionale d'assurance maladie le versement d'acomptes sur leurs arrérages.

Sachez qu'ensuite, votre pension sera versée tous les mois à terme échu, c'est-à-dire à la fin de la période pour laquelle elle est due. Elle sera mise mise en paiement par la caisse le huitième jour du mois suivant.

• **Notre conseil** : La possibilité de demander une pension provisoire est également reconnue aux assurés ayant demandé la liquidation d'une pension de veuve ou de veuf ou bien encore d'une pension de réversion.

Vos nom et prénom
Adresse
N° de sécurité sociale

Date

Caisse régionale
d'assurance maladie
Adresse

Monsieur le Directeur,

J'ai demandé la liquidation de ma pension vieillesse depuis plus de ...... (*nombre de mois*). Or, à ce jour aucun paiement n'a été effectué par vos services.

En application de l'article R. 355-3 du code de sécurité sociale, je demande, dans l'attente du calcul définitif de ma pension, le bénéfice d'un acompte qui fera l'objet d'une retenue sur le montant de ma future pension.

Veuillez agréer, Monsieur le Directeur l'expression de mes salutations distinguées.

Signature

CHAPITRE 38

VOS RELATIONS AVEC LA SÉCURITÉ SOCIALE

VOUS ÊTES ENFANT MAJEUR. VOUS DEMANDEZ À LA SÉCURITÉ SOCIALE LA QUALITÉ D'AYANT DROIT AUTONOME.

Récemment, vous êtes allé(e) chez le médecin et vous l'avez payé sur vos deniers personnels. Comme vous êtes à la charge de vos parents, c'est votre mère qui a été remboursée par la « Sécu ». Puis, elle vous a reversé l'argent. Afin d'éviter la paperasserie entre vous, revendiquez auprès de votre caisse votre autonomie.

• **Ce que dit la loi** : L'article L. 161-14-1 du code de Sécurité sociale offre la possi-bilité pour l'enfant majeur, ayant droit d'un assuré social, de demander à être identifié de façon autonome au sein du régime de Sécurité sociale dont relève ledit assuré social et de bénéficier à titre personnel du remboursement de prestations en nature de l'assurance maladie-maternité (soins et consultations). Cette option est valable un an et est prolongée par tacite reconduction.

Est concerné l'enfant majeur à charge vivant avec l'assuré depuis au moins un an. Il s'agit à la fois de l'enfant majeur sans emploi, mais aussi de celui poursuivant ses études dans des établissements, écoles, ou classes ne pouvant pas ouvrir droit au régime Étudiant. Dans ce dernier cas, n'omettez pas de joindre un certificat scolaire.

• **Notre conseil** : Inutile de prendre votre stylo si vous êtes étudiant d'un établissement d'enseignement supérieur ou élève d'une école technique supérieure, d'une grande école ou de classes préparatoires à ces écoles. Dans ce cas, vous bénéficiez automatiquement de la qualité d'ayant droit autonome et du versement des prestations en nature.

Vos nom et prénom
Adresse

Date

N° de Sécurité sociale
de la personne à laquelle
vous êtes rattaché(e)

Monsieur le Directeur de
la Caisse Primaire
d'Assurance Maladie
Adresse

Monsieur le Directeur,

Je, soussigné(e) ... (*nom, prénom*), atteste sur l'honneur être à la charge de mon père (*ou* de ma mère) ... (*nom, prénom, adresse, n° de Sécurité sociale*) depuis le ... (*date*) 20...

Je suis sans emploi (*ou bien* : je fréquente l'établissement ... qui ne relève pas du régime étudiant).

Actuellement, je suis donc ayant droit de mon père (*ou* de ma mère).

Ou bien :

Je vous prie de bien vouloir me reconnaître la qualité d'ayant droit de Monsieur (*ou* Madame) ...

Je souhaite être identifié de façon autonome et bénéficier à titre personnel du remboursement des prestations en nature de l'assurance maladie-maternité.

Veuillez agréer, Monsieur le Directeur, mes salutations distinguées.

Signature de l'assuré social
(mère ou père)

Votre signature

VOUS ÊTES À LA CHARGE DE VOTRE CONCUBIN(E). VOUS DEMANDEZ À LA SÉCURITÉ SOCIALE LA QUALITÉ D'AYANT-DROIT.

Concubins, unissez-vous ! Que vous soyez du même sexe ou de sexe opposé, la Sécurité sociale ne fait plus de différence pour vous reconnaître la qualité d'ayant-droit. À condition d'en faire la demande.

• **Ce que dit la loi** : L'article L. 161-14, alinéa 1, du code de Sécurité sociale prévoit que la personne qui vit maritalement avec un assuré social et qui se trouve à sa charge effective, totale et permanente, a la qualité d'ayant-droit de cet assuré pour l'ouverture du droit aux prestations en nature (remboursement des soins et consultations).

Il en va de même de la personne liée à un assuré social par un pacte civil de solidarité (PACS) si elle ne peut bénéficier de la qualité d'assuré social à un autre titre.

La personne concernée doit attester qu'elle remplit bien les conditions auprès de la caisse de Sécurité sociale de son concubin ou de son partenaire. Cette attestation prend la forme d'une attestation sur l'honneur cosignée par l'assuré(e) et renouvelable chaque année. Par ailleurs, la continuité de la vie maritale doit être confirmée lors de chaque demande de remboursement à l'occasion des déclarations portées sur la feuille de soins.

Nom, prénom
Adresse

Date

Monsieur le Directeur
de la Caisse Primaire
d'Assurance Maladie
Adresse

Monsieur le Directeur,

Je, soussigné(e) ... (*nom, prénom*), atteste sur l'honneur vivre maritalement avec M. (*ou* Mme) ... (*nom, prénom, adresse, n° de Sécurité sociale*) et être à sa charge effective, totale et permanente.

N'ayant jamais travaillé (*ou* ayant épuisé mes droits au maintien de l'assurance maladie-maternité), je ne relève à l'heure actuelle d'aucun régime obligatoire de Sécurité sociale.

En conséquence, je vous prie de bien vouloir me reconnaître la qualité d'ayant droit nécessaire pour l'ouverture du droit aux prestations en nature des assurances maladie-maternité.

Veuillez agréer, Monsieur le Directeur, mes salutations distinguées.

Votre signature

Signature
de l'assuré social

• **Notre conseil** : Attention : la loi n'admet pas encore la polygamie : en tant qu'assuré vous ne pouvez faire reconnaître la qualité d'ayant-droit au titre de personne à charge vivant avec vous qu'à une seule personne. Mais si vous vivez séparé(e) de votre conjoint, rien ne vous empêche de faire reconnaître la qualité d'ayant-droit à votre concubin.

VOUS ÊTES À LA CHARGE D'UN TIERS. VOUS DEMANDEZ À LA SÉCURITÉ SOCIALE LA QUALITÉ D'AYANT-DROIT.

Vous vivez avec une de vos amies depuis plus de 3 ans et vous ne bénéficiez pas d'assurance à titre personnel. Vous pouvez demander la qualité d'ayant-droit.

• **Ce que dit la loi** : D'une manière plus générale, l'article L. 161-14, alinéa 3, du code de Sécurité sociale étend le bénéfice des prestations en nature à la personne à charge, vivant avec l'assuré(e) depuis douze mois consécutifs, qui n'est ni le conjoint, ni le concubin ou le partenaire lié par un PACS, ni l'enfant de celui-ci. Ce texte permet en conséquence de reconnaître la qualité d'ayant-droit à la personne du même sexe vivant avec l'assuré(e) ou à un ascendant. Toutefois, cette personne doit être à la charge effective, totale et permanente de l'assuré(e) et en attester sur l'honneur.

Nom, prénom
Adresse

Date

Monsieur le Directeur
de la Caisse Primaire
d'Assurance Maladie
Adresse

Monsieur le Directeur,

Je, soussigné(e) ... (*nom, prénom*), atteste sur l'honneur vivre depuis douze mois consécutifs avec M. (*ou* Mme) ... (*nom, prénom, adresse, n° de Sécurité sociale*) et être à sa charge effective, totale et permanente.

N'ayant jamais travaillé (*ou* ayant épuisé mes droits au maintien de l'assurance maladie-maternité), je ne relève à l'heure actuelle d'aucun régime obligatoire de Sécurité sociale.

En conséquence, je vous prie de bien vouloir me reconnaître la qualité d'ayant droit nécessaire pour l'ouverture du droit aux prestations en nature des assurances maladie-maternité.

Veuillez agréer, Monsieur le Directeur, mes salutations distinguées.

Signature
de l'assuré social

Votre signature

VOUS CESSEZ LE TRAVAIL POUR SOIGNER VOTRE ENFANT MALADE. VOUS DEMANDEZ LE PAIEMENT D'INDEMNITÉS JOURNALIÈRES À LA SÉCURITÉ SOCIALE.

Quelle malchance ! À peine sorti d'un rhume, votre enfant est terrassé par une « gastro ». Cette fois, vous êtes obligé(e) de vous reconvertir en garde-malade et de vous faire arrêter. Afin de joindre l'utile au désagréable, écrivez à la Sécurité sociale afin de limiter les frais.

• **CE QUE DIT LA LOI** : Dans le cadre de leur action sanitaire et sociale, les caisses primaires d'assurance maladie peuvent accorder aux assurés sociaux, contraints de suspendre leur travail pour soigner un enfant mineur vivant habituellement au domicile, des indemnités égales, au maximum, aux indemnités journalières qu'ils recevraient en cas de maladie, pendant une durée ne pouvant pas excéder un mois.

• **NOTRE CONSEIL** : Faites votre demande en même temps que vous envoyez votre arrêt de travail. Vous gagnerez du temps et éviterez d'avoir à envoyer par la suite une photocopie. Un sou est un sou !

Vos nom et prénom
Adresse
N° de Sécurité sociale

Date

Monsieur le Directeur de
la Caisse Primaire
d'Assurance Maladie
Adresse

Monsieur le Directeur,

Depuis le ... (*date*), je dois soigner mon fils (*ou* ma fille) ... ou ... (enfant en garde) qui demeure habituellement à mon domicile. Pour ce faire, j'ai dû me faire prescrire un arrêt de travail dont vous trouverez ci-joint le volet qui est destiné à vos services.

En conséquence, j'ai l'honneur de solliciter, pour la période de cet arrêt de travail, le bénéfice des indemnités journalières au titre des prestations supplémentaires.

Vous trouverez, ci-joint, le certificat médical attestant que la maladie de cet enfant nécessite une surveillance constante.

Dès la reprise de mon activité, je vous ferai parvenir une attestation patronale relative à mon arrêt de travail.

Veuillez agréer, Monsieur le Directeur, mes salutations distinguées.

Signature

VOUS AVEZ DÉMÉNAGÉ ET VOTRE CARTE DE SÉCURITÉ SOCIALE EST LIBELLÉE À VOTRE ANCIENNE ADRESSE. VOUS EN DEMANDEZ LA RECTIFICATION.

Comme chaque année, la Sécurité sociale vous a adressé votre carte d'assuré social qui vous indique la durée d'ouverture de vos droits. En cas de déménagement, vous devez informer votre caisse de Sécurité sociale en expédiant à celle-ci votre carte d'assuré(e) social(e) sur laquelle devra être indiquée votre nouvelle adresse.

• **Ce que dit la loi** : Selon l'article R. 312-1 du code de Sécurité sociale, les assurés sociaux sont en principe affiliés à la caisse primaire d'assurance maladie dans la circonscription de laquelle ils ont leur résidence habituelle.

Si votre nouveau domicile est situé dans le même département, votre caisse de Sécurité sociale vous adressera une carte modifiée. En cas de changement de département, votre dossier est transmis à la nouvelle caisse d'affiliation. Celle-ci vous remettra un formulaire spécifique à remplir. À la réception de ce formulaire, votre nouvelle caisse vous adressera votre nouvelle carte d'assuré social.

Vos nom et prénom
Adresse
N° de Sécurité sociale

Date

Caisse primaire de
Sécurité sociale
Adresse

Messieurs,

En instance de déménagement, j'ai l'honneur de vous retourner ma carte d'assuré(e) social(e) sur laquelle j'ai indiqué ma nouvelle adresse à compter du ... (*date*).

Dans l'attente de ma nouvelle carte, je vous prie d'agréer, Messieurs, mes salutations distinguées.

Signature

• **Notre conseil** : Conservez une photocopie de votre carte d'assuré(e) avant de l'envoyer avec l'indication de votre nouvelle adresse.

VOUS ÊTES PRÉVOYANT. VOUS DEMANDEZ UN BILAN DE SANTÉ GRATUIT À VOTRE CAISSE DE SÉCURITÉ SOCIALE.

« Mieux vaut prévenir que guérir », telle est votre devise. Pensant à juste titre que vous coûterez moins cher à la Sécurité sociale si vous êtes bien portant, vous lui demandez de vous faire un bilan médical.

• **Ce que dit la loi** : Selon l'article L. 321-3 du code de Sécurité sociale, la caisse doit soumettre l'assuré et les membres de sa famille, à certaines périodes de la vie, à un examen médical gratuit. En cas de carence de la caisse, l'assuré et les membres de sa famille peuvent demander à subir cet examen.

Si vous le souhaitez, un double des résultats de vos examens peut être adressé directement à votre médecin traitant.

• **Notre conseil** : Attention : les examens ne sont gratuits que dans la mesure où ils sont pratiqués dans des centres d'examens gérés directement par les organismes d'assurance maladie ou conventionnés avec ces organismes.

Vos nom et prénom
Adresse
N° de Sécurité sociale

Date

Caisse primaire de
Sécurité sociale
Adresse

Messieurs,

J'ai l'honneur de solliciter, conformément à l'article L. 321-3 du code de Sécurité sociale, un bilan de santé dans un centre d'examens géré directement par vos services ou conventionné avec vous.

Cette demande concerne par ailleurs les autres membres de ma famille composée de :
– ma fille ... (*prénoms*) ;
– mon fils ... (*prénoms*) ;
– mon épouse ... (*nom de jeune fille et prénoms*).

Dans l'attente de votre convocation, je vous prie d'agréer, Messieurs, mes salutations distinguées.

Signature

VOTRE EMPLOYEUR N'A PAS DÉCLARÉ VOTRE ACCIDENT DU TRAVAIL. VOUS LE FAITES À SA PLACE.

Vous avez eu un accident du travail ou du trajet. C'est à votre employeur de le déclarer à la Sécurité sociale. S'il ne le fait pas, vous avez deux ans pour le faire.

• **Ce que dit la loi** : Les articles L. 441-2 et R. 441-3 du code de Sécurité sociale imposent à l'employeur, ou à l'un de ses substitués dans la direction, de déclarer tout accident du travail dont il a connaissance à la caisse de Sécurité sociale dont dépend la victime dans un délai de 48 heures.

Si l'accident n'entraîne ni arrêt de travail ni soins médicaux, la déclaration de l'employeur peut être remplacée par une mention sur un registre spécial ouvert à cet effet dans l'entreprise. Mais si ultérieurement des soins et un arrêt de travail sont nécessaires, l'employeur doit déclarer cet accident à la caisse.

Si votre employeur ne fait rien, l'article L. 441-2, alinéa a) du code de Sécurité sociale autorise la victime ou ses représentants à déclarer l'accident directement à la caisse de Sécurité sociale dans un délai de deux ans suivant la date de l'accident.

Vos nom et prénom
Adresse
N° de Sécurité sociale

Date

Recommandé avec avis de réception

Caisse primaire de
Sécurité sociale
Adresse

Messieurs,

J'ai été victime d'un accident du travail le ... (*date*) dans l'entreprise ... (*dénomination et adresse*), à ... heures.

Bien que j'aie signalé celui-ci immédiatement à mon employeur, il n'a pas encore déclaré cet accident à vos services.

Ou bien :
Bien que cet accident n'ait entraîné à l'époque ni arrêt de travail ni soins médicaux, tel n'est pas le cas aujourd'hui, car mon état de santé s'est dégradé. Mon employeur considère que cela n'a rien à voir avec mon accident du ... (*date*).

En conséquence, conformément à l'article L. 441-2, alinéa 2 du code de Sécurité sociale, veuillez considérer cette lettre comme une déclaration de l'accident référencé ci-dessus.

Veuillez agréer, Messieurs, mes salutations distinguées.

Signature

• **Notre conseil** : Pour soutenir votre déclaration à propos des circonstances de l'accident, demandez, dans la mesure du possible, à des collègues de travail de relater par écrit les faits auxquels ils ont assisté. La caisse de Sécurité sociale refuserait plus facilement le caractère d'accident du travail à une déclaration qui ne serait étayée par aucun témoignage.

VOUS AVEZ ÉTÉ VICTIME D'UN ACCIDENT DU TRAVAIL ET VOUS ESTIMEZ QUE CELUI-CI EST DÛ À UNE FAUTE INEXCUSABLE DE VOTRE EMPLOYEUR.

L'accident du travail peut entraîner la perte d'un être cher ou sa mutilation définitive ou temporaire. Mais ce n'est jamais une fatalité. Il y a toujours un responsable en la personne du chef d'entreprise. Parfois, celui-ci a été tellement négligeant que la Sécurité sociale peut vous verser une indemnisation complémentaire pour faute inexcusable. Mais suivez le dossier de près.

• **Ce que dit la loi** : Selon les articles L. 452-1 et suivants du code de Sécurité sociale, si un accident du travail est dû à la faute inexcusable de l'employeur, la victime ou ses ayant-droit peuvent obtenir devant les juridictions de Sécurité sociale une majoration de la rente qu'ils perçoivent en réparation de cet accident.

L'article L. 455-2, alinéa 2 du même code prévoit à cet effet que la caisse de Sécurité sociale doit communiquer à la victime ou à ses ayant-droit, sur leur demande, les résultats complets de l'enquête ainsi que tous les renseignements dont elle dispose.

Vos nom et prénom
Adresse
N° de Sécurité sociale

Date

Recommandé avec avis de réception

Caisse primaire de
Sécurité sociale
Adresse

Messieurs,

J'ai été victime d'un accident du travail le ... (*date*) dans l'entreprise ... (*nom et adresse*), accident qui a fait l'objet d'une déclaration auprès de vos services.

Ou bien, si la victime n'est pas en l'état ou est décédée :
M. ... (*nom et prénom*) a été victime d'un accident du travail le ... (*date*) dans l'entreprise ... (*nom et adresse*), accident qui a fait l'objet d'une déclaration auprès de vos services.

Je souhaite obtenir une majoration de la rente dont je suis bénéficiaire depuis le ... (*date*), car j'estime que l'accident est dû à une faute inexcusable de mon employeur.

En conséquence, je souhaite être tenu informé des renseignements relatifs à l'enquête à laquelle vous devez procéder.

Je vous prie d'agréer, Messieurs, mes salutations distinguées.

Signature

• **Notre conseil** : Exigez plus : selon l'article L. 452-3 du code de Sécurité sociale, indépendamment de la majoration de rente qu'elle reçoit, la victime a le droit de demander à l'employeur, devant la juridiction de Sécurité sociale, la réparation du préjudice causé par les souffrances physiques et morales par elle endurées, de ses préjudices esthétiques et d'agrément ainsi que celle du préjudice résultant de la perte ou de la diminution de ses possibilités de promotion professionnelle. Pour saisir le tribunal des affaires de Sécurité sociale.

VOTRE CAISSE DE SÉCURITÉ SOCIALE S'EST TROMPÉE, CE QUI VOUS A CAUSÉ UN PRÉJUDICE. VOUS LUI RÉCLAMEZ UNE INDEMNISATION.

Votre caisse régionale d'assurance maladie, qui est chargée de la liquidation de vos droits à pension de vieillesse, ne vous a pas tenu informé de votre situation. Résultat : votre pension est d'un montant ridicule. Vous estimez que cela constitue un manquement aux obligations qui étaient les siennes et vous exigez des dommages-intérêts.

• **Ce que dit la loi** : Les assurés sociaux qui estiment avoir subi un préjudice de la part de leur caisse de Sécurité sociale à la suite d'une faute de celle-ci (remboursement d'une somme qui n'aurait pas dû être réclamée par la caisse, non-octroi d'une prestation alors que le demandeur remplissait les conditions d'attribution, etc.) peuvent lui réclamer des dommages-intérêts sur la base de l'article 1382 du code civil.

Contrairement à ce qu'estimaient les tribunaux par le passé, il importe peu que la faute soit ou non grossière et que le préjudice présente ou non un caractère anormal (Cour de cassation, ch. soc., 12 juillet 1995). Par exemple, une caisse d'allocations familiales engage sa responsabilité et doit verser des dommages-intérêts à un assuré si, par sa carence, elle a mis l'intéressé dans l'impossibilité matérielle de présenter sa demande d'aide à la famille pour l'emploi d'une assistante maternelle agréée (Cour de cassation, ch. soc., 12 octobre 1995).

• **Notre conseil** : Vous devez prouver que la caisse a commis une faute. Conservez tous les échanges de correspondance et les bordereaux de prestations. Chiffrez le plus précisément possible votre préjudice : manque à gagner financier, mais aussi préjudice moral.

Si la caisse ne veut rien entendre ou si vous estimez la proposition d'indemnisation insuffisante, saisissez le tribunal des affaires de Sécurité sociale dont dépend votre domicile.

Nom, prénom
Adresse
n° de Sécurité sociale — Date
Recommandé avec avis de réception

M. le Directeur
de la Caisse de
Sécurité sociale
(ou Caisse
d'allocations familiales)
Adresse

Monsieur le Directeur,

Vous m'avez réclamé le ... (*date*) la somme de ... €, représentative selon vous d'un trop-perçu de ... (*nom de la prestation*) et vous venez de me faire savoir que vous n'auriez pas dû me réclamer cette somme.

Ou bien :

Vous m'avez versé le ... (*date*) la somme de ... € au titre de ... (*nom de la prestation*) alors que vous m'aviez informé précédemment que le montant de cette prestation serait beaucoup plus élevé.

Cette erreur de votre part constitue une faute dont je demande la réparation en application de l'article 1382 du code civil et de la jurisprudence de la Cour de cassation (notamment Cass. soc. 12 juillet 1995).

J'estime que mon préjudice financier s'élève à ... €. Je considère également avoir subi un préjudice moral dont j'évalue le montant à ... € compte tenu de ... (*indiquez vos raisons*).

Voulant croire que nous trouverons une issue favorable, veuillez agréer, Monsieur le Directeur, mes salutations distinguées.

Signature

VOUS ÊTES ARRÊTÉ(E) DEPUIS PLUS DE TROIS MOIS. VOUS DEMANDEZ UNE REVALORISATION DE VOS INDEMNITÉS JOURNALIÈRES.

Les bons comptes font les bons amis ! Malade ou accidenté du travail, ou bien encore en congé de maternité, vous avez appris que les salaires ont été augmentés dans votre entreprise en application de la convention collective. Vous le faites savoir à votre caisse afin qu'elle recalcule vos indemnités journalières.

• **Ce que dit la loi** : Selon le code de Sécurité sociale (articles L. 323-4, R. 323-6, L. 433-2 et R. 433-9), en cas d'augmentation générale des salaires postérieurement à l'arrêt du travail pour maladie ou accident du travail et lorsque l'interruption de travail se prolonge au-delà du troisième mois, le taux de l'indemnité journalière peut faire l'objet d'une révision.

En principe, cette révision est opérée en appliquant au salaire ayant servi de base au calcul de l'indemnité journalière le pourcentage d'augmentation des salaires résultant des coefficients de majoration fixés par arrêtés ministériels. Toutefois, lorsqu'il existe une convention collective de travail applicable à la profession à laquelle vous appartenez, vous pouvez demander que la révision du taux de votre indemnité journalière soit effectuée sur la base d'un gain journalier calculé d'après le salaire normal prévu pour votre catégorie professionnelle dans ladite convention, dans le cas où cette modalité de calcul vous serait plus favorable.

• **Notre conseil** : Restez en contact avec vos collègues. Ce sont eux qui sont, en effet, le mieux à même de vous prévenir en cas d'augmentation des salaires. Par ailleurs, vous pouvez demander au service du personnel qu'il vous délivre une attestation confirmant que le salaire de votre catégorie a été augmenté.

Vos nom et prénom
Adresse
N° de Sécurité sociale

Date

Caisse de Sécurité sociale
Adresse

Messieurs,

Vous trouverez ci-joint une attestation de mon employeur confirmant qu'à la suite de l'accord du ... (*date*) ou de la recommandation de la Chambre syndicale patronale du ... (*date*), le salaire de ma catégorie professionnelle a été majoré à compter du ... (*date*).

Par conséquent, étant arrêté(e) depuis plus de trois mois, je vous demande en application de l'article L. 323-4 (*ou* L. 433-2 en cas d'accident du travail) du code de Sécurité sociale de procéder à une revalorisation de mes indemnités journalières.

Veuillez agréer, Messieurs, mes salutations distinguées.

Signature

VOS INDEMNITÉS JOURNALIÈRES ONT ÉTÉ MAL CALCULÉES PAR LA SÉCURITÉ SOCIALE. VOUS PROTESTEZ.

Vous êtes malade et le médecin vous a arrêté. Quelque temps plus tard, vous recevez un décompte de paiement de vos indemnités journalières envoyé par votre caisse de Sécurité sociale. Ce décompte n'est pas conforme à vos calculs. Vous protestez par écrit.

• **Ce que dit la loi** : Selon l'article R. 323-5, alinéa 2 du code de Sécurité sociale, l'indemnité journalière perçue par un assuré social est égale à 50 % de son salaire journalier de base. Pour calculer le montant de l'indemnité, on retient le salaire brut des trois derniers mois qui précèdent l'arrêt de travail. Le gain journalier de base représente 1/90 du total des trois mois. Puis le résultat obtenu est divisé par deux, soit 50 %. L'indemnité journalière ne peut toutefois être supérieure à un taux maximal, ou inférieure à un taux minimal fixés par décret.

À partir du 31e jour d'arrêt de travail, si vous avez au moins trois enfants à charge, le montant de l'indemnité est porté aux deux tiers de votre salaire journalier de base.

Les erreurs de décomptes d'indemnités journalières peuvent avoir des causes multiples : inexactitude dans l'avis de reprise du travail remis par l'employeur et permettant le calcul des indemnités par la Sécurité sociale, mauvais calcul de la Sécurité sociale en fonction d'informations exactes fournies par l'employeur, non-majoration de l'indemnité, erreur dans la durée de versement, etc.

• **Notre conseil** : Si vous estimez qu'une erreur de calcul s'est glissée dans votre décompte, le plus simple est d'adresser à votre caisse la photocopie de vos trois bulletins de salaire précédant votre arrêt de travail.

Vos nom et prénom Date
Adresse
N° de Sécurité sociale
Recommandé avec avis de réception

Caisse de Sécurité sociale
Adresse

Messieurs,

Vous m'avez adressé il y a quelques jours un relevé d'indemnités journalières dont vous trouverez ci-joint photocopie. Or, le montant versé, soit ... € par jour, est inexact.

Il ne correspond pas à la retenue effectuée par mon employeur sur mon bulletin de paie, soit ... € par jour. En effet, celui-ci a omis de vous signaler ... (*indiquez l'inexactitude en cause*).

Ou bien :
Vous n'avez pas porté mes indemnités journalières aux deux tiers de mon gain journalier de base à compter de mon 31e jour d'arrêt de travail, bien que j'aie trois enfants à charge.

Le montant réel de mon indemnité journalière devrait s'élever à ... €.

Sauf erreur de ma part, je vous prie de mettre en règlement la somme manquante qui s'élève à ... €.

Vous trouverez ci-joint les photocopies de mes trois derniers bulletins de paie, afin de faciliter vos recherches.

Veuillez agréer, Messieurs, mes salutations distinguées.

Signature

VOTRE CAISSE DE SÉCURITÉ SOCIALE REFUSE DE CONTINUER À VOUS INDEMNISER. VOUS DEMANDEZ UNE EXPERTISE MÉDICALE.

Vous êtes malade ou accidenté et votre arrêt de travail doit être prolongé. Convoqué au contrôle médical de votre caisse de Sécurité sociale, celui-ci estime que vous êtes guéri et que vous ne pouvez plus percevoir d'indemnités journalières. Vous réagissez et exigez une expertise médicale.

• **Ce que dit la loi** : Selon les articles L. 141-1 et R. 141-1 du code de Sécurité sociale, les contestations relatives à l'état du malade ou de la victime donnent lieu à une procédure d'expertise médicale. Le médecin-expert est désigné d'un commun accord par le médecin traitant et le médecin-conseil ou, à défaut d'accord dans le délai d'un mois à compter de la contestation, par le directeur départemental des affaires sanitaires et sociales.

L'article R. 141-2 du même code vous donne un délai d'un mois à compter de la décision contestée pour faire votre demande. Celle-ci doit indiquer les coordonnées de votre médecin traitant.

• **Notre conseil** : Ne vous trompez pas de procédure : les contestations relatives à l'état ou au degré d'invalidité en cas de maladie ou d'accident non professionnel, ou celles relatives à l'incapacité permanente en cas d'accident du travail ou de maladie professionnelle, relèvent du contentieux technique de la Sécurité sociale auprès duquel vous devez directement déposer vos recours.

Vos nom et prénom
Adresse
N° de Sécurité sociale

Date

Recommandé avec avis de réception

Caisse primaire de
Sécurité sociale
Adresse

Messieurs,

Par décision du ... (*date*), dont vous trouverez ci-joint photocopie, vous m'informez qu'à la suite de l'avis du médecin-conseil en date du ... vous considérez que l'amélioration de mon état ne justifie pas (*ou plus*) l'octroi de... (*indiquez de quelle prestation il s'agit* : indemnité journalière de maladie ou d'accident du travail, prise en charge des soins à 100 %, etc.).

Je considère cette décision infondée. En conséquence, je vous demande de mettre en œuvre la procédure d'expertise médicale prévue par l'article L. 141-1 du code de Sécurité sociale.

Conformément à l'article R. 141-2 du même code, vous trouverez ci-joint le nom et l'adresse de mon médecin traitant.

Dans l'attente de votre réponse, je vous prie d'agréer, Messieurs, mes salutations distinguées.

Signature

VOUS N'ÊTES PAS D'ACCORD AVEC LA DÉCISION D'UNE CAISSE. VOUS SAISISSEZ LA COMMISSION DE RECOURS AMIABLE.

Votre caisse de Sécurité sociale ne veut plus vous payer vos indemnités journalières car vous étiez absent lors d'un contrôle, ou votre caisse d'allocations familiales vous refuse le droit à une prestation. Vous n'êtes pas d'accord. Vous décidez d'aller jusqu'au bout. Mais vous devez obligatoirement, avant toute action en justice, vous adresser par écrit à la Commission de recours amiable instituée auprès de l'organisme en cause.

• **Ce que dit la loi** : L'article R. 142-1 du code de Sécurité sociale prévoit que les litiges opposant un assuré social à un organisme de Sécurité sociale de salariés ou de non-salariés sont soumis préalablement à une Commission de recours amiable, composée et constituée au sein du conseil d'administration de chaque organisme.

Cette commission doit être saisie dans le délai de deux mois suivant la notification de la décision que vous entendez contester. Bien que la loi ne l'impose pas, vous enverrez votre réclamation par lettre recommandée avec avis de réception, afin d'éviter un litige sur les délais.

Ne s'agissant pas d'un tribunal, vous ne serez pas convoqué à une audience. Sachez que la commission statue au vu de votre dossier, d'où l'importance de communiquer le maximum de pièces justificatives.

Si le recours est rejeté, ou si la commission n'a pas répondu dans le délai d'un mois, vous pourrez saisir le tribunal des affaires de Sécurité sociale.

• **Notre conseil** : Examinez au microscope la notification de la décision prise par la caisse que vous désirez contester. Si elle ne fait pas mention du délai de deux mois pour saisir la Commission de recours amiable, ce délai ne s'applique pas et vous pouvez saisir la Commission après l'expiration de celui-ci.

Vos nom et prénom
Adresse
N° de Sécurité sociale

Date

Recommandé avec avis de réception
Objet : recours amiable

Sécurité sociale
Commission de
recours amiable
Adresse

Messieurs,

J'ai effectué le ... (*date*) une demande de... (*indiquez de quoi il s'agit, par exemple* : remboursements de soins médicaux ou pharmaceutiques, ou prestations familiales, ou indemnités journalières, etc.).

Ma demande a été refusée pour le motif que ... (*mentionnez les raisons avancées par la caisse*).

Je ne suis pas d'accord avec cette décision. C'est pourquoi je demande que la Commission de recours amiable de votre caisse soit saisie de cette affaire. En effet, je considère que ... (*indiquez vos éventuels arguments*).

Veuillez agréer, Messieurs, mes salutations distinguées.

Signature

LA COMMISSION DE RECOURS AMIABLE REJETTE VOTRE DEMANDE. VOUS SAISISSEZ LE TRIBUNAL DES AFFAIRES DE SÉCURITÉ SOCIALE.

Vous avez effectué un recours devant la Commission de recours amiable d'une caisse de Sécurité sociale ou d'allocations familiales. Il est rejeté. Saisissez maintenant le tribunal des affaires de Sécurité sociale.

• **CE QUE DIT LA LOI** : Les articles L. 142-1 et R. 142-18 et suivants du code de Sécurité sociale fixent les règles de fonctionnement du tribunal des affaires de Sécurité sociale. Celui-ci est chargé d'examiner les affaires qui ont été rejetées par les Commissions de recours amiable des organismes de Sécurité sociale ou auxquels cette dernière n'a pas répondu.

Pour saisir ce tribunal, vous devez adresser une lettre recommandée au secrétariat-greffe du tribunal du lieu de votre domicile. Faites vite, car vous n'avez que deux mois à compter de la présentation de la lettre recommandée portant notification de la décision de rejet de la Commission de recours amiable.

Lorsque la caisse a gardé le silence, le délai de deux mois court à compter de l'expiration du délai d'un mois au terme duquel celle-ci devait répondre.

Le jugement du tribunal des affaires de Sécurité sociale est susceptible d'appel dans le délai d'un mois à compter de la notification de la décision.

• **NOTRE CONSEIL** : L'avocat n'est pas obligatoire devant le tribunal des affaires de Sécurité sociale… Il est parfois conseillé étant donné la complexité de la législation de Sécurité sociale. Mais vous pouvez vous défendre vous-même ou vous faire assister ou représenter par votre conjoint, vos enfants, un salarié exerçant la même profession que vous, ou un délégué des associations de mutilés et invalides du travail.

Vos nom et prénom — Date
Adresse
N° de Sécurité sociale

Recommandé avec avis de réception

Monsieur le Président du
tribunal des affaires de
Sécurité sociale
Adresse

Objet : recours contentieux

Monsieur le Président,

Par décision du … (*date*), la Commission de recours amiable de … (*indiquez l'organisme de Sécurité sociale*) a rejeté la réclamation que j'avais effectuée au sujet de … (*objet de votre demande*).

En conséquence, je demande que la juridiction que vous avez l'honneur de présider soit saisie de cette affaire.

Vous trouverez ci-joint les éléments et les arguments que j'entends faire valoir à l'appui de ma demande.

Veuillez agréer, Monsieur le Président, mes salutations distinguées.

Signature

P.J. : Photocopie de votre demande initiale devant la Commission de recours amiable de la décision de cette dernière.

Votre pensez que la maladie dont vous êtes atteint à une origine professionnelle. Sur les conseils de votre médecin traitant, vous vous apprêtez à en faire la déclaration à la caisse de sécurité sociale.

• **Ce que dit la loi** : L'article L. 461-5 du code de sécurité sociale prévoit que toute maladie professionnelle dont la réparation est demandée doit être, par les soins de la victime, déclarée à la caisse primaire dans un délai de deux ans. Ce délai court à compter de la cessation du travail ou de la date à laquelle la victime est informée par un certificat médical du lien possible entre sa maladie et une activité professionnelle.

Le médecin établit en triple exemplaire et remet à la victime un certificat indiquant la nature de la maladie, notamment les manifestations mentionnées aux tableaux et constatées ainsi que les suites probables. Deux exemplaires du certificat doivent compléter la déclaration.

• **Notre conseil** : Les médecins de ville ne sont pas toujours au fait des maladies pouvant être développées en milieu professionnel. C'est pourquoi il est conseillé de lui fournir la liste des tableaux des maladies reconnues par la loi. Cette liste est disponible au journal officiel.

Vos nom et prénom Date
Adresse
N° de Sécurité sociale
Recommandée avec avis de réception

Caisse primaire de
Sécurité sociale
Adresse

Messieurs,

Je travaille dans l'entreprise .... (*dénomination et adresse*) où j'exerce la profession de ...... (*indiquez laquelle*).

Depuis quelques temps, je présente les symptômes d'une maladie dont mon médecin traitant considère qu'elle se rattache à une pathologie d'origine professionnelle.

En conséquence, je vous demande de m'adresser un dossier de demande de reconnaissance de maladie professionnelle ainsi que la liste des documents nécessaires pour le compléter.

Veuillez agréer, Messieurs, mes salutations distinguées.

Signature

CHAPITRE 39

VOS RELATIONS AVEC LES ASSEDIC

VOTRE EMPLOYEUR A MAL REMPLI L'ATTESTATION POUR L'ASSEDIC. VOUS EN DEMANDEZ LA RECTIFICATION.

Vous quittez votre emploi : votre employeur doit vous remettre un document destiné à l'ASSEDIC appelé Attestation d'employeur. Il permet à cet organisme de déterminer et de calculer vos droits aux allocations de chômage. Si votre employeur a porté des informations erronées sur l'attestation, adressez une lettre rectificative à l'ASSEDIC.

• **Ce que dit la loi** : Selon l'article R. 351-5 du code du travail, l'employeur doit remettre obligatoirement au salarié quittant l'entreprise une attestation ASSEDIC afin que celui-ci puisse faire valoir ses droits aux allocations de chômage.

L'attestation doit comprendre certaines informations. Des désaccords peuvent survenir sur les mentions figurant sur l'attestation. Il en est ainsi, par exemple, si les salaires indiqués par l'employeur ne coïncident pas avec les sommes figurant sur vos bulletins de paie.

Vous ne devez rien écrire vous-même sur l'attestation. Agrafez à l'imprimé une lettre rectificative adressée à l'ASSEDIC. Cette lettre devra indiquer les éléments manquants ou inexacts figurant sur l'attestation.

Si les allocations vous sont refusées par l'ASSEDIC, ou bien si celle-ci vous verse des allocations inférieures à celles auxquelles vous pouviez prétendre, vous devez former un recours auprès de la Commission paritaire de l'ASSEDIC.

• **Notre conseil** : Si la Commission paritaire de l'ASSEDIC refuse la rectification de l'attestation, vous pouvez obtenir cette rectification en attaquant votre employeur devant le conseil de prud'hommes et demander des dommages-intérêts pour le préjudice subi.

Vos nom et prénom　　　　　Date
Adresse

Recommandé avec avis de réception
N° d'inscription à l'ANPE
N° dossier ASSEDIC

Monsieur le Directeur
de l'ASSEDIC
Adresse

Monsieur le Directeur,

Conformément à l'article R. 351-5 du code du travail, mon employeur m'a remis le... (*date*) l'attestation ci-jointe destinée à vos services.

Or, celle-ci comporte une erreur. En effet,... (*indiquez laquelle, par exemple* : le motif de ma démission invoqué par mon employeur ne correspond pas au vrai motif de mon départ de l'entreprise).

Cela me cause un grave préjudice car, comme je l'ai indiqué dans ma demande d'allocations de chômage : ... (*indiquez ici ce qui aurait dû, selon vous, figurer sur l'attestation*).

J'ai donc l'honneur de vous demander de procéder aux rectifications nécessaires compte tenu des pièces justificatives que vous trouverez ci-joint.

Veuillez agréer, Monsieur le Directeur, mes salutations distinguées.

Signature

L'ASSEDIC NE VEUT PLUS VOUS VERSER D'ALLOCATIONS DE CHÔMAGE PARCE QUE VOUS NE RECHERCHEZ PAS ACTIVEMENT UN EMPLOI. VOUS PROTESTEZ.

Si l'ASSEDIC vous informe que le versement de vos allocations de chômage va être interrompu pour un motif qui vous apparaît douteux, contestez et réclamez à la Commission paritaire de cet organisme le versement des allocations jusqu'au terme de vos droits.

• **Ce que dit la loi** : Selon le règlement du régime d'assurance chômage. Ce maintien des allocations est subordonné au respect des conditions d'attribution, parmi lesquelles figure l'obligation de rechercher de manière effective et permanente un emploi.

À cet effet, l'ASSEDIC a le droit de recourir à un question-naire, de vous convoquer à un entretien, et de vous demander la fourniture de pièces justificatives, etc.

Si vous ne répondez pas au questionnaire ou si vous ne renvoyez pas les pièces justificatives dans un délai de quinze jours, ou bien encore si vous ne vous présentez pas à une convocation sans motif justifié, l'ASSEDIC peut suspendre le versement de vos allocations.

• **Notre conseil** : Constituez-vous un dossier de recherche d'emploi avec des sous-chemises. Chaque demande ou offre d'emploi aura la sienne. Mettez-y la date de l'offre, l'emploi offert avec l'indication de l'organisme ou du journal ayant proposé l'emploi, l'entreprise concernée et son adresse, la qualification et le salaire proposés par l'employeur et la raison pour laquelle vous avez refusé l'offre de ce dernier.

Joignez à votre lettre vos demandes d'emploi et les lettres de refus des entreprises.

Vos nom et prénom | Date
Adresse

Recommandé avec avis de réception
N° d'inscription à l'ANPE
N° dossier ASSEDIC

Commission paritaire
de l'ASSEDIC
Adresse

Messieurs,

Vous m'informez par votre lettre du ... (*date*) que vos services cesseront de me verser mes allocations de chômage à compter du ... (*date*), au motif que ... (*motif avancé par l'ASSEDIC*).

J'ai l'honneur de vous faire savoir que je conteste ce motif. En effet, mes recherches d'emploi infructueuses ne vous ont pas été signalées par l'Agence locale pour l'emploi de ... (*ville*).

Ou bien : Les divers emplois qui m'ont été proposés conduisent à me reconnaître une qualification inférieure à celle qui correspond à mes diplômes (ou à mon expérience professionnelle), avec une perte de salaire de ... €.

Ou bien : Les emplois qui me sont proposés ne correspondent en rien à mes aptitudes.

Vous trouverez ci-joint les justificatifs de mes recherches d'emploi.
Compte tenu de ma situation financière difficile, je pense que vous comprendrez que le versement de mes allocations de chômage doit être poursuivi jusqu'au terme de mes droits réglementaires.

En vous remerciant de votre compréhension, je vous prie d'agréer, Messieurs, mes salutations distinguées.

Signature

LE DROIT AUX ALLOCATIONS DE CHÔMAGE VOUS EST REFUSÉ. VOUS DEMANDEZ UNE AIDE FINANCIÈRE À L'ASSEDIC.

Si vous percevez des allocations de chômage, vous pouvez demander différentes aides à l'ASSEDIC. Il peut s'agir d'une aide au logement ou au maintien dans les lieux de ce dernier, d'une aide si vous êtes en fin de droits ou bien encore d'une aide en cas de congés non payés si vous retrouvez un emploi.

• **Ce que dit la loi** : Selon l'article 46 du règlement général de l'Unedic, une aide au logement ou au maintien dans les lieux de ce dernier peut être apporté au bénéficiaire du régime d'assurance-chômage. Les ASSEDIC peut ainsi participer aux actions du Fonds de solidarité pour le logement (FSL) en cas d'impayés de loyers, de charges locatives, de frais d'installation et d'équipement Le régime d'assurance-chômage peut aussi participer par voie de convention, en cas de difficulté de paiement des fournitures d'énergie et d'eau, aux mesures proposées par les autorités administratives et les distributeurs d'énergie et d'eau en cas d'impayés.

Vos nom et prénom
Adresse
N° de Sécurité sociale

N° de dossier

Date

Commission paritaire
de l'ASSEDIC
Adresse

Messieurs,

Je suis indemnisé au titre de l'allocation de retour à l'emploi et il vient de se produire un événement qui me permet difficilement de faire face à mes obligations financières ... (*indiquez lesquelles : retard de paiement du loyer, par exemple*).

Cet événement est le suivant : ... (*indiquez de quoi il s'agit*).

En conséquence, j'ai l'honneur de solliciter de votre haute bienveillance l'octroi d'une aide financière au titre du Fonds de solidarité pour le logement (FSL) en application de l'article 46 du règlement général.

Dans l'attente d'une réponse favorable que je souhaite la plus rapide possible, je vous prie d'agréer, Messieurs, mes salutations distinguées.

Signature

• **Notre conseil** : Votre demande sera étudiée en fonction de votre situation sociale. D'où l'intérêt de fournir le maximum de renseignements sur vos ressources et vos charges de famille, ou sur l'événement qui justifie votre demande. Si celle-ci est rejetée, aucun recours n'est possible. Mais une nouvelle demande peut être faite ultérieurement.

CHÔMEUR ARRIVANT EN FIN DE DROITS, VOUS DEMANDEZ UNE AIDE À L'ASSEDIC.

Vous avez essuyé un refus de l'administration pour une allocation de solidarité spécifique ; vous vous tournez vers l'ASSEDIC pour obtenir son aide.

• **Ce que dit la loi** : Les chômeurs qui arrivent en fin de droits peuvent bénéficier d'une aide forfaitaire en cas de rejet de leur demande d'allocation de solidarité spécifique pour un motif autre que la condition de ressources. Cette demande doit être formulée dans les deux mois suivant la date de décision de refus de l'autorité administrative (article 48 du règlement général).

Vos nom et prénom
Adresse
N° de Sécurité sociale

N° de dossier

Date

Commission paritaire
de l'ASSEDIC
Adresse

Messieurs,

Je suis indemnisé au titre de l'allocation de retour à l'emploi et le versement de l'allocation de solidarité spécifique m'a été refusé pour le motif suivant : ... (*indiquez lequel autre que le dépassement du plafond de ressources*).

Bien évidemment, cette situation me permet difficilement de faire face à mes obligations financières ... (*indiquez lesquelles*).

En conséquence, j'ai l'honneur de solliciter de votre haute bienveillance l'octroi d'une aide financière en application de l'article 48 du règlement général.

Dans l'attente d'une réponse favorable que je souhaite la plus rapide possible, je vous prie d'agréer, Messieurs, mes salutations distinguées.

Signature

VOUS AVEZ DÉMISSIONNÉ ET VOUS ÊTES SANS EMPLOI DEPUIS PLUS DE QUATRE MOIS… L'ASSEDIC REFUSE DE VOUS INDEMNISER. VOUS CONTESTEZ.

Si vous avez démissionné, la réglementation de l'assurance chômage vous permet de percevoir des allocations au bout de quatre mois de recherche infructueuse d'emploi. Si l'ASSEDIC vous refuse le droit d'être indemnisé, contestez.

• **Ce que dit la loi** : En règle générale, les personnes ayant démissionné n'ont pas droit aux allocations de chômage, sauf s'il s'agit d'un motif reconnu légitime par l'ASSEDIC. En cas de motif considéré comme non légitime, une délibération de l'UNEDIC n° 10 du 10 septembre 1992 permet toutefois au salarié démissionnaire d'avoir droit aux allocations de chômage à compter du 122e jour suivant la fin de son contrat de travail, dès lors qu'il recherche activement un emploi.

Si vous êtes dans ce cas, vous devez faire une demande d'allocations. Si l'ASSEDIC refuse de vous indemniser, n'hésitez pas à saisir la commission paritaire de cet organisme afin que votre cas soit de nouveau examiné.

• **Notre conseil** : Vous devez faire la preuve que vous recherchez activement un emploi. Dès lors, il est utile de conserver tous les doubles des demandes d'emploi que vous avez adressées aux employeurs, ainsi que leurs réponses négatives.

Vos nom et prénom
Adresse
N° de Sécurité sociale
N° d'inscription à l'ANPE

Date

Monsieur le Directeur
de L'ASSEDIC
Adresse

Recommandé avec avis de réception

Monsieur le Directeur,

J'ai démissionné de l'emploi que j'occupais dans l'entreprise ... (*dénomination et adresse*) le ... (*date de votre démission*). Je me suis inscrit à l'Agence locale pour l'emploi le ... (*date*), ce qui fait, à la date d'aujourd'hui, plus de 122 jours.

Conformément à la délibération n° 10 du 10 septembre 1992 de la Commission paritaire nationale (circulaire UNEDIC n° 92-20 du 17 novembre 1992), j'ai déposé auprès de vos services une demande d'allocation de base qui vient de m'être refusée, sous prétexte que je ne recherchais pas activement un emploi.

Je m'inscris en faux contre ce motif qui ne repose pas sur un examen sérieux de ma situation.

Je vous demande en conséquence de procéder à un réexamen de mon dossier, compte tenu des nouvelles demandes d'emploi que j'ai effectuées depuis ma demande d'allocation, et des réponses négatives que j'ai reçues de la part des employeurs qui ont eu l'obligeance de bien vouloir me répondre.

Dans l'attente d'une réponse favorable que je souhaite la plus rapide possible, je vous prie d'agréer, Monsieur le Directeur, mes salutations distinguées.

Signature

VOUS ÊTES INDEMNISÉ ET VOUS EXERCEZ UNE ACTIVITÉ BÉNÉVOLE. AFIN D'ÉVITER LES ENNUIS, VOUS EN INFORMEZ L'ASSEDIC.

Vous êtes indemnisé par l'assurance chômage et vous donnez un coup de main à une association sportive en faisant ses comptes. Comme cela vous prend une bonne partie de votre temps, vous avez peur que l'ASSEDIC vous supprime vos allocations de chômage au prétexte, non pas d'exercer une activité bénévole, mais parce que vous n'êtes pas disponible pour rechercher un autre emploi. Questionnez-la !

• **Ce que dit la loi** : Selon une délibération n° 3 § 5 de la Commission paritaire nationale de l'assurance chômage du 24 janvier 1996, en cas de doute sur le caractère professionnel ou bénévole d'une activité, le chômeur peut saisir la Commission paritaire de l'ASSEDIC afin qu'elle décide si l'exercice d'une telle activité est compatible avec le maintien des allocations de chômage. La Commission paritaire de l'ASSEDIC prend une décision au vu des éléments fournis par l'intéressé au jour de la demande. Si la décision est positive, les allocations sont maintenues tant que les éléments de la situation de l'intéressé ne sont pas modifiés. En revanche, si la Commission paritaire de l'ASSEDIC estime que l'activité bénévole est en réalité une activité professionnelle, cela a pour conséquence l'interruption du versement des allocations.

Si vous exercez votre activité bénévole en dehors du temps ouvrable, c'est-à-dire le soir, le week-end ou la nuit, vous ne risquez rien. De même, vous pouvez être tranquille si vous exercez cette activité pendant la journée de travail de façon tout à fait occasionnelle. En revanche, si votre activité est régulière, à temps partiel ou à temps complet, vous n'êtes plus disponible pour rechercher un emploi et il est vivement recommandé de trouver une autre solution si vous ne voulez pas perdre vos allocations.

• **Notre conseil** : Soyez prudent, car gare aux sanctions : en cas d'indisponibilité dans la recherche d'un autre emploi, le délégué départemental de l'ANPE radie le chômeur de la liste des demandeurs d'emploi. Cette radiation entraînera pour vous l'impossibilité d'obtenir une nouvelle inscription pendant une période comprise entre deux mois et six mois consécutifs. Mais en cas de fausses déclarations, cette durée est comprise entre six mois et un an. En outre, en cas de fraude ou de fausses déclarations pour obtenir ou tenter d'obtenir des allocations de chômage, l'intéressé est passible d'un emprisonnement de deux mois et d'une amende de 570 € ou de l'une de ces deux peines seulement.

Vos nom et prénom
Adresse

Date

N° d'inscription à l'ANPE
N° dossier ASSEDIC

Commission paritaire
de l'ASSEDIC
Adresse

Recommandé avec avis de réception

Messieurs,

Je suis actuellement indemnisé par l'assurance chômage et j'envisage d'exercer une activité bénévole au sein d'une association à but non lucratif dont je suis membre.

Mon activité consistera ... (*indiquez de quoi il s'agit*).

Cette activité sera occasionnelle et me laissera disponible pour rechercher un emploi pendant le temps et les jours ouvrables que je consacrerais au travail si je n'étais pas demandeur d'emploi.

J'aimerais savoir si l'exercice de cette activité bénévole est compatible avec le versement de mes allocations de chômage.

À cet effet, vous trouverez ci-joint les pièces nécessaires justifiant de cette activité.

Veuillez agréer, Messieurs, mes salutations distinguées.

Signature

VOUS ÊTES AU CHÔMAGE ET EN RAISON DE VOTRE ÂGE VOUS DEMANDEZ À ÊTRE DISPENSÉ DE RECHERCHER UN EMPLOI.

Certains chômeurs ont légalement le droit d'être dispensés de rechercher un emploi. Mais ils doivent en faire la demande auprès des ASSEDIC.

• **Ce que dit la loi** : Selon les articles L. 351-16 et R. 351-26 du code du travail, certains chômeurs sont dispensés de rechercher un emploi, qu'ils soient indemnisés ou non. Il s'agit des personnes âgées d'au moins cinquante-sept ans et demi.

Cette limite d'âge est abaissée à cinquante-cinq ans si l'intéressé justifie d'au moins 160 trimestres validés dans les régimes de base obligatoires d'assurance vieillesse ou de périodes reconnues équivalentes.

• **Notre conseil** : Bien que vous soyez dispensé de rechercher un emploi, il se peut que vous retrouviez du travail. Dans ce cas, n'oubliez pas d'informer les ASSEDIC dans un délai de soixante-douze heures de votre reprise d'activité, salariée ou non, rémunérée ou non.

Vos nom et prénom
Adresse

Date

N° Inscription ANPE
N° de Sécurité sociale
N° de dossier ASSEDIC

M. le Directeur
des ASSEDIC
Adresse

Monsieur le Directeur,

Étant âgé de 57 ans et demi depuis le ... (*date*) ;

Ou bien :

Étant âgé de 55 ans depuis le ... (*date*) et totalisant au moins 160 trimestres validés à l'assurance vieillesse,

Je vous demande par la présente de me dispenser de rechercher un emploi conformément aux articles L. 351-16 et R. 351-26 du code du travail.

Veuillez agréer, Monsieur le Directeur, mes salutations distinguées.

Signature

VOUS ÊTES RADIÉ DE L'ANPE. VOUS DEMANDEZ LE RÉEXAMEN DE VOTRE SITUATION AU DÉLÉGUÉ DÉPARTEMENTAL DE L'ANPE.

La chasse aux faux chômeurs est ouverte. Mais vous avez trinqué à la place d'un tire au flan. Vous êtes radié alors que vous recherchez activement un emploi. Vous formez un recours gracieux contre cette décision et demandez la levée de cette sanction injustifiée.

• **Ce que dit la loi** : L'article L. 351-17 du code du travail prévoit qu'un demandeur d'emploi peut être exclu du droit aux allocations, lorsque, sans motif légitime, il refuse une proposition d'emploi, de suivre une action de formation, de répondre aux convocations de l'Agence nationale pour l'emploi (ANPE), de se soumettre à une visite médicale destinée à vérifier son aptitude au travail. Lorsque le chômeur ne recherche pas activement un emploi ou a fait, sciemment, des déclarations inexactes, présenté des attestations mensongères ou touché indûment le revenu de remplacement, il peut être exclu du bénéfice de ce revenu par le préfet.

La personne concernée peut, si elle conteste le motif de sa radiation, former un recours gracieux (qui ne suspend pas la décision), dans les deux mois de la notification auprès du délégué départemental de l'ANPE ou devant le préfet, selon le cas. Ce recours est soumis pour avis à une commission départementale.

En cas de rejet du recours par la commission, il faut s'adresser au ministre du Travail, de l'Emploi et de la Formation professionnelle, en utilisant la procédure du recours hiérarchique, ou saisir ,dans les deux mois qui suivent la notification, le tribunal administratif.

• **Notre conseil** : La personne concernée peut demander à être entendue par la commission et se faire assister par une personne de son choix. Ne vous privez pas de cette possibilité.

Vos nom et prénom
Adresse

Date

N° Inscription ANPE
N° de Sécurité sociale
N° de dossier ASSEDIC

M. le délégué départemental
de l'ANPE
(adresse)

Monsieur le Délégué,

Par courrier du ... (*date*), vous m'informez de votre décision de me radier de la liste des demandeurs d'emploi au motif ...... (*citez le motif invoqué par l'ANPE*).

Cette décision est à mon sens injustifiée. En effet, ... (*donnez vos arguments : par exemple* impossibilité d'accepter une proposition d'emploi ou de formation par l'ANPE incompatible avec la formation antérieure).

Vous trouverez ci-joint les preuves de mes efforts personnels en vue de retrouver un emploi.

Compte tenu des conséquences, notamment au regard du droit aux allocations, de votre décision, je demande que ma situation soit réexaminée par la commission départementale de recours gracieux en ma présence afin d'être entendu par celle-ci.

Veuillez agréer, Monsieur le Délégué, mes salutations distinguées.

Signature

VOUS DEMANDEZ UNE AVANCE SUR VOS ALLOCATIONS DE CHÔMAGE.

Vous êtes au chômage et vous êtes en attente d'indemnisation. Mais votre dossier n'avance pas. Vous demandez à la commission paritaire de l'ASSEDIC une avance qui sera, par la suite, déduite du montant des allocations.

• **Ce que dit la loi** : Selon l'article 33 du règlement général du régime d'assurance chômage, les salariés privés d'emploi peuvent demander, dans les conditions consignées dans le règlement intérieur pris pour l'accomplissement des missions des Assedic à l'égard des salariés privés d'emploi, dont les termes sont arrêtés par le Conseil d'administration de l'Unédic, des avances sur prestations et des acomptes.

Vos nom et prénom
Adresse
N° de dossier Assedic

Date

Recommandé avec avis de réception

Commission paritaire
ASSEDIC de.........
Adresse

Messieurs,

Je suis inscrit comme demandeur d'emploi à l'Assedic depuis le.... (*date*).

J'ai déposé mon dossier de demande d'allocation le ...... (*date*). Dans l'attente du versement de ma première mensualité, je sollicite une avance sur le montant de mes allocations de chômage en application de l'article 33 du règlement général.

Ou bien :

Subissant actuellement de graves difficultés financières (*expliquez de quoi il s'agit*), je sollicite une avance sur le montant......etc.

Veuillez agréer, Messieurs, mes salutations distinguées.

Signature

• **Notre conseil** : La demande est possible pendant l'instruction de votre dossier de demande d'allocations, mais aussi pendant votre indemnisation si le besoin s'en fait sentir.

VOUS INFORMEZ L'AGENCE POUR L'EMPLOI EN CAS DE DÉPART EN VACANCES.

Bien qu'en période de vache maigre, vous comptez partir en vacances pour une durée supérieure à sept jours. Vous devez porter votre absence à la connaissance de l'Agence nationale pour l'emploi.

• **CE QUE DIT LA LOI** : L'article R. 311-3-2 du code du travail contraint les demandeurs d'emploi à porter à la connaissance de l'Agence nationale pour l'emploi (ANPE) tous les changements affectant leur situation dans un délai de soixante-douze heures.

En outre, les demandeurs d'emploi sont tenus d'informer les services de l'ANPE de toute absence de leur résidence habituelle d'une durée supérieure à sept jours. Ces absences sont autorisées dans la limite de trente cinq jours par an.

Les absences supérieures à trente cinq jours par an entraînent, en principe, la suspension du versement des allocations de chômage.

• **NOTRE CONSEIL** : Pas de souci si votre absence est inférieure ou égale à sept jours. Vous pouvez légitimement vous absenter de votre domicile sans être tenu à aucune démarche particulière.

Vos nom et prénom
Adresse

Date

Recommandé avec avis de réception

Monsieur le Directeur de l'Agence nationale pour l'emploi de (*adresse*) ....

Monsieur le Directeur,

En application de l'article R. 311-3-2 du code du travail et de l'instruction ANPE TR-92-19 de mars 1992, j'ai l'honneur de vous informer que je serai absent de mon domicile du .... (*date*) au ..... (*date*). pour congé annuel avec ma famille.

Je serai de nouveau à la disposition de vos services à compter de la date du....... (*date*).

Veuillez agréer, Monsieur le Directeur, l'expression de mes sentiments respectueux.

Signature

VOUS DEMANDEZ À L'ASSEDIC DE SE PRONONCER SUR VOTRE SITUATION DE GÉRANT AU REGARD DE L'ASSURANCE-CHÔMAGE.

Cumuler un mandat de gérant de société et un contrat de travail : un bon plan pour avoir droit aux allocations de chômage aux mêmes conditions que les salariés. Mais rien n'est automatique et vous devez interroger l'Assedic pour savoir si vous pourrez prétendre à indemnisation en cas de coup dur.

• **Ce que dit la loi** : Le règlement de l'assurance-chômage prévoit que si vous êtes uniquement dirigeant de la société (gérant, président du conseil d'administration...), vous êtes exclu du régime de l'assurance-chômage, même si vous avez le statut de gérant minoritaire.

En revanche, si vous êtes titulaire d'un contrat de travail, correspondant à des fonctions techniques, absolument distinctes de vos fonctions de mandataire social (gérant, président du conseil d'administration), et qu'il existe un lien de subordination entre vous et la société, vous pouvez éventuellement prétendre au régime de l'assurance-chômage. Des fonctions administratives ne sont pas des fonctions techniques, puisque l'administration des affaires fait partie de la mission normale du gérant. En pratique, l'ASSEDIC admet rarement l'existence de ce lien de subordination. Le fait que l'on accepte vos cotisations n'a aucune valeur.

Pour éviter de cotiser inutilement, il est préférable d'interroger préventivement l'ASSEDIC sur votre situation. Vous recevez une fiche à remplir, et au vu de ce dossier, l'ASSEDIC vous donnera un avis qui l'engage.

• **Notre conseil** : Interroger l'ASSEDIC vous permet, si son avis est négatif, de savoir à quoi vous en tenir et de vous garantir personnellement contre le risque chômage, en vous affiliant à des caisses spécialisées (GSC ou APPI).

Vos nom et prénom
Adresse

Date

Recommandé avec avis de réception

ASSEDIC de ...
Adresse

Madame, Monsieur,

Titulaire de ... % du capital (*par exemple 49 %*), je suis gérante de la S.A.R.L. ... (*dénomination*) et, en outre, titulaire d'un contrat de travail pour des fonctions techniques de ... (*précisez exactement la nature des fonctions techniques : chauffeur, ingénieur agronome...*).

Je vous saurais gré de bien vouloir m'indiquer si, en cas de perte de mon emploi, je pourrais bénéficier de la couverture chômage au titre de mon contrat de travail.

A l'appui de ma demande, je vous joins la copie des statuts, du procès-verbal de ma nomination de gérante et de mon contrat de travail.

Veuillez agréer, Madame, Monsieur, mes salutations distinguées.

Signature du gérant

VOUS DEMANDEZ À L'ASSEDIC DE VOUS REMBOURSER LES COTISATIONS VERSÉES.

Vous n'auriez pas droit à l'assurance chômage en cas de problème ; vous voules récupérer le montant de vos cotisations.

• **Ce que dit la loi** : Si l'ASSEDIC vous a donné un avis négatif sur votre situation au regard de l'assurance-chômage, demandez le remboursement des cotisations versées jusqu'à cinq ans en arrière. Pour Paris et la petite couronne, la demande est à présenter au G.A.R.P. (Groupement des ASSEDIC de la région parisienne) et, pour le reste de la France, à l'ASSEDIC où vous payez les cotisations.

Vos nom et prénom
Adresse

Date

Recommandé avec avis de réception

Monsieur le Directeur
ASSEDIC de ...
(ou G.A.R.P.)
Adresse

Monsieur le Directeur,

Je cumule un mandat de gérant de la S.A.R.L. ... (*dénomination*) avec un contrat de travail pour des fonctions de ...

Toutefois, l'ASSEDIC de ... (*lieu*), par décision en date du ... dont ci-joint photocopie, a rendu un avis négatif et estimé que je ne peux bénéficier de la couverture de l'assurance-chômage des salariés.

Les cotisations versées à votre caisse deviennent donc sans objet.

En conséquence, je sollicite le remboursement de ces versements devenus des indus, pour la période du ... (*date*) au ... (*date*).

Je vous remercie de réserver une suite favorable à ma requête.

Veuillez agréer, Monsieur le Directeur, l'expression de mes sentiments respectueux.

Signature

CHAPITRE 40

VOS RELATIONS AVEC LA CAISSE D'ALLOCATIONS FAMILIALES (CAF)

Si votre caisse d'allocations familiales vous réclame des prestations qu'elle vous a versées à tort, vous devez normalement les rembourser. Mais si votre bonne foi n'est pas en cause, vous pouvez contester la réalité de la dette ou demander des délais de remboursement.

• **Ce que dit la loi** : L'article L. 553-2 du code de Sécurité sociale vous offre plusieurs possibilités si votre Caisse d'allocations familiales vous réclame des prestations qu'elle vous a, selon elle, versées à tort.

Si vous êtes de bonne foi et que la caisse a commis une erreur, vous pouvez contester la réalité de votre dette devant la Commission de recours amiable de l'organisme. Vous pouvez aussi, sans contester le montant de la dette, demander une réduction du montant de celle-ci en invoquant une situation matérielle précaire. En tout état de cause, sachez que vous pouvez exiger que les sommes versées à tort soient récupérées sur le montant des prestations à venir en limitant la retenue à 20 %, au maximum, du montant versé chaque mois.

• **Notre conseil** : En cas de faute de la caisse, n'hésitez pas à saisir le juge du tribunal des affaires de Sécurité sociale (après vous être adressé à la Commission de recours amiable). Celui-ci peut éventuellement vous accorder des dommages-intérêts si vous faites la démonstration que le remboursement des sommes payées à tort vous cause un préjudice.

Vos nom et prénom
Adresse
N° d'allocataire

Date

Caisse d'allocations familiales
(ou le cas échéant Commission de recours)
Adresse

Recommandé avec avis de réception

Messieurs,

Vous me réclamez par votre lettre du ... (*date*) un trop-perçu d'allocation ... (*indiquez laquelle*). Je considère que dans cette affaire ma bonne foi n'est pas en cause. En effet, ... (*expliquez pourquoi*).

Première hypothèse (Commission de recours amiable)

J'entends donc contester le montant de la somme que vous me réclamez, car j'estime que j'avais le droit de percevoirl'allocation en cause.

Deuxième hypothèse (directement à la CAF)

Je ne conteste pas le montant de la somme que vous me réclamez. Conformément à l'article L. 553-2 du code de Sécurité sociale, je demande une réduction du montant de celle-ci compte tenu de ma situation matérielle précaire (joignez les justificatifs, comme par exemple un avis de non-imposition).

Dans les deux hypothèses

En tout état de cause, si une retenue doit être opérée sur le montant de mes futures allocations, je demande, conformément à l'article L. 553-2 du code de Sécurité sociale, que cette retenue soit limitée à 20 % du montant de la somme qui m'est attribuée lors de chaque versement.

Veuillez agréer, Messieurs, mes salutations distinguées.

Signature

APRÈS UNE PÉRIODE DE CHÔMAGE, VOUS VENEZ DE RETROUVER UN EMPLOI. VOUS EN AVISEZ VOTRE CAF.

Vous perceviez de la CAF une ou plusieurs allocations versées sous condition de ressources alors que vous étiez au chômage. Or, vous avez retrouvé un emploi et bénéficiez donc de revenus plus élevés. Vous en avisez votre CAF pour qu'elle ne continue pas à vous verser des allocations que vous seriez obligé de rembourser plus tard.

• **Ce que dit la loi** : Certaines allocations (allocations de soutien familial, complément familial, allocation de parent isolé…) vous sont versées uniquement si vos ressources ne dépassent pas certains plafonds.

Lorsque vos revenus dépassent ces plafonds, la CAF doit cesser de vous verser ces allocations. Mais, souvent, entre le moment où vos ressources augmentent et arrivent à dépasser les plafonds et le moment où la CAF le constate, il se passe plusieurs mois.

Pendant ce temps, elle a continué à vous verser ces allocations alors que leur versement aurait dû cesser. Vous devez alors rembourser le trop-perçu.

Pour éviter pareille situation, il est préférable d'aviser la CAF dès que votre situation change : vous retrouvez un emploi après une période de chômage, vous vous installez avec un(e) ami(e), vous vous mariez, vos revenus augmentent de manière significative…

• **Notre conseil** : Avisez rapidement votre CAF de tout changement important dans vos ressources, votre situation de famille…

Vos nom et prénom
Adresse
N° d'allocataire

Date

Caisse d'allocations familiales
Adresse

Recommandé avec avis de réception

Madame, Monsieur,

Je vous prie de bien vouloir noter que j'ai retrouvé un emploi depuis le … (*date*). Mon salaire mensuel net s'élève à … €.

(*Ou encore* : je vis maritalement depuis le… ; je me suis séparée de mon mari ; j'ai divorcé le …)

En conséquence, je vous prie de procéder à une nouvelle étude de mes droits prenant en compte cette nouvelle situation.

Veuillez agréer, Madame, Monsieur, mes salutations distinguées.

Signature

VOUS PENSEZ AVOIR DROIT À L'ALLOCATION DE LOGEMENT. VOUS DEMANDEZ À LA CAF DE VOUS ENVOYER UN DOSSIER À REMPLIR.

Vous venez de prendre un logement en location. Vous pensez avoir droit à l'allocation de logement. Demandez à la CAF de vous adresser le dossier.

• **Ce que dit la loi** : L'article L. 511-1 du code de Sécurité sociale prévoit deux types d'allocations de logement : l'allocation de logement à caractère familial et l'allocation de logement à caractère sociale (ALS).

La première est versée aux couples (ou personnes seules) qui ont des enfants à charge tandis que la seconde est versée à tous ceux qui n'ont personne à charge : étudiants, personnes ayant élevé leurs enfants ou n'ayant jamais eu d'enfant.

Ainsi, une personne (ou un couple) à la retraite sans enfant peut percevoir l'ALS.

Dans les deux cas, les ressources ne doivent pas dépasser des plafonds fixés par la loi. Il faut, en outre, que le logement respecte des conditions de surface.

Vos nom et prénom
Adress
N° d'allocataire

Date

Caisse d'allocations
familiales
Adresse

Madame, Monsieur,

Depuis le ... (*date*), je suis locataire d'un logement dont l'adresse est indiquée ci-dessus.

En conséquence, je vous prie de bien vouloir m'adresser un dossier me permettant d'établir une demande d'allocation de logement.

Divorcé(e) et à la retraite, je n'ai aucun enfant à charge (*ou encore* : je suis marié(e) et j'ai un enfant à charge...).

Vous en remerciant par avance, je vous prie de croire, Madame, Monsieur, à l'expression de mes salutations distinguées.

Signature

• **Notre conseil** : Dans le doute, ne vous abstenez pas. Remplissez une demande d'allocations de logement.
Inutile dans votre lettre de préciser si vous relevez de l'allocation de logement familial ou de l'allocation de logement social. En fonction de votre situation, la CAF vous adressera le dossier adéquat.

CHAPITRE 41

VOS RELATIONS AVEC LES ADMINISTRATIONS ET ASSIMILÉS

CELA FAIT PLUSIEURS MOIS, VOIRE PLUSIEURS ANNÉES, QUE VOUS VOUS DÉBATTEZ AVEC UN PROBLÈME ADMINISTRATIF... VOUS DEMANDEZ L'INTERVENTION DU MÉDIATEUR DE LA RÉPUBLIQUE.

Vous avez un important problème avec une administration. Votre dossier s'enlise et vous n'arrivez pas à obtenir gain de cause. Vous pouvez saisir le médiateur de la République.

• **CE QUE DIT LA LOI** : Le médiateur de la République a été mis en place en 1973. Il a pour mission de tenter de régler les litiges entre les administrations (centres de Sécurité sociale, caisses de retraites, centres des impôts, trésoreries, ASSEDIC, mairies, régions, ministères, caisses d'allocations familiales...) et les usagers.

L'an dernier, il a reçu environ 43 000 demandes et a réglé la majorité des dossiers. Son prestige est tel qu'il n'existe aucune administration qui ose s'opposer à sa décision.

Vous ne pouvez pas saisir le médiateur de la République si l'affaire est déjà devant le juge.

Un petit inconvénient : la saisine du médiateur se fait sous couvert d'un député ou d'un sénateur.

Dans un premier temps, prenez rendez-vous avec le délégué départemental du médiateur (à la préfecture). Il va tenter, à l'échelon local, de régler directement le problème. S'il n'y parvient pas, il vous conseillera sur la façon de préparer le dossier qui sera présenté au médiateur.

Attention : le médiateur n'intervient pas pour les litiges entre personnes privées.

Il n'y a pas de délai pour saisir le médiateur de la République et ses services sont gratuits.

• **NOTRE CONSEIL** : Dans le doute, ne vous abstenez pas. Le médiateur de la République est remarquablement efficace.

Pour le saisir, adressez votre lettre à votre député ou à votre sénateur qui la fera suivre.

Si vous ne connaissez ni député ni sénateur, envoyez votre lettre à l'Assemblée nationale ou au Sénat à Paris.

Enfin, ne dénigrez jamais l'administration avec qui vous êtes en litige. Contentez-vous d'expliquer les faits.

Vos nom et prénom — Date
Adresse

Recommandé avec avis de réception

Nom du Sénateur
ou du Député

Monsieur (*ou* Madame) le Député (*ou* le Sénateur),

Je vous serai reconnaissant de bien vouloir transmettre au médiateur de la République ma requête concernant un litige qui m'oppose à ... (*nom de l'organisme*), au sujet de ... (*indiquez brièvement le motif du litige*).

Je vous remercie de m'informer de la suite que vous voudrez bien donner à ma requête.

Je vous prie de croire, Monsieur (*ou* Madame) le Député (*ou* le Sénateur), à l'expression de mes sentiments respectueux.

Signature

CELA FAIT PLUSIEURS MOIS, VOIRE PLUSIEURS ANNÉES, QUE VOUS VOUS DÉBATTEZ AVEC UN PROBLÈME ADMINISTRATIF… VOUS DEMANDEZ L'INTERVENTION DU MÉDIATEUR DE LA RÉPUBLIQUE (SUITE).

Vous avez un important problème avec une administration. Votre dossier s'enlise et vous n'arrivez pas à obtenir gain de cause. Vous pouvez saisir le médiateur de la République.

Vos nom et prénom
Adresse

Date

Monsieur le Médiateur
de la République

Recommandé avec avis de réception

Monsieur le Médiateur de la République,

J'ai l'honneur de solliciter votre intervention dans le litige qui m'oppose à … (*nom de l'administration*).

En effet, … (*expliquez clairement les motifs du litige ; par exemple* : cette caisse de retraite ne veut pas valider mes périodes d'activité professionnelle dans tel pays).

Je vous remercie de la bienveillance que vous voudrez accorder à la présente et vous prie de croire, Monsieur le Médiateur de la République, à l'expression de mes sentiments respectueux.

Signature

VOUS ÊTES ATTEINT D'UNE MALADIE LIÉE À L'AMIANTE. VOUS DEMANDEZ RÉPARATION AU FONDS D'INDEMNISATION DES VICTIMES DE L'AMIANTE.

Vous-même ou un membre de votre famille avez été contaminé par une maladie dont la cause est une exposition à l'amiante. Un fonds d'indemnisation ayant été créé, vous lui réclamez la réparation intégrale de vos préjudices.

• **Ce que dit la loi** : La loi de financement de la Sécurité sociale pour 2001 du 23 décembre 2000 a créé un fonds d'indemnisation des victimes de l'amiante devant permettre à celles-ci, ou à leurs ayants droit, d'obtenir une réparation intégrale de leur préjudice.

Les personnes pouvant réclamer une indemnisation sont :

– les personnes qui ont obtenu la reconnaissance d'une maladie professionnelle occasionnée par l'amiante au titre de la législation française de Sécurité sociale ou d'un régime assimilé ou de la législation applicable aux pensions civiles et militaires d'invalidité ;

– les personnes qui ont subi un préjudice résultant directement d'une exposition à l'amiante sur le territoire de la République française. Ainsi, même s'il n'est pas salarié et ne bénéficie pas de la législation sur les maladies professionnelles, un simple citoyen qui a été exposé à l'amiante peut demander réparation.

Enfin, la loi accorde le bénéfice du fonds aux ayants droit des victimes.

La demande d'indemnisation au fonds d'indemnisation doit être présentée au moyen d'un formulaire spécial. Ce formulaire doit être demandé auprès du fonds. Mais pendant l'année 2002 et jusqu'à la mise en place effective du fonds, la demande doit être faite auprès du fonds de garantie contre les accidents de circulation et de chasse qui est chargé de l'instruction des dossiers de demandes .

• **Notre conseil** : Faites-vous aider dans vos démarches par des associations spécialisées. C'est le cas de la Fédération nationale des accidentés du travail (Fnath), 20, rue Tarantaize, BP 520, Saint-Étienne Cedex 1 et de l'Association nationale de défense des victimes de l'amiante (Andeva), 22, rue des Vignerons, 94686 Vincennes Cedex.

Vos nom et prénom — Date
Adresse
Recommandé avec avis de réception

Fonds d'indemnisation
des victimes de l'amiante
adresse
(*ou* Fonds de garantie contre
les accidents de circulation)

Messieurs,

Je souffre depuis quelques années de ... (*indiquez de quelle maladie il s'agit*) qui a été reconnue comme étant d'origine professionnelle le ... (date) par la Sécurité sociale.

Ou bien

Je souffre depuis quelques années de ... (*indiquez de quelle maladie il s'agit*) dont l'origine est due selon mon médecin traitant à une exposition à l'amiante.

En conséquence, je vous demande de m'adresser un formulaire spécial de demande d'indemnisation afin que je puisse faire valoir mes droits auprès du fonds d'indemnisation des victimes de l'amiante créé par la loi du 23 décembre et son décret d'application du 23 octobre 2001.

Veuillez agréer, Messieurs, l'expression de ma considération distinguée.

Signature

VOUS ÊTES ATTEINT D'UNE MALADIE LIÉE À L'AMIANTE. VOUS RÉCLAMEZ LE VERSEMENT D'UNE PROVISION.

N'attendez pas que votre dossier soit régularisé : vous pouvez bénéficier d'une avance.

• **Ce que dit la loi** : Pendant l'instruction de votre dossier, vous pouvez réclamer au fonds le versement d'une provision. Le fonds dispose d'un mois pour statuer sur cette demande. Cette provision sera, par la suite, déduite du montant de l'indemnisation.

Vos nom et prénom
Adresse

Date

Recommandé avec avis de réception

Fonds d'indemnisation
des victimes de l'amiante
adresse

Messieurs,

J'ai déposé le .... (*date*) auprès du fonds d'indemnisation des victimes de l'amiante un dossier de demande d'indemnisation.

Dans l'attente d'une offre d'indemnisation de votre part, j'ai l'honneur de solliciter le versement d'une provision sur le montant de la somme que vous déciderez de m'attribuer en réparation intégrale du préjudice que j'ai subi.

Je ne doute pas que vous accéderez à ma demande le plus rapidement possible.

Je vous prie d'agréer, Messieurs, l'expression de mes salutations distinguées.

Signature

VOUS ÊTES ATTEINT D'UNE MALADIE LIÉE À L'AMIANTE. VOUS ACCEPTEZ OU VOUS REFUSEZ L'OFFRE D'INDEMNISATION.

L'offre vous paraît acceptable ou au contraire dérisoire : vous faites part de votre décision.

• **Ce que dit la loi** : Le fonds doit faire une offre d'indemnisation dans un délai de six mois à compter de la réception de la demande (Attention : ce délai sera décalé s'il manque des pièces à votre dossier). Vous devez faire connaître au fonds d'indemnisation par lettre recommandée avec demande d'avis de réception si vous acceptez ou non l'offre d'indemnisation qui vous est faite.

Vos nom et prénom Date
Adresse

Recommandé avec avis de réception

Fonds d'indemnisation
des victimes de l'amiante
adresse

Messieurs,

Dans le cadre de ma demande d'indemnisation auprès du fonds d'indemnisation des victimes de l'amiante, vous m'avez adressé le ... (*date*) une offre d'indemnisation en réparation intégrale du préjudice que j'ai subi.
Je déclare par la présente accepter votre offre d'indemnisation.

Ou bien :
Je déclare par la présente refuser votre offre d'indemnisation. En effet, je considère que différents éléments de mon préjudice ne sont pas suffisamment pris en compte, ... (*expliquez pourquoi*).

En conséquence, ce sera à la cour d'appel de fixer le montant de l'indemnisation que vous devrez me verser à moins que vous ne me fassiez une nouvelle offre plus conforme à la réalité de mon préjudice.

Je vous prie d'agréer, Messieurs, l'expression de mes salutations distinguées.

Signature

CHAPITRE 42

VOS RELATIONS AVEC L'HÔPITAL ET LES MÉDECINS

VOUS PRESSENTEZ QUE VOTRE ÉTAT DE SANTÉ EST GRAVE. VOUS DEMANDEZ AU MÉDECIN QUI VOUS A EXAMINÉ UN ENTRETIEN INDIVIDUEL.

Vous êtes plutôt du genre à vouloir connaître la vérité sur votre état de santé. Comme le médecin qui vous a examiné vous semble négligent, vous lui rappelez que, désormais, il doit vous informer au cours d'un entretien individuel.

• **Ce que dit la loi** : Selon l'article L. 1111-1 du code de la santé publique tel qu'il résulte de la loi du 4 mars 2002 relative aux droits des malades et à la qualité du système de santé, toute personne a le droit d'être informée sur son état de santé.

Cette information porte sur les différentes investigations, traitements ou actions de prévention qui sont proposés, leur utilité, leur urgence éventuelle, leurs conséquences, les risques fréquents ou graves normalement prévisibles qu'ils comportent ainsi que sur les autres solutions possibles et sur les conséquences prévisibles en cas de refus. Lorsque, postérieurement à l'exécution des investigations, traitements ou actions de prévention, des risques nouveaux sont identifiés, la personne concernée doit en être informée, sauf en cas d'impossibilité de la retrouver.

Cette information incombe à tout professionnel de santé. Elle est délivrée au cours d'un entretien individuel. Seules l'urgence ou l'impossibilité d'informer peuvent l'en dispenser.

Vos nom et prénom
Adresse

Date

Docteur...
Hôpital (*ou* clinique)
Adresse

Monsieur (*ou* Madame),

Suite aux investigations sur mon état de santé que vous m'avez prescrit le ... (*date*) et que je vous ai communiqué le ... (*date*), je vous demande de me recevoir au cours d'un entretien individuel afin de m'exposer les traitements ou actions de prévention que vous proposez, leur utilité, leur urgence éventuelle, leurs conséquences, les risques fréquents ou graves normalement prévisibles qu'ils comportent ainsi que sur les autres solutions possibles et sur les conséquences prévisibles en cas de refus de ma part.

Veuillez agréer, Monsieur (*ou* Madame), mes salutations distinguées.

Signature

• **Notre conseil** : En pratique, c'est plutôt en milieu hospitalier que vous risquez d'être confronté à ce type de problème. Toutefois, avant d'écrire au médecin, essayez d'obtenir un rendez-vous par téléphone. Cela est davantage dans les usages.

L'HÔPITAL REFUSE DE VOUS COMMUNIQUER VOTRE DOSSIER MÉDICAL. VOUS LUI RAPPELEZ QU'IL S'AGIT D'UN DROIT POUR LE MALADE.

Vous venez d'être hospitalisé et vous pensez que le chirurgien ne vous a pas dit la vérité sur votre état de santé. Vous pouvez exiger de l'établissement d'hospitalisation qu'il vous communique votre dossier médical. En cas de refus, faites une demande plus persuasive.

• **Ce que dit la loi** : Selon l'article L. 1111-6 du code de la santé publique, toute personne a accès à l'ensemble des informations concernant sa santé détenues par des professionnels et établissements de santé qui sont formalisées et ont contribué à l'élaboration et au suivi du diagnostic et du traitement ou d'une action de prévention ou qui ont fait l'objet d'échanges écrits entre professionnels. Il s'agit notamment des résultats d'examen, comptes rendus de consultation, d'intervention, d'exploration ou d'hospitalisation, des protocoles et prescriptions thérapeutiques mis en œuvre, feuilles de surveillance, correspondances entre professionnels de santé.

Vous pouvez accéder à ces informations directement au plus tard dans les huit jours suivant votre demande et au plus tôt après qu'un délai de réflexion de quarante-huit heures aura été observé. Ce délai est porté à deux mois lorsque les informations médicales datent de plus de cinq ans. La consultation sur place des informations est gratuite. Lorsque le demandeur souhaite la délivrance de copies, quel qu'en soit le support, les frais laissés à sa charge ne peuvent excéder le coût de la reproduction et, le cas échéant, de l'envoi des documents.

• **Notre conseil** : Comme les résultats médicaux sont parfois difficilement lisibles par le commun des mortels, vous pouvez demander que votre dossier soit communiqué à un professionnel compétent. N'oubliez pas dans votre demande de mentionner le nom du médecin auquel votre dossier doit être communiqué.

Vos nom et prénom — Date
Adresse

N° de dossier
Recommandé avec avis de réception

Monsieur le Directeur de...
nom et adresse de
l'établissement
d'hospitalisation

Monsieur le Directeur,

À la suite de mon hospitalisation dans votre établissement dans le service ...... (*indiquez lequel*), j'ai l'honneur de vous demander par la présente de bien vouloir me communiquer mon dossier médical et le compte rendu d'hospitalisation qui y figure.

Ou bien :

J'ai l'honneur de vous demander par la présente de bien vouloir communiquer mon dossier médical, et le compte rendu d'hospitalisation qui y figure, à mon médecin traitant ci-dessous désigné :
Dr ...... (*nom et adresse*).

Veuillez agréer, Monsieur le Directeur, l'expression de mes sentiments distingués.

Signature

VOUS ESTIMEZ AVOIR ÉTÉ MAL SOIGNÉ DANS UNE CLINIQUE OU À L'HÔPITAL. VOUS SAISISSEZ LA COMMISSION RÉGIONALE DE CONCILIATION ET D'INDEMNISATION.

Vous êtes rentré certes malade à l'hôpital sur vos deux jambes, mais vous en êtes sorti en fauteuil roulant. Suite à un incident thérapeutique vous voilà immobilisé pendant trois mois... sans compter les éventuelles séquelles. Vous demandez l'intervention de la commission régionale de conciliation.

• **Ce que dit la loi** : L'article L. 1142-5 du code de la santé publique institue dans chaque région une commission régionale de conciliation et d'indemnisation qui est chargée de faciliter le règlement amiable des litiges relatifs aux accidents médicaux, aux affections iatrogènes et aux infections nosocomiales, ainsi que des autres litiges entre usagers et professionnels de santé, établissements de santé, services de santé ou organismes ou producteurs de produits de santé.

La commission régionale peut être saisie par toute personne s'estimant victime d'un dommage imputable à une activité de prévention, de diagnostic ou de soins, ou, le cas échéant, par son représentant légal. Elle peut également être saisie par les ayants droit d'une personne décédée à la suite d'un acte de prévention, de diagnostic ou de soins.

Vos nom et prénom
Adresse

Date

Recommandé avec avis de réception

M. le Président de la
Commission régionale
de conciliation et
d'indemnisation
Adresse

Monsieur le Président,

À la suite de mon hospitalisation dans l'établissement ... (*indiquez* : hôpital de ..., clinique de ....) dans le service ... (*indiquez lequel*), j'ai subi un grave préjudice suite à ... (*indiquez de quoi il s'agit* : accident médical, infection contractée).

Ne trouvant aucun terrain d'entente avec cet établissement sur une éventuelle indemnisation, j'ai l'honneur par la présente de saisir la Commission régionale de conciliation et d'indemnisation que vous présidez.

Vous trouverez en annexe l'état des prestations reçues ou à recevoir des différents organismes sociaux auxquels je suis affilié.

Veuillez agréer, Monsieur le Président, l'expression de mes sentiments distingués.

Signature

• **Notre conseil** : N'oubliez pas d'indiquer votre qualité d'assuré social ainsi que les organismes de sécurité sociale auxquels vous êtes affilié pour les divers risques. Vous devez indiquer également à la commission les prestations reçues ou à recevoir d'autres organismes que la Sécurité sociale ainsi que les procédures juridictionnelles relatives aux mêmes faits éventuellement en cours.

CHAPITRE 43

LES PROBLÈMES LIÉS À UN HANDICAP

Les personnes handicapés remplissant certaines conditions, notamment d'insuffisance de ressources, peuvent percevoir une allocation aux adultes handicapés. Vous mêmes ou un membre de votre famille doit en faire la demande.

• **Ce que dit la loi** : Selon les articles L. 821-1 et suivants du code de la sécurité sociale, l'allocation aux adultes handicapés peut être attribuée aux personnes :

– ayant une incapacité permanente reconnue d'un taux au moins égal à 80 % ;
– ayant une incapacité permanente comprise entre 50 % et 80 % et si la COTOREP a reconnu qu'elles sont dans l'impossibilité de se procurer un emploi en raison de leur handicap ;
– âgées de plus de 20 ans ou entre 16 et 20 ans et qui ne peuvent plus être considérées comme « à charge » au sens des prestations familiales.

La COTOREP est seule habilitée à prendre la décision médicale d'attribution ou de rejet de l'allocation, la caisse d'allocations appréciant de son côté si les conditions administratives sont remplies (conditions d'âge et de ressources).

Vos nom et prénom
Adresse

Date

Secrétariat de la commission technique d'orientation et de reclassement professionnelle (COTOREP)
Adresse

Messieurs,

Je m'adresse à vos services en tant qu'handicapé. Je pense remplir les conditions pour bénéficier de l'allocation aux adultes handicapés.

En conséquence, vous voudrez bien me retourner par retour du courrier les formulaires Cerfa n°61-2344, n°61-2280, n°61-2146 afin que je puisse finaliser ma demande, ainsi que la liste des documents que je devrais vous communiquer.

En vous remerciant de votre diligence, veuillez agréer, Messieurs, mes salutations distinguées.

Signature

• **Notre conseil** : En cas de refus, vous pouvez former un recours contre la décision vous refusant l'allocation à la juridiction du contentieux général de la sécurité sociale en cas de refus administratif ou à la juridiction du contentieux technique de l'incapacité en cas de refus refus médical.

VOUS DEMANDEZ UN COMPLÉMENT À L'ALLOCATION AUX ADULTES HANDICAPÉS.

Vous êtes handicapé et vous percevez l'allocation aux adultes handicapés. Vous avez fait le choix de vivre dans un logement indépendant et de faire face à des dépenses supplémentaires du fait des aménagements que cela implique. Cela justifie un complément d'allocation.

• **Ce que dit la loi** : Les articles L. 821-1-1 et L. 821-7 du code de sécurité sociale, ouvrent droit à un complément d'allocation autonomie aux personnes handicapées :

- ayant un taux d'incapacité égal ou supérieur à 80 % évalué par la commission technique d'orientation et de reclassement professionnel (COTOREP) ;
- percevant l'allocation aux adultes handicapés (AAH) à taux plein ou en complément d'un avantage vieillesse ou invalidité ou d'une rente d'accident de travail.
- touchant une aide personnelle au logement (allocation de logement familiale ou sociale, aide personnalisée au logement), soit comme titulaire, soit du fait d'un conjoint ou concubin allocataire ;
- disposant d'un logement indépendant.

• **Notre conseil** : La demande est à déposer à la Caisse d'allocations familiales de votre résidence. Mais si vous demandez l'allocation aux adultes handicapés pour la première fois, vous pouvez faire en même temps une demande de complément d'allocation auprès de la COTOREP.

Vos nom et prénom
Adresse

Date

Caisse d'allocations familiales
Adresse

Messieurs,

Je suis handicapé avec un taux de 80 % (*ou plus*) et je perçois l'allocation aux adultes handicapés au taux plein.

J'ai choisi de vivre dans un logement indépendant et de faire face aux dépenses supplémentaires du fait des aménagements que cela implique.

Par ailleurs, je suis titulaire d'une aide au logement sous la forme d'une .... (*indiquez l'allocation*) *ou bien* : Par ailleurs, mon conjoint perçoit une aide au logement sous la forme d'une......

En conséquence, je vous demande le bénéfice du complément d'allocation autonomie prévu par les articles L. 821-1-1 et L. 821-7 du code de sécurité sociale.

En vous remerciant de votre diligence, veuillez agréer, Messieurs, mes salutations distinguées.

Signature

VOUS ÊTES HANDICAPÉ ET DEMANDEZ UNE RÉDUCTION DE FACTURE TÉLÉPHONIQUE.

Les personnes titulaires de l'allocation aux adultes handicapés peuvent bénéficier d'une réduction de leur facture téléphonique. Encore faut-il le savoir et en faire la demande.

• **Ce que dit la loi** : L'article R. 20-34 du code des postes et télécommunications prévoit la réduction des factures téléphoniques pour les bénéficiaires de l'allocation aux adultes handicapés.

Toutefois vous devez avoir souscrit un abonnement auprès d'un opérateur autorisé et utiliser le poste fixe de votre résidence principale. Les portables ne sont pas concernés. En outre, la réduction concerne exclusivement les communications nationales en direction de postes fixes et l'accès à des numéros non tarifés.

Le montant maximum hors taxe de cette réduction (fixée chaque année par le ministre des télécommunications) est au plus égal à la moitié du tarif d'abonnement de référence.

• **Notre conseil** : Ce n'est pas à votre opérateur que vous devez vous adresser mais à la Caisse d'allocations familiales qui est compétente pour recevoir votre demande.

Vos nom et prénom
Adresse

Date

Caisse d'allocations familiales
Adresse

Messieurs,

Je suis handicapé avec un taux de .... % et je perçois l'allocation aux adultes handicapés.

En conséquence, je sollicite de votre haute bienveillance une réduction de ma facture téléphonique en application de L'article R. 20-34 du code des postes et télécommunications.

J'ai prisbonne note que cette réduction ne pourra concerner que les appels de mon poste fixe de ma résidence principale pour des communications nationales en direction de postes fixes et pour des numéros non tarifés.

En vous remerciant de votre diligence, veuillez agréer, Messieurs, mes salutations distinguées.

Signature

VOUS EXERCEZ UNE PROFESSION EN INDÉPENDANT ; VOUS DEMANDEZ UNE SUBVENTION D'INSTALLATION.

Vous êtes handicapé et vous avez décidé d'exercer une activité indépendante. Mais le matériel coûte cher. Sous certaines conditions, vous pouvez obtenir une subvention de la COTOREP.

• **Ce que dit la loi** : Selon l'article R. 323-73 du code du travail, lorsque la commission technique d'orientation et de reclassement professionnel (COTOREP) estime qu'un travailleur handicapé peut être dirigé vers une activité indépendante, une subvention d'installation peut lui être attribuée en vue de l'achat et de l'installation de l'équipement nécessaire à cette activité.

L'intéressé doit disposer d'un local, être âgé de 18 ans au moins et de 45 ans au plus, et exercer personnellement son activité indépendante. Il doit par ailleurs être de nationalité française ou résider en France depuis au moins 3 ans, avoir effectué un stage de formation professionnelle ou être titulaire d'un diplôme universitaire, et avoir reçu un avis favorable de la COTOREP.

Elle doit être obligatoirement affectée à l'achat ou à l'installation d'équipement nécessaire à l'exercice de la profession.

La demande est faite dans les 12 mois qui suivent la fin d'un stage de formation ou de la sortie de l'université auprès de la COTOREP du lieu de résidence (ou du lieu de du stage).

• **Notre conseil** : La subvention d'installation peut-être complétée par une aide versée par le fonds de développement pour l'insertion professionnelle des handicapés (AGEFIPH). Renseignez-vous auprès de cet organisme.

Vos nom et prénom Date
Adresse
Recommandée avec avis de réception

Commission technique
d'orientation et de
reclassement professionnel
Adresse

Messieurs,

Je suis atteint d'un handicap reconnu par la COTOREP de .....%.

Je viens de terminer un stage de formation de .... (*indiquez de quoi il s'agit*)

Ou bien :

Je viens d'acquérir un diplôme universitaire de ....

J'entend m'installer à mon compte en exerçant la profession de .... Cette installation va m'occasionner de nombreux frais notamment pour ce qui concerne l'équipement nécessaire à cette activité.

C'est pourquoi, je sollicite auprès de vos services la subvention d'installation visée à l'article R. 323-73 du code du travail.

Vous voudrez bien m'adresser à cet effet les formulaires Cerfa n°61-2344 et n°61-2280.

En vous remerciant de votre diligence, veuillez agréer, Messieurs, mes salutations distinguées.

Signature

Vous exercez un travail régulier mais celui-ci vous occasionne de nombreux frais imprévus. Vous avez en effet été contraint d'acheter ou d'aménager du matériel liés à votre handicap. Vous pouvez demander une allocation compensatrice pour frais professionnels.

• **Ce que dit la loi** : Les articles L. 245-1 du code de l'action sociale et de la famille prévoit que le travailleur handicapé qui exerce un travail régulier peut bénéficier d'une allocation compensatrice pour frais professionnels dès lors que l'exercice de cette activité entraîne des frais supplémentaires liés à son handicap. Il s'agit des frais de transport, d'achat ou d'aménagement de matériel, d'aménagement de locaux, d'aménagement d'un véhicule, les frais de secrétariat spécifique, etc.

Le montant de cette allocation varie selon les frais engagés , avec un plafond de 744,04 euros par mois depuis le 1er janvier 2003. L'allocation compensatrice peut se cumuler avec vos ressources dans la limite d'un plafond fixé pour la période du 1er juillet 2002 au 30 juin 2003, à 6 847,10 euros, plus le montant de l'allocation compensatrice accordée par la COTOREP. Ce plafond est doublé pour les personnes mariées (soit 13 694,20 euros) et majoré de 50 % par enfant à charge (soit 3 423,55 euros).

• **Notre conseil** : Pour toute information et pour les démarches, adressez-vous à la Commission technique d'orientation et de reclassement professionnel (COTOREP). Vous pouvez aussi déposer votre demande auprès du centre communal d'action sociale de votre commune.

Vos nom et prénom
Adresse

Date

Commission technique d'orientation et de reclassement professionnel (COTOREP)
Adresse

Messieurs,

Je suis handicapé avec un taux de ......% et j'exerce mon activité professionnelle dans l'entreprise .... (*dénomination et adresse*) ou j'occupe un emploi de .... (*précisez*).

J'ai été contraint d'engager de nombreux frais imprévus liés à mon handicap pour exercer cet emploi pour un montant d'environ ..... euros.

En conséquence, je pense pouvoir prétendre à une allocation compensatrice pour frais professionnels.

Vous voudrez bien me faire parvenir les formulaires Cerfa n°61-2344 et n°61-2280 afin que je puisse faire valoir mes droits.

Recevez, Messieurs, mes salutations distinguées.

Signature

VOUS DEMANDEZ LE BÉNÉFICE D'UNE PRIME À L'INSERTION.

Les employeurs peuvent bénéficier d'une prime à l'insertion s'ils favorisent l'emploi d'un travailleur handicapé. Il s'agit d'une demande conjointe de l'employeur et du salarié concerné.

• **Ce que dit la loi** : Une prime à l'insertion peut être attribuée aux travailleurs handicapés bénéficiaires de la loi du 10 juillet 1987 dans les entreprises du secteur privé et les entreprises, organismes et établissements exclusivement soumis au droit privé. Peuvent en bénéficier :

- les travailleurs handicapés qui ont signé un contrat à durée indéterminée (CDI) ou un contrat à durée déterminée (CDD) d'une durée égale ou supérieure à 12 mois ;
- les jeunes handicapés en contrat d'apprentissage ou d'insertion en alternance, titulaires d'une notification de la commission départementale de l'éducation spécialisée (CDES).

La durée mentionnée au contrat de travail devra être au moins égale à 16 heures par semaine ou à une moyenne hebdomadaire de 16 heures sur l'année.

La demande doit être adressée à l'Agefiph (fonds pour l'insertion professionnelle des personnes handicapées).

• **Notre conseil** : Vous devez adresser votre demande de prime à l'Agefiph au plus tard 6 mois après la date d'embauche. Il n'y a donc pas de temps à perdre.

Entreprise
(*ou établissement*)
Adresse

Agefiph
192, avenue Aristide Briand
92226 Bagneux Cedex

Messieurs,

Monsieur (*ou* Madame) .... a été embauché dans notre entreprise le ......
par contrat à durée ....

Monsieur (*ou* Madame) .... est atteint d'un handicap reconnu par la COTOREP de .....%.

La durée de travail de Monsieur (*ou* Madame) .... est de .... heures par semaine.

En conséquence, nous vous demandons le bénéfice d'une prime à l'insertion pour l'emploi des travailleurs handicapés.

Vous trouverez à cet effet les pièces suivantes :
- copie du contrat de travail ;
- copie du bulletin de salaire du premier mois de travail effectif ;
- copie de l'attestation du salarié bénéficiaire de la loi de 1987 ;
- copie de l'avis d'aptitude médicale à l'embauche (*volet employeur*) ;
- relevé d'identité bancaire de l'employeur et du salarié.

Veuillez agréer Messieurs, nos salutations distinguées.

Signature du salarié et de l'employeur

CHAPITRE 44

VOS RELATIONS AVEC LES PROFESSIONNELS DU DROIT

Vous avez pris un avocat pour attaquer ou vous défendre devant un tribunal. Les honoraires de cet avocat ne vous semblent pas justifiés. S'il ne veut rien entendre, plaignez-vous au bâtonnier de l'Ordre des avocats, puis, si votre plainte n'aboutit pas, au président du tribunal de grande instance.

• **Ce que dit la loi** : L'article 97 du décret du 9 juin 1972 fixe les règles selon lesquelles vous pouvez contester le montant et le recouvrement des honoraires de votre avocat.

À défaut d'accord avec lui, vous devez dans un premier temps adresser une lettre simple au bâtonnier de l'Ordre des avocats en lui exposant la situation.

Le bâtonnier doit vous donner sa réponse dans les trois mois par lettre recommandée avec avis de réception. Si cette réponse ne vous satisfait pas, vous pouvez, dans un délai d'un mois suivant la présentation de celle-ci, saisir le président du tribunal de grande instance (lettre recommandée avec avis de réception). Ce dernier tranchera le différend par ordonnance après vous avoir entendu ainsi que votre avocat. Cette ordonnance peut être contestée devant le Premier président de la Cour d'appel.

• **Notre conseil** : Afin d'éviter les mauvaises surprises, demandez à votre avocat d'établir une convention d'honoraires. Cela vous permettra d'avoir une idée aussi précise que possible de ce que vous devrez débourser. La convention précisera notamment le coût horaire de consultation, le temps passé en audience, les frais de dossier et de correspondance, etc.

Vos nom et prénom
Adresse

Date

Profession
Date et lieu de naissance

Monsieur le Bâtonnier
de l'Ordre des avocats
Tribunal de grande instance
Adresse

Recommandé avec avis de réception

Monsieur le Bâtonnier,

J'ai l'honneur de vous informer par la présente qu'un litige m'oppose à Maître ... (*nom et adresse*), avocat inscrit au barreau de ... (*ville ou région*), concernant le montant de ses honoraires.

En effet, ceux-ci me semblent trop élevés compte tenu de ... (*expliquez les raisons qui vous amènent à réclamer des honoraires plus faibles* : désintérêt pour l'affaire, etc.).

Je vous demande donc d'intervenir auprès de Maître ... afin que ce litige puisse se régler rapidement. Pour ma part, je suis bien sûr prêt à me déplacer afin de vous expliquer plus en détail les raisons qui motivent ma démarche.

En espérant que vous donnerez une suite favorable à ma démarche, je vous prie d'agréer, Monsieur le Bâtonnier, mes salutations distinguées.

Signature

VOUS NE VOULEZ PLUS QUE VOTRE AVOCAT S'OCCUPE DE VOTRE AFFAIRE. VOUS DEMANDEZ LA RESTITUTION DE VOTRE DOSSIER.

Si, pour une raison quelconque, vous souhaitez que votre avocat ne s'occupe plus de votre affaire, vous pouvez obtenir la restitution de votre dossier afin de confier l'affaire en d'autres mains. Si l'avocat refuse ou tarde à vous remettre ce dossier, portez plainte auprès du bâtonnier de l'Ordre des avocats.

• **Ce que dit la loi** : Selon l'article 86 du décret du 9 juin 1972, « lorsque l'affaire est terminée ou qu'il est déchargé, l'avocat doit restituer sans délai les pièces dont il est dépositaire ».

Si votre avocat, par négligence ou par mauvaise volonté, ne le fait pas, vous devez d'abord, conformément à l'article 97 du décret du 9 juin 1972, adresser une lettre simple au bâtonnier de l'Ordre des avocats en lui exposant la situation.

Le bâtonnier a trois mois pour vous répondre par lettre recommandée avec avis de réception. Si cette réponse ne vous satisfait pas, vous pouvez, dans un délai d'un mois suivant la présentation de la lettre recommandée, saisir le président du tribunal de grande instance (lettre recommandée avec avis de réception). Ce dernier ordonnera par ordonnance à votre avocat de vous remettre le dossier après vous avoir entendu, ainsi que votre avocat. Cette ordonnance peut être contestée devant le Premier président de la Cour d'appel.

• **Notre conseil** : Si une procédure est engagée devant le tribunal de grande instance, votre intérêt est de remplacer rapidement votre avocat. En effet, en l'absence de nouvel avocat pour représenter vos intérêts, votre adversaire pourra continuer la procédure et obtenir un jugement. Mais attention, ce nouvel avocat ne peut accepter de s'occuper de votre affaire que dans la mesure où vous avez réglé les honoraires de son confrère. Mieux vaut payer d'abord, et contester ensuite les honoraires de ce premier avocat si vous êtes vraiment mécontent.

Vos nom et prénom
Adresse

Date

Recommandé avec avis de réception

Monsieur le Bâtonnier
de l'Ordre des avocats
Tribunal de grande instance
Adresse

Monsieur le Bâtonnier,

J'ai l'honneur de vous informer par la présente qu'un litige m'oppose à Maître ... (*nom et adresse*), avocat inscrit au barreau de ... (*ville ou région*).

En effet, n'étant pas satisfait de ses services, j'ai décidé de le décharger de l'affaire que je lui avais confiée. Or, à ce jour, je n'ai toujours pas récupéré le dossier de cette affaire, ce qui risque à terme de me causer un préjudice certain. Je tiens à préciser que Maître ... a pourtant perçu l'intégralité de ses honoraires, ce qui rend d'autant plus insupportable son attitude.

Je vous demande donc d'intervenir auprès de Maître ... afin que ce litige puisse se régler rapidement. Je suis bien sûr prêt à me déplacer afin de vous expliquer plus en détail certains points de cette affaire.

En espérant que vous donnerez une suite favorable à ma démarche, je vous prie d'agréer, Monsieur le Bâtonnier, mes salutations distinguées.

Signature

Si vous avez eu recours à un huissier de justice et que les frais qui vous sont réclamés vous paraissent trop élevés, vous pouvez demander un contrôle devant les tribunaux.

• **Ce que dit la loi** : L'article 52 du nouveau code de procédure civile prévoit que les demandes en justice relatives aux frais et émoluments perçus notamment par les huissiers de justice puissent être examinées :

- par la juridiction saisie de l'affaire si les frais ont été exposés au cours d'un procès ;
- par le tribunal d'instance ou le tribunal de grande instance du lieu où l'huissier exerce ses fonctions si les frais ont été exposés en dehors d'un procès, ou s'il s'agit d'honoraires d'huissier non tarifés.

Vous devez demander un certificat de vérification auprès du secrétariat-greffe de la juridiction concernée. Il vérifiera les frais litigieux et les rectifiera éventuellement, dans la mesure où ils ne seraient pas conformes au tarif. Mais en dehors de cette hypothèse, si vous entendez contester l'opportunité de ces frais, vous devez vous adresser au président du même tribunal afin qu'il rende une ordonnance de taxe.

• **Notre conseil** : Si vous obtenez un certificat de vérification vous donnant satisfaction, vous devez l'adresser à l'huissier. Si celui-ci ne le conteste pas dans le délai d'un mois, ce certificat devient exécutoire et vous n'êtes tenu de lui verser que les sommes figurant sur le certificat.

Vos nom et prénom
Adresse
Recommandé avec
avis de réception

Date

Monsieur le Président
du tribunal d'instance
*(ou du tribunal
de grande instance)*
Adresse

Monsieur le Président,

J'ai demandé au secrétariat-greffe de votre juridiction un certificat de vérification des actes effectués par Maître ... (*nom et adresse*), huissier de justice.

Bien que certains tarifs aient été rectifiés, je conteste l'opportunité de certains autres actes effectués par cet huissier de justice.

En effet, ... (*développez vos arguments*).

En conséquence, je vous demande de rendre dans cette affaire une ordonnance de taxe. Je suis bien sûr prêt à me déplacer afin de vous expliquer plus en détail les points que je conteste.

En espérant que vous donnerez une suite favorable à ma demande, je vous prie d'agréer, Monsieur le Président, mes salutations distinguées.

Signature

AUCUN AVOCAT NE VEUT VOUS DÉFENDRE. VOUS SAISISSEZ LE BÂTONNIER DE L'ORDRE DES AVOCATS DE VOTRE DÉPARTEMENT.

Votre affaire met en cause une importante société de la région. En conséquence, aucun avocat ne veut pas accepter de vous défendre. Vous alertez le bâtonnier de l'Ordre des avocats.

• **Ce que dit la loi** : Toute personne a le droit d'être défendue. Mais, de son côté, l'avocat (sauf quand il est commis d'office) peut refuser de défendre une personne si cela met en cause ses convictions, ou si sa connaissance des personnes impliquées risque de modifier la perception qu'il aurait du dossier.

Les avocats exercent une profession libérale. Et, comme la majorité des professions libérales, ils ont un Ordre constitué d'avocats élus par leurs pairs (par les autres avocats).

L'Ordre a pour mission de défendre la profession, mais il exerce aussi un rôle disciplinaire sur ses membres. Il se choisit un bâtonnier qui est un peu son dirigeant. En cas de litige avec un avocat, on peut saisir le bâtonnier qui, après enquête, tranche l'affaire.

Mais, dans les villes petites et moyennes, les avocats refusent parfois leur assistance par peur de perdre les autres affaires : récemment, un habitant de province n'a trouvé aucun avocat pour le défendre dans une affaire contre un casino, tous les avocats comptaient ce casino parmi leurs clients !

• **Notre conseil** : Ne dénigrez jamais les avocats qui vous ont refusé leur assistance. Demandez simplement au bâtonnier de désigner un avocat pour vous défendre.

Vos nom et prénom
Adresse

Date

Recommandé avec
avis de réception

Nom du Bâtonnier
Adresse

Monsieur le Bâtonnier,

Ayant un litige avec une société installée dans la région, je souhaitais l'assigner devant le tribunal de grande instance. Comme vous le savez, l'assistance d'un avocat est obligatoire devant cette juridiction. Or, aucun avocat du département n'a, à ce jour, voulu accepter mon dossier. Je vous joins la liste indiquant le nom des avocats qui m'ont refusé leur concours.

Je vous serai reconnaissant de bien vouloir désigner un avocat pouvant m'assister et me représenter devant ce tribunal.

Je vous prie de croire, Monsieur le Bâtonnier, à l'expression de ma considération distinguée.

Signature

P.J. : ...

LE CONSEIL DES PRUD'HOMMES A CONDAMNÉ VOTRE EX-EMPLOYEUR À VOUS INDEMNISER, MAIS L'ADMINISTRATEUR JUDICIAIRE QUI GÈRE LE RÈGLEMENT JUDICIAIRE FAIT LA SOURDE OREILLE...

Après avoir été licencié, vous avez saisi le conseil des prud'hommes qui a jugé votre licenciement abusif, et condamné votre employeur à vous indemniser. Entre-temps, celui-ci a déposé le bilan et l'administrateur judiciaire n'a pas l'air pressé de payer. Tout espoir de percevoir votre dû n'est pas perdu.

• **Ce que dit la loi** : Une entreprise qui est en difficulté dépose son bilan. Le tribunal désigne alors un administrateur judiciaire qui va gérer l'entreprise avec l'espoir de la redresser. S'il n'y parvient pas, elle sera mise en liquidation judiciaire.

Mais, dans tous les cas, l'administrateur judiciaire doit respecter les droits des salariés. Il peut procéder à des licenciements en versant aux salariés les indemnités prévues par la loi.

Depuis 1973, il existe une assurance garantie des salaires (AGS). Financé par les cotisations des employeurs et des salariés, cet organisme doit obligatoirement avancer les sommes qui sont dues aux salariés (salaires, indemnités de licenciement, congés payés, participation...) lorsque les caisses de l'entreprise sont vides.

Si vous avez attaqué votre ex-employeur devant les prud'hommes et s'il a été condamné à vous verser des dommages-intérêts pour licenciement abusif (des salaires en retard, des primes...), le fait que l'entreprise soit sous administration judiciaire ne change rien à l'issue du procès.

Dans la mesure où il a eu une copie du jugement, l'administrateur judiciaire doit vous verser la somme fixée par le conseil des prud'hommes. S'il n'a pas les fonds nécessaires, il doit les demander à l'AGS. Pourtant, en pareil cas, les administrateurs font souvent la sourde oreille. Ne vous laissez pas intimider.

• **Notre conseil** : Envoyez à l'administrateur judiciaire une lettre le menaçant de mettre en cause sa responsabilité civile. S'il reste de marbre, demandez à un avocat de l'assigner en référé (en procédure d'urgence).

Vos nom et prénom
Adresse

Date

Recommandé avec
avis de réception

Nom de l'Administrateur
judiciaire
Adresse

Monsieur l'Administrateur judiciaire,

Le ... (*date*), je vous ai adressé copie d'un jugement rendu par le conseil des prud'hommes de ... (*ville*) condamnant mon ancien employeur, la société ... (*nom*), à me verser la somme de ... € au titre de ... (*dommages-intérêts, salaires en retard...*).

Or, à ce jour, vous n'avez toujours pas cru devoir me régler les sommes qui me sont dues.

Je renouvelle donc ma demande, en vous priant de bien vouloir appliquer ce jugement et me verser la somme de ... €.

À défaut, je me verrai contraint de mettre en cause votre responsabilité civile personnelle et n'hésiterai pas à utiliser toutes les voies de droit, y compris la procédure de référé, pour obtenir l'exécution de ce jugement.

Je vous prie de croire, Monsieur l'Administrateur judiciaire, à l'expression de ma considération distinguée.

Signature

L'AIDE JURIDICTIONNELLE VOUS EST REFUSÉE. VOUS CONTESTEZ.

Vous avez fait une demande d'aide juridictionnelle, mais elle vous est refusée totalement ou partiellement pour une raison qui ne vous semble pas justifiée. Vous pouvez déposer un recours contre cette décision.

• **Ce que dit la loi** : Selon l'article 22 de la loi n° 91-647 du 10 juillet 1991, vous pouvez effectuer deux types de recours contre une décision de refus d'aide juridictionnelle. Cela dépend du motif pour lequel votre demande a été rejetée.

Si votre demande est rejetée parce qu'elle est jugée irrecevable ou non fondée, le recours doit être exercé auprès du président du tribunal de grande instance pour les demandes relatives aux affaires portées devant les juridictions du premier degré (tribunaux civils ou répressifs, conseils des prud'hommes, tribunaux des affaires de Sécurité sociale, etc.) ou au Premier président de la juridiction concernée par le litige si une autre juridiction est saisie (Cour d'appel ou tribunal administratif, par exemple).

• **Notre conseil** : Si votre demande est rejetée parce que vos ressources dépassent les plafonds prévus par la loi, n'hésitez pas à effectuer un recours en mettant en avant que l'aide peut néanmoins vous être accordée compte tenu de l'importance du litige et des charges importantes du procès (voir page 770).

Vos nom et prénom — Date
Adresse

Recommandé avec avis de réception

Monsieur le Président du tribunal de grande instance
Bureau d'aide juridictionnelle
Adresse

Référence de la décision contestée

Monsieur le Président,

Le Bureau d'aide juridictionnelle, par décision du ... (*date*), a refusé ma demande d'aide juridictionnelle au motif que ... (*indiquez le motif du refus*).

Ou bien :
Le Bureau d'aide juridictionnelle, par décision du ... (*date*), ne m'a accordé qu'une aide juridictionnelle partielle au motif que ... (*indiquez le motif du refus*).

J'ai l'honneur de vous demander de bien vouloir exercer un recours contre cette décision. En effet, je considère que ... (indiquez vos arguments).

Veuillez agréer, Monsieur le Président, mes salutations respectueuses.

Signature

Votre demande d'aide juridictionnelle vous est refusée parce que vos ressources sont supérieures au plafond ; vous réagissez.

• **Ce que dit la loi** : Si votre demande est rejetée parce que vous ne remplissez pas les conditions de ressources, ou parce que votre situation n'est pas jugée digne d'intérêt au regard de l'objet du litige et des charges prévisibles du procès, le recours doit être déposé auprès du Bureau d'aide juridictionnelle dont émane le rejet.

Vos nom et prénom
Adresse
Recommandé avec avis de réception

Date

Référence de la décision contestée

Monsieur le Président du tribunal de grande instance
Bureau d'aide juridictionnelle
Adresse

Monsieur le Président,

Le Bureau d'aide juridictionnelle, par décision du ... (*date*), a refusé ma demande d'aide juridictionnelle au motif que mes ressources dépassent les plafonds en vigueur.

Je conteste l'appréciation qui est faite de ces dernières pour justifier ce refus. En effet, ... (*indiquez vos arguments en vous aidant de la notice jointe à votre dossier d'aide juridictionnelle*).

Ou bien :

Bien que je n'entende pas contester cet état de fait, je considère néanmoins que l'aide juridictionnelle peut m'être accordée indépendamment du niveau de mes ressources, compte tenu de ma situation particulièrement digne d'intérêt au regard de l'objet du litige (ou des charges prévisibles du procès).

En effet, ... (*expliquez pourquoi*).

En conséquence, j'ai l'honneur de vous demander une nouvelle délibération sur ma demande, conformément à l'article 23 de la loi du 13 juillet 1991.

Veuillez agréer, Monsieur le Président, mes salutations respectueuses.

Signature

CHAPITRE 45

VOS LITIGES DEVANT LA JUSTICE

UN LITIGE VOUS OPPOSE À VOTRE VOISIN. VOUS DEMANDEZ AU JUGE UNE TENTATIVE DE CONCILIATION.

Votre voisin n'est vraiment pas raisonnable. Malgré vos demandes renouvelées, voilà plus d'un an qu'il n'a pas élagué ses arbres dont les branches et les racines envahissent votre terrain. Mais vous ne désirez pas le contraindre directement par une décision de justice. Demandez au juge du tribunal d'instance une tentative préalable de conciliation.

• **Ce que dit la loi** : L'article 830 du nouveau code de procédure civile vous permet de régler un litige en trouvant, sous le contrôle du juge, un arrangement avec votre adversaire. Pour cela, il est nécessaire de faire convoquer ce dernier à une tentative préalable de conciliation.

Si cette conciliation réussit, un procès-verbal sera établi, qui a la même valeur qu'un jugement. Si elle échoue, vous pouvez tomber d'accord pour que l'affaire soit jugée immédiatement par le juge. Si vous êtes à nouveau en désaccord sur ce point, vous devrez, si vous désirez saisir le juge, employer la procédure normale par assignation.

Le coût d'une tentative préalable de conciliation est nul. Il n'est pas nécessaire de vous adresser à un huissier, ni de recourir à un avocat.

• **Notre conseil** : Attention aux délais de prescription ! Si vous faites une tentative de conciliation, votre demande interrompt le délai de prescription. Mais si la conciliation n'aboutit pas, vous devrez assigner votre adversaire dans les deux mois suivant cet échec. Sinon, le délai continuera à courir.

Vos nom et prénom Date
Adresse

Recommandé avec avis de réception

Monsieur le Greffier en chef
du tribunal d'instance
Adresse

Monsieur le Greffier en chef,

J'ai l'honneur de solliciter de votre haute bienveillance la convocation de M. ... (*nom, adresse, profession ou raison sociale*) à une tentative préalable de conciliation, comme le prévoit l'article 830 du nouveau code de procédure civile.

Un litige m'oppose à cette personne pour un montant de ... €. Les faits sont les suivants : (*résumez brièvement les circonstances de l'affaire, indiquez si vous avez effectué des réclamations écrites, etc.*).

Or, malgré mes nombreuses propositions (*ou* réclamations), M. ... refuse toujours d'entendre raison, ce qui motive la présentedemande.

Veuillez agréer, Monsieur le Greffier en chef, mes sentiments les plus respectueux.

Signature

P.J. : Photocopies des éventuels courriers de réclamation et des pièces justificatives.

VOTRE DEMANDE EST INFÉRIEURE À 3 800 €. VOUS SAISISSEZ LE TRIBUNAL PAR SIMPLE DÉCLARATION.

Si le montant de votre demande n'excède pas 3 800 €, vous pouvez vous adresser directement au tribunal d'instance par une simple déclaration au greffe, sans passer par l'intermédiaire d'un huissier. Cette procédure peut être utilisée pour tous les litiges qui sont de la compétence du tribunal d'instance.

• **Ce que dit la loi** : L'article 847-1 du nouveau code de procédure civile autorise tout justiciable à saisir le tribunal d'instance par une déclaration faite, remise, ou adressée au greffe dès lors que le montant du litige n'excède pas 3 800 €. Mais si le montant de votre demande excède 3 800 €, vous devrez avoir recours à la procédure normale.

Votre déclaration devra indiquer :

– les nom, prénom, profession et adresse des parties (les vôtres et ceux de votre adversaire) ;

– l'objet de votre demande et un exposé sommaire de la raison de votre demande. Ainsi, vous devez préciser si vous demandez des dommages-intérêts, le remboursement d'une somme d'argent, ou la résiliation d'un contrat.

Le délai de prescription et celui pour agir sont interrompus par l'enregistrement de la déclaration.

• **Notre conseil** : Vous n'êtes pas obligé, comme dans la procédure normale, d'exposer vos arguments. Vous développerez ceux-ci oralement devant le tribunal. Toutefois, vous avez intérêt à ce que votre dossier soit le plus complet et le plus clair possible pour le juge. Ne vous noyez pas dans les détails.

Vos nom et prénom Date
Adresse

Recommandé avec avis de réception

Monsieur le Greffier en chef
du tribunal d'instance
Adresse

Monsieur le Greffier en chef,

J'ai l'honneur de vous informer du litige qui m'oppose à M. ... (*nom, prénom, adresse, profession ou raison sociale*).

Je déclare par la présente engager une action afin d'obtenir : ...
Exemple : le remboursement d'un prêt accordé à M. ... (*nom et adresse*) le ... (*date*) et que cette personne s'était engagée à me rembourser en totalité le ... (*date*), comme l'atteste la reconnaissance de dette ci-jointe.

En conséquence, je vous prie de bien vouloir prendre en considération cette demande et convoquer mon adversaire afin que cette affaire soit jugée dans un délai que je souhaite le plus bref possible.

Veuillez agréer, Monsieur le Greffier en chef, mes sentiments les plus respectueux.

Signature

P.J. : Photocopies des éventuels courriers de réclamation et des pièces justificatives.

VOTRE DEMANDE EXCÈDE 3 800 €. VOUS ÉCRIVEZ À L'HUISSIER DE JUSTICE POUR LUI DEMANDER D'ASSIGNER VOTRE ADVERSAIRE DEVANT LE TRIBUNAL D'INSTANCE.

Vous avez tenté de trouver un règlement amiable avec votre adversaire, mais en vain. Il ne vous reste qu'à saisir le tribunal d'instance. La demande étant supérieure à 3 800 €, vous ne pouvez bénéficier de la saisine simplifiée.

• **Ce que dit la loi** : Si le comportement de celui qui vous a causé un dommage constitue une infraction (coups, blessures, menaces de mort, insultes racistes…), c'est le tribunal correctionnel qu'il faut saisir. En revanche, si aucune infraction n'est à l'origine du litige, ce sont les juridictions civiles qui sont compétentes.

Lorsque les sommes en jeu sont inférieures à 7 600 €, c'est le tribunal d'instance qui doit être saisi. Ce tribunal est, de plus, chargé de toutes les affaires relatives au crédit et à la location, sans limitation de montant.

Si le litige est inférieur à 3 800 €, vous pouvez procéder à la saisine du tribunal d'instance par simple déclaration.

Si les sommes en jeu sont supérieures à ce chiffre, vous devez demander à un huissier de justice d'assigner votre adversaire devant le tribunal d'instance.

Enfin, le tribunal d'instance compétent est celui du domi-cile (ou du siège social) de votre adversaire. Mais vous pouvez écrire à l'huissier de justice le plus proche de chez vous. Il s'arrangera avec un confrère installé dans le département où habite votre adversaire. Si vous ne connaissez pas d'huissier de justice, adressez-vous à la Chambre nationale des huissiers de justice.

Vos nom et prénom
Adresse

Date

Nom de l'Huissier de justice
Adresse

Maître,

Je vous prie de bien vouloir trouver en annexe une note comportant tous les éléments d'une demande en justice contre mon adversaire, M. … (*nom et adresse*) ou la société … (*nom et adresse*).

Je vous prie de bien vouloir assigner, sur cette base, mon adversaire devant le tribunal d'instance de … (*ville*) dans les plus brefs délais.

Je reste à votre disposition pour toute information complémentaire.

Vous en remerciant, je vous prie de croire, Maître, à l'expression de ma considération distinguée.

Signature

P.J. : …

• **Notre conseil** : L'huissier de justice est seulement une « sorte de facteur officiel » qui transmet votre assignation. Il n'a pas vocation à vous assister pour des problèmes complexes. Seul l'avocat peut vraiment vous conseiller sur les problèmes de fond (étendue de vos droits, textes applicables…).

VOUS AVEZ GAGNÉ VOTRE PROCÈS CIVIL CONTRE VOTRE ADVERSAIRE. VOUS DEMANDEZ À L'HUISSIER DE JUSTICE DE LUI SIGNIFIER LE JUGEMENT.

Le tribunal a enfin reconnu vos droits et rendu un jugement en votre faveur. Pour obliger votre adversaire à exécuter ce jugement, vous devez le lui signifier.

• **Ce que dit la loi** : Vous avez enfin gagné votre procès civil contre votre adversaire : une agence de voyages, votre bailleur, un voisin, une société de crédit, un débiteur…

Vous devez alors lui signifier le jugement. La signification du jugement consiste à informer officiellement votre adversaire de la teneur du jugement. C'est l'huissier de justice qui va jouer le rôle de facteur et faire la signification.

• **Notre conseil** : Précisez clairement à l'huissier ce que vous attendez de lui. Car, dans le cas contraire, il peut d'emblée envisager une exécution forcée, qui peut entraîner pour vous un coût élevé. Mieux vaut attendre de voir si votre adversaire exécute le jugement spontanément.

Vos nom et prénom
Adresse
Téléphone

Date

Nom de l'Huissier
Adresse

Maître,

Je vous prie de bien vouloir trouver ci-joint un jugement du ... (*date*) rendu en ma faveur par le tribunal de ... (*ville*), que je vous demande de bien vouloir signifier à mon adversaire, M. ... (*nom et prénom*) ou la société ... (*nom*).

Dans l'immédiat, je n'envisage aucune mesure d'exécution forcée.

Je vous prie de croire, Maître, à l'expression de ma considération distinguée.

Signature

P.J. : ...

UN COMMERÇANT N'A PAS RESPECTÉ SES ENGAGEMENTS. VOUS DEMANDEZ AU JUGE DE PRONONCER UNE INJONCTION DE FAIRE.

Votre plombier a commencé à installer votre nouvelle salle de bains. Mais il vous laisse en plan car il a un chantier plus urgent ailleurs. Et cela fait trois semaines que vous attendez... Il reste sourd à vos réclamations et sommations de reprendre le travail. Vous pouvez demander au juge d'instance qu'il prononce une injonction de faire, afin de contraindre votre plombier à remplir ses obligations.

• **Ce que dit la loi** : L'article 1425-1 du nouveau code de procédure civile vous permet d'obtenir l'exécution d'une prestation de la part d'une personne qui n'a pas rempli l'obligation à laquelle elle s'était engagée dans un contrat (par exemple, non-livraison d'un meuble, refus d'une garantie commerciale ou non-exécution de travaux).

Votre demande sera formée par requête, que vous déposerez ou que vous adresserez au greffe. Elle ne doit pas dépasser 7 600 €. Vous n'avez pas besoin de passer par l'intermédiaire d'un huissier si elle n'excède pas 3 800 €. Vous devrez la chiffrer, même si l'exécution de l'obligation que vous réclamez est difficilement évaluable en argent (par exemple, s'il s'agit de la remise d'une chose : clés, papiers, etc.).

Vous pouvez saisir au choix le tribunal du lieu où demeure votre adversaire ou celui du lieu d'exécution de l'obligation (ce sera, la plupart du temps, le lieu de votre domicile).

Si votre demande lui apparaît justifiée, le juge rend une ordonnance d'injonction de faire. Celle-ci précise l'objet de l'obligation (ce que doit faire votre adversaire) et les délais dans lesquels elle doit être exécutée. Si, à l'expiration du délai fixé par l'ordonnance, l'obligation n'a pas été exécutée, vous serez convoqué avec votre adversaire à une audience ultérieure.

• **Notre conseil** : Si le juge rejette votre requête totalement ou partiellement, vous ne pouvez faire aucun recours. Mais vous pouvez engager une procédure ordinaire en demandant à un huissier de convoquer votre adversaire devant le tribunal, ou faire une déclaration au greffe si le litige ne dépasse pas 3 800 €.

Vos nom et prénom   Date
Adresse
Recommandé avec avis de réception

Monsieur le Président
du tribunal
d'instance de ...

Objet : injonction de faire

Monsieur le Président,

J'ai l'honneur de vous informer du litige qui m'oppose à M. ... (*nom, prénom, adresse, profession ou raison sociale de votre adversaire*) et dont voici les principaux éléments : ... (*résumez brièvement les faits, indiquez l'obligation dont vous demandez l'exécution ainsi que la disposition du contrat sur laquelle vous fondez votre demande. Par exemple* : défaut de livraison d'un meuble dans le délai indiqué sur le bon de commande).

Malgré mes réclamations écrites, cette obligation n'a toujours pas été exécutée. C'est pourquoi je vous demande de rendre une injonction de faire à l'encontre de M. ...

Je souhaite que les délais que vous allez fixer pour inviter cette personne à exécuter son obligation soient limités à ... (*jours*). Une fois ce délai écoulé, si mon adversaire ne s'est toujours pas manifesté, je vous demande de le condamner à l'exécution de son obligation sous astreinte de ... € par jour de retard (*80 € au minimum*).

Veuillez agréer, Monsieur le Président, mes sentiments les plus respectueux.

Signature

P.J. : Photocopies des éventuels courriers de réclamation et des pièces justificatives.

ON VOUS DOIT DE L'ARGENT. VOUS DEMANDEZ AU JUGE QU'IL PRONONCE UNE INJONCTION DE PAYER.

La procédure d'injonction de payer vous permet, dans certains cas, d'obtenir assez rapidement le remboursement d'une somme d'argent que l'on vous doit, quel que soit le montant de celle-ci. Vous déposerez à cet effet une simple requête devant le tribunal d'instance.

• **Ce que dit la loi** : L'article 1405 du Nouveau code de procédure civile vous offre la possibilité d'avoir recours à une injonction de payer chaque fois que la somme que vous réclamez est d'un montant déterminé ou aisément déterminable. Elle peut résulter d'un contrat ou d'une obligation de caractère statutaire.

Par exemple, vous pouvez utiliser la procédure d'injonction de payer si vous êtes locataire et que votre propriétaire refuse de vous restituer le dépôt de garantie alors que rien ne le justifie. De même, si vous avez conclu un contrat de crédit et qu'on ne veut pas vous rembourser votre acompte malgré votre rétractation dans un délai de sept jours.

Vous devez remettre ou envoyer votre requête au greffe du tribunal d'instance du lieu du domicile de votre débiteur.

Si le juge vous donne satisfaction, il rend une ordonnance d'injonction de payer (soit pour la totalité de la somme, soit pour une partie) dont un extrait vous est remis.

Vous devez alors, dans un délai maximal de six mois, faire connaître à votre adversaire la décision prise contre lui. Vous vous adresserez pour cela à un huissier, afin qu'il procède à la signification de l'acte.

• **Notre conseil** : Si le juge rejette purement et simplement votre demande, vous n'avez aucun recours contre cette décision. Mais vous pouvez intenter contre votre adversaire une procédure ordinaire sur assignation. Adressez-vous au greffe pour récupérer votre requête et les pièces. S'il vous donne en partie satisfaction mais rejette votre demande sur une partie de la somme parce que celle-ci n'est pas exigible par exemple, vous pouvez engager une procédure ordinaire mais pour l'ensemble de la somme.

Vos nom et prénom — Date
Adresse
Recommandé avec avis de réception

Monsieur le Président
du tribunal d'instance
Adresse

Objet : injonction de payer

Monsieur le Président,

J'ai l'honneur de vous demander par la présente de notifier à M. ... (*nom, prénom, ou raison sociale de votre adversaire*), demeurant à ... (*adresse*), une injonction de payer la somme de ... € représentative de ... (*indiquez de quoi il s'agit* : dépôt de garantie, reconnaissance de dette, etc.).

Vous trouverez ci-joint les photocopies des documents justifiant ma demande et qui démontrent que cette somme est exigible immédiatement.

Je réclame par ailleurs que le montant de cette somme soit augmenté des intérêts au taux légal, et que mon adversaire soit condamné aux dépens de l'instance.

Dans l'attente de votre convocation, je vous prie d'agréer, Monsieur le Président, mes sentiments les plus respectueux.

Signature

P.J. : Photocopies des éventuels courriers de réclamation et des pièces justificatives.

Si votre dossier n'est pas fin prêt, si votre avocat ne le possède pas bien ou si des pièces ne vous ont pas été communiquées (à vous ou à votre avocat), ou bien encore si vous ne pouvez pas être présent pour un motif quelconque, écrivez au juge pour demander un report d'audience. L'absence non excusée constituerait une grossière erreur.

• **Ce que dit la loi** : Il ressort des articles 15 et 16 du nouveau code de procédure civile que tous les procès doivent se dérouler en respectant un principe général fondamental de la justice : le principe du contradictoire. Celui-ci exige que chaque partie au procès puisse attaquer et se défendre, c'est-à-dire que chacune d'elles soit en mesure de discuter puis de contredire les demandes, les arguments et les preuves de son adversaire. Cela permet au juge de trancher le litige en toute connaissance de cause. Celui-ci a d'ailleurs l'obligation devant toutes les juridictions de faire respecter le principe du contradictoire en veillant, notamment, à ce que les parties respectent les actes de procédure qu'elles doivent accomplir.

Dès lors, si l'une des parties au procès ne peut plaider sa cause dans de bonnes conditions, ou si elle ne peut être présente à la date convenue, une demande de report d'audience s'impose ; en règle générale, le juge l'accepte. Vous pouvez aussi demander un report d'audience si vous avez fait une demande d'aide juridictionnelle et que vous n'avez pas encore reçu la réponse à votre demande, ou si celle-ci est trop tardive.

• **Notre conseil** : Ne vous prenez pas pour un fin procédurier ! Si vous ne vous présentez pas à un procès volontairement ou involontairement, vous vous exposez à être jugé en votre absence. Vous ne pourrez pas vous plaindre que le principe du contradictoire n'a pas été respecté car vous disposez d'une voie de recours (l'appel ou l'opposition) dont l'exercice a pour conséquence la réouverture d'un débat contradictoire.

Vos nom et prénom — Date
Adresse
Recommandé avec avis de réception

Monsieur le Président
du tribunal de ...
Adresse

<u>Objet</u> : demande de report d'audience

Monsieur le Président,

J'ai l'honneur de vous demander un report d'audience dans l'affaire qui m'oppose à M. ... (*nom, prénom, dénomination ou raison sociale de votre adversaire*) et qui doit être examinée par votre tribunal (*ou* votre chambre, le cas échéant) le ... (*date*) à ... heures.

En effet, je ne pourrai pas être présent à cette audience en raison de ... (*expliquez vos motifs*).

Ou bien : En effet, je souhaite vivement que cette affaire soit renvoyée à la date que vous jugerez utile, car ... (*expliquez vos raisons, par exemple* : mon adversaire m'a communiqué trop tardivement les arguments qu'il entend faire valoir, ou bien : je n'ai pas eu matériellement le temps d'examiner les pièces du dossier, ou encore, plus simplement : j'ai demandé l'aide juridictionnelle et je n'ai à ce jour pas de réponse du Bureau d'aide juridictionnelle, etc.).

Ne doutant pas que vous serez attentif aux raisons impérieuses qui motivent cette demande, je vous prie d'agréer, Monsieur le Président, mes sentiments les plus respectueux.

Signature

P.J. : Photocopies d'éventuels justificatifs.

VOUS AVEZ ÉTÉ JUGÉ SANS EN ÊTRE AVERTI. VOUS FAITES OPPOSITION.

L'opposition vous permet, si vous avez été absent à l'audience (ou si vous ne vous êtes pas fait représenter), d'obtenir, sous certaines conditions, un nouvel examen de l'affaire devant le même tribunal.

• **CE QUE DIT LA LOI** : Les articles 571 et suivants du nouveau code de procédure civile permettent à une personne jugée sans avoir été présente au procès de former opposition contre le jugement rendu.

Les effets d'une opposition sont simples : le tribunal saisi annule purement et simplement le premier jugement et reprend complètement le procès.

Toutefois, pour former opposition, des conditions strictes doivent être réunies :

– le jugement ne doit pas être susceptible d'appel, c'est-à-dire être rendu en premier et dernier ressorts ;

– l'assignation ne doit pas vous avoir été remise en main propre par l'huissier (par exemple, vous avez dû aller la chercher en mairie).

Il est également possible de faire opposition lorsque vous ne vous êtes pas présenté une première fois et que votre adversaire :

– a omis de vous convoquer pour une seconde audience ;

– ou bien que, ayant été à nouveau convoqué, vous n'avez pas reçu l'assignation en main propre de l'huissier.

Vos nom et prénom
Adresse

Date

Recommandé avec avis de réception

Monsieur le Président
du tribunal de ...
Adresse

Objet : opposition à jugement

Monsieur le Président,

J'ai reçu notification le ... (*date*) d'un jugement rendu le ... (*date*) au profit de M. ... (*nom, prénom, dénomination ou raison sociale de votre adversaire*) et me condamnant à ... (*indiquez de quoi il s'agit*).

J'ai l'honneur de vous faire savoir par la présente lettre que je forme opposition contre ce jugement. En effet, ... (*donnez le motif, par exemple* : ce jugement n'est pas susceptible d'appel et je n'ai pas été assigné à personne).

Dans l'attente de votre convocation, je vous prie d'agréer, Monsieur le Président, mes sentiments les plus respectueux.

Signature

• **NOTRE CONSEIL** : Attention au délai ! Lorsqu'une opposition est possible, celle-ci doit être formée dans le délai d'un mois à compter du jour où le jugement vous a été notifié devant le tribunal ayant rendu ledit jugement. À noter : l'opposition est toujours possible si vous recevez une injonction de payer.

VOUS AVEZ ÉTÉ JUGÉ PAR SURPRISE. VOUS DEMANDEZ LA RÉTRACTATION D'UNE ORDONNANCE SUR REQUÊTE.

L'ordonnance sur requête est une procédure qui permet à une personne d'obtenir en sa faveur une décision de justice à votre insu. Si vous avez été jugé par surprise, demandez rapidement au juge de rétracter son ordonnance.

• **Ce que dit la loi** : Les articles 493 et 812 du nouveau code de procédure civile permettent de saisir le président d'un tribunal par requête afin d'obtenir une décision provisoire, rendue hors de votre présence (c'est-à-dire non contradictoirement). Il faut que votre adversaire justifie sa démarche par l'urgence de la situation et par la discrétion nécessaire à la réussite de l'opération (cela peut être le cas en matière de saisie, par exemple).

Si vous recevez une telle ordonnance, ne paniquez pas. L'article 496 du Nouveau code de procédure civile vous autorise à vous adresser au juge du tribunal qui a rendu l'ordonnance, en utilisant la procédure de référé prévue par l'article 808 du même code. Vous demanderez la rétractation de l'ordonnance sur requête rendue contre vous, en réfutant les arguments de votre adversaire et en présentant votre version des faits.

• **Notre conseil** : Étant donné l'urgence, utilisez la procédure d'assignation « d'heure en heure » prévue par l'article 485, alinéa 2 du Nouveau code de procédure civile. Elle permet d'accélérer votre riposte en convoquant votre adversaire même les jours fériés ou chômés.

Vos nom et prénom
Adresse

Profession
Date et lieu de naissance

Date

Monsieur le Président
du tribunal...
Adresse

Objet : rétractation d'une ordonnance sur requête n° ...

Monsieur le Président,

Vous avez rendu le ... (*date*) une ordonnance sur requête au profit de M. ... (*nom, prénom, adresse ou raison sociale de votre adversaire*). Cette ordonnance autorise cette personne à ... (*indiquez de quoi il s'agit*).

Compte tenu des effets que peut avoir la mesure ordonnée pour moi ou ma famille, je considère qu'il y a extrême urgence à obtenir une décision. C'est pourquoi je vous demande, en application de l'article 808 du nouveau code de procédure civile, de m'autoriser à faire assigner M. ... (*nom, prénom, domicile*) à comparaître aujourd'hui à l'heure et au lieu qu'il vous plaira de fixer, pour voir ordonner la rétractation de cette ordonnance sur requête.

Dans l'attente de votre convocation, je vous prie d'agréer, Monsieur le Président, mes sentiments les plus respectueux.

Signature

VOUS AVEZ UN LITIGE AVEC UN NOTAIRE. VOUS SAISISSEZ LA CHAMBRE DES NOTAIRES.

Après avoir signé une promesse de vente pour l'achat d'un terrain, vous avez découvert que ce terrain était grevé de servitudes, ce qui rend plus difficile la construction de la maison que vous avez choisie. Vous avez demandé au notaire de vous rembourser votre acompte, mais il fait la sourde oreille. Vous saisissez la Chambre des notaires.

• **Ce que dit la loi** : Le notaire est un professionnel incontournable. Dans de nombreux cas (achats et ventes de biens immobiliers, successions importantes, ventes de fonds de commerce...), son intervention est obligatoire.

C'est un officier ministériel. Il achète sa charge (son étude), mais il est nommé par un décret du ministère. Il est en principe un professionnel du droit. Ce qui ne l'empêche pas de faire, comme tout le monde, des bévues. Il peut ainsi oublier d'inscrire une hypothèque, de faire une déclaration au fisc, de rédiger complètement un document...

Mais parfois, cette erreur n'est pas due à un oubli ou à une ignorance : il fait volontairement traîner l'affaire, ou cherche à vous forcer la main, parce qu'il craint de voir une affaire (et donc des honoraires) lui échapper.

Dans chaque département, il existe une chambre des notaires chargée de la discipline de cette profession. Si vous avez un pro-blème avec un notaire, écrivez au président de la Chambre des notaires du département où il exerce. Joignez la copie des documents susceptibles de lui permettre de comprendre votre problème.

Il existe également un Conseil supérieur du Notariat qui bien que n'ayant pas de pouvoir disciplinaire sur les notaires, peut intervenir pour aider à régler le litige. Tout en écrivant à la Chambre des notaires de votre région, vous pouvez en parallèle écrire à Monsieur le Président du Conseil supérieur du Notariat (31, rue du Général-Foy 75008 Paris). Notre modèle peut être utilisé pour saisir la chambre des notaires mais aussi le Conseil supérieur de Notariat.

• **Notre conseil** : N'exprimez pas de critique ou de jugement sur le notaire en cause. Contentez-vous d'expliquer clairement les faits, ce qui vous oppose, et concluez en précisant au président de la Chambre ce que vous attendez de lui. Après enquête, le président de la Chambre vous donnera sa réponse. Si vous n'obtenez pas gain de cause, il ne vous reste alors qu'à assigner le notaire devant les tribunaux.

Vos nom et prénom — Date
Adresse
Recommandé avec avis de réception

Monsieur le Président
de la Chambre
des notaires de ...
Adresse

Monsieur le Président,

Je vous prie de bien vouloir intervenir pour régler le litige qui m'oppose à Maître ... (*nom*), notaire à ... (*ville*). *Expliquez les raisons du litige, par exemple* : Le ... (*date*), j'ai signé dans l'étude de Maître ... (*nom*) une promesse de vente pour l'achat d'un terrain situé à ... (*ville*). En recevant les plans, j'ai découvert que le propriétaire du terrain voisin avait pratiqué des ouvertures de fenêtres plongeant directement sur le terrain que je me propose d'acheter. Ces ouvertures ont pour conséquence immédiate de limiter ma liberté. Je ne pourrai pas choisir la partie du terrain la plus agréable pour construire.

J'ai donc décidé de renoncer à mon achat et demandé à Maître ... (*nom*) de me rembourser la somme versée au moment de la signature de la promesse de vente.

Cela fait plus de trois mois que j'attends ce remboursement. Maître ... (*nom*) me téléphone constamment pour me dire qu'il s'agit d'une servitude créée illégalement, qui n'a donc aucune valeur. Mais, comme vous la savez, la loi permet à l'acheteur de renoncer à la promesse de vente quand il découvre que le bien est grevé d'une servitude. Que la servitude soit ou non légale.

En conséquence, je vous demande de bien vouloir intervenir pour que Maître ... (nom) me rembourse rapidement la somme que j'ai versée.

Vous remerciant de votre intervention, je vous prie de croire, Monsieur le Président, à l'expression de ma considération respectueuse.

Signature

UN ESCROC A ABUSÉ DE VOTRE CONFIANCE. VOUS PORTEZ PLAINTE.

Un individu peu scrupuleux a employé des moyens déloyaux afin d'obtenir votre accord pour conclure une affaire. Vous pouvez porter plainte auprès du procureur de la République, près le tribunal de grande instance dans le ressort duquel se trouve votre domicile, pour escroquerie ou abus de confiance.

• **Ce que dit la loi** : L'escroquerie est un délit réprimé par l'article 313-1 du nouveau code pénal. Les personnes pouvant être poursuivies sont celles qui, soit en faisant usage de faux noms ou de fausses qualités, ou en abusant d'une qualité vraie, soit en employant des manœuvres frauduleuses, se sont fait remettre ou délivrer, ou auront tenté de se faire remettre ou délivrer des fonds, des valeurs ou un bien quelconque, ou de fournir un service.

De son côté, l'article 314-1 du nouveau code pénal réprime l'abus de confiance. Ce dernier consiste, pour la personne qui s'en rend coupable, à détourner une chose qu'il avait légitimement en sa possession, en vertu d'un contrat (louage, dépôt, mandat, etc.).

Vos nom et prénom
Adresse

Date

Monsieur le Procureur
de la République
Adresse

Objet : plainte simple

Monsieur le Procureur de la République,

J'ai l'honneur par la présente lettre de porter plainte contre M. ... (*nom, prénom, adresse*) pour escroquerie, délit réprimé par l'article 313-1 du nouveau code pénal.

Ou bien :
(...) pour **abus de confiance**, délit réprimé par l'article 314-1 du Nouveau code pénal.

Ou encore :
(...) pour **abus de blanc-seing**, délit réprimé par l'article 407 du code pénal.

Voici les faits incriminés : ...
Résumez brièvement les circonstances de l'affaire et terminez par la formule suivante :
Ainsi s'est trouvé caractérisé le ... (*jour, date, heure*) le délit dont je vous demande de poursuivre l'auteur.

Dans l'attente de votre réponse, je vous prie d'agréer, Monsieur le Procureur de la République, mes salutations distinguées.

Signature

• **Notre conseil** : Si vous avez signé un document ou un contrat et qu'une personne a inscrit au-dessus de votre signature une obligation ou une décharge pouvant vous compromettre personnellement ou financièrement, il suffit de porter plainte pour abus de blanc-seing et non pour abus de confiance ou escroquerie.

VOUS AVEZ REÇU UN COUP DE POING. VOUS PORTEZ PLAINTE POUR COUPS ET BLESSURES AUPRÈS DU PROCUREUR DE LA RÉPUBLIQUE.

Si une personne vous a frappé volontairement, vous pouvez porter plainte auprès du procureur de la République dans le but d'inciter l'État à poursuivre l'auteur de cette agression. Cette plainte peut être envoyée au procureur sous forme d'une lettre simple bénéficiant de la franchise postale.

• **Ce que dit la loi** : Selon l'article 222-11 du Nouveau code pénal, toute personne qui a volontairement commis des violences ou voies de fait ayant entraîné une incapacité totale de travail personnel de plus de huit jours est punie d'un emprisonnement de trois ans et d'une amende de 45 000 €, ou de l'une de ces deux peines seulement.

Des condamnations identiques sont prononcées même si les blessures n'ont pas entraîné d'arrêt de travail de plus de huit jours, si les coups ont été portés notamment :

– sur une personne dont la particulière vulnérabilité due à son âge, à une maladie, à une infirmité, à une déficience physique ou psychique ou à un état de grossesse, est apparente ou connue de leur auteur ;
– sur un ascendant, ou sur les père et mère adoptifs ;
– sur un avocat, un juré, un huissier, un magistrat, un agent de la force publique, un citoyen chargé d'un ministère de service public (agent des impôts, par exemple), dans l'exercice ou à l'occasion de ses fonctions ;
– sur un témoin, une victime, afin de faire pression sur elle ou pour se venger ;
– par le conjoint ou le concubin de la victime ;
– avec préméditation ;
– avec usage ou menace d'une arme.

• **Notre conseil** : Si le procureur de la République tarde à vous répondre, adressez-lui une seconde lettre afin de connaître l'état d'avancement de votre affaire. Cela aura pour effet d'interrompre le délai de prescription qui a continué à courir malgré le dépôt de votre plainte.

Vos nom et prénom
Adresse

Date

Monsieur le Procureur
de la République
Adresse

Objet : plainte simple

Monsieur le Procureur de la République,

J'ai l'honneur de porter plainte contre M. ... (*nom et adresse de l'auteur de l'infraction, si celui-ci peut être identifié*) pour coups et blessures volontaires, délit réprimé par l'article 222-11 du nouveau code pénal.

Ou bien :
J'ai l'honneur de porter plainte contre X (*si l'auteur de l'infraction n'a pu être identifié*) pour coups et blessures volontaires, délit réprimé par l'article 222-11 du Nouveau code pénal.

Voici les faits incriminés : ...
Résumez brièvement les circonstances de l'affaire et terminez par la formule suivante :
Ainsi s'est trouvé caractérisé le ... (jour, date, heure) le délit dont je vous demande de poursuivre l'auteur.

Vous trouverez ci-joint les pièces justificatives étayant ces affirmations (*certificat médical, déclarations d'un témoin*).

Dans l'attente de votre réponse, je vous prie d'agréer, Monsieur le Procureur de la République, mes salutations distinguées.

Signature

Si vous avez subi un préjudice physique, moral ou financier à l'occasion d'un délit commis contre votre personne ou vos biens et que l'auteur de ce délit doit être jugé prochainement, vous pouvez obtenir une réparation pécuniaire en vous constituant partie civile.

• **Ce que dit la loi** : L'article 418 du code de procédure pénale permet aux victimes d'un délit d'obtenir devant le juge pénal réparation de leur préjudice en demandant des dommages-intérêts.

Vous pouvez vous constituer partie civile avant le procès en effectuant une déclaration au greffe de la juridiction saisie. Mais le plus simple est d'adresser une lettre recommandée avec avis de réception au moins 24 heures avant l'audience. Toutefois, dans ce cas, votre demande sera limitée à la restitution d'objets saisis ou bien à des dommages-intérêts d'un montant n'excédant pas 1 145 €. Vous devez par ailleurs fournir toutes les pièces justifiant le dommage subi.

Une constitution de partie civile ne nécessite pas l'assistance d'un avocat, mais dans les affaires importantes cette assistance est recommandée.

• **Notre conseil** : Si vous devez témoigner au procès, ne vous constituez partie civile que le jour de l'audience après avoir déposé et avant le réquisitoire du ministère public. En effet, si vous vous constituez partie civile avant l'audience, il est interdit au tribunal de vous entendre comme témoin.

Vos nom et prénom
Adresse

Date

Recommandé avec
avis de réception

Monsieur le Président
du tribunal...
Adresse

Objet : constitution de partie civile (*référence de l'affaire*)

Monsieur le Président,

J'ai l'honneur de vous informer que je me constitue partie civile à l'audience du ... (*date et heure*) contre M. ... (*nom et prénom*), poursuivi pour ... (*indiquez le délit en cause*).

Je vous demande de me recevoir en cette demande et de m'allouer la somme de ... € à titre de dommages-intérêts. En effet, j'ai subi le préjudice suivant : ... (*indiquez de quoi il s'agit* : préjudice physique, moral, financier, etc.).

Vous trouverez ci-joint des justificatifs et des témoignages étayant ces affirmations.

Veuillez agréer, Monsieur le Président, mes sentiments les plus respectueux.

Signature

VOTRE AFFAIRE A ÉTÉ CLASSÉE. VOUS PORTEZ PLAINTE AVEC CONSTITUTION DE PARTIE CIVILE.

Si vous avez porté plainte et que votre affaire a été classée par le procureur de la République, déposez une nouvelle plainte en vous constituant partie civile pour contraindre le procureur à poursuivre l'auteur du délit dont vous avez été victime.

• **Ce que dit la loi** : L'article 85 du code de procédure pénale permet à toute personne qui se prétend lésée par un crime ou un délit de se constituer partie civile en même temps qu'elle dépose plainte. Cette plainte avec constitution de partie civile doit être adressée au doyen des juges d'instruction du tribunal de grande instance dans le ressort duquel l'infraction a été commise, ou dans celui du domicile de l'auteur des faits.

Votre initiative a pour effet de déclencher l'action publique. Cela signifie qu'une information judiciaire est obligatoirement ouverte contre la personne désignée.

Si le juge d'instruction décide de ne pas donner suite à votre plainte, il rend une ordonnance de non-lieu. Il vous reste alors la possibilité de faire appel devant la chambre d'accusation de la Cour d'appel.

Afin d'éviter les abus engendrés par ce type de plainte, et dans l'hypothèse où vous n'avez pas obtenu l'aide juridictionnelle, vous devez déposer au greffe du tribunal une somme d'argent afin de garantir les frais de procédure si vous perdez le procès.

• **Notre conseil** : Même si l'aide juridictionnelle vous a été refusée ou bien si vous ne l'avez pas demandée, n'hésitez pas à saisir le juge d'instruction en lui demandant de vous dispenser d'avancer la somme que vous devez déposer au greffe si vous considérez que vos ressources sont insuffisantes.

Vos nom et prénom   Date
Adresse
Recommandé avec avis de réception

Monsieur le Doyen
des Juges d'instruction
Tribunal de grande instance
Adresse

Objet : plainte avec
constitution de partie civile

Monsieur le Doyen des Juges d'instruction,

J'ai l'honneur, par la présente, de porter plainte avec constitution de partie civile contre M. ... (*nom, prénom, adresse de l'auteur du délit*) pour ... (*indiquez de quoi il s'agit ; par exemple* : coups et blessures volontaires, abus de confiance, etc.), délit réprimé par le code pénal.

Voici les faits incriminés : ... (*résumez brièvement les circonstances de l'affaire*). Vous trouverez ci-joint des justificatifs et des témoignages étayant ces affirmations.

Conformément à l'article 88 du code de procédure pénale, je vous serais reconnaissant de me faire savoir le montant de la somme que je devrai consigner au greffe de votre juridiction.

Le cas échéant :
Compte tenu des mes ressources relativement faibles eu égard à l'importance de l'affaire, je vous demande de fixer au montant le moins élevé possible la somme que je dois consigner au greffe (*ou bien* : d'être dispensé de consigner une somme d'argent au greffe.).

Dans l'attente de votre réponse, je vous prie d'agréer, Monsieur le Doyen des Juges d'instruction, mes salutations distinguées.

Signature

VOUS AVEZ ÉTÉ VICTIME D'UNE INFRACTION COMMISE PAR UNE PERSONNE INCONNUE OU INSOLVABLE. VOUS DEMANDEZ RÉPARATION À L'ÉTAT.

Si vous avez été victime d'une agression ou d'un accident de la circulation en tant que conducteur, vous pouvez demander à l'État réparation de votre préjudice corporel ou matériel dès lors que vous jugez votre indemnisation insuffisante, ou si l'auteur de l'infraction est inconnu ou insolvable.

• **Ce que dit la loi** : L'article 706-3 du code de procédure pénale prévoit que quiconque ayant subi un préjudice peut obtenir de l'État la réparation intégrale des dommages qui résultent des atteintes à la personne.

Toutefois, cette possibilité n'est pas ouverte :

– aux victimes d'un accident de la circulation autres que les conducteurs ;

– aux victimes d'actes de terrorisme ;

– aux victimes d'un acte de chasse ou de destruction d'animaux nuisibles.

Par ailleurs, les faits doivent soit avoir entraîné une incapacité permanente ou une incapacité totale de travail égale ou supérieure à un mois, soit être réprimés par les articles 331 à 333-1 du code pénal (attentats à la pudeur, articles 227-25 et 222-27 du Nouveau code pénal).

La demande d'indemnité doit, en règle générale, être présentée dans un délai de trois ans à compter de la date de l'infraction auprès de la Commission d'indemnisation des victimes d'infraction du tribunal de grande instance le plus proche de votre domicile.

• **Notre conseil** : Vous devez fournir à l'appui de votre demande le maximum de papiers justificatifs et notamment le procès-verbal de police, les certificats médicaux, l'identité de l'agresseur s'il est connu.

Vos nom et prénom Date
Adresse
Recommandé avec avis de réception

Commission d'indemnisation
des victimes d'infraction
Tribunal de grande instance
Adresse

Messieurs,

J'ai été victime d'une infraction pénale le ... (*date*). En effet, ... (*indiquez de quel accident ou agression vous avez été victime et le lieu où il s'est produit*).

Première hypothèse

À la date d'aujourd'hui, je n'ai pu obtenir de l'auteur de cette infraction une indemnisation suffisante de ce préjudice. En effet, la personne concernée, dont vous trouverez ci-joint les coordonnées, est en partie insolvable.

Deuxième hypothèse

À la date d'aujourd'hui, je n'ai pu obtenir de l'auteur de cette infraction l'indemnisation de mon préjudice. En effet, la personne concernée n'a pu être identifiée.

En conséquence, conformément à l'article 706-3 du code de procédure pénale, j'ai l'honneur de solliciter le bénéfice d'une indemnité (ou d'un complément d'indemnité) en réparation du préjudice que j'ai subi. Je souhaite que le montant de cette indemnité soit au minimum de ... €.

Vous trouverez ci-joint les pièces justificatives de ma demande.

Dans l'attente de votre réponse, je vous prie d'agréer, Messieurs, mes salutations distinguées.

Signature

UNE DÉCISION DE L'ADMINISTRATION VOUS SEMBLE ILLÉGALE. VOUS SAISISSEZ LE JUGE ADMINISTRATIF.

Si une décision de l'Administration vous semble illégale, vous pouvez demander son annulation devant le juge administratif. De même, ce juge est compétent si vous désirez obtenir réparation d'un dommage causé par l'Administration.

• **Ce que dit la loi** : Tout administré qui estime qu'une décision administrative lui fait du tort peut en demander l'annulation au juge administratif par la voie du recours pour excès de pouvoir. Selon la nature de l'acte administratif attaqué, vous devez déposer ce recours devant le tribunal administratif ou directement devant le Conseil d'État (avocat non obligatoire). Par exemple, s'il s'agit de demander l'annulation d'un décret, c'est le Conseil d'État qui est directement compétent. En revanche, s'il s'agit de contester un arrêté municipal, il faut vous adresser au tribunal administratif.

Lorsque l'Administration cause un dommage, sa responsabilité peut être engagée et vous pouvez demander réparation de votre préjudice en vous adressant au tribunal administratif. Mais vous devez d'abord faire une demande d'indemnité auprès de l'administration concernée. Si celle-ci refuse ou ne vous répond pas dans un délai de quatre mois, cela constituera une décision préalable que vous pourrez attaquer devant la juridiction administrative (avocat obligatoire).

• **Notre conseil** : Attention aux délais de recours ! Toute décision de l'Administration, qu'il s'agisse d'un acte administratif ou d'une décision préalable, doit être attaquée dans un délai de deux mois à compter du jour où la décision a été publiée ou portée à votre connaissance.

Vos nom et prénom — Date
Adresse
Recommandé avec avis de réception

Monsieur le Président
du tribunal administratif
Adresse

Monsieur le Président,

J'ai l'honneur de vous informer par la présente lettre que je dépose une requête en annulation pour excès de pouvoir contre ... (*indiquez de quelle décision il s'agit*).

En effet, cette décision me fait grief car ... (*indiquez les arguments de droit que vous invoquez à l'appui de votre demande*).
En conséquence, je conclus à l'annulation totale (*ou* partielle) de la présente décision.

Ou bien :
J'ai l'honneur de vous informer par la présente lettre que je dépose une requête en réparation du préjudice que m'a causé l'Administration dans l'affaire suivante : ... (*résumez les circonstances de l'affaire*).

Or, comme l'atteste la décision ci-jointe, l'Administration refuse de m'indemniser. En conséquence, je conclus à la responsabilité pleine et entière de l'Administration et demande une indemnité d'un montant de ... € (*chiffrez votre demande*).

Veuillez agréer, Monsieur le Président, mes salutations distinguées.

Signature

P.J. : Décision attaquée ou la preuve que vous avez sollicité une décision de l'Administration si celle-ci ne vous a pas répondu.

Si vous rencontrez des difficultés pour faire exécuter le jugement d'un tribunal administratif ou un arrêt du Conseil d'État, vous pouvez vous adresser à la Section du rapport et des études du Conseil d'État afin qu'il contraigne votre adversaire à exécuter la décision qui vous est favorable.

• **Ce que dit la loi** : Tout requérant peut signaler au Conseil d'État (Section du rapport et des études, Palais-Royal, 75001 Paris) les difficultés qu'il rencontre pour faire exécuter le jugement d'un tribunal administratif ou un arrêt du Conseil d'État, après expiration d'un délai de trois mois à compter de la date à laquelle a été notifiée la décision.

Mais le plus efficace est de demander au Conseil d'État qu'il prononce une astreinte contre la ou les personnes publiques en cause pour assurer l'exécution de la décision.

Pour tous les jugements, autres que ceux condamnant l'Administration au paiement d'une somme d'argent, vous pouvez, si l'Administration ne s'est pas exécutée dans un délai de quatre mois suivant la notification de la décision, demander au Conseil d'État qu'il prononce une astreinte provisoire ou définitive (avocat non obligatoire). En cas d'inexécution ou d'exécution tardive, le Conseil d'État procède à la liquidation de l'astreinte.

• **Notre conseil** : Si vous vous limitez à signaler des difficultés d'exécution à la Section du rapport et des études, rappelez au président de cette section qu'il peut saisir le président de la Section du contentieux afin que celui-ci engage une procédure d'astreinte d'office.

Vos nom et prénom
Adresse

Date

Recommandé avec avis de réception

Monsieur le Président
de la Section du rapport
et des études
Conseil d'État
Palais-Royal,
75001 PARIS

Monsieur le Président,

Par jugement en date du ..., le tribunal administratif de ... (*ville*) a condamné M. ... (*nom et qualité du représentant de l'Administration*) à ... (*indiquez à quoi a été condamné votre adversaire*).

Or, à ce jour, cette décision n'a toujours pas été exécutée et cela me crée un préjudice.

En conséquence, je vous demande d'intervenir auprès de l'administration concernée.

Ou bien :
En conséquence, je vous demande de prononcer une astreinte provisoire afin de contraindre l'administration concernée.

Veuillez agréer, Monsieur le Président, mes salutations distinguées.

Signature

ADRESSES UTILES

Avertissement
La plupart de ces organismes sont basés à Paris, mais souvent possèdent des bureaux en province. En téléphonant à leur siège, vous obtiendrez l'adresse de la permanence la plus proche de votre domicile.

Agence nationale pour l'amélioration de l'habitat - ANAH
254, rue de Bercy 75012 Paris -
Tél. 01 53 46 64 30.

Assemblée nationale - Chambre des députés
Palais-Bourbon
126, rue de l'Université 75355 Paris 07 SP -
Tél. 01 40 63 60 00.

Association des responsables de copropriété - ARC
29, rue Joseph-Python 75020 Paris -
Tél. 01 40 30 12 82.

Association européenne contre les violences faites aux femmes au travail
71, rue Saint-Jacques 75005 Paris -
Tél. 01 45 84 24 24.

Association française des banques - AFB
18, rue La Fayette 75009 Paris -
Tél. 01 48 00 52 52.

Association française des usagers des banques - AFUB
5, place Auguste-Métivier 75020 Paris -
Tél. 01 43 66 33 37.

Association française des utilisateurs du téléphone - AFUT
BP 1, 92430 Marnes-la-Coquette -
Tél. 01 47 41 09 11.
Association nationale des médecins-conseils de recours - ANNCR
23, boulevard Delessert 75016 Paris -
Tél. 01 45 20 53 75.

Association nationale pour l'information sur le logement - ANIL
2, boulevard Saint-Martin 75010 Paris -
Tél. 01 42 02 65 95.

Banque de France
39, rue Croix-des-Petits-Champs 75001 Paris -
Tél. 01 42 92 42 92.
Bureau central de tarification automobile - BCT
11, rue La Rochefoucault 75009 Paris -
Tél. 01 53 32 24 80.

Centre d'information bancaire
18, rue La Fayette 75009 Paris -
Tél. 01 48 00 52 52.

Centre d'opposition des cartes bancaires perdues ou volées
Tél. 08 36 69 08 80.

Centre de documentation et d'information de l'assurance - CDIA
26, boulevard Haussman 75009 Paris -
Tél. 01 42 46 13 13.

Chambre interdépartementale des notaires de Paris
12, avenue Victoria 75001 Paris -
Tél. 01 44 82 24 00.

Chambre nationale des huissiers de justice
44, rue de Douai 75009 Paris -
Tél. 01 49 70 12 90.

CIRA - Renseignements administratifs, juridiques et fiscaux
Uniquement par téléphone -
Tél. 01 40 01 11 01.

Commission d'accès aux documents administratifs - CADA
66, rue de Bellechaise 75007 Paris -
Tél. 01 42 75 79 99.

Commission de contrôle des assurances
54, rue de Châteaudun 75008 Paris -
Tél. 01 55 07 41 00.

Commission de sécurité des consommateurs - CSC
55, boulevard Vincent-Auriol 75013 Paris
Tél. 01 44 97 05 63.

Commission des opérations de Bourse - COB
Place de la Bourse 75002 Paris -
Tél. 01 53 45 61 00.

Confédération syndicale du cadre de vie - CSCV
13, rue Niepce 75014 Paris -
Tél. 01 56 54 32 10.

Direction générale de la concurrence, de la consommation et de la répression des fraudes - DGCCRF
59, boulevard Vincent-Auriol 75013 Paris -
Tél. 01 44 87 17 17.

Fédération des courtiers d'assurance
91, rue Saint-Lazare 75009 Paris -
Tél. 01 48 74 19 12.

Fédération nationale contre les violences conjugales - Femmes battues
14, rue Mendelssohn 75020 Paris -
Tél. 01 43 48 20 40.

Fédération nationale des accidentés du travail et handicapés de la vie - FNATH
38, boulevard Saint-Jacques 75014 Paris -
Tél. 01 45 35 00 77.
20, rue Tarantaize, BP 520,
Saint-Étienne Cedex 01.

Fonds de garantie automobile
64, rue Defrance 94682 Vincennes Cedex -
Tél. 01 43 98 77 00.

À noter : Ce fonds assure provisoirement le traitement des dossiers concernant le fonds d'indemnisation des victimes de l'amiante (voir page 1014).

France Telecom
Siège social
6, place d'Alleray 75740 Paris Cedex 15
Tél. 01 44 44 22 22.

Institut national de la consommation - INC
80, rue Lecourbe 75732 Paris Cedex 15 -
Tél. 01 45 66 20 20.

Journal officiel de la République
26, rue Desaix 75727 Paris Cedex 15 -
Tél. 01 40 58 75 00.

Médiateur de la République
53, avenue d'Iéna 75016 Paris -
Tél. 01 45 02 72 72.
Médiation Assurances
11, rue La Rochefoucault 75009 Paris -
Tél. 01 53 32 24 48.

Ministère du Budget
Direction générale des impôts
139, rue de Bercy 75012 Paris -
Tél. 01 40 04 04 04.

Sénat
Palais du Luxembourg
15, rue de Vaugirard 75291 Paris Cedex 06
Tél. 01 42 34 20 00.

Service central de la redevance de l'audiovisuel
46, rue d'Amsterdam 75009 Paris -
Tél. 01 49 70 40 40.

Service central des droits des femmes
10, rue Brancion 75015 Paris -
Tél. 01 40 56 60 00.

SOS chèques perdus ou volés
Tél. 08 36 68 32 08.

UNEDIC (chapeaute toutes les ASSEDIC)
80, rue de Reuilly 75012 Paris -
Tél. 01 53 17 20 00.

Union fédérale des consommateurs Que choisir ?
11, rue Guénot 75011 Paris -
Tél. 01 43 48 55 48.

Viol Femmes Informations
Numéro vert 0 800 05 95 95.

T

V